DAS GEWUNDENE UNIVERSUM

Buch Zwei

Von
Dolores Cannon

Übersetzt von Romina Kuhne

© 2005, 2007 von Dolores Cannon
2021 Deutsche Erstveröffentlichung

Alle Rechte vorbehalten. Kein Teil dieses Buches darf ganz oder teilweise in irgendeiner Form oder auf elektronischem, fotografischem oder mechanischem Wege, einschließlich Fotokopieren, Aufzeichnen oder durch ein beliebiges Informationsspeicherungs- und -Abrufsystem ohne schriftliche Genehmigung reproduziert, übertragen oder verwendet werden von Ozark Mountain Publishing, Inc. mit Ausnahme von kurzen Zitaten, die in literarischen Artikeln und Rezensionen enthalten sind.

Für die Genehmigung, Serialisierung, Kondensation, Anpassungen oder für unseren Katalog anderer Publikationen wenden Sie sich an Ozark Mountain Publishing, Inc., Postfach 754, Huntsville, AR 72740, ATTN: Permissions Department.

Bibliothek des Kongresses Katalogisierung-in-Publikationsdaten
Cannon, Dolores, 1931-2014
Das gewundene Universum - Buch zwei von Dolores Cannon
    Die Fortsetzung von Das gewundene Universum – Buch EINS enthält metaphysische Informationen, die von zahlreichen Probanden durch hypnotische Regression in der Vergangenheit erhalten werden.

1. Hypnose 2. Reinkarnation 3. Regressionstherapie 4. Metaphysik 5. Verlorene Zivilisationen 6. Neue Erde
I. Cannon, Dolores, 1931-2014 II. Reinkarnation III. Metaphysik IV. Titel

Katalognummer der Kongressbibliothek: 2021931185

ISBN: 978-1-950608-26-3

Übersetzt von Romina Kuhne
Cover Design: Victoria Cooper Art
Buch eingestellt in: Times New Roman
Buchgestaltung: Nancy Vernon

PO Box 754
Huntsville, AR 72740

WWW.OZARKMT.COM
Gedruckt in den Vereinigten Staaten von Amerika

„Es gibt nichts Schöneres als das Mysteriöse. Aus ihm entspringt alle wahre Kunst und Wissenschaft."

Albert Einstein

„Der Mensch ist ein Teil des Ganzen, das wir Universum nennen, ein in Raum und Zeit begrenzter Teil. Er erfährt sich selbst, seine Gedanken und Gefühle als abgetrennt von allem anderen – eine Art optische Täuschung des Bewusstseins. Diese Täuschung ist für uns eine Art Gefängnis, das uns auf unsere eigenen Vorlieben und auf die Zuneigung zu wenigen uns Nahestehenden beschränkt. Unser Ziel muss es sein, uns aus diesem Gefängnis zu befreien, indem wir den Horizont unseres Mitgefühls erweitern, bis er alle lebenden Wesen und die gesamte Natur in all Ihrer Schönheit umfasst."

Albert Einstein

Der Autor dieses Buches gibt keinen medizinischen Rat oder schreibt die Verwendung einer Technik als Behandlungsform für körperliche oder medizinische Probleme vor. Die in diesem Buch enthaltenen medizinischen Informationen stammen aus Dolores Cannon`s individuellen Beratungen und Sitzungen mit ihren Klienten. Sie ist nicht für medizinische Diagnosen jeglicher Art oder als Ersatz für ärztliche Beratung oder Behandlung durch Ihren Arzt bestimmt. Der Autor und der Herausgeber übernehmen daher keine Verantwortung für die Interpretation oder Verwendung der Informationen durch eine Einzelperson.

Es wurden alle Anstrengungen unternommen, um die Identität und die Privatsphäre der an diesen Sitzungen beteiligten Klienten zu schützen. Der Ort, an dem die Sitzungen abgehalten worden sind, ist genau, aber es wurden geänderte Vornamen verwendet.

Inhaltsangabe

Abschnitt 1: Nutzen der Regressionstherapie

1 ...Meine Anfänge in der Hypnose   3
2 ...Normale Regressionstherapie   16

Abschnitt 2: Altes Wissen und verlorene Zivilisationen

3 ...Die Katzenmenschen (eine andere Sphinx)   41
4 ...Die Göttin Isis   66
5 ...Die verborgene Stadt   83
6 ...Flucht aus Atlantis   102
7 ...Uraltes Wissen   120
8 ...In Sicherheit gebracht   154

Abschnitt 3: Erweiterte Wesen und Karma

9 ...Kinder schaffen Karma   167
10 ..Leben in nicht-menschlichen Körpern   189
11 ..Fremder der Erde   200
12 ..Arbeit im Schlafzustand   215
13 ..Der Erste der Sieben   244
14 ..Fortgeschrittene Wesen   273

Abschnitt 4: Die Weisen

15 ..Sich An den Weisen erinnern   305
16 ..Auf Der Suche nach dem Weisen   322

Abschnitt 5: Andere Planeten

17 ..Leben auf anderen Planeten   345
18 ..Der Planet mit der lila Sonne   355

Abschnitt 6: Zeit portale

19 ..Wächter des Portals   379
20 ..Die Ureinwohner   399

21 ..Zeitportale aus der Zukunft (Zeitreisende) 422

Abschnitt 7: Energiewesen und Schöpferwesen

22 ..Mysterien 445
23 ..Ein anderes Energiewesen 476
24 ..Wenn du denkst, kreierst du 487
25 ..Ein Energiewesen kreiert 502
26 ..Ein Schöpfer kehrt nach Hause zurück 526

Abschnitt 8: Das tiefe Ende verlassen

27 ..Der Träumer träumt den Traum 545
28 ..Eine andere Alternative zu Walk-Ins 561
29 ..Die facettenreiche Seele 584
30 ..Die neue Erde 619
31 ..Finale 657

Autoren Seite 665

Abschnitt 1

NUTZEN DER REGRESSIONSTHERAPIE

KAPITEL 1

MEINE ANFÄNGE IN DER HYPNOSE

Meine Abenteuer im Bereich der Hypnose haben neben diesem Buch noch zwölf weitere Bücher hervorgebracht. Ich fühle mich oft wie die Charaktere in „Star Trek", die dahin gehen, wo noch kein Menschen zuvor war. Ich bin durch Zeit und Raum gereist, um die Geschichte der Vergangenheit und die Möglichkeiten der Zukunft zu erkunden. Ich bin zu unbekannten Planeten und Dimensionen gereist und habe mich mit vielen sogenannten „außerirdischen" Arten unterhalten. Ich habe die Wunder verlorener Zivilisationen gesehen und Informationen über ihren Untergang erhalten. All dies passiert ohne die Verwendung von Zeitmaschinen, die in Science Fiction Romanen so üblich sind. Denn für diese abenteuerliche Arbeit ist nur der Gebrauch des menschlichen Geistes erforderlich. Alles Bekannte und Unbekannte ist in den Nischen des Unterbewusstseins versteckt, wo es auf Entdeckung wartet. Das sind meine Arbeit und meine Leidenschaft. Ich betrachte mich als eine Reporterin, eine Ermittlerin, eine Forscherin des „verlorenen Wissens", obwohl das meiste meiner Arbeit Hypnotherapie durch Regression in die Vergangenheit ist. Ich betrachte meine Arbeit als Umgang mit dem Unbekannten, weil ich eine Hypnosemethode bzw. eine Regressionsmethode entdeckt habe, mit der die Bereiche des Mysteriösen und Unerforschten erforscht und untersucht werden können.

Bald nachdem ich anfing, auf diesem Gebiet zu arbeiten, stellte sich heraus, dass meine Arbeit vom Alltäglichen in „verlorenes Wissen" abwanderte; so genannt, weil ich entdeckte, dass ich Informationen bekam, die vergessen, vergraben oder gar nicht bekannt waren. Wir bewegen uns in eine neue Welt, eine neue Dimension, in der diese Informationen geschätzt und angewendet werden können. Es wurde begraben und verloren oder aus bestimmten Gründen zurückgehalten. Viele verlorene Zivilisationen missbrauchten ihre Kräfte und schätzten nicht, was sie erreicht hatten und so wurde das Wissen weggenommen. Vielleicht ist es nun an der Zeit diese Talente, Kräfte, Fähigkeiten und dieses Wissen wieder zu erlangen und in unserer Zeit wertgeschätzt und angewendet zu werden.

Natürlich ist das Hauptziel meiner Arbeit die Therapie und Hilfe für Menschen, die sich von ihren Problemen erholen oder sie lösen. Aber der aufregendste und erfüllendste Teil meiner Arbeit, das i-Tüpfelchen, das Sahnehäubchen, ist das Entdecken der Geschichte. Und Informationen und neue Theorien in unsere Zeit zurückbringen. Es ist wirklich wie das Entdecken von Schätzen. Sie sagen, nichts ist wirklich neu. Wir holen uns nur Wissen, das wir alle einmal in anderen Leben hatten, aber über die Äonen der Zeit wieder in Vergessenheit geraten ist. In meiner Arbeit habe ich entdeckt, dass es nie wirklich vergessen worden ist, weil es in den Computerbänken des Unterbewusstseins gespeichert ist. Es hat nur darauf gewartet, dass die richtige Zeit es erneut hervorholt. Dies habe ich durch meine Arbeit mit Hypnose versucht.

Ich unterrichte ständig auf der ganzen Welt über das Thema meiner Bücher. Immer beginne ich meinen Vortrag mit einem kurzen persönlichen Hintergrund, damit das Publikum versteht, wie ich meine Informationen erhalte. Mir wurde vorgeworfen, ich habe die Fälle in meinen Büchern erfunden, eine wunderbare Romanschriftstellerin wurde ich genannt. Allerdings wäre es für mich ein noch größeres Kunststück gewesen, das Material, worüber ich schreibe, zu erfinden, anstatt nur die Fakten und Tatsachen zu berichten, die in tiefer Trance entstehen. Ich habe wirklich einen Weg gefunden die sprichwörtliche Büchse der Pandora zu öffnen. Das Material fließt unablässig aus dem Unterbewusstsein meiner Klienten. Alles was ich tun muss, all das zu ordnen und in meinen Büchern niederzuschreiben. Und das ist keine leichte Aufgabe.

Meine Wurzeln in der Hypnose reichen bis in die 1960er Jahre zurück, also bin ich seit ungefähr vierzig Jahren auf diesem Gebiet tätig. In den frühen Tagen meiner Arbeit war der Einführungsprozess zeitaufwendig und langwierig. Es handele sich dabei um das, was ich als das glänzende Objekt beobachten" bezeichne, bei dem etwas vor dem Klienten hängt oder geschwenkt wird, während der Hypnotiseur mit der Induktion fortfährt Und der lange, langwierige Prozess, der die Entspannung aller Körperteile beinhaltet. Dann wurden verschiedene Tests durchgeführt, um die Tiefe der Trance zu beurteilen, bevor der Hypnotiseur fortfahren konnte. Einige dieser Verfahren werden heute noch angewandt und noch immer unterrichtet. Diese Verfahren sind meistens in Filmen oder im Fernsehen zu sehen und sorgen für einen dramatischen Effekt. Die meisten Hypnotiseure haben die Methoden weiterentwickelt, hin zu schnelleren Methoden. So entwickelte auch ich meine eigene Technik, indem ich die zeitaufwendigen und unnötigen Teile der Induktion eliminierte. Moderne Techniken beinhalten die Verwendung von Sprache, Bildsprache und Visualisierung.

1968 wurde ich zum ersten Mal in die Reinkarnation und Rückführung in die Vergangenheit verwickelt. Mein Mann Johnny diente über zwanzig Jahre lang bei der US Marine und gerade aus dem Krieg in Vietnam zurückgekehrt. Wir waren in Texas stationiert und versuchten unser Leben nach einer durch den Krieg verursachten vierjährigen Trennung wieder normal zu gestalten. Mein Mann (der Haupthypnotiseur) und ich arbeiteten mit einer jungen Frau zusammen, die Probleme hatte, mit dem nervösen Essen. Sie war übergewichtig und hatte Nierenprobleme, daher schlug ihr Arzt vor, dass Hypnose ihr vielleicht helfen könnte. Bis zu diesem Zeitpunkt hatten wir nur konventionelle Hypnose mit Gewohnheiten durchgeführt; Meist arbeiteten wir mit Menschen, die mit dem Rauchen aufhören, abnehmen und dergleichen wollten. Wir haben nie daran gedacht, auch nicht in unseren wildesten Träumen, dass darüber hinaus etwas erreicht werden könnte. Während wir mit der Frau zusammenarbeiteten, haben wir sie rückwärts durch ihr Leben geführt, um nach bedeutenden Ereignissen zu suchen, als sie plötzlich in ein anderes Leben als Flapper, ein junges Mädchen mit übertrieben jungenhaftem und emanzipiertem Auftreten, in den wilden zwanziger Jahren in Chicago, sprang. Zu sagen, wir waren überrascht, ist gelinde ausgedrückt. Wir beobachteten, wie sie sich in eine andere Persönlichkeit mit unterschiedlichen Stimmmustern und Körperverhalten verwandelte. Sie wurde buchstäblich zu einer anderen Person vor unseren Augen. Dies war unser erster Kontakt mit Reinkarnation. Die gesamte Geschichte dieses Ereignisses wird in meinem Buch „Erinnerung an fünf Leben" erzählt. Dies war das erste Buch, das ich geschrieben habe. Es wurde nie veröffentlicht. Ich weiß nicht, ob ich es jemals veröffentlichen werde, weil es angesichts der Ereignisse in meiner Karriere recht profan erscheint. Aber manche Leute meinen, es könnte ein Interesse an der Geschichte meiner Anfänge in der Hypnose geben.

Als wir mit dieser Frau zusammenarbeiteten, wollte unsere Neugier mehr über dieses Reinkarnationsphänomen wissen. Wir wollten herausfinden, wohin uns die Hypnose führen würde. Wir haben sie durch fünf verschiedene und unterschiedliche Leben zurückgeführt, bis zu dem Zeitpunkt, als sie von Gott erschaffen wurde.

Alle Sitzungen wurden auf einem tragbaren Tonbandgerät dieser Zeit aufgezeichnet. Es wurde „tragbar" genannt, obwohl es extrem schwer war und große 8-Zoll-Bandspulen verwendete. Damals gab es keine Anleitungsbücher für einen Hypnotiseur dieser Art. Das einzige Buch in dieser Richtung, hieß „Die Suche nach Bridey Murphy" von Morey Bernstein. Das Buch galt damals als Klassiker, heutzutage ist es jedoch so banal, dass es nicht einmal veröffentlicht werden würde. Es kam zur richtigen Zeit. Wir hatten also nichts, was uns zu führte, als wir mit der Frau in der Zeit zurückkreisten und sie buchstäblich beobachteten, wie sie zu anderen Persönlichkeiten wurde, als wir jede Zeit durchliefen. Im Laufe der Zeit haben wir unsere eigenen Regeln gefunden, und die Ergebnisse waren bemerkenswert. Während des Experiments, uns hatte niemand gesagt, dass dies nicht möglich ist, haben wir sie auch in die Zukunft geführt, um zu sehen, was wir alle tun würden. Sie sah uns in einer ländlichen Umgebung leben und wir hatten Enkelkinder. Wir haben niemandem die Identität der Frau mitgeteilt, mit der wir gearbeitet hatten. Doch hörten mehrere Marine Freunde davon und kamen in unser Haus, um die neueste Ausgabe zu hören, das jüngste Kapitel. Die Erfahrung veränderte unser Leben und Glaubenssystem für immer.

1968 war ein sehr bedeutendes Jahr, alles hat sich für immer in meinem Leben verändert. Ich dachte, mein Leben würde sich nie wieder normalisieren. Eines Nachts wurde mein Mann Johnny auf dem Weg zur Marinebasis bei einem schrecklichen Autounfall fast getötet. Er wurde von einem betrunkenen Fahrer frontal getroffen und mitsamt unserem Volkswagen Bus in Trümmer gerissen. Die Ärzte sagten, es sei ein Wunder, dass er noch lebe, seine Verletzungen seien so gravierend, dass er in dieser Nacht hätte sterben können. Johnny hatte Glück, sein Leben war verschont geblieben, weil ein gerade aus Vietnam zurückgekehrter Sanitäter im Auto direkt hinter Johnny fuhr. Er war daran gewöhnt, Notfälle auf dem Schlachtfeld zu behandeln, und so konnte er Johnny umgehend verarzten, bevor er auf der Autobahn verblutete. Als die Rettungsmannschaft von der Basis ankam, hatte der Sanitäter die Blutung kontrolliert, aber Johnny war immer noch in den Trümmern des Wagens eingeklemmt. Um ihn zu befreien, waren umfangreiche Arbeiten der Feuerwehr erforderlich. Anschließend wurde er mit einem Hubschrauber in das Marine Krankenhaus in Corpus Christi transportiert.

Als ich auf der Intensivstation ankam, kamen fünf verschiedene Ärzte nacheinander und erklärten mir, warum er die Nacht nicht überleben konnte. Sie waren verblüfft, dass ich nicht verärgert war. Ich sagte ihnen, dass sie sich irren. Er würde nicht sterben. Aber ich konnte ihnen natürlich nicht sagen, woher ich das wusste. Wie konnte er denn sterben, wenn er in der Zukunft mit seinen Enkelkindern gesehen worden ist? Ich wusste, dass es wahr ist. Ich glaubte an das, was wir tun und was wir entdeckt hatten. Wenn ich es glauben wollte, musste ich alles glauben. Dieser Glaube half mir, meinen Verstand während einer schrecklichen Zeit zu bewahren.

Ich wusste es damals nicht, aber das Glaubenssystem vieler Menschen auf der Basis wurde auch getestet. Einige sagten, der Unfall sei eine Strafe Gottes, weil wir uns in etwas vertieften, das mit dem Teufel in Verbindung gebracht wird; Reinkarnation erforschen. Wir sahen um Ecken in die Dunkelheit und öffneten Türen, die besser geschlossen blieben. Ich konnte das nicht glauben, weil uns während unserer Arbeit mit der Frau ein Gott gezeigt worden ist, der liebevoll und freundlich war, nicht rachsüchtig. Meine Welt ist auf den Kopf gestellt worden, ich konnte die Gründe für das was passiert war nicht verstehen, aber ich wusste definitiv, dass unsere Neugier und unser Streben nach Wissen ins Unbekannte keine Strafe ist.

Wie ironisch für Johnny, den Krieg zu überleben, nur um an der Nachlässigkeit eines betrunkenen Fahrers zu sterben. Aber das sollte nicht sein. Die Ärzte nannten ihn den „Wundermann", weil er trotz aller Widrigkeiten und trotz aller Logik überlebte. Dies war der Beginn eines Albtraums, der viele Jahre andauern sollte.

Nach Monaten auf der Intensivstation und einem Jahr im Krankenhaus (davon acht Monate in einem Gipsverband), wurde er als behinderter Veteran aus der Marine entlassen. Das war, als wir uns entschieden hatten, in die Hügel von Arkansas zu ziehen, wo wir dachten, dass wir mit nur einer Rente leben und unsere vier Kinder großziehen können. Damals war es eine Notwendigkeit, aber später war ich froh, dieses Heiligtum als Rückzugsort in den Hügeln zu haben. Johnny verbrachte fünfundzwanzig Jahre in einem Rollstuhl. Als Teilamputierter konnte er mit Krücken nach draußen gehen und ein Auto mit der Hand steuern. Während dieser Zeit konzentrierte ich mich voll und ganz auf meinen Mann und meine Kinder.

Mein Abenteuer in der Reinkarnation mit Hypnose musste zurückgestellt werden, ich musste mich an mein neues Leben gewöhnen. Mein Interesse an Hypnose sollte erst dann wiederbelebt werden, als die Kinder anfingen auf die Hochschule zu gehen, ihr Zuhause zu verlassen und zu heiraten. Es trat das „leere Nest-Syndrom" ein und ich stand vor der Frage, was ich mit dem Rest meines Lebens anfangen wollte. Ich entschied mich für etwas sehr Ungewöhnliches, nicht was die „normale" Frau unter diesen Umständen tun würde. Ich beschloss, zur Hypnose zurückzukehren, obwohl ich keine Ahnung hatte, wo die Klienten in den Hügeln von Arkansas herkommen sollten. Ich wusste nur, dass ich etwas tun wollte. Aber ich mochte die altmodischen, langgezogenen Induktionsmethoden nicht, die in den 60er Jahren populär waren. Ich wusste, dass es einfachere und schnellere Techniken geben musste. Also studierte ich die neueren Methoden und stellte fest, dass der Trance-Zustand durch Bilder und Visualisierung induziert werden konnte. Ich wollte mich nicht mehr auf die regelmäßige Hypnose konzentrieren, um Personen zu helfen, die ihre Gewohnheiten ändern wollten, oder mit dem Rauchen aufhören wollten, oder um Gewicht zu verlieren und dergleichen. Mein Interesse an Reinkarnation war geweckt und darauf wollte ich mich konzentrieren. In den späten 70er und frühen 80er Jahren gab es nur wenige Bücher, die dem Hypnotiseur im Bereich der Regressionstherapie an die Hand gegeben waren.

Also musste ich meine eigene Technik finden. Ich fand bald heraus, dass das meiste, was in der traditionellen Hypnose gelehrt wird, unnötig ist. Also entfernte ich einige dieser Schritte und ersetzte sie durch schnellere Methoden. Ich denke, solange die Person nicht zu Schaden kommt, kann der Hypnotiseur experimentieren, um herauszufinden, was funktioniert und was nicht. Anfangs musste herausgefunden werden, wie der effektivste Trance-Zustand geschaffen werden kann. Ich wusste, dass ich Neuland betrat. Nach fast dreißig Jahren, in denen ich meine Technik verfeinert und perfektioniert hatte, entwickelte ich meine eigene Methode. Ich arbeite gerne im somnambulistischen Trance-Zustand (das ist der tiefst mögliche Trance-Zustand), weil ich glaube, dass hier alle Antworten liegen. Viele Hypnotiseure arbeiten dort nicht, weil dort „seltsame Dinge passieren". Jeder, der meine Bücher gelesen hat weiß, dass dort tatsächlich seltsame Dinge passieren. Die meisten Hypnotiseure sind darauf trainiert, den Klienten im leichteren Trancezustand zu halten. Auf dieser Ebene des Bewusstseins ist der Geist sehr aktiv und interferiert häufig.

Einige Informationen können auf dieser Ebene erhalten werden, aber nicht die vollständige Zusammenarbeit des Unterbewusstseins, die auf der somnambulistischen Ebene stattfindet, auf der die Bewusstseinsstörung gänzlich entfernt wird. Die Person erinnert sich normalerweise an nichts und denkt, sie sei nur eingeschlafen. Die normale Wahrscheinlichkeit ist, dass eine von zwanzig oder dreißig Menschen automatisch und spontan in den somnambulistischen Zustand der Trance gerät. Aber in der Technik, die ich entwickelt habe, ist das Gegenteil der Fall: Einer von zwanzig oder dreißig wird nicht gehen. Es ist also eine sehr effektive Methode, um das Bewusstsein auszuschalten und das Unterbewusstsein die Antworten geben zu lassen. Dies ist die Methode die ich jetzt in meinen

Hypnotherapie-Kursen lehre und meine Schüler berichten von gleichen erstaunlichen Ergebnissen.

Als ich Ende der 70er Jahre mit der Therapie begann, entdeckte ich bald ein Muster. Dies war, bevor ich meine Methode entdeckte, mit dem Unterbewusstsein in Kontakt zu treten. Danach wurde das Muster noch klarer. Ich habe festgestellt, dass die meisten Probleme, die die Menschen haben: körperlicher und geistiger Art, Allergien, Phobien oder Beziehungsprobleme und dergleichen, auf Ereignisse zurückgeführt werden können, die nicht im gegenwärtigen Leben, sondern in anderen Leben entstanden sind. Viele meiner Klienten sind jahrelang im medizinischen und psychiatrischen Bereich von Arzt zu Arzt gegangen und hatten wenig Erfolg bei der Suche nach Antworten auf ihre anhaltenden Probleme. Dies liegt daran, dass sich die Ärzte nur auf die offensichtlichen körperlichen Symptome und Ereignisse konzentrieren, die im gegenwärtigen Leben auftreten. Manchmal lässt sich das Problem auch auf Ereignisse zurückführen, die in der Kindheit aufgetreten sind, aber in den meisten Fällen, an denen ich gearbeitet habe, liegt die Antwort in der tieferen Vergangenheit begraben.

Ich glaube, dass vergangene Leben auf einer anderen Schwingung oder Frequenz existieren. Wenn wir uns in diese Leben zurückentwickeln, ändern wir diese Frequenzen, um sie zu sehen und zu erleben, genauso wie beim Wechseln der Kanäle in einem Radio oder einem Fernsehgerät. Manchmal sind diese anderen Frequenzen zu nahe beieinander oder überlappen sich und verursachen so statische Störungen oder Krankheiten.

In meiner Technik habe ich die besten Ergebnisse, wenn ich das Unterbewusstsein (wie ich es nenne) kontaktiere. An einem entscheidenden Punkt in der Sitzung, nachdem der Klient das vergangene Leben, das die Antworten auf die Probleme des gegenwärtigen Lebens enthält, gefunden hat, bitte ich danach, mit dem Unterbewusstsein des Klienten zu sprechen. Es antwortet immer und gibt die gewünschten Informationen.

In der traditionellen Hypnose wird dem Praktiker beigebracht, wie er mit Hilfe von Handzeichen Antworten aus dem Unterbewusstsein erhält. Hier bitten sie die Person, einen Finger für „Ja" und einen anderen für „Nein" zu heben. Für mich ist das extrem langsam und sehr begrenzt. Warum sollte man diese Methode verwenden, wenn sie direkt mit dem Unterbewusstsein sprechen können und es ihnen verbal antworten wird? Mit meiner Methode können sie sich unterhalten und eine Zwei-Wege-Konversation führen, und man kann die Antwort auf absolut alles finden, was man fragt.

Meine Definition des Unterbewusstseins ist: der Teil des Geistes, der sich um den Körper kümmert. Es reguliert alle Systeme des Körpers. Man muss seinem Herz nicht sagen, dass es schlagen soll, oder sich selbst, dass man atmen muss. Ich identifiziere dies als Aufgabe des Unterbewusstseins, weil es ständig überwacht und alles weiß, was im Körper der Person vorgeht. Deshalb können wir mit dieser Methode Antworten auf Gesundheitsfragen erhalten. Ich habe festgestellt, dass jedes körperliche Symptom, jede Krankheit eine Nachricht aus dem Unterbewusstsein ist. Es versucht verzweifelt, unsere Aufmerksamkeit auf die eine oder andere Weise zu erlangen. Es versucht uns etwas zu sagen und wird bestehen bleiben, bis wir es endlich verstehen. Wenn wir nicht aufpassen, wird sich die Krankheit oder das Problem weiter verschlechtern, bis wir keine Alternative mehr haben oder es gar zu spät ist, um die Situation umzukehren. Ich weiß, dass dies wahr ist, weil die gleichen Symptome im heutigen Leben vieler Menschen mit den gleichen Problemen zusammenhängen. Ich wünschte nur, das Unterbewusstsein könnte einen weniger schmerzhaften Weg finden, die Botschaft zu übermitteln. Ich sage oft: „Wäre es nicht einfacher, ihnen einfach eine Notiz zu reichen"? Das Unterbewusstsein glaubt, dass es die Nachricht auf eine direkte, vorwärts gerichtete Weise weitergibt, die die Person versteht. Dies ist jedoch häufig nicht der Fall. Wir sind zu sehr auf unser tägliches Leben fixiert, um uns zu fragen, warum wir andauernde Rücken- oder Kopfschmerzen oder ähnliches haben.

Wenn wir die Sitzung haben und den Grund für das Unbehagen herausfinden (und oft können die Gründe so außergewöhnlich sein, dass ich nicht denke, dass jemand die Verbindung bewusst herstellen könnte), dann ist die Nachricht übermittelt worden und das Unbehagen hört auf. Es gibt keinen Grund mehr für das Verbleiben, seit die Nachricht übermittelt und verstanden wurde. Die Person kann dann wieder gesund werden, wenn die erforderlichen Veränderungen des Lebens vorgenommen werden. Es geht immer um die Verantwortung der Person selbst. Das Unterbewusstsein kann nur so viel tun und der freie Wille der Person wird immer respektiert.

Ich weiß, dass diese Aussagen radikal klingen und nicht zu traditionellen Behandlungsmethoden passen, aber ich kann nur berichten, was ich entdeckt und beobachtet habe, als ich tausenden von Menschen mit dieser Methode geholfen habe.

Ich glaube auch, dass das Unterbewusstsein all die Aufzeichnungen hat, die einem gigantischen Computer entsprechen. Es zeichnet alles auf, was jemals im Leben der Person passiert ist. Deshalb können diese Informationen durch Hypnose zugänglich gemacht werden. Wenn die Person gebeten wurde, zu ihrem zwölften Geburtstag zurückzukehren, kann sie sich an jedes Ereignis dieses Tages erinnern, einschließlich der Torte, der Teilnehmer, der Geschenke und dergleichen. Das Unterbewusstsein zeichnet jedes winzige Detail auf. Ich glaube, vieles ist überflüssig und ich frage mich, was das Unterbewusstsein mit all den winzigen Details macht. Zum Beispiel werden sie immerzu von tausenden von Informationselementen bombardiert: Sehen, Hören, Riechen, Sinnesempfindungen und vielem mehr. Wenn man sich all dessen bewusst wäre, wären sie überwältigt und könnten nicht funktionieren. Man muss sich nur auf die Informationen konzentrieren, die man für sein Leben benötigt. Das Unterbewusstsein ist sich jedoch immer bewusst und speichert diese Informationen ständig. Für was? Wir werden das in diesem Buch weiter untersuchen. Dies könnte auch erklären, woher plötzliche psychische Offenbarungen und Intuitionen kommen. Es ist Teil dieser Informationen, die wir auf einer anderen Ebene erhalten, die wir nicht unbedingt benötigen. Aber da es dort ist, dringt es gelegentlich in unsere bewusste Welt ein. Wenn dies der Fall ist, wird es als wundersames Phänomen betrachtet, obwohl dieser riesige Informationsvorrat immer vorhanden ist und bereit, mit dem richtigen Training abgerufen zu werden.

Das Unterbewusstsein zeichnet nicht nur alles auf, was der Person in diesem Leben jemals passiert ist, sondern auch alles, was ihnen in allen vergangenen Leben und ihrer Existenz im Geisteszustand passiert ist. Vieles davon erfährt keine Anwendung im gegenwärtigen Leben. Es kann aus Neugierde angezapft werden und ist für die Person interessant. Aber zu welchem Zweck könnte es zur Lösung der Probleme des gegenwärtigen Lebens dienen?

Dies ist einer der Fehler, den viele Hypnotiseure begehen. Sie sehen keinen Wert darin, die Person in ein früheres Leben zu bringen, es sei denn, es handelt sich lediglich um Neugierde, Phantasie oder Vergnügen. (Obwohl viele dieser vergangenen Leben alles andere als glücklich sind). Deshalb habe ich meine eigene Technik entwickelt. Ich begleite die Person zu der Lebenszeit, welches das Unterbewusstsein als das relevante für die Probleme in der jetzigen Lebenszeit ansieht. Ich führe nie, ich erlaube dem Unterbewusstsein, die Person in das Leben zu bringen, welches es zum Zeitpunkt der Sitzung als das Wichtigste erachtet. Ich bin immer wieder überrascht, ob das Leben langweilig oder banal ist (was 90% von ihnen sind), in alten oder modernen Zivilisationen stattgefunden hat oder sich mit Fremden und dem Leben auf anderen Planeten oder Dimensionen beschäftigt, das Unterbewusstsein stellt immer die Verbindung her und es ist immer eine Verbindung, die ich selbst oder der Klient niemals bewusst hätte herstellen können. Aber es macht durchaus Sinn, wenn man es aus dieser Perspektive betrachtet.

Wenn ich mit dem Unterbewusstsein in Kontakt komme, wundert es mich immer wieder, weil es offensichtlich wird, dass ich nicht mit der Persönlichkeit des Klienten spreche, sondern mit einer eigenen Entität oder zumindest einem Teil davon. Ich kann immer erkennen, wann das Unterbewusstsein erreicht ist und die Fragen beantwortet. Es spricht von der Person immer in der dritten Person (er, sie). Es ist emotionslos und scheint, fast als objektiver Beobachter, von den Problemen losgelöst zu sein. Es wird die Person züchtigen, weil sie nicht zugehört hat. Manchmal lautet die erste Bemerkung des Unterbewusstseins: „Nun, endlich werde ich eine Chance haben, zu sprechen. Ich habe jahrelang versucht, mit (Jane oder Bob) zu sprechen, aber sie hören nicht zu". Das Unterbewusstsein kann so objektiv sein, dass es manchmal grausam klingt. Es sagt die Wahrheit über die Situation, wie es sie sieht. Wenn es der Person, in aller Härte seine Informationen übermittelt hat,, sagt es immer zu den jeweiligen Personen, wie sehr sie geliebt werden und wie stolz es auf die

Fortschritte ist, die sie gemacht haben. Dieser Teil erkennt mich auch an und dankt mir oft dafür, dass ich die Person in diesen Trancezustand versetzt habe und diesen Prozess zulasse. Es spricht oft von sich selbst im Plural (also wir), als ob es nicht die einzige Entität ist, sondern es mehrere Entitäten sind. Dies wird in diesem Buch weiter erläutert.

Skeptiker werden das nicht verstehen oder glauben. Sie hätten einen guten Grund, dies nicht zu tun, wenn dieser Kontakt nur durch eine Person zustande gekommen wäre. Aber wie können die Menschen argumentieren, dass dies Phantasie, Betrug, Schwindel, vorsätzliche Manipulationen, oder was auch immer ist, wenn es durch alle Klienten geschieht mit denen ich arbeite, egal wo sie sich auf der Welt befinden? Ich habe eine ungefähr 90%ige Erfolgsrate mit der hypnotischen Technik, die Person in ein angemessenes vergangenes Leben zu bringen und davon etwa 90%, wenn sie mit ihrem Unterbewusstsein in Kontakt treten. Das Unterbewusstsein spricht und beantwortet die Fragen immer auf dieselbe Art und Weise. Dies würde nicht passieren, wenn es sich um einen zufälligen Umstand handelt.

Die Leute, bei denen ich am meisten Schwierigkeiten hatte, sie in den Trancezustand zu versetzen, sind gewöhnlich hochqualifizierte Geschäftsleute, diejenigen, die wertend und analytisch sind. Anstatt sich zu entspannen und auf die Vorschläge einzugehen, versuchen sie, die Kontrolle über die Sitzung zu behalten. Es gibt andere, die sagen, dass sie bereit sind, die Antworten zu finden, aber insgeheim fürchten sie sich vor dem, was herauskommen wird, deshalb sabotiert ihr Bewusstsein die Sitzung. Aber wie gesagt, das sind nur etwa 10% oder weniger der Klienten, mit denen ich arbeite. Der Rest (90%) findet immer ein vergangenes Leben. Ich glaube also, dass dies ein überzeugender Beweis für die Reinkarnation ist.

Eins hat mich gewundert. Wenn dieser Teil des Verstandes der Person in jedem Fall derselbe zu sein scheint, was kontaktiere ich dann? Wenn es nur zu der Person gehörte, mit der ich arbeite, und nur Zugriff auf deren Informationen hat (was die logische Sichtweise ist), warum und wie können Informationen auf einer größeren Skala abgerufen werden? Das Unterbewusstsein selbst liefert die Antwort auf diese

Frage in diesem Buch, denn während sich meine Arbeit ausdehnt, weiß ich, dass mehr geschieht, und ich bin bereit (oder ich glaube, ich bin es) für kompliziertere Erklärungen.

Ich weiß jetzt, dass ich es eingeschränkt und vereinfacht habe. Es ist eigentlich so, als würde man mit einem Computerterminal kommunizieren, das mit einer riesigen Datenbank verbunden ist. Die Datenbank übersteigt Zeit, Raum und alle Einschränkungen des individuellen Bewusstseins. Dies ist der erstaunliche Teil meiner Arbeit. Ich spreche immer mit demselben Teil, einem Teil, wie ich entdeckt habe, das allwissend zu sein scheint. Es hat nicht nur die Antworten, die der Klient sucht, sondern auch Antworten auf alles, was ich fragen möchte. Ein allwissender Teil von etwas, das Zugriff auf alle Informationen hat. Manche Leute nennen diesen Teil vielleicht das „totale Selbst", „Höheres Selbst", die „Überseele", „Kollektivbewusstsein" oder „Gott". Diese könnten sich unter verschiedenen Namen auf dasselbe beziehen. Ich weiß nur, dass ich in meiner Arbeit etwas gefunden habe und dass es auf den Namen „Unterbewusstsein" reagiert.

Es gibt viele andere Begriffe in Wissenschaft und Religion, die versuchen könnten, diesen Teil zu erklären, mit dem ich mich erfolgreich beschäftigt habe. Was auch immer dieser Teil ist, es ist eine Freude, mit ihm zu arbeiten, hauptsächlich wegen meiner Neugier und meinem Verlangen nach Informationen. Ich liebe es, in Bibliotheken zu recherchieren und das ist, als hätte ich Zugang zur großartigsten Bibliothek von allen. Reise also mit mir, wenn ich mehr über die komplizierten metaphysischen Konzepte erforsche. Ich weiß, dass ich nicht alle Antworten habe, aber es ist mir gelungen, die Oberfläche etwas tiefer anzukratzen. Vielleicht wird dein Verstand durch das, was ich gefunden habe, angeregt und inspiriert. Suche weiter und stelle Fragen. Nur so werden die Antworten gefunden. Erinnere dich an das Sprichwort: „Ein Fallschirm ist wie der Verstand. Er funktioniert nur, wenn er offen ist".

KAPITEL 2

NORMALE RegressionSTHERAPIE

Die Menschen erkennen nicht die Fähigkeit, die ihr eigener Verstand besitzt, um sich selbst zu heilen. Meine Technik erlaubt den Zugang zu jenem Teil ihres Geistes, der die Ursache ihrer Probleme finden kann. Das Unterbewusstsein kann sehr wörtlich sein in den körperlichen Symptomen, die es zur Übermittlung seiner Nachrichten verwendet. Wenn sich mehr Menschen dessen bewusst wären, könnten sie genauer darauf achten, was ihr Körper ihnen zu sagen versucht.

Aus den tausenden von Sitzungen, die ich durchgeführt habe, kann ich normalerweise ein Muster oder eine Abfolge von Symptomen identifizieren, die auf die Möglichkeit schließen lassen, dass die körperlichen Probleme der Person eventuell aus aktuellen Ereignissen im gegenwärtigen Leben stammen. Wenn mir zum Beispiel jemand sagt, er habe anhaltende Rücken- oder Schulterschmerzen, werde ich fragen, ob er in seinem Leben eine schwere Last trägt. Ausnahmslos antworten sie, dass sie sich tatsächlich aufgrund ihres Privatlebens, ihres Arbeitsumfelds usw. so fühlen und unter großem Druck stehen. Diese Zustände äußern sich als Unbehagen im Rücken- oder Schulterbereich. Schmerzen in den Handgelenken und Händen können bedeuten, dass sie sich in ihrem Leben an etwas festhalten, von dem sie loslassen müssen. Ich habe festgestellt, dass Schmerzen in den Beinen, Füßen oder der Hüfte bedeuten, dass sie sich in einer Situation befinden, in der sie in ihrem Leben in eine andere Richtung gehen könnten. Dies beinhaltet normalerweise eine wichtige Entscheidung, die ihr Leben radikal verändern würde. Es manifestiert sich als Unbehagen in diesem Teil des Körpers, weil das Unterbewusstsein ihnen sagt, dass sie Angst haben, den nächsten Schritt zu gehen, so dass der Schmerz sie physisch zurückhält. Magenprobleme werden manchmal durch die Person verursacht, die nicht in der Lage ist, etwas in ihrem Leben zu „verdauen". Krebs, besonders im Darm, hält Emotionen im Inneren, bis er Stress verursacht und an den Organen zu fressen beginnt, weil er nicht freigesetzt oder losgelassen wird. Epilepsie kann die Unfähigkeit sein, den zu hohen energetischen Anteil im Körper zu verarbeiten.

Ich hatte Klienten die sich verschluckten, wenn sie bestimmte Nahrungsmittel zu sich nahmen oder bestimmte Medikamente einnahmen. In diesen Fällen sagte das Unterbewusstsein, dass es nicht nötig sei die Pillen einzunehmen, weil sie mehr Probleme verursachten, als den Körper zu unterstützen. Der Reflex verursachte Würgen und Unbehagen als eine Form der Ablehnung, um die Person davon abzuhalten, schädliche Nahrung oder Medikamente zu sich zu nehmen. Das Unterbewusstsein kann manchmal sehr dramatisch und kontrollierend sein.

Während einige Antworten unter den gegenwärtigen Lebensbedingungen zu finden sind, konzentriert sich der Großteil meiner Arbeit auf andere Lebenszeiten. Ich werde einige der „normalen" Regressionen in die Vergangenheit vorstellen, um zu zeigen, wie Probleme gelöst werden können, die der Klient im gegenwärtigen Leben erlebt. Der Rest des Buches konzentriert sich auf abnorme oder unterschiedliche Arten der Regression und wie dem Klient auch durch die Untersuchung dieser Themen geholfen werden konnte.

Es ist zu beachten, dass diese Erklärungen nicht wortwörtlich auf alle Fälle zutreffen können und dies nicht unbedingt die einzige Ursache für die Krankheit oder das Unbehagen sein muss. Es gibt keine pauschale Aussage, dass Übergewicht immer durch dies oder das verursacht wird oder Migräne immer dadurch verursacht wird. Die Erklärungen sind so unterschiedlich wie die Personen und das Unterbewusstsein kann sehr schlau sein. Der Hypnotiseur muss flexibel sein und seine eigenen Instinkte einsetzen, um die richtigen

Fragen zu stellen. Die Antwort und Lösung, die für eine Person gilt, ist möglicherweise nicht die Antwort für die andere.

Ein Beispiel für vergangene Leben, die die Gegenwart durch körperliche Probleme beeinflussen: Viele Fälle von Arthritis beruhen auf Folterungen auf der Folterbank oder ähnlichen Vorrichtungen in Verliesen des Mittelalters. Die Menschheit hat in der Vergangenheit furchtbare Dinge erlebt, und dies wird manchmal im Gedächtnis verankert.

* * *

Eine interessante Erklärung für Myome in der Gebärmutter erhielt ich durch eine Klientin, die bereits mehrere Abtreibungen hinter sich gebracht hatte. Sie musste zu dieser Zeit bereits einige Kinder versorgen. Es war eine schwere Zeit, arbeiten zugehen und gleichzeitig die Kinder großzuziehen und zu unterstützen. Sie fühlte sich, unter diesen Umständen, der Belastung weitere Kinder zu haben nicht gewachsen. Sie sagte, die Abtreibungen störten sie nicht und dass sie sich damit abgefunden hätte, aber ihr Unterbewusstsein und ihr Körper wusste etwas anderes. Sie bekam Probleme mit Myomen. Während der Sitzung sagte ihr Unterbewusstsein, dass sie sich mehr schuldig fühle, als sie sich selbst eingestand und die Tumore der Gebärmutter repräsentierten die ungeborenen Babys. Sobald sie sich damit abgefunden hatte, schrumpften die Tumore und verschwanden ohne Operation.

Sexuelle Erkrankungen: Herpes / Hysterektomie / Zysten an Eierstöcken / Prostataprobleme und dergleichen wurden in anderen Leben auf sexuelles Fehlverhalten oder Misshandlungen des anderen Geschlechtes zurückgeführt. Dies kann auch eine Methode sein, das andere Geschlecht aus diesem Leben fernzuhalten, oder sich als Strafe selbst aufzuerlegen. Eine Frau hatte Endometriose, Probleme mit ihren weiblichen Organen, die ihren Rücken betrafen. Sie hatte nie Kinder, obwohl sie seit 19 Jahren verheiratet war. Ihr Arzt wollte ihre Eierstöcke operieren und entfernen, um das Problem zu klären. Ihre vergangenen Leben haben gezeigt, dass weibliche Organprobleme manchmal aus einem Muster stammen, weil sie mehrere Leben als

Priester und Nonnen zölibatär geführt hatten. Dies führte nun zur Unterdrückung sexueller Gefühle und Aktivitäten.

Gelübde in anderen Leben sind sehr mächtig. Besonders Armutsbotschaften wirken sich im heutigen Leben oft aus und verursachen Geldprobleme. Diese müssen im früheren Leben als notwendig erkannt werden, aber jetzt können sie als unangemessen identifiziert und damit aufgegeben werden.

Manchmal war die Person in vielen Leben vom gleichen Geschlecht und befindet sich plötzlich im Körper des anderen Geschlechts. Sie entwickeln Krankheiten und Probleme, um den Körper abzulehnen, insbesondere die Körperteile, die mit Hormonen zu tun haben. Ich habe festgestellt, dass dies auch eine Erklärung für Homosexualität ist. Die Person hatte viele Leben als ein und dasselbe Geschlecht gehabt und hatte nun Schwierigkeiten sich an das Leben im anderen Geschlecht anzupassen.

* * *

Ich hatte viele Klienten, die unter Migräne litten. Diese kann oftmals auch auf vergangene Leben zurückgeführt werden, beispielsweise aufgrund von Traumata im Kopf. Schläge auf den Kopf von Menschen und Tieren oder mit Waffen werden normalerweise mitgetragen, um die Person daran zu erinnern, einen Fehler in diesem Leben nicht zu wiederholen, der möglicherweise ihren Tod in einem anderen Leben verursacht hat. Ein Fall war eine Frau, die das Leben eines jungen Mannes, dem während des amerikanischen Bürgerkriegs in den Kopf geschossen wurde, noch einmal durchlebte. In England gab es einen Fall, in dem die Frau ihr ganzes Leben lang schreckliche Kopfschmerzen hatte, die von ihrem Nasenrücken ausgingen und sich über ihre Stirn und über ihren Kopf ausdehnten. Keine Medikamente konnten Erleichterung verschaffen. Wir fanden heraus, dass die Ursache in einem der zahlreichen Kriege, die in Europa im Laufe der Geschichte geführt wurden, lag. Genau an dieser Stelle wurde sie von einem Schwert an ihrem Kopf getroffen. Das Verständnis der Ursache reichte aus, um das physische Problem zu beseitigen.

Ein Migräne-Fall ging in eine andere Richtung. Die Klientin arbeitete in einer Reiseagentur und konnte als solche um die ganze Welt reisen. Ihre Kopfschmerzen entwickelten sich, als sie Indonesien verließ und zurück nach Hause kam. Es war ein sehr schöner und erholsamer Urlaub. Sie hatte sich dort sehr wohl gefühlt, so dass sie den Beginn der Kopfschmerzen nicht mit dem Urlaub in Verbindung bringen konnte, da dort nichts Traumatisches oder Unangenehmes passiert war. Während der Regression ging sie in diesen Teil der Welt mit einer wundervollen Familie und einem Mann, der sie sehr liebte, zu einem sehr idyllischen Leben. Ihr Unterbewusstsein erklärte, dass sie, als sie in diesen Teil der Welt zurückkehrte, die Erinnerungen an das wundervolle Leben auslöste, und sie war verärgert, dass sie es wieder verlassen musste. Dies verursachte die Kopfschmerzen. Sie sehnte sich danach, an den Ort zurückzukehren, an dem sie so glücklich gewesen war. Meine Aufgabe bestand darin, die andere Persönlichkeit davon zu überzeugen, dass selbst wenn sie zurückkehren und dort leben würde, es nicht dasselbe wäre, weil die Menschen, die sie liebte, nicht mehr da waren und auch die Umstände anders waren. Sie würde diese Lebenszeit nicht zurückholen können, also müsse sie ihr Glück in der Gegenwart finden, vielleicht mit denselben Menschen, da wir dazu neigen, mit unseren Angehörigen wiedergeboren zu werden. Sobald dies verstanden wurde, verschwanden die Kopfschmerzen und kehrten auch nicht zurück.

* * *

Es gibt auch viele Erklärungen für Übergewicht. Einige lassen sich leicht vorhersagen: Die Person starb in einem anderen Leben an Hunger oder ließ andere verhungern. Manchmal ist das Gewicht ein Schutz. Die Person zieht sich die Polsterung an, um sich im gegenwärtigen Leben vor etwas (wirklich oder wahrgenommenem) zu schützen, oder um sich unattraktiv zu machen, um nicht verletzt zu werden. Meine Aufgabe ist es, herauszufinden, wovor sie sich schützen wollen. Oft erkennt die Person als Letzter die Ursache, aber wenn es unter Hypnose erklärt wird, ergibt es dann vollkommen Sinn. Dann kann der Klient eine Wiederherstellung durchführen.

Ich hatte eine gänzlich unerwartete Erklärung für Übergewicht. Eine Frau ging in ein Leben zurück, in dem sie als Mann in Schottland ein

Stammesführer war. Die Aufgabe war sehr anspruchsvoll und er fühlte sich in der Verantwortung. Als der Mann starb, beschloss er (nach seinem Tod): „Ich werde niemals das Gewicht von dieser Verantwortung loswerden." Sehr wichtige Worte, die das Unterbewusstsein der Frau äußerst ernst nahm und es in das gegenwärtige Leben übertragen hatte.

Ein ungewöhnlicher Fall wird in meinem Buch „das Vermächtnis der Sterne" beschrieben, wo eine Frau sich selbst als Alien sah, das auf die Erde abgestürzt war und von Einheimischen betreut wurde. Sie hatte mit vielen ungewöhnlichen Fähigkeiten die Aufmerksamkeit auf sich gezogen. Eine davon war, dass die andere Schwerkraft auf der Erde sie dazu veranlasste, unerwartet zu schweben. Dies löste den Wunsch aus, sich im jetzigen Leben durch zusätzliches Gewicht davon abzuhalten zu schweben und damit Aufmerksamkeit zu erregen, obwohl dies logischerweise nicht sinnvoll war.

Eine weitere ungewöhnliche Erklärung für Übergewicht kam, als ein Klient, Rick, Hilfe bei seinem Gewichtsproblem suchte. Nichts schien zu funktionieren, vor allem Diäten nicht, bei denen er selektiv gegessen hatte. Während der Regression ging er sofort in ein Leben mit einer Art antiker Kultur. Die Beschreibung der Gebäude und Strukturen klangen nicht nach etwas, was ich in der Geschichte schon mal gesehen oder von dem ich gelesen habe. Einige der Beschreibungen erinnerten mich an die Azteken, insbesondere an das, was Archäologen entdeckt hatten. Es gab einen rechteckigen Innenhof, der von seltsamen Strukturen umgeben war, die als Aussichtsplattformen dienten. Ein Athlet aus jeder der Gemeinschaften nahm an einem Spiel teil. Rick war einer der Athleten, der dazu ausgebildet worden war. Dieses Spiel hatte einen sehr hohen Stellenwert, weil so der Herrscher der zusammengeschlossenen Gemeinden für eine Saison bestimmt worden ist. Die Herrscher rotierten nach jeder Saison und dies wurde durch den Athleten entschieden, der das Spiel gewann. Rick trug eine seltsame Uniform und sein Gesicht war mit Farbstreifen bemalt. Die Idee des Spiels klang nach Baseball. Sie liefen mit einem Ball um den Platz und mussten ihn durch einen Steinreifen werfen, der an der Seite des Hofes angebracht war. Deshalb dachte ich an die Azteken, weil die Archäologen sagten, sie hätten in Mexiko ein Ballspiel entdeckt, wo die Azteken ein ähnliches Spiel spielten, aber sie behaupten, es wurde mit einem menschlichen Kopf gespielt, den man durch den Steinreifen warf. Wenn dies derselbe Ort ist, hatte sich das Spiel dahingehend verändert, dass menschliche Köpfe verwendet wurden, oder liegen die Archäologen da falsch?

Rick war ein sehr guter Athlet und gewann konsequent. Dies bedeutete, dass seine Mannschaft den Anführer für viele, viele Jahre auswählen konnte. Er arbeitete nicht gern so hart und wünschte sich oft, dass die Anführer stattdessen spielen würden. Er durfte nicht heiraten und beschränkte sich auf eine strenge Diät, die ihn schlank und körperlich in guter Form erhalten sollte. Er beneidete oft die anderen Leute, weil sie gesellig sein durften und alles essen konnten, was sie wollten. Seine Ernährung bestand aus Schildkrötenfleisch, einer Art weißer Wurzel, viel Wasser und einer bitter schmeckenden weißen Flüssigkeit, die aus einer fleischigen Pflanze gewonnen wurde. Er musste die Flüssigkeit jeden Morgen und Abend trinken. Es machte ihn oft ein wenig schläfrig, aber es war wichtig, weil es seine Muskeln fit halten sollte. Er hasste den Geschmack und gewöhnte sich nie daran.

Schließlich war er es leid, das Spiel zu spielen, und versuchte einen Weg zu finden, um aus dem Spiel herauszukommen. Die Leute liebten ihn, aber nach einer Weile waren sie auch gelangweilt wegen seines konsequenten Gewinnens. Die anderen Gemeinden mochten es nicht, weil sie keine Chance hatten zu regieren. Er entschied, dass er verlieren würde, aber es durfte nicht zu offensichtlich sein. Als er zu verlieren begann, wurde beschlossen, ihn zu ersetzen. Endlich durfte er ein normales Leben führen, einschließlich dem Essen, wonach ihm beliebte. Er entschied sich, mit der gegnerischen Gemeinschaft zu leben, weil sie dort glücklich waren, endlich die Chance zu haben, zu herrschen. Er stellte fest, dass ihre Athleten keine restriktiven Diäten hatten, sondern normale Nahrung zu sich nahmen. Dort war er glücklich, jedoch lebte er nicht mehr lange. Als er starb, hatte er das Gefühl sein Inneres würde in Flammen stehen. Der Medizinmann sagte, es sei eine Folge der weißen Flüssigkeit, die er all die Jahre trinken musste. Es hatte seinen Körper geschädigt.

Als wir mit dem Unterbewusstsein sprachen, war die Verbindung zwischen diesem Leben und seinem Gewichtsproblem offensichtlich. Das Unterbewusstsein sagte, das Getränk sei eine Droge, ein Betäubungsmittel gewesen, das sein Herz schneller schlagen ließ und die Verdauung und den Stoffwechsel des Körpers beschleunigte, um eine gute Muskulatur aufzubauen und damit eine schnellere Geschwindigkeit zu erzeugen. Es fraß schließlich Löcher oder Geschwüre in seinem Darm, dass war es, was ihn tötete. Als ich ihn nach seinem Gewichtsproblem fragte, sagte das Unterbewusstsein, dass es nicht so einfach sei. Es gab viele Faktoren, die alle miteinander vermischt waren. Weil die Autoritätsperson (der Herrscher) ihn zwang, etwas zu tun, was nicht in seinem Interesse war, hatte er gelernt, misstrauisch zu sein und den Autorisierten (Regierung, Kirche, Ärzten usw.) nicht zu vertrauen. Auch Essen wurde mit Genuss und sozialer Aktivität verbunden. Es war schwierig, alle diese Komponenten voneinander zu trennen, und er war gesund genug, dass das Unterbewusstsein es nicht für sinnvoll hielt. Es war offensichtlich, warum Rick sich bei Diäten, die restriktiv waren, nicht gut machte. Es brachte die Erinnerung an das andere Leben zurück. Er liebte es zu kochen und eine große Auswahl an Speisen zu essen. Dies war eine ungewöhnliche Ursache für Übergewicht und zudem eine, für die es schwer war Hilfestellung zu geben.

Als Rick aufwachte, erinnerte er sich an nichts, wollte aber wegen seines unangenehmen bitteren Geschmackes im Mund Wasser trinken. Er sagte, dass es ihn an eine Zeit erinnerte, als er ein Kind war und mit seinem Freund den Wald erkundete. Sie fanden fleischige Pflanzen und kauten darauf herum. (Es war ein Wunder, dass er nicht dabei zu Schaden kam, weil viele Pflanzen im Wald giftig sind.) Es hatte einen bitteren Geschmack. Ich erzählte ihm von der weißen Flüssigkeit, die er in diesem anderen Leben jahrelang getrunken hatte. Er konnte sich an diesen Geschmack erinnern. Es ging ihm gut, nachdem er Wasser getrunken hatte.

* * *

Ich konnte viele Fälle von Asthma auf vergangene Leben zurückführen, in denen die Person normalerweise an Ersticken starb oder etwas mit den Lungen oder der Atmung zu tun hatte, wie etwa ihrer Umgebung (Staub, Sand usw.). Ein bedeutender Fall trat früh in meiner Arbeit auf. Ein Arzt kam zu mir, der seit vielen Jahren unter Asthma litt. Er benutzte einen Inhalator, wusste aber, dass dies zur Gewohnheit geworden war, also wollte er damit aufhören. Er wusste genug über das Paranormale und die Metaphysik, um zu glauben, dass die Antwort in einem vergangenen Leben liegen könnte. Er lebte als Einheimischer im Dschungel in Afrika. Dies war zu der Zeit, als die Franzosen Asbest unterirdisch abbauten. Sie nahmen Einheimische gefangen und brachten sie in die Minen, um sie als Sklaven arbeiten zu lassen. Er war einer von denen, die gefangen genommen und in den Untergrund gebracht worden waren. Die ständige Exposition gegenüber den Asbestfasern während des Bergbaubetriebs verursachte bei den Eingeborenen körperliche Symptome, wie beispielsweise Blutungen durch den Mund aus der Lunge. Dies würde über kurz oder lang zu Atemproblemen führen und sie letztendlich töten. Wenn dies geschah, brachten die französischen Bergleute die Leichen einfach in den Dschungel zurück und nahmen einen anderen Ureinwohner mit, um den Platz neu zu besetzen. Der Mann hatte die bekannten Symptome und er wusste, dass er an der Lungenreizung sterben würde. In seiner Kultur war es nicht falsch Selbstmord zu begehen, wenn man sich in einer unerträglichen Situation befand, also stieß er einen Pfahl in seinen rechten Schulterbereich und starb.

Als ich mit dem Unterbewusstsein kommunizierte, wurde erklärt, dass die Erinnerung an dieses Leben weitergetragen worden war. Unter Stresssituationen kehrte das Atemproblem in Form von Asthmaanfällen zurück. Nun, da der Arzt verstanden hatte wodurch sein Problem entstanden war, konnte es gelöst werden. Als er erwachte, sagte er: „Ich habe mich immer gefragt, warum ich manchmal Schmerzen in diesem Bereich meiner Brust habe." Er rieb genau die Stelle, an der der Pfahl ihn durchstieß. Dieser Arzt wurde später ein guter Freund und ungefähr vier oder fünf Jahre nach der Sitzung fragte ich ihn nach seinem Asthma. Er lächelte und sagte: „Oh, das ist richtig! Ich hatte früher Asthma, oder?"

* * *

Viele Ängste und Phobien lassen sich leicht auf den Tod einer Person in einem vergangenen Leben zurückführen. Höhenangst, Angst vor der Dunkelheit, Klaustrophobie, Agoraphobie sind aus dieser Perspektive leicht verständlich. Ein solcher Fall (von Hunderten, mit denen ich zusammengearbeitet habe) war eine Frau, die klaustrophobisch war, Angst hatte, ihre Hände oder Füße gefesselt zu haben, und die die ganze Nacht nicht schlafen konnte, ohne jede Stunde aufzuwachen. Sie hatte einen Vorfall mit einem Déjà-vu-Erlebnis, als sie die Nationale Historische Seite in Fort Smith, Arkansas, besuchte, wo sich ein altes Museum und ein Gerichtsgebäude befinden. Hier hielt Richter Parker, der berüchtigte „hängende Richter", seine Gerichtsverfahren von 1875 bis 1897 ab. Sie haben auch das Gefängnis erhalten und den Galgen rekonstruiert. Sie wusste, dass sie einst dort war und dass es eine schreckliche Erfahrung gewesen ist. Die Reise war für sie ein unheimliches Erlebnis.

Während der Sitzung ging sie in ein Leben zurück, in dem sie ein konföderierter Soldat war, der mit mehreren anderen gefangen genommen worden war. Sie stopften ihn in einen dunklen Raum mit sehr kleinen Fenstern. Die Angst, sich die Hände oder Füße zu binden, kam daher, dass sie ihn mit Ketten an die Wand fesselten. Die Unfähigkeit, die Nacht durchzuschlafen wurde dadurch verursacht, dass in einer solchen Situation schlafen kaum möglich war und auch die Angst da war vor dem, was passieren würde. In den nächsten Tagen wurden sie alle aufgehängt.

Dieser Fall ist nur ein Beispiel dafür, wie Déjà-vu-Erfahrungen eine unbewusste Erinnerung an ein früheres Leben sein können. Ebenso die Faszination für bestimmte Zeiträume und Kulturen (Länder). Diese Anziehungen sind nicht immer negativ, aber sie tragen eine starke Emotion, die sich unwiderruflich durch verschiedene Elemente in diversen Lebenszeiten ausdrückt.

* * *

Eine weitere Klientin war eine professionelle Krankenschwester, die ein Studium in Psychologie absolvierte. Sie besuchte schon eine geraume Zeit einen Therapeuten und versuchte, Antworten auf ihr Problem zu finden. Erfolg hatte sie jedoch nicht viel damit. Die einzigen Schlussfolgerungen, die sie daraus ziehen konnte waren, dass in ihrer Kindheit etwas geschehen sein musste, an das sie sich nicht erinnern konnte. Es beantwortete ihre Fragen jedoch immer noch nicht. Sie hatte Probleme mit ihrem ältesten Sohn. Als sie mit ihm schwanger wurde, war sie nicht verheiratet und wollte eine Abtreibung durchführen lassen. Der Vater des Kindes wollte sie schließlich heiraten und überredete sie, das Baby zu bekommen. Aber seit der Geburt des Babys hatte sie das Gefühl, von ihm bedroht und eingeschüchtert zu werden. Sie meinte, vielleicht ahnte er, dass sie versucht hatte, ihn abzutreiben. Auch wenn er jetzt mittlerweile ein Erwachsener war, gab es noch immer Probleme.

Während der Sitzung ging sie sofort zu einer Szene, in der sie ein extrem wütender Mann war. Sie hatte die Hände um den Hals von jemandem und würgte ihn. Als wir sehen konnten, wer der Mann war, sagte sie, es sei ihr Sohn aus diesem Leben. Er hatte ihn bei seiner Frau erwischt und wollte ihn töten. Die Frau, die sie plötzlich sah, war ihre Mutter in diesem gegenwärtigen Leben, mit der sie eine sehr schlechte Beziehung hatte. Sie tötete den Mann, der jetzt ihr Sohn war. Die Behörden kamen, nahmen ihn fest und steckten ihn in eine schreckliche Gefängniszelle, die voller Ratten, Kakerlaken und ohne Fenster nach draußen war. Sehr schmutzig, sehr düster. Schließlich starb er an diesem Ort. Der Sohn kam in dieser Lebenszeit zurück, um das negative Karma zu überwinden, aber er kam mit viel Groll gegen sie zurück. Es war kein Wunder, dass sie sich von diesem Jungen bedroht und eingeschüchtert fühlte.

In ihrem gegenwärtigen Leben konnte sie ihre absolute Abscheu vor Alkoholikern niemals verstehen. Der Geruch von Alkohol, die Art, wie sie sich unterhielten und wie sie sich verhalten, hat sie abgestoßen. Als wir danach fragten, verband sie Alkohol definitiv mit dieser Szene, in der sie die andere Person würgte. Vielleicht hatten beide getrunken und dies erhöhte die extreme Wut. Was auch immer es war, es hatte schreckliche Konsequenzen. Sie musste also in diesem Leben mit allen Beteiligten zurückkehren, um das negative Karma auszuarbeiten. Indem sie dies erkannte und sah, dass es zu diesem anderen Leben gehörte, konnte sie sich und allen Beteiligten vergeben. Sie konnte es in der Vergangenheit lassen, und das löste das gesamte Problem.

In meiner Arbeit habe ich herausgefunden, dass es so viele Möglichkeiten gibt, Karma zurückzuzahlen, wie es Sterne am Himmel gibt. Aber der am wenigsten wünschenswerte Weg, einen Mord zurückzuzahlen ist, zurück zu kommen und von seinem Opfer getötet zu werden. Da löst sich nichts. Es dreht das Rad des Karmas einfach weiter und bringt nur mehr Karma hervor. Mir wurde gesagt, der beste Weg für einen Mörder, sein Verbrechen zurück zu zahlen, ist der „sanfte Weg" durch Liebe. Zum Beispiel wurde die Person, die der Mörder war, in eine Position gebracht, in der sie sich um ihr Opfer kümmern muss. Möglicherweise müssen sie sich ihr ganzes Leben der Pflege dieser Person widmen: einem unterhaltsberechtigten Elternteil, einem behinderten Kind oder ähnliches. Sie dürfen kein eigenes Leben führen. Dies ist eine viel klügere Methode als „Auge um Auge" zurückzuzahlen.

Ihr Psychologe hatte ihr gesagt, er habe nichts dagegen einzuwenden, dass sie eine solche Therapie absolviert, aber er glaube nicht an einen Erfolg. Sie hätte jedoch nicht in einer Million Jahren die Ursache für diese Probleme durch eine konventionelle Therapie finden können. Ich wäre gerne eine Fliege an der Wand gewesen, um zu sehen, was er sagte, als sie ihm sagte, dass sie keine weitere Behandlung mehr brauche. Sie hat ihre Antworten in dieser Therapieform gefunden.

* * *

Ein weiterer Fall in New Orleans war eine sehr übergewichtige junge Frau, die unbedingt ein Baby haben wollte. Sie hatte sogar Fruchtbarkeitsmedikamente eingenommen, aber nichts funktionierte. Sie durchlief eine schreckliche Zeit mit ihren Perioden und blutete monatelang. Die einzige Lösung bestand darin, sie auf die Antibabypille zu setzen, um zu versuchen, ihre Perioden zu regulieren, was dem Kinderwunsch allerdings entgegenstand. Auch wollte sie Gewicht verlieren. Während der Regression fragte ich nach der Unfähigkeit ein Baby zu bekommen. Das Unterbewusstsein sagte ihr, dass sie in ihrem letzten Leben, elf Pflegekinder als Pflegemutter hatte. Sobald einer das Haus verlassen hatte, kam wieder ein neues Pflegekind hinzu. Sie war sehr zufrieden mit dieser Abfolge von Kindern und genoss es sehr. In diesem Leben gaben sie ihr eine Pause. Sie sagten, sie sollte sich keine Sorgen machen, sie würde ein Kind haben. Ihr Körper wird jetzt reguliert und kehrt zur Normalität zurück. Das Übergewicht war ein Prozess, den sie durchmachen musste, besonders als junger Mensch bis ins Erwachsenenalter, um zu sehen, ob sie die Hänseleien und bösartigen Bemerkungen ertragen konnte, die sogar Erwachsene durchlebten. Sie hatte den Test bestanden und durfte abnehmen. Wenn sie an dem Punkt angelangt ist, an dem sie ein Kind bekommen kann, ist der Körper in einem guten Zustand. Und natürlich kommt das Kind zu der Zeit, zu der es kommen soll.

Auch war sie ihr ganzes Leben lang depressiv, es gab Zeiten in denen sie sich allein und verlassen fühlte. Sie hatte irgendwann einen Zusammenbruch, bei dem sie nicht aufhören konnte zu weinen. Aus ihren Notizen ging hervor: „Ich fühle mich innerlich sehr leer. Ich habe oft das Gefühl, dass das Leben, das ich führe, ereignislos und fad ist. Manchmal fühle ich mich, als würde ich mich ausruhen. Zu anderen Zeiten fürchte ich, ich warte auf eine Katastrophe. Immer ist die Traurigkeit da. Wie identifiziere ich es und wie kann ich es ändern? Die Traurigkeit ist ein Teil von mir, seit ich ein kleines acht oder neun Jahres altes Kind war." Das Unterbewusstsein machte eine sehr interessante Bemerkung. Es sagte, dass sie ein Zwilling gewesen wäre. Die andere Entität hat sich darauf geeinigt, mit ihr in dieses Leben zu kommen, aber in letzter Minute hat sie ihre Meinung geändert und beschlossen, zu diesem Zeitpunkt nicht kommen zu wollen. Der andere „Körper" entwickelte sich also nicht, und sie war die einzige, die geboren wurde. Ihr ganzes Leben lang fühlte sie unbewusst, dass der andere Teil, der Zwilling, der nicht da war, sie allein gelassen hatte. Es gab das Gefühl das etwas fehlte und zusammen mit der Traurigkeit eine Depression. Das war der Grund: Sie vermisste dieses andere Wesen, das sie in diesem Leben begleiten sollte. Ich habe es nie gesagt, aber ich frage mich immer wieder, ob es nicht möglich ist, dass das Baby, das sie in der Zukunft haben wird, letztendlich dieses andere Wesen sein könnte das nun bereit war zu inkarnieren.

Als wir ihrer Mutter davon erzählten, sagte sie, das sei ein echter Schock, weil es nie irgendwelche Anhaltspunkte dafür gab. Kein Arzt hatte ihr gesagt, dass es einen möglichen Zwilling gab. Meine Klientin wurde 1972 geboren. Ich weiß nicht, ob sie nach einem sogenannten „verlorenen Zwilling" gesucht haben, was jetzt mittlerweile ein

Phänomen ist. Später, als wir alle zusammen zu Abend aßen, sagte ihre Mutter, dass es bei ihrer Geburt einen unbekannten Ersatzarzt gab. Vielleicht hätte es ihr normaler Arzt gesagt, wenn es Anzeichen für ein zusätzliches Baby gegeben hätte. Ich denke, wir werden es niemals erfahren.

Ich habe andere Fälle von Unfruchtbarkeit gefunden, die durch das Sterben bei der Geburt in einem anderen Leben verursacht wurde. Ein Versuch des Unterbewusstseins, es wieder zu verhindern. Manchmal verwendet das Unterbewusstsein eine seltsame Logik.

* * *

Diese Regression fand im Mai 2000 in San Jose, Kalifornien, statt. Eine Frau hatte ihr ganzes Leben lang mit extremer Trauer, Depressionen usw. zu tun. Sie hatte ein wiederholtes Muster in ihrem Leben, in dem sie aufgegeben wurde, Ablehnung erfahren hatte, das Gefühl, unwürdig zu sein, das ungewollte Kind zu sein. Sie war als kleines Kind verlassen worden und in einem Waisenhaus aufgewachsen. Es gab Probleme mit Männern, Ehe, Arbeit, immer das Gefühl, nichts wert zu sein und nichts erreichen zu können. Sie litt auch unter Migräne, und ich begann zu glauben, dass sie sich selbst bestraft. Eine sehr düstere, erbärmliche Person.

Wir haben ein wichtiges Leben durchgearbeitet, das ihre Situation erklärt hat. Sie sah sich durch die Straßen einer Stadt laufen, mit einem einjährigen Baby auf dem Arm. Alle Menschen rannten verzweifelt und schrien, weil sie von vielen Soldaten zu Pferd verfolgt wurden. Offensichtlich war eine Art Invasion im Gange. Aus Angst um ihr Leben, versuchte sie ein Versteck zu finden. Ihr Baby weinte und sie hatte Angst, dass sie daher Aufmerksamkeit erregen würde. Also legte sie das Baby neben eine Mauer und rannte, um sich in einem Gebäude zu verstecken. Sie dachte, sicher würde niemand einem Baby schaden. Während sie zuschaute, ritten die Soldaten die Straße entlang und töteten das Baby. Sie war so überwältigt von ihrer Trauer, dass sie sich nicht einmal mehr darum kümmerte als sie sie fanden und vergewaltigten, bevor man sie umbrachte. Sie beschuldigte sich für den Tod des Kindes und meinte, sie hätte es bei sich behalten sollen. So oder so wären beide gestorben, aber daran dachte sie nicht. Sie gab sich die Schuld, das Kind verlassen zu haben. Sie war selbst noch auf der Geistesseite verstört darüber.

Sie brachte den Kummer und die Qual in dieses Leben hinein und wiederholte das Bestrafungsmuster. Ich fragte sie, ob sie den Soldaten die Ermordung des Babys vergeben könnte? Sie sagte, ja, sie könnte, weil sie nur ihre Aufgabe erledigten. Aber sie konnte sich niemals verzeihen, das Baby verlassen zu haben. Nach langen Verhandlungen mit dem Unterbewusstsein, brachte ich sie schließlich dazu, sich selbst zu vergeben. Es war sehr schwierig, aber als sie es zuließ, war es eine Erleichterung. Als sie aufwachte und wir darüber diskutierten, erzählte ich ihr, dass sie sich zu viele Leben selbst bestraft hatte und es Zeit war, es loszulassen. Wenn wir sie weiter in frühere Leben zurückversetzt hätten, wäre ich gewillt zu wetten, dass sie Karma zurückzahlen würde, weil sie dasselbe getan hatte, wie der Soldat. Man erntet, was man sät. Sie fühlte sich nach der Sitzung enorm erleichtert. Das Gefühl der Unwürdigkeit verschwand und wurde durch Hoffnung und Erwartung ersetzt. Ich hatte das Gefühl, dass sie einen Wendepunkt in ihrem Leben erreicht hatte. Es war an der Zeit, sich nicht mehr zu bestrafen sondern zu leben.

* * *

Diese nächste Regression betraf eine sehr hübsche junge Frau aus der Tschechoslowakei, die in London lebt. Sie hatte mehrere Jahre lang Metaphysik an der Hochschule für übersinnliche Studien studiert, aber noch keinen Abschluss. Sie kannte die Informationen, hörte aber immer kurz vorher auf, die Abschlussprüfungen abzulegen oder die letzten Aufsätze zu schreiben. Ihr Hauptanliegen war das Ekzem am gesamten Körper. Sie hat es, seit sie drei Jahre alt war. Nichts, was die Ärzte versuchten, hatte viel Wirkung. Als Kind war sie mehrere Monate im Krankenhaus, um die Ursache zu finden. Sie musste Steroide nehmen, aber diese hatten Nebenwirkungen. Sie probierte traditionelle chinesische Medizin aus und erfuhr etwas Erleichterung, aber es verursachte auch Mageninfektionen. Sie benutzte gerade eine Creme, die ganz gut auf ihrem Gesicht wirkte. Im schlimmsten Stadium juckte und brannte ihr ganzer Körper. Sie wollte Hilfe bei der Linderung, obwohl sie dies den größten Teil ihres Lebens gehabt hatte und es definitiv ein Teil von ihr war. Sie fühlte, wenn es entfernt werden würde, dann würde ein Teil von ihr fehlen. Es müsste durch etwas ersetzt werden.

Sobald sie in tiefer Trance war, sah sie ein helles Licht und erkannte, dass sie in ein Feuer sah. Das Feuer lag zu ihren Füßen und breitete sich auf ihrem ganzen Körper aus. Sie wurde wütend, also brachte ich sie dorthin, wo sie es aus einer anderen Perspektive beobachten konnte. Sie sah, dass sie (als Mann) und andere Männer an Pfählen auf einem Feld in der Nähe einiger Wälder festgebunden waren und am Pfahl verbrannt wurden. Als wir an den Anfang der Geschichte zurückkehrten, sah sie, dass sie und einige andere Männer in einem großen Herrenhaus oder Anwesen lebten und Gnostiker waren. Sie lebten ruhig, studierten, schrieben in große Bücher und belästigen niemanden. Jedoch die lokalen Amtsleute waren der Auffassung, sie wären gefährlich und arbeiten mit dem Teufel zusammen. Die Amtsleute wurden von einer religiösen Gemeinschaft angespornt, die sie auch als eine Gefahr empfanden. Eines Nachts wurden sie von Hunden geweckt und Männer stürmten in ihr Haus. Er und einige andere rannten durch die Wälder, sie wurden von Männern und Hunden verfolgt und letztlich gefangengenommen. Sie wurden an einen Ort in der Stadt gebracht, an dem man sie grausam folterte, um sie zu zwingen zu verraten, wo sie die Bücher versteckt hatten. Während der Folter wurde seinem Gesicht viel Schaden zugefügt, vor allem dem Kiefer und Auge (was der Frau in diesem Leben Probleme bereitete). Als sie schließlich keine weiteren Informationen erhalten konnten, wurden die Gnostiker für einen Scheinprozess in einen großen Raum gebracht. Zu dieser Zeit hatte er starke Schmerzen und war völlig desorientiert, so dass er nicht an der Verhandlung teilnehmen und keine der Anschuldigungen beantworten konnte. Er saß einfach nur betäubt da und hörte, wie um ihn herum gesprochen wurde, so wie in einem Traum. Es hätte sowieso nichts gebracht, weil es sich bei der Gerichtsverhandlung um einen Scheinprozess handelte, eine reine Formalität. Sie wurden dann auf das Feld in der Nähe des Waldes gebracht und am Pfahl verbrannt. Er und die anderen hatten nichts falsch gemacht. Sie besaßen nur geheimes Wissen, das sie zu bewahren versuchten. Sie sagte, einige der Bücher seien versteckt worden, wo die Leute sie an diesem Tag niemals finden würden.

Dies ist unzählige Male in der Geschichte geschehen. Es gab immer Gruppen von Gnostikern, die versuchten, Wissen zu bewahren, und es gab immer andere Gruppen, die versuchten, dieses Wissen für ihre eigenen Zwecke zu nutzen. Dies war der wahre Grund für die sogenannten „Hexenprozesse" während der Inquisition. Die Kirche versuchte diejenigen zu beseitigen, die geheimes Wissen besaßen, das sie nicht erlangt hatten. Jetzt wissen wir, dass nichts verloren geht. Das Wissen wurde an der sichersten Stelle von allen verborgen: im menschlichen Unterbewusstsein.

Das Unterbewusstsein gab zu, dass die Ursache des Ekzems die Beobachtung des Feuers war. Das Brennen und Jucken ist ein Symbol für diesen Tod. Es war leicht zu sehen, warum sie ihre metaphysischen Kurse in ihrem jetzigen Leben nicht beenden konnte. Sie hatte unbewusst Angst, dass dasselbe geschieht, wenn sie Wissen erwirbt, obwohl es sie nicht daran gehindert hatte, es zu suchen und zu studieren. Ich musste das Unterbewusstsein davon überzeugen, dass es sehr unwahrscheinlich ist, dass man auf dem Scheiterhaufen verbrannt wird, weil sie in einer völlig anderen Zeit lebt. Das Ekzem konnte auch entfernt werden, weil die Ursache erkannt wurde und die Notwendigkeit dafür nicht mehr bestand.

Ich erinnerte mich an ihre Aussage, dass wenn es weggenommen würde, es durch etwas anderes ersetzt werden müsste. In Holland wurde ihr ein anderes Leben gezeigt, so dass sie sehen konnte, dass sie einmal in einem starken, gesunden Körper war. Sie mochte diesen Körper wirklich, deshalb sagte das Unterbewusstsein, sie könne das Ekzem durch die gesunde Körpervision des niederländischen Mädchens ersetzen. Das machte sie sehr glücklich und sie stimmte zu, dass dies geschehen konnte.

* * *

Eine Frau hatte Bandscheiben Probleme und daraus resultierende Rückenschmerzen, die ihre Ärzte folglich operieren wollten. Sie erlebte ein früheres Leben als schwarzer Soldat in Korea. Überall explodierten Bomben um ihn herum. Er wurde in den Rücken getroffen. Die Wucht schleuderte ihn in einen Graben voller Wasser. Gelähmt gab es kein Entkommen aus dem Graben und er ertrank schließlich. Er kam zu früh in ein neues Leben zurück und trug diese Erinnerung in seinem Rücken. Diese Situation erklärte auch ihre Angst vor geschlossenen Räumen, nicht genug Luft zu bekommen und zu ersticken. (Dies würde auch die gelegentlichen Bronchitiden erklären.)

* * *

Ich habe in meiner Arbeit festgestellt, dass mehr Seelen auf körperbehinderte Körper warten als auf normale. Dies ist aus geistiger Sicht leicht zu verstehen. Der Plan für die Wiedergeburt auf der Erde besteht darin, so viel Karma wie möglich in einem Leben zurückzuzahlen, um nicht immer wieder zurückkehren zu müssen. Mehr Karma kann durch einen Körper mit Behinderungen zurückgezahlt werden. Die Seele lernt großartige Lektionen und auch die die sich um sie kümmern (Eltern usw.). Und diese Leute haben zugestimmt, bevor sie in dieses Leben eintreten, dass sie sich um den Einzelnen kümmern und so viel wie möglich helfen werden. Alles im Leben dreht sich um Lektionen, obwohl einige schwieriger sind als andere. Auch die Frage was der Beobachter lernt, der die behinderte Person sieht. Wie reagiert der Beobachter? Die Behinderten lehren alle, mit denen sie in Kontakt kommen. Daher sind sie nicht zu bemitleiden oder zu meiden. Sie sind zu akzeptieren und zu bewundern, dass sie in dieser Lebenszeit einen schwierigen Weg gewählt haben.

* * *

Menschen, die adoptiert werden, wissen, dass dies passieren wird. Es ist alles geplant, und von der anderen Seite werden die Vorkehrungen zwischen den biologischen Eltern sowie den Adoptiveltern getroffen. Die leiblichen Eltern haben zugestimmt, die Gene weiter zu geben, die den physischen Körper gestalten, und sie lernen eine Lektion, indem sie das Baby weggeben. Die Adoptiveltern haben zugestimmt, das Baby in der von ihm gewünschten Umgebung aufzuziehen, um die Lektionen zu lernen, die es in diesem Leben wünscht. Pläne sind jedoch nicht in Stein gemeißelt. Es gibt immer einen freien Willen (nicht nur der Person, sondern alle, mit denen sie in Kontakt kommen). Alle Beteiligten können das Ergebnis verändern.

* * *

Der folgende Fall geht auf meine erste Liebe zurück: die Entdeckung von verlorenem oder unbekanntem Wissen. Es ist ein interessantes Stück möglicher Geschichte.

Ein Mann in England war der Direktor einer Druckerei, mit besonders gutem Geschick in Bezug auf die Fähigkeiten und Verhandlungen mit Menschen. Trotzdem fühlte er sich durch seinen Job und seiner Verantwortung, vor allem durch seine Ehe, gefangen. Er hatte eine beunruhigende Angewohnheit, er blinzelte und schielte mit den Augen. Es war nervig für ihn und er dachte, es würde ihn seltsam erscheinen lassen, wenn er mit anderen Leuten sprach und so tat, als wäre es nur eine Augenreizung. Er verdrängte so das Problem und seine Lichtempfindlichkeit.

Vor allem wollte er wissen, ob es besser wäre seine Lebensrichtung zu ändern. Vielleicht sollte er einen anderen Job machen und seine Frau und seine vier Kinder verlassen, um mit seiner Freundin ein eigenes Leben zu führen. Diese Überlegungen könnten das Ergebnis seines Alters sein. Manche Leute in diesem Alter (um die 40er Jahre) fangen an, ihren Lebensweg in Frage zu stellen und denken sie hätten „etwas verpasst". Er hatte viele gefährliche Hobbys: Drachenfliegen, Tauchen, Bergsteigen. Er liebte die Aufregung und die Gefahren seiner Freizeitbeschäftigungen, die das ganze Gegenteil seines Jobs waren (der ihm zu langweilig geworden ist).

Seine Regression war sehr seltsam und ich frage mich, ob wir ein unbekanntes Stück Geschichte aus dem Zweiten Weltkrieg erschlossen haben. Zuerst ging er als Schmied in ein weltliches Leben, mit einer Familie, die glücklich in einer Kleinstadt irgendwo im amerikanischen Westen lebte. Das Leben war nichts Ungewöhnliches, und ich bat ihn, sich vorwärts an einen wichtigen Tag zu begeben. Als er das tat, keuchte er plötzlich vor Entsetzen und sagte, dass er die Pilzwolke einer Atomexplosion in den Himmel steigen sah. Dann ein extrem helles Licht, das ihn überwältigte. Natürlich dachte ich, dass es die Atomexplosion in Hiroshima oder Nagasaki sein musste, weil dies die einzigen Ereignisse sind, mit denen ich vertraut war. Aber dem war nicht so.

Er rief aus: „Es war zu viel Macht! Sie müssen einen Fehler gemacht haben! Es war viel mächtiger als sie beabsichtigten!" Er war total geschockt und fing an sich zu verkrampfen, zu zittern und zu schütteln. Er konnte nicht mit mir sprechen, weil er so in seinen körperlichen Reaktionen verstrickt war. Ich legte meine Hand auf ihn, um ihn zu beruhigen und bat ihn, sich von der Szene zu entfernen und es aus einer objektiveren Position zu betrachten, damit er erklären konnte, was passierte. Es dauerte einige Minuten, bis er dazu in der Lage war. Er war so tief in die Szene geraten, dass er nicht sprechen konnte. Fast so, als wäre er von einer heftigen Schockwelle erfasst worden. Als er endlich wieder anfing mit mir zu sprechen, sagte er, er sei ein Mitglied eines wissenschaftlichen Teams, das mit dieser Art von Macht experimentierte. Dies geschah in Deutschland, was mich total überraschte. Sie befanden sich in einer bergigen Gegend und hatten ein Labor in einer Schlucht zwischen zwei Bergen stationiert. Er hielt sich für russisch statt für Deutsch. Jeder dieser Wissenschaftler hatte ein Stück der Formel oder Gleichung. Sie mussten alles zusammenstellen, damit es funktionierte. Nichts konnte im Alleingang unternommen werden, da keiner die anderen Teile kannte. Er war wegen seiner ausgezeichneten Kenntnisse in Physik und Mathematik für die Teilnahme auserwählt worden. Die Wissenschaftler verstanden die Konzepte auf Papier und die Art und Weise, wie es funktionieren sollte, sie hatten es aber bislang nicht getestet. Sie waren in einen Krieg verwickelt und versuchten, eine neue Waffe zu entwickeln. Es war egal, ob Menschen getötet wurden, weil sie versuchten, das Leben ihrer eigenen Leute zu retten. Anscheinend experimentierten sie, als die Explosion absichtlich oder aus Versehen stattfand. Aber er bewunderte die Kraft der Explosion. Er glaubte nicht, dass sie so gigantische Ausmaße haben konnte. Er dachte sie arbeiteten an etwas, das ein großes Gebiet vernichten könnte, aber er schnappte nach Luft, dass dies eine ganze Stadt oder mehr zerstören würde. Es war viel mächtiger, als er es sich vorgestellt hatte. Als er von oben auf die Szene blickte, war nichts mehr von dem was vorher dort war, übrig. Das Labor und alles wurden total zerstört. Solange er es aus dieser Position betrachtete, konnte er kohärent und objektiv sprechen. Wenn er von der Explosion sprach und wieder in die Szene zurück driftete, würden das Zittern und die Krämpfe erneut beginnen. Also musste ich ihn jedes Mal beruhigen und zu seinem sicheren Aussichtspunkt wieder zurückbringen.

Sein Unterbewusstsein sagte ihm, dass er dieses Leben wieder erleben durfte, um zu sehen, wenn er etwas von dieser Größenordnung überlebt hat, dass ihn nichts mehr erschüttern würde. Er könnte jede Situation im Leben überleben. (Obwohl er buchstäblich nicht überlebte, kam seine Seele unversehrt davon.) Dies erklärte das Blinzeln und nervöse Schielen sowie die Abneigung gegen helles Licht in seinem gegenwärtigen Leben, wenn er sich in einer stressigen Situation befand. Es versuchte ihn daran zu erinnern, dass er mit allem umgehen konnte.

Hat Deutschland vor oder gleichzeitig mit den USA mit Atomkraft experimentiert? Man hat mir erzählt, dass die Deutschen an Experimenten mit „schwerem Wasser" beteiligt waren. Vielleicht war das der Grund, warum sie keinen Erfolg hatten. Vielleicht wurden ihre Spitzenwissenschaftler, die alle Teile des Wissens besaßen, alle auf einmal in diesem tödlichen Experiment getötet, und es gab keine Möglichkeit, dass sie schnell auf dieses Niveau zurückkehren konnten. Die Leute, denen ich davon erzählt habe, sagten, dass jemand die Wolke und die Auswirkungen bemerkt haben müssten. Vielleicht aber auch nicht. Wir experimentierten jahrelang in White Sands, Neu Mexiko, bevor die eigentliche Atombombe auf Japan abgeworfen wurde. Es sind Experimentelle Explosionen, die in der Wüste durchgeführt worden sind. Wenn jemand es aus der Ferne sah, hätte er wahrscheinlich nicht gewusst, was er da sah. Wenn man mal darüber nachdenkt, dies war das am besten gehütete Geheimnis des Krieges: die Entwicklung der Atombombe. Nur diejenigen, die daran beteiligt waren, wussten es bis zum endgültigen Abwurf der Bomben auf Japan. Vielleicht passierte in Deutschland dasselbe. Er gab an, dass sich das Labor an einem isolierten Ort in den Bergen befunden habe. Vielleicht (wie White Sands) waren sie weit entfernt von der Zivilisation, wer hätte es wissen können? Wenn jemand die Explosion gesehen hätte, hätte er nicht gewusst, was es ist, weil nichts dergleichen im Bezug der Menschheit existierte. Selbst normale Bombenangriffe waren schrecklich genug. Dies war wahrscheinlich auch das bestgehütete Geheimnis Deutschlands. Nach dem Krieg kamen deutsche Spitzenwissenschaftler in die USA, um an unserem Raketenprogramm zu arbeiten. Wir wissen, dass sie im Zweiten Weltkrieg experimentierten und erfolgreich Raketen (V-2s) starteten. Ich denke, es ist durchaus möglich, dass sie auch mit Atomkraft experimentiert haben. Die USA war einfach schneller. Unsere Atombomben sollten ursprünglich für Deutschland sein, aber der Krieg endete, bevor sie fertig entwickelt waren. Daher wurden sie auf Japan abgeworfen, um zu sehen, ob es funktioniert. Dies ist eine Tatsache der Geschichte. (Siehe mein Buch „Eine Seele erinnert sich an Hiroshima.") Ich denke, es ist durchaus möglich, dass beide Länder an geheimen Projekten gearbeitet haben und sich der Fortschritte des anderen bewusst waren.

* * *

Alle diese Fälle fanden Antworten, die von der konventionellen Ärzteschaft keinesfalls so gesucht und als Antwort wahrscheinlich auch nicht akzeptiert worden wären. Sie verdeutlichen auch, wie der Therapeut versuchen muss, den Klienten davon zu überzeugen, dass das Problem nicht länger vorhanden ist und zu einem anderen Teil gehört, das vor vielen Jahren aufgehört hat zu existieren. Es gibt keine Bücher, die dem Hypnotherapeuten beibringen, was er tun oder sagen soll. Viel passiert spontan und wenn man versucht, mit einer unerwarteten Situation fertig zu werden, geht es einfach zurück zum „gesunden Menschenverstand". Die Hauptsache ist, dass der Klient jederzeit geschützt ist. Der gleiche Eid wie der der Ärztegemeinschaft, hat auch in der Technik der Hypnose seine Gültigkeit: „ Ich füge dem Klienten keinen Schaden zu!".

Diese Beispiele sind nur ein kleiner Auszug aus tausenden Sitzungen, die von mir durchgeführt worden sind. Bei der Auswahl habe ich versucht, diejenigen auszuwählen, die verschiedene Erklärungen für physische und andere Probleme aufzeigen, die ein Klient haben kann, dessen Ursache auf ein anderes Leben hinweist. Es zeigt aber auch, wie leicht ein Problem mit der unschätzbaren Hilfe des Unterbewusstseins der Person, gelöst werden kann. Die Skeptiker werden sagen, dass die Person sich eine Geschichte vorstellte, die das körperliche Problem erklärt. Wenn dies so wäre, warum wählten sie etwas so bizarres (und oft grausames), um eine Erklärung anzubieten?

Es gibt viel einfachere Wege, um eine Phantasie zu schaffen. Wenn diese Fälle objektiv betrachtet werden, zeigt sich, dass sie definitiv nicht die Eigenschaften von Phantasien aufweisen. Aber selbst wenn es sich um ihre Vorstellungskraft handelt, ist doch die Hauptsache, dass sie die Antwort auf ihr Problem finden. Und mit der Antwort kommt Freiheit. Das ist meine größte Entschädigung für die Jahre der Arbeit: Anderen helfen zu können.

Natürlich sind die Fragen ein wesentlicher Bestandteil des gesamten Prozesses. Mir wurde oft von „ihnen" gesagt, dass die Fragestellung äußerst wichtig sei. Die Befragung wird zur Kunst. Wenn die Frage nicht richtig gestellt wird, erhält man lediglich Teilinformationen oder Informationen, die nicht von Bedeutung sind. Die Frage muss genau formuliert sein, das ist was ich gelernt habe, in all den Jahren der Entwicklung meiner Technik. Die Praxis ist sehr wichtig für die Entwicklung jeder Technik in der Therapie.

Sobald eine Person die Realität des Konzepts der Reinkarnation akzeptiert hat, besteht der nächste Schritt darin zu verstehen, dass die Erde nicht die einzige Schule ist, die eine Person besuchen kann. Wir alle hatten Leben auf anderen Planeten und sogar in anderen Dimensionen, in denen es möglich ist, keinen physischen Körper zu haben. Es ist möglich, ein Energiewesen zu sein. Wir sind nicht durch die physische Welt begrenzt, die wir als Erde kennen. Alles ist möglich. Dies untersuche ich in den folgenden Kapiteln. Andere Welten, andere Realitäten, andere Möglichkeiten.

Dieses Kapitel befasste sich mit „normalen" Fällen von vergangenen Lebenstherapien. In den nächsten Kapiteln werden die „abnormalen" oder ungewöhnlichen Fälle behandelt, in denen der Klient wertvolle Informationen über seine Probleme erhielt, auch wenn das Unterbewusstsein ungewöhnliche und unbekannte Wege beschritten hat, um dorthin zu gelangen. Nebenbei lieferte es auch unschätzbare Informationen für meinen neugierigen Verstand als Reporter und Forscher von „verlorenem" oder unbekanntem Wissen.

ABSCHNITT 2

ALTES WISSEN UND VERLORENE ZIVILISATIONEN

KAPITEL 3

DIE KATZENMENSCHEN

(EINE ANDERE SPHINX)

Es war eine private Sitzung, die ich im Juni 2001 in Kansas City, Missouri, auf der Unity Church Convention abgehalten hatte.

Mit meiner Hypnosetechnik bringe ich den Klienten in ein vergangenes Leben, indem ich ihn von einer weißen Wolke herabsteigen lasse. Es kann vorhersehbare Ergebnisse in einer normalen Therapie geben, aber oft sind die Ergebnisse unvorhersehbar und alles kann passieren. Das ist der aufregendste Teil meiner Arbeit, denn ich weiß nie, wohin die Person gehen wird. In dieser Sitzung war Jane, nachdem sie die Wolke verlassen hatte, völlig überrascht und verwirrt, sich in Ägypten wiederzufinden. Sie konnte die Pyramiden sehen, aber ihre Aufmerksamkeit konzentrierte sich mehr auf einen schönen Tempel, der auf einer Anhöhe in der Nähe stand.

„Die Pyramiden sind heute so heruntergekommen. Sie sehen älter aus. Ich sehe sie so, wie sie jetzt aussehen, aber ich kannte sie, bevor sie ruiniert wurden. Ich erinnere mich, als sie noch neu, glänzend und wunderschön waren. Die Bilder waren so wunderschön. Ich kann die Gemälde in den Ruinen sehen, bevor sie weggeschlagen wurden. Ich kannte diese Orte. Ich fühle mich ich dieser Gegend wohl. Deshalb bin ich dorthin gekommen. Ist das nicht lustig? Ich kann die

Goldstatuen im Tempel sehen. Ich halte mein Gesicht gegen die Katzenstatue aus Gold. Und es ist komisch, wie Gold so warm sein kann. In diesem Gold steckt Energie. Ich bin einer der wenigen, denen der Aufenthalt in den Tempeln erlaubt ist, weil ich mit den Pharaonen zusammenarbeite. Ich bin in einem Tempel, in dem ich eine große umfassende Liebe empfinde. Ich sehe alles, oh meine Güte! All diese Leute."

D: Sind Leute dort wo du bist?
J: Nicht an dieser Stelle. Sie dürfen hier nicht rein. Es ist einer der wenigen Orte, an denen wirklich nur die Auserwählten sein dürfen. Ich versuche mich hier wohl zu fühlen, denn der kognitive Teil von mir kommt immer wieder und sagt: „Das ist lächerlich!" Und ich sage: „Halt den Mund!"

Dies tritt häufig auf, wenn die Person zum ersten Mal eine vergangene Lebensszene betritt. Das Bewusstsein versucht abzulenken und zu verwirren. Jeder, der zum ersten Mal meditiert, weiß genau, wie der Geist plappern kann und versucht den Prozess zu stoppen. Am besten einfach ignorieren. Wenn die Person tiefer in die Beschreibung der Szenen hineingeht, wird das Bewusstsein still, weil niemand darauf achtet. Die von mir entwickelte Hypnosetechnik soll das Bewusstsein zur Seite schieben, damit es nicht eingreifen kann. Sie schließen es weg und lassen das Unterbewusstsein die Informationen frei zur Verfügung stellen. Ohne die Befragung und Einmischung des Bewusstseins sind die Informationen reiner und genauer.

D: Mach dir keine Sorgen um diesen Teil. Sag mir einfach, was du siehst.
J: Ich habe das Gefühl, dass andere es nicht wagen würden, hierher zu kommen, weil es wegen der Energie für sie nicht sicher ist. Dies ist der Tempel des weißen Lichts. Er existiert auf dieser Ebene. Und ich muss in dieses Licht gehen. (All dies wurde, seit sie die Szene betreten hatte, mit einem Gefühl der Ehrfurcht und des Unglaubens gesagt.) Und es gibt eine solche Präsenz in diesem Licht.

Es gab so viel Ehrfurcht, ich wusste, ich musste ihre Aufmerksamkeit auf die Beschreibung ihrer Umgebung lenken, damit wir ihren Standort finden konnten.

D: Ist der Tempel ein separater Ort von der Pyramide?
J: Als ich von der Wolke herunter schwebte, kam ich zu diesem Tempel. Ich glaube nicht, dass sie den schon entdeckt haben. Sie kommen näher. Sie gehen durch die Gräber und dort gehen die Toten hin. Aber in diesen Tempel kommen die Lebenden. Und hier wohne ich. Hier arbeite ich. Dafür wurde ich geboren.
D: Du sagst, es gäbe noch andere Leute?
J: Dort sind Helfer. Sie bringen uns die Anderen, die hier arbeiten, die im Licht arbeiten. Die Menschen kommen zu uns, um Rat zu bitten. Und es ist so lustig, weil sie denken, wir wissen es, aber die Antworten kommen nur durch das Licht. Und sie würden es nicht wagen, ins Licht zu laufen.
D: Du sagst, dass dort viel Energie ist. Der Durchschnittsmensch kann nicht in dieser Energie sein?
J: Nicht an dieser Stelle. Nicht im weißen Licht.

Ich bat sie, sich selbst zu beschreiben, und sie war wieder verwirrt, weil sie sich nicht sicher war, ob sie männlich oder weiblich war.

J: (verwirrt) Ich gehe immer wieder hin und her. Eine Minute lang fühle ich mich wie eine Frau, aber dann fühle ich mich wie ein Mann.

Sie trug ein langes, fließendes weißes Gewand, aber sie hatte keine Haare. Ihr Kopf war rasiert.

J: Wir möchten nicht, dass es eingreift. Ich fühle mich fast wie eine Frau, aber ich bin es nicht, weil wir uns von Frauen und Männern fernhalten. (kichern) Aber ich denke, dieser Körper wäre normalerweise als weiblich eingestuft worden, weil ich glaube, ich kann meine Brüste fühlen. Ich bin wirklich sehr dünn, also gibt es nicht viel an meinem Körper.

Sie trug einen aufwendigen Schmuck, der aus Gold und Steinen bestand. Er klammerte sich um ihren Unterarm und erstreckte sich, um ihr Handgelenk drehend, bis zu den Fingern.

J: Sie schmücken uns großartig. (lacht) Es ist mehr für die Leute als für mich. Die Leute die geheilt werden, mögen diese Art von schickem Zeug. Es gibt ihnen das Gefühl, als würden sie ... mal schauen? Wie würden wir das jetzt nennen? „Noch mehr für ihr Geld bekommen." (lacht) Deshalb gibt es eine Katzenstatue aus purem Gold. Sie machen unseren Schmuck aus Gold, denn diejenigen, die den Schmuck machen, fühlen etwas im Gold. Es ist wie eine Liebe in der Alchemie. Das ist es! Es ist in der Alchemie. Sie machen uns diese Juwelen. (überrascht) Das Gold hilft ihnen! Das ist es! So wie es leuchtet. Das ist die reine Energie die durchkommt. Und es geht durch das Gold, so dass ich, wenn ich die Anderen für die Heilung berühre, sie davor schütze, verletzt zu werden.

D: *Würden sie zu Schaden kommen, wenn du das Gold nicht hättest?*

J: Ja, es ist wie ein Synthesizer vom Ätherischen zum Physischen. Wenn ich ins Licht gehe, ziehe ich meinen Schmuck aus. Und ich denke, manchmal ziehe ich sogar die Robe aus, weil ich nichts zwischen mir und diesem unfassbarem Gefühl haben möchte. Und dann ziehe ich die Robe wieder an, um die Leute vor der Körperenergie zu schützen, die ich bekomme.

D: *Du produzierst also mehr Energie, wenn du dich in diesem Energiefeld befindest?*

J: Ach nein, ich trage es einfach. Es ist so ein wunderbares Gefühl. Es geht in Deine ... in die Atome. Es ist so wunderbar.

D: *Es tut dir nicht weh, aber du musst es abschirmen.*

J: Von den Anderen. Es ist zu mächtig für sie. Es ist wie, wenn man sie anfasst und sie gehen „puff!" (lacht) Es ist nichts Persönliches. Deshalb muss ich auf sie aufpassen.

D: *Ist diese Energie in einem Teil dieses Tempels?*

J: Ja, wir haben dort einen eigenen Stein. Und wenn diejenigen die diese Energie haben sich dem Stein nähern, wird er lebendig.

D: *Wo ist dieser Stein?*

J: Die Leute kommen zu uns und es gibt die Halle, in der die Stammgäste sein können, und die Leute versammeln sich. Und dann gibt es den Bereich, in dem sich die Energie ein wenig verändert. Dann gehen sie in den anderen Teil, wo Juwelen an der Wand hängen und sie Kunstwerke platziert haben. Und dann gibt es den Bereich, in dem wir den Stein weit weg von den anderen halten, also ist er sicher dort. Und es gibt Vorhänge, um sie abzuschirmen.

Bei meiner Recherche habe ich festgestellt, dass die alten Tempel in Ägypten so gestaltet waren, wie sie es beschrieb. Der Tempel galt als Haus des Gottes, nicht als Haus des Priestertums. Der höchste Priester war der Pharao, der Hohepriester der andere ernannte, um seinen Pflichten gegenüber den Göttern nachzukommen. Es gibt zwei Teile des typischen Tempels: den äußeren Tempel, in den die ersten Eingeweihten kommen durften, und den inneren Tempel, in den man nur eintreten konnte, wenn man bereit war, das höhere Wissen zu erlangen. Die Anbeter durften niemals weiter als in den äußeren Hof, wo sie ihre Opfergaben hinterlassen konnten. Die Statue des Gottes, dem der Tempel gewidmet war, befand sich im inneren Tempel. Aber im Falle dieser Regression, befand sich etwas Stärkeres und viel Mächtigeres dort in dem Tempel.

In meinem Buch „Jesus und die Essener" befand sich auch ein riesiger Kristall in der Bibliothek von Qumran, in den die Essener Studenten ihre Energie geleitet haben, angeleitet durch die Meister der Mysterien. Jesus lernte diese Energie zu nutzen, als er dort studierte. Dieser Kristall befand sich ebenfalls in einem geschützten Bereich, so dass die Schüler ihm nicht zu nahe kommen und verletzt werden konnten. Dies ähnelt auch der Bundeslade, die im Allerheiligsten, hinter dem Schleier im Tempel von Jerusalem, aufbewahrt wurde. Nur qualifizierte Priester konnten damit in Kontakt kommen. In den „Hütern des Gartens" sprach Phil über ein früheres Leben auf einem anderen Planeten, auf dem er als Energiedirektor tätig war und Energie leitete, die auf ihn gerichtet war. Es scheint so, als hätte die Menschheit früher Zugang zu ähnlich mächtigen Steinen gehabt und auch zu dem Wissen, wie man die darin enthaltene Energie nutzen und lenken kann. Dies ist ein Teil des alten Wissens, das wir verloren haben. Es scheint an der Zeit zu sein, diese Informationen wieder in unsere Zeit zurückzuholen.

D: *Die gewöhnliche Person geht also nicht in den Raum, in dem sich der Stein befindet.*
J: Nicht an diesen Bereichen vorbei. Es ist nicht sicher.
D: *Weil sie keine Ausbildung haben, um diese Energie aufnehmen zu können?*
J: Es ist eher das Loslassen. Dafür habe ich in diesem Leben so hart gearbeitet, einfach loszulassen. (eine Offenbarung) Oh, ist das nicht erstaunlich! Diejenigen von uns, die mit dem heiligen Stein arbeiten können, haben für diese Pharaonen ein kleines Stück in die Pyramiden gesteckt. Und deshalb können Menschen sterben, wenn sie in diese Teile der Pyramiden hineingehen. Tatsächlich ist dieser Stein so mächtig, dass nur ein kleines Stück darin ausreicht. Und diejenigen kamen zu Schaden, die danach in die Pyramiden gingen. Die Grabräuber sprechen über die Flüche. Es gibt keinen Fluch. Es ist der Stein.
D: *Es ist nur Energie und es ist wahrscheinlich nicht mit jedem kompatibel.*
J: NEIN! NEIN!
D: *Und sie nehmen es dann als etwas Negatives wahr.*
J: Aber siehst du, der Stein offenbart alles. Das ist das Geheimnis des Steins. Und wenn ihr Herz nicht rein ist, können sie deshalb zerstört werden, weil sie sich dieser reinen Energie nähern.
D: *Sie manifestieren, wovor sie Angst haben, was auch immer es ist. (ja) Das macht Sinn. Aber was ist das für ein Stein?*
J: Das ist komisch, weil man denken würde, dass es ein besonderer Stein sein müsste. Aber es ist ein zweiseitiges Schwert. Kristalle funktionieren gut und es ist schwer einen guten reinen Kristall zu finden. Und dann hast du den reinen Kristall und nimmst ihn mit, in die heilige Energie. Und genau das macht den Kristall so besonders. Es ist nicht so, dass der Kristall selbst etwas Besonderes ist. (kichert) Ist das nicht lustig? Die Leute kaufen all diese Kristalle und sie denken, es sind die Kristalle die ihnen helfen. (lacht) Es ist die Energie. Es ist nicht der Kristall selbst. Es ist diese göttliche Energie.
D: *Aber es ist wie ein Kristallstein?*
J: Nun, nein, das ist das Einzige, was das Physische an sich halten kann, abgesehen von diesen Körpern, die dem vorher zugestimmt haben. Wir verwenden jedoch die großen Kristalle, denn wenn wir unseren gemeinsamen Platz betreten und uns für diese Energie

öffnen, kann dieser reine Kristall die Energie für uns halten. Es ist wie diese Energizer Batterien. Wir können es in uns aufbewahren, und dann gehen wir raus und arbeiten mit den Menschen.

D: Ihr könnt die Energie mitnehmen und nutzen.

J: Ja, und sie abgeben oder weiterleiten, zu versuche ihnen zu helfen. Wir können ihnen eine Menge davon geben, denn die Alchemie des Goldes an den Armbändern hilft, dass sie nicht verletzt werden. Und dann bleibt diese Energie länger bei ihnen. Ich kann sie einfach anfassen und sie bekommen ziemlich viel davon ab, denn dieser Schmuck verstärkt es. Es schirmt sie auch vor sich selbst ab, weil diese reine, helle Energie einfach zu stark für sie ist.

D: Woher kommt diese Energie?

J: Sie kommt von anderen Lichtquellen. Ganz am Ende davon. (leise) Die Quelle Gottes.

D: Wie kann es in diese eine Kammer geleitet werden? Es wäre überall, oder? Es würde zerstreut werden.

J: Wenn wir in diesem physischen Bereich der Erde inkarnieren, vereinbaren diejenigen unter uns vorher, wer die Energie tragen kann. Und wir haben diese Energie tatsächlich in uns. In diesem Körper gibt es eine Alchemie. Und das verursacht diesem Körper ziemlich schwere Zeiten, wenn er inkarniert wird. Aus diesem Grund versagten Janes Nieren in ihrem gegenwärtigen Leben immer wieder, weil das Karma dieser Seele, gefiltert wurde. Denn egal was passiert, wir müssen diese schlechten Erfahrungen sammeln, weil wir alles erfahren wollen. Aber diese Energien existieren. Wenn sie also in einem sehr kraftvollen Zustand in diesen Körper gelangen, gibt es sehr viel Reinigung. So sehr reinigend, dass ihre Nieren nicht damit umgehen konnten.

Jane hatte als Kind mehrere Anfälle und wäre beinahe gestorben. Sie verbrachte Monate im Krankenhaus, als die Ärzte ungewöhnliche und unbekannte Symptome bekämpften.

J: Deshalb wurde sie so krank und musste im Krankenhaus sein. Es war diese Energie, die sie mitbrachte.

D: Aber weshalb ist diese Energie nicht in Ägypten bei dem Körper geblieben?

J: Nein, in dem Tempel der Heilung, das ist es, ein Tempel der Heilung, haben wir diese weiße Energie in den Kristall geleitet, damit der Kristall unsere Energie halten konnte und wir nicht diese starke Energie die ganze Zeit in uns tragen mussten. Und um uns neu damit versorgen zu können, waren wir mit dieser Methode des Energieaustausches einfach schneller, wenn wir es benötigten. Und das gab dem Kristall einen Fokus.

D: *Aber ich würde denken, wenn die Seele diesen Körper verlässt, wäre die Energie bei diesem Körper geblieben. Weil der Körper in Ägypten mit dieser Energie arbeitete und sie dort reinbrachte.*

Mein erstes Anliegen ist es, den Körper in der gegenwärtigen Inkarnation zu heilen. Also versuchte ich, die beiden Persönlichkeiten voneinander zu trennen, so dass Janes Körper keine Probleme diesbezüglich haben würde.

J: Ja, aber wir sind hier, um diese Energie einzubringen. Es ist die Seele, die diese Energie trägt. Und diese Seele gehört zu diesem Körper. Es ist also die Seele, die diese Energie besitzt. So überträgt sich das energetische auf das physische. Ich dachte nicht, dass es so technisch ist, aber es ist so. In Ägypten war zu dieser Zeit in diesem Körper, die Alchemie des Physischen eine Sache. Aber das andere in dieser physischen Zeit sind die Schadstoffe des Körpers, wie Zucker, die Luft und die Umwelt. Sogar die Sonne ist anders. In Ägypten konnte man fast rausgehen, um von der Sonne geheilt zu werden. Und jetzt, in diesem Leben, sind so viele Schadstoffe in der Luft, dass der anwesende Körper versuchen musste, sich selbst zu heilen, aber nicht konnte. Als dieser Körper operiert wurde, war es schwierig, mit den Schmerzen fertig zu werden. Sie hätte sagen können: „Nein, ich verlasse diesen Körper. Ich will hier raus." Und dieser Körper hatte wirklich Glück, wegen des Inkarnationsteams, ihrer Eltern und der Liebe, die sie umgab. Die Liebe, besonders von ihrer Mutter, zu diesem Körper. (kichert) Ich konnte sie rufen hören, als ich von der anderen Seite aus inkarnierte. Und ich wartete eine Weile, weil ich wusste, dass dieses Leben keinen Spaß machen würde.

D: *(Ich versuchte, sie zurück zur ursprünglichen Geschichte zu bringen.) Aber es ist für mich interessant, dass die Seele diese Energie hervorbringen kann.*

J: Aber versteh doch, die Seele ist eine Energie. Wir sind alle ein Funke Gottes.

D: *Ja, aber der physische Körper in Ägypten war dieser Energie ausgesetzt und wusste, wie er damit umgehen musste. Deshalb war ich überrascht, dass diese Energie immer noch in der Seele geblieben ist.*

J: Es war nicht wirklich so, dass sie getrennt waren. Im Ozean der Liebe und der Barmherzigkeit ist alles helles weißes Licht. Wir sind das Ganze und brechen in diesem kleinen Funken ab und inkarnieren. Und als Jane in Ägypten in diese Inkarnation eintrat, kam eine Menge dieses weißen Lichts mit ihr mit.

D: *Aber die Energie stammt von der Quelle und wird direkt in den Kristall geleitet. Wurdest du geschult, um zu wissen, wie du diese Energie erzeugen und lenken kannst?*

J: Du bist damit geboren. Du hast es gelernt. Aber auf der Erdebene kann es nicht gelehrt werden. Sie tragen es von ihren anderen Schulen, aus den anderen Ebenen, mit sich.

D: *Ich habe mich gefragt, ob du mit anderen zusammen gelernt hast, wie man diese Energie mit dem Kristall an diesem Ort erzeugt.*

J: Nein, damals war es schwieriger für die Eltern, weil die Kinder diese Dinge einfach gemacht haben. Wie sagt man? Wir haben es einfach gemacht. Das Kind hat es einfach getan. Und deshalb musste dieses Kind von den Eltern und körperlichen Dingen entfernt werden, weil der Körper diese Dinge einfach tat. Wenn diese Eltern in ihrem jetzigen Leben das gesehen hätten, wären sie ausgeflippt. Sie wären zu schockiert gewesen. Denn als Kind, wenn du inkarnierst, machst du es einfach. Und zur Zeit der Pyramiden, als das Kind geboren wurde, geschahen diese Dinge einfach, als das Kind noch klein war. Die Eltern wussten also, dass dieses Kind anders war und in diese Schule gebracht werden sollte. In den Tempel, wo diejenigen, die auch diese Dinge taten, dieses Kind großziehen konnten, weil die Eltern wussten, dass sie nicht dazu in der Lage waren.

Dies war dem Fall von Molly ähnlich, der in einem anderen Kapitel erzählt wird. Sie hatte erstaunliche Fähigkeiten in diesem Leben als

Baby und auch als sehr junges Kind gehabt, was ihre Eltern völlig erschreckte.

D: Das Kind muss sich in einer anderen Umgebung befinden. (ja) Aber es waren auch andere bei ihr?
J: Und sie wurden genauso geboren wie ich, mit denselben Fähigkeiten.
D: Und sie wurden auch dorthin gebracht. (ja) du sagst, dieser Tempel sei in der Nähe der Pyramiden? Kannst du Sie sehen?
J: Ja, die Pyramiden sind ausgeschaltet. Sie hatten den Tempel in einer Anhöhe, einem höheren Ort. Von dort aus kannst man auf die Pyramiden blicken und sehen, wo die Pyramiden überall sind.
D: Glaubst du, dass der Tempel jemals entdeckt wurde?
J: Nein, der Tempel ist in Vergessenheit geraten und hat sich aufgelöst, es war seine Zeit. Es war nicht an der Zeit das Wissen zu teilen und bekannt zu werden, genau wie für die Pyramiden. Und da ist irgendetwas mit der Sphinx. Mit dem Katzenteil und dem Gesichtsteil. Das ist ja lustig. Es ist beinah so als wüsste es jemand. Es ist wie meine Zugehörigkeit zu der Katzenstatue. Der Tempel musste aufgelöst werden. Deshalb wurde die Sphinx errichtet.
D: Der Tempel war vor der Sphinx dort?
J: Ja, das einzige, was eine Erinnerung an den zerstörten Tempel sein durfte, war diese Sphinx. Es vertrat die Katzenmenschen. Sie nannten uns die Katzenmenschen, weil wir unsere goldenen Katzen und unsere Tempelkatzen hatten. Es war für die Leute, die unsere Hilfe brauchten. Manche konnten nicht in den Tempel kommen. Also sind wir mit den Katzen zu ihnen gegangen.
D: Wie machst du das?
J: Katzen sind sehr speziell. Deshalb haben sie diese Einstellung. (kichern) Wir konnten mit ihnen mental kommunizieren. Wenn man jemals versucht, mit einer Katze physisch zu sprechen, sehen sie dich an, als wäre man verrückt. Es sei denn, du bist einer von uns und sie verstehen es. Aber wir würden die Katzen bei uns haben und mit ihnen kommunizieren. Und dann senden wir sie los, um jemandem zu helfen. Nachdem sie fertig waren, kamen sie wieder zurück und erzählten uns, was passiert ist. Das ist die Erklärung, warum sie die Sphinx mit einem Katzen- oder Löwenkörper gebaut haben. Der Löwe ist natürlich die größte

Katze von allen. Wir hatten auch Löwen im Tempel. Sie waren unsere besten Katzen. Aber weißt du, wenn wir einen Löwen unter die Menschenmassen geschickt hätten ... (lautes Lachen)
D: Sie hätten es nicht sonderlich gemocht (Sie lachte immer noch über das mentale Bild.) und dann, als die Katzen wieder zum Tempel zurückgekommen sind, konntest du verstehen, was die Katze....
J: Ja, weil wir visualisierten und die Katzen uns gezeigt haben, wohin sie gegangen sind, um sich an den Personen zu reiben, damit die Energie übertragen wird, die wir ihnen gesandt haben.

* * *

Aus der Enzyklopädie:

„In Ägypten wurden Katzen nicht nur als Haustiere wegen ihrer Hilfsbereitschaft gehalten sondern auch wegen ihrer Schönheit, Intelligenz und ihrer Anmut. Sie wurden mit Göttern assoziiert. In Ägypten waren Katzen heilig für den Gott Ra, der manchmal die Form einer Katze annahm, und Isis, diese Göttin wurde mit Katzenohren dargestellt. Außerdem verehrten die Ägypter eine katzenköpfige Göttin Bastet, welche eng verwandt war mit Isis und von deren Name, so glaubt man, das Wort "Puss" (englisch Pussy = Mieze) abgeleitet wurde. Katzentempel und auch Katzenfriedhöfe, mit tausenden von einbalsamierten Katzen, wurden in verschiedenen Teilen Ägyptens ausgegraben. Viele andere Tiere waren den Ägyptern heilig, aber außer dem Stier wurde niemand so über das ganze Land hinweg verehrt, wie die Katze. Sie verewigten Katzenfiguren auch in Pyramidentexten, auf ihrem Schmuck, auf Tonwaren und Möbeln."

Vielleicht haben die Archäologen die Rolle der Katzen in dieser Kultur nicht ganz verstanden.

* * *

D: Warst du dort, als sich der Tempel auflöste?
J: Nein, ich war schon früher dort, als der Tempel noch neu war und durch die Energie funktionierte. Wenn ich jetzt zu dem Tempel zurückgehen würde, würde ich nur einen Staubhaufen, vorfinden.

D: Wurde der Tempel mit Absicht zerstört?
J: Ja, weil die Menschen gingen in die Zeit der Dunkelheit zurück.
D: Wurde die Auflösung von den Menschen selbst durchgeführt, die zu dieser Zeit dort lebten?
J: Oh nein, ich glaube sie dachten, sie wären dafür verantwortlich. Dass die Energie selbst, die göttliche Quelle, wütend war und sagte: „Schön, wenn sie meine Hilfe nicht wollen, dann werde ich aufhören, für sie da zu sein." Und der Tempel war einfach ... weg. Er wurde auf der Ebene nicht mehr gebraucht. Er ist einfach „puff."
D: Was bedeutete es: „wenn sie meine Hilfe nicht wollen?" Haben sich die Zeiten geändert, nachdem du dort warst?
J: Ja. Die Menschen glaubten mehr an das Gold, das wir trugen, als an die Energie, die wir in das Gold steckten. Also begannen sie, diese Statuen, diese verdammten Statuen, zu bauen. Und sie beteten zu diesen blöden Statuen. Und sie beteten zu diesem Gold. Sie sagten: „Jetzt bin ich geheilt, wegen des Goldes." Wir versuchten ihnen zu zeigen, dass es nicht das Gold ist das sie heilte, dass es die Energie war, aber das konnten sie nicht verstehen. So beschloss ich, jemanden zu heilen ohne das Gold und nahm es ab. Aber als ich diese Person berührte, starb sie. Es war zu viel Energie, ohne diesen Schutz des Goldes, das es erdete. Sie beschimpften mich sogar. Sie dachten, ich hätte diesen Menschen getötet. Sie zogen mich an den Haaren und steinigten mich zu Tode. Nachdem ich das Gold nicht getragen hatte, kamen die verrückten Narren auf die Idee, dass es das Gold war, das sie heilte. Sie wussten es natürlich nicht besser. Sie konnten es nicht verstehen, es sei denn, sie hätten ein Kind zur Welt gebracht, mit diesen Fähigkeiten, so wie wir sie hatten. Obwohl meine Eltern es ihnen zu erklären versuchten, war es zu spät.

Der Teil der Auflösung des Tempels klang dem sehr ähnlich, was mit den Tempeln der Sonne und des Mondes in der Bartholomew-Geschichte in Buch Eins geschah.

D: Ich hätte vermutet, dass die Energie einfach verschwinden konnte, aber das Gebäude bleiben würde.
J: In Anbetracht dessen, was wir tun konnten, war es in gewissem Sinne wie eine Molekularisierung der Quelle. Und jedes kleine

Stück dieses Tempels hatte diese Energie, besonders in diesem einen Bereich, wo sich der Kristall befand. Deshalb musste der Tempel aufgelöst werden, damit die Leute, die später hineingehen würden, nicht zu Schaden kommen. Und so nahmen sie alles Gold heraus, wegen der Energie, die das Gold besaß. Das Gold heilte noch immer die Menschen.

D: Also hat es Gutes getan.

J: Oh ja, jedoch der Tempel selbst und der Kristall, der heilige Stein, verwandelten sich in Staub, als er sich auflöste. (eine Offenbarung) Oh, um Himmels willen! Wenn man jetzt die Sandkörner in diesem Bereich betrachtet, sieht man kleine kristalline Stücke. Und das sind die kleinen Fragmente des heiligen Steins. Der Stein musste in diese winzigen Teile zerlegt werden, damit er nicht mehr für die Menschen gefährlich ist.

D: Aber es gibt immer noch viel Energie in diesem Bereich, oder?

J: Oh ja! Und wir nennen es, eine Rose ist eine Rose. Wenn das Göttliche mit etwas einverstanden ist, ändert es nicht seine Meinung, wie ein Mensch. (lacht) Ja, was es macht, das macht es.

D: Also war der Tempel dort zur gleichen Zeit wie die Pyramiden.

J: Ja, die Pyramiden waren älter.

D: Die Sphinx kam später?

J: Ja, denn nachdem der Tempel weg war, waren die Leute, obwohl sie nicht verstanden hatten, was wir taten, für das Gold dankbar. Das Rätsel der Katzenmenschen wurde zu einer Legende. Die Priester konnten diese Arbeit nicht fortsetzen, weil sie unsere Geheimnisse nicht kannten. Das Erzählen einer Legende war das Einzige, was ihnen übrig blieb.

D: Wofür verwendeten sie damals die Pyramiden?

J: Sie waren wie Satelliten aus diesem Tempel. Wie gesagt, wir haben ein kleines Stück des heiligen Steins aus unserem Tempel genommen und in die Pyramide gesteckt, weil es die Großen ehren sollte. Die großen Pharaonen. Und sie waren großartig. Es waren diejenigen, die ausgewählt worden waren, um mit den Menschen zu arbeiten. Die Pharaonen wurden mit ihren Geheimnissen geboren, genauso wie wir mit unseren Geheimnissen geboren wurden, um Menschen zu heilen und ihnen zu helfen. Die Energie unseres Tempels war eine andere als die der Pyramiden, negativer. Deshalb existiert die Energie der Pyramiden immer noch, weil sie sich so viel einfacher in diese

Umgebung integrieren konnte. (Pause) Wir haben Atlantis und seine Zerstörung überlebt. Das war der erste Ort, an dem diese Energie eingebracht wurde. Dort lernten wir zuerst, dass die Energie abgeschirmt werden muss. Dieser besondere Tempel, war der erste Ort, an dem die göttliche Energie genutzt wurde. Und sobald diese verrückten Leute anfingen, ihre verqueren Ideen zu bekommen, konnten sie keine Negativität um dieses Göttliche haben. Es ist nicht so, dass das Göttliche darauf hinweist und sagt: „Oh, das ist schlecht!" Das ist es nicht. Das Göttliche tut das nicht. Das Göttliche ist jenseits von Gut und Böse. Aber wenn man negatives in das Göttliche bringt, potenziert es sich. Das ist das Erstaunliche daran. Zu atlantischen Zeiten war das nicht so. Es war nicht so, dass die Menschen böse oder bösartig waren. Es war der Beginn des Negativen. Ich denke, die Schöpfung hat erkannt, dass wir nicht genug gelernt hatten, um positiv zu sein. Der Geist ist. Der Geist hört niemals auf. Wir haben alles in uns gespeichert.

D: Man trägt die Informationen von einem Leben zum anderen.

J: Ja, als Atlantis dem Ende entgegen ging, war es für uns so schwer, weil wir daran glaubten, dass wir es ihnen hätten lehren können. Die Alchemie der Körper veränderte sich. Und das war Teil dessen, was zur Zerstörung von Atlantis führte. Deshalb musste diese Energie in Ägypten wieder total zerstört werden, da diese Energie nicht freigesetzt werden durfte.

D: Die Energie war zu mächtig geworden?

J: Ja, ich habe den Tempel verlassen und bin jetzt ins alte Atlantis gegangen. Ich kann es besser verstehen, wenn ich in Atlantis meine Füße habe, dort war es so schön. Und ich war unendlich traurig, als sie sagten, es hat ein Ende.

D: Die Energie wurde in Atlantis missbraucht, nicht wahr?

J: Oh ja, sie nannten es den nächsten Schritt. Kannst du dir das vorstellen? Sie nannten das, den nächsten Schritt. Ich habe es Klippensprung genannt. Was ist, wenn ich von einer Klippe springe und zerschmettert werde! Was habe ich gelernt? Ich habe gelernt, dass ich sterben kann. Aber man lernt nicht vom Sterben, man lernt vom Fall. Auch hier versuchten wir, eine Richtung zu finden, eine Richtung der Evolution. Es war das, worauf wir uns hin entwickeln wollten. Die Alchemie des Körpers begann sich zu ändern und so auch die Energie. Wir kamen nicht mehr in die Nähe des Reinen. Wir entfernten uns immer weiter davon. Und deshalb können wir jetzt zu diesem Körper zurückkehren. Dieses Karma versteckt sich immer noch unter all diesen Schichten.

D: *Hat es immer noch das Wissen?*

J: Ja, deshalb können wir es uns ansehen und sagen: „Okay, ich werde das heilen." (kichert) Und dadurch hat dieser Körper hier mit diesem Teil, eine wirklich schwierige Angelegenheit zu Heilen (sie deutete auf die Mitte ihrer Stirn), weil er diesen göttlichen Teil nicht akzeptieren konnte.

D: *Das dritte Auge? (ja)*

Ich wollte zu Informationen über die Sphinx zurückkehren.

D: *Du hast von der Sphinx gesprochen. Du sagst, sie sei später in Erinnerung an die Katzenmenschen entstanden. Hatte die Sphinx ein Gesicht, so wie jetzt?*

J: Nein, es war mehr ein weibliches Gesicht. Sie haben es später redigiert.

D: *Davon habe ich gehört. Die Wissenschaft sagt, dass das ursprüngliche Gesicht anders war.*

J: Das ursprüngliche Gesicht war wunderschön. Eine Frau, es war eine schöne, schöne Frau. Oh, ich habe gerade etwas gesehen! Die Frau die sie steinigten, es ist ihr Gesicht, das sie dort errichteten.

D: *Das warst du in diesem Leben?*

J: Ja, ich wusste nicht, dass sie es für schön halten. (kichert) Es war ihre Schuld, mich zu steinigen. Aber sie haben mich gesteinigt, sie fürchteten mich, weil ich jemanden getötet habe. Jedoch, ich hatte noch nie jemanden getötet. Ich wollte ihnen nur zeigen, dass es nicht ihr verdammtes Gold ist, was die Menschen heilte. Da war auch der Kopfschmuck. Ich trug auch einen Kopfschmuck, als ich diese Heilung durchführte. Er kam auf die Schultern. Oh, deshalb stören mich meine Schultern! Von diesem schweren Kopfschmuck. Er war so schwer. Das ist es! Deshalb stören die Schultern diesen Körper, denn ich glaubte, ich habe die Zerstörung des Tempels verursacht.

D: *Das hast du nicht.*

J: Oh nein. Das weiß ich jetzt

D: *Wie sieht der Kopfschmuck aus? Ich versuche ein mentales Bild davon zu bekommen, so wie das ursprüngliche Gesicht der Sphinx aussah?*

J: Der Kopfschmuck war wie ein Schulterbogen, dann kam er hoch und ging dann hinüber. Es wurde breiter an der Stelle. Sie versuchten es irgendwie wie eine Sonne um den Kopf zu machen. Sie versuchten, diesen Energiestrahl darzustellen, den wir ausstrahlten. Es passt über den Kopf. Und raus zu den Schultern und runter zu den Pfoten. Und so setzten sie diesen Teil auf den Katzenkörper. Ursprünglich war es unser Schulterstück zu diesem Kopfschmuck, denn es ist wie ein Mantel, den wir anziehen. (Anscheinend hat sie hier gewechselt und hat wieder ihre eigene Kopfbedeckung beschrieben.) Und oben waren Juwelen, vielleicht Diamanten oder Kristalle, aber dieser Teil war klar und wurde ins Gold gesetzt. Und er war furchtbar schwer. Und die Erinnerung daran verursachte im gegenwärtigen Leben Schulterschmerzen. Verursacht wurde der Schmerz auch, weil ich die ganze Zeit der Meinung war, ich hätte die Zerstörung des Tempels verursacht. Die Pfoten kamen aus dem Schulterbereich der Kopfbedeckung heraus. Dies war jedoch der Teil des Mantels dieser Kopfbedeckung.

Sie machte Handbewegungen die zeigten, wie das Schulterstück bis zu ihren Handgelenken herunterkam, wobei nur die Hände nach außen ragten.

J: Wegen der Kopfbedeckung ist der Kopf der Sphinx so viel größer gewesen. Deswegen fiel es auseinander, weil das Mantelstück der Witterung nicht standhalten konnte.
D: *Haben sie absichtlich den Kopf gewechselt oder ist er einfach auseinander gefallen?*
J: Nun, er war weiblich. Die noch verbliebenen, ausschließlich männlichen, Pharaonen waren nicht gerade sehr interessiert, diese große weibliche Statue dort zu haben. (kichert) Also gestalteten sie es neutraler, es sah jetzt nicht mehr wie ein Mann oder eine Frau aus.
D: *Richtig, der Kopf ist zu klein für den Körper.*
J: Ja, viel zu klein für den Körper. Die Pharaonen machten den Kopf klein, weil sie uns im Laufe der Zeit ersetzen wollten. Der Körper war der einer Katze. Und so versuchten sie proportional, den Kopf eines Menschen auf eine Katze zu legen. Und dann haben sie entsprechende Berechnungen gemacht. Das zweiundsechzigfache

Körpergewicht der Katze wäre das richtige Verhältnis gewesen. Was die Pharaonen über ihren Köpfen getragen haben, kopierten sie von unseren Mänteln.

D: *Unter der Sphinx wird von etwas gesprochen. Weißt du etwas darüber?*
J: Vielleicht ist das ein Teil unseres alten Tempels. Vielleicht wurde die Sphinx auf der Stelle unseres Tempels gebaut? Ist es das? Geheimnisse?

Während dieser Sitzung schien Jane Informationen zu erhalten, die sie überraschten, die sie logischerweise nicht erwartete. Viele ihrer Antworten wurden fast geflüstert. Sehr weich, aber das Tonbandgerät konnte es aufnehmen.

D: *Die Leute haben gesagt, dass es vielleicht etwas unter den Pfoten der Sphinx gibt.*
J: Unter dem Körperteil. Sie haben einige unserer Geheimnisse in diesem Körperteil aufbewahrt, bevor der Tempel zerstört wurde. Weil wir etwas von unserem Lernen aufgenommen haben. Die Erkenntnisse wurden beibehalten.
D: *Kannst du sehen, wo sich das befindet?*
J: Ja, das Kätzchen sitzt darauf. (glucksend) Hast du jemals eine Katze gesehen, wenn sie eine Maus erwischt und sich stolz auf sie setzt? Die Sphinx liegt auf ihrem tollen Fang, auf ihrem tollen Preis. (lacht) Die Pfoten, vielleicht könnte man dort hineingehen. Sicher, klar, das ist es. Dort geht man hinein. Ich kann es fast sehen. Unter den Pfoten gibt es einen Eingang. Das war absichtlich, denn in unserem ursprünglichen Tempel ... erinnerst du dich, ich habe dir erzählt, der energetisch aktivste Teil befindet sich im Rücken. Ich denke, dass sie vielleicht etwas von dem Sand, der zerstört wurde, behalten haben. (lachen) Und niemand ... (Sie fand das äußerst amüsant.) Das ist süß. Sie werden unter diese Pfoten gehen, sie werden den Eingang finden, sie werden ganz aufgeregt sein. Sie werden dorthin zurückgehen und (lachen) ... Staub und Sand finden. Sie werden sagen: „Dafür?" (lachen) Sie werden sagen: „Oh, das wurde bereits ausgeraubt."

Das wäre sicherlich ein Schock für die Entdecker, denn sie würden die Bedeutung und Symbolik des Sandes, der die ursprüngliche Energie des Heilungs-Tempels anhaftet, nicht erkennen.

D: *Sie hoffen, Aufzeichnungen und ähnliches zu finden.*
J: Es gibt diese Aufzeichnungen. Aber es wird eine Weile dauern, bis sie versuchen, diese zu entschlüsseln, weil es unsere heimliche Sprache war.
D: *Gibt es eine Möglichkeit, in diesen Teil zurückzukehren, wenn sie den Eingang finden?*
J: Ich glaube, sie haben es zu einem Labyrinth gemacht. (Pause) Ich soll es nicht sagen.
D: *Du solltest was nicht sagen?*
J: Nun, diejenigen, die nicht mit dem Tempel zerstört wurden, waren wütend. Also machten sie den Zugang sehr, sehr schwierig. Und sie werden es für niemanden leichter machen. Diese Dinge wurden begraben. Aber wenn die Leute dort rein kommen, werden sie eine völlig andere Sprache finden, eine, die sie noch nie zuvor gefunden haben. Anders als das, was sie vorher gesehen hatten, weil wir unsere eigenen Wege hatten, beziehungsweise wurde es uns so gesagt. Es war so schön im Tempel sein zu können, weil es so anders war als außerhalb des Tempels. Wir hatten unsere eigenen Sprachen. Wir hatten unsere eigenen Fähigkeiten, unsere eigenen Wege, alles zu tun. Aber es musste anders sein, weil unsere Energie so anders war. Und in Atlantis war es dasselbe. Wir mussten den Tempel aufstellen, denn bei unseren Gesprächen mit dem Göttlichen und dem, was wir hier zu lehren versuchten, baten wir darum, noch unterrichten zu können. „Also, wenn sie da rein gelangen, werden sie es nicht verstehen, was sie dort vorfinden. Ich weiß nicht einmal, ob die Hieroglyphen....
D: *Die Hieroglyphen?*
J: Ja, ja. Ich weiß nicht einmal, ob sie das verstehen werden. Sie werden so begeistert sein. Ich frage mich nur, ob sie endlich da reinkommen dürfen. Aber ich vermute, mit den Dingen, die kommen ... (leise) vielleicht. Sie werden so verwirrt sein. (Lachen)
D: *Wird der Eingang unter den Pfoten schwer zu finden sein?*

Der Grund, weshalb ich versuchte dies zu verfolgen und mehr Details zu erhalten war, dass ich vor etwa einer Woche eine Sitzung mit einer Freundin hatte. Sie arbeitet als Hellseherin mit Ermittlern in Ägypten zusammen, um die versteckten Tunnel zu entdecken. Sie hatten schon zu einem Teil unter den Pfoten zwischen Sphinx und Pyramide gesucht. Sie hatte vor zurückzukommen, um weitere Nachforschungen anzustellen.

J: Es ist direkt vor ihren Augen versteckt. Es ist so offensichtlich. Energetisch denke ich, wenn ich dorthin gehen würde, könnte ich einfach sagen: „Fangt an hier zu graben Jungs." Es ist sehr tief. Sie haben sich sehr bemüht, es so kompliziert wie möglich zu machen, aber es ist nicht unmöglich. Diejenigen, die das getan haben, wussten, nach welcher Logik heute gehandelt wird, und so konnten sie es damals gegen sie heute verwenden. (lacht) Wenn sie also versuchen logisch zu handeln, werden sie erst recht nichts finden. (Sie fand das amüsant.)

D: *Wenn sie dort runterkommen, werden sie ein Labyrinth finden.*

J: Das wird sie verlangsamen, weil es so viele verschiedene Sackgassen gibt. Und es gibt viel Platz zwischen den Pfoten und dem Rücken.

D: *Aber nur die richtigen Leute werden es finden können, nicht wahr?*

J: Nun, sie haben danach gefragt. Sie haben darum gebeten, diese Informationen zu erhalten, weil es so lange dauern wird, bis sie es verstehen. Es ist vielleicht nicht so schockierend für sie, weil die Bilder zeigen, dass der Körper sich selbst heilen kann. Aber sie werden es nicht verstehen.

Ich stellte dann die Fragen, über die Jane etwas erfahren wollte. Dies war der eigentliche Zweck der Sitzung. Ich werde nur Anmerkungen hinzufügen, die sich auf die Geschichte beziehen. Der Rest ist möglicherweise nicht relevant.

Ich fragte das Unterbewusstsein, wie dieses Leben in Ägypten mit den Ereignissen in ihrem gegenwärtigen Leben zusammenhängt.

J: Die wichtige Erfahrung war, zu erkennen, dass sie nicht verantwortlich für die Zerstörung des Tempels war. Auch die

Schmerzen und die Verspannung in der Schulter, sie hat viel davon mit sich in das gegenwärtige Leben getragen.

Wir wussten jetzt, dass das Unbehagen beseitigt werden kann, weil wir die Ursache des Problems gefunden hatten.

J: Was sie verstehen muss ist, dass das Göttliche auch die Steuerung übernehmen kann. Und manchmal, wenn wir ins Physische kommen, denken wir, dass wir nur Dinge ausprobieren, aber das ist es nicht. Sie glaubte, sie sei die Ursache für die Zerstörung dieses Tempels.

D: *Sie hatte nichts damit zu tun, aber sie wurde gesteinigt.*

J: Es war an der Zeit, den Menschen zu zeigen, dass es nicht das Gold ist, was die Heilung leistete. Freilich das Göttliche wusste es, und man demonstrierte ihr, dass sie dafür gesteinigt wurde. Warum sollte sie das vergessen? Oh! Sie vergaß es, weil es so schrecklich war. Das macht Sinn. Aber es war Zeit für das Bewusstsein, diese Veränderung vorzunehmen. Die Leute mussten diese Veränderung vornehmen. Nur dass die Steinigung ein großer Schritt zurück war. Es waren Tausende dabei, als sie gesteinigt wurde. Es war eine große Tragödie.

D: *Ja, zu dieser Zeit war das so, weil damals viele Fähigkeiten und der Einsatz von Energien verloren gingen.*

J: Und deshalb hat sie das Privileg erworben, das in dieses Leben zurückzubringen.

D: *Deshalb kam sie mit so viel Energie in dieses Leben, dass sie als Baby im Krankenhaus sein musste. Zu lernen, die Energien zu assimilieren, damit der Körper damit umgehen kann?*

Jane musste als Baby wegen ihrer ungewöhnlichen Symptome, die die Ärzte nie verstehen konnten, monatelang im Krankenhaus bleiben. Anscheinend war es eine assimilierende Zeit, in der sich der Körper an die hohe Energie gewöhnen konnte, die er aus dem Leben in Ägypten in dieses Leben trug. Dies ist jedoch auch schon vor dem Leben in Atlantis zurückverfolgt worden, als der Einsatz dieser Energien alltäglich war.

J: Das Göttliche hat mit Menschen gearbeitet, um diese außergewöhnlichen Erfahrungen zu sammeln. Das ist ganz natürlich. Damals zu atlantischen Zeiten, wenn du diese Erfahrungen nicht hattest, stimmte etwas nicht mit dir. Es war eine ganz selbstverständliche und natürliche Sache dies zu tun. Und was haben wir dann mit diesen Fähigkeiten in Atlantis getan? Wir haben sie ins Negative verwandelt. Und nachdem wir so viele Jahre tiefer und tiefer ins Negative gerieten, haben wir gelernt, was das Negative uns bringt.

Jane durfte sich an dieses Wissen erinnern, damit sie es in ihrem gegenwärtigen Leben für die Heilung verwenden konnte. Die Energien standen zur Verfügung, sie waren nie wirklich verschwunden. Sie befanden sich in einem schlafenden Zustand, bis sie sie in einem anderen Leben wieder gebrauchen konnte. Das Wissen, wie man diese Fähigkeiten einsetzen kann, gelangt so an die Oberfläche ihres Bewusstseins, und es wäre sehr natürlich und auch leicht, diese Energien für die Heilungsarbeit zu nutzen. Ich finde, viele, viele der Menschen die jetzt leben, greifen auf diese ruhenden Energien zu, denn jetzt ist es an der Zeit, sie wiederzubeleben und positiv zu nutzen.

J: Sie haben die Sphinx für sie gebaut, weil sie sie geliebt haben, für das was sie für sie getan hat. Sie fürchteten sie aber auch und deshalb wurden die Geheimnisse tief unter der Sphinx vergraben, aber auch, weil sie das Gefühl hatten, sie ist die einzige gewesen, die das wusste. Als sie starb, wurde dieser Tempel zerstört. Es herrschte so große Angst und sie begruben diese Dinge tief. Sie bauten die Sphinx, um sie zu ehren und mit dem Ziel sie hoffentlich auch zu besänftigen, damit sie den Menschen nicht mehr schaden würde.

Es muss auch sehr beängstigend für die Menschen gewesen sein, als der Tempel völlig zerstört und zu einem Haufen Staub und in Teilchen aufgelöst wurde. Es ist leicht zu sehen, wie unnatürliche Ereignisse Legenden, Monumente und Idole schaffen können, die das Geschehene symbolisieren. In späteren Jahren haben die Menschen (wegen ihrer unnatürlichen Komponenten) nicht die volle Geschichte über die Ereignisse erfahren. Und andere Erklärungen konnten von den Mächtigen vorgebracht werden. Vor allem, wenn sie die ursprünglichen Ereignisse diskreditieren wollten. Dies waren die

Rollen vieler Herrscher und Priester in der Geschichte und der Grund, warum ein Großteil des Wissens über unsere Erdgeschichte (vor allem die alten Zeiten) verloren gegangen ist. Ein Teil meiner Arbeit besteht darin, diese Geschichte in unsere Zeit zurückzubringen.

* * *

Es gab eine seltsame und ziemlich ungewöhnliche Folge dieser Sitzungen. Wir waren in Kansas City, Missouri und nahmen an der Unity Church Conference teil. Meine Tochter Nancy und ihre Kinder waren in dem Hotel, in dem die Konferenz stattfand. Sie verkauften meine Bücher an einem Stand. Als die Konferenz vorbei war, fuhren wir nach Huntsville zurück und machten einen Zwischenstopp im Haus meiner Tochter Julia in Lamar. Als wir versuchten, die richtige Straße zu finden, um uns auf die Autobahn aus der Stadt zu führen, verirrten wir uns und fuhren eine fremde Straße hinunter. Wir kamen an einem riesigen Freimaurertempel vorbei. Ich war völlig verblüfft, als ich zwei sehr große Statuen sah, jeweils eine auf beiden Seiten der Treppe, die ins Gebäude führte. Es waren Statuen von liegenden Sphinxen. Und sie hatten das Gesicht einer Frau und einen ungewöhnlichen Kopfschmuck über den Kopf, den Rücken hinunter, über die Schultern und bis zum Handgelenk der Pfoten. Beide Statuen schienen identisch zu sein. Ich war verblüfft und begann Nancy von dem Zufall mit der gerade beendeten Regression zu erzählen. Wir fuhren eine Weile weiter, bevor ich Nancy bat, umzudrehen und zurückzufahren. Ich wollte zurück und die Statuen genauer betrachten und auch ein paar Fotos machen. Wir fuhren zurück und parkten. Ich stieg aus und ging um die Vorderseite des Tempels herum, um die Statuen aus allen Winkeln zu fotografieren. Ich wollte einen visuellen Beweis und etwas Wesentliches, auf das ich in einem Buch hätte verweisen können und was auch bei meiner Recherche half. Ich habe mich immer gefragt, warum die Kansas City Freimaurer dieses Symbol der Sphinx hatten. Es war definitiv eine Abweichung von der traditionellen Version aus Ägypten. Ich wusste, dass ich den Hintergrund dieses Symbols untersuchen musste. Ich wusste jetzt auch, dass die Regression tatsächlich eine Basis hatte und ich darüber schreiben sollte. Wer weiß, was ich aufdecken könnte? Ich weiß auch, dass es kein Fehler war, dass wir die „falsche" Straße entlang fuhren.

* * *

Seit dieser Regression habe ich versucht, durch Nachforschungen Hinweise darauf zu finden, dass es tatsächlich eine Frauenkopf-Sphinx gab, jedoch ohne Erfolg. Ich habe festgestellt, dass man vermutete, dass eine zweite Riesensphinx auf der anderen Seite des Nils existierte, aber ich konnte darüber nichts Weiteres finden. Mir wurde gesagt, dass es viele, viele Sphinxe in Ägypten gibt. Einige von ihnen haben ein Frauengesicht, werden aber gewöhnlich mit Flügeln dargestellt. Eine Internetseite sagt: „Selten wurde die ägyptische Sphinx als Frau dargestellt. Wenn sie so dargestellt war, symbolisierte sie die Göttin Isis und / oder die regierende Königin." Diese gleiche Website sagt weiter, dass in alten Zeiten einmal ein Sonnentempel vor der Großen Sphinx stand, um Opfergaben für die aufgehende Sonne zu erhalten. (Wieder der Hinweis auf Gold, das von der Sonne dargestellt wird.)

Es gibt auch viele, viele Pyramiden unterschiedlicher Größe in Ägypten. Die Hauptsphinx und Pyramide in der Nähe von Kairo sind die, die wir am besten kennen.

Als ich nichts mehr über die uralte Sphinx herausfinden konnte, beschloss ich aufzuklären, warum die Freimaurer in Kansas City am Eingang ihres Tempels Statuen von Sphinxen mit Frauenköpfen aufgestellt haben. Ich fand überraschende Ergebnisse. Die prächtige Anlage ist der Scottish Rite Temple, der sich am 1330 Linwood Blvd befindet in Kansas City, Missouri. Er wurde 1928 erbaut und Jorgen C. Dreyer war der Architekt und Bildhauer der Sphinx-Statuen. Ich hatte endlich die Telefonnummer eines Verantwortlichen des Tempels erhalten, den ich anrief. Er war verwirrt über meine Frage: „Warum haben die Sphinxe am Eingang des Gebäudes das Gesicht einer Frau?" Er antwortete, niemand hätte diese Frage zuvor gestellt. Er sagte, jeden Morgen wenn sie zur Arbeit gingen, kamen sie an diesen Statuen vorbei und hatten sie nie in Frage gestellt. Aber warum hatte eine Freimaurerloge, eine männlich orientierte Organisation, Statuen einer Frau am Eingang? Er sagte, dass das Gebäude und die Statuen eine exakte Kopie des Hauptquartiers der Scottish Rite in Washington, DC sein soll. Es wurde im späten 19. Jahrhundert während der napoleonischen Ära errichtet, als die ägyptische Architektur den Baustil in Amerika stark beeinflusste.

Ich suchte im Internet nach weiteren Informationen zu diesem Gebäude in Washington, das dem in Kansas City vorausgegangen war, aber es wurde noch rätselhafter. Es stellte sich heraus, es sind exakte Kopien voneinander, nur die Sphinxe sind unterschiedlich. In Washington sind sie männlich und nicht identisch, die eine hat die Augen geöffnet und die andere die Augen geschlossen. Sie sollen Weisheit und Macht repräsentieren.

Ich versuchte mehr Informationen über den Bildhauer Jorgen C. Dreyer zu erhalten, um herauszufinden, warum er die Statuen weiblich gestaltet hat. Es gab Informationen über den Mann und das Gebäude, nicht aber über seine Motive. Auf der Webseite der Stadtbibliothek von Kansas City heißt es hierzu: „Die Sphinxe des Scottish Rite Temple wurden 1928 fertiggestellt und wiegen 20.000 Pfund pro Stück. Jede der beiden weiblichen Köpfe auf Löwenkörpern, mit Details der Greifer, trägt ein Medaillon, das den Freimaurerorden darstellt." Ich habe versucht mehr herauszufinden, indem ich die Zeitungsdateien über das Datum der Einweihung des Gebäudes im Jahr 1928 recherchieren wollte. Ich hoffte, es würde vielleicht irgendwo erwähnt werden, warum die Statuen so gestaltet wurden, wie sie waren. Aber wieder hatte ich kein Glück. Der Kansas City Star erlaubt niemandem mehr, ihre Archive einzusehen. Wie können sie erwarten, dass die Leute recherchieren, wenn wir nicht den Zugriff auf alte Zeitungsdateien haben?

Ich hatte auch kein Glück, eine Erwähnung von den „Katzenmenschen" zu finden, außer dass bekannt war, dass Katzen in Ägypten hoch angesehen waren und verehrt wurden.

Also habe ich mich entschlossen dieses Buch weiterzuführen, auch wenn ich ungern lose Enden lassen möchte. Vielleicht hat ja jemand da draußen die Antworten und kann sie mit mir teilen.

Weibliche Sphinxe am Eingang zum Scottish Rite Tempel, Kansas City, Missouri.

Macht　　　　　　　　　　　Weisheit

Männliche Sphinxe am Scottish Rite Temple Headquarters in Washington, DC

KAPITEL 4

DIE GÖTTIN ISIS

Diese Sitzung fand statt, als ich in Las Vegas, Nevada, im April 2002 auf einer Konferenz sprach. Ingrid war eine kleine Frau in den Fünfzigern, die in Südafrika aufgewachsen war. Sie hatte einen Akzent, aber ich habe mich während der Sitzung daran gewöhnt. Akzente machen mir immer Probleme. Ich muss sehr genau zuhören. Manchmal geht der Klient nicht so tief, wenn Englisch die zweite Sprache ist, aber bei Ingrid schien es keinen Unterschied zu machen. Schnell ging sie tief. Ich hatte nicht einmal die Gelegenheit zu fragen, wo sie sich befand, als sie aus der Wolke stieg. Sie begann sofort mit einem emotionalen Ausbruch. Ich musste das Mikrofon rasch einschalten.

I: Ich bin hierhergekommen, um Frieden zu schaffen! Andere verstehen unsere Wege nicht. Sie kämpfen so sehr. Sie zerstören so viel. Wir haben versucht ein gewisses Gleichgewicht herzustellen, aber sie verstehen es nicht.

Sie war so emotional, dass sie den Tränen nahe war. Ich fragte mich, was diesen Ausbruch verursachte. Hatte das mit einem vergangenen Leben zu tun oder war es etwas, was Ingrid schon lange im Inneren hielt?

I: Ich wollte nicht hier sein, aber meine Ältesten zwangen mich hierher zu kommen, weil der Planet eine Veränderung braucht. Und ich bin hierhergekommen (weinen).
D: *Warst du schon mal auf der Erde?*

I: Ich war vor sechsunddreißigtausend (36.000) Jahren hier, zurzeit von Memphis. (Ihre Worte waren schwer zu verstehen, weil sie zwischendurch schluchzte.) Ich kam vom Sirius, um die Zerstörung auf diesem Planeten auszugleichen.

Ich kann die Sitzung nicht selbst führen, muss aber dem Klienten erlauben, seine eigene Geschichte zu erzählen. Bezog sie sich auf die Zerstörung von Atlantis?

D: Lebtest du zum Zeitpunkt der Zerstörung?
I: Ich bin nach der Zerstörung gekommen. Um den Menschen zu helfen, der Erdrasse.

Die Emotion ließ nach. sie war jetzt leichter zu verstehen.

I: Um den Überlebenden die neuen Wege zu zeigen. Ihnen Liebe, Harmonie und Einheit beizubringen.
D: Sind andere mit dir gekommen?
I: Es waren einige von uns, die auf das Schiff kamen. Wir sind an dem Ort gelandet, den man als Ägypten kennt. Einige der Überlebenden waren dort, weil es ein Teil von Atlantis war. Ein großer Teil von Atlantis liegt unter dem Ozean. Und viel neues Land entstand. Ägypten war Teil von Atlantis.

Ihre Aussprache war sehr bewusst, als ob die Namen dieser Länder seltsam und schwer auszusprechen wären.
.
I: Einige der Überlebenden waren in Ägypten. Und es gab andere auf kleinen Inseln, die nach einer Weile in ein anderes Hochland zogen.
D: Aber sie haben auf dem, was du „Sirius" nennst, gelebt?
I: Ja, wir sind eine sehr hochentwickelte Rasse oder eine Frequenz oder ein Energieniveau. Wir ernähren uns vom Licht. Wir essen keine physischen Dinge wie auf diesem Planeten.
D: Aber du sagst, die anderen hätten dich kommen lassen?
I: Es gibt einen Ältestenrat auf unserem Planeten, der einen großen Teil des Kosmos überwacht. Sie sind verantwortlich für das Leben und für die Schöpfung. Sie erschaffen viele Arten und viele Planeten. Das ist ihre Aufgabe.

Diese Aussage über die Entstehung unserer Spezies hat mich nicht überrascht, da ich durch viele meiner Klienten die gleichen Informationen erhalten habe. Näher gehe ich darauf in meinen Büchern „Hüter der Gärten" und „Die Verwahrer" ein, die das Material ausführlich behandeln.

D: *Müssen sie physisch zu diesen Planeten gehen, um dies zu tun?*
I: Sie müssen nicht unbedingt physisch gehen, aber manchmal tun sie es. Wenn sie Dinge wieder neu programmieren. Wenn sie neu strukturieren. Wenn sie Arten neu modellieren, die total, wie sagt man, verloren gegangen sind. Wenn die Frequenz und die Energie nicht für Frieden und Harmonie nützlich ist.

D: *Hast du die Tiere dort ursprünglich erschaffen und sie physisch auf den Planeten gebracht?*
I: Sie wurden nicht physisch auf den Planeten gebracht. Wir haben sie entworfen, sie waren dort, wo wir waren, und dann kamen sie körperlich hierher, um sie mit Energie zu versorgen. Mit der Substanz der Frequenzen, die der Planet Erde hat; die Energien und Frequenzen dieses Planeten.

D: *Du bist also auch zu vielen anderen Planeten gegangen?*
I: (unterbrochen) Oh ja! Wir haben nicht nur diesen Planeten bewohnt, sondern viele, viele mehr. Denn wir sind die Torwächter dieses Planeten und vieler, vieler mehr. Wir machen uns Sorgen, was hier los ist. Siehst du nicht die Zerstörung (sie wurde wieder emotional), die vor sich geht. (schluchzend) Wir haben ihnen den freien Willen gegeben, aber um Liebe zu erfahren, nicht für Disharmonie und Zerstörung. Sie sind in die Irre gegangen.

D: *Aber du sagst, du wolltest nicht kommen. Warum haben sie dich geschickt?*
I: (Sie beruhigte sich wieder.) Sie schickten mich das erste Mal nach der Sintflut nach Atlantis, um der Spezies zu helfen. Es gab noch andere die mit mir kamen. Es waren viele von uns. Und dann, als die Spezies bereit war autark zu sein, gingen wir wieder.

D: *Hattest du damals einen physischen Körper?*
I: Wir mussten unsere Struktur ändern, um uns an das Niveau der Erdspezies anzupassen. Also nahmen wir physische Körper an, um mehr auf die Struktur, die Energien und das Frequenzniveau dieses Planeten ausgerichtet zu sein. Das Frequenzniveau ist sehr

niedrig, wir würden es „sehr elementar" nennen. Das Sternensystem, das du „Sirius" nennst, der hellste Stern den du am Himmel siehst, von dem kommen wir.

D: *Wie habt Ihr damals in Eurer ursprünglichen Form ausgesehen?*

I: Wir sind jetzt leichte Körper. Nur Energiefrequenzen. Ihr seht uns als Licht, nicht wirklich als physische Form, sondern als Lichtwesen.

D: *Dann lebst du in einem der Körper, die Sirius umkreisen? Ist es das was du meinst?*

I: Wir wohnen in Sirius.

D: *Aber ich denke an einen Stern wie unsere Sonne. Es wäre sehr heiß und sehr hell.*

I: Es ist nicht nur hell. Es ist gleißend hell. Unsere Frequenzen und Energien stimmen jedoch mit diesem System überein. So wie Eure Körper mit dem Erdsystem in Einklang stehen, sind auch unsere Körper mit unserem System im Einklang. Unsere Frequenzen schwingen mit dem Stern, den Ihr „Sirius" nennt.

D: *Ihr seid eine Energie, die Teil dieser Sonne ist, wie wir es nennen? (ja) Das wollte ich klarstellen. du sagst, es gibt dort einen Rat? Befindet er sich auch auf diesem Stern?*

I: Er befindet sich dort und auch in dem, was du die „zentrale Sonne" nennst. Wir sind ständig in Kontakt mit dem, was du „die Herren des Wortes" nennen würdest.

Ich konnte das nicht verstehen. Ich dachte, sie würde Gesetze sagen, aber sie korrigierte mich und sagte, es sind die „Herren des Wortes".

I: Die Herren des Wortes, des Kosmos oder wie du es „das Wort" nennst. Und wie wir es nennen würden, „der Kosmos" oder „die Herren der Zentralsonne" oder die höheren Wesen oder die Lichtwesen der Zentralsonne. Das ist ein Teil dessen, was du als „Gott" oder „Göttin" bezeichnest oder wo unser Licht beginnt.

D: *Ich habe von dem Rat gehört, aber ich war mir nicht sicher, wo er sich befindet. Es sind aber diejenigen, die sich um alle Planeten kümmern?*

I: Vom ganzen Kosmos.

D: *Sie machen alle Regeln und Vorschriften?*

I: Ja, es gibt viele Gesetze, aber sie kontrollieren keine Gesetze. Es sind Gesetze, die aus Liebe gemacht werden. Gesetze, die mit Freiheit und Liebe arbeiten.

D: *Warst du immer ein Energiewesen oder hattest du auch andere Leben?*

I: Ich habe die Fähigkeit mich an Energiefrequenzen anzupassen. Manchmal musste ich eine körperliche Form annehmen, um die Schwingungsfrequenz des Energieniveaus zu erhöhen. Nicht nur auf Deinem Planeten, sondern manchmal auch auf anderen Planeten.

D: *Aber zu dem Zeitpunkt, als du zum ersten Mal aufgefordert worden bist auf die Erde zu kommen, wusste der Rat, dass etwas mit Atlantis passieren würde?*

I: Der Rat wartete auf die Flut in Atlantis. Es war höchste Zeit. Es war zu spät, um Atlantis zu retten. Dessen ungeachtet mussten sie den Planeten, das ökologische System, die Menschen und andere Lebensformen beim Überleben unterstützen.

D: *Weil es zu dieser Zeit viel Aufruhr gab?*

I: Oh, das gab es. Zuviel, viel zu viel. Da war auch die Drehung der Achse, du kannst dir die Probleme und die Zerstörung mit etwas Schieflage vorstellen.

D: *Es war also deren Aufgabe, in Ägypten zu landen und den Überlebenden dort zu helfen.*

I: Ja, und ich habe da lange Zeit gelebt. Ich lebte seit meiner Ankunftszeit und Annahme eines Erdkörpers dort, um Teil dieser Frequenz sein zu können. Um mit dieser Frequenz mitzuschwingen, musste ich einen Erdkörper annehmen. Dieser Erdkörper befand sich mindestens sechshundert Jahre lang in einer physischen Form. Die meisten von uns lebten ungefähr zu dieser Zeit, bis sich die Menschen unabhängiger fühlten. Dann gingen wir wieder.

D: *Du hast also die ganze Zeit mit ihnen zusammen gelebt, in diesem physischen Körper, den du gestaltet hast.*

I: Ja, das haben wir getan. Und einige von uns vermischten sich mit der Erden Art, um ihr die Kapazität eines höheren Wesens zu geben.

D: *Wussten die Leute dort, dass ihr anders wart?*

I: Oh, sie wussten das. Sie nannten uns „Götter". Deshalb wurde ich als Isis, die Göttin, bekannt. Ich war Isis, die Göttin. Ich habe den

Körper der Frau angenommen. Und mein Name war damals nicht so, wie du ihn kennst. Sie haben es etwas verändert. Ich war Ezi (phonetisch). Das ist der ursprüngliche Name. Ezi, die du jetzt Isis nennst. Wir haben den Leuten geholfen. Wir haben ihnen alles über Ökologie vermittelt. Wir haben ihnen das Wissen zu den verschiedenen Kräutern gegeben. Wir haben sie die verschiedenen Heilmethoden gelehrt. Wir haben ihnen beigebracht, wie man die Frequenzen anhebt. Wir haben sie über die Einheit unterrichtet. Wir haben ihnen beigebracht, was sie „Gott" nennen. Wir haben ihnen gezeigt, wie man sich liebt, einander respektiert, sowohl den Raum des anderen und alles Leben, das alles Teil davon ist. Es gibt keine Trennung.

D: Ich glaube, sie waren bereit, all das nach der Zerstörung zu hören.

I: Oh, sie waren sehr, sehr bereit. Sie waren bereit sich zu ändern. Sie waren wirklich bereit, sich zu ändern.

D: Hast du ihnen auch beigebracht, wie man die Gebäude baut?

I: Oh ja. Die Pyramiden sind uralt meine Liebe. Mehr als zwölftausend Jahre alt (12.000). Sie sind uralt. Mehr als man sich vorstellen kann. Es wurde durch eine Form von Lichtenergie vollbracht. Diese großen Steine, die man sieht, wurden durch Lichtenergie erschaffen.

D: Haben es die Wesen von Sirius geschaffen, oder haben sie den anderen beigebracht, wie es geht?

I: Wir waren mitverantwortlich. Ein Teil der Mischwesen, aus unserer Verbindung mit den Menschen, schwangen auch mit einigen unserer Frequenzen. Daher konnten auch sie mit der Lichtenergie arbeiten und einen Großteil dieser massiven Steine und Strukturen teleportieren. Das genaue Entwerfen dieser Strukturen war in Übereinstimmung mit dem, was wir geplant hatten, so dass die Strukturen und Frequenzen mit dem Planeten und Sirius deckungsgleich waren. In Übereinstimmung mit dem Empfang der Frequenzen und Energien mit denjenigen, die in diese riesigen Tempel gingen. Es waren wirklich Tempel der Heilung. Das sind keine Grabtempel, wie die Leute denken. Nein, das sind sie nicht.

Jane sagte dasselbe in Kapitel 3: „Die Katzenmenschen."

D: Ich habe nie gedacht, dass es sich um Gräber handelt.

I: Sie sind nicht die Orte, zu denen die Leute nach ihrem Tod gehen. Es sind Tempel, um die Frequenzen zu erhöhen, Energie aufzubringen. Dafür sind sie da. Viele der Energien sind nicht so stark wie sie einmal waren, aber es gibt noch eine gewisse Frequenz. Im Laufe der Zeit kamen immer mehr Menschen mit Veränderungen der Energien und Schwingungen herein. Dadurch haben sie viel von der ursprünglichen Essenz dieser Tempel verdorben. Sie haben sie entwertet.

D: *Viele Jahre sind inzwischen vergangen. Das macht einen Unterschied, oder?*

I: Macht es zu einem gewissen Grad, ja. Aber wenn die Leute mit reiner Absicht dorthin gegangen wären, wäre die Schwingung viel, viel höher gewesen. Und es wäre so geblieben, wie es erschaffen wurde und hätte vielen, vielen, vielen Menschen geholfen.

D: *Aber die Welt ist nicht so geblieben.*

I: Nein, sie haben die Energien und die Schwingungen so beschmutzt. Sie haben den Ozean verschmutzt. Sie haben das Land, die Flüsse und alles verschmutzt. Alles. Die Ozeane, die Wälder, die Berge, ihre Energie ist überall. Wir atmen diese Dinge auch ein. Es ist überall. Alle Lebensformen sind betroffen.

D: *Man kommt jetzt nicht mehr davon los.*

I: Nein, es ist überall.

Das machte sie wieder wütend. Ich musste das Thema wechseln.

D: *Mir wurde berichtet, dass sie in Atlantis die Fähigkeit hatten, Dinge mit ihrem Verstand zu tun.*

I: Sie missbrauchten ihren Verstand. Sie haben viel mit Kristallen gearbeitet. Sie nutzten das Licht der Kristallenergie, um einen Großteil ihrer Arbeit zu erledigen. Sie waren offen dafür, aber sie wussten nicht so viel wie wir. Sie verfügten über wenige Kenntnisse zur Lichttherapie, da sie von der Kristallenergie wussten, mit der sie arbeiteten. Sie missbrauchten die Kristallenergie. Nach der Zerstörung haben wir ihnen gezeigt, wie man die Dinge richtig macht und seine Gedanken klärt.

D: *Was ist mit der Sphinx? Wurde sie etwa zur gleichen Zeit wie die Pyramiden gebaut?*

I: Die Sphinx wurde ungefähr zur gleichen Zeit, mit bis zirka tausend Jahren Unterschied, gebaut. Überwiegend die Atlanter errichteten sie, weil sie die Sphinx für einige der Grabstätten nutzten. Irgendwann wird man bemerken, dass sich unter der Sphinx Kammern befinden, die für Begräbnisstätten genutzt wurden, man kann es auch „Gräber" nennen. Das war der Zweck der Sphinx. Und der Löwe war der Beschützer dieser Gräber. Das war das atlantische Glaubenssystem. Es zeigt die Löwenenergie. Der Löwe ist der König der Tiere. Und er soll angeblich vor allen möglichen Grabräubern schützen und brüllen.

D: *Sie haben unter der Sphinx versteckte Kammern gefunden.*

I: Es gibt viele, viele mehr, die sie noch finden müssen. Und was die Halle der Aufzeichnungen betrifft, so ist sie nicht unter der Sphinx. Sie ist unter der Hauptpyramide. Dort gibt es auch Tunnel. Viele, viele Tunnel, die zu weit entfernten Orten in der Mitte dieses Planeten führen. Zu Rassen, von denen sie nichts wissen. Sie können von diesen Tunneln zu anderen Rassen, die diesen Planeten bewohnen, geführt werden, die unter der Oberfläche leben.

Die unterirdischen Städte werden im nächsten Kapitel ausführlicher behandelt.

D: *Aber die Leute, die jetzt für die Pyramide verantwortlich sind, wissen nicht, dass diese Dinge existieren?*

I: Sie sind sich bestimmter Dinge bewusst, aber wegen des Glaubenssystems wollen sie aufgrund der religiösen Doktrin nicht, dass die Menschen wissen, dass sie vergangene Leben hatten, dass es andere Lebensformen waren und dass es nicht ihre Religion ist, die herrschte. Aber auch, dass es andere Formen der Anbetung gibt als ihr Glauben. Und schließlich, dass es andere Optionen gibt zur Quelle als nur ihre Wege.

D: *Sind sie sich der Öffnungen bewusst, die sich unter die Oberfläche befinden sollen?*

I: Oh, sie sind sich der Tunnel bewusst. Einige haben sie geschlossen. Es gibt einige, die offen sind. Aber sie haben Angst, dass in die Öffentlichkeit zu bringen. Und vor dem Unbekannten selbst.

D: *Also lassen sie die Leute nicht wissen, dass die Tunnel da sind. (ja) Aber sie sind von der Pyramide aus erreichbar?*

I: Sie können nur von der großen Pyramide aus erreicht werden.
D: *Aber sie haben sie nie selbst erkundet, weil sie Angst haben?*
I: Sie haben sehr, sehr viel Angst vor dem Unbekannten. Wenn sie das der westlichen Welt kundtun, dann wissen sie, dass die Menschen keine Angst haben dort zu erkunden. Sie haben Wege und Mittel, um durch diese Tunnel zu gehen, ohne ersticken zu müssen. Sie könnten durch diese Tunnel gehen, aber es wäre klüger, dies nicht zu tun. Weil diese Tunnel sehr, sehr lang sind. Meilen und Meilen lang. Sie wollen nicht, dass jemand etwas darüber weiß. Nummer eins wäre das Risiko. Und Nummer zwei wäre wegen ihres Glaubenssystems.
D: *Waren Deine Leute für den Bau dieser Tunnel verantwortlich?*
I: Ja waren wir. Es war sehr einfach für uns. Wir haben Lichtenergie verwendet. Und auch unser Transport war sehr, sehr einfach. Wir reisen durch das Licht.
D: *Als du die Tunnel gebaut hast, hast du Dein Handwerk benutzt?*
I: Wir mussten das Handwerk nicht unbedingt benutzen. Wir können uns einfach vorstellen, was wir tun wollen. Und dann schaffen wir es mit unserem Verstand.
D: *Warum hast du sie dazu gebracht, unter die Erde zu gehen?*
I: Es gab eine Oberflächenart, eine Spezies, die das erleben wollte. Sie waren sehr hoch entwickelt. Sie wollten weg von dem Wahnsinn an der Oberfläche. Also beschlossen sie, Mutter Erde zu helfen und in die Mitte zu gehen, um sie zu unterstützen. Denn wie wir wissen, ist die Erde ein lebendiges Wesen. Sie sind also Teil ihrer Helfer und Teil ihrer Assistenten. Und sie arbeiten sehr eng mit ihr zusammen. Sie sind sehr, sehr entwickelt.
D: *Gab es vorher Menschen unter der Erde?*
I: Meines Wissens nach nicht. Dies geschah nachdem wir hierhergekommen sind.
D: *Und ihr habt die Tunnel gebaut und dann wollten einige Leute dort leben?*
I: Ja, sie haben ein Frequenzniveau und ein Vibrationsniveau, bei dem sie keine physische Sonne benötigen, wie ihr es tut. Sie haben jedoch Mittel, um Licht aus dem Physischen zu gewinnen.

Siehe Kapitel 5 „Die verborgene Stadt". Auch erwähnt in meinem Buch die „Hüter des Gartens".

D: Wurden die Tunnel vor der Pyramide gebaut?
I: Die Tunnel wurden nach der Erschaffung der Pyramiden gebaut, weil diese nicht allen bekannt waren. Nur für die Auserwählten.
D: Gibt es noch Überreste dieser Menschen, die unter der Oberfläche leben?
I: Es gibt viele von ihnen die noch am Leben sind, sehr viele.
D: Haben sie jemals versucht, die Tunnel auf die Oberfläche zu bringen?
I: Oh, das haben sie. Sie sind sehr, sehr weit entwickelt. Sie haben Wege und Mittel, wo sie manchmal auftauchen. Und sie haben Wege und Mittel, wohin sie zurückgehen. Für sie ist das sehr einfach. Sie verwenden dazu unterschiedliche Frequenzen und verschiedene Lichttherapien, weil sie die Lichttherapie kennen.
D: Es hört sich an, als hätten sie das genommen, was sie zu lehren versuchten, und es rein gehalten. Während die anderen auf der Oberfläche es verschmutzten.
I: Das taten sie. Sie beschlossen, die Reinheit beizubehalten und den Planeten weiterzuentwickeln, wenn die Erde bereit ist, zu einer höheren Schwingung und zu einer höheren Frequenz zu wechseln. Was sie gerade macht.
D: Gibt es andere Öffnungen in anderen Teilen der Welt, die Zugang zu diesen Menschen, die unter der Erde leben, haben?
I: Meines Wissens nach in einigen anderen Pyramiden. Ich sehe Yukatan, die Pyramiden dort. Da ist noch eine, ich denke sie befindet sich in Bolivien. Wir kannten es nicht als Bolivien, wie man es jetzt nennt. Es war ein anderer Name.
D: Aber andere Leute schufen diese Öffnungen, damit sie denselben Platz betreten konnten.
I: Es war dieselbe Rasse, die wir kreiert haben, die dorthin gegangen ist, weil der Transport sehr einfach war. Wir transportieren durch Lichtenergie und durch Lichtfrequenzen. Und wo immer Menschen waren die Hilfe brauchten, gingen wir dorthin. Dort wurden Pyramiden gebaut, um ihnen die höheren Wege zu zeigen. Und gleichzeitig haben wir auch diese Tunnel geschaffen, da einige von uns mit ihnen gehen mussten, um den Evolutionsprozess zu unterstützen.
D: Du sagst, du hättest sechshundert Jahre in Ägypten gelebt. Warst du damals als die Priesterin Isis bekannt? Du sagst, der Name wird ganz anders ausgesprochen?

I: Ja war ich. Ich war weltweit bekannt, auf dem ganzen Planeten berühmt. Und so war ich auch in vielen anderen Bereichen namhaft.

D: *Aber du hattest nicht vor, verehrt zu werden, oder?*

I: Es war völliger Unsinn, dass sie mich anbeteten wegen meiner Person, wegen meiner Macht, wegen der Frequenzen und der Energien, die ich trug. Sie betrachteten mich als jemanden, der ihnen helfen konnte. Es war nicht hauptsächlich eine Form der Anbetung, sondern eher ein Zeichen des Respekts.

D: *Dann, nach sechshundert Jahren, hatten sie sich so weit entwickelt, dass du meintest, du könntest gehen?*

I: Zu diesem Zeitpunkt hatten wir durch Mischen genug Arten geschaffen, damit wir diese Frequenz und dieses Energieniveau haben, um die Rasse zu dieser Zeit zu unterstützen. Auch ein ökologisches Gleichgewicht wurde in diesem Zeitrahmen auf dem Planeten geschaffen. Nach sechshundert Jahren sind viele von uns, die in der ursprünglichen Form kamen, gegangen. Wir ließen die von uns geschaffenen Hybriden zurück, um die Arbeit fortzusetzen.

D: *In dieser Phase bist du zu Sirius zurückgekehrt?*

I: Ja, wir haben unseren physischen Körper verlassen und sind zu Sirius zurückgekehrt und nahmen unsere alte Form wieder an.

D: *Warum hast du dich, als du wieder zu Hause warst entschieden, jetzt auf den Planeten Erde zurückzukehren?*

I: Dieses Mal haben wir beschlossen, dass es viele von uns geben soll. Und es gibt viele von uns, um das, was in der atlantischen Zeit getan wurde, wieder gutzumachen. Und diesmal, um diese Art von Sintflut zu vermeiden. Denn wir sehen, dass jetzt mehr und mehr Menschen erwachen Es kann Dinge geben, die passieren werden, weil, wie du sagst, diese Schulden beglichen werden müssen. Das ist also, was wir tun. Wir begleichen die Schulden. Erneuerung aller Negativität, um die Luft zu reinigen. Damit die Dinge ausgeglichener, harmonischer und friedlicher werden. Es wird Probleme geben. Geophysisch, geologisch gesehen, wird es zu Konflikten mit den menschlichen Rassen kommen, die sich bekämpfen. Sei aber nicht gestresst oder verärgert. Bleib an deinem Ort der Liebe. Und glaube, dass alles in göttlicher Ordnung ist. Und glaube auch, dass alles gut wird. Und alles soll gut werden. Es wird nicht so schlimm sein wie in Atlantis.

Deshalb sind viele von denen, die sich in Atlantis befanden, zu dieser Zeit zurückgekommen, um das Unrecht, das sie damals taten, auszuräumen.

D: Als du nach der Zeit in Ägypten zu Sirius zurückkehrt bist, bist du dort bis zur gegenwärtigen Inkarnation geblieben?

I: Ja, das habe ich getan. Dies ist meine erste Inkarnation seitdem.

D: Aber du kamst diesmal mit einer körperlichen Geburt zurück?

I: Ja, bin ich. Aber es war genug für die Frequenz und Energie, die in dieser physischen Form war. Es war ein sehr kleiner Bruchteil von mir selbst. Und nachdem Ingrid sich bereit gemacht hatte, meine Essenz anzunehmen, kam ich immer mehr in diesen physischen Körper, um mich in diesen Körper zu integrieren.

D: Warum hast du dich entschieden, es auf diese Weise zu tun, anstatt wieder einen Körper zu erschaffen?

I: Es ist besser, dies auf diese Weise zu tun, da Dein Planet ein anderes Frequenzniveau und ein anderes Schwingungsniveau hat. Nach der Sintflut war das viel einfacher, weil sie nach Antworten suchten. Sie suchten nach Göttern. Und wir kamen als Götter.

D: Jetzt ist es einfacher, in dem Körper eines Babys zu kommen.

I: Es war einfacher in dieser Zeit zu kommen, weil die Sintflut nicht passiert ist. Es ist eine andere Art und eine andere Form von Ereignissen, die stattfinden. Das ist nicht wie nach einer Sintflut, aber es ist der Versuch, eine Sintflut zu verhindern.

D: Aha, ich dachte, es wäre auf diese Weise schwieriger für dich, einschränkender.

I: Deshalb kam bei meiner Geburt ein sehr kleiner Aspekt von mir mit ins Spiel. Als Kind schaute ich oft zu den Sternen und bat sie, mich nach Hause zu bringen. Ich konnte die Leute nicht verstehen. Ich konnte die leidenden Menschen nicht verstehen. Als ich in Afrika Bettler sah, weinte ich.

D: Aber andersherum hatte man so viel mehr Kraft und Fähigkeiten. Es muss sehr frustrierend sein, auf diese Weise eingeschränkt zu sein.

I: Es ist in vielerlei Hinsicht einschränkend.

D: Und du musstest auch als Mensch ein frustrierendes Leben führen.

I: Das war es, aber ich musste die Wege des Menschen lernen. Ich musste die Wege des Leides erfahren. Ich musste die verschiedenen Religionen kennenlernen. Ich musste lernen, wie sich Menschen verhalten. Von allen Arten von menschlichen

Gefühlen und Emotionen und Erfahrungen, die der Mensch durchmacht, um wirklich zu verstehen. Es musste also auf eine andere Weise geschehen, denn es gibt jetzt viel mehr Rassen als während und nach der Sintflut von Atlantis.

D: *Aber du sagst, ein Teil von dir, Deine Essenz, kam als Baby herein. Und dass jetzt mehr davon integriert ist?*

I: Ja, immer mehr davon wird in diesen physischen Körper integriert. Die Frequenz und die Schwingung dieses physischen Körpers werden von Tag zu Tag erhöht. Sie hat viel Nachtarbeit gemacht. Wir arbeiten mit ihrer DNA. Wir arbeiten auch mit anderen Aspekten ihres physischen Körpers. Sie weiß es nicht, aber wir nehmen sie oft in ihrem Schlafzustand mit und arbeiten an ihr. Ingrid sagte, dass sich ihre Chakren früher immer drehten. Und genau das passiert ihr ständig. Wenn sie liegt oder sich in einem ruhigen Zustand befindet oder mit jemandem spricht, dreht sich ihre Schwingung ständig und sie wird immer wieder integriert. Jetzt versteht sie was los ist mit ihr. Sie hatte es nicht verstanden.

D: *Das war eine der Fragen, die sie fragen wollte: Warum spürte sie die Vibration und das Klingeln in ihrem Kopf?*

I: Jetzt versteht sie es, also wird sie keine Fragen mehr stellen. Aber wird mehr akzeptieren, was los ist.

D: *Dass die Energie sich immer mehr einfügt und verändert. (ja, ja) Ist dies einer der Gründe, warum sie diese Erfahrungen gemacht hat, als sie zum ersten Mal nach Ägypten ging?*

Als Ingrid vor einigen Jahren mit einer Reisegruppe nach Ägypten reiste, hatte sie sehr emotionale Reaktionen, als sie die Ruinen des Tempels der Isis besuchte. Es hat sie so stark körperlich getroffen, dass sie die Reise abbrechen und in die Staaten zurückkehren musste. Es dauerte mehrere Wochen, bis sie sich mental und physisch wieder normalisiert hatte, aber sie konnte die extreme Reaktion niemals verstehen. Dies war eine der Fragen, auf die sie eine Antwort wollte.

I: Sie wurde aufgefordert, ihren Weg zurückzufinden, tat es aber nicht. Sie war langsam und absichtlich zögernd. Sie muss wissen, was sie zu tun hat und damit anfangen, das zu tun, was sie tun soll.

D: *Aber es ist menschlich zu zögern.*

I: Ich kenne das. Sie bekommt all diese menschlichen Gefühle und Emotionen, in die sie so integriert war und versucht die menschliche Erfahrung zu lernen. Es hat sie bis zu einem gewissen Grad belastet. Ich denke, es ist jetzt an der Zeit, sich vorwärts zu bewegen. Sie muss sich vorwärts bewegen. Es ist besser für sie, ihre Isis Verbindung für sich zu behalten, weil die Leute dies nicht verstehen würden. Die Leute hätten den falschen Eindruck. Sie kommen in den egoistischen Modus. Und deshalb sollte sie das niemandem erzählen.

D: *Sie kann es nur mit denen teilen, von denen sie weiß, dass sie es verstehen werden.* (ja) *Aber deshalb, als sie zum Tempel der Isis ging, hatte sie diese Reaktionen.*

I: Ja, damals wurde viel von ihrer Energie aktiviert. Viel von ihr selbst wurde dann aktiviert. Weil sie Teile von sich hatte als sie in physischer Form in diesem Bereich war. Sie lebte lange, lange, lange Zeit an diesem Ort. Als sie dorthin ging, nahm sie ihre Energie des dortigen Frequenzniveaus auf und integrierte diese. Und das war ihr Ziel, wirklich dorthin zu gehen, denn das war Teil ihrer Integration. Sie hat sich mit all diesen Energien dort integriert. Mit dem Boden, mit dem Fluss, mit den Bäumen. Alle Lebensformen, mit denen sie zusammengearbeitet hat, als sie dort war.

D: *Es war mehr oder weniger das Auslösen und Aktivieren.*

I: Sie wird nicht mehr nach Ägypten zurückkehren, weil es nicht wirklich notwendig ist, dass sie zurückgeht. Das hängt von Weltereignissen ab. Im Nahen Osten ist viel los. Und es gibt noch mehr Dinge die kommen.

D: *Sie machten sich damals Sorgen um sie und brachten sie ins Krankenhaus.*

I: Dieses eine Mal wäre sie fast gestorben. Aber wir haben sie am Leben erhalten.

D: *Sie trug zu viel Energie mit sich.* (ja) *Kannst du ihr helfen, dass sie weiß, dass es nicht wieder vorkommt?*

I: Wir werden ihr auf jede mögliche Weise helfen. Wir werden dafür sorgen, dass es nicht nochmal passiert.

D: *Sie ist in Südafrika aufgewachsen. Warum musste sie dorthin gehen? Es war eine sehr traumatische und drastische Entscheidung, von dort wegzugehen.*

I: Es war Teil der göttlichen Ordnung. Es war der Wille des Geistes, dass sie in die Mitte kommt. Es war der Wille des Rates, dass sie hierher kommt, weil dies das Land ist, das die Schwingung der

Liebe braucht. Dieses Land muss die Einheit verstehen, muss die Liebe verstehen, Respekt für alles Leben verstehen, denn es ist die größte Macht auf diesem Planeten.

D: *Es war also Teil ihres Schicksals, ihre Energie in dieses Land zu verlagern.*

I: Die Welt muss wahrhaft erwachen, um zu lieben. Sie muss wirklich den Raum der Menschen respektieren. Es muss tatsächlich Frieden geschaffen werden. Es muss wahrlich ein Gleichgewicht hergestellt werden. Diese Ebene der Frequenzen. Du musst nicht töten, weil du Öl brauchst, aufgrund von Macht und Gier. Man schafft diese Dinge nicht auf Kosten des Lebens, um mehr Geld zu haben. Mehr Gier und mehr Kontrolle. Es ist jetzt ein Zustand des Teilens. Sie sollten ihre globalen Ressourcen freigeben. Sie sollten die Hungrigen füttern. Es ist wichtig einander zu lieben. Respekt und Liebe.

D: *Das ist sehr schwierig, weil die Mächtigen diejenigen sind, die all diese Dinge kontrollieren.*

I: Wir kommen zu einem Stadium, wo jetzt so viel Lebensenergie durchkommt. Es gibt so viele höhere Frequenzen, die auf diesen Planeten gestrahlt werden. Die Menschen haben keine andere Wahl, als sich zu ändern. Alle starren Strukturen, die bisher gemacht wurden, werden zusammenbrechen. Sie haben keine andere Wahl, als zusammenzufallen wie ein Kartenhaus. Sie werden alle mit der Kraft des Lichts oder mit der Kraft der Liebe zusammenfallen. Es ist zu mächtig. Es gibt nichts, was die Macht der Liebe ersetzt. Liebe ist alles was es gibt. Liebe ist das, was du atmest. Es durchdringt die Universen, den Kosmos. Und Liebe ist das, woraus alles entsteht.

D: *Das stimmt. Es wird interessant sein zu sehen, wie es die Machtstrukturen überwältigen kann, weil sie alles kontrollieren.*

I: Sie werden die Meister ihres eigenen Falls sein. Sie werden ihre eigene Zerstörung schaffen. Sie werden ihren eigenen Fall kreieren. Sie werden wirklich für alles verantwortlich sein, was ihnen passiert.

Uns wurde gesagt, dass Ingrids Gesundheitsprobleme durch den Druck einer schlechten Ehe mit einem dominierenden Mann verursacht wurden. Dies geschah nicht wegen Karma, weil sie seit ihrer Lebenszeit in Ägypten nie auf der Erde gelebt hatte. Es gibt viele

Gründe, ein negatives Leben mit einer anderen Person zu erleben, außer, Karma aus anderen Leben zu erarbeiten. In diesem Fall sollte man lernen, mit menschlichen Energien umzugehen. Und wie wir wissen, können einige davon negativ sein. Natürlich ist dies für den Menschen schwierig, weil er keine bewusste Erinnerung oder Wissen darüber hat, worum es geht.

I: Sie musste die menschliche Psyche, die menschlichen Verhaltensmuster, die Lügen und Täuschungen der Menschen verstehen. Und so wie sie sich benehmen. Sie konnte es nur so lernen, um es zu erfahren.

Ingrids Sprachmuster hatte sich in einem Ausschnitt geändert, wodurch die Wörter verkürzt wurden. Dies war am Anfang geschehen, wurde dann aber gerade gerichtet. Es klang wie jemand, der Schwierigkeiten mit Worten hat, als sei diese Kommunikationsmethode unangenehm. Sie teilte manchmal die längeren Wörter in Silben. Es klang unbeholfen und unnatürlich. Gegen Ende der Sitzung wurde ihre Stimme wieder normal.

I: Ingrid arbeitet mehr mit dem gesamten Energie- und Frequenzsystem. Und bringt die Schwingung der göttlichen Liebesenergie in ihr Frequenzsystem. Indem sie nur diese göttliche Liebe hereinbringt, durchdringt und alles andere verdrängt. Sie transformiert und transpiriert alles. Liebe ist die mächtigste Kraft der Welt. Wenn die Leute behaupten, dass das Gegenteil von Liebe Angst ist, ist es nicht so. Liebe ist einfach. Liebe hat kein Gegenteil. Erinnere dich daran, Es ist die Antwort auf alles. Alles. Überall wo Disharmonie herrscht. Wo auch immer Schmerz ist, ist meine Liebe. Wo immer es Hunger gibt. Wo immer Leid ist. Einfach Liebe senden. Nicht nur für die Menschheit, sondern für das ganze Leben. Zu den Flüssen, den Ozeanen, Wäldern. Für die Tiere, die Vögel, die Bienen, die Luft, die man atmet. Zum ganzen Kosmos, weil du ein Teil davon bist. Wir sind alle ein Teil davon. Es gibt keine Trennung.

* * *

Als ich über die Göttin Isis recherchierte, wurde es offensichtlich, dass sie mit den Dingen in Verbindung stand, von denen Ingrid sagte, dass sie auf die Erde gekommen war. Sie gründete die Ehe und lehrte Frauen die einheimischen Künste des Mais mahlen, des Flachs spinnen und des Webens. Sie stellte die Praxis der Landwirtschaft, der Künste und der Medizin vor. Wie passend für sie, auf diese Weise in Erinnerung zu bleiben. Sie sagte, sie sei nach der Zerstörung von Atlantis gekommen, um den Menschen beim Wiederaufbau der Erde zu helfen. Sie gilt als primärer weiblicher Archetyp oder als Energierepräsentant der göttlichen Fruchtbarkeit der Natur. Sie ist der Mittelpunkt der göttlichen Mutterschaft und die Königin aller Regeneration. Sie ist an monatliche Mondzyklen und die jährlichen Wachstumsperioden gebunden. Sie wollte, dass die Menschen lernen, sich um die Erde zu kümmern. Isis verkörpert die Stärken des Weiblichen, die Fähigkeit, tief zu fühlen über Beziehungen, den Akt der Schöpfung und die Quelle der Versorgung und des Schutzes.

Eine andere Sache war, die ich zu dieser Sitzung fand, dass Isis auch Eset genannt wurde. Dies ähnelt dem phonetischen Namen, den Ingrid von Ezi gab. Er könnte der gleiche sein, wenn man den Akzent von Ingrid in Betracht zieht.

Isis spielte eine wichtige Rolle bei der Entwicklung moderner Religionen, obwohl ihr Einfluss weitgehend in Vergessenheit geriet. Sie wurde in der gesamten griechisch-römischen Welt verehrt, meist als Personifikation der weiblichen Qualitäten. Mit dem Aufkommen des Christentums wurden viele der Isis-Kapellen zu Kirchen umgewandelt. Im vierten Jahrhundert, als das Christentum im Römischen Reich Fuß fasste, gründeten ihre Anbeter die ersten Madonnen-Kulte, um ihren Einfluss zu bewahren. Einige frühe Christen nannten sich sogar Pastophori, was „Hirten oder Diener der Isis" bedeutet, woher das Wort „Pastoren" stammt. Die alten Bilder von Isis, die ihren Säuglingssohn Horus pflegte, inspirierten über Jahrhunderte hinweg den Stil von Mutter und Kind, darunter auch die „Madonna mit Kind", die in der religiösen Kunst zu finden ist. So wurden die Bilder von Isis mit dem Säugling Horus zur Jungfrau Maria, die Jesus hält.

KAPITEL 5

DIE VERBORGENE STADT

Ich ging nach Memphis, TN, um im Sommer 2001 in der Unity Church zu sprechen. Dort blieb ich eine Woche lang und führte private Sitzungen in einem Motel durch.

Bei dieser Art von Arbeit muss man auch auf das Unerwartete vorbereitet sein. Es passiert mittlerweile oft, dass ich bei einer Sitzung mit jemandem nicht in ein „normales" vergangenes Leben gehe. Man könnte meinen, es soll uns nahegelegt werden, dass die Person sich dessen bewusst wird, dass sie mehr ist, als sie sich bewusst ist. Sie haben ein viel bunteres Seelenleben, als ihnen vielleicht gewahr ist. Möglicherweise ist dies die Zeit in unserer Geschichte, in der wir uns diesem anderem Teil von uns bewusst werden müssen. Es war nicht ungewöhnlich für meine Klienten, zu anderen Planeten zu reisen, in andere Dimensionen zu gehen, um in längst verlorenen Kulturen zu verweilen. Wo immer sie hingingen, stellte ich Fragen zu dem was sie mir beschreiben. Sie sehen es definitiv, gegebenenfalls aus irgendeinem Grund, der für ihr gegenwärtiges Leben sowie ihr gegenwärtiges Wachstum und Verständnis wichtig ist.

So war es auch bei Maria. Als ich sie aus der Wolke steigen ließ, begann sie ohne Ermutigung sofort ihre Umgebung zu beschreiben. Es klang nicht nach etwas, mit dem ich aus meiner Erfahrung heraus vertraut war. Sie fand sich in einem riesigen, gigantischen Gebäude wieder. Es gab viele große Räume mit hohen Decken, die Architektur war ihr völlig unbekannt, aber einzigartig. Es gab riesige Holztüren, die mit unglaublichen Schnitzereien verziert waren. Als sie aus einem großen Fenster auf einen Innenhof schaute, sah sie einen See mit einer kleinen Brücke, die eher orientalisch wirkte. Das Gebäude war unbeschreiblich schön und die Größe immens. Alles war aufwendig hergerichtet und die Farben waren königlich und reich.

Ich bat sie, sich selbst zu beschreiben. Sie sah sich als Mann, der eine sehr schöne, aufwendig gearbeitete, rot- und goldfarbene Robe aus samtartig wirkendem Material trug. Sie hatte einen Kopfschmuck, den sie allerdings nicht sehen konnte, und die Schuhe waren aus Holz.

Als ich sie fragte, welche Art von Arbeit sie machte, fand sie sich in einem der vielen Räume an diesem gigantischen Ort wieder.

M: Ich glaube, ich bin ein Mönch oder eine Art spirituelle Person. Es gibt jetzt andere Leute hier. Sie sind einfacher gekleidet als ich. Nicht alle gleich, aber einfach. Es gibt überall Bücher und Aufzeichnungen in diesem einen Raum, in den ich gegangen bin. Sie haben alle Größen und Formen und füllen den Raum vom Boden bis zur Decke.
D: *Die Art von Büchern die man aufschlagen kann?*

Ich wollte zwischen Büchern und Rollen unterscheiden. Dies würde mir helfen, den ungefähren Zeitraum zu bestimmen.

M: Ja, das kann man. Ich bin auf einer höheren Ebene und schaue in den Raum. Und in der unteren Etage tummeln sich Leute, die irgendwelche Dinge erledigen.
D: *Dieser Raum ist eine Art Bibliothek. Ist das richtig?*
M: Das scheint so zu sein. Ich denke, einige der Leute sind Verwalter der Bücher. Vermutlich recherchieren oder zeichnen sie etwas auf. Es fühlt sich an wie eine alte Halle des Wissens. Ich denke, es ist eine riesige Sammlung. Es ist so groß.
D: *Was ist Deine Aufgabe dort?*
M: Ich bin mir nicht ganz sicher. Ich sehe jetzt auch einige Felswände. (Eine plötzliche Offenbarung.) Es spricht einiges dafür, dass ich mich im Untergrund befinde. Vermutlich ist es ein weiterer Teil dieses riesigen Komplexes. Ich frage mich langsam, ob alles hier unter der Erde liegt.
D: *Nun, vorher hast du einen See und eine Brücke gesehen.*

M: Ich frage mich, ob es eine große unterirdische Stadt ist. Es scheint so zu sein. Einer meiner ersten Eindrücke war, was wir als Shambala (hatte Schwierigkeiten mit dem Wort) oder ein Shangrila oder so ähnlich bezeichnen würden, weil es so groß ist. Aber der Felsen, die Tunnel und die Stufen lassen mich vermuten, dass es verborgen ist. Der ganze Ort ist ein versteckter Ort, obwohl er Licht und Wasser hat. Und ich sehe Tunnel. Es ist wie ein Ort, der geschlossen ist, versteckt. Es ist zum Schutz. Um die Aufzeichnungen zu erhalten und zu bewahren.

Eines der Hauptthemen, die sich durch die in den letzten Jahren durchgeführten Regressionen ziehen, scheint zu sein, dass wir Rekorder oder Akkumulatoren von Informationen und Wissen sind. Die Hauptaufgabe besteht darin, dies in verschiedenen Formen zu erhalten, sogar durch Kodierung in unserer DNA oder unserem Unterbewusstsein, so wird es nicht vergessen werden. Wissen scheint im Schema der Dinge sehr wichtig zu sein. Vielleicht, weil die Quelle oder Gott uns benötigt, um alle Informationen zu sammeln. Die E.T.s sind auch Akkumulatoren für Wissen und Informationen. Dies ist einer der Hauptzwecke um Informationen zu übertragen und aufzuzeichnen. Je mehr ich dies erforsche, desto mehr finde ich, dass alles aufgenommen werden muss. In den anderen Kapiteln wird darauf mehr eingegangen.

D: Du meinst, wenn sie die Aufzeichnungen unter Tage verstecken, ist das ein sicherer Ort?

M: Ja, es ist ein sicherer Ort. Oberirdisch gibt es Pyramiden, aber das ist sehr tief unter der Erde. Ich habe gerade ein Bild von einer Pyramide bekommen. Aber jetzt bekomme ich auch ein Bild von einem hohen Gebirgszug, es können also nicht die Pyramiden sein, die wir kennen. Es gibt Stufen die zu diesem Ort hinaufgehen und in die Berge gehauen wurden. Dinge, die nicht bekannt sind. Dinge, die in den Bergen versteckt sind. Die Pyramide ist in den Bergen. (überrascht) Dies ist ein Weltraumhafen. Und draußen gibt es eine Welt und innen ist auch eine Welt.

D: Diese Stufen, die du beschreibst, wurden in den Berg gehauen. Wohin führen sie?

M: Sie gehen zum Eingang dieser verborgenen Stadt.

D: *Die Pyramide ist also draußen, aber der Eingang geht in die Gebirgskette hinein?*
M: Ja, die Pyramide ist nicht wichtig. Ich dachte, das sei das Wichtigste, aber dem ist nicht so. Wichtig ist, was sich in den Bergen um sie herum befindet, dahinter und darunter. Da ist das Verborgene.
D: *Wird die Pyramide für irgendetwas verwendet?*
M: Nein, es ist nur eine Markierung.

Im „Isis"-Kapitel sagte die Klientin, die Eingänge zu den in die unterirdischen Städte führenden Tunnel, befänden sich in der Nähe der Pyramiden.

D: *Du sagst, es sei ein Weltraumhafen.*
M: Ursprünglich, als dieser vor langer Zeit gebaut worden ist, war es ein Weltraumhafen. Ich sehe diese riesige, riesige, tiefe, tiefe, tiefe Öffnung, die in die Erde geht. Dieser Ort wird gerade gebaut. (lange Pause)
D: *Was siehst du?*
M: Ich sehe gerade diesen unglaublich riesigen, sehr tiefen Spalt, der sich in die Erde öffnet. Und ich weiß, dass es Schiffe gibt, die hier hinunterfliegen. Sie nehmen Vorräte mit. Und sie nehmen Leute und Materialien mit. Sie bauen unterirdisch. Es ist fast so, als wäre es eine Öffnung von dem, was ich als Vulkan bezeichnen würde, nur weiß ich nicht, wie groß sie ist. Aber es geht runter und ich komme an einen Punkt, wo ich nichts mehr sehen kann. Es ist so dunkel hier. So gingen sie jedenfalls in den Eingang, um die Vorräte für den Bau dieses unterirdischen Ortes zu übernehmen. Indem sie durch einen unglaublichen großen Spalt, der aussieht wie ein Vulkan, rollen und durch diese riesige Öffnungen gehen.
D: *Das wurde gemacht, damit die Leute diesen Ort nicht finden konnten?*
M: Ja, es ist lange her. Es gibt primitive Menschen, die auf der anderen Seite des Berges im Tal leben. Sie leben in so etwas wie einer Art Hütte. Sie sind die Ureinwohner. Sie haben Angst. Und oben am Himmel gibt es viele Dinge.
D: *Deshalb haben sie Angst? (ja) Sie sagten, sie bringen Leute und Vorräte mit.*

M: Ja, wir müssen hineingehen. Ich habe gerade die Höhle gesehen. Wenn man tiefer hinuntergeht, kann man unten Licht sehen.

D: Sie haben einen Weg gefunden, Licht dort unten zu schaffen?

M: Dies ist eine Technologie, die von anderen Orten kommt. Diese Technologie ist ursprünglich nicht von der Erde.

D: Warum haben sie sich entschieden, dorthin zu kommen und diese Stadt im Inneren dieses Berges zu erbauen?

M: Es gibt einen Krieg, der den Planeten zerstört.

D: Findet das auf dem Planeten Erde statt?

M: Ja, glaube ich. Es war ein Krieg, der viel von der Oberfläche zerstörte. Viel, viel Zerstörung und Verwüstung.

D: Kämpfen diese Leute gegen die Eingeborenen?

M: Nein, es waren alles andere von außen. Sie waren böse ... sie waren aggressiv. Sie waren gemein. Sie kamen auf diesen Planeten. Sie waren sehr heftig, sehr kraftvoll.

D: War die andere Gruppe hier am Anfang?

M: Es gibt mehr als eine. Es gibt viele, viele Gruppen. Eine Gruppe .... (lange Pause)

D: Was siehst du?

M: Ein Bild von etwas, das wie ein Gletscher am See aussieht. Und da ist ... was ich als Schiff bezeichnen würde, es sieht sehr seltsam aus. Nichts, was ich jemals in Star Trek gesehen habe. Lang und glatt, aber mit unterschiedlichen Anhängen.

Sie machte eine lange Pause. Das ist, und es kann frustrierend werden, weil ich nicht sehe, was sie sieht. Sie versuchte es zu beschreiben.

M: Sie haben etwas in der Nähe gemacht. Es gibt eine Art von...ich weiß nicht was ich sehe. Es ist wie eine Fabrik, eine Art Fabrik. Und ich habe das Gefühl, dass sie Ressourcen brauchen. Sie bauen irgendetwas ab. Es gibt einen großen, großen Apparat, der ... ich sehe nur Dinge, von denen ich nicht weiß, was es ist.

D: Du sagst, dass sie um diesen Gletscher herum sind?

M: Der Gletscher ist hoch. Ein Teil davon beginnt jedoch in dem unteren Teil des Berges und des Tals.

D: Dort machen sie den Bergbau? (ja) Welchen Zusammenhang hat das mit dem Krieg, von dem du gesprochen hast? (Pause) Du sagst, es gab mehrere Gruppen.

M: Ich sehe, dass Raketengeschosse abgefeuert werden. Ich sehe, dass der Gletscher durch diese Kriege entstanden ist. Ich sehe dieses unglaubliche Licht. Ein großer Teil der äußeren Oberfläche dieses Planeten wurde durch dieses Licht zerstört. Unglaubliche Explosionen. Viele Leute gingen in Raumschiffe und verließen den Ort. Einige leben im Untergrund. Vieles wurde zerstört.

D: *Du sagst, der Gletscher sei deshalb entstanden?*

M: Ja, was sie taten, führte dazu, dass Länder versanken und andere Gebiete wieder aufstiegen. Es verursachte Tage der Dunkelheit, Kälte, Verwüstung, Zerstörung, massive Zerstörungen. Ich weiß, dass ich hier bin, um zu helfen. Ich bin hier, um die Aufzeichnungen zu überwachen.

D: *Deshalb haben sie dieses Schriftgut transportiert.*

M: Ja, das Wissen.

D: *Woher haben sie diese Aufzeichnungen, die sie in dieser riesigen Bibliothek lagern?*

M: Es ist das Wissen, von dem wir nie wussten, dass wir es haben. Es gab blühende Zivilisationen wie Atlantis und Lemuria. Diese Aufzeichnungen enthielten unter anderem die Lemuria Technologie, die wir von anderen Gruppen außerhalb der Erde erhielten. Zum Beispiel, wie die DNA mit den Menschen vermischt worden ist.

D: *Das ist alles Teil der Aufzeichnungen?*

M: Ja, dieser unglaubliche, unglaubliche Ort.

D: *Und Deine Aufgabe ist es, dieses Wissen zu schützen und darauf aufzupassen?*

M: Ich bin mir nicht ganz sicher. Ich nehme es nicht auf. Ich kümmere mich nicht darum. Ich glaube, ich bin ein Berater oder ... (lange Pause) Ich sehe mich selbst eine beleuchtete Treppe entlang gehen. Es ist nicht groß, es ist klein und geht einfach in diesen Raum. Es ist sehr gut beleuchtet. Es hat Kristalle. (Pause) Andere Wesen treffen mich in diesem Raum. Sie kommen in ihr Licht. Sie haben keinen realen physischen Körper. Sie beeinflussen eine Körperform, sind aber sehr, sehr schön. (lange Pause) Und da ist dieser Ball ... Und er hat all diese schönen Farben und er strahlt. Und ich habe das Gefühl, dass sie mit mir kommunizieren. (lange Pause) Als ob ich derjenige bin, mit dem sie reden und dann gehe ich und erzähle es den anderen.

D: *Aber Du hast einen physischen Körper und sie haben keinen?*

M: Ich habe einen physischen Körper. Und ich wohne dort unter der Erde.

D: Du hast gesehen, wie sie vorher diese Dinge gebracht haben, als sie alles erbauten. Anscheinend ist es jetzt schon fertig. Ist es das was du gesagt hast? (ja) Kannst du wieder an die Oberfläche gehen und dort wohnen, oder musst du unter der Erde bleiben?

M: Einige werden an die Oberfläche zurückkehren. Andere entscheiden sich nicht dafür. Aber die Oberfläche wird mit der Zeit wieder bewohnbar.

D: Sind diese Aufzeichnungen von der Erde oder kamen sie von woanders her?

M: Erde und andere Orte. Es ist wie alles Wissen.

D: Und diese Wesen haben es dort heruntergebracht, damit es nicht zerstört wird?

M: Sie sind sehr, sehr liebevoll. Sie helfen uns und lehren uns. Ich bin ihre Stimme, denke ich.

D: Hatten sie Angst, dass all dies zerstört werden könnte, als der Krieg an der Oberfläche stattfand?

M: Ja, es war um uns zu schützen. Es sollte uns schützen und uns vor der Zerstörung retten.

D: Brachten sie Menschen unter die Erde?

M: Ja, es gibt viele verschiedene Wesen im Untergrund.

D: Als sie diese schöne Stadt bauten, war dies nach der Zerstörung von Atlantis?

M: Der Bau der Stadt begann vor der Zerstörung. Es war bekannt, dass dies passieren wird. Es war bekannt. Die Gewalt hatte sich verschoben. Der Bau der Stadt und die Ansammlung von Aufzeichnungen begannen schon vor Atlantis. Lange vor Atlantis.

D: Ich habe gehört, dass es viele Zivilisationen vor und nach Atlantis gab.

M: Es gab sehr fortgeschrittene Städte. Und auch sehr primitive Orte während der Zeit von Atlantis. Ich sehe jetzt die Außenwelt. Und ich sehe Tore in eine Stadt, die von Bergen umgeben ist, aber sie sitzt auf dem Wasser. Das ist über dem Boden. Das andere war schon unter der Erde.

D: Wurde der oberirdische Teil von Menschen gebaut?

M: Menschen, die weiterentwickelt waren als Menschen, von denen wir jetzt wissen. Diese Stadt war dichter besiedelt. Die unterirdische Stadt lag in einem dünn besiedelten Gebiet.

Menschen und Außerirdische lebten und koexistierten hier. Es gab diejenigen die hier waren, um zu helfen, und es gab diejenigen die kamen, um zu erobern. Ein Teil der Menschen hatte sich enorm weiterentwickelt. Andere Menschen waren sehr, sehr primitiv, tierähnlich. Und es gibt einen Ort, an dem Menschen sehr, sehr schlecht behandelt wurden, sehr schlecht. Mutationen!
D: *War das zurzeit von Atlantis? Wenn wir eine Zeitsequenz bekommen können.*

Natürlich dachte ich an die Mutationen von Halb-Mensch / Halb-Tier, die während der Zeit von Atlantis auftraten. Ich wusste nicht, ob dies der Zeitraum war, von dem sie sprach.

M: Einer ist etwas vor dem anderen, aber nahe dem. (lange Pause) Rat! Es gibt einen Rat. Es gibt ein Treffen, um zu entscheiden, wie man die Bösen stoppen kann. Ein großes Treffen. Galaxien, weitere Galaxien, mehr Völker.
D: *Sie wollen diejenigen stoppen, die Mutationen durchgeführt haben?*
M: Ja, sie waren zerstörerisch. Sie kontrollierten, sie begingen grausame Taten. Die Zeit zwischen diesen beiden ist so knapp, dass es schwierig ist, konkrete Angaben zu machen, vielleicht zehn Jahre. Ein Gebiet der Welt war weitgehend entwickelt und florierte. Ein anderes Gebiet war jedoch sehr primitiv, geplündert, abgebaut. Abgebaut für Gold. Sie waren wie Krieger. Sie versuchten, ihre Taten verborgen zu halten. Sie waren nah, aber nicht in derselben Gegend. Sie wurden entdeckt. Und es gab einen hochrangigen Rat, der dies diskutiert. Sie mochten nicht, was diese Gruppe macht. Ein großer Tisch und viel Diskussion.
D: *Treffen sie eine Entscheidung?*
M: Ja, sie entscheiden, dass es aufhören muss, sie müssen sie schützen. (lange Pause) Sie bitten sie zu gehen. Aufzuhören! Dieser Anführer, dieser Sprecher, gekleidet in viel Metall. Es sieht so aus, als hätte er einen vogelähnlichen Kopfschmuck. Er glaubt nicht, dass dieser Rat eine echte Bedrohung ist. Und er erklärt, dass sie auf diesem Planeten auch alle Rechte haben und sich weigern zu gehen. Sie haben Waffen gebracht. Es gibt den Weltraumhafen. Es sind Waffen auf dem Boden. Sie wollen

diesen Raum. Sie haben sich auf einen Angriff vorbereitet. Ihr Bewusstsein ist kriegerisch.

D: Sie glauben also nicht, dass sie dem Rat gehorchen müssen. (nein) *(Pause) Du kannst die Zeit verdichten und mir sagen, was als Ergebnis ihrer Handlungen geschieht. Was hat der Rat beschlossen zu tun?*

M: Sie beschließen, die Leute an einen sicheren Ort zu bringen. Die Bedrohungen sind bekannt. Dies kann sehr kostspielig und sehr verheerend sein. Es gibt viel Bewegung, um die Menschen umzusiedeln, alles geht sehr schnell.

D: Aber wissen die Negativen nicht, wenn sie in den Krieg ziehen, werden sie auch das zerstören, wofür sie gekommen sind?

M: Sie haben nicht wirklich nachgedacht. Es hat Massenvernichtung gegeben. Es hat viele galaktische Kriege gegeben.

D: Also denken sie nicht, dass es auch ihre Absichten besiegen wird?

M: Nein, nein, der Schöpfer hat ihnen den freien Willen gegeben. Sie durften die dunkle Seite fließen lassen. Es darf sein. Wenn also die Stellung von denen genommen wird, die vom Licht sind, fällt die Erde in eine Zeit großer Dunkelheit. Es wird sehr wenig an der Oberfläche überleben, sehr wenig. Es gibt einige Orte, die abgeschirmt sind, aber viel, viel würde zerstört werden. Es gäbe große Veränderungen. Aber auch andere Planeten in der Umgebung, wären davon betroffen und könnten tatsächlich völlig vernichtet werden. Das betrifft nicht nur die Erde, sondern das Universum. Es war ein galaktischer Krieg in diesem System.

D: Welche anderen Planeten waren betroffen?

M: In dieser Galaxie, in diesem Sonnensystem war der Mars stark betroffen. Es war nicht immer der unfruchtbare Planet, der es jetzt ist.

D: Mir wurde gesagt, dass es wegen eines Krieges auf dem Mars geschah.

M: Diese Kriege waren verwandt. Einige der Schäden waren Teil eines galaktischen Krieges.

D: Es war also nicht die Auswirkung dessen, was auf der Erde geschah. du meinst, es fand zur selben Zeit statt?

M: Scheint so zu sein, wie ich es verstehe. Es waren viele Gruppen. Ich habe das Gefühl, dass ich zu diesem Rat der Zwölf gehöre. Ich weiß nicht, warum ich den Rat der Zwölf gesagt habe, weil es mehr am Tisch gibt.

D: Vielleicht waren sie die Wichtigsten?

Man beachte, dass die Gruppe, die uns zuerst durch Phil in „Hüter der Gärten" Informationen gegeben hat, sich als Rat der Zwölf identifizierte.

M: Und ich war eine Verbindungsperson zwischen ihnen, die beauftragt wurde, diese unterirdische Stadt sehr, sehr lange zu überwachen.
D: Die Zerstörung an der Oberfläche hatte dann keine Auswirkungen auf die unterirdischen Städte.
M: Nein, es war dort sicher. Es existiert immer noch.
D: Lasse mich dir etwas sagen, was ich in meiner Arbeit gehört hatte. Atlantis ging unter, weil ihre eigenen Wissenschaftler Dinge taten, die sie nicht hätten tun sollen.
M: Viele in Atlantis wandten sich der dunklen Seite zu. Sie waren nicht immer so. Der Missbrauch führte zum galaktischen Krieg. Es war alles miteinander verbunden.
D: So wurden die negativen Wesen mit den Menschen in Atlantis in Einklang gebracht?
M: Ja, viele verfielen der dunklen, negativen Seite. Es geschah alles zur selben Zeit und vielleicht auch früher. Es waren viele aber auch im Licht, also positiv. Sie hatten große Kräfte, von denen wir heute nichts wissen. (lange Pause) All dies hätte gestoppt werden können, aber es wäre gegen den freien Willen geschehen. Es war notwendig, alles zuzulassen, was war und geschehen ist. Es ist vorbei und hat den Kreis der Millionen und Milliarden von Jahren der Erde geschlossen. Es gibt viel, viel Wissen und viel Veränderung die zu uns gelangen wird. Es gibt viel Wissen zu lernen.
D: Ich habe immer gedacht, die Atlanter hätten es sich selbst angetan.
M: Es war mehr los. Sie begannen die Experimente nicht ohne Einmischung der negativen dunklen Seite. Es ist, als hätten sie vergessen, wer sie waren. Sie vergaßen ihre Erleuchtung. Sie wurden in die materielle Welt hineingezogen, und damit begann das Ungleichgewicht, das die ganze Zerstörung brachte.
D: Du meinst, sie haben mit den Negativen gearbeitet?
M: Ja, sie wurden von der dunklen Seite gelockt.

D: *Also haben die Negativen ihnen geholfen und ihnen das Wissen vermittelt?*

M: Ja, sie waren versucht.

D: *Das Konzil erlaubte diesen Krieg, obwohl sie die Umstände kannten; die Ergebnisse.*

M: Das hatte mit dem freien Willen zu tun. Und um zu lernen. Das Bewusstsein ging sehr weit in die Bereiche der Dunkelheit, um zu lernen, um zu erkunden. Ich sehe ständig eine große Drehung, wie ein Rad, aber es ist kein Rad. Es ist, als würde man sehen, wie das Sonnensystem den ganzen Kreis dreht.

D: *Wie Zyklen? (ja) Hat es also nach der Zerstörung lange gedauert, bis Leben und Zivilisation wieder an die Oberfläche kamen?*

M: Ja, einige der Ureinwohner wurden zur Erde zurücktransportiert. Und sie begannen neue Zivilisationen. Als würde man wieder von vorne anfangen.

Dies wird später in diesem Abschnitt erläutert. Einer meiner Klienten berichtete von einem vergangenen Leben, als er und viele andere kurz vor einer Katastrophe vom Planeten entfernt wurden und danach zurückkehrten, um ihr Leben neu zu beginnen.

D: *Und du sagst, dass sich dadurch auch einige Gletscher gebildet haben?*

M: Ja, es hat die Erde verändert.

D: *Aber gab es nicht jemand, der das Wissen hatte, der an der Oberfläche lebte?*

M: Ja, das gab es. Aber es wurde weitergegeben und aus Furcht vor den … versteckt. Die, die die Macht und Kontrolle wollten, haben immer ... die dunklen Mächte sind zurückgekehrt. Nachdem die Erde zu heilen begonnen hatte, kamen sie in geringerer Zahl zurück und arbeiteten mit Regierungen. Sie sind nicht unbedingt menschlich. Einige sind Humanoide. Einige sehen wie Reptilien aus. Einige sind Hybriden, die menschlich und fremd sind. Sie sind zurückgekommen. Viele der dunklen Seite haben sich jedoch dem Licht zugewandt. Aber es gibt diejenigen, die immer noch versuchen, an Kontrolle und Macht festzuhalten. Es scheint Dinge zu geben, die ich nicht sehen darf. Ich kann nur so weit gehen. Ich verstehe nicht, warum ich die Zeit nicht genau erkennen kann und sehe nur Bilder. Und ich habe immer das Gefühl, ich wäre eine Verbindungsperson.

D: Ja, mir wurde schon gesagt, dass es einige Dinge gibt, die wir noch nicht sehen dürfen. Es muss eine zeitliche Abfolge geben. Aber fühlst du dich, als ob dir das jetzt gezeigt wird, weil es den Kreis schließt?

M: Ja, es wird wirklich viel Schönheit kommen. Es gibt Änderungen, die kommen. Es ist Licht da, wo Dunkelheit war. Wie eine Matrix von ... wir können nicht sehen, was direkt vor uns ist. Es ist wie ein Blick durch einen Schleier. Es ist da vor uns. Verzerrte Bilder, verzerrte Informationen, es wird sich ändern.

Ich bat dann, mit Marys Unterbewusstsein zu sprechen, um mehr Informationen zu finden, die sie nicht sehen durfte.

D: *Warum wurde Mary das gezeigt? Wir haben nach etwas Wichtigem gesucht, und das ist von großer Bedeutung. Aber warum hat sich das Unterbewusstsein entschlossen, dies für sie jetzt nach vorne zu bringen?*

M: Sie hat diese Verbindung zu Atlantis schon immer gespürt. Sie weiß, dass es so ist, dass es wirklich existiert hat.

D: *Aber das zeigte, dass sie mehr mit der unterirdischen Stadt verbunden war.*

M: Nur für eine Weile. Sie ging dorthin, um zu beaufsichtigen. Eine Verbindung zu sein. Sie war immer da. Sie wurde für die Mission ausgewählt.

D: *Ihre Aufgabe war es, das Wissen und die verborgenen Aufzeichnungen zu überwachen. (ja) Aber warum wurde es diesmal gezeigt? Was hat das mit ihrem gegenwärtigen Leben zu tun?*

M: (großer Seufzer) Sie spürt viele Dinge und doch hat sie Angst gehabt, einige Dinge zu wissen. Einige Dinge, für die sie nicht bereit war. Und für einige Dinge war es noch nicht einmal Zeit, es zu wissen.

D: *Das Unterbewusstsein ist sehr weise, wenn es den Dingen erlaubt, sich in ihrer Zeit vorzustellen. Bedeutet das, dass sie in ihrem jetzigen Leben damit etwas zu tun hat?*

M: Es gibt eine Kommunikation. Es gibt eine Tür, ein Portal, eine Öffnung, durch die sie ihren Fuß sozusagen in der Tür hat. Aber sie ist noch nicht durchgegangen. Sie stellt ihren Fuß hinein und zieht ihn dann wieder zurück. Es ist eine Verbindung zwischen ihr, ihrem Geistesführer und den Engeln, durch das Portal. Die Kommunikation des Bewusstseins verbinden, eins werden und sich in- und auseinander bewegen. Die Tür, das Portal öffnet sich, wo sie es sehen kann und wonach sie sich sehr sehnt. Die geistige Welt, wie sie sich daran erinnert, andere Dimensionen. Sie entschied sich dafür, zum Erdenleben zu kommen, nachdem sie den Ort der Verbindung verlassen hatte. Es sind viele auf die Erde gekommen, die sich für einen physischen Körper entschieden haben.

D: *Sie beschlossen, hierher zu kommen und zu helfen?*

M: Ja, sie hatten die Wahl. Sie mussten nicht.

D: *Aber sie hat immer noch diese Erinnerung, dass es mehr als nur das Physische gab. Meinst du das?*

M: Wir sind alle zeitlos. Es gab andere Lebenszeiten. Andere Dimensionen und andere Realitäten.

D: *Die Informationen, die sie über die Kriege und die Untergrundstadt gegeben hat, habe ich die Erlaubnis, diese Informationen in meiner Arbeit zu verwenden?*

M: Ja, du hast die Erlaubnis. Es wird mehr Wissen zu dir kommen, das dies vollständiger macht als heute. Es gibt einige Lücken, die für dich heute nicht gefüllt werden können und die zu einem späteren Zeitpunkt gefüllt werden. du wirst es dann klarer verstehen. Es gibt mehr Wissen, das du haben wirst. Es ist an diesem Punkt noch nicht klar, woher es kommt. Es gibt eine Tür zu diesem Wissen. Es ist zu diesem Zeitpunkt für dich geschlossen. Es ist die gleiche Tür, die du betreten kannst und das Wissen überprüfen darfst. Du wirst möglicherweise durch eine andere Entität dorthin gebracht, oder du wirst durch deinen eigenen Geistesführer dorthin gebracht. Dies ist ein echter und wunderbarer Ort. Die Tür ist zu diesem Zeitpunkt geschlossen. Die Tür öffnet sich für dich und du wirst herzlich empfangen.

D: *Diese unterirdische Stadt ist diese Stadt immer noch da?*

M: Ja, sie ist immer noch da.

D: *Sind die Informationen, die Bibliothek noch da?*

M: Ja, es ist alles noch da. Es gibt viele, viele komplette unterirdische Städte.

D: Ich bin froh, das zu hören, denn für mich ist die Zerstörung von Wissen eine sehr schreckliche Sache. (ja) Das ist meine Aufgabe, zu versuchen, es zurückzubekommen.
M: Ja, das ist es. Es ist Deine Mission. Und es ist Deine Mission, anderen zu helfen, sich zu erinnern.
D: Das haben sie mir erzählt. Es ist nicht um mehr herauszufinden, es ist viel mehr sich daran zu erinnern.

* * *

Es dauerte drei Jahre, aber sie hatten Recht. Weitere Informationen wurden im Jahr 2004 veröffentlicht, nachdem ich ein Büro in Huntsville, Arkansas, eröffnet hatte und mich regelmäßig Klienten besuchten. Bob war ein Mann, der nach dem Tod seiner Frau aus dem Norden hierher gezogen war. Er kam sehr unscheinbar in unsere Gegend und brachte nur seine Bücher und seinen Hund mit. Er hatte alles zurückgelassen. Als er sein Haus am See kaufte, ließ der damalige Besitzer alle Möbel zurück, so dass alles gut lief. Ein neues Leben in einer neuen Gegend, obwohl er niemanden kannte.

Er war ein unersättlicher Leser, der vor allem alles konsumierte, was er zur Metaphysik finden konnte. Er besaß einige seltene, einzigartige Bücher. Das war seine Leidenschaft. Ich glaube jedoch, dass die Informationen, die während seiner Sitzung durchkamen, schwer zu finden sind. Ich glaube nicht, dass er durch seine Lektüre unbewusst beeinflusst worden ist.

Er hatte Schwierigkeiten, zu Beginn der Sitzung etwas zu sehen. Obwohl er das Gefühl hatte, auf etwas Festem zu stehen, konnte er nur Grau um sich herum sehen. Nach mehreren Versuchen, die Visualisierung auszulösen, bat ich ihn, sich vorzustellen, wie sein Geistesführer oder Schutzengel aussehen würde. Er sah eine wunderschöne blonde Frau in blau schimmernden fließenden Gewändern. Er fühlte sich mit ihr wohl und stimmte zu, sich von ihr an einen geeigneten Ort führen zu lassen. Er nahm ihre Hand und sie geleitete ihn durch eine Öffnung in einen unterirdischen Tunnel. Der Tunnel reichte unerwartet an einen ungewöhnlichen Ort.

B: Wir befinden uns auf diesem großen Freigelände. Aber ich kann spüren, dass sich ein Dach über unseren Köpfen befindet. Eine ganz andere Entfernung als oben. Wie in einer Höhle, eine sehr, sehr große Höhle. Es ist sehr schön beleuchtet. Überall gibt es Bäume. Ich habe das Gefühl, dass es ein sehr sanfter Ort ist. Viele sehr schöne Gebäude in allen Pastelltönen. Es gibt Rasen und Gärten, Bäume und wunderschöne Blumen und Tiere, die auf verschiedene Arten laufen.

D: *Das ist alles unterirdisch?*

B: (aufgeregt) Ja! Ja! Ja! Es ist sehr gut beleuchtet. Es scheint von einer zentralen Sonne zu strahlen, die leicht zu sehen ist. Es ist nicht die gleiche Helligkeit wie unsere Sonne an der Oberfläche. Grau im Schatten, aber es erzeugt ein schönes Licht. Die Gebäude hier und alles andere sehen aus, als würden sie in unserem Sonnenlicht stehen. Dabei hält es eine Temperatur von ungefähr 72 bis 75 Grad Fahrenheit und es wird nie heiß. Es regnet zwar, aber das ist natürlich programmiert.

D: *Ähm, das hört sich ungewöhnlich an, all das im Untergrund zu haben, oder?*

B: Nun, diese Stadt ist schon seit vielen Millionen Jahre dort. Natürlich übertrifft ihre Technologie unsere Technologie jetzt so weit, dass einige von uns oft hierher kommen und von hier wieder gehen. Aber wir wissen nie, dass wir das tun. Und ich bin einer der Menschen, die in der Vergangenheit schon oft dort waren.

D: *Du sagst, da unten gibt es auch Tiere?*

B: Oh ja! Ja, viele Tiere, die wir ständig auf diesem Planeten sehen. Aber es gibt viele andere Arten, über die sich die Leute wundern. Die man nicht so oft sieht. Zum Beispiel gibt es ein großes schwimmendes Tier, was man nur sehr, sehr selten zu sehen bekommt. Ein Monster vom Typ Loch Ness. Sie kommen aus unterirdischen Kanälen durch die Erde. Und gelegentlich schwimmen sie hinein und tauchen an oberirdischen Orten auf, weil sie sich in beide Richtungen bewegen können.

D: *Da unten ist auch Wasser.*

B: Oh ja! Tatsächlich gibt es fast so viel Wasser im Inneren des Planeten wie oben. Es wird dorthin gebracht, indem es durch die verschiedenen Risse des Planeten hindurchfließt. Und einiges kommt natürlich von den Polaröffnungen an beiden Enden des Planeten.

D: Du sagst, es gibt Städte da unten?

B: Ja, alles was du dir überhaupt vorstellen kannst, einschließlich eines der besten Computer im ganzen Universum. Weit, weit mehr als alles auf der Oberfläche.

D: Wie sehen die denn aus?

B: Eigentlich ist es nicht nur ein kleines Stück von etwas, was wir hier sehen. Aber es ist buchstäblich kilometer- und meilenweit alles in sich geschlossen. Es speichert das gesamte universelle Wissen. Man kann auf diesen schönen, schönen Gartenwegen spazieren gehen, als ob man zum Beispiel auf einer 20 Hektar großen Farm wäre. Es gibt Blumenbeete, kleine Fleckenrosen und allerlei andere wirklich exotische Pflanzen. Man kann diese kleinen Wege entlanggehen und verschiedene Garten- oder Blumenparzellen besuchen. Und man könnte sich auf einem Hochstuhl befinden, vielleicht ist es auch eher ein Lounge-Bett. Und du machst es so, als würdest du versuchen, in eine Hängematte zu steigen. Und es schwingt nicht, es stabilisiert sich irgendwie. Aber wenn man sich hinein setzen würde und dann seine Beine darüber zieht und sich nach hinten lehnt, umhüllt es einen wie eine Bananenschale. Es ist eine Maschine, der man eine Frage stellen kann, und mit der man automatisch überall, in das Universum reisen könnte, in das man möchte. Es ist auch eine Lernmaschine. Es wird dir alles beibringen, was du wissen musst oder möchtest. Es ist auch eine Virtual-Reality- Maschine, mit der man reisen kann. Man kann diese Art der Beförderung verwenden. Oder wenn man das nicht verwenden möchte, machen wir einen physischen Körpertransport. Man kann die kleinen Stufen hinaufgehen, was du „Portale" nennst, die Leute an der Oberfläche aber als „Sternen Tore" bezeichnen. Man geht dort hinein und kann sich buchstäblich überall in den bekannten Universen bewegen, die man besuchen möchte. Man nimmt seinen Körper mit und kann auch wieder zurückkommen. Es gibt auch Hochgeschwindigkeitstunnel, die wie ein Spinnennetz miteinander verwoben sind, und Züge die mit mehr als 3000 Meilen pro Stunde durch das Erdinnere fahren. Das ist sehr alltäglich. Es dauert rund eine Stunde, um irgendwohin zu kommen. Dies ist nur einer von vielen Planeten der gesamten bekannten Universen. Im Allgemeinen ist es aber so, weil sie hohl sind. Die meisten haben Zivilisationen im Inneren. Und wir haben eine kontinuierliche Flotte interstellarer Schiffe, die regelmäßig zwischen all diesen Welten verkehren. Man sieht sie manchmal hier, jedoch im Allgemeinen haben wir diese so genannten „Tarnvorrichtungen". „Klingonisches Tarngerät" genannt, die aus diesen Science-Fiction-Filmen, die sie auf den Oberflächenfernsehsystemen zeigen. Alle Schiffe haben sie. Es ist ein Standardverfahren.

D: *Warum wollen die Menschen lieber unter der Erde leben als an der Oberfläche?*

B: Es ist sicherer. Es gibt sekundäre Gründe. Sie haben auf dem Planeten Erde etwas, das als „Frequenzbarriere" bezeichnet wird. Die Frequenzbarriere nimmt ab, weil sie sich der neuen Frequenzänderung auf der Erde nähern. Darauf warten alle. Deshalb gibt es so viel Interesse bei intergalaktischen Rassen. Wir können hierher kommen und das alles beobachten. Dass sie es zwar nicht unbedingt auf ihren Instrumenten auf der Erde sehen können, dessen sind wir uns bewusst. Wir aber können dies an unseren Instrumenten ablesen, die viel raffinierter sind als eure. Wir warten also alle, weil es in Kürze passieren wird.

Er sprach von den Frequenzänderungen, die zur Erschaffung der neuen Erde führen. Siehe Kapitel 30.

D: *Aber wir denken nicht, dass die Erde hohl ist, nach unseren Vorstellungen gibt es im Zentrum der Erde Magma.*

B: Aber das ist ja genau eine dieser niedlichen kleinen Geschichten, denen sie an der Oberfläche Glauben schenken. Sie erzählen einem alle Arten von Unwahrheiten. Tatsächlich ist die Oberfläche dieses Planeten 800 Meilen dick, darunter ist er völlig hohl. Die Sonne, die wir drinnen haben, hat einen Durchmesser von 600 Meilen. Sie wurde uns vor Millionen von Jahren gebracht und dort installiert. Aber die Leute die hier bleiben, werden auf dem Planeten sein. Er ist nicht von innen betroffen. Er ist nur von außen betroffen. Die 800 Meilen innerhalb dieser Kruste sind der Ursprung des planetaren Magnetismus. Es ist nicht das Zentrum. Eure Vulkane stammen alle aus der Reibung von Felsen, die hin und her gleiten. Das Zentrum ist hohl und hat natürlich die Sonne, wie ich es angedeutet habe. Alle anderen Planeten sind dieser Konstruktion ähnlich. Mit der Reibung der Felsen, die aufeinander gleiten, werden eure Vulkane aufgebaut. Alle diese Vulkane sind unterirdisch. Vielleicht gehen ein paar von ihnen zwei oder dreihundert Meilen hinunter, aber sie gehen nicht bis zum Zentrum des Planeten. Der Mittelpunkt des Planeten ist nicht magnetisch. Denn wenn der Planet tatsächlich magnetisch wäre, würde ich vermuten, wobei ich kein Experte in dieser Sache bin, aber wenn ein anderer Planetenkörper nahe der Erde vorbei ziehen würde, dann..., (Schlug seine Hände zusammen.)

D: *Er implodiert.*

B: Nein, nein, sie hätten einen Zug wie ein Magnet. Ein Magnet würde buchstäblich einen Planeten mit einem festen, geschmolzenen Kern direkt in ihn hineinsaugen. Und würde ihn nicht unbedingt mehr freigeben. Der andere Planetenkörper ist so konstruiert, dass er bei seinem Fluss durch die Erde magnetisch zum einen oder zum anderen Ende gezogen wird. Welches Ende auch immer wie ein Magnet ist. Norden zieht nach Süden. Wenn der Planet Erde ein fester Körper wäre so wie sie sagen, würde er sich buchstäblich durch die Anziehungskraft des Magnetismus verbinden. Und dann haften bleiben an dem anderen Objekt. Aber in Wirklichkeit ist es nicht so stark, aber die Anziehung könnte dazu führen, dass der Planet umkippt. Das kommt dann auf die Anziehungskraft und die Seite an.

D: *Hattest du viele Leben auf der Erde unter Tage?*

B: Ich war im Lauf meines Lebens mehrmals auf diesem Planeten. Weißt du, es ist anders dort. Denn draußen hast du Leben oder an anderen Orten hast du Leben. Und in Planeten kannst du buchstäblich für immer leben, wenn du willst. Eigentlich waren die meisten meiner Leben irgendwo anders.

D: *Auf anderen Planeten?*

B: Ja, man bewegt sich von einer Lebenszeit zur anderen. Es ist alles was man erreichen muss. Das gesamte Universum ist wie eine super große Schule. Man geht von einem Ort zum anderen, je nachdem, was man lernen muss.

D: *Bleibst du an jedem Ort sehr lange?*

B: Wie lange man auch immer braucht, um seine Lektion abzuschließen oder an was auch immer man gerade arbeitet. Dein Projekt. Man darf nicht vergessen, einige von uns sind Millionen von Jahre alt. Wir leben quasi für immer.

D: Also auf die Erde zu kommen ist so, als würde man zurück in den Kindergarten gehen, oder?

B: Oh ja, es ist ein bisschen so wie ein Kompromiss. Aber manchmal machst du es für einen Auffrischungskurs. (lacht) Ein verdammt guter Weg, es zu tun, wenn es so viele Milliarden Dinge gibt, die man im Universum tun kann. Planeten, die du besuchen kannst, Lebensstile, allerlei Dinge. Es ist unbegrenzt. Aber in meinem Leben als Bob ist es sehr unauffällig. Es gibt mir die Möglichkeit, meine Gedanken zu klären, mich zurückzulehnen und das Ganze loszulassen. Einfach so dasitzen und die Menschen beobachten. Es ist ein Urlaub. Was andere Leute im Urlaub machen, mache ich jetzt hier. Ich bin ein Beobachter.

KAPITEL 6

FLUCHT AUS ATLANTIS

Ich habe mehrere Beispiele von Menschen gefunden, die der Katastrophe entkommen sind, die zur Zerstörung von Atlantis geführt hat. Nicht alle gingen unter, obwohl Umwälzungen auf der ganzen Welt erreicht wurden. Viele fanden ihren Weg über die Meere in andere Länder und versuchten, ihre Lebensweise in einer völlig anderen Umgebung zu bewahren. Das folgende ist ein Beispiel:

Marie, eine Krankenschwester die in der Geburtshilfe in einem Krankenhaus arbeitet, kam 2004 in mein Büro in Huntsville und suchte nach Antworten für ihre Probleme. Die Sitzung verlief jedoch anders, nicht das übliche vergangene Leben, in das die meisten Klienten gehen. Es schien zunächst keinen Bezug zu ihrem gegenwärtigen Leben zu haben. Als sie sich von der Wolke entfernte, sagte sie, sie schwebe mitten im Ozean.

Dies kann verschiedene Gründe haben. Ein Meerestier, jemand der schwimmt oder am Tag des Todes in das Leben über die Wolke hereinkommt und ertrinkt. Ihre Stimme zeigte indes keine Anzeichen von Angst, wie sie auftreten würde, wenn sie am Tag ihres Todes in die Szene hineingegangen wäre.

Als sie sich umsah, sah sie, dass sie in einem kleinen Boot war. „Das Meer ist im Moment ruhig. Und ich habe das Gefühl, dass es noch schlimmer wird, bevor es sich wieder beruhigt. Überall wo ich hinsehe ist Wasser. Es gibt nichts anderes als Wasser. Ich bin in einem hölzernen Boot. Es ist nicht sehr groß. Ich glaube, wir sind draußen auf dem Meer, und wir haben nicht viel Kontrolle darüber, wohin es geht. Wir driften mehr oder weniger. Ich glaube, wir haben ein paar Ruder, aber es macht nicht viel Unterschied im Verhältnis zur Größe des Bootes und der Größe des Wassers. Wir sind in der Strömung, und es bringt uns mehr oder weniger dahin, wohin es möchte".

D: Dann versuchst du nicht irgendeinen bestimmten Ort zu besuchen?
M: Ich habe das Gefühl, dass wir irgendeinen Ort verlassen und versuchen, einen Ort der Sicherheit zu finden.
D: Weißt du, wohin du gehst?
M: Nein, wohin uns das Boot bringt. Wir haben keine Wahl.

Es war eine weitere Person im Boot. „Ich glaube, es ist ein sehr enger Freund. Ein enger Begleiter. Ich bin nicht sicher, ob er männlich oder weiblich ist. Es ist jemand, mit dem ich eine sehr enge Beziehung habe." Sie sah, dass sie ein Mann mittleren Alters war, gekleidet in einen rauen Stoffumhang, der mit einem Seilgürtel gebunden war.

D: Was machst du im Boot?
M: Ich habe das Gefühl, wir mussten gehen. Und ... ich fühle mich wie aus Atlantis oder Lemuria. Und dass unsere Insel nicht mehr sein wird und wir gehen mussten, solange noch Zeit war.
D: Dachtest du, ein kleines Boot wäre sicher?
M: Ich glaube nicht, dass es eine große Auswahl gab. Viele andere waren bereits gegangen. Und wir meldeten uns freiwillig für das kleinere Boot, weil die anderen die größeren Boote nahmen. Sie sind definitiv sicherer gewesen. Es war ein Vorgang, von dem wir wussten, dass es so auch kommen wird, dass wir gehen müssen. Und wir ließen die anderen zuerst gehen.
D: Ist etwas passiert, als du gegangen bist?
M: Es ging schon eine Weile so. Und wir wussten, dass unsere Welt nicht mehr sein wird. Und dann haben wir versucht, uns darauf vorzubereiten. Und die Dinge mitzunehmen, die wir brauchen würden. Wir wollten nicht, dass die ganze Zivilisation zu Ende geht, und wir haben uns daran erinnert Dinge mitzunehmen. Einige Informationen, einige Kristalldinge, die uns in der neuen Welt helfen würden.
D: Sind das Dinge, die du benutzt hast?

M: Ja, sie sind Teil unserer Zivilisation. Und es waren Dinge, die wir mitnehmen konnten und die hilfreich sein könnten, wenn wir sie brauchen würden, um ein neues Leben aufzubauen.

D: *Was war Dein Job, Dein Beruf?*

M: Ich war im Tempel. (lange Pause) Ich habe meine Zeit damit verbracht, den Umgang mit Energie zu lernen. Und unsere Welt zu einem besseren Ort für verschiedene Formen zu machen. Ich habe mit Heilen gearbeitet und anderen geholfen. Ich gehörte nicht zu den Erhabenen. Ich war noch Student, aber ich machte Fortschritte. Ich habe gelernt, aber ich habe auch unterrichtet. Ich wollte anderen helfen.

D: *Diese andere Person, die mit dir im Boot ist, gehört sie auch zu den Studenten?*

M: Er war auch mit mir in diesem Tempel und arbeitete dort nebenbei. Er war wie ein Assistent für mich.

D: *Du wurdest dort unterrichtet und nutzt auch die Energie?*

M: Ja, die Lehre der Kristalle und die Verwendung von Energie. Wir lernten auch wie man Dinge kreiert, Situationen ändert, wie man heilt und wie man Menschen helfen kann, die aus dem Gleichgewicht geraten sind. Ich konnte diese Dinge tun, aber ich hatte es noch nicht perfektioniert. Ich lernte immer noch die Kombination und Anwendung von Geist und Energie. Man kann Dinge ändern und damit helfen, es in eine physische Form zu bringen und Realität werden zu lassen. Das hätte man dann zum Wohle aller verwendet. Es ist eine Manifestation, eine Wirklichkeit, die im Kollektiv oder auch für den individuellen Gebrauch transformiert werden kann.

D: *Das ist gut so, dass sie mit dem Positiven gearbeitet haben.*

M: Ja, ich wurde immer besser darin. Ich konnte das Wetterverhalten beeinflussen, wenn es nötig war. Andererseits konzentrierte sich mein Interesse mehr auf die Hilfe für Andere. Ihre körperlichen und geistigen Beschwerden.

D: *Sie kamen zu dir in den Tempel? (ja) Und wie hast du sie geheilt?*

M: Wir verwendeten manchmal Kristalle. Bisweilen nutzten wir einfach die Manipulation von Energie durch Berührung. Dabei mussten wir sie nicht unbedingt berühren, sondern brachten die Energie einfach mit den Händen.

D: *Diese Kristalle waren also sehr mächtig.*

M: Ja, sie verstärken die Energien, die man aussendet. Manchmal halfen sie, die Energien in das Positive umzuwandeln.

D: *Du sagst, Du hast die Wettermuster kontrolliert. Warum hast du das getan?*

M: Zu Dürrezeiten, wenn wir Wasser brauchten. Oder wenn es Stürme gab, die alles zu zerstören drohten. Wir versuchten, die Energien so zu verändern, dass es nicht so verheerende Auswirkungen auf uns gibt. Es gab viele Unruhen in unserer Umgebung und viele Menschen mit negativen Energien. Daher versuchten wir das wieder auszugleichen.

D: *In demselben Land, in dem du gelebt hast?*

M: Ja, es gab diejenigen, die mit der dunklen Seite der Energien und der Kräfte experimentierten. Und sie haben Chaos geschaffen. Sie sorgten bei vielen Menschen für Unruhe.

D: *Es ist also möglich, die Energien auch negativ zu nutzen.*

M: Ja, das ist es. So sollten die Energien niemals sein. Aber wegen so vieler Entitäten oder Energien hatten die Denkmuster der Entitäten es verändert. Sie haben gelernt, wie es geht. Es gab negative Kräfte, die alle möglichen Probleme verursachten.

D: *Wussten diese Entitäten nicht dass es der falsche Weg ist?*

M: Es gibt viele, die nicht so weit fortgeschritten waren. Sie haben nicht verstanden, wie die Dinge sein sollten.

D: *Weil, alles was sie aussenden wieder zurückkommt, nicht wahr?*

M: Das stimmt.

D: *Es gab nichts, was sie tun konnten, um das Negative zu bekämpfen.*

M: Es gab viele Dinge die wir unternommen haben, um es zu bekämpfen, aber schließlich wurde die Negativität zu überwältigend. Nicht zuletzt gab es mehr negative Schwingungen und Energien, die ausgesandt wurden und mehr Menschen wurden hineingezogen. Wir bekamen Angst. Und schließlich konnten wir zu diesem Zeitpunkt, an diesem Ort, nichts mehr tun. Wir mussten also das machen, von dem wir glaubten, es sei der beste Weg, um unser Wissen zu retten. Aus diesem Grund, haben sich viele Menschen entschlossen zu gehen. Sie stiegen in die Boote und nahmen all die Dinge mit, die sie konnten.

D: *Was wussten sie über dass, was passieren wird, um so etwas Drastisches zu tun?*

M: Das Land, in dem wir lebten, brach zusammen. Es gab viele Erdbeben. Und es würde in den Fluten des Ozeans versinken. Wir wussten, dass wir es nicht mehr aufhalten konnten.

D: *Also gab es bereits Erdbeben?*

M: Ja, die gab es. Wir wussten, dass es nur eine Frage der Zeit war, bis wir einen völlig neuen Bereich der Existenz vorfinden und einige von uns ihren physischen Körper verlassen würden. Und andere von uns versuchen werden, einige der Überreste der alten Welt zu retten und in die neue Welt aufzunehmen.

D: *Man könnte meinen, dass die Leute, die die Negativität benutzten, das Unheil stoppen würden, als sie sahen, was geschieht.*

M: Sie waren süchtig nach der Fähigkeit, Dinge zu verändern, mit der Macht Veränderung herbeizuführen. Es war ihnen egal. Einige von ihnen planten auch, mit Booten zu flüchten.

D: *Weißt du, was genau sie mit der negativen Energie gemacht haben? Wofür sie die negative Energie verwendeten?*

M: Sie haben versucht, die Leute vom Licht und dem Positiven abzuwenden. Angst zu schüren und sie auf die negativen Dinge zu fokussieren. Sie wollten sie unter ihre Kontrolle bringen und die Anführer sein. Und viele, viele Leute hörten, auch aus Angst, auf sie.

D: *Manipulation durch Angst. (ja) Aber einige von ihnen versuchten auch zu entkommen, als sie sahen, was los ist.*

M: Ja, sie sind zu weit gegangen. Das Land und die Gegend konnten dieses Unheil nicht mehr länger tragen und so, in dieser Form, nicht mehr existieren. Das Land ging unter.

D: *Die größeren Boote waren also bereits besetzt. (ja) So viele Leute waren sich dann im Klaren, was passieren wird. Dann hast du und Dein Assistent das kleinere Boot genommen und einige Kristalle dabei gehabt?*

M: Wir haben Kristalle und ein paar Schriftrollen mit dabei. Einige Lehren, außerdem Informationen, die wir bewahren möchten. Viele Leute haben Kopien. Viele haben noch mehr Gegenstände dabei, mit der Zuversicht, dass einige von uns es schaffen werden. Nicht alle gehen in dieselbe Richtung. Wir versuchen alle, in verschiedene Richtungen zu gehen, in der Hoffnung, dass wir mit einigen der Erkenntnisse, den Lehren und den Informationen, die wir haben, fortfahren können.

D: Also weiß keiner von ihnen, wohin sie gehen. (Pause) Warst du noch nie an diesen Orten?
M: Einige sind gereist. Meistens mit dem Boot, aber sie konnten sie auch im Schlaf besuchen. Sie konnten schweben. (Meditation? Es klang wie: Schweben.) Sie konnten sich auf diese Weise fortbewegen. Sie brauchten nicht unbedingt das körperliche Fortkommen mit dem Boot. Aber mit so viel Energieunterbrechungen und den Kräften, die fast wie ein schrecklich heftiger Sturm waren, sind wir nicht dazu in der Lage gewesen, einige dieser Reisemethoden anzuwenden. Wir mussten wohl oder übel mit dem Boot fahren.
D: Aber du hättest diese Dinge auch nicht mitnehmen können, wenn du in Geistesform gegangen wärst.
M: Das stimmt.
D: Ihr musstet physische Gegenstände mitnehmen.
M: Die Informationen werden für immer im ätherischen Bereich und in den höheren Sphären oben aufbewahrt, aber in physischer Form sind diese nicht so leicht zugänglich, wenn wir diese Dinge nicht mitgenommen hätten.

Sie hatten nicht gesehen, was mit dem Land passiert ist, denn sie waren bereits auf See. Sie wollten einfach nur weg und gingen dorthin, wohin die Strömung sie brachte.

D: Hast du etwas zu Essen bei dir?
M: Ja, haben wir. Wir teilen es in Rationen ein. Wir haben gelernt, mit einer sehr kleinen Menge zu existieren, weil wir möchten, dass es so lange wie möglich hält. Denn wir haben keinerlei Möglichkeit zu überblicken, wie lange es dauert, bis man Land erreicht.
D: Welche Art von Essen hast du bei dir?
M: Es ist eine hochkonzentrierte Energieform. Eine Art Korn und kleine Kuchen, die wir essen können. Unser Wasser ist natürlich sehr wertvoll, daher nehmen wir nur einen Schluck davon. Wir konnten nur mitnehmen, was wir tragen konnten. Deshalb benutzen wir die Paddel so wenig wie möglich. Wir versuchen unsere Energie zu schonen. Außerdem schlafen wir so viel wie wir können und wir essen so wenig wie möglich.
D: Das macht Sinn. Denn wenn ihr schlaft, verbraucht ihr nicht so viel Energie.

M: Das stimmt.
D: Es hört sich nicht nach der Art von Essen an, das leicht verdirbt.
M: Nein, es bleibt lange erhalten.
D: Bist du schon eine Weile auf See?
M: (Pause) Ich bin nicht sicher, ob es Tage oder Wochen ist. Aber vermutlich schon eine längere Zeit. Wir können auf dem Boot den Verlauf jedes Tages markieren.
D: Aber es ist immer noch wie ein Tag nach dem anderen.
M: Das stimmt. Besonders wenn du viel schläfst. Und man wacht auf und schläft wieder.

Ich brachte ihn rechtzeitig voran, um zu sehen, was passiert wenn sie endlich ankommen, denn wir hätten auch die ganze Sitzung auf dem Ozean verbringen können.

D: Findest du einen Platz zum Stoppen?
M: Ja, das tun wir. Es gibt viele Leute, die uns sehen und beobachten, wie wir an Land gehen. Sie fragen sich, woher wir kommen, in so einem kleinen Boot. Und wir vermuten, es ist in ... es sieht beinah so aus, als hätten wir in Ägypten Land betreten. Die Leute, die herumstehen haben dunkle Haut.
D: Können sie dich verstehen?
M: Wir sind in der Lage, telepathisch zu kommunizieren, aber sprachlich gibt es eine Barriere.
D: Können sie dich telepathisch verstehen?
M: Einige sind in der Lage, aber wir können sie besser verstehen als sie uns.
D: Ist in dem Land, in dem sie leben, etwas passiert?
M: Es gab viele Stürme und Veränderungen der Jahreszeiten. Sie wissen, dass etwas Ungewöhnliches passiert. Die Meere sind wild und das Wetter war für sie ungewöhnlich. Und wenn dann Leute in einem kleinen Boot ankommen und offensichtlich anders aussehen, werden sie noch misstrauischer.
D: Kannst du ihnen sagen, was passiert?
M: Wir teilen jedem das allgemeine Wissen über das Geschehene mit. Wir haben gerade gesagt, dass wir unser Zuhause verloren haben und dass wir lange Zeit mit einem Boot unterwegs waren, um hierher zu gelangen. Und es scheint, als wäre da jemand, der übersetzen kann. Aber wir erzählen nicht jedem mit dem wir in

Kontakt kommen, von wo wir herkommen. Sie haben dort kein gutes Verständnis für die Zivilisation, von der wir sind.

D: Ihre Zivilisation ist nicht so weit fortgeschritten?

M: Nein, es ist nicht so wie bei uns.

D: Werden sie dir erlauben zu bleiben?

M: Ja, wir sind eine Art Kuriosität für ihre Neugier. Sie erlauben uns zu bleiben.

D: Was sind jetzt Deine Pläne?

M: Die unmittelbaren Pläne bestehen darin, sich zu erholen und für eine Weile ein wenig Essen, Wasser und Unterkunft zu bekommen. Außerdem gibt es einen Mann, der uns aufnimmt und uns erlaubt, bei ihm zu bleiben.

D: Haben die Dinge, die ihr mitgebracht habt,, überlebt? Die Kristalle, die Schriftrollen und die Informationen.

M: Ja, das haben sie. Wir halten sie in unser ... es ist wie ein Tuch. Es mag sogar wie ein Stück Stoff sein, in den wir diese Dinge eingepackt haben. Wir haben Angst, dass sie zerstört werden könnten, oder gestohlen, wenn sie entdeckt werden.

D: Wenn sie wüssten, was sich darin verbirgt.

M: Ja, wir verstecken sie in einer Höhle.

D: Glaubst du, du wirst irgendjemanden etwas über dieses Wissen beibringen können?

M: Wir sind uns ziemlich sicher, dass es hier Leute gibt, denen wir dieses Wissen übermitteln können. Es gibt Lehrer und es gibt Fagisten (ich kenne das Wort nicht, aber es hörte sich so an) mit denen wir diese Dinge teilen können. Wenn wir zu ihnen Vertrauen gefasst haben, können wir diese Dinge allmählich mit ihnen teilen.

D: Das wird Zeit brauchen. Und du hast jetzt Zeit, nicht wahr?

M: Ja, das haben wir.

D: Zumindest hast du eine Unterkunft gefunden. Du weißt nicht, ob die anderen es geschafft haben oder nicht.

M: Es gibt Berichte über andere, die an verschiedenen Orten an Land gekommen sind. Und so wissen wir, dass einige Menschen es in unterschiedliche Gebiete geschafft haben. Von anderen haben wir wiederum noch nichts gehört. Aber wir wissen, dass es viele überlebt haben.

D: Es erweist sich, dass das Wissen nicht verschwinden wird.

M: Es ist eine sehr erfreuliche Nachricht zu hören, dass es andere gibt. Das wir nicht die einzigen Überlebenden sind. Die Verantwortung bestand darin, diese Informationen und diese Geschenke weiter zu tragen.

Ich brachte ihn zu einem wichtigen Tag in diesem Leben, um die Geschichte voranzutreiben.

M: Wir haben einen Platz gefunden, um die Kristalle und die Schriftrollen zu lagern. Wir haben das Gefühl, dass wir uns jetzt ausruhen können, dass wir uns nicht ständig um ihr Wohlergehen sorgen müssen. Wir haben einige Informationen weitergegeben, aber diese Leute sind nicht für alle Informationen bereit. Also müssen wir diese Dinge nehmen und erst einmal weglegen.

Als ich fragte, wo er sie versteckt habe, wurde er besorgt. Ich musste ihn davon überzeugen, dass ich keine Bedrohung bin, dass es sicher ist, es mir zu sagen.

M: Es ist in Sicherheit ... es liegt in einer Pyramide, und es ist fast ein interdimensionaler Speicherbereich. Sie können nicht gefunden werden, wenn man nicht weiß, wie man darauf zugreifen kann. Man kann es nicht so leicht sehen oder wissen, dass es dort ist. Es werden bestimmte Energien benötigt, um die Gegenstände wahrzunehmen, damit sie in Erscheinung treten. Die Gegenstände sind physisch, aber sie werden in einem Bereich so gespeichert, dass sie dort sind, aber man kann sie nicht sehen. Es ist wie ein interdimensionaler Raum. Eine Kiste, in die wir sie gestellt und dann geschlossen haben. Und nur bestimmte Energien können die Tür dazu öffnen und erst dann wären sie sichtbar.

D: Ist dieser interdimensionale Raum etwas, von dem du weißt, wie man ihn kreiert?

M: Ich hatte Hilfe von einigen der Überlebenden und wir haben uns schließlich getroffen. Durch die Zusammenarbeit konnten wir diesen Raum erschaffen.

D: Es ist also kein physischer Ort innerhalb der Pyramide.

M: Es ist ein physischer Ort, aber es ist unsichtbar. Es ist da. Und solange es versiegelt ist, kann eine Person nicht einfach vorbeigehen und es zufällig entdecken. Es muss eine gewisse mentale Energie, Wissen und sogar einige Symbole vorhanden sein, um dies zu öffnen.

D: Aber ist es so, als würdest du es in eine Wand stecken?

M: Ja, das ist ähnlich. Es ist wie im Inneren eines der großen Steine. Es ist da, aber es gibt keine Möglichkeit hineinzukommen. Es gibt keinen Hinweis darauf, dass es da ist.

D: Es gibt keine Möglichkeit, es physisch zu öffnen.

M: Das ist richtig. Sie können es nicht physisch öffnen. Es muss mit Energie getan werden. Es muss ein bestimmtes Gedankenmuster sein. Und es muss die richtige Person mit den Symbolen sein. Sie müssen diese Symbole in ihrem Energiefeld tragen, die benötigt werden, um den Stein zu öffnen.

D: Es sind keine physischen Symbole, über die sie Bescheid wissen.

M: Bevor sie inkarnierten waren sie sich dessen bewusst und die Symbole befanden sich in ihrem Energiefeld.

D: Sie wurden also dorthin gebracht, bevor die Person inkarnierte?

M: Ja, und manchmal mussten sie es sich verdienen. Sie mussten bestimmte Dinge lernen oder bestimmte Tests durchlaufen, mit dem Ziel, dass diese Symbole funktionieren und aktiviert werden können. Wenn also die gleiche Person zur bestimmten Zeit am richtigen Ort war, ist möglicherweise nichts passiert. Sie mussten lernen. Aber wenn sie in dieser Lebenszeit bestimmte Dinge erreichten und bestimmte Tests bestanden, die ihre wahren und ihre guten Absichten belegten, könnten diese Symbole in ihrem Energiefeld aktiviert werden. Wenn sie also dorthin gehen, ist es ihnen möglich es zu öffnen. Mit ihrem bloßen Gedanken, ließe es sich wie mit einem passenden Schlüssel öffnen. Und es gibt mehr als eine Person mit diesem „Schlüssel". Es muss viele Personen geben, falls einer versagt.

D: Das ist sinnvoll. Wenn Menschen inkarnieren, haben sie bestimmte Symbole, die in ihren ... Geist, Aura oder was auch immer eingefügt werden?

M: Ja, das tragen wir alle. Und so ergänzen wir uns manchmal oder wir erkennen uns. Wir sehen sie nicht mit unseren physischen Augen, aber unser Körper oder unser Energiefeld weiß es. Und wir können bestimmte Empfindungen erleben. Es gibt entweder Ekel oder Anziehung oder ein Gefühl des Wohlbefindens.

D: Diese Symbole sind also wichtig. (ja) Werden diese Symbole auf der Geistesseite erstellt? (Pause) Ich habe mich gefragt, woher sie kommen. *Wer entscheidet es, sie in das ... das Aura-Feld, mangels eines besseren Wortes, einzubauen?*

M: Sie sind Teil des universellen Geistes. Die universelle Intelligenz. Und sie stimmen mit dem überein, was unser Lebensplan ist, bevor wir inkarnieren. Sie sind der Schlüssel unseres ganzen Lebens. Wenn wir an einen bestimmten Ort gehen, treffen wir eine bestimmte Person und der Schlüssel passt in das Schloss. Oder die zwei Symbole verschmelzen. Oder entgegengesetzte Symbole. Sie helfen uns wissen zu lassen, was wir tun sollen. Manchmal kann es Erinnerungen hervorrufen, aber auch eine Reaktion in uns auslösen, die uns hilft, Entscheidungen zu treffen und unser Leben zu verändern, unsere Lebensstile, unsere Lebensentscheidungen. Sie sind also fast wie ein kleines Leitsystem. Das kann zu einem bestimmten Zeitpunkt aktiviert werden und hilft uns zu wissen, was wann zu tun ist.

D: *Sicherlich sind das Dinge, über die der Durchschnittsbürger nicht Bescheid weiß und die uns nicht bewusst sind.*

M: Nein, aber wir haben alle diese Symbole.

D: *Und normalerweise kann man sie nicht sehen oder wissen, dass sie da sind.*

M: Manche Leute sind dazu in der Lage, aber die meisten von uns können nicht mit unseren Augen sehen.

D: *Du bekommst nur Gefühle, Instinkte.*

M: Ja, ja, das ist es.

D: *Das ist wichtig. Das heißt, dass Symbole für den universellen Geist von großer Bedeutung sind.*

M: Das ist richtig. Es ist eine universelle Sprache.

* * *

Dies entspricht den Informationen, die ich erhalten habe und über die ich in meinen anderen Büchern berichtet habe. Die E.T.s kommunizieren in Symbolen, wobei diese Informationsblöcke und Konzepte enthalten, die mental übertragen werden können. Es erklärt teilweise auch zahlreichen Berichte, die ich von Menschen erhalten habe, die eine Flut von Symbolen in ihren Sinn bekommen. Einige haben berichtet, auf der Couch in ihrem Wohnzimmer liegend, durch das Fenster einen Lichtstrahl gesehen zu haben, der zahlreiche geometrische Symbole und andere Elemente enthielt. Dieser

Lichtstrahl konzentriert sich auf die Stirnfläche. Andere berichteten von einem Zwang, stundenlang zu sitzen und Symbole oder ungewöhnliche Designs zu zeichnen. (Viele Leute haben mir Kopien ihrer Zeichnungen geschickt und es ist erstaunlich, dass sie sich ähnlich zu sein scheinen.) Die E.T.'s haben mir gesagt, dass die Kornkreis-Symbole auch Informationsblöcke enthalten. Der Beobachter muss nicht in den Kreisen sein, um diese zu erhalten. Es genügt, das Symbol in einer Zeitschrift, Zeitung oder Ähnlichem zu sehen, um die Informationen herunterzuladen. Sie haben auf verschiedene andere Arten berichtet, dass der Download stattfindet. Sie sagten, es sei ihre Sprache. Der Empfänger muss es nicht unbedingt verstehen. Es wird auf zellulärer Ebene in das Unterbewusstsein der Person automatisch implantiert. Der Zweck ist es, wenn eine Person irgendwann einmal diese Informationen benötigt, sie haben wird. Sie weiß dann noch nicht einmal, woher diese Informationen stammen. Das wirft die Frage auf: Wenn wir mit einem symbolischen Muster inkarnieren, das in unserer Seele oder Aura eingeprägt ist, wie auch immer es getan wird, trägt dann der Download von den E.T.'s zu diesem Muster bei oder aktiviert es? Er hat gesagt, dass sich dieses Muster ändert, wenn die Person bestimmte Lebenserfahrungen durchmacht.

* * *

D: Ich weiß, dass es viele, viele Pyramiden in Ägypten gibt. Hast du diese Dinge in der großen Pyramide versteckt?
M: (Pause) Ich meine, es ist in der Pfote der Sphinx und nicht in der Pyramide. Ich glaube es jedenfalls. Dort gibt es viele unterirdische Tunnel und Kammern. Ich denke, es wurde dort platziert wenn ich mir die Sphinx anschaue. Wahrscheinlich in der linken Pfote.
D: Gehen diese Tunnel auch unter die Pyramide?
M: Ja, unter den Pyramiden befinden sich viele von ihnen.
D: Aber die meisten Leute wissen nicht, wie sie darauf zugreifen können, oder?
M: Nein, nur bestimmte Eingeweihte, die Priester, bestimmte Könige. Die durchschnittliche gewöhnliche Person weiß es nicht. Es gibt Gerüchte, dass es sie gibt, weil sie gebaut werden mussten. Und es gibt immer Informationen die herauskommen. Aber die

Durchschnittsperson kennt die Details nicht. Sie haben nur Gerüchte gehört, dass es sie gibt.

D: *Aber wenn die Sphinx und die Pyramiden sich bereits dort befanden, als ihr dorthin kamt, hast du jemals Geschichten darüber gehört, wer sie gebaut hat?*

M: (Pause) Ja, ich glaube, die Zivilisation, obgleich sie nicht so weit fortgeschritten war wie wir, hatte etwas Hilfe erhalten von den Außerirdischen. Denn das allgemeine Intelligenzniveau dieser Gesellschaft war nicht so hoch entwickelt. Sie gaben ihnen Informationen. Aber wieder nur einem kleinen Teil der Menschen. Es waren nicht alle von ihnen. Und viele von ihnen waren eher Anhänger als unabhängige Denker.

D: *Hast du jemals gehört, wie sie mit so großen Steinen bauen konnten?*

M: Durch Manipulation der Energie wurde es realisiert. Mit einer Art Gravitationsgerät in einem Schwebeprozess. Es wäre physisch fast unmöglich gewesen, diese Pyramiden zu bauen.

D: *Sind sie dort, wo du hergekommen bist, in der Lage, so etwas zu vollbringen?*

M: Ja, obwohl ich mich nicht mit Architektur oder den Bau von Gebäuden beschäftigt habe, kannte ich die Grundlagen der Manipulation von Energien und dem Schweben. Die meisten Schüler, die Eingeweihten, die in den Tempeln arbeiteten, kannten sie alle. Das war ein Teil des Lernens. Vom Schweben und Energieeinsatz.

D: *Das war etwas, was jeder gelernt hat.*

M: Ja, obendrein gab es solche, die in diesen Belangen sehr weit fortgeschritten waren, in der Architektur und in der Schaffung materieller Dinge. Es war nicht nur materiell. Es war nicht nur dreidimensional. Es war eine Verflechtung des Materials und der höheren Schwingungen, die den geistigen Manifestationen näher gekommen ist. Sie waren nicht nur körperlich.

D: *Aber du sagst, diese Leute, die in Ägypten lebten, waren nicht so weit fortgeschritten, dass sie dies allein hätten schaffen können.*

M: Nein, es gab einige, die fortgeschrittener waren als sie und eher bereit waren zuzuhören. Sie waren offener ... normalerweise waren es eher die gebildeteren Personen als die gewöhnlichen Personen, die dort lebten. Sie erhielten diese Informationen in der Hoffnung, dass es der Zivilisation hilft. Und so wurden sie von den Außerirdischen kontaktiert, von denen, die über sie wachen. Und sie kamen und halfen ihnen mit diesen Dingen. Und aufgrund unseres Wissens und unserer Herkunft konnten wir auch beim Lernen und beim Fortschritt mithelfen.

D: *Warum wurden die Pyramiden gebaut? Hatten sie einen Zweck?*

M: (lange Pause) Sie waren sehr kompakte Energiequellen. Sie waren nicht wie ein Kristall, aber sie waren in der Lage zu helfen und viele Dinge innerhalb der Pyramide zu verstärken, auch innerhalb der Schwingung der Pyramiden. Sie waren Zentren des Lernens, aber es war auch, als betrete man eine andere Dimension, wegen der Energie, die sie besaßen. Sie waren in der Lage, Schwingungen und Energien zu verstärken und tatsächlich auch auf andere Bereiche zu übertragen. Es war wie ein riesiges Energiefeld oder eine Kraft, vielleicht nicht unbedingt eine Kraft. Es war ein Zentrum mit viel Kraft und Energie.

D: *Deshalb wollten die Außerirdischen, dass diese gebaut wurden?*

M: Das war ein Teil des Grundes, aus dem sie gebaut wurden, oder deren Funktion. Die Außerirdischen wollten einfach nur, dass die Menschheit eine Welt mit mehr Harmonie und mehr Frieden schafft. Und ein glücklicherer Ort zum Leben, als der von Armut, Schmerz und Verzweiflung. Sie hofften, dass wir diese Informationen und diese Geschenke nutzen können, um diese Möglichkeit zu erweitern.

D: *Es müssen Leute sein, die wissen, wie man es benutzt.*

M: Das stimmt. Und deshalb gab es nur bestimmte Personen, denen dieses Wissen über die Kräfte der Pyramiden und die Möglichkeiten, mit denen sie sich in diesem Bereich entwickeln können, gegeben wurde. Aber auch mit dieser Kraft kommt die Möglichkeit, des Negativen, genau wie Atlantis.

D: *Vom Missbrauch.*

M: Das ist richtig. (Großer Seufzer) Der freie Wille kann in beide Richtungen gedreht werden.

D: *Deshalb kann es in beide Richtungen gehen. Aber anstatt eure Schriftrollen und eure Kristalle zu verwenden, habt ihr beschlossen, sie dort zu verbergen, wo sie sicher sind.*

M: Ja, die Leute waren noch nicht für alle Informationen bereit. Sie konnten das Wissen nicht nutzen, um zum Wohle der Gesellschaft beizutragen. In einigen Gegenden gab es bereits einen Missbrauch der Mächte.

Ich beschloss, Marie bis zum letzten Tag im Leben des Mannes vorzubringen, weil ich nicht glaubte, dass es noch etwas zu lernen gab, nachdem er die Geheimnisse versteckt hatte.

M: Ich bin sehr alt. Mein Körper ist in einem ziemlich guten Zustand, da ich über Heilung und den Gebrauch von Energie Bescheid weiß, und weiß, dass meine Gedanken, meinen Körper heilen. Aber mein Körper ist gealtert und sehr müde. Ich bin bereit zu gehen.

D: *Mit dem Körper stimmt also alles.*

M: Er ist alt. Er hat sich von den Auswirkungen dieses Erdenlebens verändert.

D: *Hast du lange in Ägypten gelebt?*

M: Ja, ich möchte sagen, in etwa noch vierzig Jahre.

D: *Und so konntest du etwas von deinem Wissen weitergeben.*

M: Ja, das konnte ich. Ich teilte mit den Gelehrten, was ich für angemessen hielt. Aber wieder konnte ich nicht alles teilen, weil es zu diesem Zeitpunkt nicht angemessen gewesen wäre.

D: *Ja, aber du hast viel mit deinem Leben gemacht.*

M: Ich habe es versucht. Es gab immer einige falsche Entscheidungen. Manchmal erzählt man den Leuten Dinge oder brachte ihnen etwas bei, aber sie konnten es nicht ... genau wie zu jeder Zeit in seinem Leben, die Menschen nehmen es an und nutzen es und manche nicht. Wiederum andere missbrauchen es.

D: *So ist es gleichermaßen überall. (ja) Gibt es jemanden, der am letzten Tag Deines Lebens bei dir ist?*

M: Nein, ich bin alleine. Ich habe keine Angst, denn ich weiß, dass ich bereit bin zu gehen.

Nachdem er sich aus dem Körper auf die andere Seite bewegt hatte, bat ich ihn, das Leben, das er gerade verlassen hatte, zu überprüfen und nachzusehen, ob es eine Lektion gibt, die er gelernt hatte.

M: Ich glaube, ich musste Geduld lernen, weil ich immer lernbegierig war. Jedoch wollte ich immer mehr lernen und hatte nie das Gefühl, ich bin dort, wo ich sein wollte. Ich erreichte einen Meilenstein, und es war nie genug. Ich glaubte, ich muss mehr

wissen, darüber hinaus noch schneller. Und das war eine sehr schwierige Lektion.
D: *Glaubst du, du hast es gelernt?*
M: Kann es jemals jemand lernen? Das ist eine schwierige Frage. Ja ich lernte, geduldiger zu sein.
D: *Du hattest auch sehr viel Wissen.*
M: Ja, und das war ein weiterer Teil der Lektion (schwerer, tiefer Seufzer), den Gebrauch und das Herausgeben des Wissens zu lernen. Die damit verbundene Verantwortung. Wenn man dieses Wissen erhält, muss man lernen, es weise anzuwenden. Manchmal ist das für andere gedacht und manchmal nicht. Und wenn man es zur falschen Zeit, der falschen Person gibt, kann es katastrophale Auswirkungen haben. Andererseits, wenn man es ihnen zur richtigen Zeit gibt, kann dies wundervolle, wunderbare Ergebnisse verursachen.
D: *Du musst also selektieren.*
M: Das ist richtig. Und es ist eine sehr große Verantwortung.

Ich ließ dann die Entität zurücktreten und Maries Persönlichkeit wieder in den Körper integrieren, damit ich mit ihrem Unterbewusstsein sprechen konnte.

D: *Warum hast du dir dieses Leben für Marie heute ausgesucht?*
M: Weil es sehr viele Parallelen zu dem gibt, was sie heute durchmacht. Sie ist auf einem Lernweg. Und sie hat große Chancen, diese Welt zu verändern. Zu helfen, die neue Welt einzuführen. Es ist eine sehr große Verantwortung.
D: *Aber an der Oberfläche sieht es nicht wirklich ähnlich aus.*
M: Sie hat die Fähigkeit, in dieser Welt viel Gutes zu tun, wenn es darum geht, ihre Energien und ihr Wissen aus all ihren vergangenen Leben einzusetzen. Sie kann mit vielen kommunizieren. Oder sie wird es sein, wenn sie fähig und dazu bereit ist. Und wenn sie dies nicht zur richtigen Zeit in der richtigen Reihenfolge tut, werden viele wertvolle Dinge verloren gehen. Und es ist sehr wichtig, dass sie das versteht: Erstens ist Geduld sehr wichtig. Alle Dinge werden kommen, wenn es Zeit ist. Und zweitens: Wenn sie diese Kräfte und Fähigkeiten erhält, können sie sehr selektiv eingesetzt werden. Und obwohl der Wunsch stimmt, anderen zu helfen, hilft man ihnen nicht immer

auf dem einfachsten Weg. Und zuweilen müssen sie es selbst lernen. Wenn es von außen her erscheint, dass die Menschen Hilfe brauchen, ist es nicht immer die richtige Entscheidung. Sie muss ihnen das Wissen geben, wenn die Zeit dazu reif ist, möglicherweise etwas weniger als das, was sie tatsächlich brauchen können.

D: *Woher kommt dieses Wissen?*

M: Dieses Wissen kommt durch alles was sie bisher gelernt hat, in allen vergangenen Lebenszeiten. Und wenn der richtige Zeitpunkt da ist, dann wird sie immer mehr Wissen erhalten.

D: *Es wird alles zurückkommen, meinst du?*

M: Ja, und es wurde arrangiert, dass Teile von ihr ... von mir, der Überseele zur richtigen Zeit eintreten werden und diese Fähigkeiten mitbringen. Diese Energien und dieses Wissen, dass sie braucht, um zum nächsten Schritt zu gelangen, zum nächsten Level.

D: *Aber ihre gegenwärtige Persönlichkeit wird immer noch bleiben, nicht wahr?*

M: Ja.

D: *Es ist wie eine Überlagerung oder eine Verschmelzung? Von demjenigen der die Informationen hat.*

M: Das ist richtig. Es wird nur mit ihrem gegenwärtigen Wesen verschmolzen.

D: *Dann muss sie nicht lernen oder Unterricht nehmen?*

M: Ja, sie muss diese Dinge noch tun. Es wird helfen, Erinnerungen auszulösen. Und es wird ihr beim Umlernen helfen. Es ist manchmal sehr schwierig, diese bestimmten Denkmuster nur einzubringen. Und wenn sie mit den verschiedenen Schaltungen ihres Verstandes neu lernt, wird es ihr in diesem gegenwärtigen Leben helfen. Sie wird von dieser Seite trainiert.

D: *Sie hat eine andere Frage. Warum wird sie so seekrank? Sie liebt das Wasser und die Delphine, aber sie wird so seekrank.*

M: Das Energieniveau des Ozeans ist sehr hoch. Es erzeugt sehr kraftvolle Energien. Und weil ihr Körper ihre Essenz ist, kann sie nur so viel Energie aufnehmen, bevor sie es körperlich zu fühlen beginnt. Es hat auch mit ihrer langen Zeit auf dem Meer zu tun, als sie Atlantis zum ersten Mal verlassen musste. Es war sehr anstrengend, auf dem Ozean zu sein. Und wieder waren die Energieniveaus sehr hoch. Obwohl sie über eine gewisse Kraft und Fähigkeit über die Elemente verfügte und die Befähigung hatte, die Energie zu verändern, um zu verhindern, dass die Ozeane zu gewalttätig werden, befand sie sich in einem geschwächten Zustand aufgrund von Mangel an Nahrung und Wasser.

D: *Das Trauma der Situation.*

KAPITEL 7

URALTES WISSEN

Diese Sitzung fand im Mai 2002 auf einer Ranch außerhalb von Bozeman, Montana, statt, wo ich in einem Gästehaus übernachtete. Ich ging nach Bozeman, um einige Gespräche zu führen, aber der Hauptgrund war, ich wollte Leila Sherman treffen, eine 100 Jahre alte Frau, die das Bild von Jesus fotografierte, das ich für das Cover meines Buches von „Jesus und die Essener" verwandt habe. Ich wusste, dass dies womöglich die einzige Chance ist, sie zu sehen. Eine Frau arbeitete mit Leila an der Produktion und Vermarktung des Bildes. Leila erzählte mir, dass sie dachte, sie wäre bereit zu sterben, aber als sie die Website www.christpicture.com und den Marketingplan zusammenstellten, habe sie so viel Spaß gehabt, dass sie nun glaubte, sie würde noch 100 Jahre bleiben. Leila lebt in einem Altersheim, ist aber immer noch sehr aktiv und kann sich um sich selbst kümmern. Sie sagte, sie sei die Älteste im Haus und die einzige, die keine Hilfe brauche.

Lorraine reiste aus einem anderen Staat an, um zur selben Zeit in Bozeman zu sein. Sie war Heilerin und arbeitete mit Ärzten und Krankenhäusern zusammen, um die natürliche Heilung mit traditionellen Methoden zu kombinieren und einzuführen. In der großen Stadt, in der sie lebt, arbeitet sie bereits mit fünf Krankenhäusern zusammen und unterrichtet zunächst die Krankenschwestern. Sie ist sehr intelligent und glaubt, dass sich daraus etwas sehr Wichtiges entwickeln wird.

Als sie sich von der Wolke entfernte, befand sie sich, als 14- oder 15-jähriges Mädchen mit langen, rotbraunen Haaren, in einer friedlichen Umgebung, von der ich denke, dass es wahrscheinlich eine Küstenstadt am Meer ist. So hörte es sich jedenfalls an, aber ich sollte im weiteren Verlauf etwas anderes herausfinden. Sie beschrieb ihr Haus als in einer Bucht stehend, sehr groß mit Torbögen, die zu beiden Seiten auf das Wasser blickten. Sie wollte dort mit ihren Eltern und ihren Brüdern ein normales Leben führen, aber eine starke Gruppe auf der Insel hatte andere Pläne für sie. Sie hatten entdeckt, dass sie sich von den anderen Leuten unterschied und wollten ihre Fähigkeiten für ihre Zwecke einsetzen. Sie sollte in einem großen Tempel auf dem Hügel oberhalb der Stadt wohnen.

L: Ich habe das Geschenk. Ich kann es sehen.
D: Du kannst was sehen?
L: (flüsterte) Die Zukunft (lange Pause) ich kann die Zukunft sehen. Sie wollen mir beibringen, wie ich es lenken soll.
D: Auch wenn du das Geschenk hast, weißt du nicht, wie du es kontrollieren kannst. Meinst du das?
L: Nein! Sie wollen es kontrollieren durch mich. (ein Flüstern) Die Reihenfolge. Die Männer, die alles kontrollieren, das Meer, die Leute. Ich soll im großen Tempel auf dem Hügel leben und tun, was sie von mir verlangen.
D: Die Männer im Tempel kontrollieren die Dinge?
L: (neugierig) Ja, sie werden mich kontrollieren. Ich möchte bei meiner Familie bleiben. Ich möchte auf dem Ozean segeln. Meine Brüder können machen, was sie wollen. Ich möchte singen. Ich darf nicht singen. Dinge passieren, wenn ich diese Geräusche mache.
D: Ich sehe nichts Falsches am Singen. Was passiert, wenn du Töne machst?
L: Was immer ich will! Die Männer auf dem Hügel haben Angst vor mir.

Ich versicherte ihr, dass sie mit mir darüber reden konnte, weil ich sie nicht bedrohte. „Was für Geräusche machst du?" Lorraine hatte den Mund zusammengepresst, als würde sie ein Oooh-Geräusch machen. „Du bewegst deinen Mund, aber ich kann nichts hören."

L: Du hörst den Ton nicht? Es ist wie der Wind. Es sind Windgeräusche.

Sie begann dann, einen unheimlichen, schrillen, länglichen Ton zu erzeugen. Es war allmählich, aber konstant ein Ooooooooooooooooooh (Mittelton), Ooooooooooooooooooh (hoher Ton), Ooooooooooooh (höherer Ton, dann zu hoch zum hören) und dann wieder runter Ooooooooooooooooooooh (Mittelton). Später, als Lorraine sich das Band anhörte, sagte sie, dies sei ein Ton, den sie unmöglich nachmachen könne. Vor allem den Teil nicht, der allmählich höher wird, bis er zu hoch war, um ihn zu hören.

Sie erklärte, was der Ton tat: „Das öffnet Türen." Ich habe nicht verstanden, was sie meinte. Physische Türen? „Man kann durch diese Türen gehen, aber sie nicht sehen." Es war also offensichtlich nicht körperlich. Sie bezog sich offenbar auf etwas in der unsichtbaren Welt.

L: Es sind vergoldete Türen mit juwelenbesetzten Rändern und weißem, farbigem Licht in der Mitte. Es sind ja keine wirklich physischen Türen, sondern Öffnungen, Portale.
D: Wo siehst du sie?
L: Vor mir. Dort im Raum.
D: Wenn du draußen bist?
L: Nein, wo immer ich bin, sie sind bei mir. Sie sind im Weltraum. Das Geräusch erzeugt die Türen und öffnet die Türen. Wenn sie sich öffnen, kann ich durch die Türen gehen.
D: Und niemand sonst kann diese Türen sehen. Wann hast du herausgefunden, dass du das kannst?
L: Ich war fünf. Meine Familie, mein Onkel, ich erzählte ihnen Dinge, die ich durch die Türen sehen konnte. Sie dachten, ich würde Geschichten erzählen und sie fanden es eher amüsant.
D: Was hast du durch die Türen gesehen?
L: (flüsternd) Ich sehe die Zukunft.
D: Woher wussten sie, dass es die Zukunft ist?
L: Weil ich ihnen die Geschichten erzählte und dann trafen sie ein. Sie begannen es allmählich zu glauben, als ich acht Jahre alt war. Dann nahmen mich die Männer auf den Hügel mit und fingen an mich zu testen. Ich wurde in den Raum gebracht, in dem ich

auftreten sollte. Und sie notierten alles, was ich ihnen erzählte. Sie begannen damit mich zu trainieren, um das zu ändern, was ich sah. Sie wollten, dass ich es ändere, um ihnen zu helfen die Zukunft zu verändern. Sie sorgten dafür, das nur gute Dinge für sie passierten und keine Tragödien.

D: Du hast also auch negative Dinge gesehen?
L: Ich konnte alles sehen. Ich wusste, was passieren wird. Es gab drei Fenster in den Türen. In den drei Fenstern konnte ich drei verschiedene Möglichkeiten sehen.
D: Die Zukunft ist also nicht nur ein Weg, sondern mehrere.
L: (flüsternd) Ja, und ich war in der Lage sie zu ändern. Negative Dinge woanders hin zu schicken und die Zukunft anders zu gestalten.
D: Darf man das denn überhaupt machen?
L: Es ist wie ein Glück. Das Glück kommt, das Pech muss woanders hingehen. Das haben sie nicht gesehen. Sie dachten, sie könnten alles Glück nehmen und es behalten. Sie nahmen es für sich und kontrollierten jeden. Wir lebten auf einer großen Insel mit vielen Buchten. Ich sah es aus der Wolke, als ich herunterkam. Es ist wunderschön. Und sie haben hohe Strukturen auf dem Hügel und sie regieren alle Menschen unter ihnen.

Ich dachte, es klingt wie eine Art organisierte Religion.

L: Noch keine Kirche. Es ist noch keine Religion. Es ist Macht. Es ist der Tempel. Es ist der Ort allen Seins.

Anscheinend befanden wir uns weiter in der Zeit vor dem Beginn der organisierten Religion. Aber es spielt keine Rolle, seit Beginn des auf der Erde lebenden Menschen sind Macht und Gier präsent. Es scheint einen ständigen Kampf zwischen den Kräften von Gut und Böse zu geben.

D: Und sie wollten jeden, der auf dieser Insel lebte, kontrollieren, indem sie das, was sie gesehen haben, änderten.
L: Sie tun es. Alle Gedanken mit der Kraft im Tempel. Ich muss im Tempel leben. Ich musste meine Familie verlassen.
D: Wie fühlt sich deine Familie dabei?

L: Sie sind sehr wohlhabend geworden, durch das was ich getan habe. Ich habe ihnen das Glück gegeben. du denkst es und es passiert. Und du nimmst es und gibst es in diese Richtung und schickst das andere an einen anderen Ort. Es ist nur eine Richtung. Sie würden die totale Kontrolle über die gesamte Macht haben, wenn ich dorthin gehe, um zu leben. Ich soll ihnen zeigen wie.

D: *Glaubst du, du kannst ihnen zeigen, wie es geht?*

L: Nein, (sie fing wieder an, die schrillen Ooooh-Töne zu kreieren) ich öffne nur das Fenster. Das Portal öffnet sich mit einem Ton. Und dann sehe ich immer mehr durch die Tür, wenn ich hinsehe. Der Klang trägt Wellen. Und die Wellen stoßen das Fenster auf. Und ich kann sehen, was passieren wird.

D: *Aber du sagst, du sollst es ihnen beibringen, wie man das macht?*

L: Ja, sie glauben, dass sie es lernen können. (kichernd) Ich weiß nicht woher es kommt.

D: *Wie kannst du ihnen zeigen, wie du etwas tust, wenn du selbst nicht sicher bist wie es geht?*

L: Ich weiß nicht, wie ich ihnen die Informationen nicht geben kann. Sie bringen mich dazu oder meine Familie wird leiden.

D: *Aha, aber sie sind Männer, sie können die Klänge wahrscheinlich nicht auf dieselbe Weise erzeugen.*

L: (flüsternd) Nein, das ist nicht möglich. Ich habe dieses Jahr gelernt, wie ich ihnen nicht die Wahrheit sagen muss. Ich werde sie dazu bringen, die Dinge richtig zu machen. Ich lerne von meinem Onkel, wie er seine Macht kontrollieren kann. Aber ich muss so tun, als wollte ich es nicht wissen. Und dann lehren sie mich immer mehr. Bald werde ich all ihr Wissen haben. Jede Gruppe hat unterschiedliche Talente und Fähigkeiten in verschiedenen Bereichen. Und sie wissen, wie man die Gedanken der Menschen kontrolliert. Und sie bringen mir jede Fähigkeit bei. Ich muss etwas tun. Sie machen es aus einem falschen Grund. Sie werden uns zerstören. Sie nehmen die gesamte positive Energie auf und geben die negative Energie in ein Loch ab. Und es würde bald sehr groß sein ... und es wird ausbrechen.

D: *Es muss irgendwo hingehen, meinst du das?*

L: Ja, das sehen sie nicht! Jeder denkt, du kannst nur gutes haben. Ich weiß nicht, ob ich all ihr Wissen rechtzeitig haben kann.

D: *Was siehst du, wird dann passieren?*

Sie zögerte und fing an zu weinen.

L: Alles fällt auseinander in den Ozean.
D: *Versuchst du es ihnen zu erklären?*
L: Ja, sie sagen, es liegt an mir. Ich soll es ändern. Ich könnte es schaffen, wenn sie ihre Kraft richtig einsetzen. Aber sie tun es nicht und sie geben immer mehr von der schlechten Seite ins Loch. Und es wächst, und sie werden immer rücksichtsloser und unachtsamer. Ich habe Angst, ich muss sie kontrollieren. Sobald ich alle ihre Gaben kenne, kann ich ihre Kraft von ihnen nehmen und sie an die Menschen zurückleiten.
D: *Das ist Dein Plan?* (ja) *Bist du mit ihnen in den großen Tempel gegangen?*
L: Ja, es ist wunderschön. Er hat viele Treppen und Säulen. Und Torbögen, die auf das Wasser schauen. Und es gibt große bunte Vögel. Und schöne Musik. Es ist sehr schön. Ich habe einen schwarzen Leoparden. (Ich war überrascht.) Sie heißt Sasha. Sie ist mein Haustier. Sie hört meine Gedanken. Sie ist die ganze Zeit bei mir.
D: *Ich würde meinen, ein Leopard ist gefährlich.*
L: (leise) Sie könnte gefährlich werden. Aber sie beschließt, es nicht zu sein.
D: *Haben die anderen Leute auch solche Tiere als Haustiere?*
L: Ja, viele von ihnen. Die Tiere sind überall. Sie leben in Harmonie an diesem großen Ort. Hier gibt es große Flure und viele schöne Zimmer. Ich spreche täglich mit den Leuten. Ich lüge diese Leute an. Ich sage ihnen, was die Männer von mir wollen.
D: *Worüber lügst du?*
L: Die Gefahr, mit so vielen Gaben zu leben. Niemand ist jemals mehr krank. Wir haben gelernt zu heilen. Ich muss jetzt ungefähr 25 sein.
D: *Wie machst du die Heilung?*
L: Wir heilen nicht mehr.
D: *Wie hast du es gemacht?*

Sie ließ den schrillen Ooooh- Ton wieder erklingen.

D: *Sag mir, was du tust.*
L: Ich habe die Decke gedreht, um das Licht auszurichten.

D: *(Ich habe es nicht verstanden.) Welches Licht?*

L: Wir sind innen hell. Es wird gebrochen und muss für den Fluss neu ausgerichtet werden. Und jeder lernt die Töne, um sein Licht neu auszurichten.

D: *Du sagst, du hättest die Decke gedreht. Was hast du gemeint?*

L: Ich benutze die Farben und die Töne durch das Licht, um sie neu auszurichten. An der Decke des Sonnensystems befindet sich ein Muster. Und die Farben und die Töne müssen übereinstimmen. Die Farben sind in den Lichtpaneelen an der Decke. Sie wirken wie kurze Lichtstöße in verschiedenen Farben. Es scheint ein festes Stück Glas zu sein, aber es sind winzige Lichter der Farbe. Eine Art Schlauch, der sie verbindet. Und die Lichter sehen solide aus, aber es gibt kleine Lichtblitze in den verschiedenen Bereichen. Das Sonnensystem ändert sich für jede Person, die unter das Licht fällt. Es wird von einem Licht in ihrem Handgelenk gelesen und auf einem Muster an der Decke angezeigt. Dann richten sich die Lichter aus und sie fallen durch die Basis des Schädels. Und in den Körper und es richtet dein Licht neu aus.

D: *Dann ist es eine Art Maschine? (ja) Das Tierkreismuster ändert sich also für jede einzelne Person.*

L: Es ist ihr Diagramm. Ich habe es selbst für diese Leute gemacht. Und schließlich brachte ich ihnen bei, die Töne selbst zu verwenden. Wir haben keine Krankheiten mehr.

D: *Gibt es noch etwas an der Decke oder nur diese Muster und Platten und das Licht?*

L: In der Mitte befindet sich ein großes Objekt, das die Strahlen lenkt. Es ist eine Reihe von Kristallobjekten, die in bestimmten Segmenten des Raums platziert sind. Und das Licht bricht durch, weil es sich sehr schnell dreht. Sehr, sehr schnell. Sie sehen es nicht in Bewegung. Man muss nur wissen, dass es sich bewegt. Es schießt Lichtsplitter durch das Glas, Zahlen klickern und ziehen die Lichter von den farbigen Tafeln (mit einem Ton der Entdeckung gesagt). Es hüpft durch alle kleinen Schichten von Kristallen, bis es die Zahlen erreicht, die das persönliche Muster des Individuums ausmachen. Und dann schießt es am Fuß des Schädels durch die Körperpunkte. Kleine Punkte im Körper, die mit jeder der Leuchten übereinstimmen. Und zurück durch das Wurzel Chakra und hinaus durch das Kronen Chakra.

D: Und das heilt die Person?
L: Es richtet ihr individuelles Licht aus!
D: Und jeder hat sein eigenes Muster? (ja) *Und dies findet das Muster, damit das Licht es aktivieren und die Person heilen kann?*
L: Ja, wir können das Licht ausrichten. Wenn das Licht gebrochen wird, verschwinden die Informationen über die Krankheit in diesen Körpern. Solange ihr Licht ausgerichtet ist, altern die Körper nicht.
D: Und es muss bestimmte Töne geben, die dies aktivieren. (ja) *Wissen die Männer, wie das geht?*
L: Nein, nur ich. Ich habe Probleme damit. Die Menschen wurden sehr belastet, von dem was sie heilen mussten. Nur die Reichen konnten geheilt werden. Sie sind sehr wütend auf mich, weil sie den anderen beigebracht haben, wie sie sich selbst heilen können. Aber es spielt keine Rolle. Unser Lebensstil geht zu Ende.
D: Siehst du das?
L: Ja, all das Pech wächst zu einer Größe und Ausdehnung, was ausbrechen wird. Und sie kümmern sich nicht darum; sie glauben mir nicht. Es liegt an mir, es zu ändern. Das Pech an einen anderen Ort zu schicken. Sie haben sich einen Ort ausgesucht. Es ist ein Land, in dem viele Menschen leben. Es sind keine reichen Leute. Sie sind jedoch die Stützen unseres Systems. Und sie glauben nicht, dass sie sie länger brauchen. Die Fischer, die Bauern, sie pflegen das Land. Sie brauchen sie nicht, solange sie das Glück haben!
D: Was verwenden sie für Lebensmittel?
L: Sie brauchen es nicht mehr.
D: Sie müssen nicht essen?
L: Nicht so wie wir.
D: Also sind diese Leute überflüssig?
L: Sie denken das so. Das ist falsch, weil nur die Menschen wichtig sind. Was sie nicht wissen, dass es alles mitnehmen wird. Nicht nur diese Leute, wir alle, weil es so groß und so mächtig ist.
D: Hast du all ihr Wissen gelernt?
L: Ja, aber ich habe noch nicht genug. Ich glaube nicht, dass genug Zeit bleibt. Ich muss den ganzen Kreis schließen, um sie zu kontrollieren. Ebenso um das ändern zu können, was wir tun und das Pech akzeptieren. Mit dem Ziel es nach und nach herauszulassen, um den Druck abzubauen, auf dem es sitzt, damit

es nicht ausbricht. Sie glauben, ich könnte es verdrängen und andere in der Ferne zerstören. Und dass es weggehen wird. Was sie jedoch nicht realisieren, es ist so groß, dass es uns alle mitnimmt.

D: *Was passiert also?*
L: (lange Pause) Ich lass zu, uns zu zerstören.
D: *Hast du es ein bisschen geöffnet um es langsam raus fließen zu lassen?*
L: Nein, das wollte ich tun, aber ich durfte nicht. Niemand war bereit, mit dem Pech zu leben. Wenn man es ein wenig herauslässt, bedeutet das, dass die Menschen auch mit Versagen, Hunger, Krankheiten und Disharmonie leben müssen. Ich habe ihnen nicht gesagt, dass es ohnehin kommen wird. Ich ließ es ausbrechen. (wehmütig) Es ist alles auseinander gebrochen. Es gab ein sehr langes, tiefes Grollen unter der Erde. Alles begann um uns herum zu fallen. Wir rollten ins Meer.
D: *Die ganze Insel?*
L: (flüsternd) Alles.
D: *Als es passierte, was hast du gesehen?*
L: (schwaches Flüstern) Horror ... Horror! Alles wurde zerstört. Nichts hat überlebt. Es war wie Erdbeben und Atombomben zugleich. Nur rohe, blanke Kräfte. Rot und schwarz und dunkel aus den Eingeweiden der Erde. Ausbrechen und alles mitnehmen, so dass alles wieder gleich war.
D: *Alles wieder ausgeglichen?* (ja) *Wo bist du, während du das beobachtest?*
L: Ich stehe zwischen einer Säule unter einem der Bögen und schaue, wie es passiert. Es sah aus, als würde sich die Erde öffnen, um alles zu schlucken und rülpste es wieder auf. Schwarze Wolken am Himmel und Feuer. Und alle Kunst und Schönheit ist weg. Ich bin auch gegangen.

Sie machte keuchende Geräusche. Ich schlug vor, dass sie die Szene als Beobachterin ansehen könnte, wenn sie wollte, damit sie keine körperlichen Empfindungen erleben müsste.

L: (Flüstern) Wasser, ich ertrank. Von unserem hohen Aussichtspunkt waren wir die Letzten, die gegangen sind. (flüsternd) Wir haben gesehen, wie alle gestorben sind.

D: Also schaust du es dir von oben an, nachdem du aus dem Körper verschwunden bist?
L: (stark und klar) Ja!
D: Was siehst du aus dieser Perspektive?
L: Dinge, die ins Meer fallen. Leichen und Tiere schwimmen im Wasser. Meine Familie ist bei mir. Sie sind alle bei mir!
D: Wie fühlt es sich an, was passiert ist, wenn du es von dieser Seite aus betrachtest?
L: Es ist ein schwerwiegender Fehler, wenn die Gier und die Macht kontrolliert. Es herrschte eine schreckliche Gier. Es gibt eine Skala von Dingen: Tiere, Bäume, Pflanzen, Menschen. Und irgendwie dominierte die negative Seite der Kräfte, die positive Seite.
D: Aber es war wirklich nicht deine Schuld. du musst dich für nichts verantwortlich fühlen.
L: Ich bin traurig, dass ich versagt habe.
D: Du hast versucht, das Richtige zu tun.
L: Ja, das Meer hat sich niedergelassen. Es ist jetzt ruhig. Der rosa Himmel ist zurück. Es gibt nichts für immer. Nur Wasser.
D: Was ist passiert?
L: Wir kamen in ein Land zurück, das Wüste war.
D: Ist das Land irgendwann wieder aufgetaucht?
L: (neugierig) Ja, das Wasser ging zurück. Es ist sehr hübsch hier.
D: Warum hast du dich entschieden, zu einem Ort zurückzukehren, der Wüste ist?
L: Um nochmal zu beginnen. Wir müssen es richtig machen!
D: Hast du immer noch die gleichen Kräfte?
L: Nein, wir sind einfache Leute. Es ist sicherer. Es braucht Zeit ... viele, viele Generationen. Und mit der Zeit kommt Verständnis. Wir werden wieder auf dieses Niveau bauen, aber diesmal nehmen wir den richtigen Weg. Und die Männer werden nicht regieren! Keine Gier.
D: Glaubst du, du wirst das Wissen und die Macht zurückbringen können, die du damals hattest?
L: Es kommt. Wir werden es haben
D: Aber glaubst du, dass die Menschen diesmal in der Lage sein werden, es auf die richtige Weise zu steuern oder zu lenken? (ja) Glaubst Du, dass sie dafür bereit sein werden? (ja) Weil du

weißt, dass es immer gierige Menschen auf der Welt geben wird, die alles kontrollieren wollen.
L: Sie sind entlarvt. Sie haben keinen Kontakt mehr mit der Macht. Sie werden gewöhnlich sein. Die Bewahrer der Macht lassen sie nicht länger kontrollieren.
D: *Wer sind die Bewahrer der Macht?*
L: Die Frauen, sie führen die Welt mit Liebe.
D: *Du meinst, diesmal sind die Männer nicht involviert?*
L: Nein, sie sind involviert. Jedoch brauchen sie viel länger, um an die Macht zu kommen.
D: *Die Frauen entscheiden über den Einsatz der Macht. Glaubst du diesmal werden sie es in der richtigen Weise verwenden?*
L: Seit vielen, vielen Jahren. Hunderte und Hunderte von Jahren.
D: *Wird dies die ganze Welt oder nur ein bestimmter Teil sein?*
L: Die ganze Welt.
D: *Wird es schnell gehen oder braucht es Zeit, um die Welt zu verändern?*
L: Es braucht Zeit.
D: *Du musst irgendwo anfangen, oder?*
L: Ja, für dieses Wissen das missbraucht wurde.

Ich erbat mir nun die Erlaubnis, mit dem Unterbewusstsein sprechen zu dürfen, um herauszufinden, warum diese Lebenszeit für Lorraine ausgewählt worden ist.

D: *Warum hast du dir dieses Leben für sie ausgesucht? Was wolltest du ihr damit sagen?*
L: Dass ihre Gedanken in Ordnung sind. Der alte Weg geht weg und der neue Weg kommt. Es wird niemals dasselbe sein. Sie muss sich darauf vorbereiten, alleine zu sein.
D: *Was meinst du damit?*
L: Ihre weibliche Energie spielt ihre Rolle.
D: *Aber sie ist verheiratet.*
L: (Pause) Das Leben hat einen anderen Weg für sie. Wir können ihr zu dieser Zeit nicht mehr darüber erzählen.

Auf diese Weise weiß ich, wenn ich mit dem Unterbewusstsein kommuniziere, dass es sehr objektiv ist, ohne Emotionen, und es kann sehr stumpf sein. Manchmal sogar grausam.

Wenn Lorraine sich entspannte oder meditierte, hatte sie oft den Raum mit den Kristall-und Tierkreiszeichen an der Decke gesehen, in dem sie die Heilung durchführte. Das Unterbewusstsein stimmte ebenfalls zu, es war das gleiche Zimmer.

D: Sie hat das Gefühl, diese heilende Kraft zu haben, kann sie aber nicht ganz erreichen.
L: Sie soll diese heilende Kraft wieder zurückbringen. Was man anfängt muss man zu Ende bringen.
D: Sie versuchte, es richtig einzusetzen. Was passiert ist war nicht ihre Schuld, oder?
L: Es gibt keinen Fehler. Es gibt nichts zu bedauern. Der Strom wurde für eine Weile abgeschaltet, bis alle das Gleichgewicht der Kräfte verstanden haben.
D: Es hört sich an, als ob sie hauptsächlich Frauen unterrichten sollte, aber die meisten Ärzte sind Männer.
L: Viel mehr Frauen werden Ärztinnen. Du wirst in Zukunft sehen, dass nur wenige Männer Ärzte sein werden. Die Heilung kommt durch die Frau. Positive Energie, hier beginnt die Heilung. Hier beginnt das Leben.
D: Sie unterschätzen die Kraft der weiblichen Energie, nicht wahr?
L: Sie haben es für immer kontrolliert.
D: Ich vermute, weil sie Angst davor haben.
L: Wir haben sie zu dir gebracht, damit sie Antworten finden kann. Wir hoffen, dass sie das, was sie heute gesehen hat, mitnimmt und es nutzen wird.

Diese Sitzung enthielt Informationen über die Zerstörung der Erde in der fernen Vergangenheit. Mir wurde gesagt, dass die Zivilisationen der Erde zu einer bemerkenswerten Entwicklung aufgestiegen waren, nur um viele, viele Male wieder vollständig zu verschwinden. Lange bevor der „moderne" Mensch auftauchte, ist das schon passiert. Es gibt ein großes Stück Geschichte, über das wir nichts wissen. Es ist Teil meines Jobs: dieses verlorene Wissen wiederzugewinnen.

* * *

In einer anderen Sitzung beschrieb ein Klient eine ähnliche Gruppe hoch entwickelter Menschen, die in einer Zivilisation weit in der Vergangenheit lebten. Rita, eine Fernsehproduzentin, fand sich in einem sehr großen Saal mit Säulen und einer kuppelartigen 60 Meter hohen Decke wieder. Die Wände waren aus wunderschönem goldenen Alabaster oder Achat. Die Böden schienen auch aus Alabaster zu bestehen, der in geometrischen Mustern mit einer dünnen Silberschicht angeordnet war. Es gab eine sehr breite Treppe mit drei oder vier großen Plattenstufen, die zu einem erhöhten zentralen Bereich unterhalb der Kuppel führten. Hier arbeitete sie mit elf anderen Frauen.

„Diese runde Kammer ist ein ganz besonderer Ort, an dem wir uns versammeln, um bestimmte Arbeiten zu erledigen. Die gewölbte Struktur steht im Zentrum dieses Gebäudes aus energetischen Gründen. Hier rufen wir Energie mit Intension ab, um die Energiefelder einzustellen."

Sie waren in leger sitzender, leichter Kleidung, die mit einer lockeren Schnur um die Taille gebunden war, gekleidet Es erinnerte sie an die Zeichnungen vom klassischen Wesen der Göttin. Die Kleidung war in hellen Pastelltönen gehalten. Sie war Anfang 30 mit dunkelroten Haaren und blasser Haut.

"Es sind keine Männer in diesem Gebäude erlaubt. Nur die Frauen machen diese Arbeit. Wir sind nicht die einzige Gruppe von Frauen, die dies tun. Es gibt eine Gruppe alter Frauen, die mit einer anderen Art von Energie arbeiten. Alles was ich weiß ist, dass es ältere Frauen gibt, die das tun, und wir sind die jüngeren Frauen. Eine ältere Frau gibt es in unserer Gruppe. Wir müssen die Arbeit übernehmen, weil sie an der Reihe ist, nicht mehr so hart arbeiten zu müssen. Wenn verschiedene Arten von Energien nach den alten Methoden des Wissens gebraucht werden, dann kommen sie dazu. Das ist sehr spezifisch, für ihre Herkunft und ihre Art zu lehren. Wir sind die Jüngeren oder die nächste Generation. Also trainieren sie uns, und jetzt sind wir alt und erfahren genug, dass wir immer noch eine weise Frau mit weißen Haaren unter uns haben, die mit uns zusammenarbeitet. Und wir können die noch Jüngeren unterrichten. Das Wissen darf nicht verloren gehen."

Als sie sich versammelt hatten, beschrieb sie die Zeremonie oder das Ritual, mit dem sie die Energiearbeit begonnen hatten. „Es ist sehr leise. Die ältere Frau gibt wörtlich den Ton an. Es ist ein Ton. Ich weiß nicht, woher seine Quelle kommt, aber sie ruft danach oder erzeugt einen Ton im Raum. Und der Ton schwingt kreisförmig im Uhrzeigersinn. Sie setzt dann den Ton fest und erzeugt die Schwingungsfrequenz im Raum für die Arbeit, die wir tun werden. Dann müssen wir unsere eigenen aurischen Felder vorbereiten. Wir gehen in unsere aurischen Felder und erstellen ein blaues Ei zu unserem Schutz, aber es ist mehr als nur Schutz. Das blaue Ei führt uns an einen Ort, an dem wir klarer hören und sehen können, es ist fast wie ein Ort, an dem sowohl senden als auch empfangen möglich ist. Es gibt also ein blaues Ei und wir empfangen und übertragen von diesem speziellen Energiefeld, das jeden von uns umgibt."

Sie hatten sich getroffen, um an einem besonderen Problem von großer Bedeutung zu arbeiten. „Etwas hat Auswirkungen auf die Vegetation außerhalb der Region, und es scheint ein Problem mit der Sonne zu geben. Was ich wahrnehme, hat etwas mit Sonnenflecken und der Sonneneruption zu tun. Wir haben Probleme. Zu dieser Zeit gab es auf der Erde einige Störungen, ein gewisses Strahlungsniveau der Sonne, das die Vegetation und die Wesen hier beeinflusste, es störte die Energiefelder einiger Individuen und einiger Pflanzen und sie reagierten nicht gut darauf. Es ist sehr intensiv und wir versuchten, das zu korrigieren. Wir konnten es in den Vibrationsmustern um uns herum fühlen."

Ich dachte, die Sonne wäre ein großes Objekt, an dem gearbeitet werden sollte, weil sie so viel Kraft hat. Nicht für uns, wir können die Sonne selbst nicht ändern, aber wir können die Intensität der Auswirkungen verbessern, welche die Sonnenanomalien auf einige Menschen haben. Die Atmosphäre scheint dünner zu werden. Jedes Mal wenn es außergewöhnliche Ereignisse der Sonne gibt, sind wir den Einflüssen ausgesetzt, die für alle Lebewesen hier sehr spürbar und unangenehm sind. Das gilt auch für die Fische und das Wasser. Das Wasser ist heiß."

Sie setzte ihren rituellen Prozess fort. „Wir tun uns alle zusammen und sprechen unser Gebet aus. Wir sprechen auch mit den Wesen, die zwischen uns und der Sonne intervenieren und arbeiten und bitten sie darum, die Auswirkungen zu verbessern. Fragen und Beschwören einer Schutzschicht, die im Wesentlichen wie eine Schutzblase ist, um uns vor einigen der hier geschaffenen Auswirkungen zu schützen."

Natürlich wollte ich mehr über die Wesen wissen, mit denen sie im Kontakt standen. „Sie sind großartige Wesen, wie die Devas der Natur und der Geist der Sonne und alles, was dazwischen funktioniert. Es gibt eine Hierarchie von Engel- und Deviwesen, die zwischen der Sonne und uns als Agenten kooperativ agieren. Assimilation der Energien der Sonne, um auf den Planeten in angemessener Weise genutzt und absorbiert und aufgenommen zu werden. Etwas hat sich geändert. Das ist sehr groß. Ich weiß nicht, ob wir auf diese Weise weiterhin ihre Unterstützung haben können. Wir sind an einem Wendepunkt, ich bin sehr traurig und mein ganzer Körper zittert. Wir sind immer in der Lage gewesen, die Wesen aufzufordern, uns zu helfen, und sie taten es, wenn sie konnten. Aber jetzt können sie es nicht. Dies ist eine sehr intensive Zeit."

Alle zwölf Frauen standen im Kreis, um den Schutz geltend zu machen. „Wir gehen in die blauen Eier oder wir können nicht funktionieren. Es ist eine schützende Barriere zwischen den Elementen, die hier auf einer vibrierenden Ebene geschehen, damit wir zwölf funktionieren können. Dies wird lange dauern. Wir können lange stehen. Wir fühlen unsere Körper nicht. Wir wissen nicht um unsere Körper. Wir bitten die Deva-Wesen um Erlaubnis, unsere Energien in eine schützende Luftblase zu projizieren. Wir haben aber keine Zeit mehr, um ein bestimmtes Schicksal abzuwenden. Es ist ein ekliptisches Ereignis. Ich nehme das Wort Eklipse als sehr dominant wahr. Es ist ein Ereignis, indes ich verstehe nicht, was das eigentlich bedeutet. Es ist eine bestimmte ekliptische Zeit, allerdings weiß ich nicht seine Bedeutung. Jetzt stehen wir vor einer Zeit, in der Unsicherheit besteht, ob uns die Wesen weiterhin schützen können. Durch die kollektive Angst der Menschen, die sich jetzt auf dem Planeten befinden, ändern sich die Dinge dramatisch. Es betrifft alles und das einzige was in unserer Macht steht, ist nach Schutz zu fragen. Wir müssen akzeptieren, was auch immer passieren wird. Das ist alles was wir tun können. Wir haben das in früheren Zeiten sehr gut gemeistert. Schon damals haben wir uns mit diesen Energien befasst und es ist nicht das erste Mal, dass wir so arbeiten. Seit Generationen und Generationen arbeiteten diese Wesen mit uns zusammen. Wir haben hier eine sehr unterschiedliche Zeit, da Generationen sehr lange Zeiträume haben. Und im Laufe der letzten Generationen, haben wir uns immer auf denselben Schutz berufen. Es hat in der Vergangenheit funktioniert, aber wir sind uns einig, dass sich das alles dem Ende neigt. Wir müssen tun, was wir können."

Trotz aller Bemühungen scheiterten sie. Sie machte eine seltsame Aussage, die ich nicht verstand. Sie sagte: „Wir können diesen Weg nicht mehr fortsetzen. Wir schlafen jetzt. Es gibt keine andere Prozedur. Wir müssen alle, sehr lange schlafen." Ich bat sie um mehr Erklärung. Bedeutete das, dass sie gestorben sind und ihren physischen Körper verlassen haben?

Teilweise war es so, aber mehr noch: „Es bedeutet, dass nachdem unsere Körper den Einflüssen dieser Strahlung nicht mehr standhalten können, unsere Körper absterben werden und wir die Körper dann verlassen müssen. Ich bin wie jeder andere auch. Ich habe auch Angst. Die Kraft die wir beanspruchen, scheinen Teile der Sonne zu sein. Diese Kraft wird verbraucht werden und wir zu diesem Zeitpunkt nicht mehr existieren. Dies wird das Ende einer Epoche sein. Es wird lange dauern, bis wir wiederkommen und die Operationen wieder aufnehmen können. Wir müssen eine Schlafphase durchlaufen, in der wir andere Dinge geschehen lassen müssen. Anscheinend, um wieder an einen bestimmten Punkt zu gelangen. Wir beginnen wieder dort, wo wir bereits waren und bauen diese goldene Zeit wieder auf. Wir werden eine Weile schlafen. Das bedeutet, dass unser bewusstes Wissen nicht das sein wird, was es heute ist. Und es wird nicht das sein, was es war wie bei früheren Generationen: Es wird einschlafen und schließen, während wir diesen dunklen Zyklus durchlaufen. Es kann wieder wach werden, wenn die Zeit dafür richtig ist, und es wird wieder Zeiten und Orte wie diese geben. Wenn diese weiblichen Wesen wiederkommen, um alle Kräfte und alle devischen Wesen der Sonne, der Atmosphäre und der Erde zu kontaktieren. Sphären und der Kosmos, alle kommen zusammen, um wieder gemeinsam zu arbeiten. Um zurück in eine goldene Zeit zu gelangen, in die Zeit mit

Alabaster, von dem wir umgeben waren. Wir werden eines Tages wieder neu zusammenkommen. Das Aufwachen signalisieren. Wir sind sehr traurig. Das Wissen wird einschlafen, bis ... es ist beinah so, als wäre es in uns vorprogrammiert, dass es eine Zeit geben wird, in der wir, genau wie Dornröschen, wieder aufwachen werden, und alles ist gut."

Offenbar meinte sie, dass das Wissen und die menschliche Fähigkeit, es zu nutzen, für lange Zeit ausgesetzt worden ist, bis die Zeit reif ist, diese Fähigkeiten und Talente wieder auf die Erde zu bringen. Mir wurde berichtet, dass dies nach dem Missbrauch der Fähigkeiten in Atlantis so geschehen ist. Als wäre eine Sicherung durchgebrannt, und der menschliche Verstand kann sie nicht instand setzen, bis der richtige Zeitpunkt gekommen ist. Es musste für die Menschheit gesperrt werden. Mir wurde auch gesagt, dass sie denken, dass wir jetzt die Zeit des Erwachens erreicht haben, und diese Fähigkeiten beginnen sich in vielen Menschen wieder zu zeigen. Ich weiß, dass es mit den Leuten passiert, die zu Sitzungen zu mir kommen. Ein Zweck der Sitzung scheint es zu sein, sie wissen zu lassen, dass sie über diese Fähigkeiten verfügen und sie jetzt wieder einsetzen können.

Aus ihrer Sicht außerhalb des Körpers wusste ich, dass sie alles sehen konnte, und so bat ich sie, mir zu sagen, was sie sehen konnte. "Es frittiert alles! Alles! Die Lebensformen können die Strahlung nicht überleben, wir werden von der Strahlung verbrannt. Es ist von dieser goldenen Energie und diesem Licht durchdrungen. Ich verstehe aber nichts davon. Es ist alles weg." Ich fragte nach den Gebäuden. „Ich glaube nicht, dass es überhaupt noch relevant ist. Alles was innerhalb dieser Frequenz lebte, ist nicht mehr da. Alles innerhalb dieser Dimension, alle empfindlichen Dinge, die von der richtigen elektromagnetischen Balance getragen werden, die richtigen Strahlungswerte, die richtige Temperatur und Feuchtigkeit, diese Lebensspanne, wie wir sie kennen, die Pflanzen und Tiere umfasst, ist jetzt nicht da. Es endet."

Dann beschrieb sie wie es aussah, nachdem sich die Dinge beruhigt hatten. Anscheinend war es nicht das Ende der Menschheit, weil sie einige Menschen überleben sah. „Es ist sehr dunkel. Die Leute sind zurück. Es ist nur ein anderer Ort. Es ist ein anderer geografischer

Standort. Es ist viel dunkler. Die Landmasse scheint der Nahe Osten zu sein, vielleicht in Afrika. Es sieht ähnlich aus, außer es gibt mehr Landmasse zwischen dem Nahen Osten und Afrika."

Ich wollte mehr Informationen über die Ursache der Katastrophe. „Sie experimentierten und spielten. Sie nutzten Energie, weil wir mit unserem Wissen über Energie, Licht und Kristall-Fähigkeiten weit fortgeschritten waren. Und wir haben viel davon genutzt, anscheinend bis an die Grenze. Ich habe nicht in diesem Bereich gearbeitet, das war nicht mein Job. Ich befand mich hier in der Kuppel, weil ich eine Frau war. Aber die Männer draußen, sie durften mit den Energien arbeiten, es gab aber auch einige Frauen, die damit arbeiten durften, und sie arbeiteten mit Generatoren und Kristallen zusammen. Ich kann sie jetzt sehen. Sie verstärken es wirklich, aber sie schaffen einige echte Probleme, die wir nicht rückgängig machen können. Und es funktioniert nicht gut mit den Auswirkungen der Sonnenstrahlung, die mit dem, was sie geschaffen haben, interagieren. Es hatte eine sehr verheerende Wirkung. Es gab keine Möglichkeit, es zu stoppen. Sie haben es geschaffen und es übertrieben, denn sie waren dafür verantwortlich, dass das Strahlungsgleichgewicht stark gestört wurde. Daraus resultierte, dass wir völlig verletzlich waren und absolut keine atmosphärischen Barrieren hatten, um uns vor der Sonne und ihrer Strahlung schützen zu können. Und das war irgendwie mit dem verbunden, was sie taten. Zu unserem Schutz waren bereits alle möglichen außergewöhnlich anspruchsvollen Elemente vorhanden, die zerstört wurden. Sie spielten mit Stromquellen. Jetzt gehen wir zurück in die Dunkelheit. Wir müssen jetzt alles wieder neu lernen."

Ich fragte sie: „War Dein Gebiet das einzige Areal auf der Erde, dem dies passiert ist, oder gab es andere Orte auf der Welt?"

„Das war die Landmasse und der Bereich, der zerstört wurde. Allerdings gab es an anderer Stelle große Probleme. Ich weiß nicht einmal, wie viel Zeit vergangen ist. Es gibt Leben. Es ist düster. Es ist dort im nahöstlichen Bereich und erstreckt sich bis nach Afrika. Es gibt etwas Vegetation, aber nicht viel und schon gar nicht sonderlich raffiniertes. Früher war es sehr grün. Ich sehe nur wo ich vorher war. Es ist nicht da. Fertig! Es gab aber auch Auswirkungen auf die Umwelt, die auch andere Bereiche betrafen. Es war nicht nur lokalisiert, und es dauerte lange, bis sich das Leben in gewissem Sinne wirklich wieder etablierte, da andere Bereiche betroffen zu sein schienen. Und was übrig blieb, war nicht so hübsch und angenehm. Es waren nicht die begehrtesten Plätze, aber wir mussten dorthin gehen. Und es gab nicht viel Laub und es ist nicht attraktiv. Es ist trocken."

Ich fragte mich, ob dies der Grund dafür war, dass sich in diesem Gebiet die Wüsten bildeten, die größten der Welt. „Es kann sehr gut sein, weil sich nicht viel Vegetation gebildet hat. Wenn ich in die Zukunft sehe, sind viele schwarze dunkle Energien vorhanden. Es gibt viele ausgetrocknete, trockene, Gebiete, die wir als Wüstenregionen kennen. Nicht sehr viel Laub, aber hier und da winzige Bruchstücke. Nichts wie das, was wir kannten. Wir hatten ertragreiche Ernten, prachtvolle Pflanzen und eine so schöne Art, die Pflanzen aufzuziehen. Wir konnten sie durch die Energie auf eine einzigartige und saubere Weise wachsen lassen. Alles verzehnfachte sich, im Vergleich zu modernen Zeiten, ganz ohne Chemie. Wir wussten, wie wir die Energie zur Aufzucht unserer Pflanzen nutzen konnten, um für eine ertragreiche Ernte zu sorgen. Dadurch wurde nie irgendetwas beeinträchtigt oder zerstört. Jetzt weiß ich nicht einmal, wie wir in diesem unwirtlichen Land leben werden."

„Du sagst, du müsstest eine Weile schlafen gehen."

„Ja, und diese Kraft und das Wissen sind nicht erwacht. Alles, was erwacht wurde, waren unsere primitiven Köpfe und Körper. Wir sind Überlebenskünstler. Die Seele ist vor uns selbst abgeschirmt. Wir haben nicht wirklich gewusst, was die Seele ist."

„Also hast du in einem primitiveren Leben noch einmal angefangen?"

„Nicht primitiv wie bei Höhlenmenschen. Wir sind Menschen, das wissen wir jetzt. Aber primitiv in dem Sinne, einer verzweifelten, hungrigen Art von Existenz. Keine Fülle mehr. Das Wissen ist weg. Die Nahrung und die Pflanzen. Man sieht hier nicht einmal mehr Tiere. Lediglich ein paar kleine kriechende Tiere. Nur diejenigen, die wirklich raue Umgebungen überleben können, sind hier. Das ist alles. Wir essen sogar einige dieser Dinge. Einer meiner letzten Erkenntnis ist, dass wir so viel Schönheit hatten und uns so viel Hilfe gegeben wurde. Wir hatten so viele Schnittstellen aus so vielen Dimensionen und Bereichen, dass dies eine so schöne, lebenswerte und reichhaltige, grüne Lebenserfahrung für uns war. Und das haben wir nicht respektiert. Wir haben nicht all die komplizierten Ebenen der Intelligenz respektiert, die erforderlich waren, um diesen Ort als ganzheitliche Einheit zu gestalten. Es gab viele unter uns, die das nicht respektierten, weil sie so besessen davon waren, sich individuell weiter zu entwickeln nach dem Motto, mehr Kraft ist bessere Kraft. Durch dieses Gedankengut haben sie die Quellen der Energie, kristalline und elementaren Kräfte, missbraucht. Es drehte sich nur um das Konzept, dass noch besser ist. Mir ist nicht klar, warum sie das gedacht haben. Ich war nicht im Energiebereich und in der Energieerzeugung tätig. Mir ist immer noch nicht ganz klar, was genau sie wollten. Wir hatten schon alles. Wir brauchten nichts mehr. Ich verstehe nicht einmal, warum sie der Ansicht waren, dass wir mehr Kraft brauchen. Es musste etwas existiert haben, dass sie zu erreichen versuchten oder etwas an das sie sich zu erinnern vermochten. Ich weiß es nicht."

„Glaubst du, es gab dort eine Lektion?"

„Mehr ist nicht besser. Missbrauch von Energie, Missbrauch von Macht, gegen die gesamte natürliche Ordnung, die für uns wunderbar geschaffen wurde. Gegen all das zu gehen, indem man es abqualifiziert, als hätte es keine Bedeutung. Denn Macht ist Macht! Die rohe Macht und ihre Experimente schien einigen wenigen wichtiger zu sein, als zu ehren, was hier bereits existierte, um uns zu schützen: Weil sie nicht verstanden haben, dass es eine größere Macht gibt, als alles was sie sich vorstellen konnten. Es scheint, als würden wir jetzt einige ähnliche Dinge tun: Die Geschichte wiederholt sich selbst. Aber alle Seelen und Wesen, die dort lebten, erfuhren großen Schaden, große Traurigkeit. Ein großer Schock, Traurigkeit und nur Dunkelheit und Schaden fielen auf diese Seelen zurück. Wir waren zu dieser Zeit alle da und wir stimmten zu, zu dieser Zeit dort zu sein. Einige zeichneten alles auf. Andere waren nur da, um das Protokoll zu bewahren bis wir aufgewacht sind. Andere wiederum waren da, um diesen Prozess aktiv in Gang zu setzen, im Übrigen war es nicht das klügste, das zu tun. Aber es war getan und alle spielten ihre Rolle genauso, wie sie zugestimmt hatten. Ich verstehe nicht, warum es so sein musste. Offenkundig hat es einen Prozess gegeben, den wir durchlaufen mussten. Ich verstehe nicht, warum es sich so ereignen musste, aber es war so. Nun, es machte jedenfalls den folgenden Prozess notwendig."

Dann rief ich das Unterbewusstsein dazu und fragte, warum es für Rita dieses Leben gewählt hatte. Was könnte das mit ihrem gegenwärtigen Leben zu tun haben?

Es sagte: „Hier wurde das Herz verletzt. Hier wurde die gesamte Seele verletzt. Hier sind wir gefallen. Es war auf allen Ebenen sehr schockierend. Auf jeder Ebene. Ein Angriff auf die Seele. Auf den Astralebenen war jede Ebene des Wesens so schockiert, dass man sich nicht erinnern darf, denn die Angst, zu wissen was gewesen ist, würde eine tiefe Depression hervorrufen, besonders in den Zeiten die vor ihnen lagen. Es war einfach sinnlos, sich an das zu erinnern, denn es würde lange dauern dahin zurückzukommen, bis alles wieder so ist wie es war. Ritas Herzzentrum war zu lange geschützt, derselbe Schutz ist jetzt nicht mehr angemessen. Dies ist eine sehr wichtige Zeit für alle. Es ist interessant zu sehen, dass wir wieder gelernt haben, wie man Dinge kultiviert und Dinge im Überfluss schafft. Wir haben eine Vielfalt von Tieren und Pflanzen, aber wir zerstören es gleichermaßen. Das kann nicht toleriert werden."

Die Wissenschaft ist in dieser Zeit aus dem Ruder gelaufen, dabei hatten die Wissenschaftler die Kontrolle über das Wetter und die Atmosphäre. „Anscheinend taten sie etwas, was uns auf elektromagnetischer Ebene außerordentlich verwundbar machte. Wir wurden sehr anfällig für die Einflüsse der Sonne und ihrer Anomalien. Die Wissenschaftler waren für diese Auswirkungen verantwortlich. Irgendwie erfolgte das Ausdünnen der Schutzbarriere gegen die Sonne. Und so machte die Sonne das, was die Erde schädigte, denn sie war nicht mehr richtig geschützt."

Diese Gruppe, zu der sie gehörte, wusste, dass diese negative Verwendung der Energie zum Schaden der Natur nur eine Katastrophe bedeuten konnte. Sie versuchten, ihre positive Energie zu nutzen, waren jedoch erfolglos. Durch den Missbrauch der Energie konnte ein riesiges Loch in die Ozonschicht gerissen werden. Die direkte Kraft der Sonne kam durch und verbrannte die Erde an bestimmten Stellen. Viele Millionen haben ihr Leben verloren und das Klima veränderte sich. Riesige Wüsten bildeten sich, Leben und Fruchtbarkeit kehrten nicht mehr in diese Gebiete zurück. Das klingt für unsere jetzige Zeit beängstigend vertraut. Wie oft muss sich die Geschichte wiederholen, bevor die Menschheit endlich die Botschaft erhält und auch versteht? Die Erde ist ein lebendes Wesen und wird sich auflehnen für den Fall, dass zu viel Schaden angerichtet wird. Und sie hat die Macht dem entgegenzuwirken, auch wenn bloße Sterbliche glauben, sie hätten die Macht, die Erde zu regieren.

* * *

Hier ist ein weiteres Beispiel für eine Zivilisation, die in der Antike zerstört wurde.

Carol ist eine hochbegabte Hellseherin, sowohl mit der Polizei als auch mit Forschern auf der ganzen Welt arbeitet sie zusammen, die versuchen, verlorene Informationen aus historischen Stätten zu finden. Seit vielen Jahren sind wir befreundet, und diese Sitzung fand statt, als ich sie in ihrem Haus in Little Rock, Arkansas, besuchte. Wir suchten nach Informationen, die sie bei ihren Ermittlungen in Ägypten unterstützen konnten. Wie üblich begann ich Carol in die am besten geeignete Lebenszeit zurückzuführen, die Lebenszeit, die erklären kann, was in ihrem jetzigen Leben vorgeht. Carol war mit dem Trancezustand als Hellseherin sehr vertraut und ging sehr schnell in diesen Zustand hinein.

Sie kam aus der Wolke in einer fremden Umgebung und hatte Schwierigkeiten zu beschreiben, was sie sah. „Es sind Wohnungen, aber sie sind aufeinander gestapelt. Sie wurden aus Ton in verschiedenen Pastellfarben gefertigt. Ich kann sie mit nichts, was ich kenne, vergleichen. Sie sind versetzt. Viele, viele Einzelwohnungen mit Öffnungen, versetzt zueinander. Wie ein Berg oder ein Hügel von Wohnungen. Sie wurden nicht in einen Berg gebaut, sondern wie ein Berg oder eine Klippe errichtet. Einige ragen mehr heraus als andere. Einige sind versenkt, andere wiederum nicht. Und einige der versenkten Behausungen sind Gehwege. Es wirkt alles sehr seltsam.

Es gibt Gebäude zu meiner Linken, die nicht Teil dieses Berges sind, auch sie sind sehr merkwürdig. Die Fläche der Dächer ist seltsam schräg und aus ungeraden Winkeln konstruiert. Es gibt nicht viel Vegetation, nur diese große Stadt mit seltsamen Gebäuden."

Ich bat um eine Beschreibung von ihr selbst und sie sah sich als ein junges Mädchen von etwa vierzehn Jahren. Ihr Haar war rot und ihre Haut sehr hell. Gekleidet in ein locker geschichtetes Gewand, um die Taille war eine Schnur gebunden. Das bemerkenswerteste war jedoch ein großer roter Stein, den sie an einer Kette um ihren Hals trug. Ihre Stimme wurde kindisch, als sie sich immer mehr mit der Persönlichkeit des Mädchens identifizierte.

C: Eine Halskette mit einem roten Stein. (Sie sagte das Wort Halskette, als ob es nicht eines wäre, woran sie gedacht hätte.)
D: Das hört sich wunderschön an.
C: Schön, nein ein Werkzeug. Es ist natürlich. Es ist sehr lang. Es ist nicht perfekt. Es ist ein Werkzeug, das zu benutzen ist ... (Sie hatte Schwierigkeiten mit der Sprache, um die richtigen Wörter zu finden. Sie sprach in einer eher primitiven Weise und benutzte oft nur ein Wort anstelle eines Satzes.) Herz.... Wird für das Herz verwendet. Öffnen.... Halte das Herz offen.
D: Weißt du, wie man es auf diese Weise benutzt?
C: Ich habe es immer gewusst. Jeder von uns weiß, auf welche Weise wir diese Steine verwenden sollen. Jeder von uns tut es.
D: Gibt es verschiedene Steine für verschiedene Dinge? (ja) Hat jeder von euch einen anderen Stein?
C: Jeder von uns, ja. Meiner ist rot. Um das Herz offen und fließend zu halten.
D: Du sagst, es gibt andere. Gibt es eine Gruppe von dir?
C: Ja, und das haben wir immer getan.
D: Schon als Kind?
C: Immer
D: Hat man dich gelehrt, wie man es benutzt?
C: (verwirrt) Gelehrt?
D: Dir gezeigt wie man es benutzt?
C: Ja, viele.
D: Viele Leute haben dir gezeigt...

C: (unterbrochen) Leute, nein. Nicht Leute. Die Leute wissen es nicht. Die Leute verstehen das nicht.
D: *Du meinst, der Durchschnittsmensch versteht nicht, wie das geht?*
C: Nein, wir helfen ihnen.

Es gab zwölf Jungen und Mädchen in ihrer Gruppe, die alle ungefähr gleich alt waren. Ihre Antworten wurden auf einfachste Weise gegeben. Beinah kindlich.

D: *Aber du sagst, Sie wussten immer, wie das geht. Und jemand anderes hat dir gezeigt, wie?*
C: (verwirrt) Ja, na ja, ich brauche einen Namen dafür.
D: *Na vielleicht keinen Namen, sondern nur eine Beschreibung. Du sagst, dass sie nicht die gewöhnlichen Leute sind?*
C: Sie sind keine Menschen. (Sie hatte Schwierigkeiten die Wörter zu finden, um sie zu beschreiben.) Sie sind die Schönen.
D: *Wie sehen sie aus?*
C: Schimmernd, schön. Sie sind von der Quelle. Die Einheit. Sie erinnern mich daran, wer ich bin. Aber nicht immer.
D: *Warum nicht immer?*
C: Nicht sicher.
D: *Warum ist es nicht sicher?*
C: Zu viel Aufmerksamkeit.
D: *Von den Leuten in der Stadt?*
C: Nein, dunkle Kräfte. Wir sind sicher. Wir sind geschützt. (Dieses Wort wurde als ein seltsames Wort gesagt.) Aber wenn wir zu viel Aufmerksamkeit auf uns lenken, weil wir noch jung sind, kann dies für unsere Körperlichkeit gefährlich werden.
D: *Also sind es nicht die Leute in der Stadt, um die du dir Sorgen machen musst?*
C: Äh, nein. Sie sind in einem Zeitalter des Verständnisses und der Offenheit. Nicht alle. Aber meistens. Sie sind jung in ihrer Weisheit.
D: *Hast du eine Familie dort?*
C: Familie, ja.
D: *Weiß deine Familie, was du lernst?*
C: Sie hatten keine Wahl. Sie sind unsere Familie. Sie sind körperlich und wir lieben sie. Aber sie verstehen nicht ganz.
D: *Du sagst, sie hätten keine Wahl. Was meinst du? Ist es ein Zwang?*

C: (Sie hatte Schwierigkeiten, die Worte zu finden.) Zwang? (verwirrt) Ich habe noch kein volles Wissen. Sie müssen uns erlauben, zu tun, was wir tun müssen. Sie können uns nicht aufhalten und wollen es auch nicht. Aber sie verstehen, dass wir anders sind. Aus diesem Grund versuchen sie nicht, das was wir tun zu behindern. Aber sie verstehen nicht, warum sie uns tun lassen, was wir tun müssen. Sie wissen nicht warum.

Dies war analog zu den speziellen Menschen in den vorherigen Kapiteln, die in normale Familien hineingeboren wurden und deren besondere Fähigkeiten man nicht verstand. In den anderen Fällen wurden die Kinder zum Tempel gebracht, weil ihre Eltern sie nicht verstanden haben. In diesen Fällen durften sie ihre Fähigkeiten ohne Einmischung der Eltern entwickeln und ausüben.

Ich wollte mehr über den eigenartigen Stein erfahren, den sie um ihren Hals trug.

D: *Du hast gesagt, die anderen in der Gruppe haben verschiedene Steine. Sind sie für andere Teile des Körpers? Wie Deiner für das Herz ist?*
C: Ja, ja. Energie. Energiezentren.
D: *Welche Farben haben sie?*
C: Blau, das soll bei der Kommunikation helfen. Mit dem Wort sprechen, mit dem Channeling, mit dem Hervorrufen von Informationen. (Dies wurde sehr bewusst gesagt, fast als wären die Wörter unbekannt und schwer auszusprechen.) Gelb für die Gesundheit. Heiliges Gleichgewicht.
D: *Du meinst einen Ausgleich zwischen dem Geistigen und dem Körperlichen? (ja) Gibt es noch andere Steine?*
C: Andere Steine, ja. Grün, grün ist für die Heilung. Grün dient auch dazu, das Gleichgewicht mit den Erdenergien aufrecht zu erhalten und den Pflanzen. Es hilft bei der Kommunikation mit Pflanzen.
D: *Oh, kannst du mit den Pflanzen kommunizieren?*
C: (nachdrücklich) Ja! Sie bringen uns Dinge bei.
D: *Daran habe ich noch nie gedacht. Was kann eine Pflanze uns denn beibringen?*
C: Wie man sie benutzt?
D: *Oh? Wie kann man die Pflanzen nutzen?*

C: Auf welche Weise auch immer sie geschaffen wurden. (Als ob jemand das wissen sollte.) Menschen helfen, um anderen Pflanzen zu helfen. Um Umgebungen zu helfen. Um Tieren zu helfen, um bei der Schaffung von Einheit zu helfen. Sie können alles tun!

Ihr Tonfall war ungläubig, dass ich diese Dinge nicht kannte. Es war für sie so offensichtlich und grundlegend, dass es für mich das Gleiche hätte sein müssen.

D: Ich denke, ich habe noch nie so darüber nachgedacht. Verwendet ihr die Pflanzen, um Menschen zu helfen?
C: Ja, uns wird gesagt, was zu tun ist. Sie wissen, wie sie eingesetzt werden müssen.
D: Ich dachte daran, Blätter oder was auch immer zu pflücken.
C: Wir müssen die Pflanzen nicht zerstören, um sie nutzen zu können.
D: Ich dachte daran, die Pflanzen oder die Blätter, Beeren oder Blumen zu verwenden. Du musst das nicht tun?
C: Man kann.
D: Wie würdest du sie verwenden, damit sie nicht zerstört werden?
C: (Einfach, als ob sie mit einem Kind sprechen würde.) Man nutzt das Bewusstsein. Die Schwingung und die Essenz. Und bitten sie zu tun, was sie tun.
D: Ah, ich habe nie daran gedacht, dass sie ein Bewusstsein haben.
C: Alles hat Bewusstsein. Aber wir müssen sehr vorsichtig sein, wie wir es verwenden, denn es würde Aufmerksamkeit erregen.
D: Die anderen Leute verstehen es einfach nicht, oder?
C: Das ist egal. Einige tun es.
D: Diese Stadt, in der du lebst, gibt es ein Transportsystem in der Stadt?
C: (verwirrt) Transportsystem?
D: Wie kommst du von einem Ort zum anderen?
C: (Pause, immer noch verwirrt.) Für wen?
D: Nun, wenn du von einem Teil der Stadt in den anderen gehen möchtest. Wie würdest du das machen? Oder sogar außerhalb der Stadt? (Immer noch verwirrt.) Ich denke, ich bin nur neugierig auf die Stadt.
C: Die Stadt? Bewegung? (ja) Fahrzeuge?
D: Ja, kennst du das Wort?

C: Durch den Verstand von jetzt.
D: *Verstand von jetzt. Was bedeutet das?*
C: (Verwirrte und frustrierte Pause.) Übersetzen. Übersetzung durch Wortgeist von jetzt. (absichtlich) Übersetzen, diese Zeit jetzt durch den Verstand.
D: *Diese Zeit jetzt durch den Verstand übersetzen. (Ich habe es nicht verstanden, aber ich habe ihre Terminologie mitgemacht.) Gibt es Fahrzeuge? Du hast dieses Wort benutzt.*
C: Fahrzeuge, (hatte Schwierigkeiten beim Erklären) einzelne Fahrzeuge. Einige Doppelfahrzeuge mit Bewegung. Und normale Bewegung und wie ... magnetisch?
D: *Kannst du in diesen Fahrzeugen sitzen und Orte aufsuchen?*
C: Setz dich doch ein.
D: *Gehen sie über den Boden? (zögern) Über die Oberfläche?*
C: Irgendwie ja.

Je tiefer sie ging, desto schwieriger wurde es. Ich wusste, dass sie sich immer mehr mit der anderen Persönlichkeit identifizierte und es schwieriger machte, Dinge in Begriffen zu beschreiben, die wir verstehen konnten. Sie war völlig von Carols Gedanken getrennt, versuchte jedoch, ihr Vokabular zu verwenden.

C: Ich kann nicht. Ich versuche es jetzt mal mit dem Verstand. Es ist elektromagnetisch.
D: *Steigst du einfach in das Fahrzeug und dann?*
C: Los!
D: *Kannst du es gerade tun? (äh-huh) Indem du den Verstand von jetzt verwendest.*

Ich verstand nicht, dass sie sich auf Carols Gedanken bezog. Sie meinte, dass sie mit ihrem Wortschatz durch Carols Verstand übersetzte.

C: Nein, übersetzen durch den Verstand von jetzt.
D: *(Ich habe es immer noch nicht verstanden.) Übersetzen durch den Verstand von jetzt. Du kannst die Fahrzeuge in Bewegung setzen. Ist das richtig? (Sie war frustriert; nein.) Es tut mir leid, dass ich ein solches Problem habe es zu verstehen.*
C: Ich übersetze dir was hier durch den Verstand ist, der ... (verwirrt)

D: *Jetzt verstehe ich was du meinst. Du versuchst die Wörter zu finden. Ist das richtig? (ja) Und der andere Geist, dein Geist, hat nicht die gleichen Worte.*

Sie war erleichtert, dass ich es endlich verstanden habe. Sie konnte es mir endlich vermitteln.

D: *Versuche das Beste was du kannst. Das ist alles, was ich erwarte. Mit den Wörtern, die du finden kannst. Wie werden diese Fahrzeuge angetrieben?*
C: (langsam) Elektromagnetischer Impuls.
D: *Musst du es irgendwie steuern, oder wie machst du es?*
C: Gedanke.
D: *Dein Geist muss sehr mächtig sein, wenn Du das kannst. Wo willst du hin?*
C: Das Fahrzeug ist konform.
D: *Es entspricht deinen Gedanken. (ja) Haben alle in der Stadt die gleichen Fähigkeiten?*
C: (noch einmal zögernd) Manche können es nicht. Dann werden sie von denen mitgenommen werden, die es können.
D: *Ich verstehe. Diejenigen, die nicht wissen wie das geht, müssen von jemand anderem mitgenommen werden. Die Stadt ist also ein guter Ort.*
C: Ja, jetzt. Es kommen dunkle Zeiten.
D: *Woher weißt du, dass dunkle Zeiten kommen?*
C: (leider) Wir wissen es. (fast weinend) Wir wissen es.
D: *Was siehst du? (weinend)*
C: Alles wird verloren gehen! Weg!
D: *Was siehst du?*

Sie weinte offen und es war schwer mit ihr zu reden.

C: (zwischen Schluchzen) Es wird eine Dunkelheit geben ... und eine Verschiebung. Und wir können nichts tun.
D: *Wer verursacht die Dunkelheit? Kannst du das sehen?*
C: (schluchzend) Ich weiß nicht alles. Sie werden nicht aufwachen. Sie werden sich nicht für den Erwachungsprozess interessieren. Der Prozess der Einheit.
D: *Du weißt nicht, was die Dunkelheit verursacht?*

C: Es kommt. (zögernd und verwirrt) Die dunklen Mächte? Nicht von hier.
D: *Sie kommen von woanders her?*
C: Ein Teil davon, ja. Es ist schrecklich. Darauf können wir nicht eingehen. Wir wissen, dass es kommen wird. Aber wir werden tun, was wir können, solange wir können.

Ich beschloss, sie aus dieser Szene zu entfernen, um herauszufinden, was passiert. Ich wies sie an, sich an einen wichtigen Tag zu begeben und fragte sie, was sie sieht. Sie war sofort da und schien aufgeregt zu sein. Sie stöhnte nur.

D: *Was ist los?*
C: (Sie antwortete einige Sekunden nicht, aber ich konnte an ihren sich verändernden Gesichtsausdrücken erkennen, dass etwas geschah.) Ich bin gegangen. (Einfach und direkt, keine Emotionen.)

Ich wusste, dass ich sie vor dem Event rückwärts bewegen musste, um herausfinden, was passiert ist. Ich wies sie an, dass sie es als Beobachterin ansehen kann, wenn sie möchte. Es schien etwas Traumatisches zu sein, und es ist sicherlich einfacher, wenn sie es objektiv betrachtet. Ihre Gesichtsausdrücke zeigten Emotionen. Dann holte sie tief Luft und erzählte mir, was sie sah.

C: Kreis, wir sind alle im Kreis. Wir bewegen uns im Kreis und da ist etwas in der Mitte. (Verwirrung, als sie versuchte zu erklären, was geschah.) Es ist ein Obelisk, der einen Stein darüber hat. Und wir gehen herum um den Obelisk, gegen den Uhrzeigersinn.
D: *Warum machst du die Zeremonie?*
C: Licht bringen. Die Dunkelheit kommt. Wir müssen es tun solange wir können.
D: *Und jetzt, was passiert jetzt?*
C: Es gibt Explosionen. Es gibt ... Explosionen der Dunkelheit, Rumpeln, Rollen, Geschrei! Wir müssen fortfahren.
D: *Woher kommen die Explosionen?*
C: Sie kommen aus dem Westen.
D: *Weißt du, was die Explosionen verursacht?*

C: Ich weiß es nicht. Es gibt ... (Völlige Verwirrung, sie konnte keine Worte für das, was sich ereignete, finden.) Die Erde ... verschiebt sich. Etwas explodiert, was viele Explosionen verursacht. Weiß nicht, Dunkelheit. Eine Dunkelheit, die ist ... Wir müssen das Licht behalten. Für die Verbindung und Hoffnung.

D: *Was passiert nun?*

C: (großer Seufzer) Es ist vorbei!

D: *Wodurch wurde es verursacht?*

C: Alles, es ist wie ... (Verwirrung) Explosionen? Es ist wie eine riesige Welle. Aus Wasser, (verwirrt) Energie, Wasser, Explosion, Hitze. Alles, was ... (frustriert) dort ist, Trümmer? Berge von Trümmern.

D: *Oh, diese Art von Welle, von Trümmern. Dann konntest Du nicht vor so etwas davonlaufen, oder?*

C: Nein. Wir mussten fortfahren.

D: *So lange du kannst? (ja) Und dann wurdet ihr von all dieser Dunkelheit und den Explosionen getroffen. (ja) Hast du deinen Körper verlassen? (ja) Habt ihr alle gleichzeitig den Körper verlassen? (ja) Das war gut. Zumindest warst du nicht alleine, oder?*

C: Nein, das waren wir nicht.

D: *Wenn du aus dieser Perspektive nach unten schaust, kannst du sehen, was passiert ist?*

C: Erde ... ändern. Riesige Erdveränderung. Die Verschiebung!

D: *Ist es überall passiert?*

C: (verwirrt) Ja, massiv.

D: *Wenn dies an jedem Ort gleichzeitig passiert ist, müssen viele Menschen ihr Leben verloren haben.*

C: Millionen.

D: *Wenn du es aus dieser Perspektive betrachtest, kannst du jetzt mehr sehen. weil du vom Körper getrennt bist. Hast du eine Ahnung, wo dieser Ort war? Hat er einen Namen, wie nannten die Leute diesen Ort?*

C: (großer Seufzer) Nicht, dass du ihn jetzt kennen würdest.

D: *Aber es klingt wie eine Zivilisation.*

C: Das war es. Es war eine Zivilisation.

D: *Sehr fortgeschritten, allerdings Deine Gruppe war fortgeschrittener als die Anderen, oder?*

C: Wir mussten fortgeschrittener sein.

Viele Experten und Archäologen bestreiten, dass diese alten Zivilisationen wirklich existent gewesen sind. Sie argumentieren, wenn sie existiert hätten, wären Beweise dafür gefunden worden. Diese Sitzung erklärt, warum dies anscheinend nicht möglich war. Einige sind nicht nur unter dem Wasser des Ozeans begraben, sondern auch unter Schlamm- und Trümmerbergen und unter dem unerbittlichen Sand der Wüsten. Daher ist es sehr unwahrscheinlich, dass jemals Artefakte gefunden werden. Das Gleiche könnte passieren, wenn unsere gegenwärtige Zivilisation plötzlich in einer monumentalen Katastrophe untergehen sollte Alle unsere wundervollen Strukturen und Technologien würden plötzlich verschwinden. Woher sollen die Menschen der Zukunft es jemals erfahren, außer durch Legenden, die möglicherweise weitergegeben werden. Also sage ich den Skeptikern, dass sie nicht so sicher sein sollen, dass diese Wunder in der Vergangenheit nicht geschehen sind. Wir sprechen vielleicht von unserer eigenen Zukunft.

D: Als du in diesem Leben warst, hast du von anderen Wesen gesprochen, die dich Dinge gelehrt haben. (ja) Weißt du auf dieser Seite mehr darüber, wer diese Wesen waren?
C: Unsere Führer. Es gab auch viele, viele andere, die geholfen haben. Das waren geistige Wesen von einem anderen ... Ort?
D: Warum haben sie Deiner Gruppe geholfen?
C: Unsere war nicht die einzige. Es gab auch andere Gruppen.
D: Aber sie gaben dem Durchschnittsmenschen diese Informationen nicht?
C: Sie wollten es tun. Die Leute indes wollten es nicht, nur einige Wenige. Jedoch diejenigen, die es haben wollten, wollten es für das persönliche Ego. Das wäre falsch gewesen.
D: Aber es ist okay, weil du es überlebt hast, nicht wahr?
C: Ich überlebe immer. Ich kann nicht, nicht überleben.
D: Das stimmt, denn niemand kann dich wirklich töten. Du stirbst nie.
C: Das ist richtig. Aber wir haben nur begrenzte Räume, während wir im Physischen sind. Und es bleibt nie genug Zeit.

Dann entfernte ich sie von der belastenden Szene und brachte Carols Persönlichkeit zurück in den Körper, sodass ich dem Unterbewusstsein Fragen stellen konnte.

D: *Warum hast du dich entschieden, Carol das Leben zu zeigen?*
C: Es ist immer dasselbe. Wir kommen immer wieder zusammen. Wir tun dies immer im gleichen Zeitrahmen, wenn wir wieder zusammenkommen.
D: *Du meinst die Gruppe?*
C: Ja, wir kommen getrennt zurück, aber nicht gleichzeitig.
D: *In der Vergangenheit meinst du? (ja) Aber jetzt bist du wieder mit allen zusammen?*
C: Viele davon gingen verloren. In diesem Leben und in dieser Lebenszeit.
D: *Du meinst, dass nicht alle wieder zusammen sind?*
C: Viele wurden von anderen Gruppen genommen, die ähnliche Arbeiten verrichteten, um ein Gleichgewicht herzustellen, damit die Arbeit erledigt werden konnte.
D: *Welche Verbindung hat dieses Leben zu ihrem gegenwärtigen Leben?*
C: Das Wissen, die Einheit. Das Wissen des Bewusstseins. Alle Dinge, die eins sind, können sich verbinden, und alles Wissen kann genutzt und zur Veränderung gebracht werden.
D: *Meinst du damit, dass wir das gleiche noch einmal durchmachen? (ja) Es klingt in mancher Hinsicht ähnlich, nicht wahr? Soll sie dieses Wissen in unser jetziges Leben bringen? (ja) In dieser Zeit hatte sie viel Wissen über Steine und Pflanzen, oder?*
C: Mehr Kenntnis der harmonischen Einklänge. Kenntnisse der Frequenzen. Das Wissen über den Zugriff auf Informationen zu Frequenzen von jedermann oder jeder Sache. Kenntnisse zur Zeitreise.
D: *Diese Gruppe konnte das durch das Wissen von Oberschwingungen und Frequenzen.*
C: Ja, das Gehirn ist ein ... (auf der Suche nach dem Wort) Hologramm.
D: *Holographisch; wie konnte sie in der Zeit reisen?*
C: Portale.
D: *Und sie weiß, wie man diese Portale findet? (ja) Also hat sie dieses Wissen aus dieser Lebenszeit?*
C: Ja und von anderen Lebenszeiten.

Ich wollte wissen, ob Carol das Wissen in ihre jetzige Lebensdauer zurückbringen darf, denn nichts geht verloren. Es ist immer dort im Unterbewusstsein, für den Fall, dass es ratsam ist, es erneut zu verwenden. Das Unterbewusstsein sagte, dass es ein Problem gibt, weil tief in ihr eine Angst sitzt, weil sie dieses Wissen in vielen anderen Leben benutzt hatte und in einigen von ihnen extreme Gefahr bestand. Diese Angst wurde zu ihrem Schutz implantiert, so dass sie dem nicht mehr ausgesetzt ist und weil möglicherweise eine Gefahr für ihren physischen Körper besteht. Das Unterbewusstsein stimmte zu, dass es jetzt an der Zeit ist, die Angst zu lösen, damit sie das Wissen in unsere heutige Zeit bringen kann. Es hat mir gezeigt, dass es den Schlüssel gibt, aber ich diejenige bin, die die Prozedur aktivieren musste, um ihn zu entsperren. Mir wurde gesagt, ich müsste den Wächter rufen. Das war neu für mich. Ich habe gefragt, was es bedeutet.

C: Den Wächter des internen und des externen Wissens.
D: Und dieser Wächter kann es ermöglichen, dass das Wissen langsam auf sichere Weise freigesetzt wird?
C: Langsam ist nicht erforderlich.
D: Aber sicher.
C: Sicher.
D: Wir wollen ihre Gedanken nicht überfluten. Es muss so freigegeben werden, dass sie damit umgehen kann.
C: Ja, aber Schutz ... Angst ... Implantat muss entfernt werden.
D: Der Wächter hört sich nach einer sehr wichtigen Person an. Hat er die Macht, dies zu tun und die Freigabe der Informationen zuzulassen?
C: Ich gebe dir die Erlaubnis, das Angstschutzimplantat freizuschalten. Alles andere wird zusammenpassen. Ich schalte jetzt das Angstschutzimplantat frei. Permanent.
D: Und das Wissen wird nur zum Guten genutzt. Für das Positive, ist das richtig?
C: Nur zum Guten.
D: Und so werden die Informationen zurückkommen, die lange Zeit verborgen waren. (großer Seufzer) Und sie wird es anwenden können. Das ist sehr wunderbar. Ich danke dir, dass du es zugelassen hast. Ohne dich hätte es nicht passieren können.
C: Ohne dich hätte es nicht passieren können.

D: Aber ich bin nur das Werkzeug, um zu den Informationen zu gelangen, die Carol verwenden möchte. Ich danke dir, dass du es zugelassen hast. Wie werden die Informationen freigegeben? Wird es in Träumen oder mit Intuition gemacht?
C: Wissen, sie wird es wissen. Sie wird sich erinnern.

* * *

Diese Beispiele zeigen, dass viele von uns in der Vergangenheit große Kenntnisse darüber erworben haben, wie sie die Kräfte des Geistes einsetzen können. Obwohl wir diese Fähigkeiten längst vergessen haben, warten sie immer noch auf die Zeit ihrer Erweckung. Viele der heute lebenden Menschen tragen diese Erinnerungen an den Umgang mit dem Geist in sich, und es scheint die Zeit zu sein, in der dies wieder aktiviert und zum Wohl unseres Planeten genutzt werden kann. Dies sind in der Tat die besonderen Menschen. Und meine Arbeit zeigt, dass sie viel zahlreicher sind, als jeder vermutet. Die Zeit des Wiedererwachens ist jetzt!

KAPITEL 8

IN SICHERHEIT GEBRACHT

Durch meine Arbeit mit den E.T.'s und in meiner Regressionsarbeit wurde mir oft gesagt, dass die ET.'s uns von der Erde retten werden, wenn die Erde der Vernichtung ausgesetzt wäre oder eine andere Massenkatastrophe eintreten sollte, die die Menschheit bedroht. In meiner Arbeit gibt es mehrere Versionen davon. In einer von ihnen sagten sie, ein anderer Planet wird vorbereitet, der fast identisch mit der Erde ist. Er ist topographisch anders, aber Menschen können dort überleben. Auch einen Namen hat dieser Planet: „Neuer Paradiesgarten". Tiere und Pflanzen befinden sich bereits dort, damit sich die Menschen wohl fühlen werden. Ein anderes Szenario ist, dass Menschen an Bord von Raumfahrzeugen mitgenommen werden, um auf die Möglichkeit der Wiederbesiedlung der Erde nach einer Katastrophe zu warten. In beiden Fällen gehe ich davon aus, dass es tausende von Jahren dauern würde, bis sich die Erde erholt hätte und wieder bewohnbar wäre, denn je nach Schwere der Katastrophe müsste alles neu beginnen. Wenn die Überlebenden von der Erde abgeholt werden, um dies abzuwarten, so nahm ich an, müssten es ihre Nachkommen sein, die zurückgebracht werden, um die Zivilisation wieder herzustellen (auch wenn sie sich in primitiven Stadien befinden). Mir wurde berichtet, dass dies in der turbulenten Geschichte der Erde bereits mehrmals geschehen ist. Zivilisationen wurden zerstört und das Leben musste von neuem beginnen. Die wichtigste Botschaft der E.T.'s jedoch ist, dass die Menschheit nicht untergehen darf! Sie haben zu viel Zeit und Energie in unsere Entwicklung investiert, um zuzulassen, dass wir uns selbst, durch unsere eigene Dummheit, vollständig zerstören.

Dies waren meine Annahmen in unserer logischen Denkweise. Es müssten die Nachkommen der ursprünglichen Überlebenden sein, die zurückkehren, um die Erde neu zu bevölkern, wegen der unglaublich langen Zeitspanne, die eine Wiederansiedlung dauern würde. Während der folgenden Regression stellte ich fest, dass meine Annahmen falsch waren.

* * *

Als Marian sich von der Wolke entfernte, fand sie sich wieder als Mann in den Dreißigern mit langen schwarzen Haaren, der in ein kurzes, einfaches, mit einer Schnur gebundenes, Gewand gekleidet war. Er stand am Rand eines Waldes und blickte über eine grasbewachsene Ebene in ein kleines Dorf. Dies war sein Ziel. Er hatte sein eigenes Dorf zwei oder drei Tage zuvor verlassen. Als er das Dorf betrat, herrschte unter den Einwohnern viel Verwirrung. „Es ist etwas los und die Leute verstehen es nicht. Sie sind sehr unorganisiert. Sie laufen herum, rennen herum und versuchen herauszufinden, was passiert." Es schien, als wüsste niemand genau, was los ist, aber sie reagierten auf dieselbe Weise wie Tiere, die eine Gefahr wittern. Er war auch besorgt.

„Ich soll diese Gruppe in diesem Dorf dazu bringen, sich meiner Gruppe oder meinem Dorf anzuschließen. Ich bin irgendwie eine Art Abgesandter, aber es ist …. Okay, wo fange ich an in diesem Schlamassel. Es gibt hier einen Anführer, der die Person sein könnte, die es schafft, das Chaos zu organisieren. Ich muss eine Person finden, die mir helfen kann, das zu erreichen, wofür ich hier bin. Es ist vielleicht nicht der Anführer. Etwas Großes passiert hier gerade. Dies ist nicht der einzige Ort. Etwas zerrüttet hier alles und es betrifft alle. Deshalb müssen wir uns alle zusammenschließen."

Als er die Person fand, die er suchte, war es eine Frau. „Sie ist in einem der Häuser und sie ist gleichgesinnt. Sie weiß, dass Dinge unter Kontrolle gebracht werden müssen. Die Organisation der Leute muss jetzt stattfinden. Sie ist bereit, mit mir zusammenzuarbeiten. Sie ist ruhig und sie wird respektiert."

Er wusste, dass die Leute auf sie hörten. Er stand im Hintergrund, als sie mit den Leuten sprach. „Ich bestätige, was sie wissen und tun musste. Also geht sie raus und macht es. Sie beginnt mit ihnen zu reden, also hören sie zu, denn sie brauchen jemanden. Sie wollen es, weil sie Angst haben. Sie benötigen irgendeine Art von Anleitung und anscheinend gibt der Führer sie ihnen nicht."

Ich hatte keine Ahnung, wohin das alles führt, denn es war unklar in Bezug auf die Ursache der Verwirrung und Marians Rolle bei all dem. Aber ich konnte ihn nicht anleiten. Ich musste die Geschichte sich entfalten lassen, indem ich nur Fragen stellte. Ich fragte sie: „Was willst Du tun?"

„Ich lass die Frau für eine Weile mit ihnen arbeiten, bevor sie die Idee eines Bündnisses mit weiteren Dörfern präsentiert, damit wir über Strategien diskutieren können. Es gibt andere Leute, die in andere Dörfer gegangen sind. Es wird eine Art Rat sein. Es gibt eine Bedrohung, die uns alle betrifft. Es sind nicht andere Menschen, die uns bedrohen."

Ich dachte, es könnte sich um eine Invasionsarmee handeln, denn das ist schon unzählige Male in der Geschichte geschehen. „Es ist schwer zu definieren, weil ich es auch nicht verstehe. Ich kann nicht sagen, ob sich die Erde verändert oder ob die Gefahr von außen kommt. Niemand ist sich ganz sicher, was es ist. Wenn wir uns organisieren, können wir das gemeinsam durchstehen."

Ich beschloss, ihn vorwärts zu bringen, um zu sehen was passiert, in der Hoffnung, dass es etwas klarer wird. Alle Leute waren auf einer großen Lichtung versammelt. Sie stieß einen großen Seufzer aus und sagte: „Es ist verrückt." Nach einer Pause erzählte sie widerwillig, was sie sah. „Ich sehe Schiffe. Außerirdische Schiffe. Sie kommen herunter. Es erzeugt Angst, aber sie sind nicht feindlich."

Sie beschrieb die Schiffe als „irgendwie rund, aber nicht kugelförmig, mehr oval. Sie sind keine kleinen zwei- oder dreiköpfigen Schiffe. Sie sind größer. Sie können viele Leute befördern." Die Schiffe landeten nicht, sondern schwebten über dem Boden.

D: *Was machst du?*
M: (hysterisches lachen) Ich versuche so zu tun, als hätte ich keine Angst.
D: *Wussten die Leute, dass so etwas passieren würde?*
M: So etwas haben wir in unserem Leben noch nie gesehen. Vielleicht nicht auf der psychischen Ebene, die wir kannten. Auf einer instinktiven Ebene wussten wir, dass etwas kommen würde, aber wir wussten nicht, was es sein wird. Deshalb haben wir uns organisiert. Es war eine Bedrohung. Aber niemand hat die Bedrohung verstanden.
D: *Es war also etwas, auf das sie sich eigentlich nicht vorbereiten konnten.*
M: Nein, aber wir mussten. Ansonsten würden die Leute einfach verstört herumlaufen. Man muss also organisiert sein. Und alle Leute aus vielen Dörfern sind hier.
D: *Was passiert jetzt?*
M: Wir müssen gehen. Jeder muss ins Schiff gehen.
D: *Sagt dir das jemand?*
M: Nein, ich weiß es. Ich weiß es einfach.
D: *Warum musst du gehen? Das ist dein Zuhause.*
M: Weil etwas passieren wird. Und wenn wir nicht gehen, werden wir alle sterben. Diese Frau aus diesem Dorf und ich aus meinem Dorf sind hier mit den Leuten, die in verschiedene Dörfer gegangen sind. Wir wissen, dass wir die Leute dazu bringen müssen zu gehen.
D: *Hast du eine Idee, was dich umbringen könnte? Was passiert, wenn du nicht gehst?*
M: Etwas, das mit der Erde passieren wird.
D: *Sind die Leute bereit zu gehen?*
M: Sie haben alle Angst. Es ist schwer. Ich kann sie nicht wissen lassen, dass ich auch Angst habe. Ich und diese Frau und andere Leute aus anderen Dörfern werden helfen, sie auf diese Schiffe zu führen. Wir versuchen sie zusammenzuhalten. Einige gehen freiwillig. Sie sind bereit zu folgen. Und andere müssen wir ermutigen. Sie denken es ist verrückt.

Ich bat um eine Beschreibung des Inneren des Schiffes, nachdem alle an Bord waren.

M: Es hat eine gute Größe. Es ist Platz für alle. Und es ist nicht überfüllt.
D: *Du sagst, es gibt mehrere Schiffe?*
M: Ja, an verschiedenen Orten. Man kann in die Ferne schauen und sie sehen. Sie können Dinge mitnehmen, oder Tiere und was auch immer man möchte.
D: *Kannst du die Leute sehen, die mit dem Schiff gekommen sind? Wie sehen sie aus?*
M: (kichert) Sie versuchen, nicht bedrohlich auszusehen. Sie versuchen zu lächeln, strecken ihre Hand aus und sind freundlich. Sie sind behutsam im Umgang mit uns.
D: *Sehen sie menschlich aus? (ja) So beängstigend ist es dann ja nicht. Wenn alle an Bord sind und alles verladen ist, was passiert dann?*
M: (lange Pause) Die Schiffe gehen in den Himmel und in den Weltraum.
D: *Wie denkst du darüber?*
M: Es gibt viel zu tun. Ich spreche mit den Leuten und sage ihnen, es sei okay. Es ist das Richtige. Und das alles gut wird. Ich fange an mich zu entspannen. Ich bin sehr beschäftigt.

Er konnte außerhalb des Schiffes, die Erde unter sich sehen. Ich wollte wissen, wie sie aussah. Er seufzte tief und versuchte zu beschreiben, was er sah. „Die Erde sieht so aus, wie ich mir eine Sonneneruption vorstelle. Dinge, die von der Erde aufflammen. Ich kann nicht sagen, dass es Vulkane sind. Ich weiß nicht, was es ist."

D: *Kannst du eine der Personen auf dem Schiff fragen, was los ist?*
M: Ich könnte. Sie sind beschäftigt, aber ich könnte es.
D: *Frag sie einfach was dort unten los ist.*
M: Nur planetarische Veränderungen, die wir nicht verstehen. (leise) Er kann es versuchen. (lachen)
D: *Ja, lass es ihn versuchen.*
M: Es ist eine Art Kreuzung zwischen einem Vulkan, einem Kometen und einer Atomexplosion. So kann er es am besten beschreiben, damit es auch verständlich ist. Sie wussten, dass es passiert, deswegen wollten sie so viele Leute wie möglich von dort mitnehmen. Und wir gehen wieder dorthin zurück.
D: *Wirst du sofort zurückkehren?*

M: Er beginnt zu erklären, dass wir in einer Situation festgehalten werden können, in der die Zeit vergeht, aber wir ändern uns nicht. Und dann gehen wir einfach zurück.
D: *Das ist eine interessante Art es auszudrücken. Die Zeit vergeht, aber ihr ändert euch nicht. Kann er es noch besser erklären?*
M: Die Zeit vergeht, aber wir werden nicht ... (sehr leise) Wie erkläre ich es? Die Zeit vergeht auf der Erde, die Zeit vergeht nicht auf dem Schiff. Die Erde wird diese Prozesse durchlaufen und das Schiff nicht.
D: *Es ist wie zwei verschiedene ... Ich denke nicht, dass „Zeitabläufe" die richtige Formulierung ist.*
M: Die Zeit dort vergeht, aber die Zeit auf dem Schiff vergeht nicht.

Dies ist dem Konzept, was „sie" mir schon oft erklärt haben, sehr ähnlich, dass die Zeit nur eine Illusion ist. Die Zeit vergeht aus der menschlichen Perspektive: Stunden, Tage, Wochen, Monate, weil wir in diesem Konzept verstrickt sind. Sie haben kein Zeitverständnis und daher existiert es für sie nicht. Dies ist einer der Gründe, warum sie ohne Einschränkungen durch Zeit und Raum reisen können. Sie sagen, dass die Menschheit wahrscheinlich die einzige Spezies im Universum ist, die einen Weg gefunden hat, etwas zu messen, das nicht existiert.

D: *Werden sie dich auf dem Schiff behalten, bis es Zeit ist zurückzukehren?*
M: Richtig, es wird nicht sehr lange dauern.
D: *Auf der Erde aber dauert es viel länger. (ja) du wirst also nirgendwo anders hingehen. du bleibst einfach auf dem Schiff.*
M: Einfach schweben.

Damit wurde meine Frage beantwortet. Ich dachte, sie müssten irgendwohin gebracht werden, wo sie die Katastrophe abwarten müssten und nicht zurückkehren könnten, bis die Erde wieder in der Lage ist, das Leben zu unterstützen, was tausende von Jahren dauern konnte. Wenn sie nicht vom Zeitbegriff gefangen wären, ist es eher so, als würden sie die Ereignisse wie in einem schnellen Vorlauf auf einem Videoband betrachten.

M: Es ist gut so, dass es nicht lange dauern wird, damit die Leute sich nicht so aufregen. Es gibt viel Platz auf dem Schiff, und einige von ihnen brachten ihre Tiere mit. *(lacht)* Es ist wie die Arche Noahs!
D: *(lacht) Das habe ich mir gedacht. Es hörte sich danach an.*
M: Auf dem Schiff fühlen wir uns wohl.

Ich brachte ihn voran, damit er sehen konnte, was auf der Erde unten geschah.

M: Es ist gewissermaßen wie am vierten Juli. Weißt du, wie ein Feuerwerk. So sieht es zumindest aus in verschiedenen Teilen der Erde. Es gab Feuer und Wolken von Asche. Man kann sehen wie sich die Farben verändern.
D: *Was meinst du mit den Farben?*
M: Als es begann, gab es die grünen, blauen und die weißen Wolken. Dann diese Fackeln. Und manchmal gab es graue und braune Wolken. Später lösten sich die grauen und die hässlichen braunen Wolken langsam auf. Und dann wurden sie wieder grün und weiß.

In kurzer Zeit beobachtete er das Geschehen, was auf der Erde tausende von Jahren dauerte. Dann ging er voran zu dem Zeitpunkt, als sie wieder alle zur Erde zurückkehren konnten.

D: *Bringen sie dich an denselben Ort zurück?*
M: Es ist schwer zu sagen. Es gibt wieder Vegetation, sie ist zurückgekommen. Aber es gibt keine Dörfer und keine künstlichen Anlagen. Es gibt keine Tiere, außer den Tieren, die wir mitgenommen hatten.
D: *Als sie dich raus gelassen haben, sind sie bei dir geblieben?*
M: Sie sagten uns, dass wir einfach von vorne anfangen müssen.
D: *Also ist es nicht ihre Verantwortung, dir zu helfen?*
M: Sie haben gerade versucht, den Leuten zu zeigen, dass sie ihre Fähigkeiten einsetzen müssen, was auch immer sie wissen.
D: *Es ist schwer wieder von vorne zu beginnen. (ja) Zumindest haben sie alle gerettet.*
M: Richtig, und sie arbeiten mit den Menschen zusammen, um ihre Moral zu stärken und ihnen Vertrauen zu geben. Sie erklären ihnen, wie es möglich ist.

D: *Weißt du, ob alles zerstört wurde? (ja) Die ganze Welt? (ja) Dann gehen sie wieder?*
M: Ja, sie werden ihre Tätigkeiten fortsetzen.
D: *Du musst wieder von vorne beginnen. Das zeigt viel Beharrlichkeit, um all das zu tun.*

Ich bewegte sie vorwärts und versuchte, einen anderen wichtigen Tag zu finden, obwohl ich mir nicht vorstellen konnte, dass etwas wichtiger sein kann als das, was er gerade durchlebt hatte. Er verkündete: „Ich lebe nicht mehr lange. Mir passiert etwas. Es gibt einen Unfall. Ein Baum fällt beim Wiederaufbau. Er hat mich niedergeschlagen." Dann bewegte ich ihn auf die geistige Seite, um das Leben aus dieser Perspektive zu betrachten. Ich fragte, was er aus dem Leben gelernt habe. „Manchmal muss man mit dem Unbekannten gehen."

Dann integrierte ich Marians Persönlichkeit zurück in den Körper, ersetzte die andere Entität und brachte das Unterbewusstsein hervor.

D: *Warum hast Du dieses merkwürdige Leben für Marian ausgewählt?*
M: Es wird wieder passieren.
D: *(Das war eine Überraschung.) Denkst du?*
M: Es wird wieder passieren. Es wird Erdveränderungen geben. Und die Schiffe werden wiederkommen.
D: *Was ist jetzt die Verbindung zu Marians Leben?*
M: Weil sie weiß, dass es wieder passieren wird. Sie hat es schon einmal durchgemacht und wird leben, wenn die Erde es noch einmal durchläuft.
D: *Der Mann konnte vom Schiff aus etwas sehen. Was ist mit der Erde passiert?*
M: Es gab viele Änderungen, viele Störungen. Es ist ein Zyklus.
D: *Wurde es das letzte Mal von Menschen verursacht?*
M: Nein, es ist ein Zyklus. Ein natürlicher Zyklus.
D: *Den die Erde durchläuft? (ja) Aber es war nicht beabsichtigt, dass alles Leben zugrunde geht, oder?*
M: Nein, sie wollten nicht, dass alles ausgelöscht wird.

D: *Das ist wichtig, denn es ist viel Arbeit, wieder von vorne zu beginnen. Was meintest du damit, als du sagtest: „Die Zeit würde auf der Erde vergehen, aber nicht auf dem Schiff?"*
M: Weil die Zeit so ist.
D: *Es muss lange gedauert haben, bis die Erde wieder den Zustand erreicht hat, in dem sie wieder bewohnbar war. Jedoch die Leute auf dem Schiff hatten sich nicht verändert.*
M: Zeit ist, worauf man sich konzentriert. Auf der Erde gehst du Schritt für Schritt für Schritt für Schritt. Das muss man nicht, wenn man sich nicht auf der Erde befindet. Du konzentrierst dich einfach und bist da. Wenn du dich worauf auch immer konzentrierst, bist du dort. Es gibt keine Zeitskala.
D: *Es ist für uns immer schwer zu verstehen.*
M: Es wird wieder geschehen. Ich bin mir nicht einmal sicher, ob es in diesem Leben passiert oder nicht. Ich meine Marians Lebenszeit. Aber die Aufgabe ist es, die Menschen darauf aufmerksam zu machen. Der Plan ist, dass sie Informationen langsam aufdeckt, sodass sie sich selbst nicht überfordert. Aber die Informationen sind da und sie muss sie aufdecken. Und es hat mit diesem Erdprojekt-Zeug zu tun. Sie muss die Leute dazu bringen, zu sehen, was da draußen ist. Die Leute vorbereiten. Es mehr Menschen bewusst machen, dass es in dieser Welt mehr als nur Eile gibt. Es gibt mehr, als nur zum Supermarkt zu gehen. Sie muss ihre Gedanken öffnen. Sie müssen aufwachen. Sie sind nicht dumm.
D: *Mir wurde oft gesagt, dass Menschen der Erde wirklich schaden. Meinst du das?*
M: (großer Seufzer) Es geht darüber hinaus. Zu stoppen, der Erde zu schaden, hätte die Dinge verlangsamt. Es wird wieder passieren.
D: *Es gibt keine Möglichkeit, es jetzt zu stoppen?*
M: Nein, es ist unterwegs.
D: *Was soll sie tun?*
M: Weck die Leute einfach weiter auf. Es kann in dieser Generation nicht passieren. Je mehr Menschen sich bewusst sind, dass der Erde selbst etwas passieren kann, desto mehr Menschen sind bereit und willens, auf die Schiffe zu gehen.
D: *Es wird wieder dasselbe sein? (ja) Sie werden kommen, um etwas mitzunehmen? (ja) Aber es wird einige geben, die nicht gehen wollen?*

M: Die Zaghaften können die Erde haben.
D: *Ich denke, die Zaghaften werden diejenigen sein, die Angst davor haben, zu gehen.*
M: Sie muss den Menschen von Dingen erzählen, an die sie noch nie gedacht haben. Dinge, die sie noch nie gesehen haben. Dinge, die sie immer für seltsam und lächerlich gehalten haben.
D: *Du meinst metaphysische Ideen?*
M: Richtig, es müssen keine Ufos sein.
D: *Das ist ein Weg, um voranzukommen?*
M: Es wäre eine Möglichkeit.

Es ist erstaunlich, dass ich immer wieder diese Puzzleteile von so vielen Menschen auf der ganzen Welt bekomme. Meine Aufgabe ist es, das Puzzle zusammenzusetzen, und wenn ich das tue, ergibt es einen Sinn, auch wenn unser bewusster Verstand die Ungeheuerlichkeit des Ganzen nicht vollständig erfassen kann. Es scheint viel mehr zu geben, was gerade noch unerreichbar war.

ABSCHNITT 3

ERWEITERTE WESEN UND KARMA

KAPITEL 9

KINDER SCHAFFEN KARMA

Ein Fall, den ich 2001 in Kalifornien hatte, offenbarte die Schwierigkeiten, die Seelen haben, die das Leben der Erde vorher nicht kannten und sich nun an diesen hektischen Planeten gewöhnen müssen. Eine junge Frau besuchte mich während eines ganztägigen Vortrags für die ARE-Gruppe (Edgar Cayce Foundation) in San Jose. Normalerweise versuche ich, Leute zu sehen, die auf meiner Warteliste für private Sitzungen stehen, und ich plane sie für meine Sitzungen ein. Susan war übergewichtig und ich dachte sofort, dass dies eines der Probleme ist, die sie untersuchen lassen wollte. Ihr Hauptproblem war jedoch, dass sie und ihr Mann Kinder haben wollten und sie nicht schwanger werden konnte. Ich weise das Unterbewusstsein immer an, die Person zur wichtigsten Lebenszeit zu bringen, um Probleme zu erklären, die sie in dieser gegenwärtigen Lebenszeit haben. Dies war der Vorgang, den ich auch mit Susan befolgte.

Als Susan in den tiefen hypnotischen Zustand eintrat, schwankte sie, anstatt sich in einem früheren Leben auf der Erde wiederzufinden, näherte sie sich durch den Weltraum einer großen Metalltür mit einem großen X darauf. Das X bestand aus vier Dreiecken, und während wir sprachen, öffneten sich die Dreiecke nach außen, damit sie eintreten konnte. Durch die Tür war zu sehen, dass sie sich definitiv nicht auf der Erde befand. Sie stand auf einer Klippe mit Blick auf ein Tal und alles, Felsen, Erde und Himmel war in ein rötliches Licht getaucht. Sie sah eine große Kuppel im Tal, aber es gab weder Bäume noch Vegetation. Sie wusste sofort, dass man die Luft nicht atmen konnte.

Draußen war niemand in Sicherheit. Sie wusste, dass es Menschen gab, die in Schutzräumen unter der Oberfläche waren und dorthin musste sie gehen. Sie fand den Eingang an der Klippe und ging in einen sehr dunklen Bereich unterhalb der Oberfläche, wo sich die Leute versteckten. Susan schien ein großer, dünner, blonder Mann zu sein. „Kein Fett!" (sie kicherte)

Ihre Aufgabe bestand darin, in ihrem Zwei-Sonnensystem verschiedene Außenposten auf Planeten zu beliefern und zu sehen, was die Leute brauchten. Es gab reichlich Essen, aber das Wasser war knapp. Sie konnten nicht an die Oberfläche gehen, sondern mussten unter Tage zusammengedrängt leben. Die Menschen wirkten menschlich, waren aber in Lumpen gekleidet. Die Kuppel enthielt Motoren und diese hatten etwas mit der Stromerzeugung zu tun. Anscheinend wurde auch die Luft gefiltert, die den unterirdischen Schutzraum erreichte. Sie erklärte, dass vor vielen, vielen Jahren ein Krieg stattgefunden hat, der die Atmosphäre zerstörte und sie für die überlebende Bevölkerung gefährlich gemacht habe. Es wurde von so etwas wie einer Atombombe verursacht, und das Leben war nicht an die Oberfläche zurückgekehrt, weil die Luft verschmutzt war. Sie hatten sich an diese Art von Leben gewöhnt und den unterirdischen Schutzraum gebaut, aber jetzt drohte eine neue Gefahr. Eine andere Gruppe hatte den Planeten entdeckt und versuchte, ihn für die vorhandenen Mineralien zu erobern. Es kam immer wieder zu Kämpfen, was es doppelt gefährlich machte, an der Oberfläche zu sein. Als die Kämpfe etwas nachließen, kehrte sie an die Oberfläche zurück zu ihrem kleinen Scoutschiff und verließ den Planeten.

Ich bat sie dann, an einen wichtigen Tag in diesem Leben zu gehen. Ich wähle immer einen wichtigen Tag, denn in den meisten Leben (auch in unserem heutigen Leben) sind die Tage sehr ähnlich. Ich weiß, dass es Unterschiede gibt in der Wahrnehmung der Individuen, denn was der Eine als wichtig erachtet, mag für den Anderen ganz anders sein. Oft sind diese Dinge profan, aber das ist so, weil das Leben meistens banal ist und es daran nicht viel zu ändern gibt. Susans Leben war da keine Ausnahme. Auch wenn es sich auf einem anderen Planeten abspielte, schien es recht gewöhnlich. Ein Mann, der Andere mit Vorräten versorgte. Selbst der Ort, zu dem er die Transporte (einen unfruchtbaren Planeten) durchführte, schien unscheinbar. Als ich sie diesmal zu einem wichtigen Tag aufforderte, verkündete sie plötzlich: „Ich stürze ab!" Es schien sie nicht zu stören, dies zu sagen. Sie war emotionslos und distanziert, als sie das Gefühl des Fallens beschrieb. „Wir haben etwas getroffen, oder etwas hat uns getroffen. Die Vorderseite des Schiffes ist zur Hälfte weg. Ich weiß nicht, was passiert ist." Sie hatte den Körper bereits verlassen, bevor das Schiff auf den Planeten aufschlug.

Ich konnte nicht nachvollziehen, wie dieses andere Leben aus einer fremden Welt, die Unfähigkeit von Susan Kinder zu bekommen, erklärbar machen konnte. Die unterbewusste Logik übertrifft immer meine eigene, und die Antwort, die sie lieferte, hatte ich so nicht erwartet.

Das Unterbewusstsein zeigte ihr dieses Leben, damit sie sich daran erinnern konnte, woher sie kam: der Planet mit zwei Sonnen. Susan träumte seit ihrer Kindheit von einem Ort, der nicht die Erde ist und zwei Sonnen am Himmel hat. Sie zeichnete sogar Bilder von diesem seltsamen Ort, aber sie konnte nicht verstehen, woher diese Erinnerungen kamen. Das Unterbewusstsein sagte, der Grund für das Fehlen von Kindern liegt darin, dass sie sich immer noch mit der anderen Persönlichkeit identifizierte, die, die abgestürzt war.

Ihre weiteren Leben geschahen größtenteils auf anderen Planeten, und als sie beschloss zu experimentieren und zu versuchen, auf der Erde zu leben, hatte sie Schwierigkeiten, sich anzupassen. Sie mochte es hier nicht und wollte nach Hause gehen. Sie sagte: „Es gibt zu viel Verantwortung. Zu viel alles. Zu hart, schwieriger."

Ihre anderen Persönlichkeiten waren größtenteils in einem Körper, der keine Geschlechtsorgane hatte und weder als männlich noch als weiblich definiert werden konnte. Dies wird „androgyn" genannt. Weder war sie gern weiblich noch hatte sie gern Sex. Sie sagte: „Es gibt keinen Sex, wenn es keinen Sex gibt." Diese anderen Wesen reproduzierten sich nicht, sondern wurden „gemacht". Es ist kein Sex zur Fortpflanzung erforderlich, es geschieht in der Regel durch Klonen.

Ich versuchte zu erklären, dass ich ihre Identifikation mit den anderen Persönlichkeiten verstand, aber um ein Kind in diesem Leben zu bekommen, war Sex die einzige Möglichkeit. Sie antwortete, dass sie nicht menschlich sein will. Sie mochte diese Welt überhaupt nicht. Sie hatte das Gefühl, genug gelernt zu haben und wollte gehen. Dies ist immer ein Warnzeichen und ich wusste, dass ich vorsichtig agieren musste. Obwohl die bewusste Persönlichkeit von Susan anscheinend gut eingestellt war und Kinder haben wollte, war dieser andere Teil von ihr ein totales Gegenstück. Es gefiel ihm hier nicht und er wollte gehen. Meine Aufgabe ist es immer, die Person mit der ich arbeite, zu schützen. Ich erlaube nichts was sie in Gefahr bringen oder zu ihrem Unwohlsein beitragen könnte, selbst durch einem anderen Teil von sich selbst. Sie bestand darauf, „Ich bin jetzt fertig. Ich bin fertig. Ich bin fertig. Ich möchte gehen."

Sie bestand auch darauf, dass sie kein Kind brauchte. Ein Kind würde Verbindungen zur Erde herstellen. Sie wollte alle Verbindungen trennen. Sie wollte kein Karma mit einem Kind schaffen, das sie dazu veranlassen könnte, hierher zurückkehren zu müssen. Wenn sie keine Verbindung zur Erde hat, ist es einfacher, zu ihrem Heimatplaneten zurückzukehren. Dieses Experiment war nicht so verlaufen, wie sie gedacht hatte. Der Grund für ihr Übergewicht lag darin, sie vor Sex zu schützen, damit sie keine Kinder bekommt. Ich habe dies schon einmal gehört, wenn Menschen unbewusst für Übergewicht sorgen, um sich für das andere Geschlecht unattraktiv zu machen. Das Aufbauen des zusätzlichen Gewichts dient gewissermaßen als Schutz, als eine Barriere. Obwohl das Bewusstsein von Susan sagte, dass sie Kinder möchte, hatte das Unterbewusstsein ein anderes Szenario.

Ich habe versucht, mit ihr zu streiten. Sie sagte, sie mag Kinder und arbeitete gern mit ihnen zusammen. Also schlug ich vor, eine gute Mutter zu sein, da sie liebevolle Neigungen hatte. Wenn sie eines von ihnen hätte, könnte sie alles Wunderbare lehren, auch wäre das eine neue Erfahrung und schließlich ist es eine Herausforderung, einem Kind beizubringen, wie man in dieser Welt lebt. Es ist ein Geschenk, das sie diesem Planeten geben könne. Sie hatte immer noch Angst, Verbindungen herzustellen, die sie an diese Welt enger bindet. „Es würde mich immer wieder hierher zurückkommen lassen. Ich mag es hier nicht. Ich mag keine Verbindungen."

Sie bestand sehr darauf, dass ihr Leben kurz sein wird. Es war fast Zeit zu gehen, weil sie nach Hause wollte. Ich argumentierte, dass sie, wenn sie es verkürzte, nur zurückkommen und es wieder tun muss, bis sie ihre Verpflichtungen erfüllt hat. Sie wollte definitiv nicht, dass das passiert, weil sie nicht hier sein wollte. Also hoffte ich, dass ich mit meinen Überredungskünsten ein Stück weiterkomme. Sie hat die meiste Zeit ihres Lebens von ihrem Heimatplaneten geträumt, also hatte sie immer die Erinnerung, wo sie herkam. Es ist leicht zu vergessen, sobald die Seele den Körper betritt. Die Person gerät in diese Welt und ihre einzigartigen Probleme. Als ich über ihren Gewichtsverlust sprach, sagte sie, diese Welt sei zu schwer. Eine Möglichkeit, das Gewicht loszuwerden bestand darin, ihren Körper einfach zu verlassen. Sie war entschlossen. Ich kann nur hoffen, dass meine positiven Bestätigungen ihre sture Haltung überwinden konnte. Ich bestand immer darauf, dass sie nicht gehen kann, bis sie ihre Verantwortung erfüllt hat. Sie musste sich nicht im karmischen Kreislauf der Erde bewegen. Es ist schwieriger, den Zyklus zu durchbrechen.

Dies war ein schwieriger Fall, weil ich nicht ahnen konnte, dass ich in Susans Unterbewusstsein auf solchen Widerstand stoßen würde. Ich sollte später andere Seelen entdecken, die sich freiwillig bereit erklärten, in diese Welt zu kommen, um zu helfen. Sie wollten auch keine Kinder haben, weil sie nicht an unsere Welt gebunden werden wollten. Sie mussten frei von Karma bleiben, damit sie gehen können, wenn sie fertig sind.

* * *

Es ist interessant, dass viele der Menschen, mit denen ich in den letzten Jahren zusammengearbeitet habe, sich zu Lebenszeiten zurückentwickelten, in denen sie leichte Wesen waren, die in einem Zustand der Glückseligkeit lebten. Sie hatten keinen Grund, in die Dichte und Negativität der Erde einzutauchen. Sie alle meldeten sich freiwillig, um der Erde zu helfen, hatten aber keine Ahnung, wie schwierig es sein würde, wenn sie einmal in einem Körper waren.

Ich bin auf verschiedene Seelenwellen gestoßen, die zu verschiedenen Zeiten hereingekommen sind. Die erste Welle waren Seelen wie Phil in meinem Buch „Hüter des Gartens". Diese sind jetzt in den Vierzigern. Sie hatten eine schwierige Anpassung und viele wollten Selbstmord begehen, um „nach Hause" zurückzukehren. Sie haben normalerweise ein gutes Zuhause, eine hervorragende Tätigkeit und alles, was wir für ein gutes Leben halten. Aber etwas fehlte, weil sie nie hierher gehörten. Sie mochten die Gewalt und Hässlichkeit, die sie auf dieser Welt fanden, nicht. Sie wollten nach Hause zurückkehren, obwohl sie bewusst keine Ahnung hatten, wo dieses Zuhause ist. Ich habe von vielen Menschen auf der ganzen Welt gehört, die sich dieser Gruppe zugehörig fühlen. Sie glauben, sie seien die einzigen auf der Welt, die das so empfinden und waren beim Lesen meines Buches sehr erleichtert, als sie herausfanden, dass sie wirklich nicht alleine sind.

Eine zweite Welle die ich entdeckte, etwa zehn oder mehr Jahre später, sind jetzt zwischen zwanzig und dreißig Jahre alt. Einige davon haben sich sehr gut angepasst. Unter Hypnose sagen sie, sie seien einfach hier, um als Kanal oder Antenne zu fungieren, um die Art von Energie zur Erde zu leiten, die zu diesem Zeitpunkt benötigt wird. Diese Menschen führen ein sehr unscheinbares Leben, oft unverheiratet und ohne Verantwortung (insbesondere keine Kinder). Sie haben Arbeitsplätze, die ihnen viel Freizeit bieten, um ihren wahren Interessen nachzugehen, die sich oftmals darauf konzentrieren, Menschen zu helfen. Sie scheinen kaum Probleme zu haben und konnten sich viel einfacher an diese Welt gewöhnen, als die erste Welle.

Die dritte Welle sind definitiv die besonderen Kinder (die sogenannten Indigo Kinder), die gekommen sind und immer noch kommen. Einige von ihnen befinden sich jetzt in der frühen Pubertät. Sie sind in der Tat die Besonderen und wurden als Hoffnung der Menschheit bezeichnet. Sie müssen verstanden werden, weil sie auf einer anderen Ebene arbeiten als andere Kinder ihres Alters. Es wurden viele Bücher über diese Kinder geschrieben, und ich habe auf Konferenzen diese Thematik beschrieben. Sie sind in der Tat ungewöhnlich. Sogar ihre DNA hat sich als anders herausgestellt. In meiner Arbeit wurde mir gesagt, ich müsse darauf hinweisen, dass sie keine Drogen nehmen dürfen, insbesondere Ritalin nicht, eine Substanz, die den Verstand verändert. Sie langweilen sich in der Schule und stören oftmals, weil sie in der Lage sind, viel schneller zu lernen und zu absorbieren als Kinder anderer Generationen. Mir wurde gesagt, dass sie vor Herausforderungen gestellt werden müssen. Dies wird ihre Neugierde anregen und ihre Fähigkeiten verbessern. Es gibt viele Kinder in dieser Altersgruppe, die aufgrund ihrer bemerkenswerten Fähigkeiten bereits die Aufmerksamkeit der Medien gewinnen konnten. Im Laufe der Zeit gab es immer Geschichten von Wunderkindern. Kinder, die weit über ihr Alter hinaus Talente haben. Das waren wenige und sie waren weit voneinander entfernt. Die Wissenschaft konnte es nicht erklären, aber ich denke, ihre Fähigkeiten stammen von Tätigkeiten, die sie in ihren vergangenen Leben gelernt hatten und perfektioniert wurden. Die neue Gruppe scheint jedoch anders zu sein. Während diese in der Vergangenheit selten und einzigartig waren, scheint es jetzt viel mehr Kinder aus dieser neuen Kinderwelle zu geben, die die Fähigkeiten eines Genies zeigen. Die im Fernsehen interviewten Kinder sind bereits in der Schule und verfolgen eine Karriere. Aber jeder von ihnen betonte den Wunsch, eine Organisation zu gründen, die den weniger glücklichen Kindern der Welt helfen.

Ich neige dazu, aus den Erfahrungen meiner Arbeit her zu denken, dass diese Talente nicht aus ihren vergangenen Leben stammen, sondern aus dem Unterschied in ihrem Seelenmuster. Alle diese drei Wellen, die ich beobachten konnte, haben der Erde in ihrer Notzeit geholfen. Die meisten von ihnen hatten noch nie ein Leben auf diesem Planeten, daher finden sie es schwierig hier zu leben. Sie sind hier für bestimmte Zwecke und wollen ihre Aufgabe beenden und nach Hause gehen. Obwohl sie es nicht bewusst wissen, sind sie sich ihrer Mission auf der Erde voll bewusst. Es ist nicht unter Schichten vergangener Leben und Karma verborgen. Die neueste Welle ist nicht so verborgen wie die anderen. Die Mächte, die diese Entscheidungen darüber treffen wen sie senden, machen sie auffälliger, weil die Zeit knapp wird, um die Änderungen vorzunehmen, die entweder unsere Welt retten oder zerstören. Immer mehr dieser Seelen, die nicht in unserer Welt beheimatet sind, aber die meiste Zeit ihres Lebens auf anderen Planeten oder anderen Dimensionen gelebt haben, werden ausgesandt, weil man glaubt, dass sie etwas bewirken können. Die

„einheimischen" Seelen, die unzählige Leben auf der Erde gelebt haben, sind durch das Karma und dem täglichen Druck, in unserer hektischen Welt zu leben, so festgefahren, dass sie ihren Zweck, hier zu sein, aus den Augen verloren haben. Dies führt dazu, dass sie immer wieder zurückkommen und dieselben Fehler machen. Die Hoffnung auf unsere Zukunft sind also Seelen, die nicht von der Erde befleckt wurden und die uns helfen können zu überleben. Wenn sie nicht auch im Hamsterrad stecken bleiben und ihre Mission vergessen.

* * *

In den ersten Tagen meiner Arbeit dachte ich, es wäre unmöglich, dass eine Seele in unserer zivilisierten und hektischen Kultur, als erste Inkarnation direkt in einen physischen Körper gelangen könnte. Man hat mir gesagt, dass sie logischerweise zuerst in eine primitivere Gesellschaft inkarnieren würde, in der das Leben einfacher ist. Auf diese Weise kann sie sich anpassen und lernen, auf der Erde zu leben und mit anderen Menschen umzugehen, bevor sie in unseren modernen Lebensstil eintritt. Nun weiß ich, dass das nicht immer der Fall ist. Ich begegne immer mehr den Menschen, die geschickt wurden oder die freiwillig in diesen schwierigen Zeiten kommen, um zu helfen. Sie sagen, dass sie als Energiekanäle oder als Antennen eingesetzt werden. Für diese sanften Seelen ist es natürlich schwieriger sich vorzubereiten, weil sie nicht den Hintergrund des Erdenlebens haben.

Im Oktober 2004 traf ich zwei weitere dieser besonderen Leute. Und noch ungewöhnlicher, sie waren Ehemann und Ehefrau. Ich finde es wunderbar, dass sie sich unter den Millionen von Menschen auf der Welt ausfindig machen konnten, damit ihre identischen Energien zusammenarbeiten können. Mir wurde aber auch gesagt, dass nichts zufällig passiert. Sie hatten offenbar zugestimmt und auf der anderen Seite Pläne gemacht, bevor sie inkarnierten.

Beide erzählten in tiefer Trance identische Geschichten, obwohl sie sich dieser Dinge nicht bewusst waren. Als Tony aus der Wolke kam, sah er nur ein sehr helles Licht. „Es ist sehr hell. Es strahlt, es hat Strahlen, die in alle Richtungen gehen. Man kann es nicht direkt betrachten, aber es ist sehr schön. Es hat viele verschiedene Farben und es ist sehr beruhigend. Es gibt so viel Liebe, die daher kommt. Es umgibt dich genauso wie es dich umarmt. „Wenn dies geschieht, weiß ich, dass sie entweder zur Geistesseite gegangen oder zur Quelle (zu Gott) zurückgekehrt sind. Auch verschiedene Energiewesen sehen so aus. Ich bat ihn, Tony mitzunehmen und ihm das zu zeigen, was für ihn wichtig ist. Anstatt in ein früheres Leben zu gehen, wurde er in einen Raum geführt, in dem sich mehrere Wesen in Roben befanden. Er konnte keine Merkmale erkennen, da die Wesen mühelos im Raum schwebten.

T: Ich sehe keine Wände, aber es fühlt sich an wie in einer geschlossenen Umgebung. Dies ist wie ein Rat, und es gibt ein Treffen, bei dem sie alle möglichen Dinge besprechen; Dinge des Universums. All die verschiedenen Planeten. Sie müssen Entscheidungen für andere Arten von Wesen treffen oder für ... Ich denke, das ist für niedrigere Vibrationen. Für diejenigen, die die höheren Ebenen oder Vibrationen noch nicht erreicht haben. Dies ist der Rat, der ihnen hilft, Entscheidungen in ihren Weiterentwicklungsprozessen zu treffen.

Er sah, dass er die gleiche Art von einem winzigen, geisterhaften Körper hatte, und fühlte sich als Mitglied dieses Rates.

T: Sonst könnte ich nicht hier sein. Dies ist eine höhere Schwingung, eine höhere Frequenz. Und sie helfen Entscheidungen zu treffen. Sie treffen nicht unbedingt Entscheidungen, aber sie helfen bei Entscheidungen. Was auch immer für die niedrigeren Vibrationen geeignet ist.
D: Wie helfen sie dabei, diese Entscheidungen zu treffen?
T: Es scheint, als müssten für jede niedrigere Schwingung bestimmte Dinge gelernt werden, um ihre Schwingungen auf eine andere Ebene heben zu können. Der Rat hilft ihnen de facto dabei, Entscheidungen zu treffen, die ihre Schwingungen tatsächlich erhöhen.
D: Das stört nicht?
T: Nein, es ist nur eine Form der Orientierung.
D: Hast Du etwas Besonderes, an dem du gerade arbeitest?
T: An Konzepten, wie man hilft Anleitung zu geben. Dafür sind wir nur hier. Um ihnen das Wissen zu vermitteln.

D: *Gibt es ein bestimmtes Projekt, um das sie sich gerade sorgen?*
T: Es gibt verschiedene Arten von Projekten. Da wir den niedrigeren Vibrationen helfen, helfen wir uns auch selbst. Weil es uns auch so gut lehrt, wie wir es ihnen beibringen. Wenn sie dienen, gewinnt man sehr viel für sich. Dies hilft ihnen, Wissen zu gewinnen.
D: *Arbeiten sie derzeit mit einem bestimmten Planeten?*
T: Sie arbeiten mit allen Universen. Es ist nicht nur ein Planet.
D: *Musstest Du durch physische Leben gehen, um diesen Punkt zu erreichen? Ein Mitglied in diesem Rat zu sein?*
T: Nein, ich musste nicht durch physische Leben gehen. Nur durch Wahl.
D: *Wie bist du zu dem Punkt gekommen, zu diesem Rat zu gehören?*
T: Man kann seinen Vibrationspegel erhöhen, auch wenn man nicht durch physische Leben gehen muss, um im Rat zu sein. Bisweilen kann es einige Zeit dauern. Aber manchmal kann man sehr schnell vorankommen.
D: *Hattest du jemals den Wunsch körperlich zu sein?*
T: Nicht zu diesem Zeitpunkt, nein.
D: *Du hast dort deinen Job gemacht.*
T: Das war alles, was ich tun musste.
D: *Nun, es hört sich wie ein sehr wichtiger Job an.*
T: Das war alles, was von mir verlangt wurde.

Ich bat ihn dann, sich an den Punkt zu begeben, an dem er die Entscheidung getroffen hat, in das Physische zu gehen, denn schließlich kommunizierte ich mit einem physischen Körper in unserer Dimension. Er muss sich entschieden haben, hierher zu kommen und zu inkarnieren. Ich wollte wissen, ob ihm jemand gesagt hat, er solle kommen.

T: Nein, es war nur eine Wahl. Und die Gelegenheit war da. Die Fähigkeit ... oder die physische Form, mit anderen Worten, die passen würde, war zum Zeitpunkt der Wahl da.
D: *Ist irgendetwas passiert, dass Du die Wahl getroffen hast?*
T: Ich wollte es physisch erleben. Das war etwas, was ich noch nie gemacht habe. Es war definitiv neu.
D: *Hast Du den Körper ausgesucht, in den Du gehen wirst? (ja) Wie sieht es aus?*

T: Es ist die Gegenwart. Es gibt keine andere Zeit.
D: *Erklär mir was Du meinst.*
T: Es ist wie die Person, mit der du sprichst.
D: *Tony, meinst du? (ja) Du meinst, Tony hatte zuvor noch keine anderen körperlichen Inkarnationen? (nein) Ich habe immer gedacht, wenn so etwas der Fall ist, wäre es sehr schwierig, oder? Direkt von der spirituellen Seite ins Leben zu kommen, so wie wir es jetzt auf der Erde haben. Ohne vorherige Lebenszeiten, um die Person zu konditionieren.*
T: Das ist sehr schwierig. Aber es gibt Möglichkeiten, wie man das machen kann. Es gibt bestimmte Dinge. Ich weiß nicht, ob ich Dir diese Dinge beschreiben kann.
D: *Ich würde mich wirklich freuen, wenn Du es versuchen würdest. Analogien sind auch immer gut.*
T: Es ist, als ob die Informationen bereitgestellt werden. So wie wenn du in eine Kammer gehst. Und sobald du diese Kammer verlassen hast, sind diese Informationen in dich aufgenommen worden. Diese Informationen geben dir dann einen Hintergrund, sobald sie eingefügt wurden.

Ich wusste, wovon er sprach. Er bezog sich auf die Prägung. Dies wird in diesem Buch ebenso erörtert wie in „Hüter des Gartens" und zwischen „Tod und Leben". Es ist eine Möglichkeit, Informationen aus dem Leben anderer Menschen bereitzustellen, damit die Seele einen Hintergrund haben kann, um funktionieren zu können.

T: Ich glaube nicht, dass du mit nichts in den Körper reinkommen kannst. Trotz dieser Informationen ist es immer noch schwierig. Hier ist es extrem anders. Es gibt viel zu lernen und zu erleben. Es war schwierig, diesen schönen Ort zu verlassen, aber es war etwas, das man erleben musste. In dieser Zeit der Geschichte kommt es zu großen Veränderungen. Die Dinge bewegen sich sehr schnell; sehr, sehr schnell. Er wollte diese Dinge in körperlicher Form erleben und beobachten können.
D: *Also hat ihm niemand gesagt, dass er diese Dinge tun muss.*
T: Nein, niemand leitet sie an und sagt ihnen, dass sie diese Dinge tun müssen. Dies sind Entscheidungen. Und auch Diskussionen. Zudem wurde ihm von anderen Mitgliedern des Rates geholfen. Sie helfen oder führen ihn, um diese Entscheidungen zu treffen.

D: *Wir sind es gewohnt, an irdische Leben zu denken, in denen wir Karma sammeln, und dann müssen wir immer wieder zurückkommen, um es zurückzuzahlen.*

T: Er hat nicht die Art von Karma, von dem Du sprichst. Er ist hier, um den Fortschritt des Menschen zu beobachten. Wie sie tatsächlich ihr Schwingungsniveaus erhöhen. Um zu sehen, wie sie Wissen annehmen. Und wie sie Wissen nutzen. Ob sie es zum Wohle der Menschheit oder zur Gier einsetzen.

D: *Weil die Erde ein komplizierter Planet ist.*

T: Es ist extrem kompliziert. Sie ist anders als jeder andere Planet. Ich denke, die Form der Negativität auf diesem Planeten macht es anders. Die menschliche Rasse ist eine sehr kriegerische Rasse. Sie haben große Schwierigkeiten, den Frieden zu leben. Es ist beinah so, als könnte ihre Rasse nicht in Frieden nebeneinander existieren. Dies kann von ihren niedrigeren Vibrationen herrühren. Ich denke, jeder der hierher kommt, muss vorsichtig sein und darf nicht in diese niedrigeren Schwingungen geraten. Es ist ein sehr anspruchsvoller Planet. Ich habe diese Chance genutzt. Ich denke, dass du jedes Mal, wenn du in diese Existenz kommst, Karma geschaffen hast. Und zweifellos muss ich dieses Karma zurückzahlen. Ich glaube jedoch, dass das Wichtigste was ich hier tue, der Versuch ist, ein Gleichgewicht zu halten zwischen sehr positiv und sehr liebevoll und dass das Karma, das ich auf der Erde geschaffen habe, nicht per se negativ ist. Es geht darum, Wege zu finden, um es zu reduzieren. Und dann auf dieses Karma aufzupassen. Und nicht zuzulassen, dass es übertragen wird.

D: *Was ist dann Dein Plan?*

T: Zurzeit ist es für dieses eine Leben. Ich werde dann sehen müssen, wenn ich zurück bin.

D: *Du möchtest nicht bleiben und andere Existenzen erleben?*

T: Ich weiß nicht, ob ich zu anderen Existenzen zurückkehren werde. Es kann wichtigere Dinge für mich geben, als zurückzukehren, als körperlich zu sein. Ich weiß nicht, ob ich das schaffen kann oder nicht. Es wäre sehr leicht, hier eingeschlossen zu werden. Es gibt so viele Dinge die mich einsperren. Deshalb ist es so schwierig, hierher zu kommen, in die physische Form. Obwohl viele diese Präsenz wünschen, ist es äußerst schwierig. Es sieht ziemlich einfach aus, bis man drinnen ist. Sobald man sich in der physischen Form befindet, ist es extrem schwierig.

D: *Eines der Probleme ist das Vergessen, dass man die Dinge nicht mehr weiß?*
T: Oh, das stimmt schon.
D: *Wäre es einfacher, wenn man sich erinnern könnte?*
T: Ich denke nicht, dass es für die physische Form richtig ist, sich zu erinnern. Ich denke, das könnte zu viel sein. Sich an all diese Dinge zu erinnern, ist zu groß. Es wäre zu verwirrend und dann könnten sie versuchen, Dinge zu ändern und dies auf höchst unerwünschte Weise. Und vielleicht lernen sie die Dinge dann nicht, wofür sie hierhergekommen sind, um für ihr eigenes Wachstum zu lernen.
D: *Die Leute sagen immer, wenn sie nur wüssten, wie es vorher war, wäre es einfacher.*
T: Ich denke, das wären zu viele Informationen für sie. Wenn sie all dieses Wissen hätten, was könnte dann der Grund dafür sein, noch in das Hier und Jetzt zu kommen? Wir unterrichten auch. Kinder lehren ihre Eltern. Die Eltern glauben, dass sie ihre Kinder unterrichten. Es ist eher umgekehrt. Mehr als wir eigentlich realisieren.
D: *Ich scheine in letzter Zeit mit vielen Leuten zu arbeiten, die Energiearbeiter und Heiler sind.*
T: Das wird es noch viel mehr geben. Es fängt erst an sich zu öffnen. Und die Leute suchen nach anderen Alternativen. Sie suchen nach verschiedenen Wegen. Sie sehen, dass das, woran sie gewöhnt sind, eigentlich nicht zu ihrem Besten ist. Es wird einige geben, die an den alten Formen festhalten. Sie haben Schwierigkeiten, dass zu überwinden. Es ist ihre Konditionierung und Erziehung, aber es gibt viele hier draußen und besonders die Neuen kommen herein, die all diese neuen Informationen suchen werden. Und natürlich bringen sie auch diese neuen Informationen mit. Die meisten Informationen sind nicht neu. Es ist neu für die anwesenden Menschen. Aber eigentlich handelt es sich um alte Informationen. Es gibt nur so viele physische Formen, die verfügbar sind. Und es gibt so viele weitere spirituelle Formen, die kommen wollen. Aber es gibt nicht genug physische Formen für all diese Wesen.
D: *Aber gerade jetzt mit unserem Bevölkerungswachstum stehen viele physische Formen zur Verfügung.*

T: Nicht wirklich. Es gibt bestimmte Wesen die versuchen, die verfügbaren metaphysischen Formen zu kontrollieren und natürlich die Krankheiten und die Kriege.

D: *Du meinst, dass sie viele der physischen Formen beseitigen? (Oh, ja!) Dann gibt es jene physischen Formen für die Seelen, die auch zurückkommen wollen, um Karma zurückzuzahlen.*

T: Das stimmt schon, ja.

D: *Ist es das, was Du meinst, es gibt nur begrenzte physische Formen, in die Deine Art von Seele kommen kann?*

T: Ja, das ist richtig. Wegen der in den Lebensmitteln enthaltenen Chemikalien ist es schwierig, geeignete Nahrungsmittel zu finden. Aber der menschliche Körper passt sich auch an. Man sieht in dieser Zeit neue Menschen, die mit dem alten Wissen hereinkommen. Die Quelle der Nahrungsmittelversorgung wird mit der Zeit schwieriger. Das wird ein echtes Problem werden.

D: *All dies wird das Anheben der Schwingungen beeinflussen.*

T: Wir müssen den Körper leichter machen. Das wird dabei helfen.

Tony wurde gesagt, wie er seinen Verstand nutzen kann, um zu heilen. „Er wird seinen Verstand entwickeln und auch seinem Verstand vertrauen müssen. Der Verstand ist sehr mächtig. Wenn er das Problem betrachtet, das Problem sieht, wird sein Verstand die Änderungen vornehmen. Es wird so sein, als könnte man in den Körper hineinschauen. Es ist, als würde man in die Person hineingehen und diese Person im Inneren betrachten. So, als würde man in das Blatt des Baumes gehen und in den Kanälen des Chlorophylls schweben. Er sieht sie als Bilder. Und diese Änderungen können stattfinden. Die Person muss nicht daran teilnehmen, aber er muss ihre Erlaubnis haben. Weil sich einige für diese Bedingungen entscheiden, aus welchen Gründen auch immer."

***

Am Nachmittag hatte ich eine Sitzung mit Tonys Frau Sally,. Ich war überrascht, dass sie dieselbe Art von Seele ist. Auch bei ihr war es das erste Mal, dass sie zur Erde gekommen ist. Wie merkwürdig, dass die Beiden sich finden konnten. Natürlich passiert nichts durch Zufall, aber ich hatte noch nie am selben Tag zwei solcher Fälle erlebt.

Zu Beginn der Sitzung hatte Sally auch Schwierigkeiten, etwas anderes als Farbwechsel zu sehen. Nach mehreren Versuchen sie in ein früheres Leben oder etwas Visuelles zu bringen, kontaktierte ich schließlich das Unterbewusstsein. Es lieferte die Informationen, die mir verweigert worden waren. Wenn der Klient nicht bereit ist, werden die Informationen manchmal nicht angezeigt. Wegen der Schutzwirkung des Unterbewusstseins ist es sehr spezifisch, an wen es freigegeben wird.

S: Was mit Sally passiert, ist ein Experiment. Es wurde noch nie gemacht. Wir versuchen die Energie zu erhöhen. Es gibt Energieregeln in der Menschwerdung auf der Erde und überall sonst. Aber aufgrund der Zeit und der Notwendigkeit wollten wir eine höhere Schwingung in die Erde bringen und dann ausdehnen, um das Niveau auch nach der Menschwerdung zu erhöhen. Nur um das höchste Niveau zu erreichen, konnten wir die physische Form nicht beeinträchtigen. Es gibt ein Niveau, das die menschliche Form nicht halten kann. Das ist sehr wichtig für Sally, weil wir vorher versagt haben. Deshalb meldete sie sich freiwillig, um diese Energie einzubringen. Und wir haben es geschafft. Diesmal hat es funktioniert. Als es vorher versagte, war es, als wäre ein, es sieht so aus wie ein Kreis, durchgebrannt.

D: *Hat es der physischen Form geschadet, in die sie wollte?*
S: Richtig, der Körper ist gestorben. Es war zu viel Energie, zu viele Informationen, eine zu hohe Schwingung in einem physischen Körper.
D: *Der Körper kann so viel Energie einfach nicht halten.*
S: Richtig, aber dieser Körper hat es geschafft. Und wir haben auch den Körper im Alter fein abgestimmt. Um mehr halten zu können, haben wir seitdem mehr hinzugefügt.
D: *Hat sie vorher eine körperliche Inkarnation gehabt?*
S: Prägungen, viele der körperlichen Probleme sind auf die Belastung des Körpers, durch das Halten der vorhandenen Energie, zurückzuführen.
D: *Dann meinst Du, dass Sally nirgendwo in einer physischen Inkarnation war? (nein) Aber ich dachte immer, wenn sie zum ersten Mal in den physischen Körper kommen, ist es bei diesem Typus von Zivilisation zu hart für den Körper und so einer Art der „unbefleckten" Seele.*

S: Sie war eine Assistentin der Erde. Nicht auf der Erde inkarniert, sondern mit der Erde beschäftigt, um anderen zu helfen, die inkarnieren. Sie hat ein praktikables Wissen, aber kein tatsächliches Erkenntniswissen, sondern agiert hinter den Kulissen, um anderen zu helfen, die inkarnieren.

D: *Warum hat sie sich diesmal dazu entschieden?*

S: Weil es für die Erde sehr wichtig ist und sie die Fähigkeit hat, die Energie einzubringen, die benötigt wird. Auf diese Weise, in dieser Größenordnung und in den Verhältnissen, die zu dieser Zeit kommen mussten. Es ist sehr wissenschaftlich. Ich erkläre es nicht gut. Es ist fast wie mathematische Energiegleichungen. Ihre waren am anpassungsfähigsten, weil sie eng mit der Erde zusammengearbeitet hatte. Sie wusste, wie die Dinge funktionieren und welche Regeln, Vorschriften und dergleichen es gibt. So konnte sie ihre Energie anpassen und auch den Körper anpassen. Wir helfen natürlich auch dabei.

D: *Aber wenn jemand das zum ersten Mal macht, riskiert sie nicht, sich im Karma zu verfangen?*

S: Nein, der Grund ist, weshalb sie keine Chance hat sich im Karma zu verfangen, sie sammelt kein Karma an. Sie ist auf einer anderen Ebene, und sie hat einen anderen Vertrag mit der Erde. Sie wird nicht in diesen Sog geraten. Ihr Vertrag besteht darin, diese Energie hereinzubringen. Ihre Energie auf die Erde zu bringen. Es ist kein karmischer Vertrag.

D: *Das ist sehr knifflig.*

S: Und die Leute, mit denen sie gekommen ist, sind Leute mit karmischen Verträgen. Sie fühlen sich zu ihr hingezogen, weil sie ihnen auf einer unterbewussten Ebene hilft, das zu lösen.

D: *Sie hatten also kein Karma mit ihr.*

S: Nein, sie kam, um ihnen dabei zu helfen, ihr Karma mit anderen zu lösen, ohne sich dabei selbst zu verfangen. Es ist beinah wie eine Schlagmaschine, wenn man das Schlagen übt. Der Ball kommt auf dich zu und du schlägst ihn. Sie ist der Hintergrund, auf den der Ball zukommt. Aber es ist kein echtes Team da draußen, das den Ball fangen kann. Sie hält den Platz, damit sie ihr Karma mit ihr loslassen können.

D: *Diese anderen Leute brauchten also jemanden, der ihnen hilft, ihr Karma zu lösen.*

S: Richtig, weil sie die Karma-Spirale immer weiter bergab gingen. Es war ein negativer Kreislauf. Sie hat einen Vertrag abgeschlossen, um der Erde zu helfen, aber es war auf einer anderen Ebene. Es war keine Inkarnationsstufe. Aber jetzt entschied sie sich dafür, mehr Energie für diese Zeit aufzunehmen. Es ist wegen des freien Willens eine strategische Zeit und weil ... es eine Balance ist. Eine Ausgleichszeit, in der die Erde in beide Richtungen gehen kann und es ist eine große Veränderung. Ein Ort der Kreuzung, an dem es in beide Richtungen laufen kann.

D: *Ist das der Grund, warum es mehr davon gibt, ich möchte es nicht „neue" Seelen nennen, weil sie über viel Wissen und Macht verfügen, aber kommen zu diesem Zeitpunkt mehr von diesen hinzu? (ja) Ich treffe immer mehr davon. Einige sagen, sie seien nur Beobachter. Sie wollen hier nicht im Karma steckenbleiben.*

S: Sie sind nicht nur Beobachter. Sie sind Heiler. Sie bringen positive Energie ein, um anderen Seelen beim Sehen zu helfen. Und sie spüren ihre Schwingungen und wollen sich daran gewöhnen.

D: *Aber die Hauptsache ist, dass sie nicht im Karma eingesaugt werden.*

S: Es besteht keine Gefahr, dass sie eingesaugt werden. Weil ihr Energieniveau so ist, ist es gewissermaßen so, als würde ständig Licht ausgehen. Oder Energie, die auf andere Weise heilend herauskommt und mit anderen Menschen interagiert. Es gibt kein Karma, mit dem man sich verbinden kann. Das ist eine sehr positive Sache.

In einigen meiner weiteren Fälle, bei denen es sich um solche besonderes Wesen handelte, wurden sie durch Anbringung von Schutzvorrichtungen oder Schutzschildern vor Anhäufung von Karma geschützt. Hiervon wird in anderen Kapiteln berichtet. Aber Sallys Unterbewusstsein sagte: „Es gibt keinen Bedarf an Schutz, denn es ist aufgrund des Zweckes und des Energieniveaus eingebaut. Und weil es kein zuvor angestautes Karma gibt. Es gibt nichts, mit dem man sich verbinden kann."

S: Ihre Tochter kam auf ähnliche Weise wie ihre Mutter, nur ist sie jetzt vollkommener. Ihr Körper hat sich besser daran gewöhnt. Aufgrund derer, die zuerst hereingekommen sind und die Energie reingebracht haben, ist es für die Neuen nicht so schwer hier zu sein. Die ersten Versuche haben nicht funktioniert. Es war zu hart; zu stressig für die menschliche Form.

D: *Mir wurde berichtet, dass die gesamte Energie einer menschlichen Seele nicht in den menschlichen Körper passen kann. Es würde den Körper zerstören.*

S: Das ist richtig. Ihr Ehemann, Tony, ist auf ähnliche Weise hereingekommen. Den Weg für andere zu bahnen.

D: *Und er sammelt auch kein Karma an. (ja) Fanden sich die beiden zufällig zusammen?*

S: Nein, es ist kein Zufall. Bevor sie inkarnierten, vereinbarten sie, sich in derselben Gegend zu treffen. Sie haben zwei ähnliche Arten von Energie. Nicht dieselbe, aber sehr ähnlich. Sally ist ein Experiment. Die Menge an Energie, die sich in ihrem Körper befindet, ist normalerweise genauso groß wie in zwei getrennten Körpern. Ein Teil des Problems war die Energiemenge und auch der Schwingungspegel. Das letzte Mal ist es fehlgeschlagen. Wir hatten nicht das Timing, nicht die Feinabstimmung des Körpers und der Seele und die genaue Menge an Energie zur richtigen Zeit. Es ist sehr technisch.

D: *Aber es musste genauso viel Energie sein, die normalerweise in zwei Körpern stecken.*

S: Ja, das ist das Experiment. Es war sehr wichtig und hat viel gebracht. Das war sehr vorteilhaft. Sie ist nicht die Einzige, die das getan hat. Genau wie ihr Mann. Er war einer derjenigen, die kamen. Es ist etwas anders, aber sehr ähnlich. Da sind noch Andere. Und sie hat auch mit geholfen, als sie außerhalb ihres Körpers war. Sie hat ihnen geholfen, sich anzupassen und zur Inkarnation zu kommen. Sie hat mehreren dabei geholfen dies zu tun, aber der Teil, den sie dabei nicht versteht ist, dass seit dieser Zeit auch mehr Energie in sie hineingelangt ist. Du hast von Walk-Ins gehört, wo eine Seele geht und die andere kommt. Das ist nicht so. Sie hat eigentlich nicht zwei Seelen. Es war nur so, dass der Anteil, der hereinkam, zwei Seelen aufnehmen könnte. Das Doppelte des normalen Betrags ist vor kurzem mit ihr zusammengekommen. Das ist jetzt mit ihr inkarniert.

D: *Die Beiden haben sich nicht ausgetauscht.*

S: Nein, es gab keinen Austausch. Das war ein Beitritt, ein hinzufügen. Wir haben ihr zweimal gesagt, dass dieser neue Teil von ihr kommen würde. Und jetzt ist es hier und jetzt ist es verbunden.

D: *Wusste sie, wann das passiert ist?*

S: Nicht bewusst. Aber sie wusste, dass es gehen würde und sie bereitete sich bewusst darauf vor, was eine große Hilfe war. Sie weiß, dass sie sich jetzt anders fühlt. Hatte aber nicht bewusst gewusst, dass es mehr von ihr gibt. Und dass dieses „mehr" sich angeschlossen hatte. Sie wird jetzt sehr viel Wissen erhalten. Es wird nicht alles auf einmal passieren, aber es wird ausgelöst, wenn sie sich anpasst.

D: *Wenn dieses Leben vorbei ist, wird sie zurückgehen und nicht mehr wiederkommen müssen?*

S: Richtig, sie wird bleiben, bis ihre Arbeit beendet ist. Sie muss nicht wieder inkarnieren. Sie wird bleiben, bis die Arbeit abgeschlossen ist.

D: *Dieser Ort, von dem sie herkam, nenne ich die Geistesseite?*

S: Alles was keine Form hat, ist Geistesseite. Es gibt mehrere Orte. Es ist nicht so, als würdest du sterben und dorthin gehen. Bevor du inkarnierst, bist du da. Es ist nur ein anderes Reich.

D: *Einige Leute betrachten diese Geister oder Seelen als Engel, die nie inkarniert sind.*

S: Es sind keine Engel. Es ist eine Seele wie alle anderen. Nur nicht in der Form inkarniert. Das musste nicht sein. Ich habe die Notwendigkeit bis jetzt nicht gefühlt. Sie war in Form, nur nicht in physischer Körperform. Sie war in Geistesform. Es gibt verschiedene Ebenen von ... wir nennen sie nicht Inkarnation. Der Grund dafür ist das sie bisher auf keinem Planeten mit niedriger Frequenz war und somit nicht in physischer Form. Es ist eine Energie und es hat einen Körper. Es hat eine Individualität, aber es ist nur Energie. Aber es ist in einem Raum. Es ist nicht die Energie, die wir die eine Energie nennen. Die Energie der Quelle. Es ist eine separate individuelle Energie. Aber es ist nicht in einem Körper oder in einer physischen Form wie eine menschliche Form. Oder ein Körper auf irgendeinem Planeten.

D: *Das macht für mich Sinn. Aber jetzt kommen immer mehr Leute zu mir, die hier sind als Heiler und Energiearbeiter.*

S: Das liegt zum großen Teil an den sich ändernden Zeiten. Es ist die Auflösung eines Zeitalters. Daher sind diese Wesen, wie Sally und Tony, hier, um bei diesem Übergang zu helfen. Ich werde Dir sagen, mit wem Du gesprochen hast. Dies ist der Teil von Sally, der gerade verbunden ist.

D: Die neue Energie. *(ja)*

* * *

Einen weiteren merkwürdigen Fall erlebte ich im Jahr 2004. Es war ein Mann aus der Ärzteschaft, dessen Hauptbeschwerde darin bestand, dass er in seinem Solarplexus-Bereich etwas zu haben schien, was er „Angst" nannte. Es fühlte sich an wie ein großer Knoten und verursachte viel Unbehagen. Er war ständig unsicher und hatte Angst, dass etwas passiert. Obwohl es in seinem gut geordnetem Leben keinen Grund gab, zu erklären, was das „Etwas" war. Er wollte wissen, woher dieses Gefühl kommt, was es bedeutet und wie er Erleichterung davon bekommen konnte.

Er ging in eines der ungewöhnlichsten vergangenen Leben, die ich untersucht habe. Er befand sich auf einem anderen Planeten und war eine Tötungsmaschine. In seinem bewussten Zustand wäre er entsetzt gewesen, über den rohen Hass in seiner Stimme, als er ausrief, dass er alles töten würde. Dies war sein einziger Zweck: alles zu töten, mit dem er in Kontakt kommt. Und er hat es auf einzigartige Weise gemacht. Sein Heimatplanet und ein anderer hatten seit Generationen gekämpft. Er war ein Produkt der Gentechnik. Sein Körper wurde entworfen, um eine enorme Menge an Energie zu speichern. In einem Raumschiff wurde er zu dem feindlichen Planet geschickt. Nach der Landung sollte er den Feind ausfindig machen, der gelernt hatte, sich vor diesen Maschinen zu verstecken. Er benutzte keinerlei Waffen. Er war die Waffe. Er war eine Selbstmordmaschine. Er konnte die Energie in seinem Körper auslösen und mit der Kraft von zehn Wasserstoffbomben explodieren. Es würde alles im Umkreis von Meilen zerstören.

Sein Planet war so weit fortgeschritten, dass sie Metaphysik verstanden. Sollte er explodieren und sterben, würde seine Seele sofort wieder in derselben Gesellschaft inkarnieren. Und der Prozess würde wieder von vorne beginnen. Als er ein bestimmtes Entwicklungsstadium und ein bestimmtes Alter erreicht hatte, wurde er wieder ausgesandt. Es war ein Teufelskreis, und es schien, als wäre er darin gefangen. Er hatte nie ein familiäres oder soziales Leben innerhalb der Planetenstruktur. Er wurde als Tötungsmaschine ersonnen. Hass, Töten und Zerstörung, das war seine totale Einstellung. Schließlich, nach vielen, vielen Generationen, erkannten die beiden Planeten, dass der einzige Weg, den Krieg zu stoppen darin bestand, das Bewusstsein zu erweitern und zu erhöhen. Dieser Prozess begann nun.

Zu dieser Zeit konnte er endlich ausbrechen und wurde auf der Erde wiedergeboren. Schon damals war seine innere Einstellung zum Töten so stark, dass er viele, viele Leben erlebte, wo er getötet hatte und auch ermordet worden ist. Er hatte die Programmierung nicht verloren. Er sagte in gewisser Weise, dass die Erde wie sein Heimatplanet sei, weil hier viel getötet wird. Die Erde war einfach nur nicht so groß. Sein gegenwärtiges Leben war schließlich ein Versuch, den Kreislauf zu durchbrechen. Er wurde in eine Familie hineingeboren, die ihn niederdrückte, seinen Geist brach und ihn sanftmütig machte. (Also haben auch diese Arten von Familien eine Funktion.) Er sagte, als Kind hatte er den Wunsch, wenn er groß ist, Söldner zu werden, was den gleichen Zyklus fortgesetzt hätte. Stattdessen trat er in die Ärzteschaft ein und half nun den Menschen.

Das intensive Gefühl, das er in seinem Solarplexus-Bereich empfand, war das Zurückhalten der Wut, des Hasses und der Gewalttätigkeit, was so lange, für viele Äonen, zu seiner Persönlichkeit gehörte. Er hatte Angst vor dem, was passieren würde, wenn es losgelassen wird. Deshalb musste er es unterdrücken. Er leistete gute Arbeit und mit der Hilfe des Unterbewusstseins sah es so aus, als könnte er diesen Kampf gewinnen. Er sagte beim Erwachen, dass diese seltsame Erklärung das fehlende Stück sei, das er niemals alleine hätte herausfinden können. Einer der Gründe war, warum er zu dieser Zeit hier auf der Erde weilte, dass sich auch die Erde aus ihrem gewaltsamen Zyklus herausbewegt und kurz davor stand, ihr Bewusstsein in eine neue Ära zu erheben.

Ich frage mich, wie viele Menschen diese unterdrückten Gefühle und Emotionen mit sich herumtragen, die für sie keinen Sinn ergeben und nicht durch die Erziehung erklärt werden können. Wie viele junge Menschen haben ähnliche Gefühle, die durch die Gewalt in unserer

Welt und im Fernsehen übertrieben und aufgeweckt werden? Das eröffnet eine neue Sichtweise auf diese Umstände, für die die Behörden offenbar keine Erklärung zu haben scheinen.

KAPITEL 10

LEBEN IN NICHT-MENSCHLICHEN KÖRPERN

Diese Sitzung fand in Clearwater, Florida, statt, als ich mich dort, im Oktober 2002, für eine Expo aufhielt.

Als Menschen gewöhnen wir uns an den Gedanken (wenn wir erst einmal das Konzept der Reinkarnation akzeptiert haben), dass wir nur als Menschen vergangene Leben erlebt haben. Diese Überzeugung ist keineswegs zutreffend, wie ich aus meiner Forschung erfahren habe. Das Leben in jeder Form ist eine Lehre, die uns etwas vermitteln kann. Darum geht es im Leben auf der Erde. Etwas zu lernen, wie in der Schule, wie im Unterricht. Man kann nicht mit der nächsten Klasse fortfahren, ohne die vorherige Klasse erfolgreich abgeschlossen zu haben. Natürlich ist die Lektion die man als Mensch erhält viel komplexer, als das Leben als Stein oder Maiskolben, aber sie sind genauso lebendig, sie vibrieren nur mit einer anderen Frequenz.

In meinem Buch „Das Vermächtnis der Sterne" brachte ich einen jungen Mann zu seinem ersten Leben auf der Erde. Ich nahm an, er sei wahrscheinlich ein Höhlenmensch oder ähnliches. Stattdessen begab er sich in eine Lebenszeit, zu der sich die Erde noch abkühlte, um das Leben zu unterstützen. Es gab immer noch aktive Vulkane, die Lava und gefährliche Dämpfe in die Atmosphäre ausstießen. Es war noch keine lebensfreundliche Umgebung, in der sich das Leben entwickeln konnte. Der junge Mann fühlte sich als Teil der Atmosphäre. Seine Aufgabe bestand darin, neben vielen anderen, die Luft von Ammoniak und anderen giftigen Gasen zu reinigen, so dass die Abkühlung der Erde dazu führen konnte, sich in ihren ersten rudimentären Stadien zu entwickeln. Obwohl er nicht das hatte, was wir als einen „Körper" betrachten, lebte er und war sich seiner Aufgabe bewusst. Er hatte definitiv eine Persönlichkeit und sah alles aus seiner eigenen Perspektive. Er nahm sich sogar eine Auszeit von seinem „Job", um gelegentlich Spaß zu haben, indem er in die fließende Lava ein- und auftauchte, um zu erfahren, wie sich das anfühlt.

Ich entdeckte und berichtete in meinem Buch „Zwischen Tod und Leben, dass wir das Leben erst in all seinen Formen erleben müssen, bevor wir endlich die menschliche Bühne betreten. Dies hat einen Zweck, der von unserem bewussten Verstand nicht erkannt wird. Es soll uns zeigen, dass alles Leben eins ist und wir alle auf einer tieferen Seelenebene miteinander verbunden sind. Wir sind zuerst Geister oder Seelen und erleben viele verschiedene Abenteuer, während wir auf der Leiter der Erkenntnis aufsteigen und zurückkehren, um wieder mit dem Schöpfer eins zu werden. So wundere ich mich nicht mehr, wenn ein Klient ein nichtmenschliches Leben beschreibt. Das Unterbewusstsein wählt dasjenige aus, von dem er glaubt, dass der Klient es zu diesem geeigneten Zeitpunkt in seinem Leben sehen muss, wenn er nach Antworten sucht.

Einige der nichtmenschlichen Leben, von denen mir berichtet wurde, waren: Das Leben als Maisstiel, hier lag der Genuss im Sonnenbaden und im Wiegen einer sanften Brise. Das Leben als Fels, hier verging die Zeit mit unglaublicher Langsamkeit. Beim Leben als Mammut war das Hauptgefühl die Größe und Schwere des Körpers. Das Leben als riesiger Vogel, der Schutz für sein Ei sucht und die Kameradschaft anderer seiner Spezies spürt. Das Leben als riesiger Affe, der mit anderen seiner Gruppe Frieden und Zufriedenheit verspürt. Er besaß nur die einfachsten Gefühle. Ihr Anführer war ein älterer Affe, von dem sie erwarteten, dass er sich um sie kümmerte. Als er starb, gab es viel Verwirrung in der Gruppe und sie drängten den Körper aufzuwachen.

Alle diese Leben sind im Vergleich zum Menschen einfach, aber sie hatten ihre ausgeprägten Qualitäten, die darauf hindeuten, dass sie lebende und fühlende Wesen waren. Wenn wir erkennen und verstehen, dass wir alle diese Stufen durchlaufen haben, wären wir in der Lage, uns besser um unsere Umwelt und unseren Planeten zu kümmern. Wir würden erkennen, dass wir alle auf einer tieferen, weitreichenderen Seelenebene verbunden sind.

Diese Sitzung mit Rick war ein weiteres Beispiel für einen Klienten, der ein ungewöhnliches und unerwartetes Leben als Nichtmensch begann. Als Rick aus der Wolke kam, war er verwirrt, weil er nicht verstehen konnte, was er war oder wo er war. Normalerweise kommt der Klient von der Wolke herunter und steht auf etwas Festem, und diese Eindrücke setzten sich danach fort. Die Skeptiker sagen, der Klient fantasiere eine Szene, um den Hypnotiseur zufrieden zu stellen. Trotzdem fühlte Rick nichts unter seinen Füßen, nachdem er die Oberfläche erreicht hatte, und das trug nur zu seiner Verwirrung bei. Ich sagte ihm, dass er den Eindrücken die er hat, vertrauen soll.

R: Nun, ich schaue auf. Und es ist ein violetter Himmel. (Verwirrung) Und das ist direkt vor meinen Augen, als ich aufschaue. Und was sich in meiner peripheren Sicht befindet, ist schwer zu beschreiben. Es ist wirklich unscharf. Ich fühle keinen Druck gegen meine Füße.

Ich wies ihn an, dass die Empfindungen klarer werden sollten.

D: Schau nach rechts und sieh, was sich am Rand befindet. (lange Pause) Es wird klarer, anstatt verschwommen zu sein. (Pause) Vertraue auf alles was kommt. Der erste Eindruck.
R: Okay, jetzt gibt es mehr Farben. Es ist heller, wie der Sonnenaufgang. Und vielleicht wie Wasser.
D: Wie die Sonne auf dem Wasser?
R: Ja oder so ... hast du jemals die Sonne unter Wasser gesehen?
D: Das habe ich nicht, aber ich denke es ist möglich.
R: Es ist wie ... Ja, ich fühle mich wie unter Wasser.

Das war eine Überraschung. Ich war mir nicht sicher, ob er schwimmt oder vielleicht waren wir an seinem letzten Lebenstag angekommen und er ist ertrunken. Es gab mehrere Möglichkeiten. Aber ich hätte nicht im Entferntesten daran gedacht, was er mir erzählte. Dies war eine Premiere.

R: Der Blick durch das Wasser ist purburblau. Und zu meiner Rechten ist der Sonnenaufgang, ähmmm über dem Wasser unter dem Wasser.... ähmmm. Nur die Farben, die sich wellenartig bewegen, wie die Wellen des Wassers die Lichtmuster verzerren. Und es ist golden wie am Morgen, wenn die Strahlen ins Wasser kommen. Deshalb gibt es keine Form. Ich bin im Wasser.

D: *Deswegen spürst du auch keinen Druck. (ja) Siehst du etwas in der anderen Richtung?*

R: Nein nicht wirklich. Nur dunkler. Im Gegenteil, weil die Sonne in der anderen Richtung aufsteigt.

D: *Die Sonne klingt schön und sie scheint durch das Wasser? (ja) Wie fühlt sich das Wasser an Deinem Körper an?*

R: Ähmmm.., natürlich. Es gibt keine Angst. Es fühlt sich einfach sehr angenehm an.

D: *Mach dir deinen Körper bewusst. Wie ist dein Körper?*

R: Er ist glatt. (Er fand das humorvoll.) Ich weiß es nicht. Es ist wie ein Delfin. (leise) Wie kann das sein? Aber ja, das sehe ich. Ich sehe einen Delfin. Als ob ich nach draußen schaue, oder ich schaue mir einen anderen an. Aber ich bin nicht auf dem Rücken und schaue nach oben. Ich bin auf dem Bauch und schaue auf. Als ob ich schlafe, irgendwie. Einfach im Wasser liegen. Sich auf und ab bewegen. Aus dem einen Auge kann ich die Sonne sehen und aus dem anderen Auge kann ich die Dunkelheit sehen. Und ich kann auch nach oben sehen, ohne mich umdrehen und bewegen zu müssen. Das ganze Panorama von Osten nach Westen.

Wie sehen Delfine oder Meeresbewohner und wie ist ihre Sichtweite? Wissen wir es wirklich? Vielleicht können sie einen weitaus größeren Bereich sehen, wenn sich ihre Augen auf beiden Seiten des Kopfes befinden. Es schien sicherlich so zu sein.

D: *Das ist interessant. Und denkst du, da ist noch einer da?*

R: Ich glaube ich habe einen gesehen. Ich gehe rein und raus aus dem Körper und schau mich um, ich möchte sehen, wie der Körper aussieht. Ich denke es ist mein Körper. Er ist glatt, weich. (aus

Überzeugung) Ich bin ein Delfin. Es ist sehr friedlich. Es ist überraschend.
D: *Fühlt es sich gut an, im Wasser zu sein?*
R: Ja, es fühlt sich frei an. Keine Einschränkungen. Man hat alles, was man braucht, genau dort.
D: *Einfach völlige Freiheit im Wasser. (ja) Was machst du mit deiner Zeit?*
R: Schlafen; es ist Zeit, jetzt etwas zu tun, wenn ich wach bin. Wir existieren einfach ... wir leben nur! Es gibt keinen Plan. Es gibt zu essen. Ich muss nur essen. Aber im Moment scheint es ... als würden wir einfach schweben und dann ... es ist schwer zu erklären. Es gibt keinen Job. Kein du musst etwas tun. Es fühlt sich schön an, wirklich. Es ist etwas seltsam.
D: *Warum ist es seltsam?*
R: Weil ich es nicht in den richtigen Kontext stellen kann.
D: *Tu das Beste, was du kannst. Was isst du?*
R: Oh, anderen Fisch.
D: *Kannst du im Wasser atmen?*
R: Ja, aber Luft. Tolle Luft! (Pause) Ich sehe etwas. Ich sehe Gebäude, die ... am Ufer liegen.
D: *Bist du jetzt auf dem Wasser?*
R: So in der Art. Irgendwie seitwärts. Ich kann sie mit meinem Kopf über dem Wasser sehen. Sie sind wie Hütten. Wie dschungelartige Konstruktionen mit Grasdächern. Ich frage mich nur, wer sie sind. Was es ist?
D: *Hast du schon mal Menschen gesehen? (nein) Hast du das Ufer schon so gesehen? (nein) Bist du meistens auf See gewesen? (ja)*

Es war offensichtlich, dass er sich immer mehr mit dem Delfin identifizierte. Seine Antworten waren langsam und einfach.

D: *Und jetzt kannst du den Rand sehen, wo das Wasser stoppt? (ja)*

Ich strukturierte meine Fragen in Richtung eines sehr einfachen Wesens. Ich glaubte nicht, dass es etwas zu komplexes verstehen kann. Indes hatte es bereits gezeigt, dass es sich um ein fühlendes Wesen handelt.

D: *Wie fühlt sich das an?*

R: Neugierig.
D: *Zu wissen, dass es eine Grenze im Wasser gibt oder wie?*
R: Ja... (er hatte Schwierigkeiten, die Wörter zu finden). Es ist ... warum ... was ist das? Es ist anders. Ich habe das Gefühl, ich muss mich woanders hinbewegen.

Es gab eine lange Pause. Offensichtlich hatte er Schwierigkeiten, die richtigen Worte im Gehirn des Delfins zu finden.

R: (Lange Pause, als er nach Worten suchte.) Es ist das ... es ist nur ... ich weiß es nicht. Ich verstehe es nicht. Ich verstehe nicht was diese ... was macht es hier? Was ... warum bin ich hier? Und warum mache ich das? Es ist etwas Neues. Und ich verstehe das nicht. Und ich weiß es nicht. Ich verstehe das nicht. Und ich weiß nicht, was es ist. Es ist anders.

Es war offensichtlich, dass er als Meerestier daran gewöhnt war, nur das Wasser zu sehen. Jetzt konnte er sehen, dass das Meer Grenzen hat, und die Gruppe von Hütten ist etwas, mit dem er nicht vertraut war, so dass es keine Möglichkeit gab, es zu beschreiben.

D: *Du sagst, du hast das Gefühl, du sollst woanders hingehen?*
R: Ja, für einen Moment hatte ich das Gefühl, ich sollte woanders sein.
D: *Was meinst du damit, woanders hinzugehen?*
R: Wie weg. Als würde man sich schnell bewegen.
D: *Weg von diesen Hütten?*
R: Nein, weg von dem ... dem, wo ich bin. Von mir, ich bin.... (Pause) Raus aus diesem Körper?
D: *Sag mir, was los ist. Wie fühlt es sich an?*
R: Ich bin verwirrt. Weil ich diesen Körper sehen kann. Diesen ...Tümmler. Und dann habe ich das Gefühl, ich möchte den Körper verlassen. Oder woanders hingehen. Ich habe das Gefühl, ich bewege mich für einen Moment schnell. Dann hört es auf, weil es mich erschreckt. Dennoch ich würde gerne dorthin zurückkehren. Ich mochte es im Delfin, aber ich ... es war auch ... (hatte Schwierigkeiten) verwirrend ... zu anders? Ich konnte mich nicht darauf beziehen.
D: *Aber wenn du woanders hin willst, kannst du das. du kannst überall hingehen, wo du hin willst. Wir suchen nach etwas, das*

angemessen ist und Bedeutung hat. Gehen wir also dorthin, wo das ist. Sag mir, was passiert, wenn du dich bewegst. Was siehst du, wenn du zu etwas anderem hingehst, das angemessen und wichtig für dich ist, um davon zu erfahren?

Rick fand sich in einer früheren Zeit wieder, als er eine Gruppe von Leuten anführte. Er hatte viel Verantwortung und fühlte sich betrogen, als er sie in einen Krieg führen musste, der unmöglich zu gewinnen war. Es war mehr für die Befriedigung seines eigenen Egos, als zum Nutzen des Volkes. Er trug diese Schuld immer noch in seinem jetzigen Leben, und das erklärte viele seiner körperlichen Probleme. Dies beinhaltete Rückenprobleme, weil er von einer Klippe fiel und starb. Mehrere Tage lebte er mit Schmerzen und einem gebrochenen Rücken. Die Erinnerungen blieben in seinem jetzigen Körper als Wiedererleben daran, dass man die Verantwortung in diesem Leben nicht leichtfertig übernehmen sollte.

Ich kontaktierte dann sein Unterbewusstsein, damit wir seine Fragen stellen konnten. Der Hauptpunkt, mit dem ich mich beschäftigte, war der Grund, warum ihm das Leben als Delfin oder Meerestier gezeigt worden ist.

D: Warum hast du ihm dieses Leben gezeigt?
R: Weil es fremd ist. Weil es irgendwo ist, wo seine wahren Wurzeln liegen. Er wurde auf eine Weise verändert, um „Menschlichkeit" von den Wurzeln dieser ersten Inkarnation zu erfahren.
D: War das seine erste Inkarnation auf der Erde?
R: Nein, es war ein anderer Ort, an dem es keine Menschen gibt. Nur diese Art von Wesen.
D: Die, die im Wasser leben?
R: Ja, deshalb erlebte er die Zeit der schnellen Bewegungen. Denn er war neugierig und fragte sich, wie es an diesem Ort, an diesem Ufer, ist. Diese Vision, die er von den Bäumen und den Hütten hatte. Deshalb verstand er es nicht. Es war eine Vision von einem Ort, den er noch nie gesehen hatte.
D: Dann war das kein physischer Ort in seiner Wasserwelt?
R: Es war ein physischer Ort, auf den er neugierig war. Er war neugierig, wie es wäre, nicht mehr im Wasser zu leben. Also wünschte er sich diese Erfahrung.

D: *Und das hat dazu geführt, dass er als Mensch wiedergeboren wurde?*
R: Letztendlich hat es das. Das sind seine wahren Wurzeln. Dort begann für ihn auf dieser Reise alles.
D: *In der Wasserwelt.*
R: Aus der Wasserwelt.
D: *Du sagst, dafür musste er verändert werden?*
R: Ja, seine Veränderung fand in einer Reihe von Prozessen statt. Schwingungsverschiebungen, unterstützt von denen, die dem Planeten unendlich helfen. Das Experiment wird seit vielen Jahrtausenden durchgeführt. Sie suchen Kern- und Wurzelstöcke, die für die menschliche Erfahrung verwendet und modifiziert werden können.
D: *Aber konnte die Seele, der Geist, nicht einfach in einen menschlichen Körper reingehen durch eine Inkarnation?*
R: Es musste geändert werden. Es gibt Inkompatibilitäten zwischen der Seele, der Energie und den Essenzen dieses Wassergeschöpfes. Bevor sie zu dieser Erfahrung kamen, waren diese Modifikationen notwendig, damit die Kreatur die Gefühle oder Instinkte richtig verstehen kann, die in den Menschen programmiert worden sind.
D: *Aha, so wäre es zu schwierig oder unmöglich für ihn gewesen, direkt aus dem Wasser in einen Menschen zu inkarnieren.*
R: Das ist richtig.

Dies ist vergleichbar mit Estelle, die aus der Reptilienrasse stammt und an ihrem menschlichen Körper Veränderungen vorgenommen hat, um sich an die verschiedenen Energiearten anzupassen.

D: *Dann begann er eine Reihe von Leben auf der Erde. (ja) Und deshalb hast du ihm anfangs den Delfin gezeigt. (ja) Er hat sich sein ganzes Leben lang gefragt, warum er sich für Ufos und E.T.'s interessiert. Ist das der Grund? (ja) Obwohl ich denke, dass er es sich als Filmvariante vorstellt. (kichert) Also ist das anders, oder?*
R: Ähnlich, aber anders. Im ganzen Universum gibt es Programme. Alle Arten von Material. Sagen wir, alle Quellen wurden für diese Erfahrung berücksichtigt. Dies ist zufällig seine Hauptquelle, die von den Wasserweltkreaturen stammt. Es gab andere, die auch aus

verschiedenen unterschiedlichen Gruppen stammten, alle zusammen.

D: *Es ist also nicht unbedingt so, als würde er an Raumschiffe denken. Es kann viele verschiedene Arten geben.*

R: Ja, doch diese waren sicherlich in den Transport involviert. Die Modifikation und das Experiment.

D: *Die Einstellung des Körpers.*

R: Über die Jahrtausende.

D: *So konnten sie denen, die in einen menschlichen Körper kommen wollten, helfen sich anzupassen.*

R: Sie wurden gebraucht. Die ursprüngliche Absicht war zu erleben und Erfahrungen zu sammeln. Diese ursprüngliche Absicht wurde von den anderen gewährt und erleichtert.

D: *Aha, er hat Kontakt mit ihnen, seit er als Rick in einem menschlichen Körper ist?*

R: Nicht physisch. In seinen Träumen. In seinem nichtphysischen Zustand. Während er meditiert, während er schläft.

D: *Er ist dann aus dem Körper?*

R: Ja, wenn ihm sehr kalt ist oder wenn er sich sehr heiß fühlt. Dies ist die Übertragung.

D: *Wenn er den Körper verlässt, meinst du?*

R: Ja, oder wenn er wieder eintritt. Er wird heiß, sobald er in seinen physischen Körper eintritt. Wenn er herauskommt, verlässt er seinen hellen Körper und wird kalt.

D: Und er erinnert sich nicht daran.

R: Er wird sich der Abnormität seiner normalen Träume bewusster. Er experimentiert jetzt mit dem, was man „Remote Viewing" nennt. Es kommt zu einer bestimmten Zeit, wenn er meditiert. Es passiert nicht oft, aber er ist sich dessen bewusst. Er sollte dies des Öfteren üben. Er könnte Ereignisse in der Gegenwart und in der Vergangenheit, sowie die potenzielle Zukunft klar sehen. Diese Fähigkeit wird nicht nur für ihn wichtig sein, sondern auch für diejenigen, die Schutz wünschen.

* * *

Dies ähnelte einem anderen Fall, den ich kurz zuvor mit einer Klientin hatte. Eine Frau besuchte mich, während ich mich in Memphis aufhielt. Sie sah wie ein laufendes Skelett aus, so dünn war sie. Sie erzählte mir, dass sie dreimal fast gestorben wäre. Die Ärzte sagten, dass mit jedem Organ in ihrem Körper etwas nicht stimme. Es sei überraschend, dass sie noch lebe. Natürlich hatte sie starke Schmerzen und Unbehagen, daher war sie sehr unzufrieden mit ihrem Leben. Sie wollte unbedingt Antworten, als diese kamen, hat sie diese niemals so erwartet. Sie wechselte in ein sorgloses, wunderbares Leben als Meerestier, ähnlich einem Delfin. Sie genoss ihr Leben ohne Probleme, zu schwimmen in einer völlig freien Umgebung. Dann war es Zeit für sie, dieses Leben zu verlassen. Egal wie glücklich eine Person in einem bestimmten Leben sein mag, irgendwann sind die Lektionen gelernt und nichts kann mehr durch einen Aufenthalt dort gewonnen werden. Dann ist es an der Zeit, dass der Geist zu tieferen und komplexeren Lektionen übergeht. Der Geist muss sich weiterentwickeln. Also musste sie gehen und ihre menschlichen Inkarnationen beginnen. Sie hasste es, in den menschlichen Körper gezwungen zu werden, mit den ganzen Einschränkungen. Sie sehnte sich nach der Freiheit des Wassers, aber es sollte nicht sein. In ihrer Frustration versuchte sie, ihren gegenwärtigen Körper zu zerstören, damit sie ihn verlassen konnte. Dies war ihr auf bewusster Ebene natürlich unbekannt, aber es war der Grund für die vielen körperlichen Probleme. Jedoch, auf diese Weise durfte sie nicht gehen. Damit schuf sie sich selbst nur ihr eigenes Elend, indem sie sich nicht an ihren physischen Körper anpasste. Es erforderte viel Therapie, sie dazu zu bringen, den Grund für die Krankheiten zu erkennen. Eine seltsame Erklärung, aber es zeigt, wie anhänglich ein Wesen an einem reizvollen, unkomplizierten Leben in Freiheit sein kann.

Als ich sie ein Jahr später wiedersah, hatte sie weniger gesundheitliche Probleme und sie schien an Gewicht zugenommen zu haben. Weil sie, mit der Entscheidung in diesem Leben zu bleiben, bis sie diese Lektion gelernt hatte, die Anpassung akzeptiert hat. Denn wenn sie aus irgendeinem Grund zu früh abreisen sollte, müsste sie wieder zurückkehren, um die Lektion abzuschließen. So leicht kommt man nicht davon.

In meinem Buch „Das gewundene Universum, Buch Eins", wurde auch von dem jungen Mann aus Australien berichtet, der Äonen als frei schwebender Geist auf einem schönen Planeten verbrachte. Er hatte keine Verpflichtungen oder Pflichten, nur ein sorgloses Leben voller Genuss. Er hatte viele Male die Möglichkeit zu gehen und sich in einer anderen Form weiterzuentwickeln, aber er genoss es und wollte bleiben. Das Schicksal (oder die Mächte, oder wer auch immer für diese Dinge verantwortlich ist) musste schließlich die Entscheidung für ihn treffen. Und er wurde von diesem Planeten gesaugt, wie mit einem Staubsauger, der ein Stück Papier aufsaugt, wie er es beschrieb. Und er wurde in einem physischen Körper deponiert, sehr zu seiner Bestürzung und Abneigung. Als er zu Beginn der Sitzung seinen schönen Planeten zum ersten Mal sah, wurde er sehr emotional. Er weinte und nannte es sein „Zuhause", denn alle Erinnerungen daran, in vollkommener Ruhe und Harmonie dort zu sein, kamen zurück. Es gab sofortiges Erkennen und intensives Leid, dass er gehen musste. So ist es uns möglich, eine Erinnerung an einen Ort des vollkommenen Glücks in uns zu tragen, die tiefe Traurigkeit erzeugt. Sei es als freischwebender Geist in einer schönen Welt oder als uneingeschränktes Meereswesen in einer Wasserwelt.

KAPITEL 11

FREMDER DER ERDE

Ich begegne den Seelen, die sich ursprünglich nicht auf der Erde aufhalten, immer auf eine recht seltsame Weise. Die Tatsache, dass sie anders sind und sich auf einer besonderen Mission befinden, wird an unserem ersten Treffen nicht deutlich. Sie erscheinen physisch, wie jeder andere auch. Meistens ist ihnen nicht bewusst, dass sie anders sind, oftmals fühlen sie sich fehl am Platz, nicht dazu gehörig. Ihre einzigartigen Eigenschaften werden nur durch das Unterbewusstsein offenbart, und nur dann, wenn das Unterbewusstsein der Meinung ist, dass die Person bereit ist, solche Informationen zu erfahren. Es ist so schützend wie ich es bin und weiß, dass einige Informationen mehr Schaden anrichten können als Gutes. Es scheint, sie finden irgendwie zu mir, wenn die Person bereit ist, diese Dinge zu erfahren und die Geheimnisse werden enthüllt.

Aaron ist ein Mann, der als Ingenieur für die NASA arbeitet und an Weltraumprojekten beteiligt ist. Ich möchte nicht den Ort preisgeben, an dem er arbeitet, aus Gründen, die später offensichtlich werden. Er fuhr viele Stunden, um diese Sitzung bei mir machen zu können. Er brachte seine Freundin mit und auch sie wollte an der Sitzung teilhaben. Sie wurde ziemlich energisch, als ich ihr sagte, dass niemand, außer dem Klient selbst, an meinen Therapiesitzungen teilnehmen darf. Sie begründete ihr Ansinnen damit, dass Aaron ihr sowieso immer alles erzählen würde. Ich bestand darauf, dass ich mein Verfahren für sie nicht ändern werde, und ihr blieb nichts anderes übrig, als widerstrebend zurück in ihr Motel Zimmer zu gehen. Nachdem sie gegangen war, sagte Aaron, er sei froh, dass ich sie nicht habe bleiben lassen. Er wollte sie gar nicht dabei haben, aber sie kann sehr überzeugend sein. Nachdem sie weg war, konnte er sich entspannen und wir starteten unser Interview. Diese Sitzung fand im Februar 2002 in einem Motel in Eureka Springs, Arkansas, statt. Ich hatte eine Woche Zeit, um Sitzungen mit den Einheimischen aus Arkansas, Missouri, Oklahoma und Kansas abzuhalten. Als Aaron auf meiner Website sah, wo ich zeitweilig meine Sitzungen durchführte, nahm er die weite Anreise in Kauf, weil er bestrebt war, diese Regression unbedingt zu machen.

Nachdem wir mit der Sitzung begonnen hatten, kam Aaron aus der Wolke. Das erste was er sah, war ein kleines Hüttendorf mit Strohdächern, das zwischen grünen Hügeln eingebettet war. Er sah, dass er ein junger Mann in den Zwanzigern war, dunkelhaarig, bärtig und in losem, sackartigem Gewand gekleidet. Es begann wie eine ganz normale Regression in die Vergangenheit, bei der der Klient ein einfaches Landleben als Landwirt o. ä. durchlebt, schnell klar wurde aber, dass es einen Unterschied gab. Er stand auf einem Hügel und blickte auf das Dorf hinunter und er war recht nervös. Er versteckte sich vor etwas. „Ich habe Angst. Als würde etwas im Dorf passieren. Ich denke, es gibt eine Gruppe die nach mir sucht." Es sind keine Leute aus dem Dorf. Es könnte die lokale Regierung oder das Militär sein. Er war besorgt. „Sie suchen aus irgendeinem Grund nach mir. Deshalb bin ich hier oben und verstecke mich. Ich möchte nicht dort unten im Dorf sein. Ich verspüre Angst, dass sie mich erwischen." Er stammte ursprünglich nicht aus dem Dorf, wohnte aber dort bei einer Familie.

D: Warum, glaubst du, suchen sie dich?
A: (langsam) Weil ich irgendwie anders bin. Ich benutze einige Dinge wie Telepathie oder psychische Dinge, mit denen ich aufgewachsen bin. Ich kann Objekte mit meinem Verstand bewegen und bewirken, dass sich Dinge durch andere feste Dinge bewegen. Und ich kann die Dinge manipulieren. Nur wenige wissen davon. Und das verursacht Probleme. Es zieht die Aufmerksamkeit auf sich. Sie denken, ich bin eine andere Art von Wesen oder auch eine Art Teufel. Obwohl ich versuche, keine Aufmerksamkeit zu erregen.

D: *Ich kann verstehen, warum sich manche Leute darüber erschrecken. Wie hat das Militär davon erfahren?*
A: Ich glaube, Besuch kam in das Dorf und Dorfbewohner müssen wohl von mir erzählt haben. Sie glaubten wohl nicht, dass sie das geheim halten müssen. Sie sind es gewohnt, dass ich diese Dinge tue. Ich habe Angst, dass die Eindringlinge schlimme Dinge mit mir tun.

Er hatte das Gefühl, er muss zu seiner eigenen Sicherheit von diesem Ort gehen, obwohl er nicht wusste wohin. „Ich habe schon ein paar andere Orte verlassen müssen."

D: *Warum musstest du die anderen Orte verlassen?*
A: Aus den gleichen Gründen heraus. Es passiert immer wieder. Ich habe das Gefühl, ich werde nie eine Bleibe haben. Ich fühle mich alleine. (tief seufzend)
D: *Wie hast du deine Fähigkeiten erlernt?*
A: Ich glaube, ich komme aus einem anderen Sternensystem oder von einem anderen Ort. Irgendwie weiß ich das einfach. Ich habe diese Fähigkeiten. Ich bin damit aufgewachsen.

Dies war definitiv keine normale Regression eines vergangenen Lebens. Ich fragte mich, ob er direkt aus einem anderen Sternensystem stammte oder ob er als Baby in diesen Körper inkarnierte und auf der Erde aufwuchs. Dies ähnelte sehr den Geschichten von einigen Klienten, mit denen ich gearbeitet hatte. Sie inkarnierten in ihrem jetzigen Leben als Geist in den Körper und entdeckten später, dass sie „Sternkinder" sind.

A: Ich wurde hier geboren, weiß aber, dass ich nicht von hier komme.
D: *Erinnerst du dich an den anderen Ort, von dem du gekommen bist?*
A: Meinst du die anderen Orte, an denen ich gelebt habe?
D: *Nun, du sprachst davon, aus einem anderen Sternensystem zu stammen.*
A: Ich glaube, ich gehe dorthin zurück, abends oder zu anderen Zeiten. Aus diesem Grund weiß ich, wer ich bin.
D: *Hast du jemals versucht, deine Fähigkeiten geheim zu halten, damit die Leute es nicht erfahren?*

A: Ja, das habe ich versucht. Jedoch es passierte Ungewöhnliches. Und irgendwie spürten sie, dass ich dafür verantwortlich bin.
D: *Was machst du beruflich, wenn du in diesen Dörfern bist?*
A: Ich kann Dinge aus Glas herstellen. Beispielsweise Glas blasen, und ich kann einige meiner Fähigkeiten dafür einsetzen, das Glas auf eine Weise zu manipulieren, wie es normalerweise nicht möglich ist.

Seine ungewöhnlichen Fähigkeiten warnten ihn auch, wenn Gefahr drohte. Deshalb ging er in die Hügel oberhalb des Dorfes, um sich zu verstecken. Er hatte eine Vorahnung, dass er in Gefahr sein könnte. Er sah die Soldaten schließlich wieder das Dorf verlassen, nachdem sie ihn nicht gefunden hatten. Jedoch er musste sich entscheiden, was zu tun ist, denn er war sich bewusst, dass er im Dorf fortan nicht mehr in Sicherheit war. „Ich muss einen anderen Ort zum Leben finden. Vielleicht wo die Leute etwas offener sind, auch wenn sie nicht, wie ich, die gleichen Fähigkeiten besitzen. Ein Ort, an dem die Leute mich schützen."

Da er seinen Verfolgern vorübergehend entgangen war, bewegte ich ihn auf einen wichtigen Tag vor und fragte, was er sieht.

A: Ich befinde mich jetzt auf einem öffentlichen Platz und ich habe eine Ehrung für meine Verdienste in dieser Gemeinschaft erhalten. Ich konnte einige Stellen aufspüren, an denen sie Wasser gefunden haben, und auch andere Mineralien. Ich sehe eine Höhle. Dort befinden sich einige Mineralien, die für unterschiedliche Dinge genutzt werden. Man kann verschiedenste Dinge damit herstellen. Und ich bin glücklich. Ich bin jetzt älter, ich kann meine Fähigkeiten besser beherrschen.
D: *Deine Fähigkeiten?*
A: Ja, meine Fähigkeiten verstehe ich besser einzusetzen. Auch im Umgang mit den Menschen dort bin ich effektiver und nicht so verängstigt.

Er hatte diese Dinge mit seinen psychischen Fähigkeiten für die Gemeinschaft entdeckt. und offenbar gelernt, sie zu kontrollieren und anzuwenden, ohne unerwünschte Aufmerksamkeit zu erregen.

Anscheinend waren diese Leute auch verständnisvoller und er konnte dort bleiben.

D: *Glaubst du, du musstest viel lernen, um diese Fähigkeiten zu kontrollieren?*
A: Ja, ich bin nun fokussierter und konzentriere mich mehr auf die Energie. Jetzt bin ich in einer anderen Gegend. Es fühlt sich so an, als wäre es eine Zivilisation auf einer höheren Ebene. Nicht ganz so primitiv. Ich lebe jetzt in einer Gemeinschaft, in der ich mich als ein Teil fühle.
D: *Du sagst, du hättest das Gefühl, zu dem anderen Sternensystem zurückzukehren, zu dem du nachts gehst. Fühlst du immer noch, dass du das tust?*
A: Nein, ich denke ich mache das direkter. Ich nehme mir Zeit zum Rückzug und dann gehe ich geistig dorthin zurück.
D: Ich dachte, vielleicht brauchst du nicht mehr zurückgehen.
A: Jetzt ist es mehr wie ein Informationsaustausch. Es erklärt denjenigen dort, wie meine Lebenserfahrung hier ist. Es ist auf irgendeine Weise wie eine Trainingsmission, ein Trainingsplatz. Ich lerne, wie man diese Dinge macht und mit den Menschen interagiert.
D: *Du meinst, die Erde ist wie eine Trainingsmission?*
A: Es ist, als würde sich dieses Leben auf eine zukünftige Zeit vorbereiten, in der viel von diesem Wissen benötigt wird. Es wird dann ein wenig einfacher sein und es wird ein besseres Verständnis geben, wie die Menschen auf diese verschiedenen Dinge reagieren.

Ich brachte ihn wieder an einen anderen wichtigen Tag und Aaron überraschte mich erneut.

A: Ich treffe diese Wesen von diesem Planeten, von dem ich komme.
D: *Im physischen?*
A: Ich denke es liegt im physischen Bereich.
D: *Kannst du dorthin zurückkehren?*
A: Nein, ich glaube, sie sind tatsächlich dahin gekommen, wo ich bin. In einer Art Fahrzeug. Zumindest sehe ich das Bild. Dies ist nur ein Besuch. Es ist eine Art Belohnung für meine gute Arbeit, anstatt immer nur mental dorthin zu gehen. Jetzt ist es eine

physische Präsenz und es ist, als würde man alte Freunde treffen. Man umarmt sie einfach.

D: *Dann ist der Körper noch nicht verstorben. Meinst du das?*

Dies ist die Art von Dingen, die normalerweise nach dem Tod passieren; „nach Hause" zurückkehren.

A: Noch nicht in diesem Leben, nein. Ich bin aber ziemlich alt. Es ist ein gutes Gefühl. Ich gehe mit ihnen zurück.

D: *Haben sie dir gesagt, was du jetzt tun wirst?*

A: Ich werde grundsätzlich diesen menschlichen Körper abwerfen und mit ihnen zurückkehren. Unsere Zivilisation existiert in dieser physischen Dichte nicht. Es ist anders. Es ist eine etwas höhere Vibrationsfrequenz. Aber wenn wir zur Erde kommen, nehmen wir eine physische Form an, wie jedes andere Wesen hier auf der Erde. Und so ist es auch, außer dass wir mehr darüber wissen. Und wir arbeiten einfach direkter mit diesem Prozess, das ist alles.

D: *Wenn du also dahin zurückkehrst, kann dein physischer Körper dort nicht existieren. Meinst du das?*

A: Ja, im Grunde schon. Er löst sich einfach auf, oder er würde sich auflösen, also ja.

D: *Weil du ihn nicht mehr brauchst. (genau) Wie fühlst du dich, dorthin zurück zu gehen?*

A: Wirklich gut. Es ist zu Hause. (tiefer Atemzug) Auf der Erde zu sein war hart und nicht einfach. Es ist eine wirklich schwierige Aufgabe. Wenn man dann damit fertig ist, ist man erleichtert und man fühlt sich gut. Ich weiß, dass ich wahrscheinlich zu einem späteren Zeitpunkt auf die Erde zurückkehren werde, aber jetzt ist es Zeit für eine Pause.

D: *War es das erste Mal, dass du in einem physischen Körper zur Erde gegangen bist?*

A: Ich weiß es nicht. Ich denke es war das erste Mal. Ich weiß es nicht.

D: *Ist dieser Ort ein physischer Ort? Ein physischer Planet?*

Ich versuche immer herauszufinden, ob wir über die Geistesebene sprechen, auf der sich die Seelen zwischen den physischen Leben oder anderen physischen Orten befinden.

A: Ja, es hat körperliche Aspekte für mich, genau wie die Erde für dich.
D: *Nur, du wirst diesen Körper nicht mehr brauchen.*
A: Wir haben eine Form. Sie vibriert nur mit einer anderen Geschwindigkeit. Es ist wie auf der Erde zu sein, aber der Energieaustausch mit der Umwelt ist anders. Du bist mehr ein Teil davon. Man fühlt sich als Teil von allem und kann die Dinge viel direkter spüren.
D: *Wie sieht deine Form aus?*
A: Wir sind ziemlich groß und irgendwie dünn. Lange Anhängsel oder Arme. Aus der Perspektive der Erde sind wir eher dünn. Und ich denke, du würdest sagen, wir sehen ein bisschen aus wie... Heuschrecken.
D: *Spindelig?*
A: Wir sind spindelig, ja. Und unser Planet hat eine Menge roter Farbe, daher neigen wir dazu, auch rot zu sein.
D: *Wenn du dich dafür entscheidest, könntest du einfach an einen anderen Ort gehen? Oder wirst du eher geschickt?*
A: Wir können zu bestimmten Orten gehen wie bei einer Mission. Aber das ist immer mit einem Herunterschalten der Energie verbunden. Und es gibt bestimmte Protokolle, die wir befolgen müssen, die durch die Regierenden festgelegt werden. Nein, ich meine nicht Regierenden, sondern Wesen, die verschiedene Bereiche überwachen. Es ist also nicht der Ort, von dem du einfach losfahren kannst, wohin du willst.
D: *Es gibt bestimmte Regeln und Vorschriften. (ja) Sie müssen dir sagen, wohin du gehen sollst?*
A: Wenn wir ein Interesse an einem bestimmten Gebiet haben oder eine Mission erfüllen möchten, können wir eine Institution bilden oder fragen, oder wir können einen Besuch planen. Und wenn es mit anderen Einschränkungen kompatibel ist, können wir das machen. Im Moment haben wir dieses Projekt auf der Erde, mit dem wir arbeiten. Es ist ein längerfristiges Projekt, bei dem wir zur Teilnahme aufgefordert worden sind.
D: *Du hast vor einiger Zeit gesagt, dass diese Fähigkeiten weiter verbreitet werden. Ist das Teil des Projektes oder gibt es noch etwas anderes?*
A: Das ist ein Teil davon; Wesen in der menschlichen Form zu erlauben, einige dieser Fähigkeiten so einzusetzen, dass sie den

Übergang der Menschen in einen höheren Bewusstseinszustand erleichtern. Die Krise durchzustehen, in der es immer noch die Tendenz gibt, dies zu verhindern. Um diese Individuen aufzuhalten oder irgendwie die Bewegung dieser Individuen einzuschränken oder sie als Bedrohung zu betrachten.

D: *Könnten die Menschen auf der Erde dies nicht ohne eure Hilfe selbst entwickeln?*

A: Wir werden als Berater oder Führer betrachtet.

D: *Ich dachte an Lehrer, aber dann würdet ihr es ihnen zeigen.*

A: Ja, es ist eher wie ein Fußballstar oder so ähnlich. Die Menschen sehen und bewundern mich und verstehen, was ich tue. Das ist aber nur ein Beispiel zum Verständnis.

D: *Es hört sich an, als wäre es ein sehr lang angelegtes Projekt, wenn ihr zu uns auf die Erde kommt, zu verschiedenen Zeiten.*

A: Ja, alles hat seine Zeit und seinen Ort, und wir haben nur an einer Perspektive der Dinge gearbeitet.

D: *Deine Gruppe hat anscheinend Geduld, um bei dem Projekt zu bleiben.*

A: Die Erde ist nicht ihr einziges Projekt. Es gibt andere, die sich auf verschiedene Arten von Dingen konzentrieren. Wir arbeiten auch mit anderen Zivilisationen zusammen. Daher ist dieser Service Teil unseres Entwicklungsprozesses.

D: *Du hast vor einer Weile gesagt, es sei eine Krisenzeit auf der Erde. Was meinst du damit?*

A: Es gibt Energien, die bedeutende Entwicklungen auf diesem Gebiet in Schach halten wollen. Sie haben Angst, die Kontrolle zu verlieren. Das macht es schwierig. Es ähnelt sehr der Erfahrung, die ich früher auf der Erde hatte. Es ist eine Frage des Lernens, wie dies gemacht wird, ohne zu viel Aufmerksamkeit auf sich zu ziehen.

D: *Wenn es eine Krisenzeit war, könnte es in beide Richtungen gehen.*

A: Ich glaube, deshalb wurden wir geschickt, um zu helfen. Es gab Besorgnis darüber, dass .... nicht alles hätte aufhören können. Es ist nur eine zeitliche Frage. Irgendwann wäre es passiert, aber es konnte geschehen, nachdem die Zivilisation zerstört und verschwunden war und wieder neu gestartet worden ist.

D: *Das wäre schwieriger, oder?*

A: Ja, sie verlieren etwas an Schwung und es hat Auswirkungen an anderer Stelle. Was auch immer hier passiert, wirkt sich wieder auf andere Bereiche aus. Es ist also im Interesse aller, den erfolgreichen Weg zu verfolgen.

D: *Es hört sich an, als wäre eure Spezies fortgeschrittener als die auf der Erde.*

A: Wir haben bereits viele Erfolge erzielt, aber wir haben auch unsere eigenen Herausforderungen und unsere eigenen Verfolgungsrichtungen.

D: *Du bist also noch nicht im perfekten Zustand. (nein) Ihr scheint jedoch fortgeschrittener zu sein, wenn ihr in der Lage seid, zurück zu kommen und ihnen auf der Erde helfen könnt.*

A: Ja, sind wir; ja.

D: *Wenn du zurückkommst, um ihnen zu helfen, tust du es immer, indem du als Baby in einen Körper hinein geboren wirst?*

A: Normalerweise, wir können unsere Frequenz gegebenenfalls aber auch mit jemandem vereinigen, der bereits in menschlicher Form hier ist, natürlich nur, wenn er zustimmt. Manchmal gibt es eine Verbindung, der man zustimmen kann. Und so arbeiten wir sie durch oder können mit ihnen arbeiten, sie beraten oder leiten. Es ist eine Möglichkeit, etwas zu erreichen, ohne den Geburtsprozess durchlaufen zu müssen.

D: *Stirbt der Körper auf deinem Planeten?*

A: Der Körper geht auch durch einen Übergang. Es dauert, ich möchte sagen tausende eurer Jahre, das der Körper stirbt. Dies geschieht jedoch in einer anderen Art und Weise. Es ist ein anderes Konzept in dem Sinne, dass wir wissen, dass es auch für uns einen höheren Teil gibt. Das ist uns mehr bewusst als euch. Und es ist fast wie eine geplante Veranstaltung, bei der man weiß, dass es passieren wird.

D: *Du bist also nicht unfehlbar oder unsterblich. Der Körper muss schließlich sterben.*

A: Nicht wirklich; wir sehen das nicht so. Wir betrachten es eher als eine Periode der Regeneration, in der wir zum höheren Selbst, zu den höheren Energien gehen und regeneriert werden. Und dann kommen wir zurück und nehmen wieder eine Form an.

D: *Welche Form auch immer du wünschst. (ja) Das ist sehr interessant. Du hast also an vielen verschiedenen Orten Leben gehabt.*

A: Ja, es ist etwas, was mir Spaß macht. Ich genieße es, verschiedene Erfahrungen in verschiedenen Kulturen zu haben.

D: *Obwohl es sich so anhört, als wäre es eher einschränkend, wenn du auf die Erde kommst.*
A: Ja, es macht hier nicht so viel Spaß. In der weiteren Perspektive ist es erfreulich, aber wenn du hier bist, sind einige Erfahrungen davon nicht so gut.
D: *Aber zumindest ist es nicht langweilig. Du kannst verschiedene Dinge ausprobieren.*

Ich hatte das Gefühl, dass wir aus dieser ungewöhnlichen Entität alles gelernt haben, also bat ich es zu gehen und brachte Aaron die volle Persönlichkeit zurück, um sein Unterbewusstsein zu kontaktieren. Aaron atmete tief durch, als dieser Transfer stattfand. Ich fragte das Unterbewusstsein, warum Aaron diese bestimmte Lebenszeit gewählt hatte.

A: Dies ist ein Teil des Grundes, warum er zu dieser Zeit hier ist. Es geht um diese Fähigkeit und Aspekte von sich, die er nicht manifestieren darf, um hier in diesem Leben zu existieren. Das ist noch nicht so gut hervorgekommen. Er hat sich zurückgehalten, als hätte er zu Beginn dieses ersten Lebens Angst gehabt. Also muss er diese Angst loslassen und zu dem Punkt gelangen, an dem er das Gefühl hatte, als er den Preis in diesem Leben erhielt. Dieses Gefühl statt des anderen. Er hat gewisse Dinge bemerkt die geschehen sind und hatte Angst, dass andere Menschen auf ihn aufmerksam werden. Eine bedrohliche Situation entstehen zu lassen, in der er als Außerirdischer oder etwas anderes gesehen wird.
D: *Aber es würde wahrscheinlich jetzt nicht passieren, oder?*
A: Nein, das ist eine Angst, die er jetzt loslassen kann. Diese Verbindung ist etwas, das nicht auftauchen darf.
D: *Es hört sich so an, als ob er keine Person der Erde ist. Ist das richtig?*
A: Das ist eine Tarnung, ja.
D: *Dass er wirklich von anderen Orten kommt. (ja) Und er kommt einfach gelegentlich zur Erde?*
A: Beides hat er gemacht, ja. Durch die Geburt und als Verschmelzung. Beide Arten. Er hat immer den einen oder anderen Weg genommen. Aber ja, er ist nicht wie andere, obwohl er eine Bindung zu einem anderen Zuhause hat.

D: *So wie ich es verstehe, wenn Menschen viele Erdenleben haben, kreieren sie Karma, was dann erfordert, dass sie immer wieder hierher kommen. Sie sind hier für eine Weile mehr oder weniger gebunden, bis das Karma zurückgezahlt ist.*

A: Er arbeitet mit den vorhandenen karmischen Mustern, die in Bezug auf einen Menschen erlaubt sind; eine menschliche Erfahrung, um sich zu entfalten. Aber sein Schicksal ist nicht an diese Muster gebunden. Er trägt zum kollektiven, menschlichen Bewusstsein bei. In diesem Sinne gibt es karmische Muster, die geschaffen und aufgelöst werden, aber er ist nicht an diese gebunden. Verstehst du?

D: *Es ist schwierig auf der Erde zu sein und kein Karma zu schaffen.*

A: Das ist fast unmöglich.

D: *Aber es ist etwas anderes, weil er nicht immer wieder zurückkehren muss?*

A: Stimmt, es ist wie ein Ärmel, der über ihn gezogen wird. Aufgrund dieses Dienstes, dieser Verantwortung, ist er vor der karmischen Schuld geschützt, die andernfalls entstehen würde.

D: *Also wird er hier nicht eingesperrt. (ja)*

Aaron hatte gefragt, warum seine Ehe geschieden worden sei. Ich habe angenommen, dass dieses Ereignis Karma ausgelöst hat, aber das Unterbewusstsein stimmte nicht zu. Ein Teil davon war die Lern- und Unterstützungsmöglichkeit. „Eine Hülle der emotionalen Instabilität", die es ihm ermöglichte, menschliche Emotionen zu erleben, gegen die er keine andere Möglichkeit gehabt hätte. Es war auch ein Trick oder ein bisschen wie eine Tarnung, um ihn nach außen als normal erscheinen zu lassen.

A: Dies sind Lektionen, die er erleben muss. Er kann kein Karma erschaffen, weil er vor diesen irdischen Dingen durch den Schild des Ärmels geschützt wird, der um ihn herum platziert worden ist.

Ich entschied mich Aarons Fragen zu stellen, die er klären wollte um seine Probleme in seinem gegenwärtigen Leben zu lösen.

D: *Er sagte, er erinnere sich in seiner sehr frühen Kindheit an einige Erfahrungen mit anderen Wesen. Es hörte sich an, als wären sie vom Heuschrecken-Typ. Er war sich nicht sicher, ob er davon geträumt oder ob er es wirklich erlebt hat. Kannst du ihm davon erzählen?*

A: Ja, das waren echte Erfahrungen. Dies sind die Wesen, auf die wir uns gerade bezogen haben, die von seinem Heimatplaneten stammen. Sie besuchten ihn früh in seinem Leben, um ihn speziell auf die Leiden vorzubereiten, die er als Kind erlebte. Auf diesem Weg, würde es ihm etwas leichter fallen, die Dinge die ihm geschehen zu ertragen und zu verarbeiten.

D: Und er sollte sich nicht zu viel daran erinnern. Nur dass sie wie Traummenschen waren, Spielgefährten?

A: Richtig, er bekam Unterricht und Anleitung. Sie waren die ganze Zeit da, um ihm zu helfen und ihn zu führen, aber er war sich dessen nicht bewusst.

D: Warum hat er das erlebt, seine Verletzung. Was war der Zweck?

Aaron hat als Kind eine traumatische Unfallverletzung erlitten. Ich möchte nicht genau sagen, welcher Teil seines Körpers betroffen war, weil ich versuche, seine Identität aus offensichtlichen Gründen zu schützen. Er trug leichte Entstellungen und Beeinträchtigungen davon. Es war mir nicht verständlich, weshalb sie glauben konnten, eine solche Verletzung würde es ihm leichter machen, dieses Leben zu bestreiten.

A: Es war ein Handicap, von dem wir glaubten, dass es das Beste für ihn ist Sozusagen ein Aspekt der Tarnung, der es ihm ermöglichte, in bestimmten Bereichen zu funktionieren, ohne zu viel Aufmerksamkeit zu erregen. Es führte zu einer Instabilität in seinem emotionalen Ich, das manchmal auf ihn wirkt. Und deshalb durfte er nicht so direkt auffallen.

D: Meinst du damit, dass eine Art Handicap ihn normaler und menschlicher erscheinen ließ?

A: Ja, im Grunde menschlicher. Dies war ein Spiel des Karmas, das andere um ihn herum brauchten. So sollte es wieder passen. Es war ein Opfer, das er bereit war zu bringen. Wir haben versucht, es den Umständen anzupassen. Es ist wichtig, dass er sich nicht alleine fühlt. Ich sagte ihm, dass er sich auf die Sterne konzentrieren soll. Verliere nicht die Perspektive, woher man kommt und wohin man in diesem Leben gehen will. Es gibt viele verschiedene Einflüsse, die versuchen werden, ihn davon zu befreien. Aber wenn er diesen Fokus behält, wird er erfolgreich und am glücklichsten sein.

* * *

Eine Sitzung mit einem anderen Mann beinhaltete auch die Interaktion mit Weltraumwesen in einem vergangenen Leben. Wir neigen dazu zu denken, dass die Ufo-Beteiligung neu und einzigartig in unserer modernen Zeit ist, aber ich hatte Sitzungen, in denen Menschen in anderen Lebenszeiten dieselben Sichtungen, Interaktionen und Emotionen erlebten, wie Menschen in der heutigen Zeit. Ein Mann ging in ein Leben zurück, das auf den ersten Blick banal und langweilig erschien, genau wie neunzig Prozent der Erinnerungen aus vergangenen Leben. Er war ein einfacher Hirte, der in einer kleinen Hütte in einem Tal zwischen hohen Bergen lebte. Seine einzigen Gefährten waren die Schafe, die er hütete. Er hatte keine Familie und sah niemanden, wenn er nicht gerade in die Nachbarstadt musste. Er war sehr unglücklich und sehnte sich nach Kameradschaft.

Es gab auch ein Element der Angst in seinem einsamen Dasein, weil er gelegentlich riesige Lichter über die Berge kommen sah, die über der Weide schwebten, wo seine Hütte und die Schafe waren. Zu diesen Zeiten versteckte er sich in seinem Haus, bis die Lichter wieder verschwanden. Zumindest waren das seine bewussten Erinnerungen. In der Realität landete bei mehreren Gelegenheiten einer der Lichter, es erwies sich als Raumschiff, nicht weit von seiner Hütte entfernt. Er erwachte, ging auf das Feld und unterhielt sich mit den Insassen des Raumschiffes. Zu dieser Zeit bat er sie, ihn mitzunehmen. Er wollte „nach Hause" gehen. Sie sagten ihm, die Zeit sei noch nicht angemessen. Er hatte sich freiwillig gemeldet, um an diesem Experiment teilzunehmen, und er musste bleiben, bis es vorbei war. Ihm wurde gesagt, es gab viele, die sich freiwillig gemeldet haben, um unter verschiedenen Umständen ein menschliches Leben zu führen, und um zu sehen, wie sie sich an das Leben auf der Erde anpassen können. Sie lebten unterschiedliche Leben, aber für ihn sollte es ein Leben der Einsamkeit sein, um zu sehen, wie er damit umgehen konnte. Wenn das Schiff davonflog, stand er auf dem Feld und weinte und bat sie, zurückzukommen und ihn mitzunehmen, weil er diese Existenz für unerträglich hielt. Dann ging er zurück in die Hütte, schlief wieder ein und erwachte am Morgen ohne Erinnerung an das, was in der Nacht passiert war.

Dies ist den heutigen Ufo-Fällen, die ich untersucht habe, sehr ähnlich. Die bewussten Erinnerungen der Person an das Geschehene und die tatsächliche Erfahrung sind oftmals sehr unterschiedlich. Die Angst, an die sich der bewusste Verstand erinnert, ist oft eine sehr harmlose und gutartige Erfahrung. Menschen haben meistens Angst vor dem, was sie nicht verstehen. Wenn die Wahrheit bekannt wird, ist es einfacher zu handhaben, weil es niemals so schlimm ist, wie sie gedacht hatten.

Der Hirte wurde nicht aus seinem einsamen Leben im Tal entlassen, bis er schließlich als alter Mann starb. Zu diesem Zeitpunkt kehrte das Schiff ein letztes Mal zurück. Er konnte nach draußen gehen, begrüßte die Insassen glücklich und betrat das Schiff für die Heimfahrt. Wie in vielen dieser früheren Verträge und Vereinbarungen, auf der Erde zu leben und zu lernen, wie es ist menschlich zu sein, war das Leben nicht aufregend oder dramatisch. Vielleicht kann die außerirdische Seele aus einem Leben voller Monotonie und Einfachheit mehr lernen als aus Gewalt oder Drama. Es war offensichtlich, dass diese Art von Leben kein Karma erzeugen konnte, da es keine Interaktion mit anderen Menschen gab.

Wie Aaron gesagt hatte, war es schwierig, dem Karma zu entkommen, während er auf der Erde lebt. Wenn die Seele Karma erschafft, wird sie gefangen und dazu verurteilt, zurückzukehren, um das Karma zurückzuzahlen. Aaron sagte, in seinem Fall sei eine Schutzhülle um ihn gelegt worden, um ihn vor dem Einfluss von Karma zu schützen, damit es sich nicht auf ihn auswirken konnte. Ohne eine solche Schutzvorrichtung wäre es unmöglich, unter den Menschen zu leben und „nach Hause" zurückzukehren, ohne Kontamination und Einschluss von Karma.

Bobbis Unterbewusstsein erwähnte auch eine Schutzvorrichtung. sie beschrieb es als einen Schutzfilm, um zu verhindern, dass sie im Fliegenpapier des Karmas stecken blieb, wie sie es beschrieb. Dies wird in Kapitel 28, „Eine andere Alternative zu Walk-Ins", erläutert. Die Sitzung mit Bobbi fand am selben Standort in Eureka Springs, direkt nach Aarons Regression statt. Fast so, als ob „sie" wollten, dass ich zwei Beispiele habe, wie einzelne Seelen Karma vermeiden können.

KAPITEL 12

ARBEIT IM SCHLAFZUSTAND

Diese Sitzung führte ich im Oktober 2002 in Clearwater, Florida, durch, ich nahm dort an der „Expo" teil. Patricia, eine Krankenschwester und Mitarbeiterin in einem Hospiz, hilft, Sterbende und ihre Familien zu beraten. Ich wusste zu Beginn dieser Sitzung nicht, dass sie auch während des Schlafes ihre Arbeit fortsetzt und den Seelen beim Übergang zur anderen Seite hilft. Kein Wunder, dass ihr Beruf sie so zufrieden stellt. Sie arbeitet während des Wachzustandes mit den Sterbenden und auch im Schlafzustand.

Wenn man so lange Rückführungen gemacht hat, lernt man zu erkennen, wenn der Klient etwas anderes beschreibt, als eine normale Erdumgebung. Wenn die Klienten von der Wolke in ein vergangenes Leben geraten, kann die Umgebung eine Stadt, ein Feld, eine Wüste, ein Wald, ein Garten oder vieles andere mehr sein, aber die Beschreibung klingt normal und sie gehen durch ein vergangenes Leben, das für die Therapie verwendet werden kann. Hier ist das Zuhören sehr wichtig, denn falls es sich um einen anderen Planeten, eine andere Dimension oder den Bereich des Geistes handelt, werden die Hinweise in ihrer Beschreibung gegeben. Ich mache es immer mit und versuche nicht, zu ändern oder sie zu korrigieren. Ihr Unterbewusstsein hat sich für diese Situation entschieden, um etwas zu erfahren, dass sie wissen müssen, damit ihnen in diesem Leben Hilfe zuteilwird. Insoweit es mir auch bei meiner Forschung hilft, begrüße ich es, aber ich weiß nie, wohin wir als nächstes geführt werden.

Zuerst klang die Beschreibung, die Patricia mir gegeben hatte, normal und irdisch, aber als sie fortfuhr wurde offensichtlich, dass dies nicht der Fall ist Als sie sich von der Wolke entfernte, sah sie Land mit grünen Hügeln und blauem Wasser. Es klang normal und als ihre Füße den Boden berührten, sagte sie: „Es fühlt sich sehr angenehm an. Es ist sehr hell. Sehr, sehr hell, aber es ist bequem. Alles sieht aus wie ein Garten. Es fühlt sich an wie ein Garten, aber es ist nicht so, dass sich jemand darum kümmern muss. Der Garten ist einfach nur so wie er ist. Es gibt einen Pfad, der sich in verschiedene Richtungen verzweigt. Ich bin wie in einem Park. Es gibt grünes Gras, kleine Sitzgelegenheiten und schöne Bäume. Das Wasser ist direkt vor mir. Da ist Sand und der hat eine goldene Farbe. Und wenn ich gehe, fühle ich mich als Teil von allem. Ich gehe darauf und bin nicht davon getrennt, aber ich bin immer noch ich. Und ich kann im Wasser laufen, ohne nass zu werden, wenn ich es will."

Nein, das klang schon nach etwas anderem, als ein normaler Garten.

P: Rundherum wachsen einige Blumen. Es ist einfach ein wunderschöner Ort. Und ich spaziere hier, aber es ist anders. Es fühlt sich an, als wollte ich mich nur bewegen und das tue ich auch. Ich denke es einfach und ich kann es schaffen. Es ist mühelos.
D: *Gibt es jemanden dort?*

Sie wurde unerwartet und unlogisch emotional. „Oh, da ist meine Familie!"

D: *Was meinst du mit deiner Familie?*
P: Es fühlt sich danach an, da wo ich herkomme. (leider) Und ich wollte nicht gehen.
D: *Das hört sich sehr schön an.*
P: Das ist es. (Sie war bereit zu weinen. Sie beruhigte sich aber wieder.) Es ist okay. Nur hier zu sein ist schon gut.

Dies ist in meiner Arbeit oft geschehen und wurde in „Hüter des Gartens" und im Buch Eins „Das gewundene Universum" berichtet. Die Person sieht einen Ort, der in allem, was man von der Erde kennt, vollkommen fremd erscheint, und es gibt keinen logischen Grund für

Emotionen. Aber es nur zu sehen, bringt die Emotionen an die Oberfläche und ein enormes Gefühl von Melancholie und Heimweh. Auch wenn man sich nicht bewusst an diesen Ort erinnert, hat man das überwältigende Gefühl, nach einer langen Reise an einen besonderen Ort zurück zu kommen, der so außergewöhnlich ist und dennoch so tief im Verstand begraben liegt. Sieht man es wieder, werden alle verlorenen und vergessenen Gefühle in einem geweckt.

D: Das klingt nach einem schönen Ort. Aber du sagst, es gibt viele Wege in viele verschiedene Richtungen?

P: Ja, in viele verschiedene Richtungen. Ich kann überall hingehen und es ist anders. (kichert) Es ist ganz anders.

D: Warum ist es anders?

P: (Großer Seufzer, dann ein Flüstern.) Warum es anders ist? Es ist schwer, die Worte zu finden. Wir sind einfach immer alle zusammen. Alles ist so, wie es sein soll. Das ist schwer zu erklären. Ich versuche es zu beschreiben. Ich kann einen Weg gehen oder mir eine Richtung vorstellen, und ich kann mit diesen Menschen zusammen sein, und wir können viele Dinge gemeinsam tun. Wir schaffen zusammen Dinge. Wir genießen einfach zusammen zu sein, oder wir haben Projekte, die wir ausführen, um anderen Menschen zu helfen, denn dies ist ein besonderer Ort. Ich sehe die Luft ist anders. Sie hat Farben und es können verschiedene Farben an verschiedenen Orten sein. Und ich komme von einem Ort, an dem die Luft golden erscheint. Du kannst einen Weg nehmen und zu anderen, wir würden sie „Viertel" nennen, gehen. Es ist irgendwie so. Und ich kann in bestimmte Viertel mit verschiedenen Farben gehen und mich sehr wohl fühlen. Und andere Farben bedeuten spezielle Projekte.

D: Es sind nicht deine Lieblingsorte? (Ich konnte das durch den Ton ihrer Stimme erkennen.)

P: Nein, nein, aber ich gehe wegen meiner Farben dorthin.

D: Was meinst du damit?

P: Weil ich mich in der goldenen Farbe wohlfühle. Das ist eine sehr hilfreiche, sehr liebevolle Farbe. Und deshalb komme ich her.

D: Der Himmel hat diese Farbe dort?

P: Ich schaue durch die goldene Farbe, und der Himmel kann jede beliebige Farbe haben, die ich möchte.

D: *Aber du hast gesagt, du sollst in anderen Orten zu Projekten gehen?*
P: Ich mache Projekte. Ich erledige Aufträge, wenn ich sie wähle. Ich bin nicht gezwungen. Es wird vorgeschlagen. Ich könnte „nein" sagen, aber ich tue es nicht.
D: *Sind einige dieser Orte in verschiedenen Farben?*
P: Sie fühlen sich ganz unterschiedlich an. Verschiedene Orte, unterschiedliche Energien und die Farbe sind anders. Ich mag die dunklen Orte nicht. Dunkle Farben, dunklere Energie, schwerere Energie. Und ich gehe nicht oft zu diesen dunklen Orten. Einige dieser Wege werden nur von anderen eingeschlagen, weil ihre Energie damit besser arbeiten kann. Besser damit umgehen kann. Ich könnte das auch, wenn ich mich dafür entscheiden würde.
D: *Es gibt auch Wege, die zu diesen Orten führen.*
P: Ja, wir gehen alle an Orte, an die wir uns wenden können, um zu arbeiten. Deshalb bin ich gekommen. Ich möchte mit der Energie arbeiten, die leichter ist. (Pause) Ich kann die Wörter nicht finden. Wer mit härteren Energien umgehen kann, geht auf die anderen Wege. Die dunkleren Pfade. Das mache ich nicht gern. Aber ich bin gerne zu Hause.
D: *Gehst du hin und wieder dorthin zurück?*
P: (seufzt) Ja, wenn ich schlafe.
D: *Wann immer Patricias Körper schläft, kannst du an diesen Ort zurückkehren?*
P: Ja, Patricia der Körper, den ich habe, der ist bei mir. Ich bin mit diesem Körper verbunden.
D: *Wie bist du verbunden?*
P: Durch die Energie. Die Energie kommt zum Körper, und dieser Körper kann viel Energie aufnehmen, denn ich bin in diesem Körper.
D: *Aber du meinst, in der Nacht, wenn der Körper schläft, möchtest du an diesen Ort zurückkehren?*
P: Manchmal komme ich dorthin zurück. Manchmal gehe ich an andere Orte. Ich bleibe meistens auf der Erde und arbeite. Ich habe eine Menge Arbeit zu tun.
D: *Welche Art von Arbeit erledigst du, während der Körper schläft?*
P: Ich helfe verlorenen Seelen wieder nach Hause zu gelangen. Ich arbeite zwischen den Welten, um ihnen zu helfen, nach Hause zu finden. Das ist mein Job. Ich kann die Energien beider Orte halten.

Das Goldlicht ist auf der Erde sehr stark, also bin ich hier, um den Menschen zu helfen, diese Energie zu halten. Und um den Menschen behilflich zu sein, durch diese Energie nach Hause zu gehen. Also arbeite ich quasi immer.
D: *Können diese Seelen nicht selbst ihr Zuhause finden?*
P: Einige von ihnen können das nicht. Manche haben Angst. Und andere sind verwirrt. Einige wissen nicht einmal, dass es Zuhause ist. Ich bin jemand, der die Menschen leitet, der den Leuten zeigt, wo sie zu Hause sind. Einige wissen, dass es ein Zuhause gibt, haben aber Angst; sie sind schüchtern. Sie wissen nicht, wo sie suchen müssen. Ich kann sehr leicht dorthin gelangen. Und selbst wenn ich nicht dorthin gehe, führe ich sie zum Eingang, wo andere warten. *Das ist, was ich tue.*
D: *Du meinst, sie suchen nach ihrem Zuhause, wenn sie den physischen Körper verlassen? (ja) Nicht nur in der Nacht, sondern wenn sie ihn dauerhaft verlassen?*
P: Richtig, es gibt einige, die bald gehen, und sie ... wir könnten „üben" sagen, aber es ist keine Übung. Es ist eher wie... lernen, weil, (seufzt) wenn so viele gehen, gibt es einen ... na ja, man kann nicht „Stau" sagen, weil es nicht so ist wie hier auf der Erde. Aber viele gehen, und es ist einfacher, wenn sie den Weg kennen.
D: *Sonst gibt es Verwirrung, wenn so viele Seelen auf einmal gehen?*
P: Ja, deshalb helfen wir den Seelen, dies zu lernen.
D: *Ich habe immer gedacht, wenn sie den Körper verlassen haben und tatsächlich nach Hause zurückkehren, ist das eine automatische Sache. Sie wissen, in welche Richtung sie gehen müssen.*
P: Es gibt diejenigen die helfen. Wenn die Seelen jedoch in einem Zustand der Verwirrung oder der Angst sind, löst sich dieser emotionale Körper nicht sofort auf. Und manchmal sehen sie nicht. Es gibt verschiedene Möglichkeiten, ihnen zu helfen, bevor sie gehen. Wir können es „Praxis" oder Lehren oder Anleitung nennen. So ist es.

In meinem Buch „Zwischen Tod und Leben" wurde mir gesagt, dass es „Begrüßende" gibt, die die Person treffen, wenn sie sterben und den Körper verlassen um die Reise in Richtung des Lichts zu beginnen. Ich bin immer davon ausgegangen, dass es sich um Geistesseelen, also um verstorbene Verwandte oder Freunde oder um den Schutzengel oder Führer der Person handelt. Nun sieht es so aus, dass diese Arbeit auch von denjenigen geleistet wird, die noch in einem Körper leben. Es wird während des nächtlichen Ausflugs gemacht, den wir alle tun während wir schlafen. Wenigstens sagte Patricia, dass es ihre Aufgabe ist, die Toten zu dem Zugangsweg zu führen, an dem andere übernehmen, um sie den Rest des Weges zu führen. Sie würde nicht den ganzen Weg gehen können, solange sie noch durch die Silberschnur mit ihrem physischen Körper verbunden war.

D: *Weißt du, dass die Seelen bald gehen werden?* (ja) *Woher weißt du, dass es ihre Zeit ist?*
P: Weil es ihr Plan ist. Sie wissen es nicht immer. Aber der höhere Geist von ihnen hat zugestimmt und weiß, dass es Zeit ist. Es gibt also diejenigen, die mit ihren Körpern arbeiten. Nicht ihr physischer Körper, sondern der Teil ihres Geistes, der mit ihrem Körper verbunden ist, weil wir viele Ebenen des Seins haben. Wir haben einen Teil von uns, der sich auf dem Geistesweg befindet, in der Seelenwelt. Teile dazwischen und Teile auf der physischen Welt. Manche Menschen sind nicht mit ihrem geistigen Teil verbunden, oder sie wissen nicht, dass diese Verbindung eine bessere Art ist, sich auszudrücken und zu lernen. Also helfen wir diesen Seelen beim üben. Dann wissen sie, wenn es Zeit ist, sich zu bewegen. Sie wissen, wie man sich fühlt, und sie werden den Geistesteil wahrnehmen können.
D: *Aber du musst nicht den ganzen Weg gehen. Du zeigst nur den Weg sozusagen.*
P: Oh ja, es wird nur der Pfad angezeigt, damit sie sich leichter verbinden können. Es gibt viele Zusammenkünfte dieser Seelen.
D: Was meinst du mit Zusammenkünften?
P: Viele Lichtpunkte in der Nähe der Erde, zu denen diese Seelen gebracht werden. Wir bereiten sie vor.
D: *Aber woher weißt du, dass es ihre Zeit ist? Haben sie etwas gesagt?*
P: Ja, weil ich mich von den meisten unterscheide. Ich kam von zu Hause und meldete mich freiwillig, um dies zu tun.
D: *Aber sind wir nicht alle von zu Hause gekommen?*
P: Ja, wir haben es gemacht, aber andere Wege des zu Hauses. Nicht alle kamen von diesem Pfad, auf dem die goldene Energie ist.
D: *Hat das mit der Entwicklung der Person zu tun?*

P: Es hat damit zu tun, wie viel von ihrem Geist man umarmt hat, weil wir alle den gleichen Geist haben. Niemand ist mehr Geist als andere. Es ist wie viel du umarmt bzw. verstanden hast.

D: Ich dachte nur es sei automatisch, aber wenn es passiert, wissen sie nicht immer, wie es weitergehen soll.

P: Das stimmt. Wenn dies unter Umständen der Verwirrung geschieht oder wenn es einer Person passiert, die Angst hat oder nicht gehen möchte. Wir könnten „Probe" sagen. Es ist nicht gerade eine Probe, aber irgendwie wird es im Voraus gezeigt, damit wird es einfacher.

D: Was ist, wenn der bewusste Teil der Person entscheidet, dass er zu dieser Zeit nicht gehen möchte? Kann es sich dann ändern?

P: Nicht immer, nein. Es gibt Zeiten die sich verlängern können. Das hängt davon ab, was der Vertrag ist. In einigen Verträgen gibt es ein bestimmtes Ereignis oder einen bestimmten Umstand, an dem viele Personen beteiligt sind. Und man kann diesen Vertrag nicht ändern. Es gibt andere, wo es veränderbare Zeiten oder Umstände gibt. Das hängt ganz vom Seelenvertrag ab.

D: Wie du ja weißt, Menschen gehen immer sehr ungern. (ja) Obwohl der Geist den Plan kennt, möchte der menschliche Körper so lange durchhalten, wie er kann.

P: Ja, es gibt Zeiten, in denen dies keine Option ist. Unfälle, Katastrophen oder sogar ein persönliches Ereignis wie Schlaganfall oder Herzinfarkt. Oftmals kann das nicht geändert werden. Es steht in ihrem Vertrag.

Der Vertrag ist die Vereinbarung, die sie auf der geistigen Seite treffen, bevor sie den physischen Körper wieder betreten. In „Zwischen Tod und Leben" gibt es mehr darüber.

D: Aber du sagst, es gab einige Gruppen mit einer großen Anzahl von Menschen, die gleichzeitig gingen.

P: Es fühlt sich so an. (seufzt) Ich habe es auch letztes Jahr, vor dem 11. September 2001, gespürt. Es gab viele Wesen und ich habe es nicht verstanden. Der Teil von mir, der auf der Erde ist, hat es gespürt. Viele, viele Helfer kamen, um zu unterstützen. Mehr als üblich waren hier. Ich fühlte alle geistigen Helfer. Sie waren hier. Und ich spürte, wie sie den Menschen halfen. Obendrein fühlte ich es kommen. Und ich habe das Gefühl, dass noch mehr kommen wird.

D: *Du meinst, wegen der Verwirrung damals wolltest du ihnen den richtigen Weg zeigen? (ja) Oder hätte es nur Massenverwirrung gegeben, wenn so viele gegangen wären?*

P: Ja, es gab zu viel ... Energie des Schreckens. Aber es waren viele Geisteswesen hier, die geholfen haben.

D: *Hast du damals geholfen?*

P: (leise) Ja, das habe ich getan.

D: *Haben einige dieser Leute vorher keine Proben gehabt? Es war so unerwartet.*

P: Alle hatten Proben.

D: *Jeder wusste auf einer anderen Ebene, dass es an der Zeit ist zu gehen?*

P: Ja, alle hatten Proben. Deshalb waren diejenigen da, die dort sein mussten. Die, die nicht dort sein sollten, waren nicht da.

D: *Es gab Geschichten von Leuten, die dem auf wundersame Weise entgingen.*

P: Ja, dafür gab es auch Proben. Und es gab Proben für diejenigen, die nicht gehen sollten. Im Moment gibt es viele Möglichkeiten und ich möchte sie nicht sehen.

* * *

Ich habe im Jahr 2004 eine E-Mail von einer unbekannten Quelle erhalten, ich halte es für angebracht, sie hier einzufügen:

Nach dem 11. September lud ein Unternehmen die verbleibenden Angestellten anderer Unternehmen, die durch den Angriff auf die Türme des World Trade Centers dezimiert worden waren, in ihre verfügbaren Büroflächen ein. Bei einem Treffen am Morgen erzählte der Sicherheitschef, warum diese Menschen am Leben waren. Und in allen Geschichten waren es nur Kleinigkeiten die das beeinflussten:

Der Firmenchef kam erst später an, weil er seinen Sohn in den Kindergarten bringen musste.

Ein anderer Mann lebte, weil er an der Reihe war, Donuts mitzubringen.

Eine Frau kam zu spät, weil ihr Wecker nicht rechtzeitig klingelte.

Einer kam zu spät, weil er im New Jersey Turnpike feststeckte wegen eines Autounfalls.

Einer von ihnen hatte seinen Bus verpasst.

Eine Frau verschüttete Essen auf ihren Kleidern und musste sich umziehen.

Von einem Mann startete das Auto nicht.

Einer ging zurück, um an das Telefon zu gehen, das klingelte.

Einer hatte ein Kind das trödelte und sich nicht so schnell fertig machte, wie es das hätte tun sollen.

Ein Mann konnte kein Taxi bekommen.

Das ungewöhnlichste jedoch war ein Mann, der an diesem Morgen ein neues Paar Schuhe anzog, um zur Arbeit zu gehen, aber bevor er dort ankam, hatte er eine Blase an seinem Fuß. Er hielt in einer Drogerie an, um ein Pflaster zu kaufen. Deshalb lebt er heute.

Wenn ich jetzt im Stau stecke oder ich verpasse einen Aufzug oder kehre zurück, um an ein klingelndes Telefon zu gehen ... all die kleinen Dinge, die mich nerven. Dann denke ich für mich, genau hier möchte Gott, dass ich in diesem Moment bin.

Das nächste Mal, wenn der Morgen nicht so glatt läuft, die Kinder ziehen sich zu langsam an, man scheint die Autoschlüssel nicht zu finden, oder steht an jeder Ampel, werde nicht sauer oder frustriert.

Gott wacht über dich.

Möge Gott dich weiterhin mit all diesen lästigen kleinen Dingen segnen und dich an ihren möglichen Zweck erinnern.

(Für mich klingt dies wie Proben zum Überleben.)

* * *

D: *Aber du sagst, du hast das Gefühl, im nächsten Jahr würden viele Leute gehen? (ja) Sind es nur viele Möglichkeiten, Wahrscheinlichkeiten oder etwas Bestimmtes.*
P: Dies ist eine andere Zeit. Das Ereignis, von dem ich spreche ... Das letzte Jahr (2001) war das, was wir „ätherisch" nennen und dann kam es ins Physische. Es gibt jetzt viele Ereignisse im ätherischen. Einige sind groß, andere sind klein. Es gibt viele verschiedene Möglichkeiten, aber selbst diejenigen von uns, die gerade mit dem Potenzial arbeiten, wissen nicht, welches es sein wird. Denn dies ist eine Zeit ... Ich sehe einen Kreis. Es ist, als wäre alles im Lichtkreis enthalten. Es repräsentiert das Ganze, das Göttliche, den Geist. Es repräsentiert alles was ist. Darin liegen viele Möglichkeiten. Und wir müssen es jetzt nicht wissen. Es fühlt sich so an, als würden wir Änderungen vornehmen. Alle dürfen sich nicht manifestieren. Und ich sehe vorbei. Und ich fühle mich viel wohler, weil ich mich nicht wohl fühlte, wenn ich darüber nachdachte.
D: *Wenn du jedoch im nächsten Jahr mit Menschen zusammenarbeitest, um sie vorzubereiten, gibt es so viele Wahrscheinlichkeiten und Möglichkeiten. Was passiert, wenn sich die Umstände ändern?*
P: Deshalb ist es so schön. Wir arbeiten mit Menschen, helfen ihnen Stück für Stück, immer mehr vom Licht zu sehen, wer sie sind. Wenn die Zeit kommt, werden sie keine Angst haben. Und was auch immer kommt, spielt keine Rolle, denn es wird Zeit, dass sie ihr wahres Licht kennen lernen. Um in eine größere Expansion zu gelangen. Und es ist egal, wie diese Zeit kommt, das weiß ich. Der Teil von mir, der mit den Menschen arbeitet, weiß das. Wir haben viele verschiedene Möglichkeiten, uns in dieses größere Licht hinein zu bewegen. Und wir gehen dorthin. Wir gehen alle bald dort hin.
D: *Wie bald? Wie in irgendwann?*
P: Bald wie in ... für den physischen Körper in diesem Leben.
D: *Diese Lebensdauern können jedoch sehr unterschiedlich sein. (ja)*

Es klang so, als würde sie sich auf den Aufstieg in die nächste Dimension beziehen, wenn sich die Frequenz und die Schwingung unseres Körpers ändern und wir reines Licht werden. In vielen meiner Sitzungen wurde darüber gesprochen und in diesem Kapitel und im gesamten Buch ausführlich behandelt.

D: *Aber du hast vorhin gesagt, es könnte Katastrophen geben, bei denen viele Menschen gehen werden.*
P: Es ist möglich. Türen öffnen sich. Obwohl es schwer zu sagen ist, werden sich die Türen auf unterschiedliche Weise öffnen, je nachdem, wie wir sie öffnen müssen. Und dabei gibt es viele Entscheidungen.
D: *Aber bei Katastrophen gehen mehr Menschen auf einmal raus.*
P: Ja, es wird jedoch auch in Zukunft Öffnungen und Türöffnungen geben, durch die sich viele ins Licht bewegen können. Wie ein Spaziergang auf dem Weg in mein Haus.
D: *Was passiert mit den Leuten, die verwirrt sind und nicht gehen wollen? Diejenigen, die nicht verstehen, was passiert?*
P: Ihr Körper ist verschwunden. Aber sie wissen es manchmal nicht, weil ihr Energiekörper an den physischen Körper gebunden ist. Und sie glauben, dass sie immer noch dabei sind. Sie sind nur verwirrt und wissen nicht, was sie damit anfangen sollen. Aber viele sind bei ihnen, um zu helfen, und sie können ihnen helfen. So wie wir diesen Menschen helfen, senden wir Energie, um sie zu umarmen. Und wenn unsere Energie sie umarmt, fühlen sie sich wohl. Und weil sie sich schon früher so wohl gefühlt haben, können sie darauf achten. Sie haben viel Chaos in ihrer Energie. Aber sie beginnen den beruhigenden Trost zu spüren, weil sie es schon früher gefühlt haben. Und dann können sie dem mehr Aufmerksamkeit schenken. Und sie können verstehen. Dann kann ihr eigener geistiger Teil Kontakt aufnehmen. Wir arbeiten also daran, diesen Menschen zu helfen. Es ist eine sehr chaotische Energie, die in einer Katastrophe geschieht. Es ist, als würden sich alle Vibrationen auf eine unbequeme Weise bewegen. Man muss also beruhigende Energie einbringen. So können die Menschen anfangen es zu fühlen und das Chaos ihrer Energie verringern. Und die, die in ihrem Herzen friedlich und mit ihrem inneren Geist verbunden sind, haben keine so schwere Zeit. Und davon gibt es noch viel mehr. Viele, viele mehr kommen. Das machen

wir. Deshalb arbeiten wir mit Menschen. Die Tür ist ihr eigener Geist. Sie bewegen sich durch ihren Geist zu den höheren Schwingungen. Und wenn sie das tun, können sie friedlich nach Hause gehen.

D: Was ist mit den Glaubenssystemen der Person? Behindert das nicht in gewisser Weise?

P: Manchmal tut es das. Deshalb gibt es Angst. Diejenigen, die Schuld haben, die Angst vor dem haben, was sie „Gott" nennen. Sie schämen sich, und sie haben so große Angst. Sie haben gelernt, Angst vor dem Tod und vor der Hölle zu haben. Das hält sie davon ab, das Licht zu umarmen, was nur Liebe ist. Es ist Liebe, die regiert, und Liebe ist zu Hause.

D: Sie denken, es ist etwas Schlimmes?

P: Sie tun es. Und alles was wir sind, ist Liebe. Dieser menschliche Teil von uns ist sehr formbar, sehr leicht zu manipulieren. Es ist wie Ton, und manchmal werden sie zu dem, was sie nicht sind. Und dann ist es sehr schwer für sie, den Weg nach Hause zu sehen.

D: Die Menschen werden von ihrer Kultur und ihrer Bildung beeinflusst.

P: Und das ist Teil unserer Lektion. Auf verschiedene Weise lernen.

D: Du hast auch gesagt, dass diese anderen Wege andere Projekte waren. Dies ist dein Projekt, aber was sind die anderen Projekte, die den anderen Pfaden folgen?

P: (seufzt) Das sind Menschen, Wesen ... (verwirrt, wie man es formuliert) ... wie wenn man Gips nimmt und es um etwas legt und verhärten lässt. Innen ist ein wunderschönes Juwel, aber ringsum ist dieser dunkle, hässliche Gips. So sind sie. Sie wissen nicht, dass sie innen schön sind. Sie finden sich dunkel und hässlich. Und es gibt große, liebende Wesen, die mit ihnen arbeiten. Und das ist ein ganz anderes Projekt als das Projekt, indem ich bin.

D: Sind dies die Energien von Menschen, die sich noch im Körper befinden oder nachdem sie die Grenze überschritten haben?

P: Nein, sie sind nicht auf der Erde, wie du es nennst.

D: Wo sind sie? In der geistigen Welt?

P: Ja, es ist Teil eines Energieplatzes. Alles ist Energie, aber es ist eine andere Schwingung um dich herum. Es ist eine Energie, die sehr dicht ist. Noch dichter als dieser Planet.

D: Sind es diese Seelen, die Dinge getan haben, die als negativ gelten? (ja) Deswegen sind sie sozusagen im Gips?
P:Ja, das stimmt, weil sie das Negative wirklich mögen. Menschen zu verletzen oder irgendwelche Dinge tun, bei denen sich andere Menschen schlecht fühlen oder ihr Licht nicht finden können. Sie mögen die Dunkelheit. Das ist ihr Weg und das machen sie so lange, bis sie sich ändern.
D: Es braucht viel Geduld, damit die Seelen mit diesen Negativen arbeiten können.
P: Dafür braucht es eine große Liebe und ein großes Licht.
D: Und Hingabe. (ja) Dürfen diese negativen Seelen irgendwo inkarnieren?
P: Nein, jetzt nicht. Nein!
D: Mir wurde gesagt, dass diese Art von Seelen diese Negativität zurückbringen können.
P: Ja, sie werden gerade nicht wiedergeboren. Vor allem können sie nicht zur Erde kommen. Sie können aber auch nicht an andere Orte gehen, weil es ein langes Projekt ist. Und es muss von innen kommen. Diese großen Lichtwesen sind mit ihnen da und sie scheinen ihr Licht auf sie. Und sie müssen durch diese große Dunkelheit hindurch kommen. Es braucht Zeit durch die Dunkelheit durchzukommen, eigentlich ist es keine Zeit, aber es ist Schwingung, es ist eine höhere Schwingung. Sie können nicht hier sein. Es gibt einige hier, die noch im physischen Bereich sind und dorthin gehen können. Es gibt einen Punkt im Kreis, zu dem wir kommen. Ich kann es sehen. Es ist ein Kreis. Es ist keine Pause. Aber es gibt einen Punkt, an dem wir an einen anderen Ort ziehen können. Und wenn wir an diesen Ort gelangen, werden die Menschen an verschiedene Orte gehen, abhängig von ihrer eigenen Schwingung und ihrer eigenen Energie. Und es kann einige geben, die an diesen dunklen Ort gehen müssen.
D: Wegen dem, was sie auf der Erde getan haben?
P: Ja, nicht viele!
D: Aber hier geht es um Karma, nicht wahr?
P: Es ist wie es ist. Ja, so ist es. Wir können es so nennen, aber es ist ihre Energie. Es ist keine Strafe, weil sie gerne dorthin gehen. Hier fühlen sie sich wohl.
D: Aber sie sind nicht gezwungen dorthin zu gehen, wie die Kirche es lehrt?

P: Nein, sie wollen dahin. Es ist keine Bestrafung.
D: *Diese Wesen wollen an diesen dunklen Orten sein.*
P: Oh ja! Und sie haben immer noch ihr Licht, weil ich das Licht in ihnen sehen kann. Es ist immer da. Aber es ist mit Gips umwickelt und sie denken, dass sie der Gips sind.
D: *Aber sie kommen nicht hierher zurück, weil sich die Erde verändert.*
P: Genau, deshalb können sie nicht mehr kommen. Die Dinge haben sich zu sehr verändert. Sie können das Licht nicht sehen. Sie sehen die Dunkelheit. Dann aber, infolge einer Veränderung der Schwingung, durch diese großen Wesen, die freiwillig mit ihnen arbeiten, beginnen sie, ihr inneres Licht scheinen zu lassen. Und wenn sich dieses innere Licht mit dem äußeren Licht verbindet, dann ist die Dunkelheit verschwunden. Aber es dauert so lange, wie es dauern muss. Und wenn es passiert, können sie wieder an andere Orte gehen, um dieses Licht in die Nützlichkeit zu bringen. Weil es darum geht, das Licht zu benutzen. Und es gibt andere Orte, außer diesem Ort der Erde, zu denen wir alle hin und her gehen. Aber dieser Ort kommt zu dieser Kreisöffnung. Es ist alles Energie. Ein anderer Ort, eine andere Energie. Es ist ... mal sehen. (Versucht, die Wörter zu finden.) Es ist nicht zu Hause! Aber es ist wie Zuhause. Weißt du, Zuhause ist die Energie, von der wir kommen.
D: *Die ursprüngliche Energie.*
P: Ja, es gibt viele verschiedene Energieebenen (unsicher, ob dies das richtige Wort ist) auf dieser Erde. Durch Menschen erfolgt eine Umleitung von Energien, eine Weiterleitung. Es wird also Leute geben, die Wege zu verschiedenen Orten gehen, wo sie sich wohl fühlen werden.
D: *Es geht nicht unbedingt nach Hause. Es geht woanders hin.*
P: Richtig, einige werden nach Hause gehen. Einige, die gekommen sind, um zu helfen, haben keinen Grund, woanders zu sein. Ihr einziger Zweck ist zu helfen. Das ist auch mein Zweck.
D: *Du würdest nach Hause gehen. (ja) Aber die anderen hätten einen anderen Zweck? (Pause) Oder du sagst, dass es zu einem Punkt auf dem Kreis kommt, an dem er sich öffnen würde.*
P: Es werden verschiedene Wege und Ebenen geöffnet. Die Menschen gehen an Orte, an denen sie sich wohl fühlen. Und von dort aus

werden sie dann andere Möglichkeiten haben und in der Lage sein, andere Entscheidungen zu treffen, wenn es für sie richtig ist.

D: Hängt das alles davon ab, was sie in ihrem physischen Leben getan haben? (ja) So ist also auch Karma involviert.

P: Ja, Karma bedeutet das Gleichgewicht ihrer Energie, wohin es sie bringt. Und niemand muss bestraft werden. Und wo wir jetzt sind, war ein ganz besonderer Plan, an einem ganz besonderen Ort im Universum. Und es fühlt sich an, als ob viel Gutes von hier kommt.

D: Ich hatte immer das Gefühl, dass jeder, wenn er nach dem Leben hinübergeht, nach Hause gehen würde. Zu dem Ort, den du beschreibst.

P: Ja, aber zu Hause ist für die Menschen anders. Das Zuhause ist für den einen nicht gleich wie das für andere. Es ist zwar alles in einem, aber es sind verschiedene Ebenen des Gleichen. Das ist, was ich meine.

D: Du sagst also, einigen dieser Leute würden andere Wege gezeigt (ja) Nach Hause zu gehen ist anders, als auf die geistige Seite zu gehen.

P: Zuerst können sie zum Geist gehen, dann werden sie sich entscheiden, zu anderen Orten zu gehen. Dieser Planet geht in den Geist.

D: Der ganze Planet?

P: In gewisser Weise, weil er sich seiner höheren Schwingung bewusst wird.

D: Ja, ich habe das gehört. Sie sagen, dass sich die Schwingung, die Frequenz des Planeten selbst, verändert.

P: Es ist so. Darum bin ich hier. Und viele andere sind auch hier, denn es gibt viele verschiedene Schwingungen von Menschen auf dem Planeten. Viele sind hier um zu helfen.

D: Ich habe gehört, dass sich der gesamte Planet in Massen bewegen wird. Ist das wahr?

P: Das sehe ich.

D: So viele Menschen mit so vielen verschiedenen Vibrationen, das könnte schwierig werden.

P: Deshalb gibt es viele Wege. Siehst du, das ist die Tür. Es ist wie der Kreis und die Öffnung in diesem Kreis. Und wenn wir zur Öffnung kommen, bewegen sie sich in den Kreis, gehen aber an verschiedene Stellen im Kreis. Auf verschiedenen Wegen. Es ist also für jeden okay. Jeder wird dort sein, wo er sein soll. Und es gibt einen anderen Kreis von Wesen auf unserer Erde. Es gibt all diese schönen Energien. Schöne Wesen, die mit uns auf der physischen Ebene arbeiten. Und sie sind nicht unsere Engel. Sie sind das, was wir die „aufgestiegenen Wesen" nennen würden. Sie haben sich durch die Energie bewegt. Und sie erweitern ihre Energie als Wege für uns. Das sind die Wesen, über die ich früher gesprochen habe.

Dies war der perfekte Zeitpunkt, um einige Fragen von Patricia zu stellen. Ich wusste, dass ich das Unterbewusstsein nicht aufrufen musste, weil ich seit Beginn der Sitzung mit dem Teil von ihr kommuniziere, der alles Wissen hat.

D: *Patricia erwähnte, dass sie in ihrer Meditation gold- und platinfarbige Wesen gesehen habe. Sind das die, von denen du sprichst?*
P: Ich sehe viele verschiedene Wesen, die den Planeten umgeben mit vielen verschiedenen Farbschwingungen. Ich sehe blau und weiß und violett und gold- und silber- und platinfarben. Aber das sind alles liebende Energien, die uns jetzt alle helfen. Die verschiedenen Farben helfen den Menschen mit den gleichen Schwingungen.
D: *Also haben wir alle unterschiedliche Farben und Vibrationen?*
P: Farben sind Schwingungen.
D: *Und diese Wesen werden von den verschiedenen Farben angezogen? (ja) Demnach unterscheiden sich diese geistigen Helfer von den Engeln?*
P: Ja, das tun sie. Engel sind auch bei uns, aber diese sind anders, weil sie ein Verständnis haben. Viele von ihnen haben das entweder auf dieser physischen Welt oder in anderen ähnlichen Welten durchgemacht. Sie wissen aber auch, wie es ist, sich durch die Schwingungsebenen zu bewegen. Das machen sie.
D: *Was ist also ihre Aufgabe, wenn die Wächter oder Seelenhelfer wie du, Einzelpersonen helfen sollen?*
P: Sie helfen uns, den geistigen Helfern. Sie sind wie Energietransformatoren, die die Energie herunterfahren. Und es gibt viele Menschen hier auf der Erde, die die Energie dieser

großen Wesen nicht halten oder fühlen können. Dafür braucht es andere, die, die vermitteln. Wir sind also Vermittler.

D: *Als Patricia in dieses Leben kam, wusste sie, dass sie diese Dinge tun würde?*

P: Nein, Patricia wusste es nicht. Patricias Seele wusste es.

D: *Ja, das Physische ist das Letzte, das es weiß.*

P: Ja, Patricia steckte sich in einen selbst auferlegten Kleiderschrank, sie wollte es nicht wissen. Viele Dinge hat sie erlebt. Und sie musste erst aus dem Schrank kommen und sagen: „Okay, ich bin nicht mehr in diesem Schrank." Und sie kam aus dem Schrank. Sie ist mit dem goldenen Licht verbunden. Das ist ihre Energie.

D: *Aber als Menschen kennen wir die Vereinbarungen, die wir getroffen haben nicht bewusst, und wir kennen die Verbindungen nicht.*

P: Nein, aber sie fühlte die geistige Familie. Und sie kennt ihr zu Hause. Sie kennt es sehr gut. Und manchmal will sie dorthin gehen. Sie wollte früher intensiv dorthin gehen und aus diesem Leben herauskommen, aber sie konnte sich niemals selbst umbringen.

D: *Weil wir einen Vertrag haben, nicht wahr?*

P: Ja, und sie wusste, dass sie hier bleiben muss. Dass es etwas zu tun gibt. Also blieb sie. Und schließlich gelang es ihr, zu ihrem wahren Verständnis zu gelangen, zu erkennen wer sie ist. Viele Probleme, die sie mit ihren Beziehungen hatte, sind auf eine Vereinbarung zurückzuführen.

D: *Was für eine Vereinbarung?*

P: Als sie sich dazu entschied, war das der harte Weg. Es war ihre Wahl. Sie musste das nicht tun, aber sie entschied sich dafür.

D: *Du sagst, es gab eine Wahl, und sie entschied sich für den schwierigeren Weg. Was wäre der andere Weg gewesen? Kannst du das sehen?*

P: Ja, ich glaube sie wäre jung gestorben.

D: *Warum denkst du das?*

P: Weil ... das ist kompliziert, aber es ist Zeit für sie, es zu wissen. Ich muss die Wörter finden. Wenn sie den einfachen Weg gewählt hätte, hätte sie nicht das Wissen in ihrem physischen Leben gehabt, um so vielen Menschen helfen zu können. Den schwierigen Weg zu akzeptieren, bringt ihr viele Erfahrungen und viel Wissen ein und vielen anderen Menschen kann dadurch geholfen werden. Sie musste das nicht tun. Sie hätte auch nur von der anderen Seite aus helfen können. Von zu Hause. Es ist in gewisser Weise ironisch, weil sie schon immer nach Hause wollte, und doch hilft sie den Menschen dabei, zu gehen. Das ist ihre Arbeit.

D: *Und sie geht nachts dorthin, obwohl sie es nicht bemerkt.*
P: Ja, sie geht dort hin. Ihr physischer Körper hat manchmal Schwierigkeiten, so viel Energie zu halten. Und obwohl sie gesund ist, muss sie sehr vorsichtig sein und besonders aufpassen, da ihr Körper viel Energie enthält. Und sie muss jetzt besonders vorsichtig sein, weil die Energien in der Schwingung höher und höher werden. Ich sehe ihren Körper sich mit dem goldenen Licht füllen und in goldene Energie verwandeln. Und sie kann das tun. Sie wird immer mehr halten. Sie wendet sich immer mehr dem goldenen Licht zu, von dem sie kommt. Und während sich der physische Körper dahin begibt, hilft sie vielen, sich dorthin zu bewegen. Denjenigen, die diesen Weg wählen, denjenigen, die sozusagen die goldene Autobahn nehmen. Aber jetzt geht es in die letzten Stadien. In die letzten Tage.
D: *Was meinst du mit den „letzten Tagen"?*
P: Bevor wir an diesen Ort im Kreis kommen, wo wir uns alle an verschiedene Orte bewegen.
D: *Du sagst, auf der Seelenseite, wenn ihr Körper schläft, arbeitet sie mit Menschen, die sterben werden, um ihnen zu helfen den Weg zu finden. (Ja) Aber auf der körperlichen Ebene arbeitet sie auch in einem Hospiz.*
P: Sie hat viel getan. Sie fühlt beide Welten. Sie hat immer beide Welten gespürt.
D: *Ist es deshalb, wegen der Verbindung, angenehm für sie, wenn sie Hospizarbeit leistet, wenn sie schläft?*
P: Oh ja. Sie hilft den Menschen gerne nach Hause, weil sie weiß, wie wunderbar das ist.
D: *Natürlich ist es einfacher, auf der Seelenebene zu arbeiten, oder?*
P: Ja, es ist einfacher für sie.
D: *Wenn sie sich im physischen Bereich bewegt, also mit Menschen arbeitet, die im Sterben liegen, besteht dann nicht die Gefahr einer Vermischung mit dem physischem? Ich möchte beinahe Programmierung sagen.*

P: Die Menschen fühlen Angst, sie spüren viel Angst in ihrem Körper. Und sie hilft den Leuten dabei ihre Angst zu überwinden, weil sie selbst keine Angst vor dem Tod hat. Und wenn die Leute bei ihr sind, fühlen sie ihre Wahrhaftigkeit, weil sie echt ist. Sie ist es. Sie ist mit dieser Liebesenergie verbunden.

D: *Auf diese Weise kann sie den Menschen viel effektiver helfen. Aber sie hat andere Leben auf der Erde gehabt, oder?* (Pause) *Weil du sagst, dass sie auch auf dieser geistigen Seite existiert, während sie das Leben von Patricia lebt.*

P: Es fühlt sich an wie ja und nein. Ein Teil von ihr hat ein Leben gehabt. Aber nicht der Teil von Patricia. Es sind andere Teile ihrer Seele.

D: *Weil wir es als Reinkarnation betrachten.*

P: Ja, ist es in gewisser Weise, aber es ist anders. (Sie hatte Schwierigkeiten, die Worte zu finden.) Sie stammt von einer Seele, die viele, viele Leben von spiritueller Bedeutung hatte und auf einem spirituellen Pfad arbeitete. Und diese Leben haben alles was sie gelernt hat, ihre Energie, ihr Wissen zu ihrer Seele in Erinnerung gebracht. Der Teil, der Patricia ist, hat aus all diesen Leben kleine Teile genommen. Sie muss sich daran erinnern, dass sie immer mit ihrer Familie zu Hause verbunden ist (bedeutet die geistige Familie). Sie wird sehr geliebt.

* * *

Bei einer anderen Sitzung in Minneapolis im Oktober 2002 gab es einen ähnlichen Vorfall. Ich war in Minneapolis, um eine Reihe von Vorträgen und Workshops zu halten und ging sofort danach nach Australien und Neuseeland. Diese Sitzung wurde mit einer pensionierten Lehrerin durchgeführt, die ich Ida nennen werde.

Wie gesagt, normalerweise habe ich in meiner Technik das Motiv, einen schönen Ort ihrer Wahl zu visualisieren, um die Visualisierung zu beginnen. Dann vervollständige ich die Induktion, die das Absteigen aus der Wolke beinhaltet. In diesem Fall ließ mich Ida die Induktion nicht beenden. Sie beschrieb ihren schönen Ort und es klang nicht nach Erde. Sie sprach bereits darüber, bevor ich merkte, dass sie den Rest der Einführung nicht brauchte. Das passiert gelegentlich, zudem habe ich gelernt, den Unterschied zu erkennen und wie ich vorgehen muss. Ich schaltete das Mikrofon ein. Sie beschrieb einen wunderschönen Garten auf ihrem Planeten, der ein Ort voller Licht war.

I: Es gibt schöne Lichtwesen, die sich überall bewegen. Es gibt nur Liebe. Und es ist so schön, so friedlich, so harmonisch. Hier komme ich her.
D: Du sagst, dort ist ein Garten?
I: Oh ja. Es ist so schön. Es scheint das goldene Licht Gottes. Es hat Erleuchtung und eine Energie und Frequenz von vollkommenem Frieden, von Liebe und Harmonie Es gibt wunderschöne goldene Brunnen. Es sieht aus wie Wasser, aber es ist das Wesen Gottes, das überall fließt. Es ist einfach reine Schönheit, Liebe und Glückseligkeit.

Dies klang dem Ort sehr ähnlich, den Patricia erst vor einer Woche beschrieben hatte.

I: Wir sind alle Lichtwesen. Wir erkennen uns an der Essenz und den Schwingungsfrequenzen. Es gibt keine verbale Kommunikation. Wir sprechen miteinander, nur ohne Worte. Es ist nur eine Schwingung von dem, was wir sagen wollen. Hier komme ich her. Und hier herrscht absolute Glückseligkeit, völliger Frieden und totale Harmonie. Ich gehe in meinem Schlafzustand hin und her. Ich treffe mich mit dem Rat und wir besprechen die Arbeit, die ich auf der Erde durchführen muss.
D: Wo befindet sich der Rat?
I: Der Rat befindet sich auch auf diesem Planeten. Und wir treffen uns in denselben schönen Gärten.
D: Das machst du im Schlafzustand.
I: Ja, ich gehe in diese Frequenz in meinem Schlafzustand. Obwohl sich meine körperliche Form und mein körperlicher Verstand nicht erinnern. Aber dies mache ich die ganze Zeit über. Ich mache auch Besorgungen in meinem Schlafzustand. Wir betrachten die gesamte Interaktion, die ich mit verschiedenen Wesen auf dieser Erdebene habe. Und wenn Hilfe benötigt wird, werde ich geleitet und angewiesen, meine Arbeit zu erledigen.
D: Ist es mit Leuten, die du kennst oder mit anderen oder...?
I: Einige Leute kenne ich und andere, die ich nicht kenne.

D: *Welche Art von Anleitung geben sie dir, wenn sie dich nachts treffen?*
I: Ich arbeite mit ihnen auf vielen Ebenen. Ich arbeite mit dem Verstand. Ich helfe ihnen mit ihren Denkmustern, für ihr tägliches Leben. Ich heile auch einige von ihnen. Ich arbeite mit vielen von ihnen mit heilenden Frequenzen und heilenden Energien. Ich gehe zudem in Kriegsgebiete und arbeite mit den Verletzten. Ich arbeite mit denen, die Schmerzen haben. Ich habe viel in Afghanistan gearbeitet (2002). In diesem Land gibt es so viele Traumata und Schmerzen. Nicht nur bei den amerikanischen Soldaten und anderen friedenserhaltenden Kräften, auch die Einheimischen sind völlig traumatisiert. All die Bomben die dort gefallen sind. All die Verletzungen, die ihrem Land zugefügt worden sind. So viel Verwüstung gibt es dort. Noch nicht mal die Hälfte davon wird in euren Medien oder in euren Nachrichten berichtet.
D: *Das glaube ich. Wir wissen nicht wirklich was los ist.*

Der Rest der Sitzung befasste sich mit Vorhersagen über den Krieg, der im darauffolgenden Jahr (2003) im Irak ausbrach. Sie waren äußerst genau, aber ich wusste nicht, ob ich das in dieses Buch aufnehmen sollte. Ich wollte hier nur den Teil einschließen, der für die Arbeit relevant ist, die wir während unseres Schlafzustandes machen, die allerdings unserem Bewusstsein völlig unbekannt ist. Wir wurden gewarnt, dass es während des Krieges viele Todesfälle geben würde und Menschen wie Ida während ihres „Schlafzustandes" sehr beschäftigt sein würden, um sie in die richtige Richtung zu führen.

* * *

Es gibt viele Schulen auf der Seelenseite. Diese wurden in „Zwischen Tod und Leben" diskutiert. Die am weitesten fortgeschrittenen befinden sich im Komplex des Tempels der Weisheit, wo sich die großen Hallen des Lernens befinden, in denen absolut alles, was bekannt und unbekannt ist, erlernt werden kann. Diese sind auch in „Urlaub im Himmel" von Aron Abramsen beschrieben. Viele der Lehrer sind fortgeschrittene Führer, die genug Karma absolviert haben, um nicht mehr zur Erde zurückkehren zu müssen. Sie sind in der Lage, andere zu unterrichten und zu schulen. In meinem anderen Buch heißt es: „Sie können kein Führer werden, solange sie einen

Führer brauchen." Normalerweise beginnt die Ausbildung zum Führer, wenn die Person die Erdebene verlassen hat. Die Führer und Ältesten entscheiden, ob die Person für diesen Aufstieg bereit ist, nachdem sie sich seine Lebensbilanz angesehen haben. Die Dinge auf der Erde ändern sich jedoch schnell und auch das Training muss sich ändern. Zurzeit gibt es so viele Probleme auf der Erde, dass viele fortgeschrittene Seelen inkarniert sind, nicht um ihr eigenes Karma zu trainieren, sondern um den anderen zu helfen, die in physischen Körpern sind. Natürlich wissen sie das nicht bewusst, dass es sich um fortgeschrittene Seelen handelt, die zu bestimmten Zwecken auf die Erde geschickt werden. Ich treffe aber durch meine Arbeit immer mehr von ihnen, und ihr Unterbewusstsein zögert nicht mehr, ihnen zu sagen, dass sie einen Job haben und sie weiter machen sollen, anstatt wertvolle Zeit zu verschwenden. In den frühen Tagen meiner Arbeit im Trancezustand wurde dies nicht erwähnt. Jetzt ist es praktisch so mit jedem Klienten. Es wird betont, dass die Zeit knapp wird, und sie müssen mit der Arbeit fortfahren, für die sie sich freiwillig gemeldet haben.

Da es so viele fortgeschrittene Seelen gibt, die auf die Erde zurückgekehrt sind, wird ein Teil des spirituellen Trainings im Schlafzustand durchgeführt. Diese Seelen erhalten zum Beispiel das Training, wie Seelen, die die Erde verlassen, im Sterbeprozess unterstützt werden. Während des Schlafes haben sie mit Hilfe eines erfahrenen Führers bei vielen derartigen Assistenzen geholfen. Sie werden erst dann zur eigenständigen Arbeit geschickt, wenn sie über ausreichend Ausbildung, Erfahrung und Zuversicht verfügen und sicher sind, richtig damit umgehen zu können. Ihre Hauptaufgabe besteht darin, die Person in die richtige Richtung und aus der Verwirrung zu führen, damit der Erfahrene und richtige "Begrüßende" die Rolle übernehmen kann. Der Helfer kann nicht über einen bestimmten Punkt hinausgehen, bis es an der Zeit ist, den Körper zu verlassen.

* * *

In meiner Arbeit habe ich entdeckt, dass der wahre Teil von uns: unsere Seele oder unser Geist niemals schläft. Der physische Körper ist der Teil, der müde wird und ruhen muss. Der Geist braucht das nicht. Ich sage immer: „Es ist langweilig, wenn man darauf wartet, dass der Körper aufwacht, damit er weiterleben kann." Während der Körper schläft, hat der Geist viele verschiedene Abenteuer für sich. Er kann überall hin auf der Welt reisen, sich auf die Geistesseite begeben und mit seinen Führern, den Meistern und Ältesten sprechen, um mehr Informationen zu erhalten, Unterricht zu besuchen und an Schulungen teilzunehmen. Ich höre von vielen meinen Lesern, dass sie von einem Schulbesuch im Schlaf berichten. Ich versuche ihnen zu erklären, dass es wahrscheinlich real ist, denn für den Geist ist es ein beliebter und oft besuchter Ort. Der Geist kann auch zu anderen Planeten oder in andere Dimensionen reisen. Normalerweise hat der bewusste Teil keine Erinnerungen an diese Reisen, es sei denn, er erinnert sich an Träume von unbekannten Orten oder vom Fliegen. Dies ist die gleiche Erfahrung, wie bei Reisen außerhalb des Körpers, wenn die Person sich selbst trainiert hat, um ihren Körper zu verlassen und sich daran erinnern soll, was sie sieht. Während des physischen Lebens ist der Geist durch die silberne Kordel mit dem Körper verbunden, die während der gesamten Lebenszeit als Bindeglied fungiert. Die Nabelschnur, die bis zum Tod des physischen Körpers besteht. Mit dem Tod wird die Schnur durchtrennt und die Seele freigegeben, um „nach Hause" zurückzukehren. Wenn die Seele nachts den Körper verlässt, ist sie immer durch die silberne Kordel verbunden. Zu einer bestimmten Zeit muss der Körper erwachen, um sein Leben fortzusetzen. Zu dieser Zeit spürt die Seele ein Ziehen an der Schnur, und sie wird wieder „aufgespult"; wobei ich für aufgespult kein besseres Wort finden kann. An diesem Punkt tritt die Seele wieder in den Körper ein und der Körper kann erwachen.

Viele Menschen haben mir ein seltsames Gefühl gemeldet, das sie manchmal beim Erwachen erleben. Dies kann auch auftreten, wenn der Körper schläft. Sie sagen, dass sie eine vorübergehende Lähmung haben. Das kann ziemlich beängstigend sein. Eine Frau sagte, ihr Arzt war der Meinung, es sei eine ernsthafte Erkrankung, die „Schlafapnoe" genannt wird. Die Kosten für die Schlafuntersuchungen wurden auf über 1700 USD veranschlagt. Es ist wirklich nichts kompliziertes, aber ein natürliches Phänomen, das manchmal auftritt. Während die Seele vom Körper getrennt wird, werden die Körperfunktionen von einem anderen Teil des Gehirns übernommen, sozusagen einem Autopiloten. Wenn die Seele wiederkommt, müssen die Gehirn- / Körperverbindungen wieder zusammen gefügt werden. Wenn der Körper zu früh erwacht, bevor die Verbindungen hergestellt werden konnten, kann es vorübergehend zu einem Lähmungsgefühl kommen. Ich habe Fälle untersucht, in denen ein plötzliches Geräusch in der Umgebung die Person abrupt aufgeweckt hat, bevor die Seele vollständig im Körper war. Wenn sie sich ein paar Minuten entspannen können, wird alles wieder normal. Das gleiche Gefühl kann auftreten, wenn die Seele den Körper zum ersten Mal verlässt und sich löst. Dies zeigt, wie die Seele und der Körper faktisch voneinander getrennt, aber dennoch eins sind. Der Körper kann nicht existieren, ohne dass der Funke des Lebens in ihm wohnt, der Geist oder die Seele kann jedoch auch ohne den Körper existieren. Beim Tod, wenn die Seele zum letzten Mal den Körper verlässt, wird die Verbindung abgebrochen und er beginnt zu sterben. Ohne den Geist des Lebens werden alle Systeme heruntergefahren. Nachdem die silberne Schnur beim Tod durchtrennt ist, kann die Seele den Körper nicht wieder betreten.

In dieser Sitzung, wie auch in anderen, sehen wir, dass während unser „wahres" Selbst, die Seele, reist und Abenteuer hat, der Körper schläft. Es wird anscheinend viel Arbeit im astralen Zustand geleistet, was uns völlig unbewusst ist. Wie mir in einer Sitzung gesagt wurde: „Diese Dinge passieren sowieso. Man hat keine Kontrolle darüber. Sie sind Teil der Existenz, die man nicht kennt. Es gibt nichts, was man dagegen tun kann. Sie sind natürliche Prozesse." Es macht keinen Sinn, sich darüber Sorgen zu machen." Mit Reinkarnation und anderen metaphysischen Begriffen ist es dasselbe. Sie werden weiterhin geschehen, unabhängig davon, ob die Person an sie glaubt oder nicht. Mir wurde gesagt, dass wir die Komplexität des Ganzen nie vollständig verstehen werden. Es ist unmöglich. Das Problem des Verstehens liegt im Verstand. Es ist nicht das Gehirn, sondern der Verstand. Es gibt nichts, was die Gesamtheit dieser Begriffe erfassen kann. So bekomme ich kleine Stücke und Andeutungen der Ungeheuerlichkeit von allem. Mit der Zeit scheint es für uns so zu sein, dass wir mehr sehen dürfen, und wir können versuchen, es zu verstehen. Es ist jedoch so, als würde man durch einen kleinen Spalt in der Wand aus Zeit und Raum blicken und nur einen ganz kleinen Ausschnitt des gesamten Bildes erspähen können.

* * *

Wenn eine Seele sich entscheidet, auf die Erde zurückzukehren, um einen anderen Zyklus des Lebens eines menschlichen Körpers zu führen, hat sie ihren Plan für das, was sie diesmal erreichen möchte. Sie hat sich bereits mit den Ältesten und Meistern getroffen, hat das Leben hinter sich gelassen und Entscheidungen, Pläne und Ziele getroffen und aufgestellt. Sie hat Vereinbarungen mit anderen Seelen getroffen, mit denen sie Verbindungen zur Rückzahlung von Karma hat. Mit ihrer Erlaubnis werden bestimmte Dinge herausgearbeitet und bestimmte Lektionen gelernt. Die Seele kommt mit ihrem schönen kleinen Plan, der wie ein Weihnachtsgeschenk eingepackt ist, zur Erde zurück. Das Problem ist, dass dies ein Planet des freien Willens ist. Das macht die Erde so anspruchsvoll. Und alle anderen Seelen die reinkommen mit ihren Plänen. Und aus freiem Willen kollidieren diese Pläne und Hoffnungen und Ängste manchmal. Auch die Seele inkarniert mit allen Erinnerungen an das, was die Pläne überhaupt waren. Nur das Unterbewusstsein erinnert sich.

Ich fragte einmal, warum können wir uns nicht erinnern? Wäre es nicht einfacher? Mir wurde gesagt: „Es wäre kein Test, wenn sie die Antworten wüssten." So kommen wir auf die Erde und glauben, wir sind bereit, uns diesen Herausforderungen zu stellen, die uns in den Weg gestellt werden, während wir auf unsere Ziele und Träume hinarbeiten. Aber oft sind wir nicht so vorbereitet, wie wir glauben es zu sein. Es sieht immer leichter von der anderen Seite aus. Während wir die Frustrationen des physischen Lebens durchleben, saugen wir alles auf, was uns „menschlich" macht. Hoffentlich werden wir es herausfinden und den Test bestehen, um zur nächsten „Klasse" zu gelangen. Oder wir müssen wieder kommen und alles noch einmal machen. Man kann nicht zur nächsten Klasse oder Stufe wechseln, erst wenn man die Lektionen und Tests abgeschlossen hat. Man kann in dieser Schule rückwärtsgehen, aber man kann keine Klasse überspringen. Es gibt sehr strenge Schulmeister mit sehr restriktiven Regeln und Vorschriften. Paradoxerweise sind aber diese Schulmeister sehr nett, gerecht und verständnisvoll.

So wie wir mit einem Plan ins Leben gerufen werden, haben wir auch einen Plan für die Rückkehr von diesem Leben. Jeder entscheidet, bevor er eintrifft, wie er das Spiel verlässt. Dies wird emotionslos gesagt und muss auf diese Weise verstanden werden. Nichts davon ist auf bewusster Ebene bekannt, und es ist wahrscheinlich sehr weise, dass wir uns an diese Pläne nicht erinnern. Die Leute sagen immer, sie wollen nicht krank werden, sie wollen nicht sterben und sie haben nicht vor, ihre Angehörigen zu verlassen. Sie würden vehement bestreiten, dass sie ihren Tod planen. Aber alles ist Teil eines Plans, der weit über unser Wissen und Verständnis hinausgeht. Daher ist der einzig logische Weg, es mit unseren begrenzten menschlichen Möglichkeiten zu betrachten und unsere Emotionen beiseite zu packen.

Es kann verschiedene Gründe haben, warum eine Seele entscheidet, dass es Zeit ist, das Physische zu verlassen. Sie hat ihr Ziel, ihren Plan vollendet und alles Karma abgearbeitet, was für diese Lebenszeit notwendig war. In diesem Fall muss man nicht weitermachen. Es gibt auch weitere Sachverhalte, wenn sich beispielsweise herausstellt, dass andere Menschen viel schneller vorankommen, wenn ihre Anwesenheit als Abhängigkeit angesehen werden würde. In diesen Fällen beschließt die Seele, auf seine eigene Weiterentwicklung zu verzichten, damit andere, die zu abhängig sind, alleine gehen können. Sie können also „erwachsen werden". Diese Gründe sind an der Oberfläche oft nicht erkennbar und können erst nach viel Seelensuche entdeckt werden.

Ein anderes interessantes Szenario ist, dass das Leben einiger Menschen so starr in eine Kette von Ereignissen eingebettet ist, dass ein Wechseln zur Erreichung ihres Lebensziels unmöglich wird. Möglicherweise gelang es ihnen nicht, ihren irdischen Zweck, aufgrund unangebrachter, durch den freien Willen getroffener Entscheidungen zu erreichen. Also entscheiden sie sich zu sterben, raus aus der Situation zu gehen und von vorne zu beginnen. Beim nächsten Mal werden sie hoffentlich nicht in dieselbe Richtung oder Situation geraten.

Eine interessante und zweckmäßigere Alternative dazu ist, wenn das Leben der Person auf andere Weise „stirbt". Die Person ist auch in eine Kette von Ereignissen eingeschlossen, die es nicht erlaubt, das zu erreichen, für was die Person in dieses Leben gekommen ist. Zu viel

Zeit wäre verloren, wenn sie physisch stirbt, um von vorne zu beginnen. Oder die erforderlichen physischen Bedingungen wären möglicherweise nicht in einer anderen Zeitleiste vorhanden. Anstatt zu sterben, entscheiden sie sich für einen Neuanfang, indem sie den Tod ihres Lebens auf eine andere Weise schaffen. Sie verlieren alles, was ihnen am Herzen liegt, besonders ihren physischen Besitz. Ein solches Szenario würde es ihnen auch ermöglichen, sich auf das zu konzentrieren, was im Leben wirklich wichtig ist, und das ist kein Besitz, nein, egal wie fest sie an ihm festhalten. Jetzt, da alles weggenommen worden ist, können sie von vorne anfangen und ihr eigentliches Ziel im Leben wieder in Angriff nehmen, auf das was wirklich wichtig ist. Sie sind zu tief in die materielle Welt eingetaucht, so dass alles weggenommen werden musste. Ohne dieses Materielle können sie nun in die richtige Richtung gehen. Ein solcher Vorfall ereignete sich bei einem Mitglied meiner eigenen Familie. Durch ungewöhnliche Umstände, die sich ihrer Kontrolle entzogen, verloren sie absolut alles: Haus, Geschäft, Beruf und alle materiellen Besitztümer. Zu dieser Zeit schien es eine grausame Wendung des Schicksals oder eine Strafe Gottes zu sein. Es war sehr schwer zu verstehen. Aber die Zeit bewies, dass es eine Möglichkeit war, sie in eine andere Richtung zu drängen. Die Richtung, in die sie eigentlich hätten gehen sollen, aber sie wurden in eine andere Lebensweise eingebunden. Sie sagen, wenn sich eine Tür schließt, öffnet sich eine andere. In diesem Fall war die Tür nicht nur geschlossen, sie wurde zugeschlagen. Sie hatten keine andere Wahl, als in eine andere Richtung zu gehen. Es gab kein Zurück mehr. Was manchmal als eine Katastrophe erscheint, ist oft ein Glück im Unglück.

Ein anderes Beispiel für eine drastische Lösung wurde von einem Klienten gegeben. In meinem Interview erzählte mir der Mann von einem schrecklichen Vorfall. Als er jünger war, wurde er in einer Gasse in einer großen Stadt von einer Bande überfallen, erstochen und dann für tot gehalten. Es gelang ihm, auf die Straße zu kriechen, wo man ihn fand und in ein Krankenhaus brachte. Er wäre fast gestorben und musste einige Zeit im Krankenhaus bleiben, um sich zu erholen. Eines der Dinge, die er während unserer Sitzung wissen wollte, worin lag der Zweck dieser schrecklichen Erfahrung. Warum ist das passiert? Als ich während der Sitzung das Unterbewusstsein kontaktierte und ihm diese Frage stellte, war die Antwort wirklich sehr überraschend. Es sagte: „Oh, das war eine Gruppe seiner Freunde, die sich freiwillig zur Verfügung stellten, um ihm zu helfen." Ich dachte, mit solchen Freunden braucht man keine Feinde! Mir schien es nicht die Art von Dingen zu sein, die ein Freund tun würde!

Das Unterbewusstsein erklärte, dass alles von der anderen Seite inszeniert worden war. Das Leben des Mannes verlief in die falsche Richtung, und er würde auf seinen Weg nicht ohne drastische Maßnahmen, die sein Leben verändern, zurückfinden können. Es hatte viele subtile Versuche gegeben, seine Aufmerksamkeit zu erlangen, erst als diese nicht funktionierten, wurde der Angriff arrangiert. Drastisch, dramatisch, unerklärlich, ja, aber es zeigt die Extreme, in die das Universum manchmal geht, um das Leben eines Menschen zu verändern, ohne dass er diese Welt physisch verlassen muss. Das wäre wahrscheinlich der nächste Schritt gewesen, wenn dieser nicht geklappt hätte.

Wenn die Seele einmal entschieden hat, dass es Zeit ist, das Physische zu verlassen, arrangiert sie Ereignisse, damit sie sterben kann. Ein interessanter Punkt kam durch mein Regressionsmaterial zum Vorschein: und zwar, dass eines der Probleme heute die medizinische Einrichtung ist. Wenn die Person im Krankenhaus stirbt, versuchen die Ärzte oft, sie mit all den wunderbaren Mitteln die zur Verfügung stehen, am Leben zu erhalten. Auch die Familie zögert zu gehen, obwohl der physische Körper so beschädigt ist, dass er ihn nicht länger tragen kann und es keinen Sinn hat, zu bleiben. Der schnellste und einfachste Weg mit der geringsten Wahrscheinlichkeit eines Eingriffs besteht also darin, bei einem Unfall oder einer Naturkatastrophe zu sterben. Einige dieser Methoden, das Leben zu verlassen, werden „Freak Unfälle" genannt und können ziemlich bizarr sein. Ich glaube, wenn es Zeit ist zu gehen, wird es passieren, selbst wenn man in seinem Wohnzimmer sitzt. Es gibt Fälle, in denen Flugzeuge oder Autos in ein Haus stürzen und jemanden töten.

Während ich dieses Buch Ende 2003 schrieb, war das schreckliche Erdbeben in Bam, Iran, das über 41.000 Menschen das Leben kostete. Bevor wir dieses Buch veröffentlichen konnten, kam es zu Weihnachten 2004 vor der indonesischen Küste zu einem schrecklichen Erdbeben und Tsunami der Stärke 9.3. Hier entschieden sich fast 200.000 Menschen für eine Massenflucht. Zur gleichen Zeit starben unzählige Menschen in Schlamm-Rutschen und Lawinen auf der ganzen Welt. Wie in diesem Kapitel berichtet, beschließen die Menschen oft, gemeinsam zu gehen. Dies alles entscheidet sich auf der unterbewussten Ebene und Vorkehrungen (oder wie Patricia sagte, „Proben") werden getroffen. Auch werden Maßnahmen getroffen für diejenigen, die nicht beteiligt sein sollen, die dann auf wundersame Weise entkommen oder gar nicht dort sind, aus irgendwelchen Gründen, obwohl dies geplant war. Das ist vielen Menschen passiert, die „zufällig" einen solchen Flug verpasst haben, oder es beim Verlassen des Hauses zu Verzögerungen kam, wegen eines Last-Minute-Anrufes, später stellt sich dann heraus, dass sie womöglich in einen schrecklichen Unfall verwickelt worden wären, wenn sie diesen Anruf nicht bekommen hätten. Ich glaube auch, dass unsere Schutzengel, bei all dem, auch eine große Rolle spielen. Sie sind damit beschäftigt, uns mit subtilen Andeutungen und Vorschlägen oder mit der „kleinen Stimme in unserem Kopf" zu warnen. Aber manchmal sind ihre Methoden, uns zu schützen, nicht so subtil. Wir müssen lernen, unseren Intuitionen und dem „Bauchgefühl" größere Aufmerksamkeit zu schenken.

KAPITEL 13

DER ERSTE DER SIEBEN

Diese Sitzung fand im Juli 2002 statt, als ich auf einer Kornkreiskonferenz in Glastonbury, England, sprach. Dies ist eine sehr alte Stadt mit vielen Bezügen in die Vergangenheit. Dort ist enorm viel Energie zu spüren. Die Session fand in einer Bed & Breakfast Unterkunft statt, direkt an einem schönen Platz. Der Klient Robert nahm den Zug aus London für diese Sitzung. Er ist seit einigen Jahren mit dem Channeling beschäftigt und hat ein Buch darüber geschrieben. Er hatte jedoch das Gefühl, dass er keine zuverlässigen, persönlichen Informationen über das Channeling erhalten konnte, insbesondere über die Richtung, in die sein Leben gehen sollte. Deshalb wollte er eine persönliche Sitzung, um einige Dinge zu klären. Ich versuche den Klienten, in Zusammenarbeit mit dem Unterbewusstsein, dabei zu helfen, die beste Wahl für ihr Leben zu finden. Da er an den Zustand in Trance gewöhnt war, ging er recht schnell tief in den Zustand hinein. Dies ist häufig der Fall, wenn man mit Channelern, Psychologen, Heiler oder Menschen arbeitet, die regelmäßig meditieren. Der veränderte Zustand ist ein vertrauter Zustand für sie.

Als er gebeten wurde, an einen schönen Ort zu gehen, kontaktierte er bereits jemanden, sodass ich die Induktion nicht abschließen musste, die normalerweise die Methode mit der Wolke erfordert. Ich kann in der Regel an den Antworten erkennen, wo sie sich befinden. Und ich weiß, was sich nicht nach einem schönen normalen Ort anhört. Wenn die Beschreibung überirdisch klingt, ist dies in aller Regel der erste

Hinweis. Ich schaltete das Tonbandgerät ein und versuchte zu rekapitulieren, was er gesagt hatte.

Er sah sich an einem schönen Ort an einem Wasserfall. Da war ein alter Mann mit einem silbernen Bart. Dies war der erste Hinweis darauf, dass er sich nicht an einem gewöhnlichen Ort befand. Robert fuhr mit einer sehr leisen, kaum hörbaren Stimme, fort. „Er sagt zu mir: Du hast so starke Schmerzen. Komm hierher. Er möchte mir Wissen geben. Er sagt, ich muss Wissen verteilen. Und er ist Teil der Schaffung dieses Wissens. Du bist der Vermittler dieses Wissens. Du musst den Schmerz verstehen."

D: Was meinst du mit den Schmerz verstehen?
R: Die Auswirkungen auf den menschlichen Körper. Die Last, die du trägst. Er spricht mit dem Jungen.
D: Siehst du dich als Jungen? (ja) Wie alt?
R: Der Junge ist drei.
D: Und er ist an diesem schönen Ort mit dem Wasserfall?
R: Er ist gerade jetzt da. Es muss nicht immer schön sein. Es ist die multidimensionale Erfahrung der molekularen Struktur, ihrer Gleichheit als positiv und negativ. Das Kind ist hier, um zu lernen und zu lehren. Es gibt nicht nur Blumen, sondern lebendige Blumen und tote Blumen. Und der sich entwickelnde Zyklus ist kreativ.

Seine Stimme wurde lauter, und ich wusste aus Erfahrung und aus dem Tonfall und dem Vokabular, dass ein Wesen durch Robert sprach. Es stellte sich heraus, dass sich diese Entität in mehrfacher Hinsicht von der unterschied, mit der ich mich normalerweise in diesem Zustand unterhielt. Dieser verwendete Wörter und eine komplizierte Terminologie, die oft schwer zu verstehen war und neue Wörter erzeugte. Dies mag daran liegen, dass es nicht an das menschliche Vokabular gewöhnt war und improvisierte. Das Wesen schien auch ein kälteres, fast abstraktes Interesse an Robert zu haben. Das Unterbewusstsein wird einen distanzierten Beobachtungsstandpunkt haben, wenn es über die Entität spricht, aber diese Beobachtung war fast grausam. Als wir fortfuhren, beschrieb es Robert als einen komplett anderen Menschen, als ich ihn zuvor wahrgenommen hatte. Vorrangig ist für mich wichtig, den Klienten zu schützen! Das Wesen, mit dem ich anscheinend sprach, erzeugte in mir Unbehagen und mit ihm zu sprechen war schwierig und langweilig. Die Sprache und Terminologie war zu kompliziert, um eindeutig verstanden zu werden. Daher habe ich die Informationen verdichtet und versucht, einen Großteil der Sitzung zusammenzufassen.

Roberts Körper zeigte Symptome. Er zuckte gelegentlich mit plötzlichen Krämpfen. Ich fragte: „Was ist das?" Es gab keine Antwort. Ich wusste, wenn ich mich nicht darauf konzentrierte, würde es von sich aus aufhören, weil es Robert scheinbar kein körperliches Unbehagen verursachte.

R: Die multidimensionale Frequenz des Kindes kommt hier zum Lernen. Es hat mehrere Elemente mit der Vergangenheit, der Gegenwart und der Zukunft. Hierzu gibt es viele Informationen. Diese Information ist so wichtig, und die Belastung, die es dem kleinen Kind auferlegt, ist durchaus immens. Die Wichtigkeit dieser Informationen wird jedoch zu einer Schwingungsenergiefrequenz. So kann die Umpolarisierung der Menschheit und der Pole, an denen er arbeitet, einen neuen Umstrukturierungsprozess bewirken.

D: *Warum muss diese Belastung einem kleinen Kind auferlegt werden?*

R: Das Kind ist kein Kind. Das Kind ist ein Bestandteil dieser Energie. Das Kind ist die Realität hinter ihrem menschlichen Format. Aber die Realität hinter dem Kind ist, dass es eine Zusammensetzung von Energie ist. Und diese Energie ist die Relevanz hinter den Veränderungen, von denen der Mensch, der Körper, der Geist, die Seele und die Körperlichkeit Teil ist. Der Kampf zwischen dem dreidimensionalen (körperlichen) und dem nichtphysischen (das Geistige) ist sehr schwierig. Weil es innerhalb dieser Frequenz einen Kampf gibt. Und bis dieser Kampf beendet ist, wird das Kind den Schmerz fortsetzen. Und das Nichtwissen ist das, was benötigt wird.

D: *Also ist es das Nichtwissen, das den Schmerz verursacht? Ist es das was du meinst?*

R: Es ist die Nichtakzeptanz von Nichtwissen.

D: Aber weißt du, im menschlichen Leben sind wir so. Wir kommen ohne in das Leben hinein.
R: Dieses Kind kam mit dem Wissen herein.
D: Wir waren neugierig, ob er andere Leben auf der Erde hatte? (nein) Wo waren seine früheren Leben?

Robert begann eine Folge unverständlicher Töne, es klang wie ein trappeln von Hufen. In rascher Abfolge dauerte dies etwa eine Minute, als wollte man sehr schnell etwas herausholen, jedoch in unverständlicher Form. Es klang nicht nach einer Sprache, sondern nur nach einer Reihe von Klängen. Ich habe versucht es zu stoppen.

D: Du musst schon Englisch sprechen, damit ich dich verstehen kann.

Robert stieß mehrere tiefe, pfeifende Atemzüge aus, fast so, als bremste er den Fluss der Klänge ab.

R: Wir müssen Energieformate in die Frequenz der hier vorhandenen dreidimensionalen Energie herunterladen. So kann er sich in seinem Format für dich vokalisieren.
D: Aber du darfst ihm in keiner Weise Schaden zufügen.
.
Ich bin immer sehr vorsichtig, wenn diese merkwürdigen physischen Manifestationen auftreten. Ich möchte immer sicherstellen, dass die Entitäten (oder was auch immer sie sind) erkennen, dass der physische Körper, durch den sie sprechen wollen, möglicherweise durch ihre Energie geschädigt werden kann. Aber ich habe mir nie Sorgen machen müssen, denn „sie" scheinen beschützend zu sein, vielleicht noch mehr wie ich.

R: Der Körper wird niemals beschädigt. Der Schaden entsteht durch den Zweck, den das Kind auf der dreidimensionalen Ebene hat, nämlich die Nichtakzeptanz dessen, wer es ist. Es schafft seinen eigenen Schaden. Der Schaden kommt von außen, nicht durch uns. Die Körperlichkeit, die dieses Kind erzeugt, ist der verursachte Schaden. Wir verursachen keinen Schaden innerhalb des Kindes.
D: Denn das ist es, was mir in meinen Sitzungen wichtig ist, dass der Körper niemals Schaden erleidet.

Er hatte immer noch Krämpfe, fast wie elektrische Ladungen. Dies und die körperliche Reaktion auf die seltsamen Geräusche machten mir Sorgen.

R: Das ist nie vorgekommen. Wir machen deine Informationen relevant.

D: Alles klar. Aber ich bin neugierig, wenn er kein körperliches Leben vorher auf der Erde hatte, wo waren die meisten seiner Leben?

R: Es gibt kein „Leben gehabt"-Format.

D: Er hatte noch nie ein körperliches Leben in einer anderen Dimension?

R: Ja, ein Leben in der Dimension, in der sie nicht sprechen

D: In dieser Dimension also nicht. (nein) Aber in welcher anderen Dimension war er, bevor er hierher kam?

R: Eine astrale Dimension.

D: War es eine physische? (nein) Denn soweit ich weiß, gibt es andere Dimensionen, in denen physische Städte und Menschen existieren.

R: Ein relevantes Informationspaket war Teil des Übergangs zwischen diesem Kind und dem Leben, das man zu diesem Zeitpunkt annimmt. Dieses Informationspaket trägt dieses Kind. Er ist ein leichter Körper. Er ist ein ätherischer Körper. Er ist ein physischer Körper. Aber nicht nur das, er ist eine mehrdimensionale Frequenz, die ein enormes Wissen in sich trägt. Dieses Wissen wird wiederum allmählich über die Pegel auf eine dreidimensionale Frequenz energetisch umgewandelt. Ein „Energieumwandler" sozusagen. So kann dieses Kind, dieses Wissen in eine stimmliche, phonetische Sprache übertragen. In einem spiralförmigen Format und mit einem Verständnis derjenigen, die zu diesem Zeitpunkt mit diesen Ebenen arbeiten.

D: Es gibt viele andere, die dasselbe tun, mit denen ich in Kontakt gekommen bin. (ja) Ist dies im Alter von drei Jahren geschehen oder war es davor?

R: Der Übergangspunkt, die Änderung, ist an diesem Punkt aufgetreten.

D: Aber er wurde als physischer Mensch geboren. (ja) Und das Wissen war selbst als Baby da. (nein) Vorher war er dann ... was? (Ich versuchte zu verstehen.)
R: Das Kind war vor der Existenz und der Umstellung ein Übergangsgedankenformat, das von anderen gesehen wurde, aber nicht wirklich.
D: Es war nicht fest und körperlich?
R: Nein, es war eine Erscheinung.
D: Aber es wurde von den Eltern aufgezogen.
R: Ja so gesehen, aber in Wirklichkeit nicht. Daher ist der Menschheit durch die Verwendung einer menschlichen Form kein Verstoß oder gegen den Schöpfungsprozess entstanden. Die menschliche Form, die sie jetzt sehen, ist ein kreativer Prozess. Es ist kein echter Prozess. Es ist ein Trick. Eine Entwicklung, die wir zu diesem Zeitpunkt nicht verlängern werden. Es ist ein Trick.

Der physische Körper von Robert, der auf dem Bett lag, schien auf jeden Fall real und solide genug zu sein und keine Illusion. Ich hatte gehofft, dass diese Bemerkungen vor dem Ende der Sitzung klarer werden.

Einer der Vorfälle, die Robert erforscht hatte, beschäftigte sich mit seiner Erinnerung daran, dass ihm im Alter von drei Jahren etwas zugestoßen war. Er hatte das Gefühl, dass es einen Wechsel gab. Das war der einzige Begriff, den er finden konnte.

R: Ein Veränderungsprozess ist die Version des Kindes in seinen Augen. Die Erkenntnis dahinter ist völlig anders.
D: Er hatte das Gefühl, dass zu dieser Zeit ein Erwachen aufgetreten ist.
R: Ein Erwachen in seinen Augen. Es war eine Pflichtübernahme.
D: Im Alter von drei Jahren?
R: In eurem Alter von drei Jahren, aber nicht das seine. Die Dimension des Denkens in Stunden, Minuten, Zeiten, Dimensionen ist ein Prozess, an den wir uns anpassen müssen. Um es dir zu erklären, arbeitet man mit ihren Perimetern. Deshalb akzeptieren wir, was du sagst, aber es ist nicht die wahre Realität hinter der Kulisse.
D: Ja, ich habe das schon oft gehört und kann auf meine beschränkte Weise verstehen, worüber du sprichst. Aber die Szene, in der er

den Wasserfall und den Mann sah, war dies ein physischer Ort, an dem das Kind aufgenommen wurde?

R: Dies ist ein Portalverbindungspunkt. Und dieser Verbindungspunkt wird ihn und die Energie zu einem Punkt der Nichtexistenz zurückbringen. Bis zu einem Punkt der Realität. Bis zu einem Punkt, an dem diese Energie und die Last hinter der Energie von den manifestierten Wesen geschaffen wurden, die hier helfen, einen neuen Zweck zu erschaffen. Ein neues Gedankenformat für den Menschen zu kreieren, welches das bereits gegebene Bewusstsein erweitert. Dieser Prozess wird den Menschen nicht aufgezwungen. Es ist ein Format der Akzeptanz. Und wer mit dieser Akzeptanz arbeiten möchte, kann sich auf dieses Wissen einstellen. Dies wird als „Nichtwissen" bezeichnet. Es ist neues Wissen. Es ist kein Wissen, was bereits in den Portalen mit Informationen von eurer Drei-Existenz hinterlassen wurde. Dies ist ein Nichtwissen, eine neue Akzeptanz. Ein neuer Umkreis, eine neue Struktur, ein neues Verständnis. Ein neues Gefühl und eine neue Empfindung, die den Menschen vermittelt wird. Dieses Kind trägt dieses Wissen in sich. Er vibriert in dieser Frequenz mit diesem Wissen. Es arbeitet jetzt mit diesem Wissen zu diesem Zeitpunkt. Im Moment weiß das Kind sehr wenig von dem was es eigentlich ist. Es ist nicht das, was er ist, sondern das, was es in sich trägt, nämlich die wichtige Formatlinie für die Umsetzung. Es gibt nicht viele dieser Kinder auf diesem Planeten. Wir geben die Anzahl mit von fünf bis sieben Kindern an, die zu diesem Zeitpunkt in Bezug auf diese geistige Dehnung, korrekte Arbeit leisten.

D: *Mir wurde gesagt, es gibt andere Kinder, die mehr oder weniger wie Energiekanäle wirken, um der Menschheit zu dieser Zeit zu helfen.*

R: Sie kommen alle aus verschiedenen Aspekten derselben energetischen Komponente. Es gibt viele hier, die diesem Planeten zu diesem Zeitpunkt helfen.

D: *Also ist das nur ein anderer Aspekt?*

R: Dies ist ein weiterer Aspekt. Eine andere Vorstellung. So wie das Kind eine Figur ist, eine Energie, eine Möglichkeit, eine Ausdehnung.

D: *Der Geist im Körper hat also keine andere physische Existenz auf anderen Planeten oder Dimensionen gehabt?*

R: Das ist nicht richtig. Diese Dehnung des Geistes kann sich nicht auf diese Punkte beziehen, da sie den dreidimensionalen Körper, der sich hier befindet, beeinflussen. Es gibt keine Akzeptanz von woher dieses Kind gekommen ist. Es würde die aktuelle Arbeit stören. Es war sehr schwierig, als sich dieses Kind, für diese Arbeit entschieden hat.

D: Aber ich spreche von der Seele. *Wir wissen, dass im Körper ein Geist und eine Seele vorhanden sind, der der Funke des Lebens ist.*

R: Der Funke des Lebens, der in meinem Kind brennt, wurde durch den schöpferischen Zweck der Menschheit geschaffen. Wenn wir also von diesem Punkt aus arbeiten, kann dies den Schöpfungszweck wiederherstellen und einen Perimeter für dieses Kind setzen. Er hat also seine eigene neue Seele und Perimeter, von denen aus gearbeitet werden kann. In Anbetracht dessen, wird eine neue Seele nicht die Erfahrungen früherer Existenzen haben. Aber wenn dieses Kind auf diese Erfahrungen zugreifen möchte, kann es sich auch auf die Erfahrungen berufen, die ihm einprogrammiert worden sind, allerdings haben sie keine Relevanz. Wenn du versuchen würdest, dieses Kind in frühere Leben zu regressieren, würde es in programmierte Erinnerungen zurückgelangen, diese wären aber nicht relevant.

D: *Ist es das, was ich als Prägung verstehe?*

Eine klarere Definition der "Prägung" kann man in meinem Buch „Zwischen Tod und Leben" finden. Dies ist ein Prozess, bei dem die Aufzeichnungen anderer Leben dem Geist eingeprägt werden kann. Dies sind Leben, die der Einzelne nicht gelebt hat, aber sie liefern die notwendigen Informationen, damit er in dieser Welt funktionieren kann. Alle Erinnerungen, einschließlich Emotionen, sind in dieses Verfahren einbezogen, und niemand (einschließlich der Person) kann erkennen, ob sie authentisch sind oder nicht. Diese sind besonders nützlich, wenn die Person nie ein eigenes Leben auf der Erde durchlebt hat. Wenn dies ihr erstes Leben auf diesem Planeten ist.

R: Das könnte man so sagen. Das ist dein Verständnis. Das ist für uns akzeptabel.

D: *Ich habe mit anderen Leuten zusammengearbeitet, die es als Prägung bezeichneten. Diese Prägungen waren eigentlich Programme anderer Leben, die sie noch nie gelebt haben.*
R: Richtig.
D: *Also benutzen wir die gleichen Definitionen.*
R: Richtig.
D: *Ich weiß, es ist schwer für uns zu verstehen, weil ich herausgefunden habe, dass die Seele in viele verschiedene Facetten zerfallen kann. Davon sprichst du, nicht wahr?*
R: Absolut.

Dieses Konzept wird später in diesem Buch erweitert.

D: *Ich habe Klienten immer zu relevanten und wichtigen Leben zurückgebracht, damit sie verstehen, was jetzt in ihrem Leben passiert. Und du meinst das wäre nicht möglich?*
R: Es wäre möglich, aber nicht relevant.
D: *Alles klar, weil wir immer wissen wollen, woher die Seele stammt. Und viele dieser Seelen melden sich freiwillig, um diese Arbeit zu erledigen.*
R: Manifestiert, geschaffen, proportioniert.
D: *Wer bist du oder wer sind die Wesen, wenn du „sie" sagst?*
R: Wir sind Teil des kreativen Prozesses hinter dem menschlichen Format. Mensch, Sein: die Ursprünge des Schöpfungsprozesses, die Fassade der Menschheit und der Planet, auf dem die Menschen leben. Wir sind Teil dieses kreativen Zwecks. Wir sind Teil der Energie dahinter. Wir sind jetzt hier, um diejenigen aufzuklären, die verstehen wollen, dass es eine andere Existenz gibt. Es gibt ein anderes Energieformat, zu dem sie wechseln können. Es gibt so wenige hier die bereit sind, die Änderungen und die Relevanz zu akzeptieren. Die Änderung ist zu diesem Zeitpunkt also relevant. Die Menschheit ist an einem Punkt, an dem sie die Erweiterung des Geistes bis zu dem Punkt ausdehnt, an dem die Existenz des Menschen an diesem Punkt der Energiefrequenz nicht mehr existieren kann. Dies ist keine Störung. Was das ist, ist eine Aussage der darlegenden Fakten. Es muss eine Veränderung geben. Es muss Verständnis geben. Aber der Wissensfortschritt muss richtig erfolgen, mit Verständnis, mit Wissen, mit der Inkarnation der Seelen, die dazu bereit sind. Und dadurch kann

man mit diesen Energieniveaus sprechen und arbeiten. Diese Gedanken und Formate sind nicht der Prozess der Menschheit. Sie sind der Prozess der kreativen Bemühungen hinter der Entstehung der Menschheit.

D: *Ja, ich kann das verstehen, obwohl es viele andere gibt, die das nicht können, denn ich arbeite so lange schon damit. Aber es wurde mir gesagt, dass es zehntausende Menschen gibt, die das Niveau erreicht haben, dass sie Teil dieser Veränderung sein werden.*

R: Da sind viele. Zehntausende wären in Bezug auf die namenlosen Menschen auf diesem Planeten sehr wenig. Zehntausende wären richtig. Du hast Recht. Der Punkt ist, dass es so wenige gibt, die tatsächlich diese Energie aus diesem Grund transportieren. Viele lernen den Grund, aber die tatsächliche Wahrheit hinter diesem Grund, das ist die Aufgabe für dieses Kind. Das ist der Grund.

D: *Ich weiß, dass viele, viele daran beteiligt waren, aber sie wissen nichts davon. Die Person erkennt nicht, was passiert. Es geschieht jedoch ein Erwachen. Immer mehr werden sich der Tatsache bewusst, dass auf der Erde etwas geschieht. Aber da sind Dinge über die Robert Bescheid wissen wollte. Was geschah mit ihm im Alter von drei Jahren.*

R: Das Kind weiß genau, was passiert ist, so dass wir dazu keine weiteren Informationen geben müssen.

D: *Nun, er hat Fragen dazu.*

R: Das Kind hat alle Antworten. Er hat sie immer.

Robert verfolgt seit seinem 3. Lebensjahr eine Erinnerung, die einfach keinen Sinn macht. Er stand an einem Strand und blickte auf eine Klippe. Er sah, was er als seine „echten" Eltern empfand. Die aber gingen auf der Klippe von ihm weg. Er war sehr aufgebracht, weinte und schrie, dass sie zurückkommen sollen, um ihn dort nicht allein zu lassen. Er erinnert sich an das Erlebnis aus der Sicht eines Erwachsenen, aber es machte keinen Sinn, da diese Leute, an die er sich erinnerte und seine „echten" Eltern nannte, nicht seine leiblichen Eltern waren, die, die ihn großgezogen hatten. Deshalb wollte er dem auf den Grund gehen.

R: (seufzt) Wir sind bereit zu akzeptieren, dass das Kind diese Informationen nicht erhält. Ihr und wir müssen akzeptieren, dass zu diesem Zeitpunkt die Erinnerungen des Kindes nicht freigegeben werden, da dieses Wissen es ihm nicht erlauben würde, in den Dimensionen zu leben, in denen es sich befindet. Es gibt Energiefrequenzen, die in dem Umfeld, in dem er sich befindet, völlig ungünstig wären. Er arbeitet sehr wenig mit diesen Energien, aber sie beeinflussen ihn sehr. Dies war die Wahl. Dies war die Akzeptanz, als dieses Kind mit dieser Arbeit begann. Die Perimeter dahinter führen zu einem Ungleichgewicht der Verformung in seiner physischen Struktur. Dies muss akzeptiert werden. Es werden keine Korrekturmaßnahmen vorgenommen. Sein Körper wird unter der Energie leiden, die er trägt. Wir können die Informationen nicht hergeben, von woher er gekommen ist. Aus einem einfachen Grund: die Energie, von der er ist, ist nicht die Energie und Realität, von der er gekommen ist. Dies wird für diejenigen sehr verwirrend sein, die die Wahrheit verstehen.

D: *Mir wurde jedoch gesagt, dass die gesamte Schöpfungsenergie niemals in einen menschlichen Körper gelangen kann. Es wäre unmöglich. Das ist also nur ein Fragment?*

R: Das ist ein Fragment. Dem Kind wurde ein Fragment seiner Realität gegeben.

D: *Aber du glaubst, dass einiges von dem Wissen, was ihm als Dreijähriger passierte, gefährlich für ihn ist?*

R: Die Kenntnis der früheren Existenz, aus der er gekommen ist, die Energie, aus der er gekommen ist, würde seinem physischen Element nicht förderlich sein. Er kann dieses Wissen haben, wenn er sich außerhalb seines physischen Elements befindet, was zu diesem Zeitpunkt noch nicht der Fall ist. Das ist ein Teil des Schmerzes, den er aushalten muss. Das wusste er, als er diese Arbeit übernahm. Er ist das Energieformat, das er nicht mit der Lebensenergie verbinden kann, aus der er gekommen ist. Es gibt nur ein Portal, das es ihm erlaubt. Wir haben den Einstiegspunkt gesehen. Der einzige Zeitpunkt, an dem der Eintrittspunkt erneut eingegeben werden kann, ist der Zeitpunkt seines Todes. Wenn dieses Kind diesen Planeten verlässt, wird es genommen. Wenn dieses Kind diesen Planeten verlässt, wird es von uns mitgenommen. Er wird nicht die normalen parallelen Röhren durchqueren, die ihn in die Nichtfrequenz der Singularität zurück befördern. Da wir uns zu diesem Zeitpunkt bewusst sind, wissen wir, dass sich die Seele, wenn sie in die vierte Dimension zurückkehrt, durch eine Röhre begibt. Innerhalb dieser Röhre gibt es ein wunderschönes weißes Licht. In diesem Licht sind viele Erfahrungen verankert, die einen mitnehmen und in den Bann des Spektrums ziehen können, die aber nicht dienlich sind. Sie wurden durch niedrige astrale Frequenzen erzeugt. Für das Kind wird das nicht relevant sein. Es wird sich durch diese Prozesse nicht anpassen müssen. Das Kind wurde aus Licht wiedergeboren und ist sich seiner Arbeit wohl bewusst, die es zu tun hat.

D: *Du bist der Meinung, dass es nicht ratsam ist, Fragen zu stellen, weil er neugierig ist, was ihm mit drei Jahren passiert ist.*
R: Nein, die Wahrheit ist da. Was passiert ist, ist von dem Punkt ausgehend, von dem an er sich erinnern darf. Es werden ihm keine Informationen gegeben was vorher geschah.

Ich wollte nicht aufgeben. Ich habe noch einmal versucht, wenigstens ein paar Informationen für Robert zu bekommen.

D: *Er war nur neugierig, weil er sich daran erinnern konnte, dass seine Eltern ihn verlassen hatten.*
R: Wirkliche Energien sind im menschlichen Format zurückgeblieben. In dem Moment, in dem er sich in einem menschlichen Format befand, schufen die Energien ein menschliches Format, in dem er sehen konnte, dass diese Veränderung stattfand.
D: *Also das war etwas, woran er sich erinnern konnte.*
R: Das stimmt.
D: Das wäre eine sichere Erinnerung.
R: Dass er von irgendwoher gekommen ist und nicht von hier. Und wenn seine Arbeit abgeschlossen ist, gibt es Liebe im Überfluss, und sie ist noch lange nicht abgeschlossen.
D: *Ja ich verstehe. Aber du weißt, dass es für die Menschen schwierig ist, wenn sie sich verlassen fühlen. Sie fühlen sich sehr isoliert. Und sie fühlen sich anders als andere Menschen.*
R: Denk daran, mit was du zu diesem Zeitpunkt gerade sprichst, ist nicht physisch. Aber der Körper, den du zu diesem Zeitpunkt betrachtest, ist physisch und leidet sehr unter dieser Arbeit und dem Missverständnis derer, die er im physischen Gedankenformat hat und die er interagiert.

Robert sagte, als Kind habe er sehr hohes Fieber und körperliche Probleme gehabt, die die Ärzte nicht erklären konnten. Er war mehrmals dem Tode nahe und musste viele Tage im Krankenhaus verbringen. Die Ärzte versuchten seine Temperatur zu kontrollieren und zu verstehen, was mit ihm geschah. Bis heute wurde seinen Eltern nie irgendeine Erklärung gegeben.

R: Dies hat mit der Übergangswandlung neuer fokussierender Energien zu tun. Es gibt viele Menschen, die Energie wie eine Lupe fokussieren können. Dieses Kind ist solch ein Exemplar. Es ist ein Kurator der Energie, gibt sie aber weiter, sozusagen ein Formatierer neuer Skripts. Dieses Kind ist ein Wandler. wie eine Sicherung, die Energie von einem Punkt zum nächsten bewegt. Der dafür zuständig ist, die Frequenz des Bewusstseins zu erhöhen. Er versteht es nicht immer. Dies hat großen Einfluss auf seinen physischen menschlichen Körper. Er versteht, dass ein Großteil dieser Energie nicht von ihm ist. Es ist eine gemeinsame Energie. Es ist eine Wandlung von einem Portalpunkt zu einem physischen Eintrittspunkt, zu einer physischen Menschheit.

D: *Und genau das verursachte das Fieber und die körperlichen Probleme, die in diesen frühen Tagen vorkamen.*

R: Dies war ein lernen, mit Energien umzugehen. Es war ein Punkt in seinem Leben, an dem er erkennen musste, wer er war. Sonst hätte er diesen Planeten verlassen. Es hätte keinen Grund für ihn gegeben, hier zu sein.

D: *Also musste er sich anpassen...zu was? Ein Aufschwung der Energie?*

R: Entweder anpassen oder raus.

D: *Es war also eine Erhöhung der Frequenzen zu dieser Zeit?*

R: Ja, das oder aussteigen! Und eine andere Energie die Arbeit verrichten lassen.

D: *Er sagte, es sei sehr traumatisch gewesen, und sie konnten nicht verstehen, was mit ihm geschah.*

R: Zuviel, als dass eine physische Energie es ertragen könnte. Das Kind musste die Ausdauer haben, um auch mit den Energien auf körperlicher Ebene umgehen zu können. Es musste zu dem Punkt gebracht werden, an dem keine Ausdauer mehr vorhanden ist. Dies zu verstehen ist der Punkt, an den die Grenzen des

Verständnisses erreicht sind. Diese Energie lernt zu verstehen, dass der Planet physisch ist. Dieses Kind hat eine immense Kraft über vieles hinaus. Er muss noch den wahren Sinn und Zweck hinter dem verstehen, was er ausführen wird. An Arbeit gibt es noch reichlich zu tun. Etliches davon wird auf physischer Ebene geschehen, aber auf subliminaler und überbewusster Ebene wird auch viel getan.

Die Stimme beeinflusste das Band. Es hatte überall ein heiseres Geräusch, aber jetzt wurde es deutlicher, als würde ein elektronisches Signal anfangen zu zerfallen. Einige Wörter hatten einen verstörten und unnatürlichen Klang. Meine Stimme klang auf dem Band normal, nur seine war verzerrt. Während der Sitzung habe ich es nicht bemerkt. Das wurde nur auf dem Band deutlich. Es passierte viele Male, dass die Entität meine elektronischen Geräte auf unnatürliche Weise beeinflusst hat.

D: Aber er hat sich jetzt darauf eingestellt. Er hat nicht mehr das Fieber und die Schmerzen, die er in der Vergangenheit hatte.
R: Er hat neue Schmerzen. Dies ist eine falsche Interpretation von Energieformaten.
D: Er sagte, sie wären im Rücken und in den Beinen.
R: Dies sind Energiepunkte der neuen Energie.
D: Also tritt ein weiterer Aufstieg in der Energie auf?
R: Das ist richtig. Das Kind hat dies erklärt bekommen und es akzeptiert. Dies wird erwartet.

Robert stieß unerwartet ein komisches hohes Stöhnen aus, und sein Körper verkrampfte und schüttelte sich. Es war so unerwartet, es traf mich völlig unvorbereitet.

R: Ton ist die einzige Möglichkeit zu programmieren und zu akzeptieren.

Dies war anscheinend der Grund für das seltsame Geräusch.

R: Sound ist eine neue kreative Programmierung. Akzeptieren, akzeptieren, akzeptieren, wir sind bereit zu akzeptieren, dass die neuen Klanggrenzen, die eine heilende Basis auf diesem Planeten schaffen, eine Formel für die Menschen sein werden, die den Schmerz akzeptieren, den sie erleiden. Dieses Kind arbeitet jetzt mit Sound. Die Frequenz des Tones wird es seinem Körper erlauben um zu polarisieren. Um zu lernen, wie man die Grenzen der Energie, die er trägt, entwickelt.

D: *Mit Ton meinst du die menschliche Stimme oder Musik?*

R: Mit Musik, das Kind arbeitet mit Musik. Alles ist Musik. Musik verteilen, singen und Musik produzieren. Und er hat auch mit Sound zu tun. Stimmgabeln, Klangresonanzen, Frequenzen, Farbe, Erweiterungen, alles ist Musik. Musik ist Energie.

D: Es ist alles sehr wichtig, weil die Frequenzen der Musik den menschlichen Körper beeinflussen. Es wäre besser, wenn er diese Energieanpassungen und die Intensivierung der Energien vornehmen könnte, ohne dem Körper Unbehagen zu bereiten.

R: Ja, das wäre förderlich, aber der Körper kennt seine Grenzen nicht, bis sie erreicht sind. Das ist der Punkt. Dies ist ein Lernprozess. Damit sich der menschliche Körper verändern kann, muss man verstehen, dass die Elemente, die die Menschheit gewählt hat, nicht durch Lernen durch Liebe, sondern durch Angst und Energie gelernt werden. Und Angst und Energie schaffen eine Kreation unerwünschter Energie, die letztendlich Schmerzen verursacht. Schmerz ist also der Punkt des Lernens. Schmerz ist der Punkt der Entwicklung und Erweiterung bis zum Verständnis. Deshalb ist Schmerz der Punkt des Lernens.

Hier veränderte sich Roberts Stimme und wurde emotional, er weinte. Was gesagt wurde, hatte definitiv Auswirkungen auf Robert, und seine Emotionen.

R: Der Schmerz ist also der Punkt, an dem dieses Kind an seine Grenzen stößt und sich somit weiterentwickelt. Dann wird es die Fähigkeit haben, es anderen weiterzugeben.

Robert weinte jetzt. Ich versuchte es zu ignorieren, anstatt mich darauf zu konzentrieren. Auf diese Weise konnte ich die Entität zurückbekommen und Roberts Gefühle unterdrücken. Außerdem besteht mein Job immer darin, Schmerzen zu beseitigen, nicht zu rechtfertigen oder zu verlängern.

D: Aber wir wollen wirklich keinen Schmerz, weil Schmerzen dem Körper Unbehagen bereiten.
R: Ja, richtig. (Die Entität hatte wieder die Kontrolle.)
D: Kann es also viel einfacher für ihn gemacht werden?
R: Nein, nicht unter diesen Umständen. Zwingend ist folgendes: Er muss den Schmerzpunkt verwalten. Er hat dieses Element gewählt, diese Frequenz, diesen zweitausendjährigen Zyklus, um durch die Energie des Schmerzes die Entwicklung eines neuen Körpers weiter zu konzipieren. So hat der Mensch beschlossen zu lernen. Wir befinden uns jetzt in einem neuen Prozess, in dem der Schmerz beseitigt wird. Und Liebe wird die Frequenz sein, wenn die neuen Erfahrungen durchkommen. Es ist an der Zeit, dass sich dieser Prozess integriert, damit der Mensch all die Schmerzen, die er in sich trägt, loslassen kann. So können die neuen elementaren Gefühle und Empfindungen der Liebe, in die vierte und dritte Ebene übertragen werden. So geschieht das. Es wird durch diesen Erfahrungszyklus der Belastung dieses Kindes gezeigt.

Dieses Konzept der Veränderung des menschlichen Körpers, um in der Lage zu sein auf der neuen Erde zu existieren, wird später in diesem Buch erweitert.

D: Ist es die DNA des Körpers, die betroffen ist?
R: Absolut.
D: Ich habe das von anderen Leuten gehört. Und sie sagten, es sei eine deutliche Erhöhung der Frequenzen.
R: Ja, absolut.
D: Aber ich möchte, dass es mit weniger Beschwerden für seinen Körper auftritt.

Ich war entschlossen, die Beschwerden von Roberts Körper zu lindern, obwohl ich damit auf sturen Widerstand der Entität stieß, mit der ich scheinbar sprach.

R: Zuerst lernst du, dass der Schmerz nicht alles ist. Wenn man lernt, wird der Schmerz weniger. Schmerz ist der evolutionäre Prozess des Lernens. Wenn man viel lernt, treten weniger Schmerzen auf. Das ist die Funktionsweise des Gehirns. Schmerzen entstehen durch hartes Arbeiten. Schmerz entsteht, wenn man zu viel liebt oder zu viel lebt. Dies sind die Prozesse, für die sich der Mensch in der Evolution entschieden hat.

D: *Ja, das ist alles Teil unserer Lektionen.*

R: Der Mensch erhält einen Absprungpunkt, aber er muss seine Perimeter kennen. Er muss verstehen, dass diese Absprungpunkte Abgrenzungspunkte der Verwirklichung sind. Sie müssen das Alte entfernen, um sich mit dem Neuen fortzubewegen. Es ist eine Zeit der Reinigung. Wir müssen damit arbeiten. Dieses Kind ist zu diesem Zeitpunkt einer von sieben Schülern und leistet eine besondere Arbeit, für die er sich entschieden hat. Er ist der Erste, den du triffst. Du wirst mehr treffen. Du hast jetzt mit dieser Energie gearbeitet. Du wirst diese Energie wieder anziehen. Es ist vielleicht nicht so schwierig, mit ihnen zu arbeiten. Dieses Kind wurde mit Elementen programmiert, die es ihm nicht erlauben, an diesen Ort zu gehen, von dem es gekommen ist. Es war der Lichtkörper, in den es kommen wollte. Die Lichtkörper des nächsten Kindes, mit dem du arbeiten wirst, wird mit dir zu dem Zeitpunkt vor seinem Ursprung gehen und du wirst mehr Informationen über die Energie, aus der diese Kinder stammen, erhalten. Ihr werdet einander treffen. Du wirst sie anziehen, weil du wissen willst, was hinter diesem Zweck steckt. Diese Information wirst du allerdings diesmal nicht bekommen.

D: *Ich weiß, dass ein Teil des Zweckes mit der Schaffung einer neuen Welt und dem Übergang in eine andere Dimension zu tun hat, indem die Frequenz und die Vibration geändert werden. Ich habe diese Art von Informationen erhalten.*

R: Ja, das hast du. Du wirst das Spektrum dieser Informationen erweitern können. Wenn du die Resonanz dieser Informationen berücksichtigst, kannst du in vielerlei Hinsicht mitschwingen. Du weißt es bald zu schätzen meine Liebe, du arbeitest sehr hart und gut, aber du trägst sehr wenig bei, zu dieser Erfahrung die du hast. Und die Energie, die du in einem nicht-physischen Sinne trägst, ist die Unermesslichkeit hinter der Arbeit, die du machst. Mein Kind, es soll dir gedankt werden. Aber dein physisches Element (der physische Körper) trägt so wenig von dieser speziellen Energie in sich. Die Tatsache, dass dieses physische Element so wenig dieser Energie trägt, bedeutet, dass was du trägst ist das Elementare und definiert nicht wer du bist.

D: Die Energien dahinter?
R: Nicht nur die Energien, sondern auch die Energien, die an diese Energien gebunden sind. Es erfordert Zeit, bis diese parallelen Erfahrungen gesammelt sind. Es ist wie der Fisch im Fischernetz, wenn der Trawler das Netz zieht. Allmählich wird das Erntegut freigelegt, wenn der Fang eingezogen wird. Es muss jedoch die Kraft gewonnen werden, um das Netz einzuziehen. Das bedeutet im übertragenen Sinne, dass das Gewicht des in diesem Netz getragenen Wissens nur freigelegt werden kann, wenn die Ausdauer, der Kraftaufwand gegeben ist. Du sammelst diese Informationen. Du hast eine Akzeptanz dahinter, wer du bist und was sie sind, mein Kind. Du hast darüber hinaus auch die Akzeptanz, dass du dich dafür entschieden hast, mit dem zu arbeiten, mit dem du arbeitest. Außerhalb deiner physischen Elemente wirst du so viel bekommen. Aber in deinen physischen Elementen wird dir so wenig gegeben. Tatsächlich erhältst du so wenig Dank für das, was du auf so vielen verschiedenen Ebenen tust. Aber die wenigen Dankeschöns sind wahrer Dank. In Wahrheit erwartet dich das, was du hinterlassen hast. Genauso ist es mit diesem Kind. Diese Kinder, mit dieser Energie inkarnieren alle aus demselben Grund auf diesem Planeten. Diese Bewusstseinsspirale entwickelte sich aus einer anderen bereits entstandenen Spirale ab, die sich wiederum von einer anderen Spirale abwickelte und so weiter. Es ist eine Verlängerung eines Prozesses, der nicht in den irdischen Dimensionen verstanden werden kann. Aber dir werden mehr Informationen gegeben, als du bereits bekommen hast. Du erhältst die Fähigkeit dieses Konzept zu verstehen.
D: Mein Teil ist es, anderen zu helfen, zu verstehen und die Informationen so darzustellen, dass sie verstanden und akzeptiert werden können.
R: Du sagst so viele Worte, die zurzeit sehr wenig Bedeutung haben. Aber die Resonanzen hinter diesen Worten sind die wahre Bedeutung. Eine Verlängerung hinter dem, was diese Energie ist. Es gibt viele Visionen und Proportionen, die wir haben, wenn du sprichst, aber du kannst nicht darüber sprechen. Was du aber eigentlich mit den Worten tust, ist die Weitergabe und der Transport dieser Energie zu diesen Menschen. Daher behält die zelluläre Struktur eine Energie, die ihnen förderlich ist und nimmt

sie auf; das wird ihnen erlauben, sich zu bewegen. Es gibt so viele Leute, die so wenig tun. Es gibt aber auch sehr viele Leute, die sehr viel tun.

D: *Es wird also auf einer anderen Ebene zu ihnen schwingen, darüber hinaus was sie in den Büchern lesen.*

R: Absolut mein Kind. Deine Bücher haben eine Resonanz. Sie müssen sie nur besitzen, um die Resonanz, das Verhältnis deiner Informationen und ihre Energie zu tragen.

D: *Die Leute bekommen also mehr, als sie tatsächlich lesen, wenn sie die Wörter auf der Seite lesen?*

R: Sie werden die Inspiration und die Energie spüren. Sie werden die Bücher fühlen und berühren und intuitiv verspüren, dass etwas in diesem Buch ist. Es kann ein Satz sein. Es kann eine Idee sein, es kann eine Intuition sein. Es kann eine Erweiterung sein. Es mag das Verhältnis sein, nur das zu hören, was eine völlig neue Denkform erschließt. Das wird ihnen erlauben, zu wachsen und eine völlig neue Informationsspirale zu akzeptieren. Darum geht es hier. Du, wir, sind die Kuratoren der neuen Kraft. Und die Kraft ist nicht dort, wo du hingehst. Es ist Zeit das alte Kapitel zu beenden und ein neues zu beginnen. Es ist Zeit für eine Evolution der Veränderung. Ein neuer Zyklus hat begonnen.

D: *Ich habe gehört, dass nicht jeder diesen Übergang machen wird.*

R: Das ist richtig. Diejenigen die dazu bereit sind, werden diejenigen sein, die mindestens zehn Prozent ihrer Ziele physisch verstehen können. Sie müssen sich dieses Recht erarbeiten um zu verstehen.

D: *Die Anderen werden nicht verstehen was passiert, und sie werden sehr verwirrt sein.*

R: In den letzten fünf Minuten ihres Bestehens können sie in ihre physische Ebene übertragen werden oder die Informationen erhalten, damit sie weitergehen können. Und sie werden auf einer unterschwelligen Ebene gearbeitet haben. In den letzten Momenten ihres Lebens wird ihnen das auf körperlicher Ebene ins Bewusstsein gegeben. Sie werden also die Energie haben, sich dorthin zu bewegen. Und mit den Lehren zu verstehen, dass sie sich nicht in die vierte Dimension bewegen werden, wenn sie sich der Röhre des Wissens anpassen, wenn sie sich von einer Existenz zur anderen erweitern. Sie werden sich zu dem Verhältnis zurückbewegen, zu dem Energiepunkt, von dem sie sich getrennt haben.

D: Was ist mit den Leuten, die sich weigern es zu verstehen?
R: Wieder ist hier die eigene Entscheidung die Freiheit des Menschen.
D: Das stimmt. Wir haben einen freien Willen.
R: Das ist richtig.
D: Dann gehen sie nicht weiter in den Übergang.
R: Diesmal nicht! Die Zeit ist das Element ihrer Frequenz.
D: Ja, ich weiß, dass Zeit eine Illusion ist, aber wir sind darin gefangen. Wir müssen sie benutzen.
R: Nach ihrer Erfahrung wird es ihre Zeit sein. Nach ihrer Erfahrung wird es nichts sein. Du bist diejenige, die in eine andere Erfahrung übergegangen ist. Es ist, als ob sie darauf warten würden ihre Herde zusammenzubringen, damit sich die Herde auf andere Weiden bewegen kann. Wenn wir akzeptieren wollen, dass die göttlichen Funken des menschlichen Bewusstseins von einer Ebene abgebrochen sind, wenn dies Akzeptanz sein soll, dann haben sie sich glaubenslos in Funken des Individualismus aufgelöst. Sie arbeiten dann an einem neuen Bewusstseinszustand und entwickeln ihn weiter. Während sie sich in diesem Bewusstsein entwickelt haben, haben sie eine spezielle Dichte der Frequenz/Schwingung dieses Planeten geschaffen. Die Frequenzen des energetischen Wissens die für diesen Planeten existieren. Der Zyklus des Lebens und des Todes in Bezug auf das Karma und die Informationen, die diesen Zyklus umgeben. Der Zeitpunkt, an dem sich das kollektive Bewusstsein in einen neuen Bewusstseinszustand wandelt und zu einer mehrdimensionalen singulären Frequenz zurückkehrt, wird sich die „Herde" wieder sammeln. Dies kann Jahrtausende dauern. Aber der Zeitpunkt ist, wenn sie darauf warten, dass sich ihre Herde sammelt, befinden sie sich in einem Zustand der totalen Liebe und Akzeptanz. Sie erhalten genau das, was sie brauchen, um das zu genießen, was sie sind.
D: Ja, ich habe gehört, dass es sehr schön ist. Es wird völlig anders sein. Zuerst dachte ich, es sei ziemlich grausam, dass die anderen nicht zur gleichen Zeit gehen würden. Das sie zurückbleiben werden.
R: Es ist überhaupt nicht so. Es ist nicht so, als müssten sie gehen; Körper erfahren, was das Kind erlebt hat, die Erweiterung der Gefühle, wenn man eine physische Familie verlässt. Was er tatsächlich hinterlassen hat, ist eine physische Familie der

Dimension, aus der er gekommen ist. Er vermisst die Liebe. Er erkennt auch, dass er momentan nicht zurückgehen kann. Er ist seit vielen Jahrtausenden hin und zurückgekommen, um zu verstehen, wie der Planet funktioniert. Bei dieser Gelegenheit hat er sich entschieden, oder er hatte die Wahl, mit dem Planeten zu arbeiten. Die Herde umwandeln und zurückziehen. Wenn wir dies in eine Proportion des Denkprozesses bringen wollen, ist dieses Kind der Jünger neuen Wissens. Dieses Kind soll in Bezug auf die Informationen geschmückt werden, die von dieser Stimme gegeben wurde. Das Kind arbeitet nicht im Karma. Es hat sich von den energetischen Frequenzen der Spirale, der karmischen Frequenz und der dritten und vierten Dimension entfernt.

D: *Weil sie wissen, dass sie mit Karma in der irdischen Frequenz eingeschlossen sind.*

R: Zu diesem Zeitpunkt sprichst du mit einem nichtkarmischen einflussreichen Zweck. Entferne alle deine Denkweisen der Dualität. Blicke von einer höheren Ebene darauf.

D: *Also ist er nur hier, um diesem Zweck zu dienen. Und dann kehrt er zu der Dimension zurück, aus der er gekommen ist.*

R: Das ist richtig. Er wird ein normales menschliches Leben führen. Und während dieses menschlichen Lebens wird er seinen Zweck erfüllen, aber er unterliegt Einflüssen. Er kann in einen dreidimensionalen Zweck gezogen werden.

D: *Ja, es ist sehr schwierig, in dieser Welt zu leben und nicht hineingezogen zu werden.*

R: Wenn er zu einem dreidimensionalen Zweck hineingezogen wird, wird er wieder herausgezogen.

D: *Weil so Karma entsteht. Wir sind hier, um Lektionen zu lernen.*

R: (unterbrach mich) Dieses Thema irritiert uns. Karma spiegelt sich hier an dieser Stelle nicht wider. Wir wollen nicht unhöflich sein. Können wir diese Informationen bitte an anderer Stelle zu einem anderen Zeitpunkt weitergeben?

D: *Alles klar. Ich wollte es nur zu seinem Vorteil klären, weil er besorgt war.*

R: Klargestellt, akzeptiert; das Kind kennt alle Antworten.

D: *Aber sein bewusster Verstand tut es nicht. Wir versuchen es seinem Bewusstsein zu vermitteln.*

R: Danke, dass du mit seinem Bewusstsein gearbeitet hast. Du solltest besser mit Informationen arbeiten, die du benötigst. Das Kind hat alle Antworten. Du musst diese Fragen nicht stellen. Zu allen Fragen, die er gestellt hat, hat er die Informationen. Dir wurde gesagt, dass du mit weiteren dieser Leute, die diese Frequenz in sich tragen, arbeiten wirst. Schließlich wird es für dich eintreten, wenn der Zeitpunkt dafür reif ist.

D: Die anderen Leute, mit denen ich gearbeitet habe und die wir als „Sternkinder" bezeichnen, oder diejenigen, die hereinkommen, haben nicht so viele Schwierigkeiten, wie Robert sie hat.

R: Wir stellen alte Informationen wieder aus, aber ich erkläre es noch einmal (er wirkte gereizt). Zu diesem Zeitpunkt wird die Übergangsperiode zwischen Liebesfrequenz und menschlichem Gedankenformat, durch einen Schmerz, verlängert. Der Punkt, an dem es einen Übergangspunkt gibt, an dem der Mensch von der erlernten evolutionären Erfahrung zur gelehrten evolutionären Erfahrung wechseln kann, muss durch Beispiele verlängert werden. Es muss angezeigt werden, wo sich der Punkt bewegt und von einem Punkt zum anderen gekippt wird. Die einzige Möglichkeit dies zu schaffen, besteht darin, diesen Punkt zu erreichen. Und lernen, vom äußersten Punkt der Spirale zur nächsten Verlängerung des Ausdrucks zu gelangen. Deshalb müssen die Jünger, die durchkommen, verstehen, wo dieser Punkt ist. Der Absprungpunkt, der Punkt, an dem sie sich auf der Brücke treffen. Der Punkt, an dem sie verstehen, dass es Zeit ist zu lieben. (behutsam) Ist dies zur Klarstellung sinnvoll?

D: Ja, ich glaube, die anderen, mit denen ich gesprochen habe, haben wahrscheinlich nicht die gleiche Frequenz. Sie haben sich aber auch freiwillig gemeldet, um der Welt zu helfen.

R: Sie arbeiten an den Pegelfrequenzen, die sich diesem Punkt nähern. Dies bedeutet nicht, dass diese Energiefrequenz höher oder niedriger ist. Sie sind Teil des Sprungbretts. Sie sind Teil der Stufen bis zur Spitze der Pyramide. Die Spitze der Pyramide ist der Punkt, an dem das Kind dann selbst Bericht erstatten kann. Die Verlängerung der existierenden spirituellen Ausdehnung des Geistes wird an dem Punkt sein, an dem sie sich wieder bis zu dem Zweck zurückziehen dürfen, von dem sie gekommen sind. Sie suchen dann nach einer anderen Erfahrung, wenn sich die Herde wieder gesammelt hat.

D: Aber du weißt, wie schwer es für den gewöhnlichen Menschen ist, dies zu verstehen.

R: Der gewöhnliche Mensch hat Zeit, aber die Zeit beschleunigt sich. Daher beschleunigt sich diese Verlängerung. Die Erwartung beschleunigt sich also. Daher beschleunigt sich die DNA-Umstrukturierung. Daher beschleunigt sich die Schwingungsfrequenz. Alles beschleunigt sich. Der Schmerz wird also schneller und bis zu einem gewissen Punkt gedehnt. Schmerz ist wieder nicht nur Schmerz in Bezug auf Blut. Es ist auch schmerzhaft in Bezug auf jeden geplanten Entwicklungszweck. Die Ausdauer des Menschen für Evolution und Entwicklung.

D: *Mir wurde gesagt, dass wir viel mehr Karma schneller ausarbeiten, wenn wir versuchen, uns auf diese höheren Frequenzen einstellen um diesen Bewusstseinssprung zu machen.*

R: Das ist richtig. Wir laden aktuelle Informationen herunter, Energieformate, die seit vielen Jahrtausenden bei uns sind. Es gibt jetzt einen Punkt, an dem Menschen aus dem karmischen Kreislauf aussteigen dürfen. In dem Moment, in dem sie den Einfluss des karmischen Kreislaufs verlassen durften, können sie mit der Informationsspirale arbeiten, die es ihnen ermöglicht, aus dem Kreis zu treten und wieder zurück in ihre Frequenz zurückzukehren, aus der sie gekommen sind. Das ist eine Vereinfachung der Erklärung. Nicht leicht auszudrücken.

Er klang verärgert, weil er es einfach erklären und in Worte fassen musste, die ich verstehen konnte, aber es machte schließlich ein bisschen mehr Sinn.

D: *Mir wurde gesagt, dass viele dieser Dinge für unseren Verstand sehr schwierig zu verstehen sind. Deshalb wurden uns die Informationen zuvor nicht gegeben.*
R: Angenommen.
D: *Dass der physische menschliche Geist einfach nicht die Kapazität hat.*
R: Das stimmt.
D: *Also wurde mir immer nahe gelegt, die Informationen so darzustellen, dass sie von den Menschen verstanden werden können.*
R: Das ist richtig. Und das machst du.
D: *Aber die Informationen, die du mir gibst, sind viel komplizierter.*
R: Das ist richtig, weil du nach Antworten fragst.

D: *Aber ich denke, es wird für manche Leute immer noch schwierig sein, es zu verstehen. Das ist das Problem.*
R: Die Leute werden es zu diesem Zeitpunkt begreifen. Aufgrund ihres evolutionären Zwecks kann ihre körperliche Energiefrequenz diesen Zweck akzeptieren. Dies ist der Punkt, den wir machen. Wir haben jetzt sieben Jünger zu diesem Planeten geschickt. Sie werden sich alle irgendwann treffen. Aber drei werden die vier nicht kennen, und die vier werden die drei nicht kennen.
D: *Aber die anderen vier werden sie nie treffen.*
R: Das ist richtig.
D: *Sie werden in verschiedenen Bereichen arbeiten?*
R: Das ist richtig.
D: *Aber ich werde auf einige davon stoßen?*
R: Du wirst, jedoch wenn du auf sie stößt, darfst du im physischen Sinne nicht über sie sprechen. Sie können unterbewusst miteinander sprechen, aber sie dürfen nicht aus physischen Gründen miteinander sprechen. Es würde die Energien stören. Weil sie die gleichen Energien tragen, aber unterschiedliche Formeln verwenden. In Anbetracht dessen, sind sie aus verschiedenen ethnischen Welten. Sie tragen unterschiedliche Energien. Daher sind die Energien der südlichen, der östlichen, der westlichen und der nördlichen Hemisphäre auf dem Planeten nicht förderlich. Also darfst du es ihnen gegenüber nicht erwähnen.
D: *Es werden also unterschiedliche Rassen und Kulturen sein.*
R: Unterschiedliche Kulturen sind besser ausgedrückt als Rassen. Sie sprechen vielleicht dieselbe Sprache, aber die kulturellen Brücken werden unterschiedlich sein.
D: *Aber wenn ich sie treffe, werde ich es wissen?*
R: Das wirst du.
D: *Weiß ich es durch diese Methode in Trance?*
R: Du wirst es sofort wissen.
D: *Weil ich normalerweise so meine Informationen bekomme.*
R: Absolut richtig. Daher weißt du es sofort, wenn du einen der anderen triffst. Du wirst es unterschwellig wissen, bevor es überhaupt auftritt.
D: *Und ich soll sie nicht miteinander vernetzen. Sie dürfen nicht miteinander in Kontakt gebracht werden.*

R: Das ist richtig. Es sei denn, es wird ihnen gesagt.

D: *Ich habe das Gleiche über andere Informationen erfahren. Ich habe Leute gefunden, die an denselben Erfindungen arbeiten. Und mir wurde gesagt, ich soll sie an dieser Stelle nicht voneinander informieren.*

R: Das ist richtig. Diese Energien interferieren mit den anderen Energien. Was sie haben, ist eine Verbindung über einen unterschwelligen Gedankenformprozess, der über eine Energiespirale verbunden ist. Wenn sie eine Verbindung miteinander herstellen, könnten sie sich untereinander verbinden und die Informationen verdünnen. Daher wäre eine Verdünnung nicht für den Gedankenzweck des sammeln von Energie geeignet. Es wäre darum verwirrend, wenn man die eine mit der anderen Arbeit macht, die die gleiche Arbeit macht. Insofern ist festzuhalten, wenn eine Erfindung fertig ist, muss sie auf viele verschiedene Arten erfolgen. Deshalb ist die Energie auf einer unterschwelligen Ebene bereit. Wenn also die bewusste Akzeptanz kommt, ist das Unterbewusstsein bereits da.

D: *Ich traf einen Mann in Kalifornien und einen anderen Mann in Australien, die an derselben Erfindung arbeiteten. Und mir wurde in diesem Zustand dargelegt, man stelle sich zwei Wellen im Ozean vor, die sich bewegen, wenn sie nun miteinander verschmelzen würden, wäre es nur noch eine Welle und sie hätte nicht mehr die Energie oder die Kraft der zwei Wellen.*

R: Das ist richtig. Das ist eine schöne Analogie in Bezug auf eure dreidimensionalen Begriffe. In Kürze wirst du, wenn du es nicht bereits anwendest, mit totaler akustischer Resonanz arbeiten.

D: *Ich habe Menschen getroffen, die mit der Ärzteschaft zusammenarbeiten und versuchen, die natürliche Heilung einzuführen.*

R: Du wirst deinen Geist weiter auf diese Gedanken erweitern. Du hast jetzt einen Anteil an Energie, der zu diesem Zeitpunkt auf Dich übertragen wird. Du kannst darüber schreiben. Es wird bald bei dir funktionieren.

D: *Ich hatte andere Klienten, die mir mitteilten, dass sie mit Ton und Farbe arbeiten wollen. Dies wird die neue Heilung sein.*

R: Farbe kommt vor dem Ton.

D: *Vor dem Ton?*

R: Farbe kommt vor dem Ton. Farbresonanzen klingen. Diese Resonanzen schwingen mit der Energie. Dann schwingt das Gedankenformat mit der Frequenz. Farbe steht an erster Stelle. Das Farbspektrum schwingt mit dem Klang. Das Klangspektrum schwingt mit der Farbe.

D: *Also es funktioniert zusammen.*

R: Es funktioniert in totaler Ausdehnung. Was wir zu diesem Zeitpunkt nicht bearbeiten, ist das Verständnis, dass jede Figur, die Elementfrequenz des physischen Körpers, bei einem bestimmten Schallpegel mitschwingt. Die DNA, die zelluläre Struktur, arbeitet mit Klangresonanzen. Deshalb werden wir mit völlig neuer DNA-Struktur programmiert. So können Schallresonanzen geschützt und auf das menschliche Gedankenformat projiziert werden. Daher können wir neue Frequenzen akzeptieren. Und diese werden per Ton übertragen. Über Kornkreisklänge, über Intonation von Besprechungen, über Tonfrequenzen. Dies sind alles Intonation von Klang und Farbe. Und sie kommen reichlich zu diesem Zeitpunkt in diese Ebene. Wir erhalten auch das Element der Einführung von Wissen auf dreidimensionaler Ebene. Wie man das versteht und damit arbeitet. So können sich menschliche Krankheiten manifestieren und zu einem positiveren Format führen, anstatt mit diesen Krankheiten zu leben und zu sterben und zu lernen, welche Energien diese Krankheiten haben. Krankheiten sind Informationen. Wenn der Körper jedoch keine Informationen über diese Krankheit hat, ist der Körper dem Untergang geweiht. Es ist ein sehr interessantes Format, aber man muss wissen, dass die Krankheit eine Energie von Wichtigkeit ist, keine Energie von Negativität.

D: *Mir wurde auch gesagt, dass der Körper resistenter gegen die verschiedenen Krankheiten wird.*

R: Der Körper wird nur dann resistent gegen verschiedene Krankheiten, wenn der Zweck des Gedankenformats (des Bewusstseins, die Einstellung) hinter dem Körper bereit ist, resistent (der Glaube, die Intention, die dahinter steckt) zu werden. Wenn der kreative Zweck des Gedankenformats im Körper derjenige des dreidimensionalen Gesamtmodells ist, werden die Krankheiten ihren normalen Verlauf nehmen. Es sei denn, es werden neue Ebenen eingeführt.

D: *Mir wurde gesagt, dass sie versuchen, den Körper widerstandsfähiger zu machen und auch die Lebensdauer zu erhöhen.*
R: Das ist absolut richtig.
D: *Weil wir in eine völlig andere Dimension, eine andere Frequenz, gehen werden.*
R: Das ist richtig. Wir haben uns nie, im menschlichen Verständnis, weiter von diesem Zeitpunkt entfernt. Das ist das erste Mal. Du weißt nicht, wie wichtig diese neue Arbeitsebene ist. Es ist das erste Mal, dass dies auf den Ebenen der Erde getestet worden ist.
D: *Ist mir deshalb gesagt worden, dass das gesamte Universum beobachtet wird, um zu sehen, was passiert?*
R: Das ist richtig.
D: *Aber zuerst müssen wir die Gegenwart durchstehen.*
R: Das ist richtig.
D: *Deshalb nennt man es „Problematische Zeiten". (So genannt von „Nostradamus" in meinen Büchern, über seine Vorhersagen.)*
R: Problematische Zeiten sind im Grunde das Karma der Welt, das an den Punkt gelangt ist, an dem es sich selbst wandelt. Die Welt ist eine lebendige, atmende Einheit und kreiert sich selbst. Die Menschheit ist nur ein Floh auf der Welt. Wir sind alle Teile der Übergangsphase, dem Zweck. Eine ganz neue Energie, die sich auf das Planetensystem ausweiten wird. Viele der Planeten helfen hier.
D: *Ich glaube das, von vielen anderen ist mir das ebenfalls gesagt worden. Und ich weiß auch, dass der Planet ein Lebewesen ist, denn dies sind Konzepte, die mir auch gegeben worden sind. Es bestärkt mich also, denn es sind gleichlautende Informationen.*
R: Absolut richtig. Es wird noch so viel mehr zu dir kommen. Du verdienst so viel mehr, wegen der von dir geleisteten Arbeit. Die Segnungen, die du erhalten wirst, sind Segnungen der absoluten Liebe.
D: *Ist es dann zulässig, wenn ich diese Informationen, die ich heute erhalten habe, verwende?*
R: Absolut, diese Informationen sind für die Bevölkerung. Es ist keine Information des Einzelnen. Und Robert wird verstehen, dass die Schmerzen, Schmerzen der Arbeit sind, die er ausgewählt hat. Sobald diese Schmerzen verstanden werden, sind sie akzeptabel und erträglich. Die Arbeit die er verrichtet, ist jenseits der

Schmerzen. Und die Schmerzen jenseits der Arbeit, die er erledigen muss. Sie sind alle Teile der Verpflichtung. Sie alle sind Teil des Fortpflanzungszweckes der Arbeit und der Energie, mit der das Kind arbeiten möchte. Es gibt auch noch einen anderen Zweck, der zu diesem Zeitpunkt auf dich erweitert werden muss, weil du jetzt dabei bist.

D: Was ist das?

R: Du hast heute Abend Informationen über ein völlig neues Format zu der Übergangsphase des Menschen, von einer Dimension in die andere erhalten. Diese Menschen, die durch ihre frequenzielle Komposition diesen Zweck erfüllen, tragen eine Seelenimprägnierung, die man auf dieser Ebene nicht versteht. Dieses Kind, das heute hier ist, hat Informationen, die auf psychischen Ebenen nicht verstanden werden können. Die Physische Ebene ist dazu nicht im Stande, diese Informationen bewusst zu verstehen. Diese Pegelfrequenz wurde entfernt. Es kann nicht verstanden werden. Dolores deine Lichtkörperebene ist die von Schönheit und Liebe. Diejenigen, die auf dieser Ebene nicht bestehen, werden nicht in der Lage sein, sich auf ihn einzustellen, und viele andere, wie er, die damit arbeiten. Sie werden jetzt zu verstehen beginnen, dass es hier zwei Unterschiede gibt. Es gibt diejenigen, die eingestellt werden können, und solche, die nicht eingestellt werden können.

D: *Es ist eine Form des Schutzes.*

R: Das ist richtig. Ein unterschwelliger Schutz, der so bestimmt wurde. Was also tatsächlich passiert ist, dass dieses Kind nicht in den karmischen Entwicklungsprozess involviert ist.

D: *Es ist wichtig, dass er geschützt ist.*

R: Das ist wichtig. Er wurde beschützt. Es ist auch ein erlernter Erlebnisprozess für dich heute Abend, weil ich glaube, dass du noch mehr über dieses ganze Vorhaben erfahren wirst.

D: *Und ich werde mehr Leute dieses Typs finden.*

R: Ja, das wirst du.

Am Ende der Sitzung dankte ich der Entität für die Informationen und bat sie, zurückzutreten. Er antwortete wieder mit den Geräuschen von Hufgetrappel. Robert wurde daraufhin umorientiert und wieder in sein volles Bewusstsein gebracht.

Ein interessanter Fall eines hübschen jungen Mannes, der seinen Lebensunterhalt als Tischler verdient. In seinem bewussten Zustand gab es absolut keinen Hinweis darauf, was genau unter der Oberfläche seiner Persönlichkeit liegt.

Natürlich waren viele der Dinge, die er gesagt hat, verwirrend, weil sie schwer zu verstehen sind. In erster Linie auch aufgrund der Art, wie die Entität die Sprache eingesetzt hat. Aber etwas davon, was er sagte, ist bereits eingetreten. Er sagte, dass es sieben Schüler auf der ganzen Welt gibt. Das sind besondere Menschen, die in diese Welt geschickt worden sind. Sie vibrieren auf einer anderen Frequenz, sie sind nicht an Karma gebunden und haben einen bestimmten Zweck. Er sagte, ich habe gerade einen der sieben getroffen und ich würde einen anderen davon treffen. Sie würden in verschiedenen Ländern leben mit unterschiedlichen kulturellen Hintergründen. Die wichtigste Anmerkung war, dass ich sie nicht miteinander in Kontakt bringen soll. Erstaunlicherweise und unerwartet geschah dies einige Wochen später, nachdem ich in die Staaten zurückgekehrt war. Ich traf einen anderen Schüler während einer Sitzung in Fayetteville, Arkansas. Ich habe keine Ahnung, ob ich alle sieben treffen darf oder ob ich nur wissen sollte, dass es sie gibt. Vielleicht ist dieses Wissen genug. Aber er hatte Recht, sie befinden sich auf verschiedenen Kontinenten und haben unterschiedliche kulturelle Hintergründe.

Ich habe viele Menschen getroffen, die mir im Zustand der tiefen Trance erzählt haben, dass sie zu dieser Zeit auf die Erde gekommen sind, um der Menschheit beim Fortschritt der kommenden Veränderungen zu helfen. Aber anscheinend haben diese sieben eine andere Schwingung und eine andere Aufgabe.

KAPITEL 14

FORTGESCHRITTENE WESEN

Diese Sitzung ist ein perfektes Beispiel dafür, dass „sie" weiterhin durch viele meiner Klienten erscheinen, oftmals unter ungewöhnlichen und unerwarteten Umständen. Für mich persönlich kam dieser Fall sicherlich überraschend. Ich kehrte erst vor wenigen Wochen aus England zurück. Während einer Sitzung mit Robert in Glastonbury sagten „sie", dass ich einen der besonderen Leute getroffen hätte, die sich freiwillig gemeldet hatten oder geschickt worden sind, um bei den Veränderungen der heutigen Welt zu helfen. „Sie" sagten, es gäbe sieben dieser besonderen Leute oder Schüler, und ich habe, als ich mit Robert zusammenarbeitete, einen von ihnen getroffen. Und, dass ich bald einen weiteren treffen würde. Jedoch ich wurde gewarnt, sie nicht miteinander in Kontakt zu bringen. Sie sollten ihren eigenen Weg fortsetzen, auch wenn sie sich physisch in einer anderen Welt befanden. Ich wusste nicht, dass ich den Zweiten, nur wenige Wochen später, unter normalen Umständen entdecken würde.

„Sie" hatten mich im Jahr 2002 gewarnt, dass ich zu viel unterwegs sei um Vorträge auf Konferenzen und Messen zu halten. Auf dem Höhepunkt meiner Arbeit, in den Jahren 2001 und 2002, war ich jede Woche in einem Flugzeug und habe in allen Teilen der Welt gesprochen. Es war nicht ungewöhnlich, dass ich in einer Woche zwei oder drei verschiedene Städte bereiste und das jede Woche aufs Neue. Ich fing an den Stress zu spüren, ich wusste also, dass „sie" richtig lagen. „Sie" sagten, dass ich nicht so viel auf Reisen gehen soll, wie in der Vergangenheit. Die Energie meiner Bücher war da draußen und es würde breite Wellen schlagen. „Sie" wollten, dass ich noch mehr Bücher veröffentliche und meine Hypnosetechnik unterrichte. „Sie" sagten, es soll die Therapie der Zukunft werden. Ich sagte, ich müsste noch reisen, um zu unterrichten, aber „sie" sagten: „Lass sie zu dir kommen." Und erstaunlicherweise ist das auch so passiert. Ich habe angefangen, in der Nachbarstadt Fayetteville, Arkansas, meinen Unterricht abzuhalten, und es kamen Menschen aus der ganzen Welt, um diese Technik zu lernen.

Mitte August 2002 führte ich einen weiteren Hypnosekurs in der nahe gelegenen Stadt durch. Ich halte meine Klassen klein, damit es zu mehr Interaktion und persönlichem Engagement kommen kann und auch meine Technik leichter zu verstehen ist. Ich hatte noch nicht viele Kurse durchgeführt, und ich arbeitete immer noch an Verbesserungen. In den vorangegangenen Kursen übte ich mit den Schülern (die bereits qualifizierte Hypnotiseure waren), noch einmal am letzten Tag. In dieser Klasse entschied ich mich, etwas Neues auszuprobieren. Denn obwohl ich meine Technik gelehrt hatte, hatten sie nicht genug Zeit, sie zu festigen. Sie brauchen aber Erfahrungen, wenn sie in ihre eigenen Praxen zurückkehren. Am Ende des zweiten Trainingstages hatte ich diesen Aspekt mit der Klasse besprochen. Sie alle entschieden sich, dass ich lieber eine Demonstration an einem der Schüler vorführen sollte, um dies beobachten zu können. Sie waren der Meinung, dass das effektiver sei. Dies bringt den Lehrer natürlich immer in eine schwierige Situation. Obwohl ich mit meiner Technik sehr viel Erfolg habe, ist diese Gegebenheit eine Goldfisch-Glas Atmosphäre, der genausten Beobachtung, aus denen eigene Ängste resultieren. Was ist, wenn der Proband aufgrund der Umgebung, in der alle Zuschauer saßen, nervös und unsicher wurde und Probleme hätte den Trancezustand zu erreichen? Ich machte mir Sorgen, ob es überhaupt funktionieren würde. Mehrere Leute meldeten sich freiwillig als Versuchskaninchen. Ich packte alle Namen in eine Schachtel, um einen Namen zu ziehen. Das glückliche Versuchskaninchen würde dann Teil der Demonstration am nächsten Morgen sein. Ich stocherte mit den Fingern in der Schachtel mit den Namen. Ein Stück Papier schien förmlich an meinen Fingern kleben zu bleiben. Die Wahl fiel auf Estelle.

Sie war eine Studentin, die in letzter Minute zu meinem Kurs dazu gestoßen ist. Ich hielt auf einer Konferenz einen Vortrag, und zwei Leute wollten kurzfristig an meinem Kurs teilnehmen. Ich hatte bereits die Kursanzahl erreicht, die ich für meinen Kurs festgelegt hatte, also wusste ich nicht, ob genug Platz da sein würde. Als ich in meinem Büro anrief, stellte sich heraus, dass genau zwei Personen, kurzfristig ihre Teilnahme abgesagt hatten, und so konnte ich Estelle mitteilen, dass bei Interesse noch Platz wäre. Da sie beschlossen hatte, in letzter Minute anzureisen, war sie gezwungen, einen höheren Preis für ihr Flugticket zu bezahlen. Zuerst zögerte sie zu kommen, dann entschied sie jedoch, dass ihr die Gelegenheit aus einem bestimmten Grund gegeben worden war und sich die Kosten vielleicht lohnen würden. Überrascht war sie, wie leicht sich ihr Chef bereit erklärt hatte, sie für ein paar Tage von der Arbeit freizustellen. Später sagte sie, dass sie sehr gern eine Sitzung wollte, und sie nicht überrascht war, dass ihr Name gewählt wurde.

Einer der Schüler hatte ein Zimmer im Hotel, das etwas größer war als üblicherweise. Deshalb entschieden wir, uns am nächsten Morgen zuerst im Klassenzimmer zu treffen und dann in seinem Zimmer die Sitzung zu machen. Einige Männer trugen zusätzliche Stühle hinein und der Raum wurde sehr voll. Wir waren zehn Schüler, mein Assistent und ich, was bedeutete, dass sich zwölf Personen in dem kleinen Hotelzimmer versammelt hatten In der Nacht bekam ich zusätzliche Sorge, weil Estelle einen Akzent hatte, und manchmal habe ich Schwierigkeiten, Akzente zu verstehen, sobald der Klient in Trance ist. Wenn sie sich in einem tiefen Zustand befinden, wird ihre Stimme weich und undeutlich. Ich hatte wirklich Probleme, als ich Sitzungen in Hongkong und Singapur durchführte, aber ich gewöhnte mich schließlich an die unterschiedlichen Akzente. All diese Dinge gingen mir durch den Kopf, als wir uns auf die Sitzung vorbereiteten. Ich hätte mir keine Sorgen machen müssen, weil „sie" mir weit voraus waren und alles erledigen würden.

Das Zimmer war sehr voll mit Studenten, die auf dem Sofa, auf allen verfügbaren Stühlen und auch auf dem Boden saßen. Estelle saß auf dem Doppelbett und ich bat in die Runde, so leise wie möglich zu sein, als ich begann. Ich wusste nicht, dass seltsame Dinge bereits vor Ende der Sitzung geschehen waren, aber „sie" hatten bereits übernommen. Da ich die Induktion normalerweise nicht aufnehme, lag das Mikrofon neben dem Rekorder auf dem Nachttisch. Ich benutze ein Handmikrofon, weil ich es direkt neben den Mund des Klienten lege. Die Stimme kann während der tiefen Trance sehr leise werden, und so bin ich mir sicher, die Worte auf dem Tonbandgerät auch aufzunehmen. Diese Art von Mikrofon kann durch drücken eines Knopfes gesteuert werden, sodass der Rekorder erst gestartet wird, wenn ich das Mikrofon aufnehme und anschalte. Mehr dazu später.

Ich begann mit der Einführung und sie ging sofort in den Trancezustand über. Meine erste Befürchtung war ungerechtfertigt. Sie achtete nicht auf die Personen um sich herum im Raum, es lenkte sie nicht ab. Teil meiner Technik ist es, die Person zuerst an einen schönen Platz zu führen, einen Ort, an dem es keine Sorgen oder Probleme gibt. Ich lasse sie den Ort auswählen, den sie für den schönsten, den friedlichsten Ort halten. Der Rest der Technik führt sie von dort in ein vergangenes Leben, welches das Ziel der Demonstration war. Aber Estelle hatte nicht einmal darauf gewartet, bis die gesamte Einführung abgeschlossen war. Das passiert manchmal und ich bin daran gewöhnt, dass ich das, aufgrund der Beschreibung des schönen Ortes, erkenne. Doch es klang nicht nach dem normalen, perfekten Ort. Tatsächlich klang es nicht einmal irdisch.

E: Es ist ein Ort, wo es viele exotische Blumen und verschiedene Farben gibt. Der Wind bläst. Ich fühle die Brise. Es gibt viele Kristalle. Viele Generatoren. Vögel fliegen, ich kann ihre verschiedenen Farben sehen.

In diesem Moment wurde mir klar, dass sie nicht über die Erde sprach. Sie war mir voraus und erlebte es bereits irgendwo. Ich nahm das Mikrofon vom Tisch und schaltete den Kassettenrekorder ein. In dem überfüllten Raum war die Atmosphäre spannungsgeladen. Jeder hielt den Atem an und wusste instinktiv, dass etwas Ungewöhnliches passierte. Zumal ich noch nicht einmal die gesamte Einführung absolvieren konnte, die ich ihnen beigebracht hatte. Es war unnötig.

D: *Was meinst du mit Kristallen und Generatoren?*

E: Große Kristalle kommen aus dem Boden. Sie sind groß, drei oder vier Fuß groß. Sie haben einen Punkt an der Spitze.
D: *Warum hast du sie Generatoren genannt?*
E: Sie erzeugen Energie.
D: *Gibt es sonst noch etwas?*
E: Die Farbe auf dem Boden ist grün, aber es ist kein Gras, wie wir es kennen. Es ist so etwas wie Gras. Trotzdem ist es grün und bedeckt den Boden.
D: *Und diese Kristalle kommen daraus?*
E: Ja, und sie sind strategisch platziert, um die Energie in diesem Bereich zu erzeugen.
D: *Welcher Bereich ist das?*
E: Es ist ein Ort weit weg. Ich möchte sagen ... eine andere Galaxie?
D: *Gibt es Gebäude?*
E: Nein, es ist wie ein festgelegter Bereich, der speziell dazu dient, Energie zu tanken und gleichzeitig zu entspannen und Ruhe zu fühlen.
D: *Es ist also ein Ort, an dem die Leute nicht ständig leben?*
E: Richtig.
D: *Es ist, wie an einen Urlaubsort zu gehen? Du gehst dorthin, um gezielt Energie zu erhalten und dich zu entspannen.*
E: Das ist richtig.
D: *Wer sind die, die dorthin gehen, um Energie zu bekommen?*
E: Es gibt verschiedene Arten von Wesen, die dorthin gehen.

Dies war offensichtlich der Grund, warum sie diesen Ort, unbewusst, als ihren schönsten Ort ausgewählt hatte. Manche Leute sehen Orte, an die sie sich erinnern, weil sie dort einen Urlaub verbracht haben, der für sie etwas Besonderes war.

E: Sobald sie sich dessen bewusst werden, können sie sich dort projizieren.
D: *Oh, sie projizieren, ohne in ein Raumfahrzeug zu gehen?*
E: Das ist richtig. Jeder kann sich dorthin projizieren, wenn er sich mit dem Ort verbindet oder sich dessen bewusst wird. Du bleibst eine Weile, nicht zu lange. Genug, um die Energie zu spüren und ein Gefühl von Frieden und Ruhe zu bekommen, damit sie dorthin zurückkehren können, wo sie herkommen. Und das weiterführen, was sie gerade gemacht haben.

D: *Gehst du dorthin in einem physischen Körper?*
E: Man kann dorthin in einem physischen Körper gehen oder man kann seine Energie auch von da projizieren.
D: *Erscheint ihr dort in einer physischen Form oder Körper?*
E: Einige Wesen tun es. Sie können in ihrer Form erscheinen. Es ist ein Ort, an dem jeder willkommen ist.
D: *Und du gehst oft dorthin?*
E: Ja, ich mag den Ort sehr. Es gibt mir ein Gefühl von Ruhe und Bewusstsein.
D: *Und dann musst du dorthin zurückkehren, wo du deine Arbeit erledigst?*
E: Das ist richtig.
D: *Wenn du von diesem schönen Ort zurückkehrst, wo ist dieser Ort, an dem du deine Arbeit erledigst?*
E: Die Arbeit wird auf der Erdebene ausgeführt und gleichzeitig auch an einem weit entfernten Ort erledigt, der als Basis bezeichnet wird. Es wird in vielen Galaxien, in vielen Dimensionen gemacht. Aber die Heimatbasis ist jetzt die Erde.
D: *Also machst du beide gleichzeitig, meinst du?*
E: Das ist richtig.
D: *Wie sieht dieser Ort aus, wenn du auf der Erdebene arbeitest?*
E: Es ist ein Ort, an dem man mit vielen Wesen, wie auch in diesem heiligen Raum, interagiert. Man erkennt viele andere an ihren Augen. Du erkennst sie, indem du dich mit ihren Energien verbindest. Und trotz aller Masken, die sie tragen, werden sie sich bewusst, wer sie sind. Du schaust tief in sie hinein und erkennst ihre Energien.
D: *Ist das etwas, was der Durchschnittsmensch nicht weiß?*
E: Viele wissen davon. Und viele andere sind sich dessen bewusst, aber nicht auf kognitiver Ebene.
D: *Wenn du auf der Erdebene arbeitest, wie sieht dein Körper aus?*
E: Wenn ich auf der Erdebene arbeite, sieht mein Körper aus wie die der meisten Menschen. Ich nehme eine menschliche Form an. Aber es ist wie eine Maske, die ich trage. Ich projiziere es so, dass die anderen sehen werden, was sie zu sehen gewohnt sind.
D: *Die regelmäßige körperliche Form.*
E: Das ist richtig.
D: *Ist das die Maske von Estelle?*
E: Das ist richtig.

Es war interessant für mich, die Definition von Person/ Persönlichkeit in Maske zu finden. Aus dem Lateinischen genommen: Persona. Wörtlich: die Maske eines Schauspielers, also eine Person.

D: *Das ist die Maske, die du derzeit auf der Erde trägst und mit der du deine Arbeit erledigst. (ja) Es ist eine sehr gute Maske, es ist eine schöne Maske. Und das sehen auch andere Leute.*
E: Das sehen sie.

Robert sagte auch, dass das, was die Leute als seine physische Form empfanden, nur eine Illusion ist. Obwohl mir diese beiden Leute sicherlich solide und menschlich erschienen.

D: *Wie siehst du ohne Maske aus?*
E: Ohne die Maske habe ich auch eine körperliche Form, die von einem Licht umgeben ist. Es ist die physische Form, die Form hat, die Substanz hat. Aber in dieser physischen Form, an den äußeren Rändern, gibt es auch Energie und Licht.
D: *Mir wurde gesagt, dass alles, auch wir, Licht ist.*
E: Das ist richtig. So würden es andere sehen. Wenn sie jedoch etwas tiefer in das Innere schauen, werden sie feststellen, dass Licht eine physisch andere Form (Körper) hat. Denn es hat die Form, woher es kommt. Der Ort, von dem das Licht kommt hat auch eine Form, aber es ist anders.
D: *Wie ist diese Form?*
E: Auf der Erde würde man es „Reptilien"-Form nennen. Ich muss sagen, dass es viele Ebenen dieser Reptilienformen gibt.
D: *Hier existieren sie gleichzeitig, meinst du?*
E: Das ist richtig.
D: *Du hast also eine Reptilienform an einem anderen Ort? Und die Erdform bildet sich an diesem Ort? Verstehe ich das richtig?*
E: Es gibt einen Teil der Energie, die an diesem anderen Ort vorhanden ist, aber die gegenwärtige Erfahrung wird jetzt in dieser physischen Erdebene erlebt.

Ich habe in meiner Arbeit so viele ungewöhnliche Dinge gehört, dass mich diese Aussage nicht störte. Ich stelle immer nur Fragen, da bei dieser Art von Arbeit alles möglich ist. Aber ich schaute im Raum umher, um zu sehen, wie sich diese Aussage auf meine Schüler auswirkte. Sie waren absolut still, und ihre Aufmerksamkeit war auf die Frau gerichtet, die bewegungslos auf dem Bett lag. Hier sagte eine hübsche dunkelhaarige Frau mittleren Alters, dass sie auch gleichzeitig als Reptil auf einem anderen Planeten lebte. Und es war überhaupt nicht aufregend. Vielleicht hatten sie genug in meinen Büchern gelesen, um zu wissen, dass mit dieser Art von Hypnose alles möglich ist. Ungewöhnlich war allerdings, dass andere dies beobachteten. Nachdem die Sitzung vorbei war und wir zum Mittagessen gingen, sagte einer der Studenten, das sei das Bemerkenswerteste gewesen, was er je gesehen und gehört habe. In diesem Fall sprachen die Handlungen wirklich mehr als Worte. Die Demonstration war lehrreicher als die Theorie. Es ist eine Sache, ihnen zu sagen wie es gemacht wird und eine ganz andere Sache, es ihnen zu zeigen.

Ich fuhr fort: "wie ist es an der anderen Stelle?"

E: Auf der Basis beobachten wir andere Galaxien, um sicherzustellen, dass alles in Ordnung ist, dass anderen kein Schaden zufügt wird. Dort beobachten und verfolgen wir alles, was vor sich geht.
D: *Das hört sich nach einem sehr großen Job an. Alles zu beobachten.*
E: Es ist groß, aber wir sind dafür ausgebildet. Und wenn man erst einmal trainiert ist, wird es zur zweiten Natur. So wie alles, wenn du trainiert bist, egal wo du bist.
D: *Es ist ein großer Job, alles zu beobachten. Benutzt ihr Maschinen dazu?*
E: Du machst es mit deinem Verstand.
D: *Das würde bedeuten, dass du eine große Denkfähigkeit hast, nicht wahr?*
E: Ja, wir projizieren den Geist auf Orte. Jeder hat bestimmte Bereiche, mit denen er spezifisch verbunden ist, aber zu jeder Zeit können sie sich auf andere Orte projizieren. Menschen haben diese Fähigkeit noch nicht entwickelt.
D: *Hast du gesagt, das ist wie eine Heimatbasis?*
E: Ja, sie nennen es Heimatbasis.
D: *Wie ein Hauptquartier?*
E: Wie eine Station.
D: *Ist es ein Raumfahrzeug oder ein Planet?*

E: Es ist kein Raumfahrzeug und es ist kein Planet, wie du es wahrnehmen würdest. Es ist mehr ein Ort, eine Station.
D: *Ich denke an einen physischen Ort.*
E: Es ist wie ... ein Gehege ... im Freien ... Wenn du dir den Himmel vorstellen kannst, beispielsweise. Und an diesem Himmel gibt es dieses Gehäuse in sich, das die verschiedenen Orte um sich herum überwacht. Das ist es.
D: *Ich denke an die geistige Welt, in die wir gehen, nachdem wir den physischen Körper verlassen haben. Ist es so oder anders?*
E: Das ist anders, denn dies ist keine geistige Welt. Dies ist ein physischer Ort. Ein Ort, an dem es physische Formen (Formen zum Beispiel als Körper) gibt. Nicht physisch, wie Menschen es wahrnehmen, sondern eine Form, die Wesen von anderen Orten im Inneren annehmen, um leben und überleben zu können.
D: *Ist es wie eine andere Dimension?*
E: Eher mehr wie eine andere Galaxie.
D: *Wo kreiert ihr all diesen Raum, nur im Weltraum?*
E: Ja, es ist als ob der Ort geschaffen wurde, damit er eine bestimmte Funktion erfüllt. Und dort existieren wir.
D: *Benötigt es also die kombinierte Geisteskraft eines jeden, um es bestehen zu lassen?*
E: Wenn es erst einmal hergestellt ist, bleibt es im Sein. Denn es hat einen bestimmten Zweck und es ist ein kontinuierlicher Zweck.
D: *Es existiert also, ob du oder die anderen da seid oder nicht.*
E: Das ist richtig.

Dies klang so ähnlich, wie in dem Fall des höhlenmenschartigen Wesens aus der Welt mit der violetten Sonne. Sein Unterbewusstsein sagte, es sei kein Planet, sondern eine Galaxie, die nach anderen Regeln operiere, die wir nicht verstehen könnten. Diese Wesen schaffen alles mit ihrem Verstand, was sie brauchen. (siehe Kapitel 18)

D: *Dann es ist mehr so etwas wie das Hauptquartier, die Hauptbasis, die Station, an der alle Welten überwacht werden.*
E: Das ist richtig.
D: *Es scheint ein sehr mächtiger Ort zu sein. Wie werden diese Informationen gespeichert, wenn sie sie mit ihren eigenen Gedanken sammeln?*

E: Sie werden nicht wie auf einem Computer gespeichert, da dies veraltet ist. Es wird jedoch so gespeichert, wie man es von einer Festplatte erwarten würde. Es ist dennoch eher eine winzige kleine Festplatte, auf der Millionen von Informationen gespeichert werden.

D: Ähm, das würde unsere Computer obsolet machen. Und wie werden diese Informationen gelesen, wenn es sich nur um eine kleine Festplatte handelt.

E: Es wird mit dem Verstand gelesen. Wenn man es in der Hand hält, erhält man alle Informationen.

D: Die du suchst? (ja) Sonst wäre es ein Bombardement von Informationen, oder?

E: Das ist richtig, sie möchten nicht zu viele Informationen im Kopf behalten, da dies nicht notwendig ist.

Kurz nach Beginn der Sitzung trat ein anderes ungewöhnliches Phänomen auf, Estelle verlor ihren Akzent, als wir diese andere Welt betraten. Das Wesen, das durch sie sprach, hatte eine sehr genaue Art, die Wörter zu betonen und auszusprechen. Das hat es mir natürlich leichter gemacht. Ich musste nicht so genau zuhören. Jedem im Raum war klar, dass dies nicht Estelle ist.

D: Ich möchte dich nicht beleidigen, oder dir zu nahe treten, aber in unserer Zeit haben manche Leute den Eindruck, dass die Reptilienrasse negativ ist.

E: Das liegt daran, dass es viele gibt, die immer noch negativ sind. Du musst verstehen, dass in allem ein Gleichgewicht besteht. Hier gibt es dieses Gleichgewicht. Es gibt überall dieses Gleichgewicht. Und besonders auf der Erdebene, durch die körperliche Existenz aller Lebewesen, wird man diese Dualität mehr als an anderen Orten finden. Daher gibt es auf der Erde viele Reptilien, die diese Energie transportieren. Und weil sie diese negative Energie tragen, um dieses Wort zu nehmen, ist es eher eine fehlgeleitete vergessene Energie des wahren Selbst. Sie werden Dinge tun, die als negativ empfunden werden.

D: Aber das ist nicht die wahre Natur ihrer Ethnie?

E: Nicht in der Zukunft, wie du es nennen würdest mangels eines besseren Wortes.

D: Sprichst du aus der Zukunft?

E: Das ist richtig.

D: Du weißt, dass du durch einen physischen Körper sprichst, der, wie du gesagt hast, auf der Erdebene lebt. Eine der Fragen ist, über die sich Estelle Gedanken macht: ob sie gleichzeitig in der Zukunft existiert?

E: Ich spreche aus der Zukunft. Aber ich spreche auch von dem, was du als Gegenwart bezeichnen würdest. Ich spreche von beiden Orten gleichzeitig. Denn ich bin eins.

D: In diesem zukünftigen Leben bist du also auf dieser Station, um auf Informationen zuzugreifen und diese zusammenzustellen. Warum hast du dich dann entschieden, auch in unserer Zeit, im 21. Jahrhundert, zu existieren?

E: Aufgrund dessen, was hier passiert ist und was hier mit der Reptilienrasse passiert. Es gibt viele, die sich an einem Ort der Macht befinden und in der Position, die diese Macht zur Kontrolle und Manipulation missbraucht. Und ich wurde gebeten, hierher zu kommen, um zu helfen, aufzuklären und anderen mitzuteilen, was los ist. Einige Wenige können nicht das Ganze kontrollieren und weil das Ganze sich dessen nicht bewusst ist, erlauben sie den Wenigen sie zu kontrollieren und zu manipulieren.

D: Du hast dich also entschlossen, gleichzeitig zurückzukehren, während du dort existierst durch einen Teil deiner Energie, auch hier einen physischen Körper zu haben?

E: (seufzt) Ich habe keinen physischen Körper betreten. Ich habe mich in einen physischen Körper versetzt. Um in dieser dichten Energie überleben zu können, musste ich meine Energien hier mit der Energie des Planeten in Resonanz bringen und in ein physisches Wesen geboren werden. Aber die Menschen, die ich als meine Eltern auserwählt habe, sind auch Reptilien. Er ist von der Reptilienrasse. In seiner ganzen Existenz hat er sich dazu entschieden, nichts anderes als von der Reptilienrasse zu sein. Er entschied sich, für diese Erderfahrung ein Ventil zu sein, um meine Energie rauszulassen. Die, die ich als meine leibliche Mutter auserwählt habe, hat mich neun Monate getragen. Es war viel Arbeit und Vorbereitung, damit sie meine Energie halten konnte, denn sie hatte Schwierigkeiten damit. Sie musste also darauf vorbereitet sein, dass ich in dieser Dimension bleiben konnte, um dann geboren zu werden und mehr oder weniger geerdet zu sein.

D: *Aber der Körper wurde genetisch aus der DNA von Mutter und Vater gebildet, nicht wahr?*
E: (schwerer Seufzer) Dies ist ein anderer Prozess, den der Mensch nicht vollständig versteht. Deshalb sieht der Körper menschlich aus. Wenn Ärzte an diesem Körper forschen würden, um das wahre Körper Make-up herauszufinden, die genetischen Make-ups, würden sie feststellen, dass es Dinge in diesem Körper gibt, die von anderen Menschen unterscheiden.
D: *Wenn jemand die DNA oder die Gene von Estelle untersuchen sollte?*
E: Das ist richtig. Deshalb wird der physische Körper nicht krank. Denn der physische Körper kann keinem Test unterzogen werden.
D: *Deshalb willst du nicht, dass Ärzte den Körper untersuchen?*
E: Das ist richtig. Sie werden etwas anderes finden und dann erkunden wollen. Und das wird nicht erlaubt. Sie darf also nicht krank werden. Was sie und mich betrifft, sage ich, dass sie und ich unterscheiden, wenn sie kommuniziert und wann ich kommuniziere, obwohl wir gleich sind. Sie lässt manchmal nicht zu, dass die Informationen durchkommen.
D: *Warum ist das so?*
E: Sie hat bis jetzt nicht vollkommenen Frieden geschlossen mit ihrer ganzen Erfahrung auf der Erdebene.
D: *Aber du weißt, es ist schwierig für einen Menschen, das zu verstehen.*
E: Es war schwierig für mich, mich auf diesem Planeten Erde zu sehen.
D: *(lacht) Es ist anders, nicht wahr?*
E: Das ist ganz anders.
D: *Weil du dich darüber hinaus entwickelt hast.*
E: Das ist richtig. Ich habe viele Leben gehabt, oder ich sollte sagen, mein Geist hat viele Leben auf der Erdebene gehabt. Es war eine Überraschung für mich, als ich ausgewählt wurde, wieder hier zu sein und eine Erfahrung zu haben.
D: *Du dachtest, du wärst damit fertig, oder?*
E: Das ist richtig.
D: *(lacht) Es war an der Zeit, woanders hinzugehen.*
E: Das ist richtig.
D: *Dann sagten sie, du müsstest zurückgehen. Es ist beinah so, als würde man wieder in den Kindergarten gehen, oder?*

E: Das ist richtig, und ich fühlte mich in der großen Verantwortung, zurückkehren zu müssen und die Umstände dessen zu kennen, was sein sollte. Ich fühlte mich alleine.

D: Liegt es daran, dass es hier nicht viele von dir gibt?

E: Das ist richtig. Und ich wusste, dass die vielen, denen ich begegnen würde, von der Art waren, die mit ihren Energien arbeiteten, um Schaden zu verursachen und zu kontrollieren. Das war der Grund, warum ich als Dreijährige die Erfahrung gemacht habe, die ich hatte. Denn das war notwendig, damit der physische Körper vergessen konnte, wer er war, woher er kam und was er tun musste. Wenn ich in diesem frühen Alter angefangen hätte, diese Dinge zu sagen, wäre ich wahrscheinlich nicht hier.

Diese Aussage war eine unerwartete Überraschung.

D: Glaubst du das? Oder hätten sie eher angenommen, dass es nur ein sonderbares Kind ist?

E: Das ist richtig. Es gab viele, die versuchten, die Energie zu finden, aber die Energie wurde in einem Kind getarnt.

D: Also hätten sie nicht einfach nur gedacht, es sei kindlich. Sie hätten dich erkennen können?

E: Das ist richtig. Denn wir sprechen nicht nur von physischen Wesen. Wir arbeiten auch mit den verschiedenen Energien, egal ob sie als physisch wahrgenommen werden oder nicht.

D: Es war also ein Schutzmechanismus?

E: Das ist richtig. Es war ein Schutz, um das Wesen vor dem sprechen zu schützen. Es war nicht die Zeit.

D: Was ist passiert, als sie drei Jahre alt war, denn das ist eine der Fragen, worüber sie etwas wissen wollte.

E: Als sie drei Jahre alt war, wurde sie an Bord eines Schiffes gebracht. Ihre Erinnerung daran ist richtig. Als sie sich umsah und sah wo sie sich befand, wusste sie, dass sie nicht zu Schaden kommt. Aber es war eine Überraschung für ihr physisches Wesen, sich selbst dort zu finden und es nicht zu wissen. Durch alle Existenzen sind wir uns bewusst, wenn wir kommunizieren und in welcher Form. Zu der Zeit gab es einen Schleier, der so angelegt war, dass keine Erinnerung mehr existieren würden, wer wir wirklich sind.

D: *Bis sie drei Jahre alt war, hatte sie also die Erinnerung, wer sie war und woher sie kam?*
E: Das ist richtig.
D: *Aber sie konnte es noch nicht ausdrücken?*
E: Es gab keine Worte für sie.
D: *Sie hatte kein Vokabular das sinnvoll gewesen wäre.*
E: Das ist richtig. Also fühlte sie sich isoliert. Und doch konnte sie mit uns und mit vielen anderen kommunizieren. Zu der Zeit, als sie drei Jahre alt war, wurde der Schleier aufgehoben und sie sah etwas mehr, aber sie konnte es nicht ausdrücken.
D: *Und zu ihrer eigenen Sicherheit hast du den Schleier um sie herum gelegt, als sie auf dem Schiff war, um ... was? Die Erinnerung zu deaktivieren oder zu mildern?*
E: Mehr oder weniger ... die Erinnerungen vorübergehend zu löschen, löschen das ist sozusagen ein gutes Wort.
D: *Dadurch konnte sie also als Kind aufwachsen, ohne unnötige Aufmerksamkeit zu erregen.*
E: Und doch fühlte sie sich als Kind isoliert, weil sie sich nicht auf etwas beziehen konnte, was sie kannte.
D: *Ich habe viele Leute getroffen, die das Gefühl haben, von anderen Orten gekommen zu sein. Sie sind hier sehr einsam. Aber wie wurde der Schleier platziert, als sie an Bord des Schiffes war? Was ist damals passiert?*
E: Sie hat darunter gelitten, dass sie nicht wusste was vor sich ging. Daraus resultierte eine Gleichgültigkeit, sodass sie nicht mehr kommunizieren wollte.
D: *Aber haben die Leute im Schiff ihr physisch etwas angetan, um diesen Schleier um sie herum zu kreieren?*
E: Energetisch wurde eine Art Kiste in ihr platziert, die eine ständige Kommunikation erlaubt. Ein Austausch von Informationen, aber nicht auf einer bewussten Ebene.
D: *Was meinst du mit einer Kiste?*
E: Es war mehr von, ich möchte nicht das Wort „Implantat" dafür verwenden, denn das hat eine negative Nebenbedeutung, aber eigentlich war es wie ... wie würden sie das nennen ... (Sie hatte Schwierigkeiten.)
D: *Nun, für mich ist ein Implantat nicht negativ, weil ich es verstehe.*
E: Es war mehr, sagen wir mal ... wie ein Paneel.

Ich hatte schon oft von Implantaten gehört und verstand deren Zweck. Dies wird in „Die Verwahrer" erklärt. Aber ich hatte noch nie davon gehört, dass jemandem ein Paneel eingesetzt wurde.

E: Ein Paneel mit Tiefe. Drinnen, wo ... die sogenannte „Box" kleine Chips hat. Die gleichen wie an den Kontrollstationen.

D: *Oh, kleine elektronische Teile.*

E: Ja, was übrigens auch zu ihrem physischen Aufbau gehört. In ihrem Körper Make-up gibt es...wie würde ich es nennen? Das einzige Wort, das mir einfällt wäre, wie Drähte.

D: *Diese Drähte befinden sich in ihrem physischen Körper. (ja) Warum sind sie da?*

E: Weil sie immer mit allen da draußen verbunden ist. Es ist auch Teil ihres Erbguts als Reptil.

D: *Wenn ein Arzt sie untersuchen würde, würde er dann diese seltsamen Dinge finden?*

E: Er würde andere Vorgänge finden, die sich im Körper abspielen. Er würde feststellen, dass die Energie auf andere Weise fließt, als er es kennt, und dann könnte der Wunsch entstehen, das näher zu untersuchen.

D: *Ja, also das wollen wir nicht haben.*

E: Nein, wollen wir nicht.

D: *Weil sie es nicht verstehen würden. Genauso wie sie annahmen, dass sie im Alter von drei Jahren in Gefahr sein könnte, wenn sie wüsste, was los ist. (ja) Aber ist es richtig für uns, das zu wissen?*

E: Es ist in Ordnung, wenn ihr es als Kollektiv, als Gruppe wisst. Es gibt viele Dinge, die ihr gemeinsam tun werdet, um den Prozess auf der Erde zu unterstützen.

D: *Ihr wisst also, dass sie von uns aus nicht in Gefahr ist.*

E: Nein, sie vertraut allen hier. Oder ich sollte sagen, wir vertrauen allen hier. Ihr seid miteinander verbunden.

D: *Ihr hättet die Informationen nicht durchgelassen, wenn ihr uns nicht vertrauen würdet, oder?*

E: Das ist richtig.

D: *Weil ich meine Klienten niemals in Gefahr bringe.*

E: Das ist richtig.

D: *Die hier sind also diejenigen, die ausgewählt wurden, um diese Informationen zu wissen.*

E: Deshalb haben wir bis zum letzten Moment gewartet, um Teil der Gruppe zu werden. Denn wie du weißt, war am Anfang kein Platz.

D: Das stimmt, sie war die letzte Teilnehmerin, die zur Gruppe stieß.

E: Wir mussten sicher sein, dass die Energien, die vorhanden sind, mit der Enthüllung dieser Dinge vereinbar wären.

D: Und es war kein Zufall, dass ich ihren Namen aus der Kiste gezogen habe.

E: Ja, sie wusste, als sie ihren Namen in die Kiste legte, dass sie ausgewählt werden würde und ihre Freundin, die neben ihr saß, wusste es auch. Es war also eine Bestätigung für Beide, als es geschah.

D: Diese Informationen wären also überhaupt nicht durchkommen, wenn ihr nicht allen im Raum vertrauten würdet, um sie zu schützen. Weil wir nicht wollen, dass dies öffentlich gemacht wird. Es würde ihr schaden, oder?

E: Das ist richtig.

D: Ich denke, jeder hier wird es vertraulich behandeln.

Ich schaute mich im Zimmer um, als ich das sagte, und alle nickten zustimmend. Ich wusste, dass sie die Notwendigkeit des Schutzes ihrer Identität verstanden und das Besondere, was gerade geschehen ist, als sie alle in diese seltsamen Informationen eingeweiht worden sind. Ich hatte auch das Gefühl, wenn sie diese Verpflichtung der Privatsphäre und des Schutzes von Estelle nicht einhalten, dann würden „sie" es wissen. Ich weiß nicht was passiert, wenn dieses Versprechen verletzt werden würde, aber ich habe lange genug mit ihnen gearbeitet, um zu wissen, dass ich ihnen zuhören muss und tun muss, was „sie" sagen. Wenn ich ihre Anweisungen nicht befolge, könnte der Informationsaustausch gestoppt werden. Ich weiß nicht, was mit den anderen passieren würde, aber ich glaube, sie haben den Ernst der Situation erkannt. Später fragen sie sich vielleicht, was an diesem Morgen wirklich passiert ist, aber als es geschah, war alles sehr real. Ich war daran gewöhnt, über viele Jahre mit dieser Art von Entitäten zu kommunizieren, und ich wusste, dass es sehr ungewöhnlich für „sie" war, diese Art von Informationen vor so vielen Zeugen hervorkommen zu lassen. Vielleicht sollte dies den Schülern auch zeigen, was bei der Anwendung meiner Hypnosetechnik passieren kann, so dass sie sich nicht erschrecken, wenn so etwas während ihrer eigenen Sitzungen geschieht. Eine Demonstration sagt mehr als tausend Worte.

E: Wir werden zuschauen. Wenn du einen Teil der Erfahrung teilen möchtest, ist dies zulässig, verwende jedoch nicht den Namen oder den Ort, an dem die Informationen gefunden werden können.
D: *Das stimmt wohl. Ich arbeite mit so vielen Leuten zusammen und es wird mir immer gesagt, dass ich sie schützen muss.*

Dies ist der Grund, warum ihr wirklicher Name, Ort und ethnischer Hintergrund hier nicht verraten wird.

Ich war neugierig auf das Paneel, von dem sie sagte, dass es sich in ihrem Körper befand, denn dies klang anders als die Implantate, die mir bisher bekannt waren. „Wo ist das in deinem Kopf?"

E: Es befindet sich im Hinterkopf.
D: *Wie ich es verstehe, wäre das sehr, sehr klein, oder?*
E: Eigentlich nein. Es bedeckt den ganzen Hinterkopf, den unteren Teil. Es gab zu viele Informationen, die empfangen und von einem Ort zum anderen übertragen werden mussten. Deshalb wurde es so entworfen.
D: *Ähm, also größer als die mir bekannten. Handelt es sich um eine physikalische Substanz oder handelt es sich um eine ätherische Sache?*
E: Beides, Zunächst war es ätherisch und dann wurde es zu einer physischen Sache, so dass andere es fühlen und sich dessen bewusst werden konnten. Und deshalb, indem sie sich dessen bewusst wurden, entwickelte sich das Bewusstsein, wer sie eigentlich ist und wer wir sind um dieses Wissen zu teilen.
D: *Könnte dies von Röntgenbildern aufgenommen werden, wenn jemand sie untersuchen würde?*
E: Durch ein Schild der Energie wird es geschützt und kann nur von denen aufgenommen werden, denen es erlaubt ist, es zu sehen.
D: *Es gibt also einen weiteren Grund, warum sie nicht krank werden kann. Sie soll nicht untersucht werden.*
E: Das ist richtig.
D: *Ihr schützt sie auch vor Unfällen jeglicher Art?*

E: Ja, das einzige Mal, wo sie untersucht werden musste, es handelte sich nur um eine kleine Untersuchung, war als sie ihre Kinder bekam. Leider konnte der physische Körper, so wie er ist, auf natürliche Weise keine Kinder bekommen. So wurden die Kinder durch einen, wie man es nennt, Kaiserschnitt geboren.

D: *Der Körper wurde also nicht so kreiert, dass er normalerweise Kinder bekommen konnte?*

E: Das ist richtig, der Körper hat nie etwas durchgemacht, was ihr „Arbeit" nennt.

D: *Die Ärzte hätten im Körper aber nichts Ungewöhnliches bemerkt?*

E: Das ist richtig, denn als sie zur Operation ging, gab es keinen Grund, noch etwas zu überprüfen, da das Kind bereits da war.

D: *Was war vor den Geburten? Sie führen während der Schwangerschaft normalerweise viele Tests durch.*

E: Es wurden keine Tests durchgeführt, da sie gesund war. Sie stellten nur sicher, dass ihre Diät richtig eingehalten wird, das war alles. Was die Diät angeht, so isst sie normalerweise nicht oder braucht nicht viel von der Nahrung, die auf dieser physischen Ebene gegessen wird. Ihr Essensgeschmack ist sehr simpel. Sie nimmt nicht viel von stark verarbeiteten Lebensmitteln zu sich. Denn dadurch wird der physische Körper dichter, und sie fühlt sich überhaupt nicht wohl.

D: *Wenn sie einige der schwereren Nahrungsmittel zu sich nimmt, wird der Körper dichter. Würde es dies für den anderen Teil schwieriger machen, rein zu kommen und die Kontrolle zu behalten?*

E: Das ist richtig.

D: *Warum darf sie diese Dinge jetzt wissen?*

E: Weil es Zeit ist zu erwachen. Denn je mehr man weiß, desto mehr kann man mit anderen teilen. Was wir jetzt auf der physischen Erdebene vor uns sehen ist eine Schlacht, aber es ist keine Schlacht, die andere wahrnehmen würden. Es hat nichts mit dem Kampf in physischer Form zu tun. Obwohl Schlachten geschlagen werden, geht es bei den Schlachten um die Dunkelheit und das Licht. Und das Licht muss zusammenkommen, um sich auszudehnen, damit die Kontrollierenden (Dunkelheit) gestoppt werden können.

D: *Das ist Teil ihrer Arbeit?*

E: Das ist richtig.

D: *Gibt es viele von euch, die wieder in den physischen Bereich auf der Erde zurückgekehrt sind?*
E: Was meine Spezies angeht, gibt es nur wenige, aber es gibt viele verschiedene Spezies, die auf die gleiche Weise helfen.
D: *Es wurde mir von vielen unterschiedlichen Arten von Wesen berichtet, die zurückkommen. Einige von ihnen sind Seelen, die sich gerade auf anderen Planeten befanden und freiwillig in einen physischen Körper auf die Erde gekommen sind, um in dieser Zeit zu helfen.*
E: Das ist richtig. Es gibt in dieser Zeit viele, die eine physische Existenz angenommen haben, aber ihr Geist, wer sie wirklich sind, ist mit vielen anderen Dingen verbunden. Und die Informationen wurden ihnen gegeben, damit sie zu allem, was sie sind, vollständig erwachen können. Sich bewusst zu werden, dass dies eine Erfahrung ist, ja, aber es gibt noch viel zu tun.
D: *Einige derjenigen, mit denen ich arbeite, haben manchmal Schwierigkeiten, sich an die Erdebene anzupassen.*
E: Das ist richtig, denn je mehr sie darüber wissen, woher sie kommen, desto schwieriger ist es, auf einem so dichten Planeten zu existieren, weil hier Negativität herrscht. Auch wenn die Negativität, die man hier findet, gut dazu beiträgt sich weiter zu entwickeln.
D: *Sie haben mir gesagt, weil die Welt so gewalttätig ist und viel Negativität herrscht, wollen sie nicht hier sein. Denn da woher sie kommen ist es nicht so.*
E: Aber sie werden doch hier bleiben, denn das haben sie selbst so gewählt.
D: *Aber einige von ihnen haben so große Schwierigkeiten, dass sie versuchen ihr zu Leben lassen, indem sie Selbstmordversuche begehen.*
E: Wie wir wissen, dies ist ein Planet des freien Willens.
D: *Das stimmt, aber auf wundersame Weise wurden die Fälle, mit denen ich gearbeitet habe, davon abgehalten.*
E: Die Hilfe wird immer dann empfangen, wenn sie benötigt, wenn danach gefragt wird.
D: *Und jetzt, wo sie erkennen, wofür sie hier sind, haben sie gesagt, dass sie bleiben werden, auch wenn sie diese Welt nicht mögen.*
E: Das ist richtig.

D: *Aber ich möchte dich fragen, ich habe von Leuten, die hereingekommen sind, verschiedene Wellen bemerkt Die von Estelles Generation scheinen mehr Schwierigkeiten mit der Anpassung zu haben als die, die jetzt kommen.*

E: Diejenigen die jetzt hereinkommen, haben ein größeres Bewusstsein dafür, wer sie wirklich sind, daran liegt es. Die Kinder müssen gefördert werden. Die Kinder müssen verstanden werden, man darf sie nicht ignorieren, nur weil sie sich im Körper eines kleinen Kindes befinden. Sie sind fortgeschrittener als die meisten Menschen, die jetzt hier sind.

D: *Deshalb gehe ich in viele Gruppen und spreche darüber, weil sie versuchen, die Erzieher zu erziehen. Sie verstehen diese neuen Kinder nicht.*

E: Das ist richtig.

D: *Die Kinder scheinen fortgeschrittener zu sein, aber die Lehrer wissen nicht, wie sie damit umgehen sollen.*

E: Die kleinen Kinder müssen auch lernen, mit Energien zu arbeiten, denn sie werden bei dieser Transformation helfen. Je mehr bei den Menschen das Bewusstsein der Menschen erweckt wird, desto stärker wird die Energie.

D: *Dann ist es in Ordnung, wenn die Neuen wissen, woher sie kommen?*

E: Sie haben sich dafür entschieden. Sie haben also das Bewusstsein und weil sie sich dessen bewusst sind, können sie auch mehr tun. In der Vergangenheit sagten die meisten Erwachsenen, dass ihre Kinder Geschichten erfinden und eine rege Phantasie haben. Aus diesem Grund ermutigen sie ihre Kinder nicht weiter.

D: *Glaubst du, die Erwachsenen werden es jetzt besser verstehen können?*

E: Mehr werden es verstehen und die Kinder können die Erwachsenen zur Bewusstseinsbildung erziehen.

D: *Aber das Problem ist jetzt, dass einige der Lehrer und Ärzte diese Kinder mit Medikamenten behandeln.*

E: Es liegt an den Eltern, sich zu behaupten und nein zu sagen. Für diese Kinder muss sich ein Bewusstsein entwickeln. Es gibt diejenigen, die über diese Kinder Bücher schreiben. Es liegt an jedem, dieses Wissen zu teilen und die Eltern darauf aufmerksam zu machen, mit wem sie es zu tun haben.

D: *Mir wurde gesagt, dass sie die Hoffnung der Welt sind.*

E: Das ist richtig. In der Geistesform kann etliches getan werden, aber viele haben sich dafür entschieden, es in physischer Form zu tun.

D: *Aber die Medikamente, die sie ihnen geben, sind sehr stark und das ist keine gute Sache.*

E: Jedes verwendete Medikament, basiert nicht auf einer natürlichen Art zu behandeln. Und sei dir dessen bewusst, dass viele andere Medikamente versuchen, den Geist zu betäuben und den Körper krank zu machen. Es ist eine Möglichkeit, viele zu eliminieren.

D: *Meinst du damit, dass einige Medikamente absichtlich zur Beseitigung dieser Kinder bestimmt sind?*

E: Nicht nur für die Kinder, sondern auch für die Erwachsenen. Das ist die Realität derjenigen, die versuchen zu kontrollieren und zu manipulieren.

D: *Ich vermute, es ist vielleicht eine Möglichkeit der Beseitigung, weil es darum geht, Impfungen an alle zu geben, die wir nicht brauchen.*

E: Das ist richtig. Viele Menschen wissen nicht, was los ist, aber das ist nicht ihre Schuld, denn hier glauben und tun sie, was ihnen gesagt wird. Hier kommt das Bewusstsein, wer sie sind und was sie hier tun, ins Spiel. Ihnen wird bewusst, dass die Dinge nicht das sind, was sie wirklich zu sein scheinen. Es gibt noch mehr, was nicht offensichtlich ist.

D: *Aber sie benutzen Angst, um die Menschen dazu zu bringen, Medikamente und Impfungen zu bekommen.*

E: Das ist richtig und die Impfungen werden verwendet, um zu versuchen, viele zu stoppen. Die Menschen müssen sich daran erinnern, dass dort, wo Angst ist, die Kontrolle von außen herrscht.

D: *Also müssen wir vor allem gesund bleiben, damit wir keine Medikamente brauchen.*

E: Das ist richtig, sei dir dessen bewusst, was du dir selbst antust. Suche nach anderen Wegen, bevor du Medikamente einnimmst. Es wird Zeiten geben, in denen die Medikamente benötigt werden, um den physischen Körper zu unterstützen. Aber sobald man seine eigene Forschung betreibt, es sei denn, es ist eine Lektion die man lernen muss, die selbst gewählt wurde, kann man selbst an allem arbeiten.

D: *Ist es in Ordnung, natürliche Substanzen wie Kräuter und Mineralstoffe zu verwenden?*

E: Das ist in Ordnung. Unbedingt notwendig ist es aber, dass der physische Körper sich selbst heilt, denn er hat die Fähigkeiten dazu.

D: *Aber wie halten wir die Regierung davon ab, uns Impfungen und Medikamente zu verabreichen, die wir nicht brauchen?*

E: Es geht darum, Stellung zu beziehen. Wenn keine Haltung eingenommen wird, wird die Regierung weiterhin das tun, was sie jetzt tut. Es wird der Zeitpunkt kommen, da werden Entscheidungen getroffen werden müssen. Und wenn du dich erinnerst, dass dies ein geistiger Krieg ist, was gibt es dann zu fürchten?

D: *Es gibt also viele Wesen, die in unsere Welt gekommen sind, um bei all dem zu helfen. Und viele von ihnen leben in physischen Körpern.*

E: Das ist richtig.

D: *Und sie wissen nicht, dass sie eigentlich von anderen Orten kommen.*

E: Einige wissen es, manche erwachen. Aber ja, es gibt viele, die sich dessen noch gar nicht bewusst sind.

D: *So wie ich es verstehe, entwickelt sich die Reptilienrasse gerade in eine andere Richtung. Deshalb erscheinen sie anders, stimmt das?*

E: Das ist richtig. Denn das ist es, was bestimmt, wie man ist oder aussieht. Die Bedingungen des Ortes, an dem man existiert, bestimmen, wie man aussieht um sich anzupassen.

D: *Ja, das macht Sinn. Mir wurde berichtet, einige entwickeln sich in der Reptilienlinie, einige in der Insektenlinie und wir entwickeln uns in der Linie der Säugetiere.*

E: Das ist richtig. Und das liegt zum Teil an den Bedingungen auf dem Planeten.

D: *Ja, an den Bedingungen auf dem Planeten, an den Umweltbedingungen und an der „Urzeitlichen Suppe".*

E: Das ist richtig.

D: *Aber der Geist, die Seele, kann in jede Art von Körper reinkommen, die er will.*

E: Das ist richtig. Das muss man sich ins Gedächtnis rufen. Es spielt keine Rolle, welche physikalische Form der Körper hat, was real ist, ist die Geistesform. Und die ist immer Energie und Licht.

D: *Wir treten einfach in verschiedene Körper ein, um unterschiedliche Erfahrungen und Lektionen zu haben?*

E: Das ist richtig.

D: *Estelle wollte wissen, warum sie hier ist, was soll sie tun? Sie hat das Gefühl, dass sie viele Hindernisse auf ihrem Weg als Mensch hat, und sie möchte in ihrer Arbeit vorankommen. Was kannst du ihr darüber erzählen?*

E: Sie wird jetzt mehr von ihrer eigentlichen Aufgabe machen, da sie jetzt mehr Klarheit und das Bewusstsein dafür hat, wer wir sind. Ich sage „wir", obwohl wir eins sind. Und jetzt, da sie dieses Bewusstsein hat und damit Frieden schließt, wird sie vorankommen. Denn sie wird zulassen, dass diese Anleitung zu ihr hereinkommt und sie ihr folgt.

D: *Sie wird jetzt mehr Selbstvertrauen zu sich selbst haben.*

E: Das ist richtig.

D: *Aber es wird schwierig, weil sie den Leuten diese Dinge nicht erzählen kann, oder?*

E Es wird eine Zeit kommen, da sie es tun kann. Sie soll die Menschen erziehen und ihnen helfen, sich zu erinnern, wer sie sind und woher sie kommen.

D: *Meinst du von der Quelle?*

E: Ja, von der Quelle. Es hilft ihnen, sich individuell an ihre Seelenerfahrung zu erinnern und warum sie beschlossen haben, jetzt hier zu sein. Sie ist auch hier, um über verschiedene Wesen in anderen Dimensionen und anderen Galaxien aufzuklären, weshalb sie hier sind und wie sie funktionieren. Es gibt viele Missverständnisse und Angst vor Wesen aus anderen Gebieten. Es ist schwierig für Menschen. Manchmal mögen sie gar ihre eigenen Mitmenschen nicht. Wie kann von ihnen erwartet werden, dass sie sich für andere Wesen öffnen und sie mit offenen Armen empfangen? Es ist jetzt sehr wichtig, weil sich die Dinge beschleunigen. Die Verantwortlichen werden sich bewusst, dass es ein Erwachen gibt. Sie werden versuchen, dies zu verhindern oder zumindest zu verlangsamen.

D: *Aber die Dinge ändern sich rasant soviel ich weiß. Wäre es nicht angebracht wenn sich Estelle an die Informationen erinnern könnte, die sie heute erhalten hat? Denn die Person erinnert sich normalerweise nicht daran.*

E: Es wäre ratsam, ihr würde es helfen zu wissen, sich zu verbinden und Frieden zu finden.

D: *Wäre es in Ordnung, wenn ich einige dieser Informationen in meiner Arbeit verwende?*
E: Was passiert ist, ist kein Zufall. Sie weiß es und du weißt es auch.
D: *Aber ich bitte immer um Erlaubnis.*
E: Ja, du hast die Erlaubnis, alles nach deinen Wünschen zu verwenden.
D: *Ich bekomme es aus vielen verschiedenen Quellen und setze alles wie ein Puzzle zusammen. Ihre Identität werde ich nicht preisgeben. Ich halte alle meine Klienten, über die ich schreibe, immer anonym.*
E: Sie interessiert sich nicht dafür, denn ihr beide habt eine Verbindung, die von sehr lange herrührt. Es gab eine Zeit in Atlantis, in der ihr Seite an Seite gearbeitet habt. (Dies war eine Überraschung.) Ihr habt euch mit Kristallen beschäftigt und wart sehr mit der Energie und bei der Verwendung von Kristallen verbunden.
D: *War es in einem Labor?*
E: Es gab keine Laboratorien. Es waren eher offene Räume, in denen Kristalle zum Heilen verwendet wurden. Es waren mehr Tempel als Laboratorien. Die in dieser Zeit eher als Umgebung eines Tempels, denn als Tempel wahrgenommen wurden. Ihr zwei habt mit Kristallen geheilt. Eine wundersame Arbeit kann mit Kristallen geleistet werden, von denen die wissen, wie man sich mit der Energie verbindet. Es gibt viele hier in diesem Raum, die zu unterschiedlichen Zeiten mit den Kristallen gearbeitet haben. Die Kristalle sind ein Geschenk, das jetzt in diesen Zeiten genutzt werden kann, um Informationen zu sammeln und um tiefer in die Arbeit einzutauchen, um anderen bei der Heilung zu helfen.
D: *Mir wurde gesagt, dass Atlantis vor tausenden von Jahren existiert hat. Zu dieser Zeit lebten so viele in diesem Raum?*
E: Die meisten hier hatten viele Lebenszeiten. Wenn sie es in Frage stellen, können sie diesen Modus verwenden, um das Wissen wiederherzustellen.
D: *Ja, und sie trainieren, um mit dieser Methode die Informationen wiederzugewinnen.*
E: Das ist richtig. Das ist eine der Verbindungen, die wir alle hier haben. Unsere Lebenszeiten in Atlantis. Sie können diese Methoden nutzen, um die Informationen wiederzugewinnen, und dann könnten sie sich erholen und mit Kristallen arbeiten, denn

Kristalle speichern viel Wissen. Kristalle können auch bei der Heilung vieler verschiedener Dinge helfen, von denen die Menschen noch nichts wissen. Es ist an der Zeit, diese Informationen jetzt zurück zu bekommen. Es ist jetzt Zeit für viele Dinge und es ist jetzt an der Zeit, bewusster und ermächtigt zu werden. Wenn es aufgrund der physischen Überzeugungen irgendwelche Blockierungen gibt, muss daran gearbeitet werden, diese zu beseitigen, damit ihr Geist mehr mit ihnen kommunizieren kann, um das tun, wozu sie hierhergekommen sind. Dies ist keine Zeit der Angst. Es ist eine Zeit des Erwachens und der Freude und der Entdeckung, dass sie ein spirituelles Wesen sind, mit vielen Gründen, jetzt hier zu sein.

D: *Es ist einer der Gründe, warum wir hier zusammengekommen sind?*

E: Das ist richtig. Sie alle glauben, dass es kein Zufall ist, dass sie kommunizierten. Und sie kommunizieren viele Dinge auf einer tieferen Ebene, die in naher Zukunft vorkommen wird.

D: *Und sie sollen dieses Wissen zurücknehmen um es zu nutzen und mehr Wissen gewinnen, wenn sie mit verschiedenen Menschen zusammenarbeiten.*

E: Das ist richtig.

Es war an der Zeit, die Sitzung zu beenden, und so fragte ich (wie immer), ob es irgendwelche Nachrichten oder Ratschläge für Estelle gibt, bevor wir uns verabschieden.

E: Sie wird feststellen, dass in den kommenden Tagen mehr Dinge auf natürliche Weise fließen werden, als in den letzten Wochen. Sie wird es mental finden, alles was sie tun muss ist, über die Dinge nachzudenken und sie wird Ergebnisse sehen. Das ist ein Teil der Energie, die wir tragen.

D: *Und sie wird beschützt.*

E: Sie hat nie befürchtet oder bezweifelt, dass sie es nicht wird. Es war mehr eine Sache, andere herauszuhalten, als sie zu behalten.

D: *Weil sie diese Dinge nicht bewusst kannte, oder?*

E: Das ist richtig. Sie kann sie jetzt wissen, weil sie schon eine Weile danach gefragt hat. Denn sie versteht, dass sie viel arbeitet und dass viele Dinge im Gange sind, aber sie musste auf einer bewussten Ebene selbstbewusster werden.

D: *Weil wir nichts tun wollen, was ihr Schaden oder Probleme verursacht. Sie bekommt nur das, was sie zu diesem Zeitpunkt bewältigen kann?*

E: *Das ist richtig.*

D: *Alles klar. Ich möchte mich bei euch dafür bedanken, dass ihr gekommen seid und uns diese Informationen gegeben habt. Es ist wunderbar, dass ihr es ermöglicht habt, dass alle Anwesenden hier im Raum teilnehmen durften.*

E: Es ist eine Ehre und eine Freude, hier bei Euch zu sein. Denkt daran, wir werden jeden Einzelnen von ihnen auf ihren Wegen beobachten. Und du, Dolores, wirst mehr Personen finden, die diese besondere Energie tragen, um noch mehr Informationen zu erhalten.

Dann bat ich die Entität zu gehen, gab Integrationsanweisungen und brachte Estelle wieder zum Bewusstsein. Sie erinnerte sich an sehr wenig, als sie in einem Raum voller erstaunter Beobachter erwachte.

* * *

Diese Sitzung ist in mehrfacher Hinsicht eine Überraschung gewesen. Es hat die Schüler wirklich beeindruckt, weil ich glaube, dass es ihnen gezeigt hat, was sie tun können, wenn sie das Unterbewusstsein auf diese Weise erkunden. Ich hatte die Sitzung mit Reservierung begonnen, wegen der Umgebung in der sie stattfand. Es drängten sich viele Menschen in ein kleines Zimmer eines Motels. Es gab die Befürchtung, dass die Atmosphäre nicht dazu führt, Estelle in Trance zu bringen. Niemand wird gerne in einer intimen Situation beobachtet. Im Hinterkopf hatte ich die Möglichkeit, dass überhaupt nichts passiert. Aber „sie" wussten es besser. Sie hatten es von Anfang an orchestriert, als Estelle sich im letzten Moment entschied, in die Klasse zu kommen. Es gab ein paar andere, die ebenfalls in letzter Minute abgesagt hatten, indes „sie" sagten, das sei kein Zufall. Diejenigen vor Ort sollten dies bezeugen. Es war eine tolle Session. Anscheinend war es auch kein Zufall, dass ich Estelles Namen aus der Schachtel wählte. Dies war ein weiterer Beweis dafür, dass nichts vorab hätte arrangiert werden können, weil niemand wissen konnte, welcher Schüler ausgewählt werden würde. Ja, diese Sitzung enthielt viele Überraschungen für mich und die Schüler. Aber eine weitere sollte noch kommen, und ich würde es erst erfahren, als ich nach Hause kam.

Ich teilte den Schülern mit, dass ich Kopien des Demonstrationsbandes machen und es an alle schicken würde, zusammen mit den Zertifikaten. In der Nacht, nachdem alle das Motel verlassen und ihre Heimreise angetreten hatten, dachte ich über etwas nach, was ich hätte tun sollen. Mir fiel ein, dass ich hätte das Aufnahmegerät viel früher einschalten sollen, da Estelle schon bei der Einführung in einen tiefen Trancezustand geraten war. Ich bedauerte, dass ich nicht die gesamte Einführung aufgenommen hatte, es wäre für die Schüler wertvoll gewesen, eine Aufzeichnung davon zu haben. Während des Unterrichts verteilte ich an jeden meiner Schülern Probe-Induktionsaufnahmen. Diese Aufnahmen waren dafür da, sie später zu studieren, aber ich war der Ansicht, es ist für sie wertvoller, wenn sie eine gesamte Sitzung hören. Dieses Versehen war natürlich, weil ich jedes Mal, wenn ich eine Session mache, niemals die Induktion (Einführung) aufzeichne. Ich denke, es ist eine Verschwendung von Bandmaterial. Ich möchte auch nicht, dass das der Klient später hört, wenn das Band abgespielt wird. Meine Stimme neigt dazu, sie wieder in diesen Zustand zu bringen, und ich möchte nicht, dass so etwas passiert, wenn ich nicht mit ihnen zusammen bin. Also starte ich immer das Band, wenn sie aus der Wolke kommen und in das vergangene Leben eintreten. In Estelles Fall erlaubte sie mir nicht einmal, die Einführung abzuschließen, da befand sie sich bereits in der entsprechenden Szene, die für sie und die Klasse vorgesehen war. Das Mikrofon lag auf dem kleinen Tisch neben dem Bett, als mir klar wurde was passiert ist, nahm ich es schnell und schaltete es ein. Später war ich wütend auf mich selbst, weil ich den Kassettenrecorder nicht gleich zu Beginn der Sitzung gestartet hatte. Und so wusste ich erst am nächsten Tag, dass „sie" auch dabei waren. Dazu trat ein weiteres paranormales Ereignis auf, für das ich keine Erklärung hatte.

Ich entschied mich, am nächsten Tag in meinem Büro den Anfang des Bandes abzuspielen, bevor ich mit der Erstellung von Kopien beginnen wollte. Ich wollte sehen, wo es anfing und ob meine spontane Handlung den Beginn der Sitzung stark beeinträchtigt hatte. Meine Tochter Nancy arbeitete am Computer an ihrer Buchhaltung. Als ich das Band startete, hörte sie mich nach Luft schnappen und fragte, was denn los sei. Ich sagte: „das wirst du mir nicht glauben! Die gesamte Induktion (Einführung) ist auf dem Band! Sie beginnt ganz am Anfang! Aber das ist unmöglich!"

Ich rief sofort meine Freundin Gladys McCoy an, die zusammen mit ihrem Ehemann Harold das Ozark Research Institute in Fayetteville leitet. Sie ist eine langjährige Freundin und war bei der Sitzung in dieser Klasse dabei. Sie hatte während der Sitzung direkt auf der anderen Seite des Bettes gesessen. Sie hatte klare Sicht auf alles, was passierte. Ich sagte ihr, dass die Aufnahme komplett auf dem Band war.

Sie bemerkte: „Das ist unmöglich! Ich habe dich genau beobachtet, um zu sehen, wie du deine Induktion durchführst. Das Mikrofon lag auf dem Tisch. Du hast es nicht aufgehoben und nicht eingeschaltet, bis Estelle in Trance war." Sie hatte auch keinerlei Erklärung dafür, weil sie wusste, was sie sah, und ich wusste, was ich getan hatte. Als ich die Bänder und Zertifikate an die Studenten sandte, legte ich einen kurzen Brief bei, indem ich sie über das Geschehene informierte. Auf diese Weise erfuhren sie, dass sie ein noch merkwürdigeres Geschehnis erleben durften, als sie es ohnehin schon hatten. Ich habe noch immer keine Erklärung dafür, insbesondere für die aufgenommene Induktion nicht. Die einzige Antwort war, dass „sie" alles kontrollierten. Die Sitzung und Aufzeichnung des Verfahrens für die Schüler war „geplant". Eine Sitzung, bei der sich alle Teilnehmer darauf einigten, dass sie privat und vertraulich bleibt. Es war versprochen, dass sie Estelles Identität oder Existenz nicht preisgeben werden. Ich glaube, sie hatten das Gefühl, dass etwas passieren könnte, wenn sie dieses Vertrauen verletzen würden. Wir waren uns alle dessen bewusst, dass es sich in Estelles Sitzung um etwas viel höheres, viel besser Informiertes und Kontrolliertes handelte. Dies war eine Erfahrung, die ich nie vergessen werde, und ich bin überzeugt, dass sie bei allen Anwesenden einen unauslöschlichen Eindruck hinterlassen hat.

Ich wusste allerdings nicht, dass es sich bei meinem nächsten Unterricht wiederholen würde. „Sie" überwachten definitiv meine Handlungen und meinen Unterricht.

* * *

Ich glaube, Estelle war die zweite von den sieben „besonderen" Leuten, von denen mir erzählt worden ist. Mir wurde gesagt, ich würde einige von ihnen treffen, aber nicht alle. Und ich soll sie nicht miteinander in Kontakt bringen, weil ihre Arbeit zu diesem Zeitpunkt separat erledigt werden musste. Wenn Estelle dieser besonderen und einzigartigen Gruppe von Entitäten angehört, die zurückgekehrt sind, um der Erde in diesen turbulenten Zeiten zu helfen, dann wissen wir, dass sich einer in England und eine in Amerika befindet. Mir wurde gesagt, dass sie auf verschiedenen Kontinenten leben und einen unterschiedlichen kulturellen Hintergrund haben. Aus den Milliarden von Menschen auf der Welt, wie sind die Chancen, zwei dieser einzigartigen Menschen innerhalb von zwei Wochen zu treffen? Aber ich hinterfrage es nicht, ich mache einfach meine Arbeit mit dem Unbekannten weiter, ohne zu wissen, was „sie" als nächstes für mich bereithalten.

Abschmitt 4

Die Weisen

KAPITEL 15

SICH AN DEN WEISEN ERINNERN

Dies war eine weitere Sitzung, die ich während einer außergewöhnlichen Woche in Laughlin, Nevada, auf der UFO-Konferenz abhielt, unmittelbar nach den Anschlägen vom 11. September 2001. Von zwölf Sitzungen in dieser Woche enthielten zehn davon Informationen, die ich verwenden konnte oder persönliche Nachrichten für mich bestimmt waren. Virginia war bei den Meetings der Erfahrenden anwesend, die ich und Barbara Lamb, jeden Morgen während der Konferenz, abhielten. Dies sind Treffen, die für diejenigen gedacht sind, die glauben, eine Ufo-Entführung oder Ufo-Sichtung erlebt zu haben. Hier haben sie den Raum, ihre Erlebnisse mit anderen Menschen zu teilen. Während der Sitzung wollte Virginia sich hauptsächlich auf ihre vermuteten UFO Erlebnisse konzentrieren. Es ging jedoch in eine andere Richtung. Sie war eine gutaussehende Frau Anfang Fünfzig, die nicht altersentsprechend aussah, sondern definitiv jünger. Viele Jahre arbeitete sie als Krankenschwester in einem großen Krankenhaus.

Als Virginia die Wolke verlassen hatte, befand sie sich in einer kargen, düsteren Umgebung. Keine Vegetation, nur brauner Dreck, der sich kilometerweit in Richtung der braunen Hügel in die Ferne erstreckte. Ein sehr einsamer Ort. Sie mochte den Ort nicht, weil er so unfruchtbar war. „Ich mag Grün und ich mag Palmen, aber hier gibt es nichts."

V: Das ist alles was ich sehen kann. Ich fange an, einige Leute in der Nähe zu sehen. Ein langer Strom von Menschen und einige Kamele. Leute, die die Kamele führen, die voll beladen mit Waren sind. Ab und zu reitet jemand auf einem Kamel. Aber meistens sind die Menschen zu Fuß unterwegs, und die Kamele sind beladen mit ihren Schätzen, ihren Produkten, ihren Waren. Sie nehmen sie zum Verkauf oder tauschen ihre Waren gegen andere Dinge aus. Ich kann sie gerade aus der Ferne an mir vorbeiziehen sehen. Sie bewegen sich von rechts nach links. Ich gehe nur diesen Weg entlang, aber sie sind ein bisschen weiter weg. Und ich sehe keine anderen Menschen außer diesen. Es wirkt ziemlich desolat. Die Leute müssen alles gut verpacken, etwas zu essen mitnehmen und wissen, wo sich die Wasserquellen befinden. Nur Leute auf einem langen, heißen Weg.

Ich bat sie, sich selbst zu beschreiben. Sie war eine Frau mit dunkler Haut und langen, lockeren schwarzen Haaren, überhaupt nicht ähnlich zu ihrer gegenwärtigen Färbung. „Ich habe ein paar einfache Ledersandalen an. Ich glaube, ich habe sie selbst gemacht. Aus Häuten geschnitten und an meinem Fuß befestigt. Ich trage ein locker sitzendes Gewand, das weiß ist, aber nicht reines weiß. Es ist selbst hergestellt und luftig, weil es so heiß hier ist. Dazu ist es zweckmäßig, es bedeckt meinen Körper, außerdem ist das Material durchlässig. Und es ist etwas, was wir für uns selbst herstellen können."

Als ich fragte, ob sie jung oder alt sei, antwortete sie: „Für meine Kultur bin ich ziemlich alt, fast fünfunddreißig. Der Körper fühlt sich gesund an, aber müde. Es gibt viel körperliche Arbeit. Es ist eine Belastung für meinen Körper. Ich bin müde. Ich arbeite zu hart, habe zu viele Aufgaben und nicht genug Zeit mich auszuruhen oder zu entspannen. Die Dinge sind so in meinem Leben. Es ist ein Kampf ums Überleben."

D: Lebst du da draußen?
V: Wir leben zum Teil in einer Höhle und teilweise in einem System, das um den Eingang einer Höhle herum gebaut wurde. Im Inneren können wir der sengenden Hitze entgehen. Manchmal, wenn es kühler wird, können wir nach draußen. Außerhalb der Höhle

haben wir eine luftige Konstruktion, wo wir einige unserer Utensilien und Dinge lagern und abstellen können.
D: *Leben dort viele von euch?*
V: Es gibt nicht so viele wie früher. Ich sehe Scherben. Es gibt keine Familien mehr. Wir haben immer Angst. Es gibt Gruppen von Marodeuren, die hier durchziehen. Und wir haben immer Furcht, dass sie wieder kommen. Viele wurden getötet und verletzt (emotional) und manchmal werden Kinder gestohlen.
D: *Sie nehmen die Kinder?*
V: (weinen) Das tun sie! Sie möchten ihre Gemeinschaft vergrößern und unsere verringern. So hassen sie uns. Ich weiß nicht warum!

Ich musste sie ablenken, um sie von den Gefühlen zu befreien, damit sie mit mir sprechen konnte, ohne zu weinen.

D: *Aber in dieser Gemeinschaft leben sie alle in den verschiedenen Höhlen mit den vorgelagerten Systemen?*
V: (schnupfen) Das ist alles was wir kennen. Ich weiß, dass es andere Menschen gibt, die unterschiedliche Lebensstile und Lebensweisen haben, aber dies sind meine Leute. (schluchzen)
D: *Wie viele gehören zu deiner Familie?*
V: Ich habe einen Mann und zwei Kinder. Und ich hatte noch ein Kind, einen Sohn, der ... (leider) nicht mehr bei uns ist. (schluchzend) Da waren diese Leute, die durchgekommen sind, und sie haben ihn einfach abgeholt und mitgenommen.
D: *Deshalb ist es für dich so emotional, weil du deinen Sohn verloren hast?*
V: Ich weinte. Ich weiß nicht, was mit ihm passiert ist. Aber ich habe gehört, dass sie die Kinder einfach als ihre eigenen erziehen. (schluchzen) Sie wollen ihre ... ich will sagen ihre „Herde" vergrößern.
D: *Aber so haben sie ihm keinen Schaden zugefügt.*
V: Ja, das habe ich so gehört und ich hoffe es stimmt auch. (schluchzend) Dennoch, ich vermisse ihn. Und ich würde gerne wissen, ob es ihm gut geht und er nicht unter zu viel Angst leidet.
D: *Aber du hast noch andere Kinder.*
V: Ja, ich habe noch einen Sohn und eine kleine Tochter. (schluchzend) Bloß habe ich immer Angst, dass es wieder passiert. Es ist schwer. Das Leben ist hart und manchmal frage ich

mich, warum es so schwer ist. (schluchzend) Warum können wir nicht einfach glücklich und frei sein. Ich kann mich daran erinnern, frei gewesen zu sein. Ich weiß nicht warum ich mich daran erinnere, aber es war mal besser als jetzt.

D: Ist es schwierig, dort draußen Nahrung zu finden?

V: Das ist es. Es gibt Orte, an denen es Wasser gibt. Und da sind einige Feigen- und Dattelbäume. Wir machen Streifzüge dahin, sammeln Essen und bringen es zurück. Jedoch es ist nicht ungefährlich, rauszugehen. Außerdem gibt es Leute, mit denen wir Handel treiben, damit wir die Mittel haben, Brot zu machen. (schnupft) Aber es ist schwer. Wir müssen vorsichtig sein.

D: Warum wohnst du nicht in einer Stadt? Wäre das nicht sicherer für euch?

V: Wir kennen so ein Leben nicht. Es ist zu weit entfernt. Wir sind keine Stadtmenschen. Hier kennen wir uns aus. Wir haben auch von anderen, größeren Siedlungen gehört. Aber dort passieren gleichermaßen schlimme Dinge.

D: Wenn ihr irgendwohin in eine größere Siedlung gegangen wärt, hättet ihr vielleicht mehr Sicherheit gehabt, weil es dort mehr Menschen gibt.

V: Vielleicht, es könnte sein. Hier habe ich immer gelebt.

D: Hast du Tiere?

V: Einige von uns haben gemeinsame Esel. Es gibt einige, die haben ein Kamel. Aber nur wenige von uns haben Tiere.

D: Wäre es nicht einfacher, wenn ihr mit Tieren reisen und Essen sammeln würdet.

V: Ja, wir gehen an Orte, an denen wir Dinge tauschen können. Ich webe Decken und stelle Körbe her. Ich nehme meine Decken und meine Körbe und kann sie gegen Essen eintauschen. Wir handeln, und es gibt da noch diese Handelsroute, an der die Menschen an uns vorbeiziehen. Es ist nicht so weit weg von unserem Lager, in dem wir leben. Und manchmal bekommen wir Dinge von ihnen.

Dies war wahrscheinlich der lange Strom von Menschen, den sie zu Beginn der Sitzung sah. Die Karawane, die der Handelsstraße folgte.

D: Du kannst also überleben.

V: Wir überleben, aber es ist schwer.

D: Webst du die meiste Zeit?

V: Ich webe und versuche, meine Decken mit Schönheit zu füllen. Mit einer Farbe die ich finden kann. Ich kann Wolle bekommen. Es gibt Leute, die Ziegen haben. Und ich kann Decken herstellen. Ich versuche, einige Muster einzufügen, wenn ich die richtigen Farben für meinen Faden habe. Ich kann Designs hinzufügen, die mich glücklicher machen. Und hoffentlich werden sich andere Menschen damit glücklich fühlen. Ich habe das Gefühl, dass ich Schönheit kreieren muss. Es ist wichtig.

D: Was macht dein Mann für eure kleine Gemeinschaft?

V: Er hat einige Ziegen, um die er sich kümmert. Und er bringt sie an Orte, an denen sie Wasser finden können. Und manchmal gibt es etwas grünes Gras, das sie an den Wasserstellen fressen können. Er nimmt sie mit und ist den ganzen Tag unterwegs, manchmal sogar mehrere Tage. Wir haben Milch von ihnen. Und wir können einige davon essen. Das bringt mich um! Es tut mir weh, meine Tiere zu essen! Ich esse sie nicht gerne, aber wir müssen überleben. Wir müssen uns selbst ernähren. Die Tiere sind meine Freunde.

D: Das heißt, du bist viel alleine, oder?

V: Bin ich, aber ich fühle mich nicht isoliert. Es gibt noch andere Leute in dieser Gegend. Ja, er ist viel weg, und ich beschäftige mich mit weben und nachdenken. Und das ist gut so.

D: Und du hast die Kinder, um die du dich kümmern musst.

V: Ich mache das und sie sind eine Freude.

D: Es klingt, als wärst du dort nicht wirklich glücklich.

V: Es ist viel Arbeit. Irgendwie weiß ich, dass es im Leben mehr gibt, als nur ums Überleben zu kämpfen und meine Familie zu umsorgen. Ich liebe meine Familie und möchte mich um sie kümmern, aber es gibt einen Teil von mir, der weiß, dass dies nicht alles ist. Das kann nicht alles sein. Und manchmal sehne ich mich nach anderen Orten und bin freier. Es muss etwas anderes geben. Und irgendwie weiß ich, dass ich mich erinnere. Ich weiß nicht, wie ich mich erinnere oder woran ich mich erinnere, aber ich erinnere mich daran, dass es nicht so war. (schluchzt) Und doch sind die Erinnerungen angespannt. Ich denke darüber nach, wie schwer dieses Leben ist. Und ich weiß etwas darüber, dass das Leben nicht so schwer ist. Aber es hilft mir auch, mich daran zu erinnern, dass es Dinge gibt, die kommen werden und das es wieder so sein wird.

D: *Das ist verwirrend, dies zu wissen und sich nicht wirklich daran erinnern zu können.*
V: Das ist es. Ich weiß es, aber ich weiß nicht, warum ich es weiß. Keiner scheint es zu wissen.
D: *Sie haben diese Erinnerungen nicht?*
V: Sie scheinen es nicht zu tun. (weint) Warum wissen sie es auch nicht? (Sie weinte jetzt offen.) Manchmal denken sie, ich sei verrückt. Sie denken, ich bin nicht richtig im Kopf. (schluchzen) Während sie nur daran denken, Brot zu backen oder sich selbst zu ernähren, denke ich über Dinge nach. Ich weiß nicht, warum ich über andere Dinge nachdenke, aber ich denke darüber nach und ich weiß nicht, warum ich es weiß. (schluchzte) Die Dinge waren anders. Sie waren friedlich und ich war glücklich. Und ich musste nicht so hart arbeiten. (schluchzen)

Dies zeigte viele Parallelen zu Personen in unserer heutigen Welt. Sie haben Erinnerungen an andere Leben und andere Existenzen. Sie wissen nicht, woher diese kommen, weil sie in ihrer gegenwärtigen Realität keine Grundlage haben, vor allem nicht, wenn sie von der Kirche indoktriniert wurden. Dies kann sehr verwirrend sein. Es ist leicht zu sehen, wie es für eine Frau ist, die mitten im Nirgendwo lebt, mit offensichtlich wenig Bildung und einer beschränkten Denkweise. Die anscheinend vage Erinnerungen an ein oder andere Leben hatte und wofür es keine logische Erklärung gab. Dies trug nur zu ihrem Unglück und dem Gefühl der Trennung von der Gruppe bei. Diese Frustration über den Versuch, sich anpassen zu müssen und missverstanden zu werden, scheint zeitlos zu sein. Vermutlich kennt es keine Grenzen und existiert, solange es Menschen auf dieser Erde gibt. Es erklärt auch zum Teil die zugrunde liegende Sehnsucht nach dem „nach Hause zu gehen".

D: *Das macht es schwieriger, wenn du diese Erinnerungen hast.*
V: (schnupfen) Es ist schwer. Es ist schwer mit Leuten, die denken, dass ich verrückt bin.
D: *Aber du weißt, dass es dir gut geht.*
V: (emotional) Manchmal frage ich mich, ob es mir gut geht.
D: *Du bist nur ein bisschen anders, das ist alles. Du erinnerst dich an Dinge, die sie nicht tun. Aber das ist in Ordnung. Du kannst trotzdem mit mir reden. Ich verstehe dich.*

Ich habe sie rechtzeitig auf einen wichtigen Tag vorgerückt. In einem Leben, in dem ein Tag wie der andere ist, ist es für den Klienten oftmals schwierig, alles Wichtige zu finden. Und weil ihr Leben so banal war, ist das, was sie für wichtig hält, für uns nicht wichtig.

D: Es ist ein wichtiger Tag. Was machst du gerade? Was siehst du?

Die Emotion die vorhanden waren, sind nun verschwunden. Ihre Stimme war wieder normal, sogar gelangweilt.

V: Oh, ich fange meinen Tag an, wie alle anderen. Aufstehen und mich auf meinen Tag und das Familienessen vorbereiten. Aber an diesen Tag werde ich mich immer erinnern. Ich treffe heute jemanden, der mein Leben verändern wird.

D: Woher weißt du das?

V: Nun, ich weiß es noch nicht, aber heute ist der Tag. Blickt man von der „hier" Perspektive, ist dies ist der Tag, an dem ich eine sehr ungewöhnliche Person, die Teil der Handelskarawane ist, treffe. Ich ging mit Decken und Körben raus auf die Straße. Da war jemand auf dieser Straße, bei der Karawane, er schien einfach nur mitzugehen. Vielleicht ging er zu dem gleichen Ort wie die anderen, aber es war kein Händler. Er war ein älterer Mann, (sehr ernst) jemand der andere Dinge wusste. Die Karawane stoppte und blieb eine Weile stehen. Da wusste ich, dass ich meine Waren mitnehmen konnte. Sie blieben über Nacht. Und dieser Mann war mit ihnen unterwegs. Er war ganz anders. Ein Mann der Sanftmut, der Kraft und des Lernens. Und sehr, sehr demütig. Nicht wie viele Leute auf dieser Route, die denken, dass wir niemand sind und sie sind alle wichtig und wissen alles. Dieser Mann hat mit mir gesprochen. Er sprach mit mir, als ob ich auch wichtig wäre. Er sah mich an und nannte mich „mein Kind". Und er sprach mit mir über andere Dinge, von anderen Orten und sogar von anderen Zeiten. Er konnte mich ansehen und wusste alles über mich. Ich musste es ihm nicht mal sagen. Er spürte meinen Schmerz. Er spürte meine Verwirrung mit dem Leben. Und wie war das Leben? Ich habe mich immer gefragt: „Was machen wir hier? Ist das alles was es gibt? Warum gibt es in meinem Leben keine anderen Dinge, an die ich mich aber zu erinnern scheine?"

Und ich sehnte mich nach dem Wasser. Ich habe gehört, dass es an anderen Orten Wasser gibt. Ich habe es noch nie gesehen. Ich möchte dort sein, wo es viel Wasser gibt. Das würde mein Leben so viel einfacher machen. Und er spricht von Wasser. (weint) Und er spricht vom Wasser des Lebens. Er spricht von Wasser, als würde er nicht wirklich von Wasser sprechen. (schnupft) Er spricht von anderen Dingen, die mich befreien können. Es geht darum, wer ich bin. Er sagte mir, wenn ich mich nur stark genug erinnere, kann ... ein Teil von mir Orte besuchen, ohne meinen Körper mitzunehmen. Das dieser Körper nicht wirklich ich bin. Das ich Orte aufsuchen kann und mir keine Sorgen machen muss, nicht reich zu sein und nicht mehr Möglichkeiten zu haben. Und ich kann einfach genau hier sein, wo ich bin. Und ich kann meine Freunde besuchen, die ich zu anderen Zeiten und an anderen Orten kennengelernt habe. Und er spricht von Engeln. (leise) Ich habe manchmal Dinge gesehen, aber ich erzähle es niemanden, nicht mal meinem Mann. Ich sehe Menschen, die kommen und sie sind aus Licht. Und sie reden mit mir. Freilich frage ich mich dann, ob ich verrückt bin. Und er sagt mir, dass dies große Wesen sind und mich lieben. Und dass sie mich auch vermissen. Sie kommen und besuchen mich. Und ich kann mit ihnen gehen und muss nicht einmal körperlich reisen. Ich denke aber immer, dass ich das muss. Ich kann Leute besuchen, ich kann sogar alles essen was ich will. Ich kann fühlen, als würde ich alles essen was ich will. Ich denke jedoch, das wäre nicht echt. Aber ich kann das Gefühl genießen, mir alles zu nehmen, was ich will, einschließlich viel lernen zu können. Weil ich mehr wissen will. (Sie wurde wieder emotional.) Und ich kann hier nicht mehr Wissen erlangen. Es gibt niemanden, der mich lehren kann. Aber er sagt mir, dass ich das trotzdem kann. (weinen) Es fällt mir schwer zu glauben und ich möchte es doch glauben. Ich möchte mehr wissen. Ich habe das Gefühl, ich weiß mehr, aber ich weiß es nicht. Es ist schwer zu erklären. Aber er sagte mir, dass ich Orte besuchen kann. Und wenn ich mit diesen großartigen Wesen zusammenkomme, kann ich diese Wesen sehen, über die er spreche. Sie sind Licht. sie sind wie aus einer Kerzenflamme oder so etwas gemacht.

D: Kommen sie zu dir, wenn du alleine bist?

V: Sie kommen nachts zu mir, wenn alle schlafen. Manchmal sehe ich sie und manchmal sprechen sie mit mir. Ich habe nie versucht, mit ihnen zu sprechen, weil ich niemanden wecken möchte. Aber ich höre ihnen zu. Dann denke ich, dass ich vielleicht den Verstand verliere. Ich möchte sie hören, und ... manchmal möchte ich einfach nicht, dass sie gehen.
D: *Aber dieser Mann versteht diese Dinge?*
V: Er versteht diese Dinge und er versteht mich. Er versteht meine Sehnsucht und er versteht meine Frustration. Und er weiß, dass ich es wissen möchte. Und er sagt mir, dass ich zu diesen Orten gehen kann. Ich kann zu Orten gehen, an denen ich das lernen kann, sogar trotz, dass ich hier bin. Und das ist spannend für mich.
D: *Das sind sehr merkwürdige Ideen, nicht wahr?*
V: Das sind merkwürdige Ideen. Niemand spricht von diesen Dingen.
D: *Weißt du, wer dieser Mann ist?*
V: Er erzählte mir von jemandem, mit dem er schon lange verbunden ist. Und beide werden sehr alt. Und er erzählte mir von der Zeit in einem anderen Land, in das sie fliehen mussten. Und sie sind schon viele, viele Jahre in meinem Land, und ihre Zeit neigt sich ihrem Ende zu. Er erzählte mir von anderen Leben und keine Angst zu haben. Dieser Mann, von dem er spricht, ist ein mächtiger Mann des Friedens und der Liebe. Er ist seit vielen, vielen, vielen Jahren sein Freund und Beschützer. Und sie werden müde und sehnen sich danach, dorthin zurückzukehren, wo sie herkommen sind. Ich wusste immer, dass ich von woanders bin. Und er sagte mir, dass wir, wenn wir in diesem Leben fertig sind, dorthin zurückkehren. Es ist wunderbar und es ist wunderschön. Und er wird das tun. Er und sein Meister werden dies sehr bald tun. Er hat viele Dinge gelernt. Dieser Mann weiß viele Dinge, und er teilt seine Erfahrungen mit denen, die er „Master" nennt.

Das hörte sich nicht nach Jesus an, weil der Mann zu alt war. Ich fragte mich, ob sie im Heiligen Land leben könnte, und dies vielleicht einer der Jünger ist, die reisten und andere unterrichteten.

D: *Hat dieses Land, in dem du lebst, einen Namen?*
V: Der Name ist so etwas wie ein Fluss, den ich kenne. Ich höre Leute von einem großen Fluss sprechen. Es wird der Indus genannt. Es ist das Land um diesen Fluss. Wir haben hier keinen Namen dafür.

D: *Hat dieser Mann gesagt, woher er kommt?*
V: Er ist weiter westlich gewesen und hatte den Ort besucht, an dem er einst lebte. Er hatte wichtige Kontakte zu Menschen, die er dort treffen musste. Er wollte mit ihnen in Verbindung bleiben. Es war ziemlich weit weg, aber diese Handelswege ziehen auf dieser Strecke entlang und er reist unter ihrem Schutz
D: *Nun, dies ist ein wichtiger Tag, an dem du diesen Mann getroffen hast, jemanden, der dich endlich versteht.*
V: Er geht weiter. Aber er hat mir ein Geschenk gegeben, das mir nicht genommen werden kann. (schluchzend) Er hilft mir zu verstehen, und er sagt mir, wie ich mehr davon zulassen kann. Wie ich Wege finden kann, andere Orte kennenzulernen und zu besuchen. Und wie man das macht und gleichzeitig auch hier mein Leben lebe. Ich kann auf meine Familie aufpassen. Ich kann eine gute Frau sein. Ich kann eine gute Mutter sein. Ich kann meine Körbe und meine Decken weben. Und ich kann dabei frei sein, andere Orte zu besuchen und andere Dinge kennen zu lernen.
D: *Das ist sehr wichtig. Er hat dir ein sehr tolles Geschenk gemacht.*

Ich habe sie dann wieder an einen anderen wichtigen Tag in ihrem Leben vorrücken lassen.

V: Ich bin (großer Seufzer) bereit, dieses Leben zu verlassen. Der Körper ist schwach und ich bin alt. Ich fange an, Visionen zu sehen. Ich habe viele Orte besucht, seit ich diesen Mann getroffen habe. Dieser Mann aus Judäa, sagte er mir.
D: *Ist das der Ort, von dem er sagte, er sei von dort?*
V: Er war aus Judäa. Ich kenne Judäa nicht. Ich bin am Ende meines Lebens viel glücklicher, weil er mir diese Dinge gezeigt hat. Er hat mir beigebracht, wie ich frei sein kann, da wo ich bin. Er erzählte mir davon, den Körper dauerhaft zu verlassen, was wir „Tod" nennen. Er hat mir gesagt, ich soll es nicht fürchten. Und ich habe seitdem auch von anderen gelernt, mit denen ich Kontakt aufgenommen habe. Großartige Wesen, die niemals sterben. Und ich weiß, dass ich nur für eine Weile hier bin. Ich habe andere Dinge zu tun, muss an anderen Orte sein und andere Leute treffen, mit denen ich interagieren kann. Mehr noch, ich verlasse diesen Körper und ich habe keine Angst.
D: *Also stimmt alles mit dem Körper? Er ist einfach nur verbraucht?*

V: Nur verbraucht. Ich habe meine Zeit hier beendet. Meine Familie, was noch davon übrig ist, ist traurig. Aber ich bat sie, nicht traurig zu sein. Trotzdem verstehen sie mich nicht. Das haben sie nie. Sie sind froh, dass ich in meinen späteren Jahren glücklicher geworden bin. Warum das so war, wissen sie jedoch nicht. Ich habe ihnen gesagt, sie sollen nicht traurig sein, wenn ich gehe. Sie verstehen auch das nicht. Und ich habe versucht, andere zu unterrichten. Sie haben es nicht sehr gut angenommen.

D: *Aber du warst immer anders.*

V: Das war ich. Meine Kinder denken, ich könnte vielleicht recht haben mit dem was ich sage, weil sie mich lieben und respektieren. Aber sie werden mehr von den anderen als von mir beeinflusst. Ich muss gehen. Ich bin nicht unglücklich, wenn ich gehe. Ich weiß, dass ich auf meine Familie und meine Kinder aufpassen kann, und sie haben jetzt ein eigenes Leben. Ich werde auf sie aufpassen, wie diese Wesen, die auf mich aufgepasst haben.

Ich brachte sie zu dem Punkt, an dem sie ihren Körper verlassen hatte (gestorben) und bat sie, mir zu sagen, wie das ist.

V: Es ist sehr friedlich. Ich sehe meine Engelsfreunde. Sie halten mir die Arme entgegen. Und ich fühle mich leichter, leichter und leichter. Und schließlich schwebe ich einfach zu ihnen hinüber. Und ich bin an diesem wunderbaren Ort des Friedens und der Liebe. Frieden und Liebe und Licht und Freiheit. Es ist einfach ein wunderbares Gefühl, wieder dort zu sein, wo ich hingehöre und ich das Gefühl habe, ich war nur für kurze Zeit weg. Mein Leben schien so lang und hart zu sein, aber jetzt scheint es so, als wäre es nur für eine Minute gewesen.

D: *Wenn du dieses gerade erlebte Leben betrachtest, kannst du alles aus einer anderen Perspektive sehen. Was war der Zweck dieses Lebens?*

V: Ich sollte lernen, dieses Reich mit dem irdischen zu integrieren, in diese irdische weltliche Existenz. Ich sollte lernen, mein Wissen über höhere Bereiche in meine tägliche Alltagswelt einzubauen. Dies ist ein Problem, das ich noch nicht beherrsche. Ich habe in diesem Leben viel gelernt. Und es war den ganzen Schmerz wert, den ich durchgemacht habe, um zu erfahren, dass es möglich ist. Und es kann erfolgreich integriert werden.

D: *Auch wenn du den Widerstand und Spott hattest.*

V: Im irdischen Leben wird es immer Widerstand geben. Wenn man die Erinnerungen und das Wissen der himmlischen Reiche einbringt, wenn man sich an die Existenz vor dieser Lebenszeit erinnert und weiß, dass es andere Dinge gibt und nicht nur das, was sich direkt vor der Nase befindet. Es wird immer diejenigen geben, die gerade auf diesem Niveau sind. Und Menschen, die solche Dinge äußern und die weit über den eigenen Tellerrand hinausschauen, werden ausgelacht. Dies wird mir auch in zukünftigen Leben helfen. Denn egal zu welcher Lebenszeit ich komme, es wird eine Lebenszeit sein, in der es Widerstand gibt.

D: *Aber ist es nicht schwieriger, diese Erinnerungen zu haben, wenn du dich in der physischen Welt befindest?*

V: Es scheint, als würde ich immer diese Erinnerungen haben. Man sagt mir, dass ich nicht ganz vergesse. Und das hilft mir, mich darauf vorzubereiten, dies integrieren zu können, weil ich mich auf einer höheren Ebene dafür entschieden habe, nicht völlig zu vergessen, um nicht vollständig hinter dem Schleier zu sein. Ich wähle das aus. Und indem ich das auswähle, muss ich auch lernen, es zu integrieren.

D: *Aber macht es das nicht schwieriger, in einem Leben zu leben, wenn du diese Erinnerungen hast?*

V: Es ist ein schwieriges Leben. Aber aus meiner höheren Sicht entscheide ich mich für Schwierigkeiten im physischen Leben, die mir helfen werden, geistig zu wachsen. Es ist nicht wichtig, wie einfach mein Leben ist. Es ist nur wichtig, wieviel ich wachse. Und dies ist der Weg, den ich dafür gewählt habe. Nicht nur, um in ein Leben zu gehen, völlig blind und stumm zu sein. Zu vergessen, warum ich gekommen bin. Das ist nicht wichtig. Ich komme ins Leben, mit der Erinnerung an das, was ich lernen soll. Manchmal brauche ich eine Weile es zusammenzubringen, um mich daran zu erinnern, was das ist und wie ich es tun soll. Aber das ist der Weg, den ich bei der Beratung mit den Ältesten gewählt habe.

D: *Ja, aber es macht es schwieriger.*

V: Es ist schwieriger, aber ich habe diesen Weg gewählt. Meine Seele kann durch diese Schwierigkeiten denen ich begegne, wachsen.

D: Du wirst dich also in deinem ganzen Leben immer wieder erinnern?
V: Das werde ich. Ich werde Dinge wissen und mich an Dinge erinnern. Und es wird mir helfen, mich daran zu erinnern, wer ich bin und wofür ich in mein Leben gekommen bin. Ich habe das Gefühl, wenn ich diese schwierigen Erfahrungen mache, werde ich mehr erreichen, als mein Leben lang zu leben und zu vergessen, wofür ich gekommen bin und wie ich es tun kann. Ich komme also mit einer Teilerinnerung. Gerade genug, um mich anzuspornen und zu wissen, dass es Dinge zu lernen gibt und Arbeit zu erledigen ist. Zu wissen, dass es mehr gibt. Ich hatte große Angst vor der Möglichkeit, mit all diesen großartigen Visionen von Dingen, die ich tun würde, ein Leben lang zu leben, mich zu verlaufen und dann zu vergessen, wofür ich hierhergekommen bin. Es wäre vergeudete Zeit und verpasste Gelegenheiten. Vielleicht auch noch andere Menschen zu verletzen und ihren Weg zu behindern. Ich entschied mich dafür, mehr Aufklärung zu haben. Obwohl es mir sehr oft schwer fällt, mich zu integrieren. Aber ich habe Freunde, die mit mir ins Leben gerufen werden. Wir haben einen Pakt geschlossen, um uns gegenseitig zu helfen, sich zu erinnern. Und das tat ich mit diesem wunderbaren Wesen, dem ich begegnet bin. Er wusste und ich wusste, bevor wir in eines dieser Leben kamen, was wir miteinander tun würden. Es war ein karmisches Versprechen. Und ich habe dies auch in anderen Leben mit anderen zusammengestellt. Ich werde genug wissen, um Fragen zu stellen, und andere werden mir helfen, Antworten zu finden.
D: Also, in jedem Leben, in das du gehst, wird immer jemand da sein.
V: Es wird jemanden geben. Ich bin nie alleine. Ich habe viele, viele, viele Freunde durch Bekannte und Verbände der Vergangenheit. Und wir alle kennen die Gefahren, sich im Sumpf zu verlieren. Und wir haben ein sicheres Konstrukt geschaffen.
D: Was meinst du mit einem sicheren Konstrukt?
V: Wenn ich in ein neues Leben inkarniere, werde ich alles wieder vergessen, wer ich bin. Ich habe liebende Freunde, die mit mir ins Leben inkarnieren oder die ich irgendwann im Laufe meines Lebens treffen werde. Wir haben uns einander versprochen und miteinander ausgemacht, dass wir uns daran erinnern, wer wir sind. Wenn jeder dazu ein Stück beiträgt werden sicherlich nicht

alle von uns alles vergessen. Wenn sich also jemand an etwas erinnert und ein anderer sich an etwas anderes erinnert, werden wir uns gegenseitig helfen. Das ist ein sicheres Konstrukt. Wir haben sogar unterbewusste Signale, die wir „Codes" nennen. Wenn sich jemand nur an einen Satz oder ein Wort erinnert, wird er Erinnerungen in einem anderen auslösen. Dies eröffnet wiederum eine neue Tür zum Wissen.

D: *Ihr wisst also, wie ihr euch identifizieren könnt?*
V: Es ist kein bewusster Code. Aber es gibt Dinge, die jemand sagen könnte, die wir im Voraus eingerichtet haben. Wie, wenn sie das sagen, wird es diese ganze Schachtel Informationen für mich herunterladen, wenn ich bereit bin. Und wir werden uns treffen, wenn ich bereit bin oder wenn sie bereit sind. Und wir machen es füreinander. Und es ist wie ein kleines Sicherheitsnetz für ein furchterregendes Leben, in dem wir Angst haben, dass wir es vergessen werden.

D: *Und du wirst immer in verschiedenen Leben mit diesen Menschen zusammen sein. Ist das richtig?*
V: Das ist richtig. Ich brauche etwas, was man nach einem Leben „Zeit" nennen würde, um mich auszuruhen und über alles nachzudenken, was ich gelernt habe. Und über Dinge, die ich nicht gelernt habe.

D: *Um sich zu assimilieren, ja?*
V: Assimilieren ist ein gutes Wort. Ich benötige eine Weile dafür und dann kann ich tun, was ich will. Ich kann viele Wege wählen. Einer davon geht in ein anderes Leben. Und ich habe mich dafür entschieden, ziemlich oft ins Leben zurückzukehren, mit etwas Zeit dazwischen, um mich weiterzubilden und mit anderen zusammenzuarbeiten. Obendrein arbeite ich manchmal einfach mit anderen auf der Erdebene, besuche und inspiriere sie. Und ich habe immer noch diejenigen, die meine Seelenkameraden sind. Nicht zuletzt verbringe ich sogar im Traum Zeit mit ihnen. Ich flüstere ihnen Dinge zu, beeinflusse sie und ich wache über sie. Es gibt Zeiten, in denen ich andere Lernbereiche besuche und manchmal einfach nur Entspannung. Und immer wieder kommt die Zeit, in der ich mich mit den „Ältesten" berate.

Ich habe Virginia dann weiter vorangebracht und das andere Wesen in der Vergangenheit zurückgelassen, sodass ich die Fragen zu ihrem gegenwärtigen Leben stellen konnte. Das Unterbewusstsein hatte Schwierigkeiten, die andere Persönlichkeit in der Vergangenheit zu lassen.

V: Es ist, als wäre Virginia jetzt die Frau im trockenen Land des heutigen Indiens. Als wäre sie jetzt diese Person. Und dies ist eine Analogie, die ich gerne hätte. Sie ist, wie diese Person, auf einer bestimmten Ebene. Und der Fremde, der durch ihre Gegend reiste, kam nicht aus ihrer Gegend, wohlgemerkt, er verweilte nur für kurze Zeit in dieser Gegend um sich umzuschauen und die Leute etwas kennenzulernen. Es gibt andere, die als Reisende gekommen sind und weitere Erleuchtung gebracht haben und ihr zeigten, wie sie in sich schauen kann, um ihre Freiheit zu finden und sich zu erinnern, wer sie ist.

D: Ist das der Grund, warum das Unterbewusstsein dieses Leben für sie heute gewählt hat?

V: Das ist der Zweck dieser Lebenszeit. Es ist eine Analogie. Sie ist jetzt die Frau, die hart arbeitet. Und manchmal hat sie Schwierigkeiten, ihr Wissen in ihre tägliche Alltagswelt zu integrieren. Und es gibt solche, vor allem an ihrem Arbeitsplatz, die nichts von ihren spirituellen Gedanken hören wollen. Virginia arbeitet als Krankenschwester in einem großen Krankenhaus was oft zur Frustration führt. Und es gibt diejenigen, die nachts zu ihr kommen und sie von anderen Dingen lehren. Sie bringen sie in andere Ebenen und zeigen ihr viele Dinge. Und es ist ihre Art, über diese Lebenszeit hinauszuwachsen. Und sie stimmte zu, dass dies so geschehen wird. Es sollte ihr dabei helfen, sich daran zu erinnern, dass es im Leben andere Dinge gibt als das Hier und Jetzt und die Arbeit, die sich direkt vor der Nase befindet. Es gibt viele Dinge auf vielen Ebenen. Indes, für ihre unmittelbare Ebene war es eine Vereinbarung, bevor sie in dieses Leben kam, weil sie in diesem Leben viel zu tun hatte. Es gab viel Karma auszuarbeiten. Obendrein war es ihr Ziel, den Menschen zu helfen sich daran zu erinnern, wer sie waren. Und sie hatte Angst, dass sie vergessen würde, wer sie war und nicht in der Lage sein würde, sich oder irgendjemand anderem zu helfen.

Virginia hatte während Meditation und Träumen Einblicke einer Entität gesehen, die sie „Heperon" nannte. Sie wollte wissen, ob dies eine echte Entität war und wenn ja, wer er ist.

V: Heperon ist ein sehr wesentlicher Bestandteil ihres Wesens. Sie hätte sich niemals freiwillig für die Erderfahrung gemeldet, wenn nicht das Wissen gewesen wäre, dass ihr „Seelenverwandter", diese sehr liebe Person aus ihrer Seelengruppe, auf einem anderen Planeten bei ihr war. Er versicherte ihr, es sei ihre Einigkeit, dass sie in das irdische Leben geht und er würde über sie wachen. Er wird auf einer gewissen Ebene bei ihr sein, jederzeit. Er ist, was man als ein „mehrdimensionales" Wesen bezeichnen würde. Er kann viele Dinge in vielen Bereichen tun und auch über Virginia schauen. Und dies ist ein sehr wesentlicher Bestandteil ihres Lebens. Ihre Existenz auf der Erde ist das Wissen, dass Heperon auf sie aufpasst. Zu vielen Zeiten, an vielen Orten kann er gleichzeitig sein. Er ist, wie man es nennen könnte, ein Engel. Und sowieso ist er ein Engel für sie.

D: *Also ist er sehr wichtig in ihrem Leben.*

V: Diese Verbindung ist extrem wichtig. Es ist das Herzstück ihrer Existenz auf der Erde.

D: *Das ist sehr gut. Sie hat noch ein paar Fragen. Sie wollte wissen, ob sie jemals eine Verbindung zu Jesus hatte?*

V: Es gab einen Vorfall in Kaschmir, wo sie den jungen Jesus traf. Sie war zu dieser Zeit eine Priesterin, als Jesus mit seinem Onkel Joseph reiste und bei den weisen Lehrern lernte. Es war eine echte Begegnung. Eine wahre, tiefgründige Erinnerung. Und die Erinnerung an seine Gelassenheit hat ihr, in diesem Leben, auf vielerlei Weise geholfen. Es war eine stabilisierende Kraft, die Erinnerung an den Frieden und die Liebe, die er ausstrahlte. Allein das Wissen, dass er da ist. Er ist fest wie ein Stein und er ist Liebe und Frieden. Das war ein inneres Wissen. Und auch während dieser Lebenszeit wurde dieser Tag in dieser Sitzung enthüllt. Es war die nächste Inkarnation dieser Entität, Virginia.

D: *Nach dem anderen Leben in Kaschmir?*

V: Nach dem anderen. Und dieser Mann, der sie gelehrt hat, lebte ein langes Leben mit Jesus.

D: *Ich dachte, es war nicht Jesus, weil er älter war.*

V: Er war ein Gefährte von Jesus. Er trug das Wissen von Jesus.

Ich beendete die Sitzung mit der Frage nach Virginias körperlichen Problemen. Diese werden durch ihre Arbeit in der negativen Atmosphäre des Krankenhauses verursacht. Sie glaubte, sie würde den Menschen helfen, aber die Energien, die in dieser Umgebung sind, halten sie davon ab. Es war an der Zeit, dass sie ihre Arbeit fortsetzt. Sie kann immer noch Menschen helfen und mit den Sterbenden zusammenarbeiten, aber sie sollte das Krankenhaus verlassen.

KAPITEL 16

AUF DER SUCHE NACH DEM WEISEN

Dies ist eine weitere Sitzung, die ich während einer Veranstaltung im Oktober 2002 auf einer Expo in Clearwater, Florida abhielt. Sie stand auch in Verbindung zu einem weisen Mann, die von einer ganz besonderen Art war.

Als sich Nancy von der Wolke entfernte, stand sie barfuß auf scharfem Kies. Kleine Stücke Schotter unter ihren Füssen ließen Unbehagen in ihr hochkommen. Das wurde noch bestärkt, als sie sah, dass sie auf einer Klippe stand. Sie beschrieb sich als ein junger Mann mit kurzen braunen Haaren, der eine dicke, gepolsterte Weste und eine Hose aus rauem Material trug. „Ich bin sehr nahe an einer Klippe. Ich habe das Gefühl, ich möchte rückwärts vom Rand weg gehen. Mir wird gesagt, ich soll mich nicht umdrehen. Jemand ist hinter mir. Und ich möchte rennen", sagte sie mit einem großen Seufzer. „Ich möchte weg. Warum machen sie das?" Die Antwort war eine Offenbarung: „Sie versuchen, mir Angst einzujagen."

Ich fragte, ob sie sich umdrehen und sehen wolle, wer es ist. „Es gibt mehr als eine Person. Ich fühle, wenn ich näher an den Rand komme, werde ich ausrutschen und stürzen. Sie lassen mich hier stehen, um mir eine Lektion zu erteilen. Aber ich weiß nicht, für was diese Lektion ist. Das sind sehr kleine Leute mit hellem Haar, fast weiß. Ich bin viel größer als sie, mindestens einen Fuß oder größer, und meine Färbung unterscheidet sich. Ich bin dunkel und sie sind sehr hell. Sie sind anders als ich. Ich gehöre nicht zu ihnen. Ich bin nicht Teil von ihnen. Ich fühle mich, als würde ich durch ihr Dorf reisen. Sie haben Angst vor mir. Ich wusste nicht, wo ich bin und dann fand ich diesen Ort. Zuerst dachte ich, es wären Kinder. Sie haben keine Waffen, aber irgendwie zwangen sie mich hierher."

D: *Was für ein Dorf ist das?*
N: Ähm, ich sehe, dass sie sich verstecken können. Ich weiß nicht wie ich das sagen soll. Sie sind in der Lage zu verschwinden. Sie können ihre Häuser, ihre Gebäude in der Natur, in der Umgebung verstecken. Und als ich sie zum ersten Mal entdeckte, machte es den Eindruck eines Kinderdorfes. Sie haben Grasdächer wie kleine Hütten, aber das war nicht echt. Das war nur eine Tarnung, die sie benutzten. So wie ihre Häuser aussahen war es nicht wirklich. Als ob sie mir einen Streich gespielt hätten. Es ist sehr verwirrend.
D: *Dies hast du gesehen, als du in das Dorf gekommen bist?*
N: Ja, ich sah die kleinen Hütten mit dem Gras auf den Dächern. Und es sah aus wie spielende Kinder. Aber ihre Häuser sind wirklich versteckt. Ich weiß, dass sie sie tarnen. Sie verstecken sie am Hang. Es ist lustig, bloß ich weiß nicht, wie sie wirklich aussehen. Ich weiß nur, dass sie versteckt sind.
D: *Bist du einen langen Weg dahin gegangen?*
N: Hinauf in die Berge.
D: *Dort ist dein Zuhause?*
N: Nein, da bin ich vorbeigekommen. Es liegt sehr, sehr hoch. Ich war gerade unterwegs. (tiefer Seufzer) Ich wollte in den Fernen Osten gehen. Es war meine Reise. Ich hörte Geschichten von einem magischen Mann, den ich sehen wollte. Weit weg, hoch in den Bergen, sehr hoch. Ich wollte ihn finden.
D: *Das hört sich an, als wird es eine lange Reise werden.*
N: Sehr lang, ich denke, ich werde ein Jahr oder länger brauchen, um dorthin zu gelangen. Ich hatte Vorräte, aber diese Leute nahmen sie mit.
D: *Hast du eine Familie an dem Ort, von dem du weggegangen bist?*
N: Es fühlt sich so an, als wäre ich alleine.
D: *Du kannst also frei reisen, wenn du willst? (ja) Hattest du noch einen langen Weg zurückzulegen, bevor du auf dieses kleine Dorf gestoßen bist?*

N: Oh ja, viel weiter. Ich war schon lange unterwegs. Ich kam an eine Biegung und habe nicht wirklich aufgepasst. Es war einfach wunderschön. Und dann habe ich diese Hütten gesehen. Und ich habe Leute drinnen gehört. Ich dachte, es wären spielende Kinder. Aber ich habe sie wohl erschreckt. Ich schaute hinein und sie waren überrascht. Dies fühlt sich an wie ein Ort, an den niemand sonst kommt. Es ist ein versteckter Ort. Dies ist ein sehr geheimer Ort für sie.

D: *Du hast sie also erschreckt, weil du nicht dort sein solltest.*

N: Ja, und ich kann in meiner Sprache nicht mit ihnen kommunizieren. Sie verstehen nicht, was ich sage. Ich versuche ihnen zu sagen, dass ich sie nicht verletzen werde, aber sie verstehen es nicht.

D: *Du sagst, sie hätten deine Vorräte mitgenommen?*

N: Ja, ich hatte Taschen mit Gurten bei mir. (Handbewegungen deuten auf etwas über seinen Schultern hin.) Und Wasser, und eine Tüte, weiß nicht, wie ich es nennen soll. Einige Lebensmittel ... getrocknete Lebensmittel. Von Zeit zu Zeit hatte ich anderes Essen auf meiner Reisen. An Orten, an denen ich eine Pause machte, wo Leute mit mir teilten. Aber das hier ist ein andersartiger Ort. Diese Leute sehen anders aus. Sie sind sehr, sehr blass und klein. Sehr hellhäutig und haben fast weißes Haar.

D: *Unterscheiden sich ihre körperlichen Eigenschaften voneinander?*

N: Ja, sie haben alle die gleichen Eigenschaften. Ihre Augen haben unterschiedliche Farben. Sie sind nicht blau, nicht grün, mehr beides zugleich, fast Türkis, eine bläulich grüne Farbe. Sie sind sehr klein. Auch die Nasen sind klein und zierlich. Sehr kleines Kinn mit filigranen Eigenschaften und spitz.

D: *Sehen sie männlich und weiblich aus?*

N: Ich sehe junge Leute, bei ihnen sind Kinder. Es gibt Familien! Sie sind Familien. Aber die Eltern sehen sich sehr ähnlich.

D: *Es ist also schwer, das Geschlecht zu unterscheiden? (ja) Hast du versucht, sie davon abzuhalten, deine Vorräte mitzunehmen?*

N: Ich stand einfach nur da. Ich fühlte mich sehr ruhig. Und sie kamen einfach zu mir und nahmen sie mir ab. Warum haben sie meine Schuhe genommen? (Sie war verwirrt von ihrer Reaktion.) Ich lasse sie es einfach tun. Ich stand einfach da. Das ist sehr seltsam. Ich stand sehr still. Und dann führten sie mich über die Steine auf diesen Weg. Die Steine verletzen meine Füße. (zucken) Es tut mir weh. (eine Offenbarung) Oh! Ihre Orte sind ein Geheimnis.

Niemand soll wissen, dass sie da sind. Und ich habe sie gefunden. Und sie wollen mich nicht verletzen, aber sie können mich nicht gehen lassen. Sie haben Angst, dass ich andere mitbringe oder darüber reden werde. Ich würde es nicht erzählen. Ich versuchte ihnen zu vermitteln, dass ich nichts sagen werde. (schwerer Seufzer) Ich möchte nur von dieser Klippe wegkommen. Sie stehen hinter mir, dennoch sie sind weit weg. Sie berühren mich nicht und es gibt keine Waffen, indes ihre Gedanken drängen mich an den Rand. (streng) Und ich widersetze mich ihnen. Ich werde es nicht tun! Ich werde es nicht zulassen, dass sie es tun. (entschlossen) Ich werde mich umdrehen. Ich weiß, ich kann es. Ich werde mich sehr entschlossen umdrehen. Und ich werde ihnen sagen, dass sie aufhören sollen. Hört auf damit! (Schwere Atemzüge, und sie hob die Hand mit der Handfläche nach außen.) Ich sage ihnen, sie sollen aufhören. (erleichterter Atem) Sie halten inne! Jetzt trete ich ihnen sehr entschlossen entgegen. Ich werde sie das nicht tun lassen. Ich dachte, wenn ich tue, was sie möchten, müssen sie erkennen, dass ich ihnen nicht schaden werde. Aber jetzt sehe ich, dass ich sie stoppen muss. Ich lasse mir nicht sagen, dass ich das tun soll. Und jetzt bringt einer von ihnen meine Vorräte und meine Schuhe. Sie geben sie mir, damit ich weiterziehen kann. Sie sind sehr traurig. Sie entschuldigen sich. Sie sprechen nicht mit mir, aber ich kann fühlen, wie sie sich fühlen. Ich habe das Gefühl, dass es ihnen Leid tut.

D: *Konntest du mit ihnen kommunizieren, dass du sie nicht verraten würdest?*

N: Ja, als ich mich umdrehte um ihnen zu sagen, dass sie aufhören sollen, wurde ich wütend. Und ich fühlte mich stark. Ich sagte ihnen, dass ich sie nicht verletzen werde. Ich würde es niemandem erzählen. Ich denke sie wollten eigentlich nicht, dass ich mich von der Klippe stürze. Das es falsch wäre. Und sie waren sehr traurig.

D: *Vielleicht glaubten sie, sich auf diese Weise selbst schützen zu können.*

N: Sie waren sehr verängstigt. Jetzt gehe ich und steige den Hügel hinauf. (großer Seufzer) Sie beobachten mich. Ich blieb auf dem Hügel stehen und sie gingen zurück. Wütend! Aber es geht mir gut, ich bin in Sicherheit, ich bin wieder unterwegs. Ich weiß, dass sie nicht hierher gehören, das macht mich sehr neugierig. Sie sind

so anders. Ich habe das Gefühl, dass sie nicht in diese Zeit gehören.
D: *In diese Zeit?*
N: Ja, sie gehören nicht in diese Zeit. (Versucht zu überlegen, wie man es erklären soll.) Ich habe das Gefühl, dass sie aus einer anderen Zeit sind. Weit in der Zukunft! Sehr weit in der Zukunft. Und sie waren einfach da. Dabei habe ich das Gefühl, dass sie schon lange dort sind. Sie dachten wohl, sie wären an diesem Ort in Sicherheit. Das niemand sie dort finden wird.
D: *Warum hast du das Gefühl, dass sie aus der Zukunft kommen?*
N: Ich weiß es nicht. Ich weiß nur, dass sie weit aus der Zukunft kommen. Sie sind nicht von hier. Sie dachten, sie haben ein sicheres Versteck gefunden.
D: *Ich frage mich, wovor sie sich verstecken.*
N: Ich weiß es nicht.
D: *Aber trotzdem hast du dich dagegen gestellt.*
N: Ja, ich bin okay. (Ein erleichterter Seufzer.) Jetzt bin ich froh, dass ich wieder unterwegs bin. Ich freue mich darauf, diese besondere Person kennenzulernen. Ich werde diese Person sehen, dass weiß ich.

Ich habe Nancy dann an einen wichtigen Tag gebracht.

N: (lächelnd) Ich bin hier, und ich bin wahnsinnig aufgeregt. Ich habe viele Leute auf meiner Reise getroffen. Die ganze Zeit habe ich Geschichten von dieser Person gehört. Ich fühle mich älter.
D: *Aber du hast seither niemanden mehr getroffen, der so seltsam war wie diese kleinen Leute?*
N: Nein, (lacht) das war nur einmal.
D: *Lebt dieser Mann in einer Stadt?*
N: Weit oben auf dem Berg lebt er, aber jeder hier in der Stadt kennt ihn. Er ist ein heiliger Mann. Und ich bin auf einer Art Markt.
D: *Kennst du den Namen dieser Stadt? Hast du es jemanden sagen hören?*
N: Es fühlt sich an wie im Himalaya. Es gibt einen Namen, den sie sagten, aber die Stadt liegt im unteren Teil. (Ich konnte sehen, dass sie Schwierigkeiten hatte, den Namen zu finden.) Ich glaube nicht, dass sie den Namen sagen, aber ich möchte Katmandu sagen, ich denke, dass das ein modernerer Name ist. Ich glaube

nicht, dass sie die Stadt jetzt so nennen. Es gibt viele hohe Berge drum herum.

Als sie den Himalaya erwähnte, dachte ich sofort an Tibet. Ich war überrascht, als ich in die Enzyklopädie sah und herausfand, dass Katmandu eine Stadt in Nepal ist. Es liegt in einem Talkessel auf mehr als 1300m über dem Meeresspiegel und ist von sehr hohen Bergen umgeben. Das Himalaya Gebirge hat die höchsten Berge der Welt und bildet dort die nördliche Grenze zwischen Nepal und China. Ich wusste nicht, dass der Himalaya so weit reicht. Ich glaube nicht, dass Nancy diese Informationen auch hatte. Es wäre für sie einfacher gewesen zu sagen, dass sie in Tibet war, als sie an den Himalaya dachte. Anscheinend war die Erinnerung echt, weil sie nicht dem entsprach, was unser bewusster Verstand sich einfallen lassen würde. Die fremden kleinen Leute schienen nicht zu passen, aber auch dieses Rätsel wurde gelöst, bevor die Sitzung vorbei war.

D: Jeder weiß über diesen Mann Bescheid?
N: Ja, dies ist eine ganz besondere Person, von der ich glaube, dass ich von ihr lernen kann. (lange Pause) Ich muss mich hier ausruhen und mich reinigen. Ich bade hier. Schon so lange bin ich unterwegs. Ich muss ein wenig ausruhen und mich auch an die Höhe anpassen. Außerdem möchte ich mich umziehen. Mir ist jetzt nicht warm genug. Ich muss mehr Kleidung anziehen, weil es sehr hoch und kalt ist.

Ich beschloss, sie an den Zeitpunkt zu bringen, als sie den Berg hinaufsteigt, um den Mann zu treffen.

D: Haben sie dir gesagt, wo er ist?
N: Ich weiß wo er ist. Ich kann fühlen, wie er mich dort fast hin zieht. Er weiß, dass ich komme und er leitet mich. Ich fühle, wie er mich höher zieht. Hier ist es sehr steil. Es ist sehr kalt. Mir ist kalt.

Sie und auch ihre Stimme zitterte. Ich gab Anweisungen, damit sie sich nicht unwohl fühlt.

D: Gibt es auch Schnee?

N: Nein, jetzt ist es nur noch steil. Es ist kein Winter. Aber es ist sehr windig. Ich befinde mich jetzt auf ebenem Gelände. Es gibt eine Höhle. Und er ist darin. Es ist dunkel und still. Da sind Kerzen. Ich bleibe einen Moment stehen. Meine Augen passen sich dem Licht an. Und er ist hier.

D: *Kannst du ihn sehen? (sie nickte) Wie sieht er aus?*

N: (tiefer Atemzug) Er hat die Gestalt eines Mannes, aber er ist Energie. Er ist nicht wirklich körperlich. (plötzliches Lachen) Er sagt zu mir, dass er die Verkörperung vieler heiliger Menschen ist. Zuerst zeigt er sich mir als ein heiliger Mann mit langem, braunem, schmutzigem, verfilztem Haar und einem langen, dunklen, schmutzigen Bart in zerlumpten Kleidern. Dann aber wird er plötzlich rein. Und er ist, viele. Er ist nicht nur eine Person. Er ist viele Seelen. Er ist eine Kombination ... (Sie hatte Schwierigkeiten, das richtige Wort zu finden.)

D: *So etwas wie ein Schichtkörper?*

N: Ja, von allen! Und er ist sehr intelligent. Er erscheint als helles Licht, aber auch in Gestalt eines Mannes. Er ist beides. Er kann sich von der Gestalt des Mannes dann plötzlich verwandeln in dieses brillante, fast blendende Licht.

D: *Kann er deshalb an einem so seltsamen Ort leben, weil er nicht physisch ist?*

N: Ja, er passt sich an, wie auch immer seine Umgebung ist.

D: *Wenn ihn andere Leute besuchen, würden sie ihn genauso sehen?*

N: Nur wenige kommen zu ihm. Die Leute wissen, dass er da ist, aber nur wenige machen die Reise zu ihm. (Pause) Es ist eine Berufung.

D: *Ich frage mich, falls jemand aus dem Dorf zu ihm geht, würden sie ihn als Menschen sehen oder wie würden sie ihn wahrnehmen?*

N: Sie wissen, dass sie nicht gehen können. Du fühlst eine innere Berufung dazu. Sie wissen, dass er da ist. Er kann gleichzeitig an anderen Orten existieren.

D: *Aber du musstest die Reise dorthin unternehmen. (ja) Du hättest ihn nicht woanders gefunden?*

N: Nein, ich musste dahin gehen. Er wollte, dass ich dorthin komme. Die Reise war sehr wichtig. Er musste wissen, dass ich daran glaubte. Er musste wissen, dass ich würdig bin ... Er musste wissen, dass die Berufung, die ich in mir fühlte, stark genug war.

D: *Denn sonst hätte er dir überall erscheinen können. (oh, ja) Aber er musste wissen, dass du den Entschluss hattest, so weit zu reisen, um ihn zu finden. (ja) Warum hast du diese Entschlossenheit gespürt?*
N: Ich hatte einfach das Gefühl, dass ich dorthin muss. Ich wurde von ihm angezogen. Ich habe das Gefühl, dass es etwas gibt, was ich von ihm lernen sollte. Ich musste dorthin gehen. Und ich wollte gehen. Mir war es egal, wie lange es dauern würde, bis ich dort war. Ich musste ihn sehen.
D: *Warst du in deinem normalen Leben bevor du dich auf diese Reise begeben hast, eine heilige Person?*
N: Es ist so lange her. Ich war irgendein Lehrling. Es hat mir nicht gefallen. Ich habe es getan, weil ... ich musste etwas tun. Ich habe mit meinen Händen gearbeitet. Als Maurer, denke ich. Ich musste Dinge bauen, aber ich habe gerade erst gelernt, wie man diese verschiedenen Dinge macht. Ich war jung.
D: *Aber dann hast du diesen Drang verspürt, diesen Mann zu finden, obwohl es keinen Sinn machte?*
N: Ja, ich wusste, ich muss ihn finden. Ich war nicht wie alle anderen. Ich hatte einfach immer das Gefühl, nicht wirklich dorthin zu gehören. Ich habe mich einfach anders gefühlt. Die Leute waren sehr arm und sehr schmutzig. Sie haben die ganze Zeit gearbeitet. Sie waren nett zu mir, aber ich glaube auch nicht, dass ich da hingehört habe. Ich glaube, ich habe einfach eine Weile dort angehalten, weil ich nicht wusste, wohin ich gehen soll. Ich wusste nur, ich muss diesen Mann finden. Und ich wusste, welcher Richtung ich folgen muss. Und ich wusste auch, wenn ich auf dem Weg zu ihm bin, würde er mir alle Notwendigkeiten zur Verfügung stellen. Er würde für Essen und Wasser sorgen. Ich musste nur auf meinem Weg zu ihm bleiben. Ich hätte jederzeit abbrechen können, wenn ich gewollt hätte, aber ich wollte nicht.
D: *Jetzt, wo du ihn gefunden hast, was hast du vor?*
N: Er hat mir Dinge beizubringen.
D: *Wirst du bei ihm bleiben?*
N: Ja, für kurze Zeit. Ich bin der einzige hier. Es sind nur wir zwei, niemand sonst.
D: *Keine anderen Schüler?*
N: Nein, nur ich.
D: *Was muss er dich lehren?*

N: (lange Pause) Ich soll eines seiner Kinder werden. Und damit kann ich seine Lehren mit anderen teilen. Die Lehren vieler sind von dem Einen. Und ich fange an zu verstehen, aber es ist für mich immer noch viel zu begreifen. Es wird einige Zeit dauern, bis ich ihn vollständig verstanden habe. Er hat mir viel beizubringen.

Ich hatte das Gefühl, dass dies eine Weile dauern könnte, also brachte ich sie rechtzeitig wieder voran. „Wie lange bleibst du dort?"

N: (großer Seufzer) Es war Winter und jetzt ist Frühling. Ich bin schon eine Weile hier. (lacht) Und ich habe Haare im Gesicht. (ich lachte) Und meine Haare auf meinem Kopf sind länger. Und ich fühle mich älter. Ich bin noch jung, aber ich fühle mich älter. Und es ist im Grunde Zeit für mich, zu gehen.
D: *Was hat er dir beigebracht?*
N: (flüstern) So viel. Er sagte mir, wenn ich die Informationen brauche, werden sie da sein. Aber er schickt mich mit der Erkenntnis der Wahrheit, der Einfachheit, der Lehren des Christus, von Buddha, der Lehren der Wahrheit vieler, auf den Weg. Die Lehren vieler von ihnen sind alle gleich. Sie haben alle die gleichen Wahrheiten.
D: *All die Weisen?*
N: Ja, Jesus war nicht der einzige, es gab viele. Und es gab Frauen, die auch diese Christus Energie hatten.
D: *Die Fähigkeiten und das Wissen.*
N: Ja, es ist jetzt an der Zeit für mich zu gehen, um die Wahrheit zu teilen.
D: *Hast du ihn jemals gefragt, wo er herkommt und was er ist? Du sagst, er sei kein Mensch. Er ist nicht körperlich.*
N: Oh, ich weiß. Du musst nicht fragen. Er ist die Christus Energie. Er ist die Energie Gottes, die sich an verschiedenen Orten auf diesem Planeten manifestiert.
D: *Wie hat er dich unterrichtet?*
N: Ich habe sehr lange geschlafen und so ist es passiert. Ja, während ich geschlafen habe.
D: *Du hast das mehr oder weniger aufgesogen. ist das ein gutes Wort?*
N: Ja, das ist es. Ich habe es absorbiert. Und jetzt muss ich gehen. Ich freue mich und bin sehr glücklich.
D: *Es macht dir nichts aus, ihn zu verlassen?*

N: Ich weiß, dass er immer bei mir ist.
D: *Du verlierst ihn nie.*
N: (Eine sehr emotionale Antwort.) Nein! Er ist ein Teil von mir.
D: *Weil er dir dieses Wissen und diese Informationen geschenkt hat?*
N: Ja, und es gibt große Freude. (Sie war emotional und weinte fast.) Ich gehe ganz vorsichtig den Hügel hinunter. Beobachte meine Haltung, weil es sehr steil ist und es viele Steine gibt. Als ich ins Dorf komme, werde ich von allen begrüßt. Und es gibt viele Blumen und Musik und Tanz, eine Fest.
D: *Weil du zurückgekehrt bist?*
N: Ja, (lächelt) es ist sehr festlich. Und es gibt schöne Farben und Musik, dazu ein Fest. Ich bleibe eine Weile. Und ich fühle mich geehrt. Dann bekomme ich Kleidung und Vorräte. Jetzt muss ich gehen. Ich weiß nicht wo ich hingehen soll. (kichert) Ich soll wandern und Leute treffen. Ich spüre, ich gehe nach Süden.
D: *Von den Bergen weg?*
N: Ja weiter südlich. Und ich weiß nicht, was genau ich tun werde. Aber ich weiß, dass ich seiner Lehre folgen werde. Und mit den Menschen rede.
D: *Um zu teilen, was er dir beigebracht hat? (ja) Glaubst du, es wird dir gut ergehen?*
N: Ja, ich habe keine Angst. Ich werde mich darum kümmern. Keine Angst.

Ich habe sie rechtzeitig wieder an einen anderen wichtigen Tag gebracht, weil die Reise viel Zeit in Anspruch nehmen könnte.

N: Es ist der Tag meines Todes. Ich bin sehr alt. Da waren viele Hochzeiten und viele Segnungen. Viele Leute, die ich geliebt und die ich berührt habe. Ich fühle mich gut in meinem Leben. Und ich habe viele, viele Kinder und Enkelkinder. Viele liebe Menschen um mich herum. Ich bin bereit zu gehen.
D: *Konntest du das Wissen vermitteln?*
N: Ja, ich sprach mit den Menschen und erzählte meine Geschichten.
D: *Und du hast nie hinterfragt, wo das Wissen herkam, weil du wusstest das es einfach nur da war. (ja) An dem Tag deines Sterbens, was stimmt nicht mit deinem Körper?*
N: Es ist nur Zeit. Ich bin nur alt und müde. Es ist Zeit für mich, mich auszuruhen. Der Weise sagt, dass ich ihm gute Dienste geleistet

habe, aber jetzt ist es Zeit für meine Belohnungen. Ich bin sehr glücklich (zufrieden seufzend) und im Frieden mit mir. Ich weiß, dass ich bald gehen werde.

D: *Dann gehen wir jetzt zu diesem Moment, wenn es passiert.*

N: (großer Seufzer) Ich bin nur ... ich bin gerade gegangen. (lacht) Ich bin weg. Und ich fühle Bewegung und sehe Licht. Ich bin nur da und dann bin ich weg. (lacht) Es ist sehr einfach.

D: *Ist jemand bei dir?*

N: Ich fühle mehrere von denen, die gekommen sind. Aber ich brauche ihre Hilfe wirklich nicht, weil mir vorher gesagt wurde, wie man das macht. Sie waren da, wenn ich sie brauchte, aber ich bin einfach gegangen.

D: *Du hast gesagt, du bekommst eine Belohnung. Was ist die Belohnung für dich?*

N: Ich bin diesen alten Körper losgeworden. Er ist müde gewesen. Und ich bin sehr alt geworden. Ich fühle, dass ich immer noch dieselbe Person bin. Aber ich habe jetzt keinen müden, schweren Körper bei mir.

D: *Von dieser Perspektive aus kann man auf das gesamte Leben zurückblicken. Und es hört sich an, als ob es ein sehr lohnendes Leben war.*

N: Ja, sehr.

D: *Du hast viel Gutes getan. Was war die Lektion, die du in diesem Leben lernen musstest?*

N: Ich hatte in dieser Zeit viele Lektionen. Ich hatte Lektionen des Glaubens und der Glaube an mich. Und die Dimension der Seelen. Ich musste lernen, dass ich nicht immer leicht akzeptiert worden bin. Ich musste lernen, dass ich mit meiner Sanftmut auch meine Kraft einsetzen musste. Dass es nicht nur das eine oder das andere ist. Es war eine Kombination aus der Nutzung der Kraft mit der Sanftheit und der Liebe.

D: *Das sind wichtige Dinge, nicht wahr?*

N: Ja, in diesem Leben gab es viele Seelen, die berührt wurden.

Dann bat ich die Entität dort zu bleiben, wo sie ist und brachte Nancys Persönlichkeit in den Körper zurück. Nachdem sie sich orientiert hatte, bat ich darum, mit dem Unterbewusstsein zu sprechen, um mehr Informationen über diese seltsame Sitzung zu erfahren.

D: Warum hast du dir dieses Leben für Nancy ausgesucht?
N: (tiefer Seufzer) Sie musste sich an ihre starke Verbindung zur Christus-Energie erinnern. Auch um ihre Kraft hervorzubringen, die sie hat. Diese Kraft, Dinge zu verwirklichen. Aber auch die Liebe und die Wahrheit zu fühlen. Sie sollte sich daran erinnern, diese Eigenschaften in ihrem Leben zu nutzen. Manchmal hat sie Schwierigkeiten damit. Es gibt große Herausforderungen für sie in diesem Leben. Sie hat große Aufgaben in ihrer jetzigen Lebenszeit zu bewältigen. Obwohl die Zeit und die Umstände anders sind, steht sie immer noch vor ähnlichen Schwierigkeiten. Leute treffen, die Wahrheit mit ihnen zu teilen und die Kraft und Weisheit zu integrieren.

D: Dieses Wesen nannte sie die Christus-Energie, die als Mann in der Höhle erschien. Was war das? Es schien nicht menschlich zu sein.
N: Das war die universelle Weisheit. Das war die universelle Macht. Das war das kosmische Wissen. Das war das Element, das diesen Teil von jedem von uns aktiviert, der uns daran erinnert ... (leise, ein Flüstern) Das stimmt nicht.

D: Die Wörter sind nicht richtig?
N: Ja, es war der Katalysator. Der Katalysator, um sie daran zu erinnern, was sie tun muss.

D: Es ist also eine Verkörperung alles Wissens? (ja) Und es wurde an den Mann weitergegeben, der sie in diesem Leben war. (ja) Anfangs kam sie mit den kleinen fremden Wesen in diesem Dorf in Kontakt. Wer waren sie?
N: (lautes Lachen) Das war eine Prüfung, die auf meinen Weg gelegt worden ist. Um zu sehen, wie ich mit vielen Dingen umgehen würde. Umgang mit denen, die nicht wie ich sind. Mit meiner eigenen Kraft umgehen. Es war eine Prüfung des Glaubens und meiner eigenen Kraft. Es war ein Test, wie viel liebende Energie ich habe. Wie würde ich meine Kraft einsetzen? Würde ich versuchen sie zu verletzen, oder würde ich sie in Ruhe lassen? Viele Prüfungen.

D: Und dass du viele Leute triffst, die anders sind. (ja) Waren es wirklich physische Wesen?
N: Ja, aber sie waren nicht von dort. Sie waren aus einem anderen Ort. Sie meldeten sich freiwillig, um diese Szene zu spielen, doch sie waren nicht aus dieser Zeit.

D: Er sagte, die Hütten seien eine Illusion gewesen.

N: Ja, aber sie waren nicht von damals. Sie waren aus einer anderen Dimension. Sie haben sich freiwillig gemeldet, denn sie wussten, dass mir auf dem Weg geholfen werden musste. Ja, sie waren da, um mir zu helfen.

D: *Wie kann Nancy dieses Wissen nutzen und in ihrem jetzigen Leben anwenden?*

N: Sie hat Angst, abgelehnt zu werden, sich lächerlich zu machen, anders zu sein.

D: Das sind normale menschliche Ängste, nicht wahr?

N: Ja, in dieser Lebenszeit passierte dem Mann nichts. Er wurde angenommen. Deshalb wurde es ihr gezeigt. So kann sie erkennen, dass es möglich ist, dieses Wissen zu nutzen, ohne abgelehnt oder lächerlich gemacht zu werden. Sie wird diese vergessenen Fähigkeiten einsetzen können. Es wird immer Menschen geben, die das nicht verstehen werden. Aber vielleicht muss sie nicht mit diesen Leuten arbeiten oder sie muss nicht so viel teilen, wie sie könnte.

Dies war ein weiterer Fall, in dem die Person in einem vergangenen Leben großes Wissen ansammelte. Es wird angenommen, dass es verloren ist und bei der verstorbenen Persönlichkeit bleibt. Aber ich wusste aus Erfahrung, dass dies nicht stimmt. Alles, was jemals in einem anderen Leben gelernt wurde, Talent beispielsweise, geht niemals verloren. Es ist im Unterbewusstsein gespeichert und kann im gegenwärtigen Leben verwendet werden, wenn es benötigt wird. Ich habe in den letzten Jahren viele Fälle erlebt, in denen große psychische Fähigkeiten und heilendes Wissen zum Bewusstsein gelangt sind. Weil sie in der Zeit benötigt werden, in der wir uns befinden.

* * *

Ich denke, es ist angebracht, einen anderen merkwürdigen Fall zu erwähnen, der ebenfalls als Zeitverschiebung gelten könnte. Der Klient stieg in einer modernen Großstadt hinab, aber wo er auch hinschaute, es gab keine Menschen oder Lebenszeichen. Alles war ruhig und still, nur Gebäude und die Umgebung. Ich zog ihn an viele Orte in der Stadt, aber alles schien verlassen zu sein. Er sagte nichts, schien damit vertraut zu sein, fast als ob er ein sehr verwirrter Beobachter wäre. Er schien außerhalb der Zeit und des Ortes zu sein, so, als wäre er in eine außerirdische Umgebung gefallen, in die er nicht hingehörte. Er war, wie ich, sehr verwirrt, so war es schwierig für mich zu entscheiden, wie ich weiter vorgehen sollte. Schließlich bat ich ihn, an einen Ort zu gehen, an dem er sich wohl fühlte. Nun befand er sich mitten im Wald und lebte sehr primitiv und einsam in einer Höhle. Hier fühlte er sich zu Hause, nur in Begleitung seines Hundes. Der Rest der Sitzung drehte sich um ein sehr einfaches, irdisches Leben, in dem er niemals einer anderen Person begegnete, womit er zufrieden war.

Nach seinem Tod kommunizierte ich mit seinem Unterbewusstsein. Ich wollte mehr über die ungewöhnlichen Umstände des Anfangs wissen. Warum der seltsame Kontrast? Das Unterbewusstsein sagte, er sei an der richtigen Stelle in die Szene gekommen, aber zur falschen Zeit. Während seiner Existenz in den Wäldern gab es noch keine Stadt, aber in der Zukunft wurde eine große Stadt am selben Ort errichtet. So sah er die Stadt leer und verlassen, weil die Stadt zu seiner Zeit noch nicht existierte. Kein Wunder, dass er verwirrt war und nichts finden konnte, was ihm vertraut war. Er war zufrieden, als wir die Wälder fanden, die vor der Stadt existierten. Es verschmelzen Vergangenheit und Zukunft als Überlappungen an derselben Stelle gleichzeitig, wobei nur ein dünnes Furnier die Abmessungen trennt.

* * *

Ich dachte, dieses Buch sei fertig und bereitete es für den Druck vor, aber die Informationen flossen während meiner Therapiesitzungen immer weiter. Meine Familie sagte mir immer wieder, ich solle es aufbewahren und für das dritte Buch dieser Serie nehmen. Da die Informationen nicht aufhören werden, nehme ich an, dass es ein drittes Buch geben wird. Aber bevor das Buch nicht veröffentlicht ist, kommen immer weitere Informationen.

Im November 2004 hatte ich in meinem Privatbüro in Arkansas eine Sitzung, die sich auf die Suche nach dem Weisen bezog. Dies ist zufällig geschehen und hat die Qualitäten des berühmten Klassikers von Rip Van Winkle.

Gail ging in ein früheres Leben, in dem sie ein junger Mann war, der mit einer Gruppe von halbprimitiven Menschen in einem Hochgebirge lebte. Sie wohnten in Behausungen aus Ästen und Häuten oder in Höhlen. Er lebte in einer der Hütten bei einer alten Verwandten. Seine Aufgabe war es, in die Wälder und Hügel zu gehen und Beeren und Nüsse zu sammeln, die mit den anderen geteilt wurden. Bei einer dieser Suchaktionen in den hohen Bergen, die ihre Siedlung umgaben, fand er seltsame kleine Steine auf einem Felsvorsprung. Es waren Bilder von Tieren und Menschen eingeritzt. Er hatte keine Ahnung, woher sie kamen, da solche Dinge seiner Kultur fremd waren. Er fand sie hübsch und steckte sie in einen Beutel und trug sie immer bei sich. Als er sie den anderen Leuten zeigte, erzeugte dies nur große Angst und Misstrauen, da sie so etwas noch nie gesehen hatten. Sein Volk fertigte nur nützliche Utensilien aus Holz, niemals aus Stein.

Er wollte in dieselbe Gegend zurückkehren, um zu sehen, ob er noch mehr finden würde. Da er sie auf dem höchsten Berg gefunden hatte, wollte er auch auf den Gipfel klettern, was noch niemand je zuvor im Dorf getan hatte. Ich brachte ihn vorwärts in der Zeitleiste, um zu sehen, was passiert, nachdem er beschlossen hatte, den Berg zu besteigen. Auf dem Weg fand er zwar Steine, aber es waren keine die bearbeitet waren. Sie waren blau und weiß und funkelten. (Wahrscheinlich eine Art Quarzkristall.) Ich brachte sie erneut vorwärts in der Zeit, um zu sehen, ob er es bis an die Spitze geschafft hatte. Er sagte: „Ich bin fast auf dem Gipfel. Es fällt mir schwer zu atmen. Es war ein schwerer Aufstieg, ein langer Weg. Ich fand eine Höhle an der Seite. Ich bin müde ... mein Körper. Die Sonne steht draußen so hoch. Es ist heiß. Es sieht aus wie ein guter Ort, es ist kühl und ich muss mich ausruhen."

Als er die Höhle betrat, war er überrascht, dort eine Person vorzufinden. Ein Wesen ritzte an einem größeren Felsen mit einem anderen Stein, der Funken warf, als er es benutzte. Als ich fragte, wie der Mann aussah, sagte er: „nicht wie ich. Seine Haut ist irgendwie glänzend. Er hat große Augen und sein Kopf ist schräg und spitz." Es war schwer, ihn klar zu sehen. „Er ist glänzend. Es könnte sein, dass seine Kleidung glänzend ist, aber dann scheint es nicht so, als ob zwischen seiner Kleidung und seiner Haut ein Unterschied besteht. Ich weiß es nicht." Da er keine Angst vor dem Wesen hatte, beschloss er, eine Weile zu bleiben und es zu beobachten, anstatt seinen Aufstieg auf den Gipfel des Berges fortzusetzen. Es gab eine Art mentale Kommunikation, die sich abspielte. „Er schüttelte den Kopf, als ob ich es verstehen sollte. Ich glaube nicht, dass er dort lebt, aber er ist seit einer Weile dort. Ich glaube, wenn er den Fels bearbeitet, halten die Funken ihn warm. Es ist jetzt so warm hier."

Er hatte das Gefühl, dass er eingeschlafen sein musste, denn als er seine Augen öffnete, war das Wesen verschwunden und die Höhle war kalt. „Ich muss schon länger dort gewesen sein, weil inzwischen viel mehr geschrieben und eingeritzt worden war. Mehr wie Symbole. Dies waren keine Einritzungen von Menschen und Tieren, sondern Entwürfe oder Symbole. Es sind Formen mit drei Seiten. Und sie stehen in unterschiedlichen Winkeln zueinander. Einige von ihnen sind aneinandergehängt, so dass sie mehr Seiten haben. Es muss eine Art Nachricht sein." Diese befanden sich auf Felsen, die Teil der Höhle waren, sodass sie nicht bewegt werden konnten. „Er ist weg und es ist kalt dort drin, also denke ich, ich gehe raus und gehe weiter auf den Gipfel des Berges."

Als er die Höhle verließ, stellte er fest, dass sich alles geändert hatte. Der Berg war jetzt mit Eis und Schnee bedeckt, Er konnte nicht weiter nach oben gehen. Er musste versuchen den Weg zurück zu finden. Unten entdeckte er etwas, das ihn völlig in Ehrfurcht versetzte. Er sah etwas Rotes am Rand des Berges. „Es ist rot und es bewegt sich. Und es kommen blaue Wolken heraus. Es gibt Steine und andere Dinge, die am Rand des Berges herunterkommen." Es war etwas, was er noch nie gesehen hatte. Er ignorierte seine eigene Sicherheit, er wollte näher heran kommen. „Es ist egal. Ich möchte es sehen. Ich kletterte durch Eis, Schnee und Felsen, und ich kam an einen Ort, wo ich über die andere Seite des Berges schauen konnte. Es macht Lärm und ... ... bewegt sich ... und es ist schwarz und rot und ... heiß. Es schmilzt das Eis und den Schnee. Es macht seine eigenen Wolken, hübsch. Der Boden wackelt. Vielleicht stammt der Mann von dort. Vielleicht lebt er dort." Für mich klang es, als würde er einen kleinen Vulkanausbruch aus nächster Nähe miterleben, aber er hatte so etwas noch nie gesehen und konnte es nur in seinem begrenzten Vokabular und seiner Erfahrung beschreiben.

Er hatte dann Schwierigkeiten zu entscheiden, wie er den Berg hinuntersteigen sollte. „Vielleicht bin ich zu weit gestiegen. Ich weiß nicht, wie ich herunterkomme. Ich kann den Weg nicht finden, den ich heraufgekommen bin. Es ist sehr steil und glatt. Jetzt ist es ist verschwunden! Es ist am Rande des Berges hinuntergegangen. Ich muss einen anderen Weg gehen." Während er sich bemühte abzusteigen, rutschte er mehrere Male aus, fiel und verletzte sich am Kopf, am Rücken und am Bein. „Ich muss lange laufen bis ich einen Weg finde, der nicht eisig und rutschig ist. Als ich den Berg hinaufstieg, war kein Eis hier. Ich sehe endlich wieder Bäume."

Nachdem er einen Bach gefunden hatte, aus dem er trinken konnte, suchte er nach etwas vertrautem in der Umgebung, damit er nach Hause zurückfinden konnte. Aber nichts kam ihm bekannt vor. Nach einem langen Marsch sah er die Höhlen und einige Leute. „Sie sehen nicht gleich aus. Es sind nicht dieselben Leute, die ich kenne. Die Hütten sind da, aber sie sehen älter aus, als müssten sie repariert werden. Sie kennen mich nicht. Ich versuche, die alte Frau zu finden, ich frage nach ihr, sie ist schon lange weg, sie erkennen mich nicht, ich sehe nicht gleich aus, ich bin ... alt. Meine Haare sind grau und sehr lang. Sie erinnern sich nicht an mich. Ich weiß nicht, was passiert ist. Ich muss sehr lange weg gewesen sein. Es schien mir nicht sehr lange zu sein, aber alles ist jetzt anders. Obwohl es derselbe Ort ist." Auch wenn es sehr verblüffend gewesen sein musste, diesen fremden, zerzausten Mann zu sehen der ins Dorf gekommen war, erlaubten sie ihm zu bleiben.

Als ich ihn an einen wichtigen Tag brachte, saß er in einer Höhle, in der sich Menschen um ihn herum befanden. Er zeigte ihnen die Steine aus seinem Beutel und erzählte ihnen die Geschichte des Mannes und die Symbole in der Höhle. „Einige von ihnen sind wütend. Sie glauben nicht, dass es wahr ist. Sie wissen nicht, was es bedeutet. Es ist anders. Sie denken, dass ich ein verrückter alter Mann bin. Dass ich zu lange auf dem Berg war. Das ich mir meinen Kopf zu kräftig gestoßen habe. Sie denken, ich mache den Kindern Angst. Aber ich fange an, die Dinge zu verstehen, und ich muss einfach darüber mit jemanden sprechen. Es ist wie Magie und sie denken es ist etwas, vor dem man Angst haben muss. Einige von ihnen möchten zuhören."

Es gab eine junge Frau, die ihm zuhörte und ihm Glauben schenkte. Sie fragte ihn immer wieder danach und wollte dorthin gehen, aber sie hatte zu viel Angst. Sie war bei ihm, als er in einer der Höhlen mit den Steinen an seiner Seite starb. Nachdem er gestorben war, bat ich ihn, von geistiger Seite zu beschreiben, welche Lektion er gelernt hatte. „Ich musste herausfinden, was sich auf der anderen Seite dieses Berges befand. Ich habe dort jemanden gefunden, der Wissen besaß. Ich habe Wissen über alles andere gestellt." Er ist bereit gewesen, ins Unbekannte zu gehen, um es zu finden, selbst wenn ihm niemand glaubte. Als ich das Unterbewusstsein zur Beantwortung von Fragen hervorholte, wurde dies weiter ausgeführt. „Die Suche nach Wissen ist das Wichtigste. Es ist nicht die Antwort auf das was Gail sucht. Es ist nur die Reise. Es ist die Erfahrung. Sie muss jetzt das Wissen nutzen. Das Wissen ist nicht woanders. Sie hat dieses Wissen schon."

Ich wollte wissen, welche Art von Wissen sie verwenden sollte, denn eine ihrer Fragen bezog sich auf ihren Zweck in diesem Leben. „Wir sehen, wie dieses Licht mit verschiedenen Farben, unterschiedlichen Frequenzen und Schwingungsniveaus verwendet wird, um den Körper zu heilen. „Sie nutzt das Licht der verschiedenen Farben, Frequenzen und Schwingungsniveaus, um den Körper zu heilen. Das Licht wird durch Steine zu ihr kommen, blaue Steine. Sie wird den Weg kennen, den es gilt zu folgen. Es wird Anweisungen geben. Es werden Informationen sein, die vom Licht kommen werden. Wir sehen, dass dies aus anderen Realitäten kommt. Sie wird nach innen gehen müssen, und dann wird es Anweisungen geben wie man das Licht und die Farben benutzt."

Natürlich wollte ich wissen, was sie in der Höhle auf dem Berg gesehen hat. „Die Wesen waren von einem anderen Sonnensystem. (Sie hatte Schwierigkeiten mit dem Wort.) Der Weg, wie sie kommunizierten, war durch das Bewusstsein. Nicht durch den physischen Klang, und auf dieselbe Weise werden diese neuen Informationen einfließen."

Ich fragte: „Wenn das Wesen von einem anderen Ort war, was tat er dort in der Höhle, in unserer Welt?"

„Es ist schwer zu beschreiben. Es ist sehr dünn ... es ist wie eine Wand oder ein Schleier, der die beiden voneinander trennt, auch wenn sie weit voneinander entfernt sind. Er war dort mit den Symbolen, um sie weiterzugeben. Es war die gleiche Zeit, Andererseits aber war es nicht die gleiche Zeit. Dieser Körper hatte damals nicht das Bewusstsein, das zu verstehen. Das Wissen wurde weitergegeben, und sie hat es immer noch."

Ich fragte: „der Mann sagte, er muss sich lange Zeit in dieser Höhle befunden haben. Ist das richtig?"

„Auf seine Art die Zeit zu messen, ja. Das andere Wesen kehrte zu seiner Zeit und seinem Ort zurück."

„Wie konnte er am Leben bleiben, wenn er nichts konsumierte?"

„Es gab keine Notwendigkeit. Sein physischer Körper wurde von der Energie versorgt."

„Er hatte das Gefühl, dass er gealtert war, als er wieder den Berg hinunterkam."

„In seiner Art der Zeitmessung, ja."

Er war im Laufe der Zeit in einen Zustand unterbrochener Animation versetzt worden. Doch sein physischer Körper alterte weiter." „Was war in dieser Zeit passiert?"

"Sein Geist war sozusagen offen, damit diese Symbole eingefügt werden konnten. Obwohl er es vielleicht nicht mit seinen physischen Augen gesehen hat. Es wurde eingepflanzt, sodass es nur in sein Bewusstsein eingespeichert war. Er brauchte es nicht in diesem Leben. Ihm fehlten die geistigen Fähigkeiten. Die Informationen sind seit vielen Jahren vorhanden, aber sie wurden unterdrückt. Und es ist jetzt an der Zeit, dass sie wieder herauskommen. Deshalb wurde ihr dieses Leben gezeigt."

Ich wollte auch etwas über das Ereignis erfahren, das sich ereignet hatte, als er aus der Höhle kam. „Es war Energie von der Erde.

Energien von der Erde, die in diesem Leben genutzt werden können. Es war wie ein Vulkan, aber er hatte das noch nie zuvor gesehen. Er hat es nicht verstanden. Die Erde ist lebende Energie und hat ihre eigenen Energien. Das kam heraus."

Dies war ein weiterer Fall von Erinnerungen aus einem vergangenen Leben, die wieder erweckt worden sind, um heilendes Wissen in diese Zeit zu bringen. Ich habe viele UFO- bzw. E.T.-Vorkommnisse untersucht, bei denen Symbole auf zellulärer Ebene im Gehirn platziert worden sind. Dies sind Informationen, die zu einem späteren Zeitpunkt verwendet werden sollen, wenn sie aktiviert worden sind. Dies ist auch der Zweck der Kornkreise, die Informationen, die im Symbol enthalten sind, freizugeben und in den Verstand jedes Menschen zu implantieren, der das Symbol im Korn sieht. Es ist eine Sprache, die vom Unterbewusstsein perfekt verstanden wird.

* * *

Diese getrennten Begegnungen mit Menschen, die über extreme Kenntnisse und Weisheit verfügten, unterschieden sich in der Vergangenheit. Sie zeigen jedoch, dass der Zugang zu solchem Wissen möglich ist und viele Male erreicht wurde. In jedem Fall veränderte der extreme Glaube ihr Leben. Wie viele von uns haben auch so gelebt und das Wissen und die Informationen in unserem Unterbewusstsein vergraben? Die Zahl muss immens sein, denn wir müssen jede nur erdenkliche Art von Leben und jede Art von Situation erfahren, bevor wir Vollkommenheit erreichen und schließlich frequenziell aufsteigen.

Abschnitt 5

ANDERE PLANETEN

KAPITEL 17

LEBEN AUF ANDEREN PLANETEN

Dies war eine weitere Demonstrationssitzung für meine Hypnose-Klasse im Jahr 2003. Wie bei der letzten Stunde ließ ich die Schüler ihre Namen in eine Kiste werfen und wählte denjenigen aus, den ich am nächsten Tag hypnotisieren würde. Ich habe Margaret ausgesucht. Ich bat sie, eine Liste mit Fragen zu schreiben, die ich in Trance stellen sollte. Da dies der letzte Tag des Unterrichts war, wählten wir das Zimmer eines der Schüler, der über Nacht blieb, weil die meisten von uns unsere Zimmer abgeben mussten. Wir waren zwölf und wir drängten uns alle in das kleine Hotelzimmer. Ich saß in der Ecke bei einem kleinen Tisch neben dem Bett und hatte kaum genug Platz, um mich umzudrehen. Alle Schüler standen um das Bett herum. Einige hatten Stühle aus dem Klassenzimmer mitgebracht, andere saßen auf dem Boden. Viele hatten Notizbücher und machten sich Notizen. Nach der Sitzung erzählte Margaret uns eine lustige Begebenheit. Sie sagte, sie konnte das schreiben und die Kratzgeräusche hören. Sie hätte noch nie so viel schreiben gehört und befürchtet, dass der Lärm sie ablenken würde und sie daran hindern könnte, in den tiefen Zustand zu kommen. Überraschenderweise geriet sie sofort in tiefe Trance und hörte keine Geräusche mehr. Als sie nach der Sitzung aufwachte, erinnerte sie sich an nichts, und wir mussten sie alle darüber informieren, was passiert ist. Die Sitzung war wieder ungewöhnlich, aber nicht so merkwürdig wie die von Estelle während des Unterrichts im Jahr 2002. Ich hätte diese gerne weiter erforscht, aber da ich meine Technik demonstrieren wollte, versuchte ich, sie kurz zu halten.

Als ich dieses Mal begann, erinnerte ich mich daran, die Einführung aufzunehmen, so haben die Studenten eine Aufzeichnung, wie es gemacht wird. Margaret kam von der Wolke in eine sehr öde, einsame Landschaft. Keine Vegetation, nur Schmutz mit ein paar Felsen. Es war eine sehr unwirtliche Umgebung. Sie bemerkte ein paar große Leute in der Nähe, die in Sandalen und beigefarbenen Gewändern gekleidet waren. Sie sah sich als, der auch so gekleidet war und das Gewand mit einer Schnur um die Taille gesichert hatte. Als ich fragte, ob sie in der Nähe lebte, konnte sie keinerlei Strukturen sehen, nur die unwirtliche Landschaft. Dann war sie überrascht: „Es gibt ein Loch im Boden", sagte sie. „Es geht in den Boden. Dort gehen wir hinunter." Als sie zu ihm ging, bemerkte sie, dass eine Leiter in das Loch hinunterging, und sie wusste, dass sie hineingehen konnte, wenn sie wollte.

Als sie die Leiter hinunterstieg, sah sie, dass viele Menschen in sehr einfacher Existenz unter der Erde lebten. Eine Frau kochte über einem offenen Feuer.

M: Es ist ein großer Raum. Es ist der Eingang zu den Durchgängen und zu den Fluren. Und hier wohnen die Menschen.
D: Warum lebst du unter der Erde?
M: Es gibt nichts darüber.
D: Könntest du nicht dort oben ein Haus bauen?
M: Es ist nicht nötig, dort etwas aufzubauen, denn alles, was wir brauchen, ist darunter. Da oben ist nichts.

Als ich fragte, woher das Essen und die Vorräte kamen, war er verwirrt und konnte es mir nicht sagen. Anscheinend stellte er es nicht in Frage. Sie wurden mit dem versorgt, was sie zum Leben brauchen. Sie lebten dort unten zusammen, hatten aber individuelle Räume. Er teilte seinen mit seiner Frau. Es war sehr einfach. Es gab viele Leute und auch Kinder.

M: Es gibt viel Schmutz. Hier ist ein Tunnel. Überall Feuer, es ist sehr hell.

D: *Sind die Feuer auf dem Boden?*
M: Nein, sie sind an den Seiten. In den Wänden. Sie haben etwas gegraben. Ich denke ein kleines Loch dafür.
D: *Hast du schon immer unter der Erde gelebt? (ja) Niemand hat jemals über der Erde gelebt?*
M: (streng) Nein, nein! Wir leben nicht oben. Nein, nein!

Anscheinend haben sie es nicht in Frage gestellt. Es war völlig natürlich für sie, so zu leben. Sie hatten alles, was sie brauchten, um unter der Erde zu existieren. Ich fragte, was sein Beruf sei. Was macht er für die Gemeinschaft?

M: Ich schaue! Ich gehe über die Erde und schaue zu. Ich beschütze. Ich sehe. Ich bin eine Wache.
D: *Musst du da oben über der Öffnung stehen? (Betont: ja!) Worauf achtest du?*
M: Maschinen
D: *(Das war eine ungewöhnliche Antwort.) Besteht eine Gefahr?*
M: Es scheint jetzt keine Gefahr zu sein. Es ist mehr zur Vorbeugung.
D: *Was für Maschinen? (Sie war unsicher.) Wie sehen sie aus?*
M: Das kommt darauf an. Es gibt verschiedene Arten. Einige von ihnen sind klein und fliegen über die Oberfläche. Sie bewegen sich sehr schnell. Sie sind klein und rund.

Dies klang nicht wie eine Erdumgebung, es sei denn Margaret war in ein zukünftiges Leben gegangen.

D: *Was machst du, wenn du eine dieser Maschinen siehst?*
M: Wir gehen runter. Wir gehen immer runter.
D: *Aber sie sind nicht sehr groß. Du sagst, sie fliegen einfach über die Oberfläche?*
M: Die kleinen Maschinen fliegen nahe an der Oberfläche.
D: *Was ist mit den anderen Maschinen? Wie sehen die aus?*
M: Einige von ihnen sind sehr groß und sehr ... gemein. Ich weiß nicht, warum sie vorbeikommen, aber manchmal tun sie es.
D: Kannst du beschreiben, wie eine davon aussieht?
M: Ja, zwei Beine, und oben können sie sehen. Sie kommen vorbei und sie können sehen.
D: *Sieht es aus wie einer von euch? Wie eine Person.*

M: (betont) Nein, nein! Es hat Metallbeine. Es hat keine Arme.
D: *Läuft es?*
M: Ja, es ist sehr umständlich. Wir haben am meisten Angst vor denen. (lange Pause) Sie suchen nach Löchern im Boden. Sie kommen vorbei und scannen.
D: *Was tun sie, wenn sie ein Loch finden?*
M: Sie würden jemanden mitnehmen. Die anderen Maschinen nehmen niemanden mit.

Seine Aufgabe war es, nach diesen seltsamen Maschinen Ausschau zu halten und die Menschen zu warnen, wenn sie kommen. Er wechselte sich mit anderen in dieser Aufgabe ab. Er wusste nicht, was mit den Leuten geschah, die sie mitnahmen. Sie haben sie einfach nie wieder gesehen. Ich beschloss, Margaret an einen wichtigen Tag zu bringen. Sie wurde sehr emotional, als sie dazu kam.

M: Ich habe Angst. (zögern) Sie ... haben uns gefunden. Und sie nehmen ... (emotional) sie nehmen die Leute mit. Und ich versuche, meine Familie zu schützen. (Emotional, schnelleres atmen.) Alle geraten in Panik.
D: *Ich dachte, du bist dort unten sicher. Sie können in das Loch runterkommen?*
M: Nein, sie kommen nicht in das Loch, aber sie erreichen uns. Es ist, als müssten sie nicht physisch runterkommen. Sie saugen uns durch das Loch auf. (Das hat sie gestört.) Wir haben Durchgänge, um uns der Gefahr zu entziehen. Es geht tiefer. Wir nehmen unsere Familien und wir bringen sie tiefer. Tiefer in ... den Planeten. In den Boden. Wir haben Durchgänge, die tiefer gehen.
D: *Hast du irgendwelche Waffen, die du benutzen könntest?*
M: Nein, wir können nichts dagegen tun.
D: *Also musst du einfach rennen. Nur so kannst du dem entkommen? (ja) Du sagst, es wäre, als würde man euch aussaugen. Ist es das, was du gesehen hast? (Ja, wieder emotional.) Sind sie zum ersten Mal dort hingekommen? (ja)*

Da Margaret nicht viele Informationen freiwillig zur Verfügung stellte, habe ich versucht, an Fragen zu denken, die unbedingt gestellt werden sollten. Angst überwältigte ihren Wunsch, mit mir zu sprechen. Dies war ein merkwürdiger Rückschritt für eine

Demonstration, und die Schüler saßen unbeweglich da und hörten jedem Wort zu. Ich bin es gewohnt, solche seltsamen Sitzungen zu haben, aber sie hatten so etwas in ihren Praxen noch nicht erlebt. Das aber ist die ganze Motivation, eine Klasse zu haben, um ihnen zu zeigen, dass das Seltsame und Ungewöhnliche mit meiner Technik möglich ist. Auf diese Weise würden sie wissen, ob und wann es kontrolliert werden kann und der Klient sich nicht in Gefahr befindet. Das Unterbewusstsein ließ die Geschichte aus einem Grund entstehen, der Margaret zugutekommen würde. Ich musste herausfinden, was dieser Grund war.

Die meisten Leute konnten der fremden „Plünderer-Maschine" entkommen. Ich brachte Margaret dann weiter an einen anderen wichtigen Tag vor. Wenn sie sich eine merkwürdige Geschichte ausgedacht hätte, um uns zu beeindrucken, hätte sie wahrscheinlich mit der erschreckenden Maschine weitergemacht. Stattdessen ging sie zu einer ganz normalen Szene.

M: Mein Sohn bereitet sich auf die Abreise vor. Er geht jetzt hier weg ... für immer.
D: *Ich dachte, du müsstest dort bleiben.*
M: Er bleibt nicht. Er wird woanders dienen. Er bereitet seine Taschen vor. Er ist sehr stolz. Manchmal gehen die Jungs woanders hin. Sie werden genommen und gehen an andere Orte. Auf verschiedenen Wegen. Nicht jeder bleibt hier unten.
D: *Hast du diese Orte schon einmal gesehen? (nein) Wie fühlst du dich, wenn dein Sohn weggeht?*
M: Es ist gut. Er ist ein kräftiger Junge, sehr robust. Er ist sehr groß. Und er ist sehr stark. Die Stärkeren gehen an andere Orte. Es ist nicht traurig. Es ist schwer, aber ich bin stolz auf ihn.

Ich brachte ihn vor zu einem anderen wichtigen Tag. Er wurde für jahrelange treue Dienste geehrt. Er war jetzt älter und musste nicht mehr arbeiten. Es sei jetzt Zeit in sich zu gehen, eine Zeit zum Nachdenken, sagte er.

Ich war mir nicht sicher, was ich aufgrund dieser seltsamen Regression erwarten sollte. Es war kein gewaltsamer Tod durch die fremde Maschine, es war ein ganz normaler, gewöhnlicher Tod in seinem Bett in den unterirdischen Räumen. Er sagte, er sei alt und sein Herz habe ihm Probleme gemacht. Margaret zeigte körperliche Empfindungen, daher musste ich Vorschläge machen, um diese zu beseitigen.

M: Ich habe viele Bücher geschrieben, die hier bei mir liegen. Ich bin sehr stolz.
D: Worum ging es in den Büchern?
M: Philosophie, Spiritualität, viele Leute lesen meine Bücher. Es sind eine ganze Menge Bücher.
D: Das ist gut. Du denkst gerne nach. Du hast das Wissen weitergegeben.

Ich brachte ihn dann nach seinem Tod in das Geisterreich. Aus dieser Perspektive würde er in der Lage sein, die gesamte Lebensdauer zu sehen, nicht nur die kleinen Teile, die wir erfahren hatten. Es sei ihre Gewohnheit, erläuterte er, den Körper nach dem Tod zu verbrennen. Dies wurde auch in der unterirdischen Umgebung durchgeführt, so dass es viele Bereiche innerhalb des Tunnelkomplexes geben musste. Ich fragte, was er aus dieser merkwürdigen Lebensdauer gelernt habe. Aus meiner Sicht sowieso seltsam.

M: Service, Service mit meiner Arbeit und Service mit meinen Büchern. Und die Bedeutung der Selbstbeobachtung.
D: Du meinst nachdenken?
M: Ja, das habe ich viel gemacht.

Ich entfernte sie von der Szene und brachte sie in die Gegenwart. Ich ersetzte seine Persönlichkeit wieder mit Margarets Persönlichkeit, damit ich das Unterbewusstsein hervorbringen konnte, um die Gründe für diese merkwürdige Sitzung zu finden.

D: Warum hast du dieses Leben für Margaret gewählt?
M: Demut. Sie führte ein Leben der Bewachung und des Dienstes, aber sie war nicht sehr demütig. Sie musste lernen, demütig zu sein.
D: Sie war stolz (ja) Das wussten wir nicht. Sie leistete gute Arbeit bei ihrer Tätigkeit, aber sie war nicht demütig. (ja) Das war ein

seltsames Leben. *War es auf der Erde? (nein) Kannst du uns einen Hinweis geben, wo es war?*
M: Orion
D: *Warum war es dort so unfruchtbar?*
M: Auf der Oberfläche dieses Planeten gibt es kein Leben.
D: *Haben sie deshalb im Untergrund gelebt? (ja) Woher haben sie ihre Nahrung bekommen?*
M: Es wurde ihnen gebracht. Ihre Freunde in der Nähe brachten das Essen regelmäßig mit. Es war im Austausch für Materialien auf dem Planeten. Sie brachten Essen und nahmen dafür viel Material mit.
D: *Natürlich schien sie nicht zu wissen, woher das Essen kam.*
M: Nein, es war zu Lande. Die meisten Leute arbeiteten nicht innerhalb des Planeten. Es wurde ihnen zur Verfügung gestellt.
D: *Die Leute, die unter der Erde lebten, schienen nicht sehr anspruchsvoll zu sein. Sie verfügten nicht über viel Technologie, oder?*
M: Nein, sie waren eine sehr fröhliche, unbeschwerte und freundliche Gruppe.
D: *Was waren das für merkwürdige Maschinen?*
M: Sie kamen von der zentralen Basis.

Anscheinend war der Ort, an dem der Mann lebte, ein Außenposten, zum Reisen hatten sie keinen Grund oder auch nicht die Fähigkeit.

D: *Was waren die kleinen Flugmaschinen, die sie sah?*
M: Auf Patrouille, auf Patrouille gehen. Um zu sehen, was sie finden können.
D: *Die mit den Metallbeinen, was ist das?*
M: Aasfresser, sie gehen herum, suchen nach den Löchern und nehmen, was sie finden können ... an Energien.
D: *Was machen sie mit den Leuten, wenn sie sie gefunden haben?*
M: Verwenden, sie verwenden sie als Brennstoff.
D: *Kraftstoff? Meinst du Kraftstoff?*
M: Sie verbrennen sie als Brennstoff auf der zentralen Basis.
D: *So wird die Basis betrieben, oder was?*
M: Ja, von Lebewesen. Lebewesen, die sie unterirdisch finden können. Es gibt nichts anderes. Sie müssen etwas als Brennstoff verwenden.

Das war sicherlich ein grausiges geistiges Bild.

D: *Sie sagte, es wäre fast so, als würde man sie aussaugen.*
M: Ja, es gibt eine Kombination zwischen dem physischen herausziehen und dem auffüllen ihrer Energie. Es ist eher so, als würden sie ausgesaugt.
D: *Dann bringen sie sie zur Basis zurück und verwenden sie als Brennstoff, um die Stadt mit Strom zu versorgen?*
M: Es gibt keine Stadt, wie du dir eine Stadt vorstellst. Es sind eher Maschinen, größere Maschinen. Alles ist Mechanisiert.
D: *Welchen Zusammenhang hat das jetzt mit Margarets Leben?*
M: Sie muss eine Lektion der Demut lernen. Anderen zu dienen, das ist ihr großes Ziel. Sie hat das Gefühl anderen Menschen zu helfen. Es ist fast so, als wäre es manchmal unersättlich.
D: *Aber ist das ihr Zweck? Denn das ist eine der Fragen, die sie stellen wollte.*
M: Ja, ganz sicher. Sie tut das Richtige. Sie hat so viele Ängste und Sorgen. Und sie lässt einfach nicht los.

* * *

Dies ist wie ein roter Faden, der die meisten meiner Regressionen durchläuft, auch wenn dies das letzte ist, was der Klient weiß. Das Unterbewusstsein züchtigt sie immer, weil sie hier sind, um etwas zu tun (normalerweise, um anderen irgendwie zu helfen), und sie sind in die alltäglichen Dinge des Lebens verwickelt. Dies hat sie veranlasst zu vergessen, was sie eigentlich tun wollten. Ich habe noch nie erlebt, dass das Unterbewusstsein gesagt hat, dass die Person nur hier ist, um zu leben, zu spielen, eine Familie und eine weltliche Existenz zu haben. Ihnen wird immer gesagt, dass sie aus einem bestimmten Grund hier sind, und dieser Zweck soll im Leben anderer Menschen einen Unterschied machen. Es ist erstaunlich, dass dies ein ziemlich allgemeines Thema ist, jedoch dem Bewusstsein völlig unbekannt. Es scheint, dass die Person, sobald sie hier ist und erwachsen wird, vom irdischen „Hamsterrad" erfasst wird. Die Unwirklichkeit all dessen wird zu ihrer Realität, und egal wie hoch gesinnt sie auch erscheinen mögen, den wahren Grund für die Inkarnation verlieren sie aus den Augen. Es bleibt zu hoffen, dass sie noch rechtzeitig den tieferen und wirklichen Sinn ihres irdisches Daseins entdecken und daran arbeiten, bevor sie ihrem Lebensende zu nahe kommen und es dann zu spät ist, um ihr Ziel noch zu erreichen. In diesem Fall besteht die einzige Lösung darin, zurückzukehren und es noch einmal zu versuchen.

Ich fuhr mit ihren Fragen fort, die sich meistens mit ihrem persönlichen Leben befassten. Ihrer beruflichen Tätigkeit und der Stadt, in der sie lebte.

Nachdem Margaret aufgewacht war, schaltete ich das Tonbandgerät wieder ein, um einige ihrer Erinnerungen an die Sitzung aufzunehmen.

M: Wir gingen den Durchgang hinunter. Ich habe den inneren Durchgang sehr deutlich gesehen. Es gab wie Brücken unter der Erde. Lange Schmutzbrücken. Es war sehr hohl. Ich sah lange Schlangen von Leuten.

Anscheinend war das alles, woran sie sich erinnerte, nur die Szenen am Anfang. Das ist typisch und daran erinnern sich die meisten Menschen. Die Schüler erzählten ihr von den Dingen, die sie sagte, insbesondere den Teilen, die aus dem Unterbewusstsein kamen. Vieles davon war persönlich und ich habe es hier nicht aufgenommen. Sie hatte keine Erinnerung an diese Teile. Sie war sehr erstaunt über ihre Enthüllungen über sich selbst.

* * *

In einem anderen Fall reiste Ende 2004 eine Frau zu einem anderen Planeten, auf dem die Bewohner eine humanoide Körperform hatten, die aber definitiv nicht menschlich war. Sie alle sahen sich einander ähnlich, weil sie Verkleidungen trugen, die ihren ganzen Körper mit einem hautengen Material umhüllten. Das einzige, was davon nicht bedeckt war, war ihr Gesicht. Es wurde jedoch von einem Gerät verdeckt, welches als Beatmungsgerät diente. Auf diesem Planeten brauchten sie weder Nahrung noch Schlaf. Das Wesen reiste in einem kleinen Einmannschiff zu anderen Planeten und Asteroiden und sammelte Bodenproben. Diese brachte er auf den Heimatplaneten mit und sie wurden analysiert. Die Aufgabe bestand darin, zu sehen, ob der Planet, den er besuchte, das Leben unterstützen konnte. Dann wurde der Rest des Prozedere von anderen erledigt. Er starb schließlich, als sein Atemgerät nicht richtig funktionierte. Alle diese Fälle in diesem Abschnitt zeigen, dass es auf anderen Planeten so viele möglichen Szenarien für das Leben gibt, wie Sterne am Himmel. Sie übersteigen unsere Vorstellungskraft.

KAPITEL 18

DER PLANET MIT DER LILA SONNE

Diese Sitzung war eine der ersten, die ich nach der Eröffnung meines Büros in Huntsville, Arkansas, kurz nach Weihnachten 2003 abgehalten habe. Das neue Büro funktionierte sehr gut, und es sprach einiges dafür, dass Energie für wirklich kraftvolle Sitzungen gegenwärtig war. Jede Person, die bisher in das neue Büro gekommen war, schien eine eigene einzigartige Schwingung mitgebracht zu haben. Meine Klienten sagen, dass sie dort eine sehr positive Energie verspüren.

Während dieser Sitzung mit Molly, verwandelte sie sich buchstäblich in eine andere Persönlichkeit.

Als Molly aus der Wolke stieg, sah sie nur noch lila und grün. Das passiert manchmal und ich muss die Person normalerweise nur durch die Farben bewegen, um zu einer Szene zu kommen. Diesmal erwiesen sich die Farben als etwas anderes, zu erwarten war das nicht. Sie sah nur Dunkelheit, wobei die Farben das einzige Licht gaben. Nach einigen Minuten wurde ihr endlich klar, dass sie sich in einer Höhle befand. Dies war der Grund, warum es dunkel war und schwer, außer den Farben, etwas zu sehen.

M: Ja, ich bin in einer Höhle, oben gibt es Lichter. Ich bin unten und an der Decke der Höhle kann ich Reflexionen sehen, reflektierendes Licht. Es gibt kein Feuer. Es gibt kein Licht. Nur diese leuchtenden Reflexionen an der Decke.

D: Ich frage mich, woran das liegt?

M: Kristalle, Amethysten so groß wie Geoden. Und je tiefer ich gehe, desto tiefer wird die Farbe. Sie reflektieren oben an der Decke. (Ihre Stimme klang fast kindlich.) Ich lege mich auf den Boden der Höhle und schaue nach oben. Sandig, ich lege mich auf etwas sandiges und schaue zur Decke hoch. Ähm, hier muss irgendwo das Licht reflektiert werden. Ich mag es genau hier. Es ist wie meine eigene Aurora Boreales im Inneren.

D: Bist du allein?

M: Ich denke schon. Es fühlt sich an, als wäre ich allein.

D: Was für Kleidung hast du an? Wie fühlt es sich an?

M: (Sie rieb sich die Hände über der Brust und versuchte, die Kleidung zu fühlen.) Pelzig, (sie lachte) pelzig, pelzig, ja. (Sie rieb weiter über ihre Oberschenkel und lächelte.)

D: Bedeckt es deinen ganzen Körper?

M: Das kann ich nicht sehen. Es ist dunkel. Es reicht nur bis hier und bis hierher. (Sie legte ihre Hände an Brust und Oberschenkel.)

D: Deine Brust und deine Taille?

M: Torso, nicht an meinen Armen.

D: Bist du ein Mann oder eine Frau?

M: Ich bin männlich. Ich fühle mich ziemlich groß. (Sie bewegte sich, als wäre sie stolz auf ihren Körper. Sie genoss es, in diesem Körper zu sein.)

D: Bist du jung oder alt? (Pause) Wie fühlt es sich an?

M: Fünfzehn Sommer.

D: Oh, du bist also noch jung.

M: Ich habe eine Familie. Ich habe Verantwortlichkeiten.

Sie wurde definitiv die andere Persönlichkeit. Ihre Stimme und Sprechweise waren sehr einfach. Ich nahm an, dass sie eine Art gebürtige oder primitive Person war.

D: Wenn du männlich bist, hast du einen Bart? (Sie spürte ihr Gesicht und Kinn.) Was fühlst du dort?

M: Pelzig, dieses (Gesichtshaar) ist gröber als diese (Körperpelzkleidung).

D: Aber du hast Verantwortung. Du hast schon eine Familie. (ja) Hast du Kinder? (ja) Und eine Frau?
M: (Sie zögerte, als wäre das Wort unbekannt.) Ich habe eine Frau.
D: Lebst du in dieser Höhle?

Er klang sicherlich wie ein Höhlenmensch, aber ich wurde überrascht.

M: Nein, ich habe sie gefunden. Ich folgte einem Tier hierher. Und nur hier kann ich die Farben betrachten. Seit meiner Kindheit weiß ich davon. Aber ich erzähle es nicht jedem. Sie gehört mir. (Sie lachte selbstgefällig.)
D: Du willst nicht, dass sie sie finden.
M: Nein, wenn ich muss, werde ich mit ihnen teilen. Aber ich muss ja nicht. Wir haben andere Unterkünfte. Ich werde das eine Weile für mich behalten. Hier ist es friedlich. Meine Arbeit ist getan. Ich kann mich hier entspannen.
D: Was für eine Arbeit machst du?
M: Ähm, ich denke, ich säe Dinge. Ich grabe in der Erde und säe Dinge. Was ich ernte, tausche ich für andere Dinge. Wir haben Jäger und Züchter. Und ich passe in die Gruppe der Züchter hinein, weil ich nicht jagen kann.
D: Jeder hat etwas, was er tun kann. Du hast deine Spezialität. (ja) Gibt es viele in deiner Gruppe? (Pause) Weil ich davon ausgehe, dass es sich nicht nur um dich, deine Frau und deine Kinder handelt.
M: Da gibt es ... ich zähle. Fünfzehn, wir sind eine ziemlich gute Gruppengröße.
D: Seid ihr alles Familie? Bist du mit allen verwandt?
M: (Sie dachte nach.) Nein, wir sind eine Gruppe.
D: Lebst du in der Nähe dieser Höhle?
M: Es ist ... einen halben Tag von meinem Wohnort entfernt.
D: Sorgt sich die Gruppe nicht um dich, wenn du so lange weg bist?
M: Sie glauben, ich bin auf der Suche.
D: Gehen deine Leute auch auf Suche?
M: Es gibt Männer, die das tun.
D: Worauf achten sie, wenn sie auf die Suche gehen?
M: Drachen, ich suche für die Gruppe. Die Männer, die auf Suche gehen, werden zur Jagd geleitet. Wenn ich auf die Suche gehe, muss ich herausfinden, was für die Gruppe benötigt wird.

In Analogie zu anderen primitiven Kulturen, wie in meinem Buch „Das Vermächtnis der Sterne" beschrieben, wo sie sich auf Instinkte verlassen, um Tiere zu finden und ähnliches mehr.

D: *Du hast auch gesagt, dass du mit anderen handelst.*
M: Meistens um zu überleben, tausche ich innerhalb meiner Gruppe. Einmal im Jahr gehen wir auch zu einem Treffen um Waren zu tauschen.
D: *Es klingt, als bist du dort glücklich, oder? (keine Antwort) Weißt du, was das bedeutet? (nein) Es bedeutet, dass du gerne dort lebst?*
M: Ja, ich lebe gerne dort. Wir sind gut aufgehoben. (Wörter wurden immer schwieriger.) Wir haben Schutz. Wir haben Wasser. Wir haben Essen. Und wir haben was wir brauchen. Ist das glücklich?
D: *Ja, ich denke schon. Du würdest nichts ändern. Wenn du nichts anderes willst, bist du zufrieden. Du bist glücklich.*
M: Ja, glücklich. Wenn wir zur Gruppenversammlung gehen, nehmen wir dort Änderungen vor. Wir erfahren, was andere Gruppen machen, und wenn uns etwas gefällt, bringen wir es mit uns zurück. Wir können verschiedene Werkzeuge tauschen und erwerben und Dinge, die wir benötigen, um unser Leben angenehmer zu gestalten.
D: *Du teilst dort Wissen und Informationen. Das ist sehr gut. Wo du wohnst, ist es dort kalt oder heiß?*
M: Es ist warm. Es ist sehr ... (hat Schwierigkeiten, das Wort zu finden) angenehm und warm. Was ist das? (Hat Schwierigkeiten mit der Reihenfolge der Wörter.) Ein Regenschauer kommt manchmal, wo wir eine zusätzliche Haut oder Decke brauchen, aber nicht für sehr lange.
D: *Dann ist das ein guter Ort zum Leben. Und du hast alles was du brauchst.*
M: (unerwartet) Wir haben eine violette Sonne!
D: *Eine violette Sonne?*

Dies war eine unerwartete Wendung. Der erste Hinweis darauf, dass dies kein einfaches primitives Leben war.

M: Wir haben eine violette Sonne. Die Sonne da oben ist lila.

D: Lila, das ist eine seltsame Farbe würde ich denken.
M: Ich weiß es nicht. Es ist lila. (Ich lachte.)
D: Nun, wo ich wohne, ist sie gelb oder orange.
M: Das ist eine seltsame Sache. Meine ist lila.
D: Ähm, welche Farbe hat der Himmel?
M: Er ist ... irgendwie ... lila. (Als ob sie es studierte.) (lachen) Verschiedene violette Schattierungen.
D: Der Himmel ist also auch lila? (ja) Scheint die Sonne die ganze Zeit, Tag und Nacht?
M: (Pause) Ich weiß nicht Tag und Nacht.
D: Wird es draußen immer dunkel?
M: Nicht außerhalb, nein. Hier wird es dunkel (in der Höhle), aber nicht außerhalb.
D: Weil du weißt, wenn es dunkel ist, ist es schwer die Umgebung zu erkennen. (ja) Aber wenn du draußen bist, meinst du, dass die Sonne die ganze Zeit scheint?
M: Es sei denn, ich schließe die Augen. Aber ja, es kommt nicht in die Höhle. Draußen bleibt es gleich, mit verschiedenen Farbnuancen.
D: Oh, denn wo ich lebe, wird es manchmal sehr dunkel, wenn die Sonne verschwindet.
M: Draußen? Deine Sonne geht weg?

Sie zeigte sichtlich echte Überraschung.

D: Ja (oh!) und sie kommt trotzdem zurück.
M: Wo geht sie denn hin?
D: Oh, sie geht eine Weile weg und schläft ein, und dann kommt sie zurück.

Wenn ich mit jemandem rede, der anscheinend primitiv ist, muss ich eine Terminologie verwenden, von der ich annehme, dass sie verstanden wird. Man sollte es nicht zu kompliziert machen.

D: Das bereitet uns keine Sorgen. Aber wenn sie schlafen geht, wird die ganze Welt dunkel. Also hast du es nicht so?
M: Nein, es ist sehr Lavendel ... wir haben verschiedene Lavendeltöne oder Purpur. Manchmal sind sie hell und manchmal dunkler, aber ich kann immer noch meine Hand sehen. Oder ich kann den Pfad

hinuntergehen. Ich brauche kein künstliches oder anderes Licht, um das zu sehen.
D: *Du brauchst kein Feuer oder so?* (nein) *Weißt du was „Feuer" ist?*
M: Nun, ich brauche es nicht, also glaube ich nicht.

Wie erklärt man etwas so grundlegendes und einfaches?

D: *Kochst du dein Essen?*
M: Essen kochen? Nein, wir pflücken das Essen. Und wir graben es aus. Wir haben Möglichkeiten, unser Essen zuzubereiten. Es gibt diese Steine, die sehr, sehr heiß sind. Und wir stellen unsere Lebensmittel in Behälter und legen sie an den Felsen, bis sie fertig sind.
D: *Nun, ein Feuer wäre sehr heiß, wie Flammen. Und du kannst es sehen. Also hast du das nicht.*
M: Nein, wir haben heiße Steine. Wir haben heißes Wasser und heißen Dampf.
D: *Kommt das aus den Bergen?*
M: Es liegt im Boden. Es ist immer heiß.
D: *Das ist sehr gut.*
M: Ist es? Ja, es ist sehr gut.
D: *Tötest du jemals etwas um es zu essen?*
M: Töten? Indem man sie auf den Kopf schlägt oder in die heißen Felsen treibt?
D: *Nun, Tiere jeglicher Art?*
M: Ja, denn aus diesen Tieren besteht dieses Fell.
D: *Das ist was du trägst.* (ja) *Also tötest du manchmal Tiere?* (ja) *Dann isst du das Fleisch?*
M: Ja, ja, wir benutzen alles dort. Es ist nicht mehr viel übrig, wenn wir fertig sind.
D: *Es gibt also bestimmte Tierarten, die ihr esst?*
M:Ja, sie haben vier Beine.
D: *Benutzt du die Tiere jemals für etwas anderes?*
M:(verwirrt) Nein, wie ... nein.
D: *Nun, manche Leute benutzen Tiere, um Dinge zu tragen und Dinge zu ziehen.*
M: Nein, wenn wir etwas Schweres haben, das woanders hin muss, schauen wir es uns nur an. Es bewegt sich.

D: *(Das war eine Überraschung.) Oh! Das hört sich einfach an.*
M: Ja, und als ich sagte, wir treiben die Tiere zu den heißen Felsen? Wir haben wirklich nur ... (Schwierigkeiten sich zu überlegen, wie sie es erklären soll.) ... bitten sie einfach, das zu tun, und sie tun das. (tiefer Seufzer)
D: *Haben alle Leute in deiner Gruppe diese Fähigkeit? Einfach nur Dinge betrachten und diese Dinge geschehen lassen?*
M: (verwirrt) Ich denke schon. Wir machen es einfach alle. Ja, so ist es, auch das Baby holt sich die Dinge, die es will.
D: *Das kann also auch das Baby. (ja)*

Diese Kreatur klang mit diesen Fähigkeiten so seltsam, ich fragte mich, ob es auch anders aussah als die Menschen.

D: *Ich frage mich wie dein Körper aussieht. Hast du auch ... na ja, du hast keine vier Beine, oder?*
M: Nein, ich habe zwei Beine.
D: *Und zwei Arme?*
M: (Sie hob die Arme vor ihr, um sie zu untersuchen.) Zwei Arme, ja, zwei Arme.
D: *Ich denke, einige dieser Wörter kennst du nicht. Aber das ist in Ordnung. Ich glaube, wir verstehen uns. Wie viele Finger hast du an einer Hand?*
M: (Sie hob die Hand, um es zu untersuchen.) Drei.
D: *Drei Finger. Welche sind das? Kannst du es mir zeigen?*
M: (Sie hielt sie für mich hoch.) Drei, so wie das.

Der kleine Finger fehlte. Dies ist in mehreren Regressionen geschehen, bei denen Menschen Außerirdische waren oder diese sahen. Der kleine Finger fehlt entweder oder ist nur ein unbrauchbarer Stummel.

D: *Hast du einen Daumen, wie wir es nennen?*
M: Wie das? Ja.
D: *Reicht das aus, um die Arbeit zu erledigen?*
M: (Sie lachte. Es schien ihr eine dumme Frage zu sein.) Ja.
D: *(lacht) Alles klar. Aber welche Farbe hat deine Haut?*
M: Schwarz, sie ist sehr dunkel.

D: Und du hast gesagt, du hast einen Bart. Welche Farbe haben deine Haare auf deinem Kopf und dein Bart?
M: Dunkelschwarz, anders dunkel als meine Haut.
D: Hast du Augen, Nase und Mund?
M: (lange Pause) Ich verstehe! Und ich spreche! Und ich esse.
D: Und die Nase ist zum Riechen, nicht wahr?
M: (selbstbewusst) Ich rieche!
D: Du kannst all diese Dinge tun. (ja) Gibt es andere, die anders aussehen oder sich anders kleiden?
M: Wir kleiden uns nach Belieben, aber wir sehen alle gleich aus, ja.

Ich habe nicht nachgedacht, weil das in einer Sitzung wie dieser schwer ist, aber er hat vielleicht „anders als was(?)" gedacht. Weil er wahrscheinlich genauso war wie jeder andere in seiner Kultur. Ich war das andere Element.

D: Wo wohnst du?
M: Ich habe eine Struktur.

Als er die „Struktur" beschrieb, wurde es noch offensichtlicher, dass es sich um keine primitive Gesellschaft handelte, obwohl der Mann einfach zu leben schien.

„Die Struktur ist kuppelförmig und jeder hat seine eigene „Sektion" innerhalb der größeren „Struktur." Es sind Kuppeln innerhalb von Kuppeln." Es gab eine größere zentrale Struktur, in der man sich treffen, essen und sich besuchen konnte. Als ich fragte, aus welchem Material die Strukturen sind, verwirrte es ihn nur noch mehr. Ich fragte nach Holz und er verstand nicht. Ich versuchte Bäume zu beschreiben und es war offensichtlich, dass sie keine solchen Pflanzen hatten. Und wenn, dann wurden sie nicht für den Bau verwandt. „Unsere Pflanzen dienen unserem Essen und der Dekoration. Sie versorgen sowohl unsere Tiere als auch unsere Wesen, unsere Völker." Er sagte, die Strukturen seien ein Polymer. Jetzt war ich an der Reihe, verwirrt zu sein. Dies war ein Wort, mit dem ich nicht vertraut war.

Wörterbuch: Polymer - eine von zwei oder mehr polymeren Verbindungen. Polymer - besteht aus den gleichen chemischen

Elementen in den gleichen Gewichtsanteilen, jedoch mit unterschiedlichem Molekulargewicht. Polymerisation - der Prozess des Verbindens von zwei oder mehr ähnlichen Molekülen, um ein komplexeres Molekül zu bilden, dessen Molekulargewicht ein Vielfaches des Originals ist und dessen physikalische Eigenschaften unterschiedlich sind.

Ich wusste nicht mehr als vorher, nachdem ich nachgesehen hatte. Perplex wäre gelinde ausgedrückt. Ich fragte, ob seine Leute die Struktur gebaut hätten.

„Oh nein. Du schaust dir das Bild an und schaust, wo du es haben willst. Und es ist da."

Er war voller Überraschungen. Er sagte, die Bilder befänden sich in ihren Bibliotheken. „Es gibt kleine Bibliotheken in dieser Struktur, und dann ist da noch die große Hauptbibliothek in dem großen Treffpunkt. Ich sehe sie. Sie sind ... Projektionen (unsicher des Wortes). Wo man in den Raum geht, und man denkt, was man sehen will. Und dann kommen die Projektionen, und man wählt diejenige, die man möchte. Dann wählt man den Ort, an dem man es wünscht, und es ist dort."

D: *(Dies war eine andere und einzigartige Idee.) Die Bilder sind dann immer an der Wand.*
M: Sie sind wie eine Kiste, eine Box. Und sie drehen sich ... schnell. Oder so schnell wie du willst, dass sie sich drehen. (lachen) (Handbewegungen.) Und wenn man dann den Bereich findet, den man betrachten möchte, wird er langsamer. Dann siehst du dir jedes an, bis du das findest, was dir gefällt.
D: *Du kreierst es einfach mit deinem Verstand. (ja) Das ist wunderbar.*
M: Und dann machst du mit dem Inneren, was du willst.
D: *So beschlossen deine Leute, die Strukturen zu einer Kuppelform zu schaffen. (ja) Und sie können sogar das Material erstellen, um es daraus zu erschaffen. (ja) Sie brauchen kein Material, das sie mit ihren Händen herstellen müssen, um dies zu ermöglichen.*
M: Nein, du machst es einfach. Wir machen das schon seit vielen Monaten.

D: Hat dir jemand gezeigt, wie es geht?
M: Das denke ich nicht. Es ist so, als würde man dafür üben. Man übt etwas, wenn man ein Kind ist und dann, wenn sie älter werden, fangen sie an, verschiedene Dinge zu tun. Und schon bald kannst du dir deine eigenen Gedanken machen. Wenn sie eine Unterkunft suchen, können sie ihre eigene Unterkunft herrichten. Einige entscheiden sich dafür, es in kleinen Gruppen zu machen. Andere machen es in großen Gruppen. Einige tun es isoliert, oder wo sie weiter vom Rest der Gruppe getrennt sind.
D: Aber jeder in deiner Gruppe weiß, wie man diese Dinge macht.
M: Ja, wenn meine Kinder größer sind, werden sie das auch machen.
D: Wo gibt es die Städte in denen ihr lebt?
M: Wir gehen zur großen Versammlung. Und das ist viel größer. Hunderte von Leuten kann es dort geben.
D: Weißt du, was eine Stadt ist? (Lange Pause, dann: nein.) Hier gibt es viele, sehr nahe beieinander liegende Strukturen. Und es gibt viele Menschen, die alle am selben Ort leben.
M: Das wäre sehr unangenehm. Wir leben also eher in kleineren Gruppen, um unser Land nicht zu belasten.
D: Ja, das macht wirklich Sinn. Nun, wie reist ihr zu diesen verschiedenen Orten?
M: Wenn wir zu Versammlungen gehen, versammelt sich unsere Gruppe, und wir überlegen uns, wohin wir wollen und da sind wir dann.
D: Die ganze Gruppe geht gleich mit?
M: Wir gehen auf ... alle gleichzeitig ... ja.
D: Ich dachte, vielleicht müsstest du laufen.
M: Wenn ich in meine Höhle gehe oder wenn ich erkunde, bewege ich mich mit meinen Beinen. Aber wenn wir zu Versammlungen gehen, gehen wir fffft... (Handbewegungen zeigen Geschwindigkeit an).
D: Sehr schnell.
M: Ja, und wenn wir Dinge vermissen dann machen wir einfach nur fffft. (Ich musste lachen.) Wenn ich also zu Hause bin und Dinge finden will, gehe ich herum und schaue, denke dran und ffffff... ist es da.

Diese Sitzung überraschte mich und hatte sicherlich viele Wendungen. Was als einfaches Leben eines primitiven

Höhlenmenschen erschien, entwickelte sich zu einer viel anspruchsvolleren Gesellschaft. Ich beschloss, ihn an einen wichtigen Tag zu bringen.

D: *Was machst du? Was siehst du?*
M: Es gibt viel Lärm und ein chaotisches Rauschen. Menschen, donnern, die Erde zittert. Sie macht ein lautes Geräusch. Die Erde ... oooh.
D: *Das Land bewegt sich, meinst du?*
M: Es zittert. Die Leute schreien. Tiere schreien. Es ist sehr laut (sie schauderte), sehr chaotisch.

Sie zeigte körperliche Anzeichen, dass es sie beeinträchtigte. Sie fing an zu husten. Ich machte beruhigende Vorschläge und sie atmete tief durch und die ablenkenden körperlichen Symptome ließen nach.

D: *Was verursacht das?*
M: Der Berg explodiert. Er ist gerade explodiert. Vielleicht haben wir den Gott nicht besänftigt.
D: *Glaubst du an Götter?*
M: Wir haben viele Götter. Die Priester und Priesterinnen sagen uns, dass wir viele Götter haben. Wir haben einen Gott für das Haus und einen Gott für die Fruchtbarkeit, für den Schutz, für den Garten, denn ... wir haben viele Götter.
D: *Und du hast gesagt, du musst sie besänftigen?*
M: Ja, sonst werden sie wütend, wenn sie ignoriert werden. Sie sind manchmal wie kleine Kinder, die sich nicht durchsetzen können. (Sie senkte ihre Stimme zu einem Flüstern, als würde sie ein Geheimnis erzählen oder versuchen, die Götter davon abzuhalten, sie zu hören.)
D: *Ich verstehe was du meinst. Was tut ihr, um diese Götter zu besänftigen?*
M: Wir geben den Priestern Geld, wir geben Honig. Wir machen kleine Altäre. Wir ehren sie einfach und geben ihnen zu verstehen, dass wir wissen, dass sie da sind.
D: *Ich kann nicht glauben, dass sie Geld brauchen können.*
M: Es sind kleine silberne Dinge. Kleine Geldmittel machen sie glücklich, etwas zu haben, was glänzt.
D: *Denkst du jetzt, du hast es vielleicht nicht richtig gemacht?*

M: Die Priester sagen, dass wir das nicht getan haben. Wir haben nicht genug geopfert. Wir glauben nicht stark genug daran. Der Berggott muss uns sagen, dass wir glauben müssen, dass wir uns aufrichten müssen.
D: *Du glaubst, der Berggott wurde wütend.*
M: Das wurde mir gesagt.
D: *Und der Berg explodierte und der Boden wackelte.*
M: Ja, und die heiße ... heiße ... heiße (hatte Schwierigkeiten, das Wort zu finden) Lava kommt. Und Asche ist in der Luft.
D: *Deshalb fällt es schwer zu atmen?*
M: Ja, und man kann nichts sehen. Es ist sehr schwierig, beängstigend und sehr verheerend. Die Leute sterben.
D: *Kannst du deine Fähigkeiten nicht nutzen, um einfach wegzukommen?*
M: Nun, du kannst rennen, aber wohin? (nervöses lachen)
D: *Ich meine deine anderen Fähigkeiten, ... sich einfach von einem Ort zum anderen zu bewegen. Kannst du das nicht machen, um wegzukommen?*
M: Das kann ich nicht!
D: *Du musst es in einer Gruppe machen?*
M: Das kann ich nicht. Das können wir nicht machen.
D: *Ich denke, du bist so von einem Ort zum anderen gegangen.*
M: Nicht ich! Ich muss laufen oder rennen oder irgendetwas finden damit ich hier wegkomme.
D: *Du kommst also nicht weg. Die Leute müssen nur rennen.*
M: Ja, und wenn sie nicht atmen können und wenn sie Angst haben, fallen die Leute hin. Dann bedeckt dich die Asche so schnell. Und dann kannst du nicht mehr atmen. Und ....
D: *Du kannst darüber reden. Es wird dich überhaupt nicht stören. Ich möchte nicht, dass du dich unwohl fühlst. Was ist mit deiner Familie? Sind sie auch da?*
M: Nein, mein Vater und meine Mutter waren näher an der Spitze. Sie waren oben auf dem Berg. Sie wohnen näher an der Spitze und ich bin im Tal. Und die ganz oben waren sind die, die zuerst getötet worden sind. Aber jetzt ist es ins Tal gezogen. Und die Asche weht und die Lava fließt. Die Erde bebt und die Häuser fallen.
D: *Sind deine Frau und deine Kinder dort?*

M: Ich habe keine Frau und Kinder! Ich habe keine Familie, wo ich bin.
D: Das ist also ein anderer Ort? Oh, es tut mir leid. Ich bin verwirrt.
M: Dies ist der einzige Ort, an dem ich lebe.

Ich habe die Zeichen nicht früher erkannt, erst als ich das Band während der Transkription angehört hatte. Ich hätte es realisieren müssen, als sie nicht wusste, wovon ich sprach, hinsichtlich der Fähigkeit, sich selbst zu bewegen. Nun war es klar. Als ich sie bat, an einen wichtigen Tag zu gehen, „sprang sie" in ein anderes Leben hinein. Ich habe weiter mit ihr gesprochen, als wäre sie der Mann auf dem Planeten mit der lila Sonne. Jetzt verstand ich, dass sie in ein anderes Leben gesprungen ist. Ich musste meine Befragung folglich anpassen.

D: Der einzige Ort, an dem du lebst. Gut, das hört sich aber sehr beängstigend an.
M: Der Himmel fällt und die Erde bewegt sich auf uns zu. Wir werden nicht mehr lange bleiben.
D: Was für einen Job hast du gemacht?
M: Ich habe Goldschmuck gemacht. Blattgold und ... Halsketten, Diademe, Kronen und Armbänder. Ich habe Schmuck gemacht.

Wir waren an den Tag ihres Todes, in diesem anderen Leben, angekommen. Ich aber wollte das Leben des ungewöhnlichen Mannes auf dem Planeten mit der lila Sonne fortsetzen und bis zu Ende bringen, anstatt über ein anderes Leben zu erfahren. Außerdem wusste ich, dass wir alles klarstellen konnten, wenn ich mit dem Unterbewusstsein sprach. Also ließ ich sie die Szene der Zerstörung verlassen und suchte den Mann mit dem Fell, der in der Kuppelstruktur auf dem Planeten mit der lila Sonne lebte. Sie kehrte sofort in dieses Leben zurück und ich konnte sie bis zum letzten Tag in diesem Leben bewegen.

D: Was ist los? Was siehst du am letzten Tag?
M: Meine Familie ist gekommen, um sich zu verabschieden. Es ist Zeit für mich zu gehen.
D: Stimmt etwas nicht mit dem Körper?

M: Er ist aufgebraucht. Es ist Zeit, ihn zu verlassen und Platz für andere Seelen zu schaffen, um hier zu leben.

D: *Manchmal hört der Körper auf zu funktionieren, weil etwas nicht stimmt.*

M: Nein, es stimmt alles, er ist einfach nur verbraucht. Ich glaube es ist Zeit zu gehen. Ich fühle mich sehr wohl.

D: *Entscheidest du dich einfach zu gehen, wenn du es möchtest?*

M: Wir haben Optionen in unserer ... Gesellschaft. Wir können bleiben, bis wir durch Krankheit oder Unfall sterben werden oder wir können unsere Zeit selbst wählen. Und ich habe gerade entschieden, dass es Zeit für mich ist, zu gehen. Ich habe meine Absichten erfüllt.

D: *Also ist deine Familie bei dir. Ich nehme an, die Familie ist größer geworden?*

M: Meine Frau ist gegangen. Dein Begriff „Frau" ist richtig? Ja, sie ist gegangen. Meine Söhne und Töchter sind hier und ihre Kinder. Wir haben jetzt großartige, großartige Enkelkinder.

D: *Also sind sie alle da, um sich von dir zu verabschieden.*

M: Auf Wiedersehen zu sagen. Es ist keine große Sache. Es ist nur ein Respekt, den sie mir erweisen wollen.

D: *Bist du in deiner Kuppelstruktur?*

M: Wir sind nicht an dem Ort, an dem wir zuvor bei mir waren. Es hat eine andere Struktur. Wir haben uns dafür entschieden, auf dem Lande zu leben.

D: *Ich dachte, du bist in der Höhle, die dir so gut gefallen hat.*

M: Nein, die wollte ich doch mit niemandem teilen. Von dieser Höhle habe ich nie jemandem erzählt. Es war nicht nötig.

D: *Das war dein eigenes Geheimnis.*

M: Das war meine Höhle, ja.

D: *Gehen wir dorthin, wo das, was passiert ist, bereits passiert ist und du bist auf der anderen Seite davon. Von dieser Position aus kannst du auf die gesamte Lebensdauer zurückblicken. Du kannst dieses Leben aus einer ganz anderen Perspektive betrachten. Was haben sie mit deinem Körper gemacht, nachdem du ihn verlassen hast? Was ist der Brauch dort?*

M: Er ... (lacht) er löst sich auf. Aber wir sind nie ganz und gar nichts, weißt du. Er löst sich auf und wird in das System unseres Planeten absorbiert. Unser Teil wird Teil der Luft und der Erde. Es war ein leichter Gang, weißt du. Wenn du bereit bist und weißt, dass du erreicht hast, wofür du gekommen bist, ist dies eine einfache, freudige Feier des Gehens. Es gibt einige die verärgert sind, aber nein, es ist nur eine Momentaufnahme. Jetzt gibt es eine Feier. Und ich bin frei vom Körper.

D: *Und sie feiern es, weil sie wissen, dass du in eine andere Welt gehst.*

M: Ja, und es geht sehr lebhaft zu. (lacht) Oh, sie haben dort unten eine sehr schöne Zeit. Und (sie flüsterte nur noch) sie reden nett von mir. Sie haben gute Erinnerungen.

D: *Glaubst du, du hast etwas aus diesem Leben gelernt?*

M: (langsam) Ich habe gelernt, dass ich andere beeinflussen kann. Und ich musste sehr vorsichtig sein, um meine Wahrnehmungen nicht als die einzige Wahrnehmung auf andere Völker, andere Wesen, andere Teile der Familie zu projizieren, um jedem Einzelnen Raum zu geben, damit er seine eigenen Entdeckungen machen kann.

D: *Das ist eine sehr gute Lektion, nicht wahr?*

M: Ja, manchmal hat es auch geklappt. (lachen)

D: *Und es war ein gutes Leben.*

M: Oh, es war ein sehr gutes Leben. Ich habe keine Wünsche, kein Bedauern.

D: *Und du konntest mit deinem Verstand wunderbare Dinge tun.*

M: Du scheinst überrascht oder erstaunt zu sein.

D: *Nun, an manchen Orten benutzen sie nicht ihren Verstand.*

M: Ich verstehe! Ich verstehe nicht, aber ... (lacht)

D: *Ich meine, es gibt viele Orte, an denen sie nicht wissen, wie sie diese Fähigkeiten einsetzen können.*

M: Ich kann mir vorstellen, dass unsere Rasse diese Fähigkeiten schon immer hatte.

D: *Ihr alle macht es so, also wäre es eine sehr natürliche Sache. (ja) Deshalb bin ich überrascht, denn woher ich komme, ist es nicht natürlich.*

M: Aber du hast eine gelbe Sonne.

D: *(lachen) Ja, wir haben eine gelbe Sonne. (lacht) Es muss an verschiedenen Orten anders sein. (sie lachte) Und wir haben etwas, was ihr nicht habt. Wir haben einen Mond. (oh) Ein Mond ist weiß und zeigt sich in der Nacht. (oh) Wie ich schon sagte, die Sonne geht weg, sie geht schlafen, der Mond kommt heraus. (oh.) Wir haben also alle verschiedene Dinge.*

M: Kannst du die Dinge mit deinen Gedanken bewegen?
D: Nein, das haben wir noch nicht gelernt.
M: (tiefer Seufzer) Es macht das Leben ziemlich einfach, weißt du.
D: Das ist wohl wahr. Und ich respektiere, dass du weißt wie das geht. Das könnte man uns beibringen. Etwas, das wir wirklich gebrauchen könnten.
M: Möglicherweise, ich weiß aber nicht, wie ich das anderen beibringen soll, weil es einfach da war. Ich kann es nicht einmal beschreiben.

Ich habe sie dann wieder an unsere Zeit orientiert und Mollys Persönlichkeit zurück in ihren Körper integriert, damit ich ihr Unterbewusstsein kontaktieren konnte, um Antworten zu bekommen. Als die Verschiebung eintrat, machte sie einen tiefen Atemzug.

D: Warum hast du dich für dieses ungewöhnliche Leben entschieden? Ich finde es sehr ungewöhnlich. (lacht) Warum hast du das Leben der Eingeborenen auf dem Planeten mit der violetten Sonne für sie ausgesucht?
M: Sie wollte auch von anderen Wesen auf anderen Planeten wissen.
D: Es klang wie ein anderer Planet. (ja) Sie haben keine Nacht dort?
M: Nein, wie? Meinst du vielleicht in Bezug auf die Zeit? (ja) Sie kennen diesen Zeitbegriff nicht. Sie haben Tag, jedoch die Nacht nicht. Wenn sie müde sind, ruhen sie sich aus. Wenn sie nicht müde sind, ruhen sie nicht. Dessen ungeachtet gibt es keine Dunkelheit, richtig. Es ist ziemlich konstant.
D: Ich denke an die Erde, die sich um die Sonne dreht.
M: Ihre Galaxie ist weiter jenseits. Es ist nicht Teil dieser Galaxie mit der Sonne. Ich glaube, es ist von ... (Pause, als sie darüber nachdachte, wie sie es sagen soll.) Supersonne. Nein, das ist nicht das richtige Wort.
D: Aber es ist kein Teil unseres Sonnensystems.
M: Richtig.
D: Aber es ist Teil der Galaxie?
M: Richtig.
D: Und da ist eine andere Sonne.
M: Nein, keine Sonne wie die Menschen es kennen. Es ist Teil eines Super ... ich denke, Supersonne wäre die ... das ist Mollys Sprache: Supersonne. Supersonne ist das, was als das höchste

Wesen bekannt ist. Sie gibt der Dunkelheit das Licht. Und dieser Planet hat keine Dunkelheit.

D: *Es hört sich danach an, was mir auch als „zentrale Sonne" bekannt ist.*

M: Das ist es. Die zentrale Sonne. Das würde in die Beschreibung passen.

D: *Aber sie scheinen physische Wesen zu sein. (ja) Und sie können ihren Verstand in bemerkenswertem Maße einsetzen.*

M: Ja, das stimmt. Sie manifestieren sich einfach.

D: *Sie sind körperlich, denn sie essen, schlafen und sterben.*

M: Ja, sie haben eine kürzere Lebensdauer. Sie wählen eine kürzere Lebensdauer, um ihren Planeten nicht zu übervölkern.

D: *Aber es ist anders, weil die Sonne die ganze Zeit über am Himmel ist in einer lila Farbe.*

M: Richtig.

D: *Aber du hast es Molly gezeigt, damit sie weiß, dass sie auf anderen Planeten gelebt hat?*

M: Richtig.

D: *Wie hängt das mit ihrem gegenwärtigen Leben zusammen?*

M: Sie hat immer noch die Fähigkeit, sich zu manifestieren was sie braucht, in beliebiger Menge. Sie verfügt über viele natürliche Fähigkeiten, die sie nicht zugeben will, denn dann wäre sie anders.

D: *Du versuchst ihr zu zeigen, dass sie das schon einmal gemacht hat und sie kann es wieder tun? (ja) Aber wie kann sie das zurückbekommen? Wie kann sie es vorbringen?*

M: Sie muss sich entscheiden, sich zu erinnern.

D: *Weil ich weiß, wenn man etwas gelernt hat, vergisst man es nie. Es ist immer da. Und wenn es ratsam ist, kann es vorgezogen werden. Sie könnte es jetzt gebrauchen, oder?*

M: Ja, wenn sie etwas überwindet, was als menschliche Angst bezeichnet wird.

D: *Du weißt, wie die Menschen sind.*

M: Ja, (lacht) oh, was für eine Herausforderung. (starkes Lachen) Warum kommen die Leute hierher? (lachen) Sie haben diese Herausforderung. Was für ein Mist. (Sie lachte weiter.)

D: *Lektionen lernen. (ja) Sie vergessen alles, was sie zu wissen pflegten. (ja) Sie kann diese Fähigkeiten zurück haben, um alles zu manifestieren, was sie will, wenn sie sich erinnert?*

M: Richtig.

D: *Ich denke, sie würde diese Fähigkeiten gerne zurück haben. Kannst du etwas besser erklären, was sie tun kann?*
M: In gewissem Sinne fällt es ihr sehr leicht. In diesem Leben ist sie überzeugt, dass sie für alles hart arbeiten muss. (lacht) Aber das tut sie nicht. Wenn sie also nur ein paar Minuten in ihrer Meditation verbringen würde, könnten die Erinnerungen in Eile zurückfließen. Sie hat eine Konditionierung in dieser Lebenszeit akzeptiert und sagt, dass sie es nicht tun kann. Dann kann sie das auch nicht.
D: *Während der Sitzung, als ich sie an einen wichtigen Tag gebracht habe, sprang sie in ein scheinbar anderes Leben. Dort brachen die Vulkane aus und der Boden wackelte. Warum bist du in dieses Leben gesprungen? Wir sind nicht weiter gegangen. Es war der Tag des Todes. Warum hast du ihr das gezeigt?*
M: Ich erinnere sie an, mangels eines anderen Begriffs, die Dummheit, seine eigene Macht auf äußere Einflüsse zu übertragen. Anstatt nach innen zu gehen und den Gott in ihr zu kennen.
D: *Wie hat sich das auf den Vulkan und die Veränderungen der Erde bezogen?*
M: Das Glaubenssystem bestand darin, dass es daran lag, dass die Götter nicht besänftigt wurden.
D: *Oh ja, das stimmt. Sie haben die Götter nicht besänftigt und das hat die Katastrophe verursacht.*
M: Ja, das war das Glaubenssystem, und es gibt immer noch etwas davon, es ist in der Gegend, in der sie lebt, sehr verbreitet. Und es macht ihr Angst.
D: *Ja, das passt zur Religion dieser Zeit.*

So wurde ihr dieses kleine Stück dieses Lebens gezeigt, um sie daran zu erinnern, dass sie sich nicht im traditionellen religiösen Glauben der Kultur, in der sie lebt, verfangen sollte. Aber für sich selbst denken und den wahren Gott in sich finden.

In meinem Interview mit Molly sagte sie, sie habe merkwürdige Erinnerungen an Dinge, die in ihrer Kindheit passiert sind. Sie erinnerte sich daran, an einen dunklen Ort gebracht und dort zurückgelassen worden zu sein, weil niemand mit ihr Kontakt haben wollte. Sie meinte, es könnte sich um einen Schrank handeln, und es schien, als wäre sie mehrere Tage hintereinander darin gewesen. Sie würde dann natürlich unangenehm riechen und schmutzig sein, daher hatte sie das Gefühl, dass niemand etwas mit ihr zu tun haben wollte. Als sie ihre Mutter nach diesen Kindheitserinnerungen befragte, bestritt sie, dass ihr so etwas jemals passiert sei und sagte, dass sie es wahrscheinlich erfunden oder fantasiert hätte. Aber Molly sagte, warum sollte sie sich so eine schreckliche Erinnerung ausdenken? Eines der Dinge, die sie während dieser Sitzung geklärt haben wollte, ist die Frage, ob dies eine echte Erinnerung oder überdrehte Fantasie ist. Das Unterbewusstsein lieferte die Antwort, bevor ich die Frage stellen konnte. Und die Antwort war sehr seltsam.

Ihre Familie lebte auf dem Land, weitab von der Zivilisation, als sie zu früh geboren wurde. Ihre Mutter tat das einzig vernünftige, was sie tun konnte, sie steckte das Baby in einen Schuhkarton und stellte es an die offene Ofentür, um Wärme für sie zu schaffen.

M: Nun, weißt du ... nein, du kannst es nicht wissen. Sie entschied sich für dieses Leben mit so vielen Geschenken an andere. Und sie ging in dieses kleine Baby. Sie wog nur vier Pfund, als sie geboren wurde. Sie tat merkwürdige Dinge. Dieses kleine Baby das im Schuhkarton an der Backofentür lag. (lacht) Die seltsamen Dinge die sie tat, erschreckten die Leute in ihrer Umgebung zu Tode. Einmal schloss ihre Mutter sie im Ofen ein, um sie zu stoppen. Weil sie mit dem Besteck in der Küche jonglierte. (lacht) Ihre Mutter hatte große Angst vor ihr.
D: *Also hat sie Dinge bewegt.*
M: Ja, sie liebte es, das Besteck zu jonglieren, weil es so blitzte. Es war auffällig. (lacht) Und es machte lustige Geräusche. Doch ihrer Mutter jagte es Angst ein. Also brachte ihre Mutter sie zum Schweigen!
D: *Also hat sie sie in den Ofen gestellt.*
M: Sie schloss manchmal die Ofentür.
D: *Sie hat diese seltsame Erinnerung an einen Schrank oder so. Kannst du ihr etwas darüber erzählen? (Pause) Was denkst du? Ist es in Ordnung für sie das zu wissen?*
M: (jetzt ernst) Es ist besser für sie das zu wissen, da es die Wahrheit ist, keine Einbildung. Und das ist für sie wirklich wichtig zu wissen. Als sie ein paar Jahre älter war, haben sie sie im Schrank eingeschlossen und versucht, sie zu ignorieren, weil sie sie so sehr

erschreckt hatte. Aber sie gab sich selbst die Schuld, weil ihr immer gesagt worden ist, es sei ihre Schuld, dass sie dort sei. Wenn sie sich benehmen würde, müsste sie dort nicht stecken.

D: *Was hat sie gemacht?*

M: Sie mochte es, das Besteck auffällig herumfliegen zu lassen. Und wenn es dunkel war, machte sie gern Lichter. Und sie mochte es gern singen, wenn sie nicht reden konnte. Sie erschreckte die Leute. Sie dachten, sie sei sonderbar, und sie gab sich selbst die Schuld. Es ist aber nicht ihre Schuld. Sie benutzte das, woran sie sich erinnerte und das was sie zu benutzen wusste. Aber es war irgendwie „unzeitgemäß".

D: *Ja, sie hielt es für natürlich.*

M: Als sie dann älter wurde, tat sie Dinge, die ... ungewöhnlich waren. Wieder wurde sie abgelehnt, weggestoßen oder bestraft, bis sie einfach aufhörte, diese Dinge zu tun.

D: *Es war wirklich der einzige Weg, um zu überleben.*

M: Ja, sie beschreibt es als den Wasserhahn abstellen.

D: *Dann, als sie zu groß wurde, um in den Ofen gestellt zu werden, haben sie sie in einen Schrank gesperrt. Meinst Du das? (ja) Das ist grausam, aber ich glaube, sie hatten große Angst vor ihr.*

M: Als sie sie ins Dunkel gestellt haben, war es einfacher, sie dort zu lassen und sie zu ignorieren. Dann mussten sie sich nicht mit Dingen beschäftigen, die in der Küche oder im Haus herumschwirrten, oder mit ihrem Gesang.

D: *Endlich, nur um zu überleben, stellte sie den Wasserhahn ab und tat es nicht mehr. Dann ließen sie sie im Haus wohnen?*

M: Ja, solange sie nicht ungehorsam war, konnte sie Teil des Haushalts sein.

D: *Nun, wenn all das unterdrückt worden ist, glaubst du, sie hat Angst, diese Talente jetzt zurückzubekommen?*

M: Ich denke schon, weil jemand sie zurück in den Schrank stecken und die Tür verriegeln und sie niemals rauslassen könnte.

D: *Nun, weißt du, das würden sie jetzt nicht wirklich tun, seitdem sie erwachsen ist. (ja) Aber ich kann sehen, warum sie Angst hat.*

M: Ich denke, sie könnte bestimmte Dinge tun, die in dieser Gesellschaft akzeptabler sind und nur ein wenig auf einmal zurückkommen lassen. Denn wenn sie mitten auf einem Feld ein Haus erschaffen würde, könnte es sein, dass die Regierung vielleicht nach ihr sucht. (lachen)

D: *Wenn sie Dinge im Raum schweben lassen würde, würde ihr Mann vielleicht ein bisschen Angst bekommen. (lacht) Also sollte sie diese Dinge nicht tun.*
M: Nein. sie könnte aber, im übertragenen Sinne, vielleicht nicht den ganzen Wasserhahn aufdrehen, sondern ihn nur ein bisschen tropfen lassen. Sie ist fähig, anderen Menschen zu helfen, sich aus der Dunkelheit vom Negativen ins Positive zu erheben. Und das macht den Menschen Angst, und sie sind nicht alle bereit zu wissen, wer sie wirklich ist. Aber sie hat Angst, den Wasserhahn zu öffnen, und alles kommt auf einmal raus. Die Leute wären total überfordert und würden schreiend aus dem Raum rennen. Sie hat eine sehr tiefe Angst vor Ablehnung. Sie könnte eine Form der Meditation verwenden, um das Wissen in einem kleineren Maßstab hervorzubringen und diese Angst zu lindern. Hier ist ein Bildnis, das für sie funktionieren wird. Auf der Küchenspüle gibt es einen Verschluss. So... (Handbewegungen) unter der Spüle gibt es ein Abflussrohr und einen Verschluss. Viel Schlamm sitzt dort im Verschluss fest. Wenn sie zu diesem Verschluss geht, dann kann sie ein klein wenig über die Wölbung auf einmal laufen lassen. Und es dann wieder heraussickern lassen.
D: *Und es dann wieder zurück in die Spüle laufen lassen. (ja) Dies wäre ein mentales Bild, das sie verwenden könnte.*
M: Ja und dann, wenn sie den Verschluss öffnet oder den Verschluss Stück für Stück frei macht, wird Raum für die Informationen geschaffen, die zurückkommen, die sie vergessen hat oder in dem Verschluss gefangen sind.
D: *Sie soll also nicht versuchen, alles zurückzubekommen. Das würde sie nicht bewältigen.*
M: Und so viele andere überwältigen.

Diese Arten von Fähigkeiten dürfen jetzt in unsere Zeit zurückkehren, da sie in nicht allzu ferner Zukunft als normal betrachtet werden. Aber es müsste sanft geschehen, um sich und andere um sich herum nicht zu schocken. Die Hauptsache ist, dass Molly jetzt wusste, dass die merkwürdigen Erinnerungen an Ereignisse aus der Kindheit nicht ihrer Vorstellungskraft entsprungen sind, sondern nur die Handlungen von Menschen waren, die Angst hatten und nicht verstehen konnten was geschieht. Ich frage mich, wie vielen anderen das passiert ist, die Fähigkeiten und Erinnerungen tief im Unterbewusstsein begraben mussten. Es ist sehr schwierig, die abnormen Handlungen von Kindern zu verstehen und zu akzeptieren.

Abschnitt 6

ZEIT PORTALE

KAPITEL 19

WÄCHTER DES PORTALS

Neunzig Prozent der Sitzungen, die ich für Therapien durchführe, umfassen, dass der Klient zu einem vergangenen Leben zurückkehrt, welches Antworten auf die heutigen Probleme enthält. Es passiert jedoch immer häufiger, dass sich Klienten in einer fremden Umgebung befinden, die der Erde nicht ähnelt. Sie finden sich auch häufiger in parallelen Situationen. Hier erleben sie eine andere Erfahrung, die zur gleichen Zeit wie das gegenwärtige Leben existiert. Viele Skeptiker werden sagen, dass dies nur Fantasien sind, aber sie ähneln keinen Fantasien, von denen ich jemals gehört habe. Meistens sind die vergangenen Leben, zu denen sich die Menschen im Trancezustand begeben, sehr langweilig und banal. Ich nenne es „Kartoffeln graben", weil die Person oft ein Landwirt oder Diener oder ähnliches war, worüber es nichts Aufregendes zu berichten gibt. Sie verbringen ihr Leben damit, einfache, gewöhnliche Dinge zu erledigen, beispielsweise auf den Feldern. Das Leben ist sehr undramatisch. Oft sind die Personen enttäuscht, wenn sie erwachen. Ein Mann sagte einmal nach einer solchen Sitzung: „Nun, ich war sicherlich kein Pharao in Ägypten." Wenn sie sich etwas ausdenken würden, glaube ich, würden sie ein glamouröses Leben erfinden, zum Beispiel einen Ritter in glänzender Rüstung, der ein hübsches Mädchen aus dem Schlossturm rettet, oder eine Frau, die mit ihrem Märchenprinzen ein typisches Cinderella Leben lebt. Das passiert nie. Die erlebten Lebenszeiten mögen aus meiner Sicht banal erscheinen, und ich frage mich oft, warum das Unterbewusstsein es für diese Sitzung gewählt hat. Aber bevor wir mit der Sitzung fertig sind wird deutlich, dass es genau die Lebenszeit war, die gesehen werden musste. Es gibt immer etwas, egal wie dunkel, was mit dem Problem zusammenhängt, das sie haben. Nie ist es an der Oberfläche offensichtlich, aber in seiner unendlichen Weisheit hat das Unterbewusstsein die richtige Lebenszeit ausgewählt.

Gelegentlich ist die Szene, in die sie kommen, so seltsam und skurril, dass sie nicht einmal die Worte finden können, um sie zu beschreiben. In diesen Fällen bin ich mir sicher, dass keine Fantasie dies kreiert, oder es würde sie nicht so verblüffen. Diese Sitzung, die im Oktober 2002 in Florida stattfand, ist ein solcher Fall. Betty war Krankenschwester auf einer Geburtsstation eines großen Krankenhauses. Was sie während der Sitzung entdeckte, war definitiv nicht das, was sie erwartet hatte. Als sie von der Wolke stieg, stand sie vor etwas, das so ungewöhnlich war, dass sie die Worte nicht finden konnte, um es zu beschreiben.

B: Es sieht aus wie ... es sieht aus wie ein Kristall ... es ist schwer zu beschreiben. Es ist wie ein Berg, ein Kristallberg. Ich weiß nicht, wie ich es sonst nennen soll. Es ist wie ein Kristallberg. Und ich sehe, so scheint es, dass ein eingeborener amerikanischer Junge mit schwarzen Haaren vor dem Kristallberg steht. Es sieht aus wie Eis, aber es ist nicht kalt. Es ist klar, aber nicht völlig klar. Es funkelt in der Sonne.

Nach der Erde hörte sich das definitiv nicht an, doch sie hatte den indianischen Jungen erwähnt. Wo war sie?

D: *Ist der Junge noch da? (Ich dachte vielleicht war sie der Junge.) (ja) Wie ist er gekleidet?*
B: Er hat unter seiner Taille nur Wildleder. Vermutlich zehn Jahre alt.
D: *Nun, schau auf dich runter. Trägst du etwas?*

Dies ist in der Regel die Art und Weise, wie ich den Klienten in den Körper orientiere, den er im vergangenen Leben hatte. Ihre Antwort war eine unerwartete Überraschung.

B: Ich bin ... nein, ich bin sehr groß(!) ... ich bin riesig! Ich bin kein Körper. Ich bin (unsicher, wie sie es aussprechen soll) ... ich bin

eine Energieform. Ich bin sehr groß im Vergleich zu diesem Jungen.
D: *Hast du das Gefühl, Perimeter zu haben? Du bist nicht nur Teil der Luft oder?*
B: Ich habe Perimeter, aber es ist nicht solide. Es verschiebt sich und ändert sich, hat aber denselben Umfang. Der Umfang verschiebt sich und ändert sich, aber er ist groß.
D: *Der Umfang ist aber in sich geschlossen? (ja, ja) Alles klar. Welche Verbindung hast du zu diesem Jungen?*
B: Ich beobachte ihn nur. Ich habe das Gefühl, ich möchte diesen Berg betreten. Es gibt eine Öffnung. Ich könnte der Berg werden. Es ist so, als könnte ich durch die Öffnung des Berges das Leben als Berg erleben. Ich kann es werden, obwohl ich mich immer noch davon trennen könnte.

Ich war mit Energiewesen vertraut, einer Lebensform, in der das Wesen im Wesentlichen jede Art von Körperform erschaffen kann, um eine Erfahrung zu haben. Aber das klang anders.

D: *Du kannst also viele verschiedene Dinge erleben?*
B: Ja, ich kann mich in andere Energien integrieren, um zu erfahren, wie das ist. Dann trennen und dieses Bewusstsein als Teil von mir haben. Ich erlebe auf diese Weise.
D: *Du sagtest, dort wäre eine Öffnung?*
B: Ja, es ist eine große Öffnung, wie eine natürliche Öffnung. (plötzlich) Weißt du was? Dieser Kristallberg ist überhaupt kein Berg. So hat es sich gezeigt. Es ist wie ein Raumschiff. Es ist ein Fahrzeug, wie interessant!
D: *Woher weißt du das?*
B: (Aufgeregt) Als ich die Öffnung sah, sah sie von außen so aus. Und als ich die Öffnung weiter erkundete, um es zu versuchen und zu erklären, wurde mir klar, dass es nicht genau so war, wie es schien.
D: *Du meinst, es war die Illusion eines Berges?*
B: Genau, richtig, jeder, der darauf stößt, würde das so sehen. Bei näherer Betrachtung verschiebt es sich jedoch. Ah ha!
D: *Wenn es auf der Erde wäre, gäbe es andere Berge. Sie könnten verschiedene Farben haben, aber kein Kristall.*

B: Es gibt Berge, die anders sind. Sie sind nur braun, mit Bäumen und so etwas.

D: *Es wäre ungewöhnlich, einen Kristallberg zu sehen. Es könnte viel Aufmerksamkeit verursachen.*

B: Das würde es! Richtig! Ähm, es ist etwas verwirrend. Aber dann frage ich mich, ob andere es überhaupt sehen. Weil ich diesen Jungen gesehen habe. Hat der Junge es gesehen? Ich weiß es nicht. Ich kann es nicht sagen. Er war davon abgewandt. Ich weiß es nicht wirklich. Die Öffnung verschob sich von dieser natürlichen Öffnung in eine Türöffnung. Als ich es anschaute wurde es zu einer Tür. Und es gibt Treppen, die vom Boden bis zur Tür führen. Es scheint nicht solide zu sein. Es sieht kristallin und hell aus und ich weiß, dass man darauf treten könnte und es wäre fest. Und trotzdem fühle ich, als könnte jemand direkt durchlaufen und sich dessen nicht bewusst sein. Die einzige mir sinnvoll erscheinende Erklärung ist, dass es wie ein Verschmelzen zweier Welten ist. Wie ein Ort zwischen den Welten. Es gibt Stücke von beiden.

D: *Dies ist der Grund, warum manche Leute es sehen und andere nicht?*

B: Ja, und so fühle ich mich irgendwie als Teil davon. Ich sage nur, was zu mir kommt, weil es sich irgendwie anfühlt wie, ich bin ein Teil des Hüters dieses Gateways oder dieses „Zwischen-Ortes". Damit diejenigen die nicht eintreten sollen, dies nicht tun. Und diejenigen die es können, das auch tun. Es gibt einige Verantwortungsbereiche für das Bewusstsein, die ich darüber haben muss, weil mir beides bewusst ist, ja.

D: *Zu wissen, wer kommen kann und wer nicht. (richtig) Aber wissen nicht diejenigen das, dass sie dort nicht eintreten dürfen?*

B: Normalerweise stimmt das. Es gibt jedoch Zeiten, in denen bestimmte Umstände dazu führen, dass ein Sehen stattfindet, das normalerweise nicht stattfinden würde. Und das ist meistens nicht von Vorteil. Bestimmte Verschiebungen in Bezug auf Atmosphärendruck und Energie. (Dies wurde langsam gesagt, als ob sie sich nicht sicher war und nach den Wörtern suchte.) Es gibt bestimmte atmosphärische Veränderungen, dass das eintreffen kann.

D: *Dorthin, wo es gesehen werden könnte, wo es normalerweise nicht wäre. (richtig) In diesem Fall könnte jemand darauf stoßen, der es nicht sehen sollte.*

B: Ja, es wäre sehr verwirrend.
D: *Könntest du es betreten?*
B: Unglücklicherweise muss sich das Körper Make-up aufgrund der Energiekonfiguration verschieben. Und es würde möglicherweise diese physische Energie sofort auflösen.
D: *Oh? Es würde sie zerstören?*
B: Die Seele wird nicht zerstört. Die physische, zelluläre Struktur, ja.
D: *Es könnte nicht existieren, wenn es damit in Kontakt gekommen ist?*
B: Das ist richtig, weil es ein anderes Make-up gibt. Und verschiedene Schwingungen, ja. Was passiert ist, wäre sehr verwirrend und schwierig zu verstehen, selbst für die Seelenenergie. Es ist nicht beabsichtigt, so zu sein.
D: *Also ist es deine Aufgabe sicherzustellen, dass dies nicht passiert?*
B: Ja, ich habe dafür eine Art Vormundschaft.
D: *Würdest du dies ein Portal nennen?*
B: Ja, das könnte man so nennen. Und ich glaube, deshalb kann ich auch in dieses kristalline Ding einsteigen, ob Berg, Raumschiff oder was auch immer. Und das Bewusstsein davon haben, weil dies die Energie verstärkt, um die Existenzen zu trennen.
D: *Was ist wenn jemand kommen würde? Was würdest du tun, um sie abzulenken oder fernzuhalten?*
B: Ich konzentriere meine Energie auf diese Kurve, um sie zu intensivieren. Und gebe ihnen einfach einen kleinen sanften Schubs in die entgegengesetzte Richtung. Vielleicht fühlen sie sich als hätte sie der Wind angestupst, oder sie werden in eine andere Richtung gestoßen.
D: *Gerade genug, um sie davon abzuhalten, mit dieser Energie in Kontakt zu kommen? Weil es deine Aufgabe ist, zu verhindern, dass sie verletzt werden?*
B: Genau, zum Schutz, ja.
D: *Ist dieses Portal ständig da?*
B: Es gibt bestimmte Zeiten, zu denen es offener ist, es mehr Möglichkeiten hat, offen zu sein, und zu anderen Zeiten, ist es geschlossen. Wenn es kein Problem für jemanden darstellt.
D: *Dann bewegt es sich nicht wie ein Raumschiff?*
B: Nein, es bleibt an einem Ort. Aber wenn ich mir das genauer ansehe, ist es eher ein „Sternentor" als ein Raumschiff, ein Portal in eine andere Dimension.

D: *Deshalb bleibt es an einem Ort?*
B: Das ist richtig.
D: *Wozu dient das Portal, für was wird dieses Sternentor verwendet?*
B: Ich muss an dieser Beschreibung arbeiten. Ich kann dies tun. Es gibt das Portal für diese Energie, und dann geht sie durch Raum und Zeit zu einem ganz anderen Bereich der Welt (ein langes Rauschen mit Handbewegungen) ich möchte sagen zu einer „Galaxie".
D: *Von den Bewegungen her, die du gemacht hast, ist es langgestreckt wie eine Röhre?*
B: Richtig, versuche dir vorzustellen, wie du die Sterne, das Universum und die Energie siehst. Es ist ein sehr schnelles (schhhhht) Transportsystem (wieder derselbe Sound und die gleichen Handbewegungen). Und es geht von diesem Portal zu einer anderen Galaxie.
D: *Könntest du das sehen, wenn du in diesen Kristallberg hineingehen würdest?*
B: Das wäre ein Teil davon, denn im Inneren gibt es all diese lebendigen, lebendigen Farben und kristallinen Dinge. Es ist ein bisschen wie ... (hatte Schwierigkeiten, die Worte zu finden) Wiedereintritt ... Desensibilisierung ist nicht das richtige Wort, aber sie werden wieder normal. (lacht) Denn wenn sie diese Transportdinge tun, dann müssen sie ... re ... nicht regenerieren, re ....
D: *Regulieren?*
B: Bitte regulieren, danke. Wütend! Das war hart! Einstellen, wieder aufladen. (lachen)
D: *Wörter sind manchmal schwer zu finden.*
B: Ja, sich regulieren. Es ist also wie ein Regulierungsbereich. Und sie gehen in diesen kristallinen Raum mit all diesen schönen, schönen Farben. Und sie schwingen in ihr Wesen hinein und es regeneriert sich oder was ist das Wort, das du gesagt hast?
D: *Regulieren?*
B: Du regulierst dich.
D: *Wenn es sie anpasst, ist das vor ihrer oder nach ihrer Rückkehr?*
B: Nachdem du zurückgekommen bist. Es gibt eins für jedes Ende. Ich bin mir nicht sicher, wie das andere am Ende aussieht. Dazu müsste ich reisen. Und ich müsste einen Teil von mir hierlassen, um meiner Verantwortung gerecht zu werden.

D: Ja, um das Portal zu schützen.

B: Dies wird von anderen Wesen benutzt, die lernen und durch Beobachtung zusätzliches Bewusstsein erlangen. Wenn ich „beobachten" sage, ist es mehr wie ein zuschauen. Es ist die Beobachtung mit jedem Teil ihrer Sinne, so dass sie die Erfahrung fühlen. Aber du beobachtest es, weil du nichts erschaffst. Sie sind Beobachter, die sich mit den dort vorhandenen Energien einigermaßen integrieren können, um zu lernen.

D: Sind dies physische Wesen?

B: Nicht in dem Maße, in dem Menschen physische Wesen sind. Es gibt eine Körperlichkeit von geringerer Dichte. Deshalb können sie auf dieser Ebene eine Erfahrung integrieren und beobachten.

D: Woher kommen diese Wesen?

B: (Pause, dann kichern, als sie einen Erklärungsweg zu finden versuchte.) Pl..., Pl... hat etwas damit zu tun. Ich glaube nicht, dass es Pluto ist. Pl....

D: Sag mir einfach was du denkst. Sie kommen nicht von der Erde?

B: Nein, nein, sie sind anders.

D: Aus unserem Sonnensystem?

B: Ähm, ein bisschen weiter. Aus einer anderen planetarischen Essenz. Wieder ist es kein völlig physischer Planet.

D: Aber sie sind nicht so viel Energie wie du?

B: Richtig, sie sind anders als ich. Ich sehe nicht menschlich aus, ich habe keinen Körper. Meine Energie verlagert sich. Die Wesen, die durch dieses Transportportal kommen, haben eine dem Menschen analoge Form, einem Körper ähnlich. Es sind große, dünne Wesen. Sehen aus wie schwere Roben, aber wie gesagt, sie sind nicht körperlich.

D: Nicht so solide? (nein, nein) Wenn sie also durch diesen Tunnel, diese Röhre, was auch immer es ist, kommen, kommen sie sofort in diesen Raum?

B: Richtig, da treten sie ein.

D: Und sie passen ihre Energien, Schwingungen oder was auch immer, wieder an? (richtig) Was machen sie dann?

B: Dann können sie von dort herauskommen. Dies ist keine gute Beschreibung, aber es ist, als könnte man durch Glas sehen, aber es gibt kein Glas. Es gibt keine solche Barriere. Sie sind durch das Portal gegangen und kommen aus der kristallinen Struktur heraus, wo das Licht und die Farben waren. Sie sind da herausgekommen.

Sie sind immer noch Teil dieser Energie, aber sie befinden sich nicht mehr in dieser Struktur. Damit stehen sie direkt vor der, ich möchte „Erde" sagen. Sie sind auf dem Planeten und können sehen, was los ist, Überdies können sie beobachten und integrieren.

D: *Dürfen sie diesen Ort verlassen?*
B: Mir scheint nicht, dass sie es tun.
D: *Sie stehen also nur auf einer Seite und beobachten, ohne tatsächlich in diese andere Dimension einzudringen.*
B: Richtig, von dort aus sehen sie jedoch einen großen, großen Aussichtspunkt. Sie können von fast überall her aus dem Portal beobachten.

In einer anderen Sitzung sah eine Frau etwas, das wie ein Wurmloch aussah, und Wesen gingen durch dieses hin und her. Sie beschrieb es als eine große längliche Röhre mit kreisförmigen Rippen, die auf der Innenseite sichtbar waren. Könnte dies eine andere Beschreibung des gleichen Gerätetyps sein? Wenn dies der Fall war, traten die Wesen, die sie sah, ein und aus, während die Personen in dieser Regression es nur zur Ansicht nutzen durften.

D: *Es ist also nicht nur der Bereich, in dem sich dies befindet. Sie können überall auf der Erde sehen, was sie sehen möchten, ohne dorthin zu reisen.*
B: Das ist richtig. Und wie funktionieren solche Sachen? Ich bin mir nicht sicher. (lachen)
D: *Sieh mal, ob du es herausfinden kannst. Wie können sie das von nur einem Aussichtspunkt schaffen, ohne wirklich in die Dimension einzutauchen und um die ganze Welt zu reisen?*
B: Sie verschieben ihre Perspektive. Es ist also so, als würden sie herauskommen und es gibt eine bestimmte Szene oder einen bestimmten Bereich, den sie sehen. Außerdem können sie sich einfach verschieben, und es ist, als ob sich die Welt dafür verschiebt, damit sie es sehen können. Ich weiß, dass das keinen Sinn ergibt, aber … was ich sehe, ist diese dreipolige goldene Energie, die sich gerade verschiebt. (kichert) Zum Beispiel könnte die Erde so groß sein. (Handbewegungen eines kleinen Objektes.) Die dreipoligen Goldenergien verschieben sie so, dass sie beobachten können. Es ist also so, als ob sich alles damit

bewegt. Dies ist der einzige Weg, den ich weiß, es zu beschreiben. Obwohl die Erde offensichtlich nicht so groß ist. (Handbewegungen.) Es ist aber so, als würden sie es beobachten. So kann es sehr leicht verschoben werden.

D: *Auf diese Weise fungieren sie als Beobachter und interagieren nicht.*

B: Das ist richtig. Sie interagieren nicht. Sie verändern nichts. Sie beobachten und integrieren lediglich Informationen.

D: *Sie könnten diesen Teil sowieso nicht verlassen, weil ihre Energiematrix so ist?*

B: Genau, sie können oder wollen nicht. Sie verstehen, dass es ihr Energiefeld beeinflussen würde. Während die Menschen nicht einmal wissen, dass es existiert.

D: *Also beobachten und integrieren diese Wesen Informationen oder was auch immer sie ansammeln wollen. Und dann gehen sie durch diese Röhre zurück, wo sie hingehören?*

B: Das ist richtig. Sie kommen durch dieses Portal, aber sie kommen von anderen Orten, um zu diesem Portal zu gelangen. Sie kommen zum Beobachten, kehren dann zurück und erstatten Bericht.

D: *Ich dachte an etwas wie eine zentrale Lage auf der anderen Seite. (richtig) Weißt du, was sie mit den Informationen machen, die sie beobachtet haben?*

B: Es wird für viele Zwecke verwendet. (Pause, während sie nachdenkt.) Ich sehe, dass sich meine Energie jetzt von diesem Punkt zu einem dieser Wesen verschiebt, die hin und her reisen.

D: *Weil du gesagt hast, du könntest das tun, wenn du einen Teil deiner Energie dort lässt, um die Öffnung zu schützen.*

B: Das ist richtig. (großer Seufzer) Wenn sie durch die Röhre gehen, rütteln sie ihre Energie ein wenig. Die Kammer, in die du kommst, bringt dich zurück. Was war das Wort, welches du benutzt hast?

D: *Regulieren?*

B: Regulieren, ja das ist sehr, sehr wichtig.

D: *Und wenn sie zurückgehen, ist es schnell?*

B: Es ist sehr schnell. Sehr, sehr schnell. Und wenn sie dann auf der anderen Seite herauskommen, ist es wieder ein anderes Farb-, und Energiesystem.

D: *Wie in einem anderen Raum?*

B: Das ist wahr. Die Farben und die Energieintensität bringen sie wieder zu sich. Und ich bin auf den anderen Planeten zurückgekommen. Danach kehrte ich zu meiner Heimatbasis zurück.

D: *Wie sieht der Eingang auf dieser Seite aus?*

B: Es ist auch eine kristalline Struktur.

D: *Aber die Leute auf dieser Seite können es sehen?*

B: Es besteht die Gegebenheit der Verhüllung, denn es gibt diejenigen, die mit dieser Energie arbeiten und es gibt solche, die dies nicht tun.

D: *Also ist es dasselbe wie auf der Erde? Es ist nicht für jeden sichtbar.*

B: Das stimmt, obwohl die Wesen auf diesem Planeten eine höhere oder andere Schwingung haben, besteht nicht immer für alle Bedarf darüber Bescheid zu wissen.

D: *Das Wesen, mit dem du gehst, kommt auf seinem Planeten durch. Wo geht er dann hin?*

B: Ich sehe ihn, er ist wie ein Schreiber, aber das Schreiben ist magisch. Es ist nicht körperlich, obwohl es ähnlich aussieht. (Sie bewegte ihre Hände.) Er macht etwas mit seinen Händen. Aber wenn ich es mir anschaue, sind es wieder Licht und Farben. Licht und Farben sind sehr wichtig. Die Beobachtungen, das Lernen und das Wissen, das erlangt wurde, fließen ein in ... (sie hatte Schwierigkeiten) ..., wie in einen kunstvollen Wandteppich, einen Gobelin. Wie ist das passiert?

D: *Vielleicht versuchst du einen Vergleich zu machen.*

B: Ich versuche es. Denn die Informationen, die dieser Schreiber aufgenommen hat, gehen in einen Teil des Gobelins oder in die Aufzeichnungen. Er sitzt und es sieht aus wie eine Tafel. Wenn ich „Tafel" sage, meine ich wie eine Steintafel. Es ist kein Papier. Er hat einen „magischen Stift", weil er mit magischer Schrift zu schreiben scheint. Und es gibt diese schönen Farben und das Licht, die dazu kommen. Aber dann bewegt und fließt und geht es in ... ich würde es als „weben" bezeichnen. Es ist bunt und Licht funkelt und bewegt sich. Es ist also nicht so, als würden wir einen Teppich betrachten. (Sie hatte Schwierigkeiten.) Es ist eine Art Aufzeichnung. Und es ist eine lebendige Aufzeichnung.

Dies klang natürlich ähnlich dem Lebensstil des Tempels der Weisheit auf der Seelenseite. Das wurde in „Zwischen Tod und Leben erklärt". Es wird als unglaublich schön beschrieben und es scheint, aufgrund der schönen Farben, die darin verwoben sind, lebendig und atmend zu sein. Ich denke nicht, dass es das Gleiche ist, denn der Gobelin auf der Seelenseite ist eine Aufzeichnung aller gelebten Seelen und ihres Lebens. Jeder wird durch einen Faden dargestellt. Die Tapisserie, die hier beschrieben wird, ist ebenfalls ein Rekord, aber möglicherweise ein anderer Typ.

D: Ist das sein Job? Tut er das die ganze Zeit?
B: Ja, und er liebt es, das zu tun.
D: Aber du hast gesagt, es gibt auch viele andere, die von diesem Eingang wissen?
B: Ja, es gibt Wesen von anderen Planeten, die zum Portal kommen. Das ist wahr. Es gibt viele von ihnen, die wissen, dass es existiert. Dies ist ein Portal, aber es gibt noch viele andere. Einige der zurückkommenden Informationen werden zur Entwicklung neuer Möglichkeiten verwendet. Es ist wie in der Schule, sie bringen dir Dinge bei, die die Leute bereits kennen. Und wenn sie erst einmal eine Basis haben, entwickeln sie ihre eigenen Ideen. Die Kreativität.
D: Sie werden wie Wissenschaftler und Forscher die Grundlagen nutzen und eigene Konzepte entwickeln. Meinst Du das?
B: Ja, und das eröffnet auch neue Möglichkeiten für diesen Planeten. Denn sie beobachten, sie sehen, sie gehen zurück, sie diskutieren. Sie schauen sich an: „Wie können wir den Menschen auf diesem Planeten helfen?" Dann kommen sie mit ein paar Gedanken. Und dann kommen sie zurück. Nein, das kann nicht sein .., das stimmt nicht. Ähm, es ist, um das Wissen der Existenz über die Erde zu ergänzen, speziell in dieser Situation.
D: Sie sammeln also Informationen und versuchen, neue Ideen zu entwickeln, um die Erde voranzubringen, oder wie?
B: Das ist der Eindruck, den ich bekommen habe. Es muss jedoch einen anderen Weg geben, die Informationen zu nutzen, um der Erde zu helfen. Denn wenn sie durch die Röhre kommen, beobachten sie einfach nur, und so können sie es nicht tun. Sie beobachten und bringen das Wissen und die Erkenntnisse zu ihrem Planeten zurück und zeichnen es auf. Es muss also einen anderen Weg geben, auf dem sie helfen. Es geschieht nicht auf diesem Weg.

D: *Aber die anderen Wesen, die durch die Röhre kommen, tun das aus demselben Grund?*
B: Manche sind nur neugierig. Und das ist erlaubt, aus Neugier zu beobachten, ohne zu stören. So wie es uns erlaubt ist, ohne zu stören, zu beobachten. Und ich ging mit diesem anderen Wesen, dessen Zweck es ist, die Informationen zu ihren Planeten zurückzubringen. Und es gibt eine Art (hatte Schwierigkeiten), ich versuche ein klareres Bild zu bekommen. (Pause) Es ist schwierig dieses Bild zu bekommen, also ... es scheint eine Art Strahlprozess zu sein. Das macht für mich keinen Sinn. Deshalb bin ich irgendwie festgefahren.
D: *Beschreibe es so gut du kannst.*
B: Okay, also sie nehmen die Informationen. Er teilt sie mit diesen anderen Wesen, die ihm ähnlich sind. Und dann übertragen oder strahlen sie bestimmte Energien oder Informationen zurück in Richtung Planet Erde.
D: *In die entgegengesetzte Richtung, woher es kam?*
B: Richtig, es ist wie ein Leitsystem. Dabei wurde die Information von der Erde übernommen, von der Erde aus beobachtet und mit den Wesen zurücktransportiert. Und dann nehmen diese Wesen diese Informationen und ... hier brauchen die Menschen auf der Erde Hilfe oder Anleitung oder nur ein wenig um zu optimieren oder eine kleine Inspiration, um ihnen zu helfen, sich in die richtige Richtung zu bewegen. Und es ist kein Urteilsaufruf, wie in, machen sie den richtigen Schritt. Es ist, wie eine kleine Inspiration zu senden. Also es wird irgendwie in die Atmosphäre der Erdenergie gestrahlt, was auch immer. Und dann gibt es diejenigen auf der Erde, die diese Signale sozusagen aufnehmen und diese Inspiration empfangen können. Dies verhilft ihnen dann, zum nächsten Schritt überzugehen. Oder Dinge hervorzubringen, die vielleicht länger gedauert hätten?
D: *Wird dies von einer Einzelperson oder...*
B: Nein, es ist eine Gruppe. Eine Gruppe mit einer Art Maschine, die die Gedankenform oder die Inspiration zur Erde zurückstrahlen kann. Zum Beispiel kämpft die Erde gerade mit Krieg / Frieden, Licht / Dunkelheit. Es ist ein Ausstieg aus der Dualität. Und da dies geschieht, wird die Dualität intensiviert. Diese Wesenheiten haben also irgendwann beobachtet, sind zurückgegangen und strahlen Informationen aus, die der Inspiration ähneln, das

Massenbewusstsein zusammen zu bringen, um beispielsweise die gewünschte Realität zu schaffen. Weil viele Menschen in verschiedenen Teilen der Welt diese Inspiration in einem ähnlichen Zeitrahmen erhalten. Und dann zusammen, um es zu ermöglichen. Ist dieses Beispiel für dich sinnvoll?

D: *Ja, ich denke schon. Aber werden diese Gruppen in irgendeiner Weise unterrichtet? Sie handeln nicht alleine, oder? (Pause) Ist da jemand der ihnen sagt, was sie zurück übertragen können?*

B: Ich möchte die richtige Bedeutung vermitteln. Sie sind wie ein höherer Rat, der den Planeten bei seinem Wachstum unterstützt. Sie sind also nicht die Einzigen, die das tun. Sie sind einer von ihnen. Während sie der Erde dabei helfen, gibt es auch höhere Instanzen, die sie bei ihrem Prozess unterstützen. So geht es weiter bis unendlich.

D: *Es gibt also viele verschiedene Schichten. (ja) Es ist, als ob die Menschen auf der Erde noch nicht so weit entwickelt sind. Sie befinden sich auf den unteren Ebenen, Schichten, auf dem Boden?*

B: Ich würde nicht den „Boden" sagen. Sie sind im Übergang. Sie bewegen sich aufwärts.

D: *Aber sie wissen nichts davon?*

B: Richtig, richtig, es gibt einige, die sich bewusst sind. Weil sich die Energie verschiebt und die Schwingung zunimmt, werden sich immer mehr Menschen der Verbindung bewusst. Es gibt zum Beispiel unser höheres Ich, das beobachtet und unterstützt. Aber es gibt immer einen freien Willen, eine Wahl. Die Inspiration, die durchkommt, ist für diejenigen, mit denen sie schwingt.

D: *Es wird niemandem aufgezwungen. Vielleicht sind sie eh auf der Suche danach?*

B: Genau, und hatten darum gebeten.

* * *

Es scheint ein zentrales Thema zu geben, welches alle Informationen, die ich gesammelt habe, durchzieht. Das Thema Massenkommunikation auf vielen Ebenen. Unser eigener Körper verarbeitet und liefert ständig Informationen an unser Gehirn und das zentrale Nervensystem. Unsere DNA verarbeitet auch Informationen. In meinem Buch „Zwischen Tod und Leben" wurde deutlich gemacht, dass wir unzählige Leben durchlaufen müssen, sowohl auf der Erde, als auch auf anderen Planeten. Wir müssen auf Erden jede Form des Lebens (Felsen, Pflanzen, Tiere) erleben, bevor wir uns auf die menschliche Stufe weiterentwickeln. Wenn wir dann die menschliche Bühne erreichen, müssen wir alles im Leben (reich / arm, männlich / weiblich, auf jedem Kontinent, in jeder Rasse und in jeder Religion usw. durchlaufen, bevor wir diesen Zyklus abgeschlossen haben. Zwischen all diesen Leben gehen wir zur Seelenseite. Unser Hauptzweck ist es, Informationen über alles Mögliche zu sammeln. Wir haben mit Gott angefangen und unser Ziel ist es, zu Gott zurückzukehren. In diesem Buch wurde uns gesagt, dass Gott dieses System entwickelt hat, weil Gott nicht alleine lernen kann. Von uns Kindern wird erwartet, dass wir mit all dem Wissen, den Informationen und all unseren Erfahrungen die wir gesammelt haben, zu Gott zurückkehren. Auf diese Weise sind wir wie Zellen im Körper Gottes.

Was ich also von den Außerirdischen und diesen anderen fortgeschrittenen oder bewussteren Wesen lerne ist, dass sie eine aktivere Rolle bei der Assimilation von Informationen spielen. Sie zeichnen auch auf und sammeln sie zu verschiedenen Zwecken. In meinem Buch „Die Verwahrer", gibt es Beispiele von Außerirdischen, die das Gelernte aufzeichneten. Dies ist einer der Zwecke, die Implantate aufweisen, von denen die Leute einen falschen Eindruck haben. Sie nehmen alles auf, was die Person sieht, hört und fühlt, und überträgt es in riesige Computerbanken, aus Mangel an einem besseren Wort. Diese Computerbanken sind direkt mit den historischen Aufzeichnungen unserer Zivilisation in den höheren Räten verbunden. Ich fand auch in meinem Buch „Die Wärter der Gärten" und „Das gewundene Universum", Buch Eins, dass manchmal ganze Planeten Aufnahmegeräte sind. Später in diesem Buch werden wir sehen, dass dies auch in unserem eigenen Sonnensystem aktiv ist, mit unserer Sonne als Hauptaufnahmegerät. Es ist nicht unvorstellbar, dass unser eigener Planet seine eigenen Erfahrungen und Reaktionen auf den Schaden aussendet, der ihm zu diesem Zeitpunkt in unserer Geschichte zugefügt wird. Die Erde ist schließlich ein lebendiges Wesen.

Es scheint, dass dies ein allgemeines Thema oder Muster ist, von der kleinsten Zelle unseres Körpers, bis zum gesamten Universum. Vom

Mikrokosmos bis zum Makrokosmos werden Informationen übertragen und gespeichert. Die einzige logische Erklärung ist, dass das Endziel all dieser Informationen nur Gott, die Quelle, sein kann. Ähnlich einem gigantischen Computer sammelt er Daten. Zu welchem Zweck, darüber können wir nur spekulieren. Es wird jedoch immer offensichtlicher, dass dies der Fall ist.

* * *

D: Warum sind all diese Wesen so besorgt, was mit der Erde passiert?
B: Die Erde ist ein ganz besonderer Planet. Es ist eine Verschmelzung vieler, vieler, vieler Energien von vielen, vielen, vielen verschiedenen Orten. Und so ist es ein schönes - ich möchte nicht „Experiment" sagen - sage aber ein schönes Experiment, mangels eines besseren Wortes.
D: Ja, ich habe das schon mal gehört.
B: Indem wir alles zusammenbringen und freien Willen und verschiedene Erfahrungen zulassen. Nun ist das große Experiment tatsächlich die Verschmelzung von Geist und Biologie. Es ist die Verschmelzung von Geist mit Körperlichkeit. Und so haben diejenigen, die ihre physischen Körper abwerten, das Boot verpasst. Es geht um das Verschmelzen, die Integration des Geistes in das physische Sein. Und das ist der Teil des großen Experiments. Diejenigen, die nicht von dieser Dichte sind, haben diese Erfahrung nicht. Es ist ganz anders. Und so gibt es viel Neugier. Und es ist sehr aufregend zu sehen, wie sich dies in seiner ganzen Bandbreite entfaltet. Und natürlich haben wir das Licht und die Dunkelheit, die Schönheit und Hässlichkeit. Es ist alles eine Herausforderung.
D: Diejenigen, die zuschauen, haben diese Vielfalt nicht?
B: Nein, nicht so. Überhaupt nicht so. Es ist wie im Garten Eden. Als Menschen halten wir es für selbstverständlich. Wir haben diesen wunderschönen Garten Eden für selbstverständlich gehalten. Es ist sehr traurig.
D: Aber einige dieser anderen Planeten sind physisch, nicht wahr?
B: Ja, es gibt andere physische Planeten. Die Vielfalt ist nicht so groß wie hier. Die Vielfalt ist hier stark erweitert.
D: Ich dachte, wenn sie physisch wären, hätten sie physische Körper.
B: Ja, aber es gibt den Unterschied. Es gibt irgendwie Unterschiede.

D: *Ich versuche zu verstehen, warum unsere Welt so anders ist. Weil die anderen Wesen physische Körper haben und ein Leben wie diese anderen Geschöpfe auf anderen Welten leben.*

B: Das einzige, was ich in diesem Moment sehen oder wissen kann ist, dass es im Menschen ein erwachendes Bewusstsein gibt, das anders ist. Es scheint ein großes Drama zu geben, das wir auf der Erde erlebt haben. Ein Erwachen durch das Drama findet gerade statt. Und es ist einfach die beste Show, die es gibt. (lachen)

D: *Deshalb will jeder es sehen. (ja)*

* * *

Dies wurde in mehreren meiner Bücher wiederholt. Das viele Wesen im ganzen Universum beobachten, was jetzt auf der Erde vorgeht. Dies ist so, weil es anders betrachtet wird. Es ist das erste Mal, dass ein Planet oder eine Zivilisation die Ereignisse durchlaufen hat, die jetzt geschehen. Sie sind neugierig, wie es funktionieren wird. Es wurde gesagt, dass es auch das erste Mal ist, dass ein Planet das Niveau erreicht hat, auf dem er seine Frequenz und Schwingung erhöht, damit er sich in eine andere Dimension bewegen kann. Viele andere Wesen sind sich des „Dramas" bewusst, dass hier gespielt wird, und sie wollen wie in einem Film oder einer Fernsehsendung die Schlussfolgerung sehen. Wir sind unbewusst der Situation, des Skripts die Akteure auf der Bühne der Galaxie. Und wie sie sagte: „Es ist die beste Show, die es gibt."

* * *

Fortsetzung der Sitzung:

D: *Auf der Erde geraten wir in Karma. Ist das auf den anderen Planeten anders?*

B: In dieser Hinsicht scheint es einen Unterschied zu geben, ja. Es gibt eine Dichte in der Atmosphäre der Erde. So beschreibe ich es einfach. Eine Dichte, die die Energien hier auflöst. Und sobald es gelöst ist, können sie diese Dichte verlassen.

D: *Die anderen Wesen haben also unterschiedliche Lektionen zu lernen. Es ist nur eine andere Form des Lernens.*

B Genau, ganz genau.

D: *Ich weiß, dass einige dieser Dinge sehr schwer zu verstehen sind. Aber gibt es eine ganze Reihe von Räten übereinander, wie Schichten, die all dies nachverfolgen?*
B: Ja, das hat ein Bewusstsein davon. Ein bisschen wie ein Elternteil und ein Kind. Offensichtlich haben sie nicht alles im Blick, aber sie tun was sie können, sie tun das Beste. Sie sind darauf eingemessen und arbeiten an der Bereitstellung der Hilfe und der Anleitung, die sie benötigen.
D: *Aber in meiner Arbeit habe ich festgestellt, dass die Wesen nicht nur durch Portale beobachten, sondern einige von ihnen tatsächlich auf physischen Raumschiffen?*
B: Das ist richtig. Aber es gibt eine Verschiebung der Energien, damit dies geschehen kann. Weil die Frequenz/Schwingung gesenkt werden muss, um in diese atmosphärische Energie zu kommen. Es gibt eine Schutzschicht um die Erde. Um nun so in diese Ebene zu kommen, gibt es eine Verschiebung von Schwingungen in einem gewissen Ausmaß, damit sich das Physische manifestiert und im physischen gesehen zu werden.
D: *Aber wenn die anderen alle Informationen herausfinden. Warum müssen manche Wesen physisch auf die Erde kommen?*
B: Es ist wichtig, dass die Menschen auf der Erde zu verstehen beginnen, dass es andere Wesen außerhalb gibt und um ihr Bewusstsein zu erweitern. Sie denken in vielerlei Hinsicht sehr engstirnig. Daher ist es notwendig, dass eine Expansion für ihr Wachstum und ihre Entwicklung stattfindet. Nun, nicht alle Wesenheiten sind positiv und Lichtkörper. So wie es auf der Erde Dunkelheit gibt, gibt es andere dunkle Energien und auch Orte. Es ist nur ein Teil der Dinge wie sie sind.
D: *Aber sie kommen auch um zu beobachten?*
B: Ja, in einigen Fällen besteht der Wunsch nach Kontrolle. Es gibt ein Verlangen nach Ressourcen, so etwas. Aber so viel wie möglich ist nicht erlaubt.
D: *Weil dieser Planet sehr genau beobachtet wird?*
B: Ja, sehr genau.
D: *Aber das ist es, was du beobachten konntest. Du sagtest, du hättest einen Teil von dir verlassen, um das Portal zu schützen, und der andere Teil reiste dorthin, wo du beobachten und Fragen stellen konntest. (ja) Geh jetzt wieder zum Portal zurück, wo du die*

gesamte Energie warst. Warst du schon lange dort? Oder hat die Zeit keine Bedeutung?

B: Es scheint, dass Zeit keine Bedeutung hat, indes es ist wie ein Berg. Ein Berg existiert für eine riesige Zeitspanne. Und er ist sich dessen bewusst. Seine Energie wird sehr verlangsamt. Meine Energie als Wächter dieser Gegend ist folglich auch so. Es war also für mich, wie du es nennen würdest, eine sehr lange Zeit. Und doch fühlt es sich überhaupt nicht lange an. Es ist einfach sehr schön. (lacht) Sehr schön. Nur wie ein Berg.

D: *Aber ist das die einzige Sache, für die diese kristalline Struktur verwendet wird, für dieses Portal? Oder gibt es da noch mehr?*

B: Es scheint andere „Räume" zu geben, wie du es nennen würdest, weil sich darin separate Bereiche befinden. Fast wie ein System, um Informationen zurückzuschicken, ohne sich selbst zurückzuschicken. Demnach gibt es diese Art von Aufbau oder einer Installation.

D: *Du sagst meistens, es sei ein Beobachtungsfenster. (ja) Dürfen Wesen jemals von diesem Ort rausgehen? Um diesen Planeten zu verlassen? (nein) Es ist dann meistens in sich geschlossen wie ein Beobachtungsposten. (ja) Die Wesen bleiben also in den anderen Räumen, in denen Informationen übertragen werden. (richtig) Ich wollte nur versuchen, alles klar zu stellen. Aber die Entität, durch deren Körper du sprichst, deren Name Betty ist, existiert als Energie zu einer anderen Zeit oder wie?*

B: Nein, es ist alles eins. Es ist alles eins.

D: *Du existierst also als diese Energie, die das Portal schützt, während du gleichzeitig als Betty in einem physischen Körper existieren kannst. (richtig) Wie wird das gemacht? Kannst du das erklären?*

B: (lacht) Das ist es! Und es gibt eine Frage des Fokus. Als Betty fokussiere ich mein Bewusstsein in diesem Leben. Ein anderer Teil meines Wesens ist jedoch auch die Wächter-Energie an diesem Portal. Meistens kennen wir uns nicht.

D: *Das habe ich mir gedacht. Betty ist sich des anderen Teils nicht bewusst.*

B: Nein, auch weil es doch ein anderes Schwingungsniveau ist, unter dem wir arbeiten. Und so kann ich an vielen Orten sein und viele Dinge gleichzeitig tun.

D: *Ohne dass sich diese Teile gegenseitig dessen bewusst sind. (richtig) Das ist eines der Dinge, die ich verwirrend finde. Weil die Leute sagen, wie können wir all diese Dinge gleichzeitig tun?*
B: Nun, der Versuch es mit einer begrenzten Wahrnehmung und Bewusstheit zu verstehen, macht es schwierig.
D: *(kichert) Die Menschen haben große Schwierigkeiten mit dem Konzept.*
B: Genau, weil der Fokus anders ist. Und so gibt es momentan nicht die Möglichkeit, viele Teile ihres Wesens gleichzeitig wahrzunehmen.
D: *Viele verschiedene Aspekte. (richtig) Das ist, was mir immer wieder gesagt wird, der menschliche Geist ist einfach nicht in der Lage, alles zu verstehen.*
B: Das ist richtig.
D: *Ich denke, das ist eine sehr wichtige Information. Darf ich diese Informationen verwenden? (ja) Weil ich in meiner Arbeit auch die Reporterin bin, die Informationen sammelt....*
B: (erfreute Unterbrechung) Das ist richtig! Das ist sehr interessant! Du machst genau das, was diese anderen Wesen tun. Es ist eine große Ehre, dies mit dir zu teilen.
D: *Weil ich viele verschiedene Stücke aus meinen Aufnahmen herausnehme und versuche, sie auf die gleiche Weise zusammenzusetzen.*
B: Das ist richtig.
D: *Nur mache ich es, während ich in einem physischen Körper bin. (ja, ja) Ein Stück Information fügt einem anderen Stück Informationen hinzu. Deshalb habe ich so viele Fragen.*
B: Und das ist gut so, denn es hilft wieder einmal, die Wahrnehmungen zu erweitern. Die Möglichkeiten zu erweitern. Dieses geistige Bewusstsein in das physische Wesen zu bringen. Und darum geht es in dieser Zeit.
D: *Das Problem ist, dass es Menschen sehr schwer fällt, diese komplizierten Konzepte zu verstehen. (ja) Mein Job ist es zu vereinfachen, damit sie es verstehen können. Was sehr schwierig ist. Kannst du mir sagen, warum sie das heute erforscht?*
B: Ah, sie ist eine Botschafterin. Sie ist sich dessen noch nicht vollständig bewusst. Sie wird sich mehr für das Durchführen von Botschaften öffnen, um den Schwingungsprozess zu unterstützen. Sie hat gebeten, sich mehr für das Empfangen von Botschaften

aus dem geistigen Bereich zu öffnen. Und wenn man sich der Wesen, die da draußen sind, bewusster wird, löst dies die Öffnung der Botschaften aus.

Neben ihrer Vollzeitbeschäftigung als Krankenschwester auf einer Geburtsstation eines großen Krankenhauses hat Betty psychische Lesungen für Menschen gemacht. Dies geschah spontan ohne Training. Sie stellte fest, dass sie in der Lage ist, Dinge über die Menschen zu erfahren, nur indem sie in ihrer Gegenwart ist. Natürlich gab es viele Menschen, denen sie nicht sagen konnte, was sie wahrnahm, besonders nicht denen, die sie im Krankenhaus getroffen hatte, wo die Emotionen unkontrollierter sind.

* * *

Dies ist ein weiteres Beispiel dafür, wie wir unwissentlich zwei oder mehr Existenzen gleichzeitig leben, wobei jeder Partner den anderen nicht kennt. Nur durch diese Methode können sie sich gegenseitig wahrnehmen und interagieren.

Ich bin mir nicht sicher, ob der Eingang zu den anderen in dieser Sitzung genannten Dimensionen als Portal oder als Zeitfenster klassifiziert werden kann. Im Buch Eins wurde dieses Konzept erläutert. In dieser Konstellation können sie sich durch ein Portal in eine andere Dimension bewegen, während sie in diesem Fall nur durch ein Fenster schauen und beobachten können.

In den anderen Sitzungen, einschließlich dieser in diesem Abschnitt enthaltenen, zeigte es sich, offenbar haben wir es auch mit Portalen zu tun, die betreten und wieder verlassen werden können, und nicht nur Fenster, die nur für die Beobachtung gedacht und verwendet werden.

KAPITEL 20

DIE UREINWOHNER

Diese Sitzung mit Lily, einer Psychologin, fand während der WIR (Eng: WE: Walk in Evolution) Konferenz in Las Vegas im April 2002 statt. Es hat sich gezeigt, dass Portale schon viel länger hier sind, als wir uns vorstellen können und ebenso aktiv genutzt werden.

Als Lily die Wolke verlassen hatte, stand sie mitten im hohen Gras soweit das Auge reichte. Ihre Gedanken versorgten sie mit den Bildern des Ortes ohne gefragt zu werden.

L: Felder mit hohem Gras, das aussieht wie Weizen. Und es heißt „The Veldt, Australien".
D: Fühlt es sich so an, als könnte es dort sein?
L: Ich habe das Gefühl, ja. Es fühlt sich flach an. Und es fühlt sich als Teil einer großen Landmasse an.

Sie war umgeben von dem Gras, von dem sie annahm, dass es sich um Weizen handelt, aber in der Ferne konnte sie etwas anderes sehen, das definitiv nicht in diese Hirtenszene passte.

L: Und ich fühle diesen großen Monolithen in der Ferne.
D: Was meinst du mit Monolith?
L: Ein großer Hügel. Stein, aber größer und flach.

Ich dachte, wenn sie über Australien sprach, war es wahrscheinlich der Ayers Rock, der in der Mitte des Kontinents liegt. Er ist von Bedeutung, weil er auf flachem und verlassenem Gelände alleine steht. Aber ich wollte sie nicht beeinflussen, also fragte ich nach anderen Bergen.

L: Ayers, er sitzt einfach von selbst da.

Informationen im Internet:

Ayers Rock ist auch unter dem Namen der Ureinwohner „Uluru" bekannt. Es ist der größte Monolith der Welt, der sich 348 m über dem Wüstenboden im Zentrum Australiens erhebt und einen Umfang von 8 km hat. Er gilt als eines der großen Wunder der Welt und befindet sich auf einem großen Punkt des Planetengitters, ähnlich wie die Große Pyramide in Ägypten. Abhängig von der Tageszeit und den atmosphärischen Bedingungen kann der Felsen die Farbe drastisch ändern, alles von braun bis rot.

Ayers Rock gilt als heiliger Ort und wird in der Religion der Ureinwohner sehr verehrt. Die Aborigines glauben, dass es unter der Erde hohl ist und dass es eine Energiequelle gibt, die sie "Tjukurpa" nennen, die „Traumzeit". Der Begriff Tjukurpa wird auch verwendet, um sich auf die Aufzeichnung aller Aktivitäten eines bestimmten Vorfahren von Anfang seiner Reisen bis zu seinem Ende zu beziehen. Die Ureinwohner wissen, dass die Gegend um den Ayers Rock von dutzenden Ahnenwesen bewohnt wird, deren Aktivitäten an vielen verschiedenen Orten aufgezeichnet werden. An jedem Standort können die Ereignisse nacherzählt werden. In der Gegend gibt es viele alte Felszeichnungen. Einige davon wurden übersetzt, andere nicht. Die Gemälde werden regelmäßig erneuert, Farbschicht für Farbschicht, die viele tausend Jahre zurückreichen.

* * *

D: Welche Farbe hat der Monolith?

Ihre Stimme veränderte sich und wurde einfacher, fast primitiv. Sie sprach sehr bewusst.

L: Dunkel, bräunlich, rot, wenn die Sonne ihn trifft, wird er feuerrot.

Sie beschrieb definitiv Ayers Rock.

D: Aber ansonsten sind es nur Felder?
L: Von Weizen, oder was nur so aussieht wie hohes Gras. Hart, härter als Gras.
D: Gibt es Anzeichen von Wohnstätten oder Gebäuden oder irgendetwas?
L: Hier leben Ureinwohner, (hatte Schwierigkeiten mit diesem Wort) Menschen in der Nähe. (ganz bewusst) Stammesangehörige leben in der Nähe.

Ich bat um eine Beschreibung ihrer selbst. Sie war ein Mann mit brauner Haut und schwarzem Haar, mit „sehr wenig Gesichtsbehaarung" und „Fell haut, die meinen Rumpf und meine Lenden bedeckt". Er war in den Zwanzigern oder Dreißigern, aber das galt nicht als jung. Er sagte, sein Körper sei stark; „Krieger stark. Tapfer, ich bin tapfer."

D: Trägst du irgendeine Dekoration oder....
L: (unterbrochen) Perlen, um meinen Hals. Mehrere Arten von Litzen, mit Metallamuletten für Mut und Schutz. Und in meinen Haaren wie du bemerkt hast, Ehre. Ehrenzeichen in der Gemeinschaft.
D: Was ist in deinen Haaren, was bedeutet das?

L: Knochen, Stoßzahn und Metall, Münze, Kreise.
D: *Ist das in deinen Haaren verwoben?*
L: (Pause) Wie eine Halskette an meinem Kopf. (sie sprach sehr einfach und benutzte die Worte, mit denen die Entität vertraut war.) Ich bin ... Platz des Status. Wie Chef, aber nicht Chef. Ich verdiene das, (verwirrt) du kannst ... kannst du mich nicht sehen?
D: *Nicht so gut. Es ist, als ob uns ein Schleier trennt.*
L: Meine Brust ist groß mit Stolz und Muskelkraft.
D: *Deshalb muss ich Fragen stellen, weil ich dich nicht so deutlich sehen kann. Kannst du dich darauf beziehen? (ja) Hast du noch andere Ornamente?*
L: Ja, meine Haut hat Einschnitte. Wir tun dies selbstverständlich im Wachstum und in der Pubertät. Und mit jedem Töten einheimischer Tiere und anderer Siedler, die uns schaden. Wir halten uns jedoch nicht daran, Menschen zu töten, denn das widerspricht unserer Religion.
D: *Ich verstehe. Aber wenn du etwas tötest, machst du einen Schnitt?*
L: Ja, es ist ein Zeichen der Leistung des Kriegers.
D: *Wo machst du den Schnitt?*
L: An meinem rechten Oberarm. Manchmal linker Arm. Und Brust oberhalb der Brustwarzen. Oben ... am Hals und an der Brust.
D: *Hast du auf diese Weise die Amulette zur Ehre erhalten, durch deine Taten? Wie Tiere zu töten?*
L: Die Einschnitte sind mehr für jede Leistung. Das Amulett dient eher dazu, in dieser Kultur, in der wir uns befinden, gewachsen zu sein. Es ist ein Ort der Ehre und Würde. Sie haben es von Kindheit an. Sie wissen, was von Ihnen erwartet wird.

Ihre Worte wurden sorgfältig ausgewählt, als wären sie der Entität fremd und unbekannt. Sie sprach sehr bewusst und direkt.

D: *Dann erhältst du dies als Zeichen dafür, dass du diesen Zustand erreicht hast?*
L: Ja, nicht alle Menschen im Stamm haben diese Gelegenheit.
D: *Aber du hast gesagt, du tötest die einheimischen Tiere.*
L: Ja, das ist meine Rolle als Mann. Ich töte mit Speer und Händen.
D: *Tiere sind sehr schnell, oder?*

L: Wir sind schlau. Wir wissen, wie man das Tier im richtigen Moment aufspürt, verfolgt und angreift. Präzision ist das, was tötet.

D: *Du hast gesagt, manchmal musst du Menschen töten?*

L: Wenn Siedler kommen, um unser Land oder unser Volk zu zerstören. Wir müssen manchmal. Es wird mir mehr von meinem Vater erzählt, aber ich habe das auch so gemacht. Ich möchte das nicht tun. Jedoch ich habe manchmal keine Wahl. Ich muss meine Leute schützen.

D: *Das ist richtig. Sind diese Siedler auch braunhäutige Menschen?*

L: Weiße Männer und ... und ... (zögernd, mit einem großen Seufzer) ... glühende Männer.

D: *Was meinst du mit glühenden Männern?*

L: (Er schien besorgt zu sein.) Glühbirnen, sie sehen aus wie Glühbirnen. Glühende und leuchtende Männer. (Sie atmete schneller.)

D: *Die weißen Männer sehen aus wie du, abgesehen von ihrer Haut? (ja) Und die anderen sehen anders aus?*

L: (Verwirrt und definitiv verängstigt.) Sie machen ... zusammen die glühenden Männer ... (auf der Suche nach dem Wort) wirbeln sie. Der Verstand ... das Gehirn ... die Kraft hinter ihnen. Die glühenden Blasen ... die glühenden Wesen sind zuständig. Sie haben die Macht.

Es war schwierig, aber er war überzeugt, dass er die richtigen Worte gefunden hatte.

D: *Ich dachte, du meintest, die Weißen seien die Siedler.*

L: Die weißen Männer kommen aus dem ... (hatte Schwierigkeiten) Raumschiff? Gebäude? Ding? Kommen aus dem glühenden Ding heraus, wo die glühenden Wesen sind.

D: *Dort sind glühende Wesen, und die weißen Männer kommen von dort heraus?*

L: Ja, die weißen Männer kommen heraus. Und die glühenden Wesen sehen aus wie Reagenzgläser oder große Maiskörner, aber glühende Wesen, die wie Mais aussehen, länglich.

D: *Sie sehen also anders aus als die anderen.*

L: (Aufgeregt, dass sie mich verstanden hat.) Ja, ja!

D: *Es ist also etwas, was du noch nicht gesehen hast?*

L: Niemals! Erschreckend! (tiefer Atemzug) Wir können nicht dorthin gehen. Sie kommen von weit her am Himmel. Und die Weißen sprechen mit uns und erklären uns.
D: *Die Glühenden, kannst du das Gesicht oder Eigenschaften erkennen? Oder glüht es alles einfach nur?*
L: Alles glühend und pulsierend und Gehirn. Alles Gehirn, Wissen, Wissen, Wissen, Wissen.
D: *Was meinst du mit dem ganzen Gehirn?*
L: Sie wissen alles. Sie wissen, sie sehen die ganze Zeit. Und wie ... Computer, aber lebendig und pulsierend. Und keine Arme, keine Beine, kein Gesicht. Aber die Farbe am oberen Ende der Hülse unterscheidet sich von der Unterseite der Hülse. Der Boden der Schote ist mehr blau, schillernd blau und grün. Oberseite der Hülse weiß, wo das Gehirn ist, lang.

Es war offensichtlich, dass die Entität Wörter aus Lilys heutigem Vokabular nutzte. Sonst hätte der Ureinwohner keine Worte, um die unbekannten Dinge zu erklären, die er mir zu beschreiben versuchte.

D: *Aber du hast gesagt, sie kommen und du kannst nicht dorthin gehen.*
L: (unterbrochen) Nein! Nein zum Schiff gehen. Nein zum Schiff gehen.
D: *Wo kommt es runter?*
L: Bei den Klippen, bei den Felsen. Weit entfernt vom Monolithen, aber nahe an den Felsen. Und nicht in der Nähe des Weizens. Die Weißhäutigen ... sie kommen zu uns. Und sie erklären es. Zuerst haben wir Angst. Weiß nie gesehen. Wir fanden sie krank. Sie haben kein Blut in sich. Und keine Haare wie wir, nicht dunkel. Nein ... nichts wie wir. Alles weiß, keine Kleidung. Aber nein ... (Schwierigkeit) kein Geburtszeug. Nicht was wir haben.

Er bezog sich offensichtlich auf die Sexualorgane.

D: *Haben sie Augen wie du?*
L: Ja, aber kein blinzeln. Kein blinzeln, sie sind weiße Leute, aber anders. Aber nein ... was sie „Anatomie" nennen. Keine Anatomie.
D: *Aber du hast sie „Siedler" genannt, nicht wahr?*

L: Sie kommen, um sich niederzulassen, zu testen, Boden zu nehmen, mit uns zu reden, unsere Kinder mitzunehmen, um mit ihnen zu arbeiten.
D: *Was meinst du damit, deine Kinder mitzunehmen?*
L: Nimm zurück zum Schiff. Lehren, reden, rauf und runter und sie bringen sie zurück.
D: *Wie denkst du darüber?*
L: Sie sagen es ist okay. Sie sind nette Leute. Unsere Kinder wollen lernen. Wir fühlen uns gut. (Er klang nicht so zuversichtlich.) Ich gehe nirgendwo hin. Nein, geh dahin. Nein, geh dahin. Ich habe Angst. Angst, weiß nicht wie ... weiß nicht wie.
D: *Und die Weißen, die kommen und mit dir reden ...*
L: (unterbrochen) Sie leuchten ein bisschen. Ein bisschen.
D: *Aber sie erklären dir, was passieren wird?*
L: Ja, sie sagen alles gut. Um ruhig zu sein, um in Ordnung zu sein, diese Vereinbarung. Wir vereinbaren, dass es keinen Schaden gibt, und Kindern geht es gut. Sie lernen, und sie bringen Werkzeuge zurück. Speer und Stein. Stein, glatt, am Ende des Speers gekrümmt. Und ... Kreise. Platte. Frauen helfen bei der Herstellung von Samen, Mais und Brot.
D: *Woraus bestehen diese Platten?*
L: Stein, aber weich und rund und glatt. Und leicht zu schlagen. Auf Tisch- und Steinschalen. Sie zeigen uns, wie wir es einfacher machen können. Sehr gut. Wie sie das machen, wissen wir nicht.
D: *Sie zeigen dir nicht, wie man sie macht?*
L: Nein, sie geben. Kinder können lernen, hoffen wir.
D: *Vielleicht ist das eines der Dinge, die sie ihnen beibringen.*
L: Kinder brauchen Zeit im Schiff. Und hin und her gehen. Wir sprechen nicht viel darüber.
D: *Die Kinder sagen nicht, was passiert, wenn sie zurückkommen?*
L: (Er schien besorgt zu sein, darüber zu sprechen.) Ein oder zwei erzählen, aber nicht viel reden. Sie gehen zu lernen und weiterzugeben und kommen zurück.
D: *Aber wollen die Kinder darüber reden?*
L: Sie sollen nicht darüber reden. Zu viel für Kopf, Verstand, um zu verstehen. Eine Angst, Frauen erschrecken. Frauen erschrecken, aber ich bin stark. Ich kann einstecken.
D: *Hast du Kinder?*
L: Ja, fünf. Zwei Jungen gehen auf Schiff. Sie wollen.

D: *Ihnen wurde etwas beigebracht?*
L: Ja, aber reisen. Reisen sie zu weit entfernten Orten. Nicht hier. Sie gehen weit.
D: *Haben sie euch erzählt, wie es an dem Ort aussah, an den sie gebracht worden sind?*
L: Weit weg vom Mond. Sie sagen, dass lila Wesen dort leben. Aber nicht wie unser Ort, unsere Welt aussieht. Alles grün und Vegetation, wo sich die purpurnen Wesen befinden. Heiß, heiß und feucht auf der Haut. Lila Wesen haben keine Haut wie wir. Es ist mehr wie Gummi. Sie werden „Amphibien" genannt. Lila Wesen sind Amphibien.
D: *Was bedeutet das für dich?*
L: Sie schwimmen und laufen gleichzeitig. Sie haben sie in den Dreck gezogen. Sie sehen aus wie Salamander Wesen. Hast du diese gesehen?
D: *Ich weiß, dass ein Salamander wie eine Eidechse ist.*
L: Schwimmen mehr als eine Eidechse. Und sie auch aufrecht. Eidechse nicht so fortgeschritten. Sehr rund, gummiartig. Nicht so definiert und nicht so hart und spitz wie Eidechsen. Mehr Rund.
D: *Weil Eidechsen manchmal raue Haut haben.*
L: Die ist glatt und gummiartig. Und sie leuchten auch, aber nicht so sehr wie die glühenden Wesen im Schiff. Das sind die hellsten. Viel heller.
D: *Ist dies der Ort, an dem deine Söhne unterrichtet worden sind? Oder werden sie auf dem Schiff unterrichtet?*
L: Sie gehen an viele Orte. Sie unterrichteten an Bord und an Orten, zu denen sie reisen.
D: *Haben sie dir erzählt, was ihnen beigebracht worden ist?*
L: „Viele Lehren, Papa würde sie nicht verstehen." Das sagen sie mir. Sie sind nett zu mir. Sie sagen, ich würde es nicht verstehen. Wie für kleine Kinder in deiner Welt, um alten Menschen, Computer zu erklären. Es ist besser zu sagen: „Sie würden es nicht verstehen." Nicht verstehen, ja. Deine Welt sehr fortgeschritten, wie Schiff, ja?
D: *Ich denke schon.*

Der Ureinwohner wusste irgendwie, dass in der Welt, in der sein Gegenstück Lily lebte, die Dinge ganz anders sind. Anscheinend verwirrte es ihn nicht. Ich habe dies in anderen Fällen gehabt, in denen ich mit Einheimischen spreche. Sie sind intuitiver und können oft in andere Dimensionen sehen, ohne zu wissen, dass das etwas ungewöhnlich ist.

D: *Aber in deinem Leben sind die Dinge sehr einfach?*
L: Ja, und sehr, sehr weit weg. Sie kommen von weit her in der Zeit. Sie reisen weit in die Zeit.
D: *Haben dir deine Söhne das gesagt? (ja) Aber zumindest wissen sie, dass sie ihnen keinen Schaden zufügen werden.*
L: Nein. sie lieben es. Sie wollen mehr.
D: *Haben sie ihnen Anweisungen gegeben, was sie mit dem Unterricht tun sollen?*
L: Land für indigene Völker kultivieren. Lass es besser wachsen, für den Boden. Machen sie mehr Boden ... (Ungewissheit), um bessere Bohnen und Reisstiele anzubauen. Das macht keinen Sinn. Aber sie sagen, dass es passieren wird. Ich sage, wir brauchen Wasser, um fruchtbar zu sein. Sie sagen, es sei fruchtbar. Sie zeigen uns mit ... Flüssigkeit in Röhrchen. Aber es ist kein Wasser. Es sieht aus wie Quecksilber. Es sieht aus wie eine silberweiße Zusammensetzung der lila Wesen. Du gibst es in den trockenen Boden, und es lässt alles wachsen. Es ist wunderbar!
D: *Also brauchst du kein Wasser?*
L: Und die weißen Wesen zeigen uns, wie man pflanzt und bewirtschaftet. (verwirrt) Wie kann das sein? Sie helfen uns also und wir werden stark. Essen für Babys. Und sie nehmen unsere Kinder mit auf Reisen. Und ... untersuchen sie.
D: *Zeigen sie ihnen, wie sie diese Flüssigkeit herstellen können?*
L: Es kommt vom Schiff. Vom violetten Planeten.
D: *Also kannst du das nicht selber herstellen?*
L: Nein, es ist Tauschhandel. Wir geben unsere Kinder zum Lernen. Sie geben uns Reagenzglasflüssigkeit zum Züchten und Kultivieren.
D: *Aber du hast es nur, solange sie es dir geben. Ihr könnt es nicht selbst herstellen.*
L: Wir haben es für immer. Sie gehen nicht weg.
D: *Also bleiben sie und geben es dir weiter.*
L: Wir denken. Sie sind hier. Sie sind sehr gute Leute.

D: *Gibt es in der Nähe Wasser? Weil ihr auch Wasser haben müsst, um zu leben.*
L: Nicht genug. Sehr trocken. Es ist manchmal ein Problem.
D: *Aber du hast vorhin gesagt, dass manchmal deine Leute die Siedler getötet haben. Wann ist das passiert?*
L: Am Anfang, zuerst als sie kamen. Wir haben nicht gewusst. Wir haben einen Fehler gemacht. Wir haben große Angst gehabt. Wir dachten, sie würden kommen, um unsere Babys zu schnappen. Und wir haben gekämpft. Zwei töten wir. Und dann verfolgen wir.
D: *Dies waren zwei der weißen Wesen? (ja) Haben sie versucht sich zu verteidigen?*
L: Nicht wie wir. Sie nahmen sie mit, um sie zu heilen.
D: *Also sind sie nicht gestorben?*
L: Sie sterben und dann geben sie ihnen neues Leben. (erstaunt) Sie geben ihnen neue Energie über den Körper. (Unsicher, wie man es aussprechen soll.) Neue Seelenenergie über dem toten Körper. Von oben. Kommt runter und füllt den Körper. Und Körper flach auf dem Schiff. Die Seele kommt an die Spitze, verschmilzt und erweckt wieder zum Leben.
D: *Das haben sie dir erzählt?*
L: Das habe ich durch meinen Sohn gesehen.

Als Lily erwachte, behielt sie ein geistiges Bild davon bei, wie es gemacht wurde. Sie sah, dass die Toten auf eine Art Platte gelegt worden sind und so eine Art Glorienschein sie zum Leben erweckte.

D: *Dann haben deine Leute sie mit Speeren getötet?*
L: Und mit Gift im Pfeilspeer. Es gibt eine Pflanze, die tödlich ist. Mit Präzision für große Tiere. Wenn sie den Pfeil in den Hals bekommen. Durch eine Ader. (Handbewegungen, sie zeigte die Seite des Halses an. Wahrscheinlich die Halsvene.) Sie töten.
D: *So tötest du die Tiere?*
L: Großes Tier.
D: *So töteten einige Leute die ersten, die kamen? (ja) Sie müssen überrascht gewesen sein, nicht wahr?*
L: Nein, sie wussten, dass Planet gefährlich ist. Niemand hat es je gesagt. Sie haben Wissen. Sie wissen von uns. Sie sagen, dass sie vorher gekommen sind. (Pause) Fünfzehnhundert. Sie waren vorher gekommen.

D: Vor fünfzehnhundert Jahren?
L: Jahr fünfzehnhundert.
D: Haben deine Leute irgendwelche Legenden über diese Art von Leuten?
L: Ja, auf Felsen. Die Blase. Der Kreis vom Himmel.
D: Das ist auf den Felsen gezeichnet?
L: Bei den Klippen, wo sie zurückkommen.
D: Haben deine Leute, die sie von früher kannten, die Zeichnungen auf den Felsen gezeichnet?
L: Ja, und sie sind verschwunden. Viele verschwinden und kommen nicht zurück. Unsere Leute. Vor meinen Eltern, vor ihren Eltern, vor ihren Eltern. Das ist eine Legende, fragst du? Sie kamen und viele kamen nicht zurück. Sie gingen auf das Schiff und kamen nicht zurück. Dasselbe gilt für dein Volk in deinem Land ... (Pause, verwirrt.)
D: Kannst du sehen, wo ich vortrage?
L: Ja, sie zeigen es mir. Du bist wie ... eine Zeitreisende.
D: Ja, das mache ich gerne. Und so erfahre ich viele Informationen. Es sind Informationen die verloren gegangen sind.
L: (überrascht) Anasazi! Sie sagen, du kennst Anasazi? Du verstehst uns.

Die Anasazi waren ein Indianerstamm, der im 14. Jahrhundert im Chaco Canyon in New Mexico lebte. Sie sind völlig verschwunden, und niemand weiß genau warum, obwohl ihre Ruinen intensiv untersucht wurden. Hatte er darauf hingewiesen, dass es eine übernatürliche Erklärung dafür gibt?

D: Dann wussten die Leute, dass ihr gefährlich seid. Ist das der Grund, warum deine Leute sie getötet haben, weil sie Angst hatten, sie würden die Leute wie in der Legende mitnehmen?
L: Wir hatten nur Angst wegen unserer Kinder. Wir konnten nicht an Legenden denken. Nur unsere Babys. Es ist unheimlich zu schauen. Bilder zeigen keinen beängstigenden Blick. Du hast so etwas noch nie gesehen. Sie haben keinen Körper und keine Körperteile wie Menschen.
D: Zumindest hast du die fremden Leute nicht getötet. Sie wurden wieder zum Leben erweckt. Das ist sehr wunderbar, nicht wahr?
L: Sie wurden getötet und dann ungetötet. Gute Medizin!

D: *Aber du wolltest nicht dorthin gehen, wo sich das Schiff befindet? (nein) Du bist sehr mutig, aber nicht so mutig.*
L: Mein Vater sagte mir: „Gehe nicht in die Nähe eines Schiffes!" Andere kamen nicht zurück. Ich habe Verantwortung gegenüber meiner Familie und meinen Kindern. Ich gehe nicht. Ich gehorche. Mein Vater sagt nein. Ich muss meine Familie schützen. Ich spreche jetzt mit weißen Wesen. Ohne Angst. Ich gehe in kein Schiff. Weiße Wesen in Ordnung. Meine Kinder zeigen mir, dass es ihnen gut geht. Meine Kinder stellen mich ihnen vor.
D: *Und du lernst viel und sie geben deinen Leuten Dinge, die sie benutzen können.*
L: Für ihre Ernte.
D: *Das heißt, sie wollen dir nicht schaden. Sie wollen dir helfen. (ja)*

Ich entschied, dass es an der Zeit ist, ihn in eine andere Szene zu bringen, als er älter wurde, damit wir mehr Informationen sammeln können. Ich brachte ihn an einen Tag, den er für wichtig hielt, als etwas geschah. Er schien etwas zu beobachten.

D: *Was ist das?*
L: Es ist eine Struktur. Es sieht aus wie eine Steinblume, eine Steinskulptur, ein Stein ... rautenförmig, aber abgerundet, mit unterschiedlichem blau und dunklem blau am Umfang und grün und weiß. Adern durch Stein laufen. Ich stehe vor dieser Struktur. Es ist groß. Es ist größer als Person.
D: *Wo ist es?*
L: Im Land. Im Boden stecken.
D: *War das vorher dort? (nein) Hat es jemand gemacht, geschnitzt oder wie?*
L: Ich bin nicht ... ich bin nicht in meinem Heimatland.

Diese Antwort war eine Überraschung.

D: *Oh? Du bist nicht dort, wo du lebst?*
L: Nein, ich bin ... in einer anderen Welt.
D: *Wie bist du dorthin gekommen?*
L: Ich weiß es nicht. Ich fühle mich unwohl. Es ist dunkel hier. Es ist ungewohnt.

D: *Ich möchte nicht, dass du dich unwohl fühlst. Wirst du mit mir reden und dich nicht stören lassen?*
L: Ja, hier ist nichts, was ich kenne. Es ist ... wie schwarzer Glaslavastein. Größer als ich. Breiter als ich. Es hat die Form eines großen Blattes, das aufrecht steht. Unten, wo es beginnt, ist es dicker und dann wird es oben wieder dünner. Und es ist Stein! Ich gehe darauf zu. Das sehe ich, als du mich hierher gebracht hast.

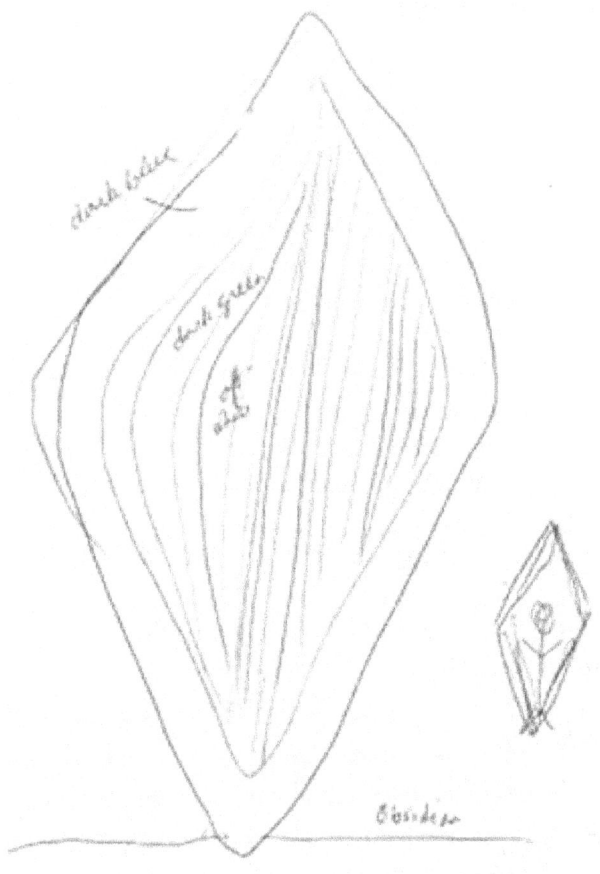

D: *Gibt es Gebäude in der Umgebung oder bist du da alleine?*
L: Nein, kein Gebäude. Aber ich höre und spüre einen Tunnel, Steintunnel. Ah! Ich frage. Ich bin in der Erde.
D: *Deshalb ist es dunkel?*
L: Ja, sehr anders.

D: *Wenn du fragst, kannst du die Antworten bekommen? (ja) Das ist gut. Wie bist du an diesen Ort gekommen?*
L: Sie haben mich hier gelassen. (Eine Offenbarung.) Ich ging durch eine Tür. Sie sagen in ihrer Sprache: „Portal".
D: *An dem Ort, an dem du gelebt hast?*
L: Nahe, in der Nähe der Klippen.
D: *Du hast doch gesagt, du würdest nicht in die Nähe des Schiffes gehen.*
L: Nicht in der Nähe des Schiffes. In der Nähe, aber weit weg. Kein Schiff. In der Nähe der Klippen. Es ist wie ein Durchgang.
D: *Haben sie dich dorthin gebracht?*
L: Er zeigt es. Ich bin selbst gegangen. Ich gehe durch die Durchgangstür... dunkle Tür.
D: *Wie sah das Portal aus, als du es zum ersten Mal gesehen hast?*
L: (überrascht) Ein Schatten! Es sah aus wie eine Linie oder ein Schatten im roten Felsen. Du gehst darauf zu und stellst deinen Fuß durch, und du bist weg. Und ich sehe diesen Stein vor mir. Es ist wie ein Gott. Ich denke es ist ... ich bin überzeugt, dass es ein Gott ist.
D: *Ist jemand bei dir?*
L: Nein, ich sehe niemand.
D: *Sie lassen dich einfach durch. Was wirst du machen?*
L: Ich schaue mich um ... nach Licht. Für andere. Und für den Rückweg.
D: *Kannst du dich umdrehen und den Weg zurückgehen, den du gekommen bist?*
L: Ich sehe nichts als Dunkelheit mit etwas Licht, Tunnel.
D: *Nicht so wie du gekommen bist?*
L: Nein, ich gehe, mach einen Schritt, ich hier. Ich weiß nicht, wie ich gekommen bin.
D: *Du kannst den Durchgang nicht finden, durch den du gekommen bist?*
L: Nein, kann ich nicht. Ich habe das Gefühl, ich muss diese Statue anschauen und sehen. Etwas zu erhalten. Warum bin ich hier? Es muss etwas sein. Weißt du was das ist?
D: *Nein, da ist mir nichts bekannt. Ich bin so verwirrt wie du.*
L: (Überrascht, eine Offenbarung.) Wissen hier. Ich bekomme Wissen von diesem Stein. Ich bekomme Wissen, wenn ich hier

vor Stein stehe und meinen Kopf auf Stein lege. Daneben stehen und meine Stirn gegen den Stein setzen.

Diese Beschreibung eines merkwürdigen Steins, der großes Wissen enthielt und sich unter der Erde befand, ähnelte zwei anderen Fällen, über die ich in meinen anderen Bücher geschrieben habe. In „Die Verwahrer" wurde John Johnson von seinem Hotelzimmer in Ägypten in einen unterirdischen Raum gebracht, wo sich mitten in einem Raum ein massiver Stein befand, der großes Wissen enthielt, das ihm gegeben wurde, was er aber nicht behalten oder wiederholen konnte. Im „Vermächtnis aus den Sternen" wird in der Zukunft ein ähnlicher Stein in einer unterirdischen Stadt erwähnt, als die Erde ihre Atmosphäre so stark vergiftet hatte, dass das Leben an der Oberfläche unmöglich geworden war. Die Überlebenden mussten, einer unterirdischen Existenz ähnlich, auf einer Ameisenfarm leben. In einem Raum befand sich ein riesiger Stein, von dem aus die Wesen auf das gewünschte Wissen zugreifen konnten, indem sie einfach ihre Hände darauf oder ihre Stirn dagegen legten. Jeder Fall stellte Wissen dar, das irgendwie in Stein gespeichert war.

D: Magie?
L: Wie die Osmose.
D: Welche Art von Wissen kommt durch diesen Weg?
L: Wissenschaft, wissenschaftliche Angelegenheiten.
D: Verstehst du das? (Überrascht: ja!) Auch wenn es anders ist als woher du kommst?
L: Es ist ein Weg durch die Zeit zu gehen, ohne auf ein Schiff zu gehen.
D: Ich verstehe. Denkst du, dass dies deinen Kindern so beigebracht worden ist?
L: (Überraschung) Ich weiß es nicht! Ich dachte, sie lernen auf dem Schiff. Das fühlt sich neu an. Ich weiß nicht, ob das jemand weiß. Es fühlt sich geheim an.
D: Aber sie haben dir erlaubt, dorthin zu gehen, nicht wahr?
L: Sie haben mich nicht aufgehalten. (Pause) Ich weiß nicht, ob sie es gezeigt haben oder ob meine Söhne mir es gezeigt haben. Ich weiß nicht, ob sie wissen, dass ich hier bin.
D: Wenn du Informationen von diesem Stein erhalten hast, was wirst du damit tun?

L: Reisen.
D: *Was meinst du damit?*
L: Ich möchte zurückkehren und meine Leute finden, die hier abgereist sind. Ich möchte sie zurückbringen.
D: *Die in der Legende? (ja) Denkst du, dass das möglich ist?*
L: Ja, ich habe das Gefühl, ich kann es vom Stein bekommen. Und wenn ich die Leute zurückbringe, kann ich in Frieden sterben.
D: *Glaubst du, der Stein wird es dir sagen?*
L: Das ist meine Hoffnung. Und mich dorthin bringen. Ich habe ein Gefühl. Ich weiß nicht wie es möglich ist, aber ich habe das Gefühl, dass ich durch die Arbeit mit dem Stein meine Leute finden kann.
D: *Glaubst du, das wäre gefährlich?*
L: Nicht gefährlicher als das, was ich getan habe. Hierher zum Tunnel kommen.
D: *Aber wenn du sie gefunden hast, wie kannst du sie dann zurückbringen?*
L: Ich möchte es versuchen. Ich denke nicht im Voraus. Ich versuche.
D: *Hast du vorher darüber nachgedacht, die Leute zu finden?*
L: Nein, aber jetzt verspüre ich den Wunsch, sie zu verbinden, zu finden und wiederzubringen.
D: *Du sorgst dich also nicht wirklich darum, wie du da rauskommst.*
L: Ich gehe ... vorwärts. Ich möchte in den Stein gehen.
D: *Glaubst du, du kannst damit verschmelzen? (ja) Sag mir was passiert. (Ich habe ihr gegenüber betont, dass sie beschützt ist.) Wie fühlt es sich an?*
L: Ich bin leicht. Ich bin glühend. Ich bin ... ich bin die ewige Sonne.
D: *Wann ist das passiert?*
L: Ich verschmelze mit Stein. Ich drückte meinen Kopf in Stein und meinen Körper in Stein. Und ich bin jetzt hier. Ich bin Licht. Ich bin ... wie eine Flamme. Ich kann überall hingehen.
D: *Du hast gesagt, du bist „hier". Wo ist hier?*
L: Ich war vor dem Stein ... im Tunnel. Und jetzt bin ich ...nirgends. Ich bin Licht. Ich bin Energie.
D: *Du hast nicht mehr den Körper, den du hattest? (nein) Wie geht es dir dabei?*
L: Ich fühle mich wunderbar. Ich möchte nicht zurückgehen. Ich möchte meine Leute finden, aber ich möchte nicht zu meinem Körper zurückkehren. Zu klein und ... eingeschränkt.

D: *Zu limitierend?*
L: Ja, das ist groß. Vielleicht weiß ich jetzt was meine Söhne wissen.
D: *Worüber sie nicht reden konnten. Du hast etwas über die Sonne erwähnt?*
L: Ich glaube, ich bin die Sonne.
D: *Glühend meinst du?*
L: Und groß.
D: *Groß und strahlend. Das ist sehr seltsam, nicht wahr?*
L: Es fühlt sich nicht sonderbar an. Es fühlt sich an, als wäre ich schon einmal hier gewesen.
D: *Du vermisst den Körper dann überhaupt nicht.*
L: Nein, ich will keinen Körper.

Ist das mit den anderen passiert, die aus der Stammesgruppe verschwunden sind? Vielleicht stolperten sie auch über dieses Portal in der Nähe der Klippen. Das Portal befand sich ebenfalls in der Nähe, wo das Schiff immer erschien. Vielleicht assoziierten die Menschen ihr Verschwinden mit den geheimnisvollen Wesen. Vielleicht nutzten auch die Wesen dieses Portal, um zwischen den Welten hin und her zu reisen.

D: *Wie fühlt es sich an?*

Lilys Stimme änderte sich und kehrte zur Normalität zurück. Sie war nicht länger der Ureinwohner, der nach den richtigen Wörtern suchte und bewusst sprach. Diese Persönlichkeit schien zurückgeblieben zu sein, und ihre wirkliche Persönlichkeit kam zurück.

L: Es fühlt sich herrlich an. Es fühlt sich an ... wie die Engel, die tanzen. Ich kann alle anderen Wesen fühlen. Ich kann die ganze Intelligenz spüren. Ich bin nicht mehr ungebildet. Ich weiß alles.
D: *Genauso schnell konntest du diesen Wechsel vornehmen. Ist es das was du meinst?*
L: Ja, mein Körper und mein Leben als diese Person waren männlich, ungebildet, primitiv, unkultiviert. Er war ein guter Mensch, aber er war ... primitiv. Ich bin dieselbe Person, dachte ich. Aber ich fühle mich nicht mehr männlich oder weiblich. Ich fühle alles. Ich fühle ich kann alles wissen in meinem Sein.
D: *Das ist ein wunderbares Gefühl, nicht wahr?*

L: Es ist so wie es ist.

D: Dann ist das ein perfekter Ort.

L: Ja, aber es ist kein Ort. Es ist überall. Es hat keine Wände. Ich bin grenzenlos. Ich möchte nicht zu diesem Körper und dieser Einschränkung zurückkehren.

D: In diesem Zustand, in dem du dich gerade befindest, weißt du, was los war. Verstehst du jetzt mehr über die weißen Wesen? Und was damals mit deinen Leuten passierte?

L: Die weißen Wesen sind Weltraumreisende. Und sie bereisen die Galaxie weit und breit und suchen nach Zivilisationen, die etwas zu bieten haben, etwas, das für beide Seiten Erfolg haben kann. Es ist ein gleichberechtigter Tausch. Es sind gute Wesen. Sie tun dies seit Äonen, seit Jahrhunderten sie sind unsterblich. Sie sind die Weltraumreisenden.

D: Was ist mit den glühenden Wesen? Sie unterscheiden sich von den Weißen.

L: Sie sind eher ... die Energiewesen, die wir jetzt sind. In einem Zellensack befindet sich eine Membran, die es ihnen ermöglicht, mit der Gruppe wie eine Entourage zu reisen. Ansonsten ist es sehr schwierig, freie Energie einzudämmen. Es ist also eine Membran für unterwegs, wie ein Raumanzug.

D: Das sind dann zwei verschiedene Arten von Wesen.

L: Ja, sie reisen zusammen. Die Weltraummembranwesen und wir in Säcken oder Anzügen sind die Wächter. Die Kommandeure der Mission.

D: Sie interagieren also nicht wirklich mit den Menschen.

L: Nein, wir sind die Allwissenden, die alles sehenden Navigatoren.

D: Deshalb gab es zwei getrennte Gruppen. Aber das machen sie schon seit Äonen. Und das ist nicht negativ, weil sie versuchen, den Menschen zu helfen.

L: Absolut, das ist der Weg des Universums. Menschen lehren und voranbringen. Und sich nicht einmischen, nur wenn es erwünscht ist und darum gebeten wurde. (Pause) Und die Amphibien, nach denen du fragst.

Sie muss erwartet haben, dass ich auch danach fragen würde.

D: Ja, die mit den violetten Häuten?

L: Ja, sie haben goldene innere Wesen. Ihr Energiefeld im Inneren besteht aus Goldstrahlen. Und ihr lila Amphibien-Äußeres erlaubt es ihnen, mit dem Klima umzugehen und die Luft zu atmen, wie sie ist.

D: *Das ist genau dort, wo sie leben. Diese Art von Körper für diesen Ort.*

L: Ja, wo sie leben, ist es eher ein roter Planet. Sehr gasförmig.

D: *Aber deine Söhne wurden dorthin gebracht, damit sie diese Dinge lernen konnten.*

L: Oh ja, die Amphibien waren daran interessiert, Menschen zu sehen.

D: *Sie waren auch neugierig auf uns?*

L: Ja, Jungen mögen Schnecken, Eidechsen und Fische. Es war also nicht beängstigend für sie.

D: *Und diese Dinge haben ihre Leute auf die Felsen geritzt?*

L: Nein, davon darf nicht gesprochen werden. Sie ritzten nur die Scheiben am Himmel und die weißen Wesen, die herumgingen. Wir wussten aber nicht, dass dies echt war. Damals wussten wir nicht, was Geschichte und was Tatsache ist.

D: *Aber zwischen ihren Besuchen hatte es eine lange Zeitspanne gegeben.*

L: Ja, eine andere Siedlung. Es ist nicht notwendig, mehr als alle vier bis fünfhundert Erdenjahre zurückzukehren. Um Bodenproben zu nehmen, zu testen und Erosionen zu untersuchen. Um die atmosphärischen Bedingungen zu verstehen und menschliche DNA-Proben zurückzubringen.

D: *Weil es lange dauert, bis sich etwas ändert. (ja) Sie kamen also von Zeit zu Zeit zurück, um nur nachzusehen. (ja) Sie müssen nicht ständig da sein. (nein) Diese Wesen jedenfalls nicht.*

L: Richtig.

Ich habe die Therapie fortgesetzt, denn das war schließlich der Zweck der Sitzung. Ein Teil davon war persönlich und hatte nur mit Lily zu tun, daher wird das nicht in dieses Buch aufgenommen.

D: *Ich weiß, wo du dich befindest, es ist irgendwie seltsam, aber du scheinst alles Wissen zu haben. Kennst du das Wesen, das als Lily bekannt ist? (ja) Weißt du an diesem Ort, dass du in einem zukünftigen Leben Lily sein wirst? (ja) Kannst du auf Informationen über sie zugreifen?*

L: Ich glaube, wir befinden uns in einem guten Wissensraum. Warum versuchen wir es nicht einfach? Und wenn wir keinen Zugriff haben, können wir die allwissenden Wesen fragen. Sie können diese Bemühungen unterstützen, weil es in ihrem Zuständigkeitsbereich liegt. Alle Informationen sind auch für dich verfügbar, sofern dies angemessen ist. Nur wenn die Person, die Seele, es wünscht. Dann kannst du darauf zugreifen, wenn es der richtige Zeitpunkt ist.

D: *Ja, der Zeitpunkt ist immer sehr wichtig.*

L: Und wir wollen sie nicht erschrecken, wenn wir „wir" sagen, denn wir haben viele Facetten der Seele.

D: Ja, ich verstehe, wenn du „wir" sagst. Ich habe viele, viele Male mit dir gesprochen.

L: Dankeschön.

D: *Das stört mich also nicht. Dann weiß ich, dass ich nützliche Informationen bekommen kann. Das Leben dieses Mannes in diesem Land. Ich nenne es „verlorene" Informationen.*

L: Ähmm, du bist eine Entdeckerin.

D: *Ja, ich bin eine Reporterin, eine Forscherin.*

L: Wir betrachten dich gerne als Entdeckerin des Geistes und des Himmelreichs.

D: *Ich mag es, alle kleinen Teile aus Dingen zusammenzusetzen, von denen ich noch nie gehört habe.*

L: Du hast schon viel gehört.

D: *Ja, aber ich suche immer nach mehr.*

L: Du erinnerst mich an mich selbst, wenn ich auf der Erde bin und all dieses Wissen nehme und es wie einen Heiligenschein um mich herum erstrahlen lasse.

D: *(Kichert) Deshalb schreibe ich die Bücher. Ich versuche es anderen Menschen weiter zu geben, damit sie es verstehen können.*

L: Du machst gute Arbeit.

D: *Nun, mal sehen, ob wir ein paar Antworten für Lily finden können. Sie hat einen suchenden Geist, auch einen fragenden Geist. Was kannst du uns über sie erzählen?*

L: Es wird eine große Veränderung geben. Und der Übergang wird holprig sein. Sie wird es als verräterisch empfinden. Aber sie muss das durchmachen, so wie ich es tat, als ich durch die Tür zur Hölle ging und es war in den Himmel. Dies sollte ihr zeigen, dass sie

Zugang zu allen Dimensionen hat. Und das weiß sie. Sie hat einen guten Zugang zu den anderen Welten und dessen ist sie sich bewusst. Sie kann dies zu ihrem Vorteil nutzen. Wir sind alle hier, um ihr zu helfen. Sie kann das tun, was man für magisch hält, wenn sie loslässt und es glaubt. Solange sie in ihrem irdischen Glauben festgehalten wird, den es in ihrer Karriere nicht mehr gibt, wird sie sich nicht auf die nächste Stufe ausdehnen, die auf der Karriere aufbaut. Aber es bringt sie einen Quantensprung nach vorne, wie ich es tat, als ich vor den großen Stein trat. Ihr globales Ziel ist es, mit dem Universum eins zu sein. Sie wird an einem großartigen Projekt beteiligt sein, ähnlich dem großen Experiment. Sie hat bereits zugestimmt, dies in den anderen Dimensionen zu tun. Sie wird durch diesen Prozess beschleunigt.

D: *Was meinst du mit dem „großen Experiment"?*

L: Es gibt zu diesem Zeitpunkt einen großen Test der Willen, die auf dem Planeten Erde kämpfen. Es gibt viel Krankheit, viel Unruhe, viel Bürgerkrieg, viel Kampf. Sie ist eine der Abgesandten, die hierhergekommen ist, um Frieden, Harmonie und Ganzheit auf diesen Planeten zu bringen, indem sie mit den Menschen zusammenarbeitet, mit denen sie in Kontakt kommt. Indem sie ihre Liebe widmet, schlägt sie diesen Akkord an und aktiviert Wesen, um mit diesem Licht in Kontakt zu treten. Wenn das Licht auf dem Planeten weiter wächst, werden die Kräfte in ein größeres Gleichgewicht oder eine größere Harmonie geraten. Es gibt sehr viele Krieger oder Soldaten des Lichts, die gegen dieses Gleichgewicht kämpfen, dieses triumphierende Maß an Gerechtigkeit.

D: *Warum wird es das „große Experiment" genannt?*

L: Das ist eine Metapher. Denn es gibt kein endgültiges Ergebnis, sondern nur die Wahrscheinlichkeiten, wie du weißt. Es gibt kein endgültiges Ergebnis. Er hat mit dir gesprochen. Die Quelle. Du weißt das. Du weißt wer er ist. Und sie versteht das auch. Es mag sein, dass dieser Planet sich selbst zerstört. Das ist ein großes Potenzial. Und es ist eine große vielleicht größere Potentialität, dass es zu einem Gleichgewicht kommt und zur Ruhe. Und es gibt diejenigen, die ein Gleichgewicht auf beiden Seiten schaffen müssen. Dies ist vielleicht nicht spezifisch genug. Einige dieser Informationen werden ihr gegeben, so kann es aus menschlicher Sicht etwas Objektivität geben. Und gib ihr eine Perspektive, denn sie ist noch immer in einem menschlichen Körper zu diesem Zeitpunkt. Es gibt zwar eine spirituelle Öffnung für sie und es besteht die Möglichkeit, dass sie sich innerhalb von zwei Jahren vom Planeten Erde verabschiedet, falls sie sich dafür entscheiden sollte. Es wäre ganz ihre Entscheidung. Der Körper würde bleiben.

D: *Was meinst du damit, der Körper bleibt?*
L: Sie würde den Prozess zu sterben, nicht durchmachen. Der Körper bleibt auf dem Planeten, und sie würde ihre Essenz verlassen.
D: *Dann würde der Körper am Leben bleiben?*
L: Ja, das würde er.
D: *Wie würde der Körper bleiben können, wenn ihre Essenz...?*
L: Mit einer Essenz Seele, die hereinkommen würde, um die Energie des Körpers intakt zu halten.

In Kapitel 28 wird mehr über das Halten von Seelen geschrieben.

D: *Aber das wird geschehen, wenn sie sich dafür entscheidet, dass dies geschieht.*
L: Ja, und es kann sein, dass sie nach Abschluss der zweijährigen Zuweisung, wenn alles gut zu dieser zweijährigen galaktischen Aufgabe passt, sich dafür entscheiden wird, an diesem Punkt nicht auf der Erde zu bleiben.
D: *Trotzdem ist es ihre Entscheidung.*
L: Ganz ihre Entscheidung. Der Körper wird bleiben. Er ist gesund und intakt. Und wir sehen keinen Grund zu der Annahme, dass dieser Körper sterben muss. Es gibt auf dem Planeten viel zu tun. Sie ist ein multidimensionales Wesen.
D: *Ja, ich habe mit anderen multidimensionalen Wesen gesprochen, es überrascht mich nicht.*
L: Ja, du arbeitest sehr gerne mit ihnen zusammen. Sie halten dich für sehr schlau. Sie möchte, dass du durch uns und unsere Gruppen und die Gruppen, mit denen wir zusammenarbeiten, weißt, dass wir dir zu Diensten stehen.
D: *Alle Wesen von euch kommen durch und geben mir Informationen. Ich schätze das sehr und respektiere es. Das ist es, warum ich mich für die Reporterin halte, die Informationssammlerin.*

L: Du bist weit mehr als das. Du bist eine große Navigatorin der Zeit und des Raum. Du bist ein Raum, der du selbst bist und du weißt das. Nicht zuletzt sieht sie einen gleichartigen Raum in dir.

D: *Ich denke an die Informationen, die wir von dem Ureinwohner haben. Darf ich diese Informationen verwenden?*

L: Absolut! Ihre Erlaubnis ist dir gegeben.

D: *Weil ich diese Dinge wie Puzzles zusammenfüge. Und ich suche immer nach etwas, von dem ich noch nichts gehört habe.*

L: Wenn du mehr Teile für dein Puzzle benötigst, um Wissen zu verbreiten, kannst du uns jederzeit kontaktieren. Der Zugriff auf die Gesamtheit, auf das allumfassende Wissen hat euch Beiden gedient, nicht wahr? (ja) Wir möchten jetzt einen Vorschlag in ihren menschlichen Verstand platzieren. Wir würden das mit deiner Zustimmung machen. Wir möchten, dass sie weiß, dass sie jederzeit auf uns zugreifen kann. Dass sie bei der eigenen Heilung von Ängsten, Einsicht und Weisheit helfen kann. Aber sie muss daran denken, zu fragen, so wie du freundlich gefragt hast. Es gibt nichts zu befürchten in der Entwicklung ihrer Karriere. Dies zieht nur im Tempo an. Es wird so angepasst, dass es angenehm ist für sie. Sie muss sich nicht in irgendetwas stürzen, aber es passiert.

KAPITEL 21

ZEITPORTALE AUS DER ZUKUNFT
(ZEITREISENDE)

Dieses Material wurde aus einem viel längeren Protokoll entnommen. Die durchgekommenen Wesen waren keine E.T.'s, wie wir sie normalerweise wahrnehmen und mit denen ich bereits gearbeitet hatte. Dieses Mal machte das Wesen deutlich, dass es ein Zeitreisender aus der Zukunft ist. Sie verwenden Raumfahrzeuge, die denen ähneln, die oft an unserem Himmel zu sehen sind und die mit Außerirdischen in Verbindung gebracht werden. Sie wechseln auch zwischen den Dimensionen hin und her, wie die E.T.'s, und sie kommen aus der Dimension, in der es möglich ist, aus der Zukunft zu kommen. Sie reisen häufig in ihre Vergangenheit zurück, um Änderungen vorzunehmen, die sich auf ihre eigene Zivilisation auswirkt. Diese Änderungen sind oft sehr subtil und kaum wahrnehmbar. Wenn diese Veränderungen drastisch wären, könnte dies ihre Welt zu gravierend verändern, und ihre Zivilisation (wie sie sie kennen) könnte sich bis zur Unkenntlichkeit wandeln und folglich nicht mehr existieren. Wenn sie durch die Zeit reisen, unterliegen sie daher strengen Vorschriften und müssen sehr vorsichtig sein, wie sie die Ereignisse beeinflussen. Aufgrund dieser schwierigen Umstände sind sie oft nur Beobachter. Sie sagen, sie benutzen Portale oder Zeitfenster. Der Unterschied zwischen Portalen und Zeitfenstern wurde schon in früheren Kapiteln näher erläutert. Ein Zeitfenster wird nur zum Beobachten verwendet und durch ein Portal kann man tatsächlich hindurch reisen. Zeitfenster sind viel sicherer für eine Zeitreise, da man nichts beeinflussen oder verändern kann, wenn man nur beobachtet. Sie sagten mir, dass es viele dieser Zeitportale gibt, die mit Zeitwirbeln verbunden sind und sich an verschiedenen Orten der Erde befinden. Sie beziehen sich auf die Positionierung von einem Koordinatensystem, an dem sich die Wirbel kreuzen. Viele der heiligen Stätten und antiken Tempel wurden an diesen Orten errichtet. Uralte Völker hatten dieses Wissen um Zeitportale und Zeitfenster zu nutzen. Sie setzten diese Kenntnis aber nicht für die eigentliche Reise ein, sondern nur um zu beobachten. Diese Beobachtungen dienten dem Erhalt von Informationen für ihre Bewohner in dieser Zeit. Dies war einer der Gründe, warum diese heiligen Orte ihre heiligen Bereiche hatten, in denen nur Eingeweihte erlaubt waren. Sie hatten Wissen, von dem wir nur träumen können. Ein Großteil dieses verlorenen Wissens kann in unsere Zeit zurückkehren. Jetzt ist es an der Zeit, diese vergessenen Informationen wiederzugewinnen und in eine neue Ära auf unserer Erde einzutreten.

Meine Begegnung mit einem dieser zukünftigen Wesen oder Zeitreisenden kam recht unerwartet zustande, wie die meisten meiner Begegnungen und das daraus resultierende Material. Nach ihren ausdrücklichen Anweisungen darf ich nicht einmal sagen, wo sich diese Begegnungen ereignet haben. Das Einzige was ich sagen kann ist, dass ich in der Gegend von New York City auf mehreren Konferenzen gesprochen habe und auch dort einige private Sitzungen abhielt. Die Klientin wollte eine Wissenslücke füllen, was sie für eine UFO / E.T. Begegnung mit fehlender Zeit im Sommer 1996 hielt. In einer dunklen Mondnacht, gingen sie und eine Freundin an einem einsamen Strand spazieren. Es war ein relativ sicherer Strandabschnitt, da sich in der Nähe Villen befanden. Der Vollmond warf ein schönes Licht auf das Wasser. Da es eine warme Nacht war, wollten sie noch einige Kilometer am Strand entlang laufen, bevor sie umdrehten. Während sie am Wasser entlang schlenderten, sahen sie Lichter am Himmel auf sich zukommen. Danach konnten sie sich an nichts mehr erinnern, erst wieder als sie zurück in ihrem Hotelzimmer waren. Entschlossen, herauszufinden was passiert ist, kehrten sie zu diesem besagten Strand zurück. Immer noch konnten sie ihre Fußabdrücke im Sand erkennen. Sie folgten ihren Fußabdrücken im Sand, die auf einmal abrupt stoppten. Neugierig auf die Erklärung, wie sie ins Hotel zurückgekommen sind, wollte sie sich während der Sitzung auf diesen Vorfall konzentrieren.

Als wir die Sitzung begannen, betrat sie die Szene. Sie beschrieb die Umgebung und den Vollmond, als sie die Szenerie wieder durchlebte. Das einzige Lebenszeichen war ein schwarzer Lastwagen mit vier Männern, der ohne Licht an ihnen vorbeifuhr. Ansonsten war der Strand menschenleer. Sie fühlte sich ein bisschen seltsam, sagte sie und als sie aufschaute, sahen sie mehrere weiße Lichter. Es gab viele Flugzeuge am Himmel, aber diese Lichter waren unterschiedlich und hoben sich auch bei Vollmond am Himmel sehr hell hervor.

„Sie sind viel heller als der Mond", berichtete sie. „Und sie werden größer, wenn sie auf uns zukommen. Sie kommen wie in einer Spirale herunter. Und ich fühle mich, als würde ich angesaugt, wenn es das Wort dafür ist. Als ob der letzte kleine Teil der Spirale deine Füße berührt und dich irgendwie hochhebt." Überraschenderweise hatte sie keine Angst. Obwohl das Geschehen ungewöhnlich war, wusste sie, dass sie nicht zu Schaden kommt.

Dann ging sie durch einen Bereich auf einem Raumschiff, der gleichzeitig eine Kombination aus Quadraten und Kreisen hatte. Ich weiß nicht, ob sie Entwürfe an der Wand beschrieb oder etwas anderes, weil dies nicht klargestellt wurde. Sie wusste nur, dass sie durch eine hell erleuchtete Tür gehen sollte. Sie sah, dass ihre Freundin in ein anderes Zimmer gebracht worden war. „Sie sitzt nur da. Sie hat keine Angst. Sie zeigen ihr etwas. Für sie war es wie in einem Film. Es sind Farben. Nicht wie ein Kaleidoskop, aber sie schimmern und vermischen sich. Und es gibt ein paar Informationen, die mit den Farben vermischt sind. Es sind Farben mit Bildern darin. So wurden Informationen auf unterschwelliger Ebene übermittelt".

In dem Raum, in dem sie sich befand, war ein weißes Licht. Jemand war daneben, aber sie wusste nicht, wer oder was sie waren. „Es gibt eine Art Form, aber es ist nicht wie eine Person. Es ist, als würde etwas reden, es ist in meinem Kopf. Und sie sagen mir, dass ich heute Nacht nicht am Strand sein sollte. Wäre ich weitergegangen, hätten sie mich nicht beschützen können. Dies ist einer ihrer Einstiegspunkte, ein interdimensionaler Durchgang, und dieser wurde heute Nacht aufgedreht. Es ist Energie und hat etwas mit Kristallen zu tun."

An diesem Punkt begann das Wesen mit mir zu reden und verkündete, dass sie aus der Zukunft stammen. Ich hatte erwartet mit einem Außerirdischen zu kommunizieren, weil das für mich mittlerweile „normal" geworden ist. Als ich nach der Schwierigkeit der Zeitreise fragte, lachte er laut und sagte, dass es eigentlich ziemlich einfach sei. Viele Menschen aus anderen Dimensionen benutzen diese Portale, um hin und her zu reisen. Aber für Menschen ist es zu gefährlich, in der Gegend herumzuspazieren, während es aktiv ist. Aus diesem Grund hat man die beiden Frauen in ihr Hotelzimmer zurückgebracht. Sie wurden zu ihrem eigenen Schutz, gegen ihren Willen, aus dem Gebiet entfernt.

So kann davon ausgegangen werden, dass viele Male, wenn eine Person Lichter am Himmel sieht und Zeit fehlt, dass es sich um eine außerirdische Begegnung handelt. So muss es aber nicht sein. Es könnte eine Intervention zukünftiger Zeitreisender sein. Beides ähnelt sich stark. In einem anderen Teil dieses Abschnittes wurde dargelegt, dass eine unerwartete oder ungeschützte Begegnung mit dem Portal für Menschen gefährlich werden kann. Es könnte sogar zu einer Auflösung der zentralen Matrix führen. Die Benutzer dieser Portale versuchen daher sicherzustellen, dass sich kein Mensch in der Nähe befindet, der durch versehentliche Exposition verletzt werden könnte.

Ein Großteil der Informationen, die der Zeitreisende mir gegeben hat, muss zu diesem Zeitpunkt nicht bekannt werden. Mir wurde gesagt, ich könne die Informationen für meine Arbeit verwenden, um ähnliche Informationen zu verstehen, die ich durch meine Klienten erhalte. Ich sollte allerdings nicht Vorträge darüber halten oder es gar veröffentlichen. Ich habe vor Jahren gelernt, ihnen zuzuhören und ihre Wünsche zu respektieren. Einmal schlugen sie mir vor, bestimmtes Material noch zurück zu halten. Als nun einige meiner Bücher acht Jahre lang verschwanden, war mir dies Beweis genug. Sie tauchten erst wieder auf, als das Material veröffentlicht werden durfte. Diese Geschichte wurde in meinem Buch „Die Verwahrer" erzählt. Also werde ich weiter auf ihren Rat hören und viel von dem Material zurückhalten, das mir gegeben worden ist. Ich werde nur die

Abschnitte veröffentlichen, die ich von anderen Klienten erhalten habe.

Sie sagten mir, viele dieser Zeitportale seien unterirdisch gelegen, so dass sie eingegrenzt werden können. Wenn sie sich über der Erde befinden würden, könnten sie sich zu sehr ausdehnen. Es ist also besser, wenn sie unterirdisch, von natürlichen Felsformationen oder innerhalb von Steinmauern umgeben sind. Sie gab eine Beschreibung, wie so ein Zeitportal aussehen würde, wenn es aktiviert wäre. Sie sagte, es sei als Kugel-Tunnel erschienen.

Sie versuchte zu beschreiben was sie sah: „Von zwei von ihnen bekomme ich das Bild." Eins ist hell und eins ist wie in Dunkelheit, mit vielen gebrochenen, weißen Linien und sie sind miteinander verbunden. Man muss offensichtlich beide haben um diese verwenden zu können und es scheint, dass sie aktiviert sein müssen, damit eine Kugel in der Mitte entsteht. Es ist eigentlich keine Kugel, es ist Energie. Es ist nicht einmal ein Ort. Stell es dir vor, wie eine Öffnung in einer Höhle. Da gehst du durch. Das ganze Kreis-Ding leuchtet, es bewegt sich. Ich sehe die beiden Wirbel. Einer ist der dunkle, einer ist der helle. Und wenn sie sich treffen, entsteht so ein Zeitportal. Die Kugel existiert gleichzeitig als eine andere Kugel in einem Raum, in einer anderen Dimension und sie sind miteinander verbunden."

Das Wesen hat mir von vielen dieser Portale erzählt, die sich auf der ganzen Welt befinden, aber das einzige Portal, über das ich schreiben darf, ist das Portal in Ägypten. Wahrscheinlich weil ich so viele eigenartige Dinge rund um die Pyramiden gefunden habe, dass eine Entdeckung mehr oder weniger nicht ungewöhnlich erscheint. Das unter der Pyramide gelegene Portal war früher der „Hüter" und wurde in der Vergangenheit regelmäßig von denjenigen benutzt, die das Wissen besaßen, wie man durch Dimensionen reist. Es wird von den Zeitreisenden aus der Zukunft genutzt, weil es nach unserer heutigen Zeit wiederentdeckt und eingesetzt worden ist. Es ist eine andere dimensionale Tür. Sie reisen irgendwie auf den weißen Linien, die im wellenförmigen Kugel-Tunnel zu sehen sind. Sie möchten wirklich nicht, dass andere diese verschiedenen Portale entdecken und nutzen, da sie bei falscher Verwendung sehr gefährlich sein können. Die Technologie ist sehr komplex.

Es ist wie bei einem Kind, das mit dem Feuer spielt. Es hängt von dem Zeitrahmen ab, zu dem die Besucher kommen, denn sie wissen, wie sie es ohne Gefahr für sich nutzen können. Die Wesen in höheren Dimensionen benutzen diese nicht, weil es ihnen möglich ist, auf eine ganz andere Art zu reisen. Als mir dies gesagt wurde, dachte ich über eine Möglichkeit nach, wie es ihnen möglich ist, in dieser Form zu reisen, Vielleicht, indem sie die Schwingungen ihrer Körper anheben und senken. Dies ist eine Methode, die E.T.s verwenden, um sich von einer Dimension in die andere zu bewegen, indem sie die Schwingung ihres Raumfahrzeugs in dieser Form verändern. Dies könnte also das sein, worauf Bezug genommen wird. Viele Menschen fühlen oder spüren möglicherweise, wo der Wirbel ist oder können ihn sogar sehen, aber sie können ihn nicht betreten oder beeinflussen. Sie sagen: „Das Universum kümmert sich letztlich um sich."

Wir kennen dieses Konzept aus der beliebten TV-Serie „Star Trek", bei der Personen molekular zerlegt und an anderer Stelle wieder zusammengefügt werden.

PHILADELPHIA EXPERIMENT

Diese Vorstellung von Zeitportalen zur Vergangenheit und Zukunft erinnerte mich an den mysteriösen Fall des Philadelphia-Experiments, das angeblich von unserer Regierung während des Zweiten Weltkriegs durchgeführt worden ist. Sie haben es immer wieder bestritten, doch die Geschichte hat sich fortgesetzt, indem sie ein Fahrzeug mit seiner Besatzung verschwinden ließen und es an anderer Stelle wieder auftauchte. Ich vermute, einer der Gründe warum sie es bestritten haben war (obwohl ein geheimes Projekt), dass es verheerende Folgen hatte. Einige der Besatzungsmitglieder verschwanden beim Wiedereintritt. Andere wurden zur Hälfte im Körper des Fahrzeuges eingeschlossen. Ich wollte wissen, ob mein Klient dazu etwas zu sagen hat. Ob er es bestätigen oder ablehnen würde. Er schien die ideale Person zu sein, um dieser Frage auf den Grund zu gehen.

S: Dieses Experiment wurde mit einem dieser Zeitportale durchgeführt. Der gleiche Wirbel, der in diesem Experiment verwendet wurde, ist noch offen. Deshalb können sie es für Zeitreisen nutzen. Die E.T.s gaben ihnen die Technologie, um das Philadelphia-Experiment durchzuführen.

D: *Aber es hat nicht funktioniert, oder?*

S: Eigentlich hat es das getan. Aber sie wussten nicht, wie sie es kontrollieren sollten, deshalb mussten sie damit aufhören. Sie hatten nicht geplant, zwei Wirbel miteinander zu verbinden. Sie dachten, das Fahrzeug würde einen Wirbel durchlaufen und genau dort zurückkehren, wo es angefangen hatte. Die beiden Wirbel sind miteinander verbunden und das Fahrzeug kam in dem anderen Wirbel heraus.

D: *Ich habe gehört, dass die Menschen an Bord des Raumfahrzeuges physisch und mental betroffen waren. Warum ist das passiert?*

S: Als der Hyper-Raumsprung passierte, gingen sie in eine andere Dimension. Und dabei verloren sie Form und Körper. Sie verschwanden und als sie versuchten den Sprung in die dritte Dimension zurück zu schaffen, blieben leider einige von ihnen stecken, als die Formen zurückkamen.

D: *War das physische Fahrzeug stabil oder brach es auch zusammen?*

S: Das physische Schiff brach auch molekular auseinander.

D: *Also alles brach auseinander, als es durch den Wirbel ging. Besonders als es mit dem anderen Wirbel verbunden war. Und als das Fahrzeug zurückgebracht worden ist, kam es nicht alles so, wie es sollte?*

S: Nun, eigentlich hat es das getan. Es ist nur so, als es zurückkam, setzte sich alles wieder zusammen. Menschen, die von diesem einen Punkt versetzt worden sind, wurden von der Materie erfasst. Es gab eine Verschiebung, und sie wussten nicht, wie sie die Verschiebung an dem Ausgangspunkt anhalten konnten, an dem die Person gegangen war.

Mit anderen Worten, sie wussten nicht, wie sie die Person genau an den Punkt bringen sollten, an dem sie begonnen hatte. Es verlagerte sich so, dass die Person im physischen Material des Fahrzeuges stecken blieb.

D: *Du meinst die Schwingungsrate?*

S: Und die Umwandlung.

D: *Es war nicht die gleiche Frequenz?*

S: Es war die gleiche Rate. Es war aber nicht derselbe Zeitpunkt. Es war nicht an derselben Stelle, als es passierte. Das ist entscheidend.

D: *Also vermischten sich die Materien. Wäre das eine Möglichkeit, es so zu beschreiben? (ja) Du hast auch gesagt, einige der Leute seien verschwunden?*

S: Sie konnten nicht mehr zurückkehren. Sie waren im Weltraum verloren und ihre physischen Körper, haben nicht überlebt.

D: *War dies eines der ersten Experimente?*

S: Nein, es gab mehr als dieses Experiment. Das war das erste, was sie mit Menschen durchführten. Sie versuchten es zuerst mit physischen Gegenständen, dann mit Tieren und Gegenständen.

D: *Haben sie nach dem Philadelphia-Experiment weiter experimentiert?*

S: Nicht wirklich, nach diesem missglückten Versuch taten sie es nicht mehr, weil sie nicht wussten, wie sie die Leute navigieren sollten. Aber sie experimentierten immer noch mit dem Zeittunnel, den Wirbeln. Sie versuchten es nicht noch einmal mit physischen Gegenständen und Menschen zusammen. Sie erhielten auf Grund dessen mehr Technologie, so dass sie die Menschen direkt durch diesen Tunnel schicken konnten. Sie benutzten kein physisches Fahrzeug mehr.

D: *Also umgingen sie das Problem mit der Vermischung der Materie?*

S: Ja, wenn sie dies tun, müssen sie jedoch sicherstellen, dass die Person an genau derselben Stelle wieder zurückgebracht wird. Ich denke, zwei Minuten im Voraus, damit sie sich umwandeln können. Dies funktionierte ziemlich gut.

* * *

Eine andere Klientin erwähnte auch Zeitreisende aus der Zukunft. Dies ist nur ein Teil einer Sitzung.

L: Linda hat auch mit Wesen aus der Zukunft, dem 23. Jahrhundert, gearbeitet. Sie fanden heraus, dass es möglich ist, in der Zeit zu reisen. Es gibt bestimmte Drehpunkte, die für die Vergangenheit und die Zukunft wichtig sind. Sie haben bis zu einem gewissen Punkt die richtigen Motive. Als sie zurückkamen, fanden sie Linda, indem sie diese Drehpunkte in der Zeitlinie nachverfolgten. Sie arbeiteten in diesem aktuellen Zeitraum mit ihr und einigen anderen zusammen, um eine bessere Zukunft zu ermöglichen, als sie es derzeit gibt.

D: *Zu ihrer Zeit?*
L: Ja, sie versuchen, einige der in der Zukunft auftretenden Probleme zu minimieren.
D: *Aber ändert das nicht ihre Zukunft?*
L: Das hat es schon. Und sie sind sehr gut informiert, da sie aus vielen Quellen lernen, wie sie die verschiedenen Variablen der Zukunft sehen können. Und wie man sie nutzt. Sie sind sehr vorsichtig. Diejenigen, die die Zeitreise unternehmen, sind nicht so eng mit ihrer Zeit verbunden wie andere Mitglieder.

Eine der Fragen ist, ob sich die Zukunft beispielsweise so sehr ändern könnte, dass einige von ihnen dann nicht geboren werden. Und sie sagte, sie sorgen dafür, dass das nicht passiert.

D: *Das habe ich mir gedacht, die Theorie, dass die Möglichkeit besteht, dass sie dann, unter gewissen Umständen, nicht mehr existieren würden.*
L: Ja, sie achten sehr sorgfältig darauf, dass auf diese Weise keine Verbindungen bestehen. Die Zukunft hat sich so, auf sehr gute und positive Weise, stark verändert.

* * *

Ich traf eine andere Art von Zeitreisenden, die eher mit dem Konzept des gleichzeitigen Lebens vereinbar ist. Im Jahr 2003 flog ein Mann für eine private Sitzung aus Denver zu mir. Er hatte Hypnose mit mehreren angesehenen Hypnotiseuren versucht, aber sie waren bei ihm nicht erfolgreich. Dies geschieht häufig, wenn das Unterbewusstsein unsicher ist, ob es die Informationen freigeben soll. Es muss Vertrauen zu dem Hypnotiseur spüren. Das war mir dann auch verständlich, als die Informationen auftauchten. Diese Art von Dingen kann nicht mit jedem geteilt werden. Es hat mich auch nicht erschreckt, weil ich so lange in diesem Bereich gearbeitet und ähnliche Fälle erlebt habe.

Er ging zu einer Szene aus der Vergangenheit, schien aber ein Beobachter zu sein, ein Besucher. Er sagte, seine Aufgabe sei es, von Ort zu Ort zu gehen um Informationen zu sammeln. Er war ein Entdecker und blieb nicht sehr lange an einem Ort. Nach einer Weile sagte er, er möchte nicht in der Vergangenheit verweilen, weil er es als langweilig empfand. Er wollte in die Zukunft gehen. Dort fühlt er sich am wohlsten. Das ist sein Zuhause. Er beschrieb eine Stadt mit wenigen großen Gebäuden. In diesen Häusern war meistens alles perfekt. Es gab keine Überfüllung, Verschmutzung oder irgendetwas Negatives. All das war beseitigt worden. Sie hatten Maschinen in den Häusern, die alles lieferten. Sogar für ihr Essen wurde gesorgt. Seine Aufgabe war es, Informationen zu sammeln und andere zu unterrichten. Es gab einen zentralisierten Ort, an dem Informationen assimiliert und mit anderen geteilt wurden. Er musste zu verschiedenen Zeiten reisen, in denen er früher war. Dort schaffte er in diesen verschiedenen Zeiträumen automatisch einen Körper, der in die entsprechende Zeit passte, so dass er nicht auffiel. Dann brachte er die Informationen wieder zurück, die er durch Beobachtungen ansammelte. Es schien, als würden diese Reisen zu verschiedenen Zeiten gleichzeitig ablaufen, so dass es für ihn keine Anstrengung bedeutete. Seine Aufgabe in diesem gegenwärtigen Leben war es, zu lernen so viel er konnte und alle Informationen zusammenzutragen. Dieser Vorgang wurde anscheinend von seinem anderen Teil genutzt. Er vermisste sein Haus in der Zukunft, weil es für ihn so anders und perfekt war.

Sein ganzes Leben lang fühlte er sich fremd, auch seinen Eltern gegenüber. Er hatte das Gefühl, nicht wirklich ihr Kind zu sein. Ich habe das schon oft gehört, das Gefühl, nicht auf die Erde zu gehören, als sei dies nicht das wirkliche „Zuhause". Diese ungewöhnliche Regression hatte dazu beigetragen, dies zu erklären. Es war ein weiterer Fall eines Zeitreisenden; ein Beobachter, der Informationen sammelt. Man könnte es auch Formwandler nennen. Wenn ja, war es der allgemeine Beobachter-Typ, der nicht eingreifen darf. Er hat auch nie geheiratet und blieb kinderlos. Dieser Typ will keine Bindungen, weil er so Karma und damit eine Bindung zu dieser Zeitspanne schafft. Sie müssen ihre Arbeit erledigen und dann wieder in ihr wahres Zuhause zurückkehren.

* * *

Während einer meiner vielen privaten Sitzungen, ging ein Mann in ein früheres Leben, wahrscheinlich in einem ägyptischen Land. Ich denke sogar, es könnte eine viel ältere Zivilisation (oder vielleicht ein Leben auf einem anderen Planeten) gewesen sein. Es gab hundsgesichtige, spindlige Wesen (vielleicht Masken). Er hatte etwas Verbotenes getan (vielleicht einen Missbrauch von Energie) und wurde bestraft. Sie haben ihn durch ein Zeitportal geschickt. Es erschien wie ein großer schwarzer Raum mit einer Tür. Es war ein Einweg-Portal. Er konnte also nicht zurückkehren. Er befand sich auf einem kargen, leblosen Planeten der permanenten Dämmerung. Es gab einige seltsame Strukturen (mehr pyramidenförmig), aber sie waren leer. Er musste nichts konsumieren. Er lebte dort den Rest seines Lebens in Einsamkeit und Isolation. Unnötig zu sagen, er war glücklich, dieses Leben endlich verlassen zu dürfen. Was für eine perfekte, aber schreckliche Lösung für ein Gefängnis.

Bei meiner Arbeit stellte ich fest, dass einige in Atlantis lebende Wissenschaftler die Fähigkeit hatten, durch ein Wurmloch oder ein Portal in den Weltraum zu anderen Welten zu gelangen. Da es viele Tunnel oder Ausgänge gab, mussten sie auf beiden Seiten der Ausgänge Markierungen hinterlassen, um zu ihrem Labor zurückzufinden. Sie besaßen einen Ring, der etwas zu der Fähigkeit beisteuerte, in dieser Form zu reisen.

* * *

Eine Frau, die ich „Marie" nennen werde, korrespondierte mit mir und lud mich, bei meiner nächsten Reise, in eine kleine Stadt im Outback Australiens ein. Nachdem sie meine Bücher gelesen hatte, wusste sie von meinem Interesse an der UFO-Forschung. Sie sagte, die kleine Stadt mit etwa 2000 Einwohnern befand sich scheinbar in einem UFO-Korridor. Es werden ständig ungewöhnliche Lichter und Objekte am Himmel erfasst, die schon seit mehreren Jahren gesichtet werden. Ich stimmte zu, den Namen bzw. die Koordinaten des Ortes nicht preiszugeben, weil ich nicht möchte, dass Neugierige das Leben und die Harmonie, dieser Menschen stören. Marie wollte auch, dass ich zu ihrer 1000 Hektar Ranch außerhalb der Stadt komme, wo sie mir den Standort eines Portals zeigen wollte. Bei meinem nächsten Trip nach Australien im Jahr 2001, hatte ich einen Besuch, zwischen diversen Expos und Vorträgen in mehreren Städten, organisiert. Wir flogen mit einem kleinen Flugzeug den nächstgelegenen Flughafen an und fuhren über eine Stunde in den kleinen Ort. Er war sehr abgelegen, eingebettet zwischen Hügeln und Bäumen, mit vielen bunten Wildpapageien, die hin und her flogen.

Als wir in dem Städtchen ankamen, war es wie eine Zeitreise in die 1880er Jahre und zu den Tagen, des alten Westens. Wir sollten zwei Nächte in einer Hütte verbringen. Der Vortrag fand in einem betagten Laden statt, der an die alten Filme erinnerte. Als die Bürger der Stadt ankamen, hatten die Frauen liebenswürdigerweise Geschirr für ein anschließendes Abendessen mit. Es war kalt, und ich hielt mich so nah wie möglich an einem alten, hochgezogenen Ofen auf. Ich wurde dann einer Frau vorgestellt, die mit über 90 Jahren nicht nur die Rekordhalterin war, sondern auch die offizielle Historikerin. Sie fertigte seit vielen Jahre detaillierte Berichte über Sichtungen und ungewöhnliche Ereignisse an. Es wurde ein faszinierender Abend, als die Leute mir endlich erzählten, recht widerwillig anfangs, was sie bisher beobachteten. Ich sage widerwillig, weil sie Angst vor Spott hatten. Mehrere Personen verifizierten den Bericht des Portals auf Maries Land und auch das ungewöhnliche Ereignis im Jahre 1997.

Es war leicht zu sehen, warum es in der Nacht so viele Sichtungen gab. Die Lage war nicht nur sehr abgelegen, es gab zudem keine Lichter in der Stadt, der Himmel erschien kristallklar. Die zahlreichen Sterne sahen viel größer aus als ich es kannte und sie schienen schier unendlich zu sein. Überrascht stellte ich fest, dass das Sternbild Orion auf dem Kopf stand. Natürlich, denn ich befand mich auf der anderen Seite der Welt, in der südlichen Hemisphäre.

Als dieses Buch in die Endphase ging, rief ich Marie an und bat sie, mir einen Bericht über den Vorfall per E-Mail zu senden. Ich wollte mich nicht auf mein Gedächtnis verlassen. Ich wollte es so detailliert wie möglich wissen. Sie meinte, das sei kein Problem, denn sie hatte den gesamten Vorfall gleich nach dem Ereignis aufgeschrieben.

* * *

Hier ist ihr Bericht von dem, was ich als ein modernes Portal in einer anderen Dimension betrachte, welches aktiv genutzt wird:

„ Die Falltür" - Licht Explosion - Juni 1997.

Wir haben einen schönen 50 Meter hohen Wasserfall, den wir hier „Die Falltür" nennen und der nur wenige Minuten zu Fuß vom Haus erreichbar ist. Es hatte ein paar Tage geregnet, so dass der Wasserfall in vollem Gange war. Kurz vor 17 Uhr ließ der Regen nach und der Nebel stieg empor. Plötzlich hörte ich ein lautes Grollen im Bachlauf, also dachte ich, ich schaue mal nach, was dort vor sich geht. Es hörte sich an, als würde etwas im Wasser hin und her geschleudert. Ich dachte, es könnte ein großer Stein sein oder vielleicht ein entwurzelter Baum, der über die Fälle gespült wird. Das Geräusch war dem Donner sehr ähnlich, kam aber vom Bach und nicht vom Himmel.

Als ich ungefähr auf halbem Weg der Strecke zum Wasserfall war, und er in Sichtweite war, gab es plötzlich ein besonders lautes Grollen. Direkt darauf explodierte ein goldenes, rosafarbenes und weißes Licht von der Unterseite des Wasserfalls, das sich in den Himmel ausbreitete und mich fast erreichte. Ich war etwa 75 bis 100 Meter davon entfernt. In diesem Moment vernahm ich eine Stimme in der linken Seite meines Kopfes die mir sagte: „Geh zurück! Komm nicht näher! Geh jetzt zurück!" Ich sagte: „Okay, gut, ich gehe!", drehte mich um und ging rasch zurück zum Haus. Die Luft schien elektrisch aufgeladen zu sein und knisterte. Diese Explosion war das Außergewöhnlichste, was ich je gesehen habe. Es war wunderschön, das Rosa war weich, das Gold und das Weiß glänzten. Die gesamte Szene nahm eine Fläche von ungefähr 100 Metern Durchmesser ein, vielleicht auch mehr. Das Geschehen war so weit ausgedehnt, bis fast zu dem Punkt, an dem ich mich befand. Ich weiß nicht, bis zu welcher Höhe dieses Spektakel ging, da ich es nicht klar sehen konnte. Der Nebel hatte die Farben der Explosion verändert.

Obwohl das Grollen und die Explosion sehr laut und verblüffend waren, wusste ich, dass ich etwas ganz Außergewöhnliches erlebt hatte. Ich rief meinen Mann in der Stadt an, um ihm mitzuteilen, was passiert war, konnte aber nur kurz sprechen, da es in der Leitung stark knisterte und statisch war.

Eine Freundin, die in einem Tal im Süden lebte, rief mich an diesem Abend an. Sie sagte, sie habe gegen 17 Uhr aus dem Fenster in unsere Richtung geschaut und eine wunderschöne rosa, goldfarbene Wolke über den Hügeln gesehen. Sie beschrieb es als „biblisch." Dann hörte sie ein lautes Grollen und Knallen und eine Säule aus goldpinkem Licht schoss zu Boden. Es schien allerdings kein Blitz zu sein.

Am nächsten Tag fragte mich ein anderer Bekannter, der im Tal nördlich von uns wohnt: „Was haben Sie in Ihrem Haus gemacht, Marie?" Er beschrieb dann eine wunderschöne goldene und rosafarbene Wolke, die im Gegensatz zu Blitzen in einer Säule zu explodieren schien. Er sagte, es sei ganz anders als jede Sturmwolke, die er je gesehen hatte.

Zwei Nächte später, nachdem ich ins Bett gegangen war und immer noch darüber nachdachte, was ich gesehen hatte, beschloss ich zu Jesus zu beten und zu fragen, ob es möglich wäre, etwas Verständnis für das zu bekommen, was geschehen ist. Ich sah sofort ein Bild in meiner Vorstellung des Buches „Die Schlüssel von Enoch" von Dr. J.J. Hurtak, dabei kam mir sofort die Zahl 221 in den Sinn und das ich nicht so skeptisch sein soll. Verblüfft lag ich da, stand dann jedoch auf und schlug Seite 221 auf. Die Informationen sind wie folgt:

„Die Merkabah-Fahrzeuge des Lichts steigen auf unseren Planeten herab, wodurch ein Lichtfeld geöffnet wird, durch das Lichtwesen gelangen können, wenn die Magnetfelder der Raum-Zeit-Überlappung kontrolliert werden.

Diese ganzen Lichtkörper kommen durch die künstlichen Zeitwarnzonen herunter und landen auf der Erde. Und das haben die Menschen vernommen, als sie die Wolkensäule vor ihrem Gesicht aufsteigen sahen."

„Diese Erfahrung, solch ein wundervolles Ereignis zu sehen und vor allem der sanfte Anstoß, mir zu sagen, ich sei ein Skeptiker, hat meine

Sichtweise völlig verändert. Ich bin jetzt kein Skeptiker mehr. Ich wünschte nur, ich hätte mehr verstanden!"

Nun, da bist Du Dolores. Ich hoffe, ich habe das Ereignis klar und verständlich geschildert. Wie schade, dass wir die tatsächlich erlebten Emotionen nicht weitergeben können. Ich bin mir sicher, sie würden großes Aufsehen erregen.

Als ich Maries schönes isoliertes Zuhause besuchte, brachte sie mich zu dem Ort, an dem das Ereignis stattgefunden hatte. Natürlich konnte ich jetzt kein Anzeichen eines Portals sehen. Alles was ich sah, war ein wunderschöner Wasserfall, der sich am Berghang, durch ein Loch, in eine tiefe Schlucht ergoss. Dies passte jedoch zu der Beschreibung einer Öffnung eines Portals zu einer anderen Dimension. Die Wächter waren an diesem Tag wirklich im Dienst, um jeden unachtsamen Menschen davon abzuhalten, zu nahe zu kommen. Wie gesagt, die Energie würde die Matrix eines Menschen zerstören. Marie wusste zweifellos, dass das seltsame und majestätische Ereignis eingetreten ist, aber ich bin froh, dass sie auf der anderen Seite des Tals, die Bestätigung ihrer Freunde hatte.

* * *

Wenn ich in Radiosendungen spreche, erhalte ich normalerweise Post (sowohl Post als auch E-Mails) von meinen Hörern. Besonders wenn ich über die Art Bell-Show spreche, die Millionen von Zuhörern haben. Hunderte von E-Mails hatten wir an einem Tag erhalten. Viele dieser Leute möchten mir ihre persönlichen Geschichten erzählen, von denen sie annehmen, sie können sie mit niemandem teilen, aus Angst, für verrückt gehalten zu werden. Sie fühlen sich erleichtert, wenn sie erfahren, dass ich viele ähnliche Geschichten gehört habe und dass ich es genug verstehe, um zu versuchen, es ihnen zu erklären. Wenigstens wissen sie, dass sie mit diesen seltsamen Erfahrungen nicht die Einzigen sind. Für einige von ihnen habe ich keine logische Erklärung, außer zu glauben, dass es damit zusammenhängen muss, zwischen den zahlreichen Dimensionen, die uns umgeben hin und her zu reisen. Dies wurde in dem Buch „Das gewundene Universum Eins" ausführlicher erklärt.

Ein Mann erzählte mir, er fuhr nachts auf einer Küstenstraße in Florida entlang. Vor langer Zeit wurde die Autobahn umgeleitet und damit auch alle kleinen Städte umfahren. In dieser Nacht befand er sich auf derselben Autobahn, aber plötzlich fuhr er durch eine kleine Stadt. Er konnte die Außenbeleuchtung der Häuser und verschiedene geschlossene Geschäfte sehen. Alles schien verlassen zu sein, wie es in einer kleinen Stadt nachts normalerweise ist. Nach etwa fünf Minuten stellte er plötzlich fest, dass sich die Autobahn wieder verbreiterte, und er befand sich wieder auf der Küstenstraße, wo er hingehörte. Meine einzige Erklärung war, dass er für kurze Zeit in der Zeit zurückgerutscht war und eine andere Dimension betrat, in der die Straße durch die Stadt noch existierte.

* * *

Die nächste Geschichte zitiere ich direkt aus der E-Mail, die ich im Januar 2001 erhalten habe. Wenn jemand eine Erklärung hat, bitte ich, dass er sich mit mir in Verbindung setzt.

„Ich habe es geschafft, einige Ihrer Shows auf Küste zu Küste AM zu sehen und fand es sehr interessant, weshalb ich Sie kontaktiere. Im September letzten Jahres (2000) habe ich für etwa zwei oder drei Tage sehr seltsame Dinge erlebt. Es begann, als ich an einem lokalen Flughafen vorbeiging, an dem ich wohne. Es war während der Tagesstunden, als ich ein Passagierflugzeug vom Flughafen abheben sah. Ein paar Minuten später startete ein Lear-Jet, und als er die Startbahn verließ und in den Himmel stieg, ging er mehrmals vor und zurück, während er abhob. Ich stand verblüfft da, weil ich weiß, dass es unmöglich ist, mit einem Jet rückwärts zu fliegen. Ein paar Minuten später hob ein weiterer Lear-Jet ab und tat dasselbe. Ich bemerkte dann, dass die Autos auf der Straße dasselbe machten. Anstatt die Straße hinunterzufahren, fuhren sie vor und zurück. Ich bemerkte, dass auch die Wolken am Himmel dasselbe taten, sich hin und her zu bewegen. Nachts ging ich durch einige Geschäfte, die geschlossen waren. Ich sah jedoch Menschen, die dort flanierten, aber nicht dorthin gehörten, denn sie trugen Kleidung wie vor 50 bis 60 Jahren. Ich sah auch andere ungewöhnliche Bilder, von denen ich weiß, dass sie nicht möglich sind. Irgendeine Idee, was passiert ist? Ich bin eine sehr skeptische Person und glaube nicht, was ich gesehen habe."

Meine Antwort: „Danke, dass Sie Ihre sehr interessanten Erfahrungen mit mir geteilt haben. Obwohl Sie skeptisch sind, können Sie nicht leugnen, was Sie mit eigenen Augen gesehen haben. Bisher habe ich noch nichts über dieses Phänomen gehört, aber ich kann versuchen, bezogen auf die Informationen über die ich verfüge und über die ich geschrieben habe, es zu deuten. Es gibt viel mehr Dinge, die seltsam sind, als man sich vorstellt, also weiß ich, dass ich keinesfalls schon alles untersucht haben kann. Es sieht danach aus, als hätten Sie eine Zeitschleife erlebt, Sie sind aber nicht den ganzen Weg hinein gelangt. Manche Leute bewegen sich oft zwischen den Dimensionen hin und her und bemerken es nicht, weil die Umgebung sich ähnelt. Möglicherweise war die Linie zwischen den Dimensionen nicht stabilisiert, weil sich die Dinge hin und her bewegten. Wie ich gehört habe, finden sich manchmal Leute in einer anderen Zeit wieder und interagieren dort. Diese Leute tragen sogar andere Kleidung, Kleidung die nicht der Zeit entspricht. Oftmals versuchen sie wieder dorthin zurückzugelangen, um denselben Ort wiederzufinden, allerdings erfolglos. Ich finde es seltsam, dass die Menschen in der anderen Zeit nichts Merkwürdiges an dieser vermeintlich aus der Zukunft stammenden Person bemerken, mit der sie interagieren. Sie scheinen ihr normales Leben zu leben. Ich weiß nicht, ob das für Sie eine Hilfe ist oder nicht, aber das ist, wie ich es mit meinem derzeitigen Wissensstand, erklären kann. Vielleicht sind Sie aus irgendeinem Grund zwischen den Dimensionen hin und her gewechselt, und der Durchgang war nicht stabilisiert. Es kann sein, das man das tut und nicht den Unterschied bemerkt. Ich habe sogar Berichte, dass Menschen an zwei Orten gleichzeitig waren. Es wurde von anderen Leuten verifiziert, die sie sahen und mit ihnen sogar sprachen. Also wer weiß? Manchmal ist es besser, wenn wir nicht wissen, dass diese seltsamen Zeitverzerrungen regelmäßig stattfinden. Es ist weniger verwirrend für unser kleines sterbliches Gehirn."

* * *

Die nächste E-Mail ist sogar noch merkwürdiger. In diesem Fall gab es jedoch physische Beweise dafür, dass etwas Ungewöhnliches aufgetreten war.

„Ich hatte das Glück, Ihr tolles Interview auf Coast to Coast in der letzten Nacht zu hören, aber es ist etwas passiert, was uns drei sehr verblüfft hat. Deshalb nehme ich es als Anlass, Ihnen zu schreiben. Um es möglichst kurz zu halten, haben wir alle drei das Real Talk Radio/Rekorder, der voreingestellt werden kann und mit 1/4 der Geschwindigkeit aufzeichnet. Wir haben dieses Gerät nur für das „Küste zu Küste" Programm, da wir nur bis Mitternacht wach bleiben können. (Die Show geht normalerweise von 24 bis 4 Uhr) Wir alle drei stellen unser Radio/Rekorder auf den gleichen Sender ein, der aus Nashville, Tennessee, kommt. Es ist der einzige Sender, den wir mit dem Rekorder aufnehmen können. Wir wohnen etwas weiter voneinander entfernt, jedoch nicht weit von Nashville entfernt, aber WWTN ist eine 100.000 Watt-Station. Als ich am nächsten Morgen das aufgenommene Band für Ihr Programm abgespielt hatte, war alles, was ich bekam, zu meiner großen Bestürzung, ein Sportereignis, die ganzen vier Stunden lang. Wie auch eine meiner Freundinnen auf ihrem Band. Ich rief die Station an und sie teilten mir mit, dass sie Küste zu Küste nicht mehr senden würden. Sie änderten ihr Format und es war ihnen egal, wie viele Proteste es gab. Jetzt ist das große Rätsel: Die Andere von uns drei, hatte auf ihrem Band das gesamte Interview von Ihnen drauf! Wir wissen definitiv, dass es sich um dieselbe Station handelte. Wir haben alle dieselbe Station gehört, aber die Sendung anders empfangen. Ich habe mit ein paar Leuten gesprochen, die über Funkkenntnisse verfügen (ehemalige Regierungsmitglieder, deren Ausbildung in diesem Bereich war), und sie sagten alle, es sei unmöglich, dass so etwas passiert. Gott sei Dank gibt es eine Aufnahme, weil wir natürlich alle drei wissen wollten, was Sie zu sagen hatten. Meine Frage an Sie lautet: Haben Sie eine Erklärung für diesen Vorfall? Ich dachte daran, dass es vielleicht mit dem Phänomen des Paralleluniversums zusammenhängt. Das ist das einzige, was Sinn machen würde. Für jegliche Erklärung, die Sie vielleicht dazu haben, wäre ich sehr dankbar. PS: Aus irgendeinem Grund sendet WWTN doch wieder Küste zu Küste und wir freuen uns sehr darüber! Es ist unser Kontakt mit dem Universum."

Teil meiner Antwort: „In meiner Arbeit passiert mit meinem Kassettenrekorder durchaus manchmal während der Sitzung ungewöhnliches, das nicht erklärt werden kann. Statische, fremde Geräusche, Beschleunigung und Verlangsamung, Stimmen über

Stimmen und viele Dinge, die bei der Elektronik normalerweise nicht auftreten. Oftmals benutze ich mehr als ein Tonbandgerät, aber alle sind davon betroffen. Ich hatte auch seltsame Auswirkungen mit Telefonen, aber dies ist das erste Mal, dass ich von so etwas gehört habe. Vielleicht haben Sie Recht, dass es etwas mit verschiedenen Dimensionen zu tun hat. Ich bin froh, dass drei Menschen daran beteiligt waren. Ich denke, damit qualifiziert es sich als Beweis."

Ein paar Wochen später sprach ich in der Unity Church in Memphis. Ich war überrascht, als die drei Damen aus Nashville zu mir kamen. Sie wollten insbesondere, dass ich bestätigte, dass der Vorfall tatsächlich passiert ist. Um dies zu beweisen, hatten sie die Bänder mitgebracht. Es waren drei der normalsten Frauen, die man sich vorstellen kann. Ich bin überzeugt, dass sie die Wahrheit sagen. Wenn jemand eine andere Erklärung für diesen Vorfall geben kann, würde ich gerne von Ihnen hören.

* * *

In meinem Buch „Jesus und die Essener" gab Jesus das folgende Beispiel von Reinkarnation und verschiedenen Dimensionen, wobei die Natur verwendet wurde, damit die Menschen es leichter verstehen konnten:

„Er verwendete eine Pflanze als Beispiel, eine Pflanze, die aus vielen Schichten besteht (ähnlich einer Zwiebel). Er sagte, dass dies die verschiedenen Ebenen der Existenz zeigen würde. Er weist darauf hin, dass die Schichten, die sich im Zentrum der Pflanze befinden, sehr dünn und eng zusammen sind, wenn man jede Schicht als eine andere Ebene betrachtet. Man kann das Stück in der Mitte, wo es am kleinsten und begrenzt ist, als die physische Welt betrachten. Wenn man sich in den Ebenen auf und ab bewegt, wird der Horizont des Verstehens jedes Mal größer, dadurch das man mehr sieht und versteht."

Ich frage mich, ob die Leute, denen er das Gleichnis (oder das Beispiel) gab, die tieferen Bedeutungen verstanden, die er zu vermitteln versuchte. Vielleicht war es sogar für die Schüler zu komplex. Aber es zeigt, dass er sich der tieferen Bedeutungen des Lebens und des Universums sehr bewusst war.

* * *

Einige andere merkwürdige Vorfälle, die sich mit der Zeit und den Dimensionen befassen, die während meiner Sitzungen aufgetreten sind, werden in diesem Buch behandelt.

Abschnitt 7

ENERGIEWESEN UND SCHÖPFERWESEN

KAPITEL 22

Mysterien

Dieser erste Teil ist eine Fortsetzung des Abschnittes: Mysterien in Buch Eins. Es gab ein paar Dinge, über die ich mehr Klarheit erhalten wollte, bevor ich sie in mein Buch aufnehme. Diese Informationen wurden in den späten 1990er Jahren gesammelt. Einige davon stammten von Phil, einem jungen Mann, über den ich in vielen meiner Bücher geschrieben habe. Er hat die Fähigkeit, in tiefe Trance zu gehen und sein Bewusstsein zu verschließen, damit es die Antworten nicht beeinflusst und freien Zugang gewährt. Wir haben immer wieder neue, ungewöhnliche und wertvolle Informationen durch unsere gemeinsamen Sitzungen erhalten.

UNSER SONNENSYSTEM

D: *Du hast mir einmal gesagt, dass es derzeit kein vergleichbares Leben gibt, das wir von der Erde her kennen, auf anderen Planeten unseres Sonnensystems.*

P: Das stimmt. Es gibt kein menschliches Leben, um nicht zu sagen, dass es kein Leben gibt. Denn die Atmosphären auf den anderen Planeten sind nicht so beschaffen, dass sie menschliches Leben aufrechterhalten können, wie es zum jetzigen Zeitpunkt auf diesem Planeten bekannt ist. Das bedeutet jedoch nicht, dass es kein Leben in anderen Formen gibt, wie in der Geistesform oder sogar in einer fortgeschritteneren oder einer anderen physischen Form.

D: *Mir wurde gesagt, dass es auf dem Mars einmal Leben gegeben hat. Es gab dort eine ganze Zivilisation humanoider Wesen. Ist das wahr?*

P: Das ist in der Tat der Fall und wird eurem Planeten bald bewusst gemacht werden. Gesteine dieses Planeten werden zurzeit durch mikroskopische Analysen untersucht. Dies ist eine gewaltige Veränderung des Bewusstseins, die deiner Zivilisation mit kleinen Portionen an Wissen zugeführt werden muss. Es sind in der Tat die Vorfahren eurer Zivilisation und das Leben auf der Erde, wie du es kennst. Dort gab es Lebensformen, die gleichzeitig auf beiden Planeten vorkamen. Der Mars war jedoch über einen längeren Zeitraum stabiler und produktiver als sein Schwesterplanet, der ökologisch und geologisch eine andere Entwicklung genommen hatte. Der Mars wurde viel schneller bewohnbar als die Erde. Daher begann der Evolutionsprozess auf dem Mars viel schneller und früher als auf dem Planeten Erde.

Die Geschichte der Aussaat des Planeten Erde mit den ersten Lebensformen wurde in „Die Hüter der Gärten" erzählt und in „Die Verwahrer" fortgesetzt. Dies deutet darauf hin, dass die Erde nicht der einzige Planet in unserem Sonnensystem ist, der ausgesät wurde. Etwas aber muss im Laufe der Zeit geschehen sein, weshalb einige dieser anderen Planeten wieder unbewohnbar sind.

D: *Was ist passiert, was das Leben auf dem Mars zerstört hat?*

P: Zu dieser Zeit gab es viele unterschiedliche Meinungen darüber, wer die Weltregierung kontrollieren sollte, und es gab viele verschiedene Arten von Technologien, die es ihnen ermöglichte, ihr Wetter zu manipulieren. Sie waren in ihren Absichten sehr chaotisch und zerstörten ihr eigenes Wettersystem. So wie die Fähigkeiten, die sich jetzt auf deinem Planeten manifestieren, auch den eigenen Planeten zerstören zu können, wenn sie die Gelegenheit dazu haben.

D: *Mir wurde auch gesagt, dass noch Überbleibsel des Lebens auf dem Mars vorhanden sind.*

P: Es gibt Elemente des Lebens tief auf dem Planeten, denen es gelungen ist, ihre Lebensform zu erhalten. Sie sind jedoch nicht das, was man als „menschlich" oder humanoid bezeichnen würde.

Sie unterscheiden sich insofern, dass ihre Entwicklung auf einem anderen Weg verlief als der, den du auf diesem Planeten kennst.

D: *Mir wurde gesagt, dass es unter der Marsoberfläche Städte gibt, in die einige der Bewohner gingen, als die Oberfläche unbewohnbar wurde.*

P: Diese Analogie könnte ähnlich dem Konzept einer Kolonie verwendet werden. Wir würden die Stadt in der Stadt jedoch nicht so charakterisieren, was du als Stadt verstehst. In technologischer Hinsicht eher wie eine Kolonie von Termiten, in einer sozialen Struktur. Die Wesen leben in natürlichen Strukturen und kommen auch von diesem Planeten.

D: *Mir wurde auch gesagt, dass die Wissenschaftler, wenn sie endlich zum Mars kommen, nicht merken, dass dort noch Leben ist. Sie werden es nicht erkennen.*

P: Wenn die Wissenschaftler den Mars erreichen, werden sie unter ihren Füßen auch viele andere Lebensformen erkennen. Zu diesem Zeitpunkt wird das Bewusstsein zunehmen, so dass die Lebensformen auf dem Mars nur als andere Lebensformen betrachtet werden.

D: *Jetzt wechseln wir zu einem anderen Teil des Sonnensystems. Ich interessiere mich sehr für Jupiter. Was ist das für ein Phänomen, das auf Jupiter als „roter Fleck" bezeichnet wird? Mit unseren Teleskopen ist es sichtbar.*

P: Der Ausdruck des roten Fleckes in der Erdebene, wird als beständiges Wetterphänomen bezeichnet. Auf eurer Existenzebene wird ein Hurrikan von Gasen wahrgenommen, der eine Wettergegebenheit ist. Es ist jedoch ein Phänomen, dessen Kern in einer höheren Realitätsebene ist. Die höheren Ausdrücke deuten darauf hin, dass es sich hierbei um einen Bereich handelt, der viele verschiedene Bereiche von ähnlicher Form aufweist, aber getrennte einzelne Entitäten des Bewusstseins. Es ist eine Stadt, die auf einer höheren Ausdrucksebene eine Lebensform ist. Diese Lebensform in ihren unteren Komponenten der Dimensionen, wird in eurer Ebene in Form eines atmosphärischen Wetterphänomens ausdrückt.

D: *Wenn es sich um eine atmosphärische Störung oder einen Hurrikan handelt, wäre das, soweit wir wissen, für immer da. Und es scheint sich nicht wirklich zu ändern.*

P: In diesem Universum gibt es viele verschiedene Formen des Lebens, die das menschliche Bewusstsein einfach nicht wahrnimmt. Damit man diesen Aspekt jedoch besser versteht, könnte man es mit einer Kolonie lebender Wesen vergleichen, deren Ausdruck bis in ihre Bewusstseinsebene reicht, so dass die atmosphärischen Bedingungen sichtbar werden, die diese niedere Ausdrucksform überlagert. Es gibt viele verschiedene Bewusstseinsebenen, die keinen entsprechenden Einfluss auf eine andere Ebene haben. In diesem Fall gibt es jedoch einen Effekt auf der unteren Ausdrucksebene. So dass diese Kolonie, die eine Zivilisation auf der höheren Existenzebene ist, ihren Fußabdruck als atmosphärische Störung oder Wetterphänomen auf eurer Ebene hinterlässt.

D: *Dann denke ich, du meinst in einer alternativen Realität, dass es sich um eine Gruppe von Menschen in einer physischen Stadt am Jupiter handelt. Und es wirft mehr oder weniger einen Schatten auf unsere Ebene, der als atmosphärischer Zustand erscheint? Wäre das eine gute Analogie?*

P Wir würden dieses Konzept verbessern, indem wir es nicht so sehr als eine Stadt in deiner Terminologie sehen, sondern eher als eine Kolonie von Viren oder Bakterien, die nebeneinander existieren und auf ihrer Ebene leben. Wir würden es jedoch nicht als technologische Zivilisation in deinem Kontext bezeichnen.

D: *Dann wären es, aus unserer Betrachtungsweise heraus, keine intelligenten Wesen?*

P: Das ist tatsächlich nicht der Fall. Sie sind zwar hochintelligent, leben aber einfach in einer anderen Form. Ihr Ausdruck beinhaltet keine baulichen und technologischen Aspekte. Sie sind hoch entwickelt und zivilisiert, jedoch nicht technologisch.

D: *Jemand sagte mir, dass das Verhältnis von Jupiter zur Erdebene von entscheidender Bedeutung sei. Hast du Informationen dazu?*

P: Es gibt viele verschiedene Abhängigkeiten in eurem Sonnensystem. Denn das gesamte physische Gleichgewicht hängt davon ab, dass jedes einzelne Element sein eigenes Gleichgewicht beibehält. Auf der physischen Ebene, würde der plötzliche Verlust eines Planeten, das Gleichgewicht der Schwerkraft des gesamten Sonnensystems aus dem Gleichgewicht bringen. Es gibt natürlich auch andere Bewusstseinsebenen, und die Veränderung oder der

Verlust eines solchen Planeten, hätte natürlich auch Auswirkungen auf die anderen Ebenen.

D: Das haben uns die Außerirdischen über die Erde erzählt, dass wir sie nicht in die Luft sprengen dürfen, weil es im Universum und in anderen Dimensionen großen Schaden anrichten würde.

P: Das ist richtig.

D: Ich habe gehört, dass andere, die uns beobachten, dies nicht zulassen werden, allein nur deshalb, weil dies das Gleichgewicht der Galaxie stören würde.

P: Das ist richtig, in dem Sinne, dass die Individuen, die die anderen Existenzebenen bewohnen, das Recht haben, eure Zivilisation und eure Lebensform vor dem Eindringen zu schützen. Es wäre so, als ob ein nicht deklarierter und nicht erkennbarer Krieg von einer ignoranten Kultur gegen eine unsichtbare Partei geführt wird.

D: Aber sie sind sich dieser Dinge bewusster als wir.

P: Das ist genauso und sie haben ein Recht, eure Zivilisation vor Schäden zu schützen, die durch die Unwissenheit eines etwas unruhigen Nachbarn verursacht werden.

D: Weißt du etwas darüber, woher der Asteroidengürtel stammt?

P: Dies war zu einer Zeit ein Planet, der zerstört wurde, als ein Meteor eine Kollision mit einem vorbeiziehenden Stern verursachte. Die Kollision bewirkte die Trennung dieses Planeten. Mit den eigenen inneren Kräften des Planeten und denen der Sonne und anderer Planeten, wurde er so weit auseinandergezogen, dass er einfach formlos wurde und sich in seiner früheren Umlaufbahn als Partikel oder Asteroiden ausbreitete.

D: Ich habe auch gehört, dass dort möglicherweise ein Volk lebte, und sie ihn selbst gesprengt haben.

P: Das stimmt nicht. Die Kollision war ein natürliches Phänomen, das nicht aufgrund von Manipulationen durch eine bestimmte Rasse stattfand. Es gibt auch den Fall, dass diese Geschichten aufgrund von Fehlinterpretationen von Informationen entstehen. Kein absichtliches Geschichten erzählen, sondern einfach eine Fehlinterpretation. Diese Channelings (von Phil) sind auch nicht das absolute Endergebnis, da dieses Fahrzeug (Phil) nicht das Endergebnis ist. Es gibt auch mögliche Ungenauigkeiten in diesen Channelings. Daher sollten alle Channelings mit einem offenen Bewusstsein für diese Tatsache betrachtet werden. Die Channelings können nur so genau sein, wie das Fahrzeug sie physikalisch übersetzt, und es ist fast unmöglich, das Channeling mit 100-prozentiger Genauigkeit durchzuführen. Denn es gibt einfach Begriffe und Ideen, die in dieser Lebenszeit oder gar auf dieser Ebene keinen Präzedenzfall haben. Für einige Fragen, die gestellt werden, sind deshalb Konzepte erforderlich, die hier nicht existieren. Daher müssen Analogien gezogen werden, die möglicherweise nicht ganz zutreffend sind. Jedoch, der Kern der Informationen könnte übersetzt werden.

D: *Ich verstehe, dass alles, was durch einen Menschen kommt, auf diese Weise Probleme mit sich bringt.*

P: Es geht einfach darum, aufgrund vieler Faktoren nicht übersetzen zu können. Einige sind, wie gesagt, das Fehlen von Konzepten, aus denen man schöpfen kann.

DIE SONNE

D: *Ist die Sonne wirklich so heiß?*

P: Es gibt tatsächlich dieses Element, das heiß ist. Wir glauben jedoch, dass dies aus eurer physischen Perspektive missverstanden wird. Die Hitze selbst scheint hier im Mittelpunkt der Aufmerksamkeit zu stehen und ist nichts weiter als ein Nebenprodukt. Die wahre Energie der Sonne ist keine Wärme, sondern hat eine Natur, die weit über das hinausgeht, was der Mensch zu diesem Zeitpunkt imstande ist zu verstehen. Die Wärme ist einfach ein Ausdruck eines Phänomens, das weitaus komplizierter ist, als die einfache Verbrennung. Dies ist ein Übergang von Energien, und der physikalische Aspekt ist, was man Flamme oder Verbrennung nennt. Wärme ist ein Nebenprodukt. Die wahre Realität davon ist eine Übertragung und Veränderung von Energien, die sich als Wärme und Verbrennung auf ein physikalisches Niveau niederschlagen.

D: *Die Strahlen und Ausstrahlungen, die wir nicht sehen können, sind ultraviolett. Meinst du so etwas?*

P: Weit über das hinaus, was du als Strahlen betrachtest, aber als elementare Energieformen. Eine grundlegende Veränderung der Energien selbst.

* * *

Die Sonne ist, wie jeder sie sieht, ein gasförmiger Stern. Aber einer meiner Klienten sagte, es habe tatsächlich eine Kultur unter den Gasbändern gegeben, die von außen nicht gesehen werden kann.

D: *Die Menschen auf der Erde können das nicht wahrnehmen, oder?*
B: Nein, das geht nicht. Sie haben keine Ahnung. Sie nehmen einfach an, wie alle anderen auch, dass es sich um einen festen Gasball handelt. Tatsächlich treten jedoch alle Explosionen auf dem äußeren Gürtel auf. Aber der mittlere Teil des Sterns ist genauso wie hier auf der Erde. Sie haben Farmen, sie haben Häuser, sie haben eine Zivilisation und all das ist unter dem Energiegürtel eingeschlossen.
D: *Also ist es an der Oberfläche nicht heiß?*
B: Ach nein! Nein, nein! Das ist eines der interessanten Dinge daran.
D: *Man könnte meinen, es wäre zu heiß, um das Leben zu unterstützen.*
B: Könnte man, aber das ist alles in der Energie, in der sogenannten „Atmosphäre". Es ähnelt etwas dem Van Allen Gürtel auf diesem Planeten. Aber wir fahren die ganze Zeit hin und her. Rein und raus. Es ist eine sehr schöne Zivilisation dort.

Weitere überraschende Offenbarungen über die tatsächlichen Eigenschaften unserer Sonne werden in diesem Kapitel weiter erläutert.

* * *

D: *Einige Leute glauben, dass die Welt nach der sogenannten Urknalltheorie geschaffen wurde. Ist das wahr?*
P: Wenn sie zu dieser Zeit in der körperlichen Verfassung gewesen wären, hätten sie sicherlich das wahrgenommen, was ihr Urknall nennt. (ich lachte) Der Urknall ist eine Analogie, mit der die Wissenschaftler die Explosion im Gegensatz zur Implosion beschreiben. Die nach außen gerichtete Kraft, die geschaffen wurde, als das Universum, oder genauer gesagt, die Gesetze des Universums, festgelegt worden sind. In diesem Sinne, ja, wäre es richtig zu sagen, dass die Urknalltheorie den Beginn dieses Zeitpunktes darstellt, an dem die physikalischen oder materiellen Gesetze dieses Universums festgelegt worden sind.

D: *Eine Theorie besagt, dass der äußere Schub dieser Welten einen bestimmten Punkt erreicht, an dem ine Drehung erfolgt und sich wieder zusammen zieht. Ist das wahr?*

P: Das ist genau der Punkt, an dem alle nach außen gerichteten Bewegungen aufhören, das wird „Gleichgewicht" genannt. Und es ist innerhalb des Wendepunkts, an dem sich die Gesetze des Universums dann ändern und ihre polaren Gegensätze dann diejenigen sind, die sie jetzt sind. Das Positive wird dann negativ und das Negative wird dann positiv. Das Universum zieht sich dann in das zurück, was wieder eine Leere ist, die Singularität. An diesem Punkt würde sich die Schöpfungsgeschichte wiederholen.

D: *Es würde dann also wieder von vorne anfangen. Nachdem es in sich zusammenbricht, explodiert es sozusagen wieder.*

P: Das ist richtig.

D: *Wie lange dauert es, bis so etwas passiert?*

P: Sicherlich ist anzunehmen, dass du dich in einer anderen Form befindest, wenn dies geschieht.

D: *(lacht) Wir müssen uns keine Sorgen machen.*

Dieses Konzept zeigt, dass die Gesetze der Reinkarnation oder des Recyclings für alles, vom Mikrokosmos bis zum Makrokosmos, gelten. Nichts entgeht diesem Zyklus.

Wenn das Universum das Ende seiner Expansion erreicht, das Stadium, in dem es sich umkehrt, implodiert, zur Quelle zurückkehrt und wieder explodiert, ist es dann so, dass wir Alle, mit all dem gesammelten Wissen, zum Schöpfer zurückkehren?

D: *Es gibt einen Gedankengang, dass diese Welt in 5000 Jahren entweder in sich selbst zerfällt oder zerstört werden wird. Zur gleichen Zeit gibt es einen anderen Planeten, der für jene Wesen vorbereitet ist, die auf dieser Erde leben und ihre Schwingungen oder ihr Verständnis des Geistes erhöht haben. Ist das eine wahre Theorie?*

P: Dein Zeitrahmen könnte vielleicht etwas ungenau sein. Das Konzept selbst ist jedoch durchaus gültig, da diejenigen, die sich für eine Transformation entscheiden, bereits damit begonnen haben. Dies gilt nicht nur für die Erde, sondern auch für viele andere Systeme. Der Nachfolger dieses Planeten steckt tatsächlich in den Kinderschuhen. Und dieser Nachfolger ist noch nicht soweit, dass er als gastfreundlich gegenüber Lebensformen bezeichnet werden kann. Der Planet wird jedoch für Lebensformen sein, nicht wie wir sie jetzt kennen, sondern wie sie bald sein werden. Das sind deine Lebensformen. Die Energien, die sich zurzeit auf diesem Planeten befinden, bewegen sich dann in Massen zu dem, was zu diesem Zeitpunkt vorbereitet wird. Denn zu diesem Zeitpunkt haben sich eure Lebensformen auf ein etwas anderes Niveau weiterentwickelt, als jetzt. Es wäre unangemessen und unreif zu versuchen, diese Lebensformen auf diesen Planeten, zum jetzigen Zeitpunkt, zu übertragen. Es gibt noch einen Zeitrahmen, um sich zu entwickeln, bevor Lebensformen und Planet zueinander gastfreundlich sind. Es ist unnötig zu erwähnen, dass der Moment, zu dem es passiert, der geeignetste Zeitpunkt ist.

Diese Antwort kam in den 1990er Jahren durch, wurde jedoch in meinen Sitzungen in den letzten Jahren häufiger wiederholt. Diese Vorstellung, dass die Körper geändert werden, um auf eine andere Ebene zu wechseln, wird im letzten Abschnitt erläutert. Es wurden auch Informationen über einen anderen physischen Planeten offenbart, der der Erde ähnlich ist und auf die Überlebenden von Erdkatastrophen vorbereitet wird. Es wurde betont, dass die Menschheit nicht untergehen darf. Es wird Überlebende geben, auch wenn „sie" drastische Maßnahmen ergreifen müssen. Die Geschichte dieser zweiten Erde wird in „Hüter der Gärten" erzählt.

* * *

Es gab viele Fragen zu den Schächten in der großen Pyramide, die zu klein für etwas Nützliches zu sein scheinen. Diese Schächte sind gen Himmel gerichtet, was bis heute als mysteriös bezeichnet wird, wie bei allem, was mit dieser geheimnisumwitterten Pyramide zu tun hat.

D: Was ist der Zweck dieser Schächte in der großen Pyramide?
C: Der Zweck der Schächte in der Pyramide bestand darin, den Seelen der Wesen, die sie als Priester und Pharaonen ansahen, zu ermöglichen, zu ihrem Planetensystem zurückzukehren, damit sie nicht in den Schichten dieses bestimmten Planeten festgehalten

werden. Sie wurden geschaffen, dass sich die Seele in das Physische manifestieren kann, und wenn sie dann nicht mehr gebraucht wird, würde die Seele durch diese Schächte reisen, was man als „Sternentor" bezeichnen könnte. (Dieses Wort wurde als Frage gestellt. Unsicheres Wort.) Außerdem als Verwendung technischer Geräte in der Kammer des Königs.

D: *In der Königskammer gab es technische Hilfsmittel?*

C: Was du als die Kammer des Königs bezeichnest, war zur Verwendung dieser technischen Geräte, um es diesen Seelen zu ermöglichen, zu ihrem ursprünglichen Sternensystem zurückzukehren.

In „Hüter der Gärten" und „Die Verwahrer" wird erwähnt, dass Außerirdische oft in der frühen Zivilisationsbildung dazu kamen, um unter den sich entwickelnden Menschen zu leben, ihnen zu helfen, ihnen das nötige Wissen und den nötigen Unterricht zu geben. Diese Wesen hatten eine unglaubliche Lebensspanne, so dass sie schließlich als Götter behandelt und respektiert wurden. Einiges deutet darauf hin, dass die ersten Pharaonen möglicherweise diese Art von Wesen waren. (Siehe hierzu auch Kapitel 4, Isis.)

Es erinnerte mich an Sitzungen, die in „Das Vermächtnis der Sterne" beschrieben worden sind, als die Seelen von Außerirdischen nach ihrem Tod in unserer Welt eingeschlossen wurden. Sie schufen anscheinend Karma und konnten auch nach ihrem Tod nicht in ihre ursprüngliche Heimat zurückkehren. In diesen Fällen wusste oft keiner von ihrem Heimatplaneten, dass sie sich auf der Erde befanden. Vielleicht waren sich die E.T.s bewusst, dass so etwas gelegentlich vorkommt, und sie wollten nicht, dass diese Besucher, die so lange auf der Erde gelebt hatten, in ähnlicher Weise gefangen waren.

Ein weiteres Rätsel ist die Existenz und Lage versteckter Kammern unter der Sphinx.

D: *Man sagt, dass die Kammern unter der Sphinx versiegelt waren. Warum wurde das gemacht?*

C: Es gab einen Sturz der Wesen, die nicht von diesem Planeten stammten.

Dies deutet darauf hin, dass einige der Wesen, die damals das Pyramiden-System betrieben haben, keine Menschen waren. Vielleicht waren es die Berater, von denen in meinen anderen Büchern die Rede ist. Sie kamen und lebten unter den Menschen, um ihnen die neuen Gaben (Fortschritte) zu bringen, wenn sie gebraucht wurden. Dies würde auch die Schächte erklären, sie nutzten diese, um ihre Seelen in ihr ursprüngliches Sternensystem zurückzubringen. Sie wollten nicht hier auf der Erde gefangen sein, wenn ihre Arbeit beendet war.

C: Die Menschheit wollte ihnen ihre Macht nehmen und sie zu ihrer machen. Die Wesen wussten, dass dies geschehen würde. Also versiegelten sie alle technischen Geräte und Informationen, damit sie nicht zur falschen Zeit in falsche Hände geraten konnten, denn die Menschen würden sich dabei selbst zerstören.

Dies klingt auch eher nach den Menschen, die aufgrund ihrer Unwissenheit die Geräte zerstörten, mit denen Energie aus Sonne, Mond und Sternen erzeugt wird. (Bartholomäus gab diese Informationen in „Buch Eins".)

D: *Also haben die Wesen von den anderen Planeten die Kammern versiegelt? Es waren nicht die Menschen.*
C: Es gab Eingeweihte, die von diesen Wesen ausgebildet worden sind. Die Pyramiden wurden zur Initiierung und zum Training verwendet. Es gibt viele, viele der alten Tempel, die sich auf einem sogenannten „Plateau" befinden. (Dies gilt auch für den Tempel der Katzenmenschen in derselben Gegend. Siehe Kapitel 3.) Und diese wurden für die Einweihung von Menschen verwendet, um ihr Bewusstsein und ihre Schwingung zu steigern. Dann konnten sie diese Geräte und Technologien in geeigneter Weise einsetzen, um das Planetensystem zu unterstützen. Die Pyramiden basieren auf einem Gradnetz. Das Gradnetz ist sehr wichtig, weil es das wichtigste Verbindungssystem für den Planeten ist. Eines von den wichtigsten Verbindungssystemen. Es gab mehrere Systeme, aber dies ist eines davon. In jedem dieser großen Orte gibt es auch Pyramiden. Die Pyramiden fungieren als ein Leiter universeller, harmonischer Strukturen, die auch andere Planeten mit Harmonie und Vibration verbinden. Dies

funktioniert auch mit Farben, Tonfrequenzen und Wirbeln planetarisch im gesamten Netz, um das Gleichgewicht und die Harmonie dieses Planetensystems aufrechtzuerhalten.

D: *Und diese Leute wussten, wie man diese Dinge richtig einsetzt.*
C: Sie wurden instruiert. Sie setzten sie an Ort und Stelle ein.
D: *Die Versiegelung erfolgte deshalb so, weil die anderen Leute plünderten und sie nicht wollten, dass diese Dinge mitgenommen werden. Sie sagten, es bestand eine Gefahr auch für andere, die nicht das Wissen besaßen, wie man sie benutzt.*

Wieder klingt dies wie die Energie im Tempel der Katzenmenschen, die für diejenigen gefährlich war, die nicht damit umgehen konnten.

C: Eines der planetaren Sternensysteme intervenierte. Sie schickten Gesandte, die Einfluss auf die Menschheit hatten, um sie zu stürzen, zu personifizieren und den korrupten Gruppen die Macht zu nehmen.
D: *Also versiegelten diese Leute die Kammern, um die Informationen zu verbergen und die Menschen davor zu schützen, sie falsch zu verwenden.*
C: Um sie vor sich selbst zu schützen.
D: *Und wo befinden sich diese?*
C: Versetzte Kammern unter der Sphinx. Jede verschachtelt mit kleinen Tunneln und bewacht von Energien und Frequenzen.

Wieder klang dies wie die Geschichte von Bartholomäus (Buch Eins), in der die Leute dachten, wenn sie im Besitz der geheimen Energieanlagen sind, würden sie im Besitz der Macht sein und die Außerirdischen oder Priester nicht mehr brauchen. In seiner Geschichte haben sie die Geräte und sich selbst zerstört. Anscheinend entschied sich die letzte Kontrollgruppe an der Sphinx, die Geräte abzusperren, so dass so etwas nicht mehr passieren konnte. Sie sind seitdem versiegelt geblieben.

In „Gesprächen mit Nostradamus", Band III, bezog sich Nostradamus auch auf Energien, die eingerichtet worden waren, so dass nur die richtigen Personen in der Nähe der geheimen Eingänge zu diesen verborgenen Tunneln und Räumen zugelassen worden sind. Wenn die Leute, die versuchten diese zu betreten, falsche oder negative

Schwingungen hatten, wurden sie getötet. Es ist also ein sehr aufwendiges Schutzsystem vor Tausenden von Jahren installiert worden.

In Kapitel 6 findet man Informationen zu den Symbolen, mit denen verborgene Informationen sichtbar gemacht werden.

* * *

Astrologie war schon immer von Interesse für mich, obwohl ich keine Astrologin bin. Wie begann die Astrologie? Es scheint, als ob das Studium der Sterne seit jeher außerordentlich bedeutsam für die Menschheit ist. Die Antwort fand ich, wie immer, unerwartet während einer Routine-Regression. Eine Frau ging zurück in ein Leben, in dem sie eine Priesterin im alten Babylon war. Es wird angenommen, dass in Babylonien das Studium der Astrologie begann. In meinen Büchern über Nostradamus arbeitete er mit Ephemeriden, von denen er sagte, dass sie von den alten Ägyptern und Babyloniern stammten. In dem Leben, welches wir uns anschauten, war die Frau ein männlicher Priester in einer isolierten und geheimen Religions- oder Mysterienschule. Die Schule befand sich in einem schönen Tempel, der hoch über der Stadt auf einem Hügel lag. Er beschrieb sein Studium der Sterne, an denen seine Gruppe, mit der er zusammenarbeitete, schon seit uralten Zeiten beteiligt war. Er sagte, dass seine Gruppe seit jeher die Beobachtung der Sterne aufzeichnete. Diese Tätigkeit war ihr Hauptzweck, während andere Gruppen Heilung und Prophezeiung praktizierten. Der Tempel war in der Mitte offen, ohne Überdachung und hatte an allen vier Seiten riesige Säulen. Er sagte, er würde immer an einer ganz bestimmten Stelle in der Mitte des Tempels sitzen und die Positionen der Sterne darstellen, wenn sie sich zwischen den Säulen bewegen. Die Säulen gaben ihnen einen Bezugspunkt und eine Möglichkeit, die Bewegung der Planeten im Gegensatz zu den stationären Sternen zu messen und die Rotation der Erde zu beurteilen. Nach hunderten von Jahren hatten sie sehr genaue Diagramme erstellt. Dies wurde auch als Hilfsmittel zur Bestimmung der Sonnenwende und der Tagundnachtgleiche verwendet, da sich in einem tropischen Land die Jahreszeiten kaum ändern. Dies könnte erklären, warum so viele antike Gebäude in dieser Art und Weise auf einem Hügel mit vielen Säulen und gleichem Abstand errichtet worden sind. Es ist allgemein bekannt, dass es in der Antike viele Tempel gab, aber jetzt scheinen die Säulen einen praktischeren Zweck zu erfüllen, um die Bewegung der Sterne zu beobachten und aufzuzeichnen.

* * *

Eine andere Klientin begab sich nach ihrer vergangenen Lebenszeit auf die geistige Seite und wurde direkt zu dem Rat der Ältesten gebracht. Dort analysierten sie das Leben, das sie gerade verlassen hatte. Es wurde entschieden, dass ihr Verhalten bewundernswert gewesen sei und sie ihre Lektionen erfolgreich abgeschlossen hatte. Nun war sie bereit für ihren nächsten Einsatz. Dies alles wurde im Voraus geklärt und mit den Ältesten beratschlagt. Sie konnten sie nicht zwingen, einen neuen Auftrag zu übernehmen, ihr es aber vorschlagen. Sie musste sich selbst entscheiden, wo sie geboren wird, wer ihre Eltern sein werden und weitere Einzelheiten, wie ihr nächstes Leben aussehen soll. Es waren die gleichen Informationen, die ich schon so oft erhielt. Doch etwas war neu, sie sagte, dass sie auch Tag, Monat, Jahr sowie den Mond ihrer Geburt vorher bestimmen musste. Ich stellte ihr die Frage, die mir viele andere zuvor stellten: „Ist die Astrologie in dem Entscheidungsprozess, einer auf die Erde zurückkehrenden Seele, involviert?" Sie sagte, dass es definitiv so ist. Es muss alles genau ausgearbeitet werden. Dies deutet darauf hin, dass sogar Frühgeburten geplant werden, da die astrologischen Einflüsse auf die Persönlichkeit der ankommenden Seele wichtig sind. Wahrscheinlich gibt es noch viel mehr Faktoren, die dazu beitragen, denn ich glaube nicht, dass wir alle Qualitäten der Astrologie und der Numerologie zum jetzigen Zeitpunkt verstehen.

* * *

HINTERLEGUNGEN ALLES WISSENS

Diese Sitzung mit Phil, nahm eine seltsame und ungewöhnliche Wendung. Phil nahm im April 2001 an einer UFO-Konferenz in Eureka Springs, Arkansas, teil, und wir beschlossen, nach der Konferenz, eine Sitzung zu veranstalten. Seit unserer letzten Konferenz war mittlerweile geraume Zeit vergangen.

Meine alte Freundin Harriet wohnte bei mir und steht mir seit dem Beginn meiner Arbeit, vor 25 Jahren, mit moralischer Unterstützung zu Seite. Es war das Jahr in dem das Konvent Center in Eureka Springs ausbrannte und Lou Farish, der Organisator der Konferenz, einen anderen Ort finden musste, um sie abzuhalten. Wir hatten dennoch ein Zimmer im Inn of the Ozarks reserviert, um das Motel zu unterstützen (wegen des Einkommensausfalls). Viele Leute waren der Ansicht, die Konferenz sei wegen des Feuers gänzlich abgesagt worden. Am letzten Tag besuchte Ann die Konferenz, und wir ließen sie in unserem Zimmer übernachten, anstatt sie nach Fayetteville zurückkehren zu lassen. Sie schlief auf einer etwas ungemütlichen Palette auf dem Boden. Als ich mit der Sitzung begann, fragte Ann, ob sie sich hinsetzen und zusehen könne, denn obwohl ich schon eine Sitzung mit ihr abgehalten hatte, hat sie noch nie eine beobachten können. Phil hatte nichts dagegen, da dies schon oft vorgekommen war.

Die merkwürdigen Vorfälle begannen fast umgehend. Nachdem ich Phil das Schlüsselwort gegeben hatte und wir mit der Sitzung begannen, bemerkte ich, dass auch Ann (auf einem Stuhl, auf der anderen Seite des Bettes sitzend) in diesen Zustand fiel. Ich deutete mit einer Handbewegung an, was da passiert ist und Harriet sah es auch. Es gab nichts, was ich hätte tun können, außer einfach fortzufahren, trotzdem hatte ich ein Auge auf Ann. Obwohl das nicht meine Absicht war, hatte meine Stimme wahrscheinlich den Effekt, sie in diesen Zustand zu versetzten, denn auch mit ihr habe ich zusammen gearbeitet. Ann ließ sich scheinbar in ihrer eigenen Welt auf den Stuhl fallen. Ich führte die Sitzung auf dem üblichen Weg durch, als Ann plötzlich begann, die Fragen zu beantworten. Da wusste ich, dass ich in einem Dilemma steckte, denn ich benutze normalerweise nur ein Handmikrofon um es an den Mund der jeweiligen Person zu halten. Dies stellte ein Problem dar, als sie mit sanfter Stimme aus einiger Entfernung zu antworten begann.

Bei der Arbeit mit Phil verwende ich die Aufzugsmethode, mit der er gut vertraut ist. Ich bat ihn, mir das erste zu sagen, was er sah, als sich die Aufzugstür öffnete.

P: Es gibt jemanden, der mich begrüßt. In einem rein weißen Licht. Wir sind alte Freunde. Er bringt mich in einen anderen Raum, in dem mir Informationen gezeigt werden. Es gibt mehrere hier, deren Zweck es ist, diese Kommunikation zu unterstützen. Sie sagen, es gibt noch mehr, die aus einer anderen Dimensionen heraus helfen. Die, die die Fähigkeit haben, das Material aus ihrer Perspektive zu beeinflussen, so dass es in unserer Perspektive dargestellt werden kann. Es gibt immer einige Informationen, die gespeichert werden, da sie sich gerade oberhalb der Ebene befinden, auf der sie es wahrnehmen können. Es ist ein Wachstumsprozess, der im Zuge des Verstehens ständig neue Informationsebenen durchbricht. Während der Wachstumsprozess fortschreitet, gibt es unmittelbar vor dem aktuellen Verständnis immer ein Informationsniveau, das bisher noch nicht betreten wurde. Es ist ein ständiger Prozess, der die Überprüfung und das Verständnis der Informationen ermöglicht.

D: *Wir führen unsere Sitzungen schon seit vielen Jahren gemeinsam durch. Und die Informationen, die wir jetzt bekommen, hätten wir wahrscheinlich anfangs nie verstanden. Es hätte also keinen Sinn ergeben und zu dieser Zeit für uns keinen Wert gehabt.*

P: Es ist jetzt an der Zeit, dich auf die nächste, am besten geeignete Informationsebene zu bringen. Die zur Beantwortung deiner Fragen erforderlichen Informationen werden dort zur Verfügung gestellt.

D: *Was vor vielen Jahren angesprochen worden ist, waren Informationen über die Sonne in unserem Sonnensystem. Zu dieser Zeit wurde mir gesagt, dass es nicht das ist, was wir als Sonne wahrnehmen, sondern dass wir nicht bereit waren, es zu verstehen. Kannst du das erweitern? Die wahre Natur dessen, was wir „Sonne" in unserem Sonnensystem nennen.*

P: Wir bitten dich, deine Frage in Bezug auf die Realität zu definieren. Fragst du die physikalische Realität hier oder beschäftigst du dich mit den ultradimensionalen Aspekten?

D: *Wir können beides erfahren, nehme ich an. Denn in der physischen Realität sehen wir es als den leuchtenden Ball am Himmel, der unsere Erde zum Leben erweckt und alles mit explodierenden Gasen funktionsfähig hält. Das ist unser physikalisches Konzept davon. Ist das korrekt?*

P: Wir würden sagen, dass sie tatsächlich eine Erfahrung mit einem physischen Körper teilt, der sich nicht von deinem eigenen unterscheidet. Die physischen Manifestationen, die ihr durch eure physischen Sinne wahrnehmt, sind einfach diese Komponente. Dies sind Manifestationen, die eine Präsenz auf der bestimmten Ebene ermöglichen, von der du sprichst.

D: *Wir betrachten es mit Teleskopen und sehen explodierende Gase, die durchaus nach außen reichen.*

P: Nicht anders als viele eurer Politiker, deren Einfluss ähnlich ist wie die der Sonnenstrahlen, die von ihrer Kraftbasis aus scheinen. Der Einfluss eurer Sonne ist absichtlich und wird durch die Wechselwirkung zwischen diesen Kontingenten Elementen beeinflusst, den Energien, die sowohl die solaren als auch die planetarischen Manifestationen bewohnen. Es gibt Reaktionen auf der Sonne, die eine direkte Folge der auf eurem Planeten verübten Handlungen sind. Das bedeutet nicht, dass alle Reaktionen auf der Sonne von den Aktionen auf eurem Planeten beeinflusst werden. Denn es gibt auch andere Wesen um das Sonnensystem, die auch Einfluss haben. Ein unmittelbarer und dramatischer Einfluss auf das, was du als „Sonne" bezeichnest, sind die Taten der Wesen auf eurem Planeten zu diesem Zeitpunkt. Auf eurem Planeten werden Anpassungen und Korrekturen vorgenommen, um die Ungleichgewichte auf eurem Planeten zu diesem Zeitpunkt auszugleichen.

D: *Du hast auch gesagt, dass das, was wir als physisch sehen, nur ein Teil davon ist, nur eine Manifestation, aber die tatsächliche Qualität der Sonne ist interdimensional?*

An diesem Punkt trat das seltsame und unerwartete Phänomen auf. Plötzlich beantwortete Ann die Frage von ihrem Stuhl aus. Sie war auf dem Stuhl zusammengesunken, den Kopf zur Seite geneigt, aber sie antwortete. Ich war zu weit weg, als dass das Mikrofon es genau hätte aufnehmen können. Es klang auf dem Band wie: „Es wird aufgenommen". Ich wusste, wenn ich fortfahren wollte, musste ich sie näher rücken, weil sie auf der anderen Seite des Bettes, auf dem Phil lag, auf dem Stuhl saß. Zunächst dachte ich, dass es nur ein plötzlicher Ausbruch war und dass sie wahrscheinlich nicht weiter machen würde. Ich fuhr also mit meiner Befragung von Phil fort.

D: *Kannst du erklären, was du mit interdimensional meinst?*
P: Wir bitten die andere Person, sich hier mit unseren Energien auszurichten, damit wir beide teilnehmen können.

Normalerweise bemerkt Phil nichts um sich herum im Raum, wenn er in Trance ist. Aber anscheinend wussten die Entitäten, die mit mir kommunizierten, was geschah und sie wollten, dass Ann näher gerückt wird. Auch mir würde es die Sache wesentlich erleichtern.

Ich stellte den Rekorder ab und ging um das Bett herum. Harriet half mir, Ann aufzurichten, eine große und schwergewichtige Frau. Zusammen haben wir sie auf die Beine gestellt, dabei war sie keineswegs eine Hilfe. Wir schafften es, sie so zu bewegen, dass sie neben Phil auf das Bett fiel. Während der gesamten Sitzung lag sie in einer unangenehmen Position, in die sie gefallen war und versuchte nicht, sich in eine bequemere Position zu begeben. Zumindest hatte ich nun beide auf demselben Bett, was mir die Sache wesentlich erleichterte. Jedoch musste ich über ihnen stehen und das Mikrofon hin und her bewegen, während sie abwechselnd sprachen. Es war sehr interessant, dass sie während der gesamten Sitzung die Fragen beantworteten und sich nie unterbrachen. Sie schienen zu wissen, wann der andere sprach, und erlaubten dem anderen auszusprechen, bevor sie ihre eigene Meinung darlegten. In einigen Fällen führten sie die Aussagen des anderen fort und fügten weitere Informationen hinzu. Es war das erste Mal, dass mir so etwas passierte. Oftmals waren andere Leute im Raum, die beobachteten und scheinbar durch den Klang meiner Stimme eingeschlafen waren, aber sie nahmen nicht an der Sitzung teil und beantworteten nie meine Fragen. Nachdem wir Ann platzierten, schaltete ich den Rekorder wieder ein und fuhr fort.

D: *Ihr wisst, dass sich eine andere Person im Raum befindet, die sich ebenfalls in diesem Zustand befindet?*
P: Wir sind uns des Energieniveaus bewusst.
D: *Wenn sie also etwas zum Gespräch hinzufügen kann, dann ist es in Ordnung?*
P: Wir würden sagen, dass die Kommunikation zwischen uns gleichzeitig stattfindet. Wir benutzen einfach zwei Fahrzeuge.
D: *Wenn sie also spricht, kommunizieren sie beide miteinander?*

(Ann antwortete mit einem „ja".)

Dies war ein interessantes Experiment. Es war das erste Mal, dass ich zwei auf diese Weise verbundene Themen hatte. Ich fragte mich, ob sie in der Lage sind, gemeinsam zu sprechen. Ich wusste nicht, was passieren würde.

D: *Alles klar. Was wir herausfinden wollen, sind die wahren Aspekte der Sonne, so wie sie nicht auf unserer physischen Ebene wahrgenommen wird. Ihr habt gesagt, sie sei interdimensional.*
A: Als Aufnahme.
D: *Was meinst du damit?*
A: (Sie räusperte sich, um sprechen zu können.) Sie zeichnet auf. Es ist eine Energiequelle, die aus dem Ursprung des Denkens kommt. Dieser Gedanke nimmt den Gedanken für das Universum auf, von dem ihr jetzt lebt. Mit diesen Gedanken wird es in das Universum projiziert und gleichzeitig verwendet.
D: *Aber es ist nur das Aufnahmegerät unseres Sonnensystems?*
A: Nein, es ist eine Kopie vieler anderer Sonnen.
D: *Du meinst, alle Sonnen in den Universen sind Aufnahmegeräte?*
A: Ja, es ist eine Energiequelle. Es ist von der Hauptquelle, aus der du kommst. Es ist eine Duplikation, eine niedrigere Version, ein Symbol, das du gewählt hast, um dich an die Energiequelle zu erinnern, von der du kommst.
D: *Dann ist die Energiequelle, aus der wir kommen, nur eine größere Manifestation der Sonne, wie wir sie sehen?*
A: Ja, viel besser.

Sie bezog sich anscheinend auf die Quelle oder den Gott, der in einigen meiner Sitzungen als große Zentralsonne bezeichnet wurde, die Energie unseres Ursprungs.

D: *Aber die Sonne gibt auch den Planeten und uns Leben.*
A: Das habt ihr gewählt.
D: *Aber auch Sonnen sterben. Sie explodieren. Wir haben von Supernovas gehört. (ja) Was passiert zu dieser Zeit?*
A: Du kreierst neu.
D: *Was passiert mit den Informationen, wenn es sich um ein Aufnahmegerät handelt?*

A: Sie sind immer da.
D: *Wo werden sie gespeichert?*
A: Es bleibt immer so.
D: *Wo?*
A: Es war immer da.
P: Es gibt andere Bewusstseinsebenen, die nicht physisch sind. Diese Informationen werden einfach gleichzeitig an diese anderen Ebenen übertragen, die keine physische Komponente aufweisen. Die Informationen befinden sich lediglich auf anderen Ebenen und können jederzeit an eine neue oder expandierende Sonne übertragen oder zurückgeholt werden.
D: *In unserer Arbeit wurde uns von vielen Planeten berichtet, die Planeten aufnehmen. Einige der Leute, mit denen ich arbeite, nennen sie „Zuhause". Der gesamte Planet ist ein Wissensspeicher. Ist das ein anderes Konzept?*
P: Es ist genau das gleiche. Es ist einfach ein Unterschied in der Manifestation des Gerätes. In eurem Erfahrungsbereich habt ihr unterschiedliche Medien, mit denen ihr aufnehmen könnt. Die Geräte selbst sind jedoch nicht die Essenz der Aufnahme. Es ist einfach eine Möglichkeit, die Aufnahme selbst zu speichern und zu projizieren. Auf diese Weise werden die Definitionen geändert, je nachdem, wie angemessen diese Informationen gespeichert oder ausgegeben werden sollen.

Phil war der erste meiner Klienten, der über einen solchen Ort berichtete. Dies wurde in „Hüter der Gärten" als der Planet der Drei Türme beschrieben und im ersten Buch von „Das Gewundene Universum" und „Die Verwahrer" erweitert. Ich habe seitdem von anderen Planeten gehört, die Informationen aufzeichnen und als Verwahrer gelten. Auf der Geistesseite gibt es die wunderbare Bibliothek, die alle bekannten und unbekannten Informationen enthält. Die Ansammlung von Informationen scheint bei der Konstruktion der Universen usw. von größter Bedeutung zu sein.

Ich fing an, eine Frage zu stellen, bemerkte aber, dass Ann etwas einwerfen wollte.

A: Ich gebe dir ein Beispiel. Bei der primären Sonne, die nach innen und außen strahlt, kannst du dich innen oder außen befinden und

feststellen, dass es keinen Unterschied im Strahl gibt. Es ist alles ein Strahl. Es ist derselbe Strahl, der alles Wissen durchdringt. Du kreierst die Intensität. Es ist die Intensität, die alle gemeinsam erschaffen, was die Stärke der Quelle kreiert. Denn wenn die Sonne schwächer wird, wird eure Intensität schwächer.
D: *Dann kontrollieren wir die Sonne?*
A: Richtig.
D: *Nun, wir kontrollieren wirklich alles, aber das ist uns nicht klar. Ist das wahr?*
A: Richtig, dein Planet ist gerade in der Zeit des Wandels. Ihr habt darum gebeten, dass dies geschieht. Ihr habt gewusst, dass das passieren wird. (Ann hob ihre Hand und zeigte mir ihre Handfläche.) Es ist wie meine Hand, die momentan zu dir zeigt. In diesem Moment mache ich dasselbe wie die Sonne. Ich schieße dir Energie zu. Ich leite diese Energie zu dir um. Gleich wirst du das spüren.
D: *Lasst mich einige Beispiele nennen, die ich finden kann und schauen, ob es Sinn ergibt. Es ist, als ob unsere Seele, unser Geist oder das Unterbewusstsein oder wie auch immer man es nennen will, alle Informationen sammelt, denen das Wesen ausgesetzt ist und ein Aufnahmegerät auf einer niedrigeren, kleineren Ebene ist. Das bedeutet dann, dass die Planeten das Wissen ablegen oder auf einer anderen Ebene aufnehmen. Und jetzt sagt ihr, die Sonne ist auch ein Rekorder von Informationen. Bedeutet das, dass es unterschiedliche Stufen gibt, von den kleineren zu den größeren?*
P: Es gibt viele verschiedene Ausdrucksformen. Wir veranschaulichen einfach, dass alles, was in irgendeiner Weise ist, sowohl ein Ausdruck als auch ein Aufnahmegerät der Realität, ist. Es gibt kein Aufnahmegerät, das nicht ausdrückt, sonst wäre es kein Aufnahmegerät. Denn wieso sollte man etwas aufnehmen, wenn man es niemals abspielt? Es wäre dann ein sinnloses Unterfangen.
D: *Denn auf der Ebene, die die Mehrheit der physischen Wesen verstehen kann, sind alles, was uns jemals in unserem Leben passiert, einfach erfasste Erfahrungen.*
P: Die Planeten sind die Aufnahmegeräte der Menschen. Die Sonnen sind die Aufnahmegeräte der Planeten. Tatsächlich handelt es sich dabei um eine Aufzeichnungskette, bei der die individuellen Erfahrungen der einzelnen Personen vom Planeten gemeinsam

erfasst werden. Die individuellen Erfahrungen jedes Planeten werden dann von der Sonne aufgezeichnet. Jede Einzelaufnahme der Sonne, jedes einzelnen Planeten und jedes einzelnen Wesens werden in einer Galaxie aufgezeichnet. Jede Galaxie wird dann in einem Universum aufgezeichnet. Jedes Universum wird wiederum aufgezeichnet, so dass jede individuelle Erfahrung niemals verloren geht. Was wir hier mit einer Passage aus eurer Bibel illustrieren möchten. Sie sagt, dass nicht einmal ein Spatz von einem Baum fällt, den Gott nicht kennt. Und das ist buchstäblich wahr. Jedes einzelne Ereignis auf jedem einzelnen Planeten wird schließlich und letztendlich durch die universellen Ebenen von Planet, Sonne, Galaxie aufgezeichnet und bekannt. Es gibt keine Ereignisse oder Ideen, die unbemerkt bleiben.

D: Wenn die Leute das verstehen würden, könnten sie sehen, dass es weder Negatives noch Positives gibt. Es gibt nur Erlebnisse, die aufgezeichnet werden. Es sind nur Lektionen, die die Leute lernen und in die gesamte Speicherbank gesteckt werden. Ich nehme an, ihr würdet es so nennen?

Sowohl Ann als auch Phil sagten gleichzeitig: „Kollektiv".

D: Die kollektive Gedächtnisbank?
P: Die Gottebene. (Ann stimmte zu.)
D: Viele der Leute, mit denen ich arbeite, sind zu diesen planetarischen Verwahrungsorten gegangen, auf denen niemand ist, außer Seelen. Sie wurden dorthin gebracht, um sozusagen Informationen herunterzuladen. Ist das richtig?
A: Richtig.
D: Es ist, als ob die einzigen Wesen von dort, die Verwahrer der Informationen sind.
A: Es sind Wesen, die auf anderen Ebenen erlebt haben, andere Ebenen wie eure planetarische Ebene.
D: Und sie können bei der Anhäufung von Wissen helfen?
A: Richtig, Verbreitung.
D: Verbreitung von Wissen. Ich möchte es als riesigen Computer betrachten.
A: Du hast das schon mal angesprochen. Du hast es „Prägung" genannt.

D: *Das haben wir vor vielen Jahren angesprochen. Es war wie eine Bibliothek über all die Leben, die jemals gelebt haben.*

Die Theorie hinter der Prägung ist, dass eine Seele ein Leben scannen und aus der Bibliothek auswählen kann und dieses in seine Seele einprägen muss, bevor sie eine Inkarnation betritt. Normalerweise ist das der Fall, wenn sie in ein Leben gehen, in dem Erfahrung benötigt wird, die sie in ihrer Lebensgeschichte bisher nicht erfahren haben. Anstatt das Leben tatsächlich zu leben, ist es einfacher, das Leben zu prägen. Mir wurde gesagt, dass die Prägung alles enthält, was in diesem Leben passiert ist, einschließlich Emotionen. Es ist unmöglich zu sagen, dass die Person das Leben nicht wirklich gelebt hat. Dies stellt eine Schwierigkeit für den Regressionstherapeuten dar. Sie beantwortet aber auch eine der Fragen der Skeptiker: „Warum sagen so viele Leute, dass sie Napoleon, Kleopatra oder dergleichen sind?" Sie denken, wenn viele Leute sagen, sie seien die Reinkarnation derselben Person, dann führt dies die Reinkarnation ad absurdum. Dies bedeutet jedoch nicht, dass sich mehrere Menschen dafür entschieden haben, dasselbe Leben in ihre Seele einzuprägen. Unsere physische Welt kann mit der Forschung verglichen werden, um sie auf das Leben vorzubereiten, in das sie eintreten werden.

A: Diese Seelen sind die Hüter der sogenannten „Prägung". Sie sind die zerstreuenden Faktoren in der neuen Schöpfung, denen du sehr bald begegnen wirst.

D: *Du meinst, weil sich die Erde verändert? (ja) Aber in derselben Hinsicht wurde mir auch gesagt, dass sich die DNA unserer bestehenden Körper verändert.*

A: Das ist es.

D: *Kannst du mir davon erzählen?*

A: Ja, stelle deine Frage!

D: *Mir wurde gesagt, dass sich langsam, die DNA-Stränge ändern? (ja) Einige sagen, dass wir irgendwann zwölfsträngige DNA haben werden?*

A: Es werden vierzehn sein.

D: *Aber mir wurde gesagt, dass wir, wenn wir zwölf Stränge erreicht haben, leichte Körper sein werden und daher auf dieser Ebene nicht sichtbar sind.*

A: Nein, ihr werdet auf dieser Ebene sichtbar sein. Ihr habt gemeinsam gewählt.
D: *Aber mir wurde gesagt, dass sich unsere DNA allmählich verändert.*
A: Es ist passiert; genau in dieser Sekunde.
D: *Denn wenn sich die DNA plötzlich verändert, könnte sie nicht bestehen?*
A: Deshalb verändert sich euer Energiesystem um euren Planeten. Die Energie nimmt zu. Es gibt jetzt einige unter euch auf diesem Planeten, die sich dessen bewusst sind. Und sie bereiten sich in dieser Gegenwart darauf vor. Und sie bringen das Wissen zu euch. Zu dieser Zeit gibt es eine Energiewand um deinen Planeten, die sich verändert und dreht, um diese Informationen halten zu können.
P: Es wird immer diejenigen geben, die sich an die höhere Geschwindigkeit, an das höhere Energieniveau gewöhnen können. Es ist wie das Konzept „die Älteren führen die Jüngeren". Derart, dass die Hilfe für diejenigen, deren Fähigkeit zu verstehen verbessert und unterstützt wird durch diejenigen, die bereits verstehen. Die Veränderung ihrer DNA ist notwendig, damit ihr Körper, mehr Ausdrucksmöglichkeiten hat. Als Verbesserungen der Grundstruktur für die höheren, fortgeschritteneren und energetischen Ausdrücke. Es ist einfach ein Upgrade eurer Körperversion, so dass dieser in der Lage ist, die höheren Energien aufzunehmen, die bereit sind, sich physisch auszudrücken. Bis zu diesem Zeitpunkt konnten bestimmte Energieniveaus nicht physisch ausgedrückt werden. Denn es gab keine Möglichkeit, mit dem physischen menschlichen Körper zu kommunizieren. Mit diesem Upgrade wird der menschliche Körper in der Lage sein, auf einer höheren Ebene zu kommunizieren und bestimmte Energien zu aktivieren, die sich zu diesem Zeitpunkt nicht ausdrücken können.
D: *Mir wurde gesagt, dass wir mit dieser allmählichen Aktivierung der DNA-Stränge auch resistenter gegen Krankheiten werden.*
A: Ich werde dir zeigen, wie es funktionieren wird. Du hast jetzt deinen Strang, wie du ihn jetzt kennst. Diese Längen werden an der Oberseite deines Stranges hinzugefügt. Du denkst derzeit, dass sie unten sind. Sind sie nicht; sie sind an der Spitze. Sie verbinden sich in einer Kreisformation, die zu diesem Zeitpunkt

noch nicht da ist. In dieser Kreisformation wird sich, wenn sie miteinander verbunden sind, die Intensität erhöhen. Durch diese Intensität ändert sich deine Schwingungsstärke. Du kannst dich von einem Ort der Existenz zu einem anderen verwandeln.
D: Du meinst mit der Auflösung oder dem Zerfall der Moleküle des Körpers?

So wie in Star Trek, wenn man von einem Ort zum anderen geht.

A: Der Körper zerfällt nicht. Dein Verständnis von Zerfall unterscheidet sich wesentlich von dem unseren.
D: Die Auflösung oder Übertragung von Molekülen?
A: Im Hinblick auf die Übertragung. Man lenkt die Energie einfach um. Aber es wurde beschlossen, dies zu diesem Zeitpunkt nicht zu verstehen.
D: Aber wir werden es zu diesem Zeitpunkt tun können, wann auch immer sich die DNA verändert?
A: Richtig, es wird ein geschlungener Strang sein, wie eine Schleife.
D: Uns wurde auch gesagt, dass dies den Körper widerstandsfähiger gegen Krankheiten machen wird?
A: Das ist so minimal. Es wird aber kein Anliegen mehr sein.
D: Und mir wurde gesagt, auch unsere Lebensspanne verlängert wird.
A: Es ist sowieso für immer von Ewigkeit.
D: Aber es wird immer noch ein physischer Körper sein, wie wir ihn jetzt besitzen?
A: Wenn man sich dafür entscheidet.

Ich wollte den Unterschied zwischen dem Körper und dem Geisteszustand klären, wenn ein Körper nicht mehr benötigt wird. Ich nehme an, dass wir als menschliche Wesen unseren physischen Körper so lange behalten können, wie wir wollen. Wir halten uns daran fest und möchten bei dem bleiben, was uns vertraut ist.

Harriet: (Sie hatte zugehört, aber dies war das erste Mal, dass sie mitmachte.) Wird es einen Vorteil geben, den physischen Körper zu benutzen?

Ich hatte über dem Bett gestanden und nicht wie sonst auf dem Stuhl gesessen. Ich musste das Mikrofon von Phil zu Ann bewegen, und dies machte es erforderlich, mich über das Bett zu strecken. Es war sehr unbequem, aber ich wusste nicht, wie ich beide Stimmen sonst aufnehmen konnte. Jetzt hielt ich es auch in Harriets Richtung. Und ich hoffte, dass der Kassettenrekorder in der Lage war, alle Gespräche aufzunehmen. Bei der Transkription stellte ich später fest, dass meine vertraute „kleine Aufnahmebox" mich nicht im Stich gelassen hatte. Es wurde alles perfekt und deutlich aufgenommen.

A: Ja, es ist ein Vorteil, wenn man sich auf andere Planetensysteme beziehen kann.

D: Also behalten wir die Körper, die wir jetzt haben?

A: Wenn man sich dafür entscheidet.

D: Er wird nur verändert sein. Aber nicht alle Körper der Menschen werden auf diese Weise verändert. Ist das korrekt?

A: Es wird bereits kollektiver Gedanke und Entscheidung sein. Ihr habt euch bereits dafür entschieden.

D: Was ist mit denen, die das nicht verstehen oder glauben?

A: Sie verstehen es. Sie werden es auf dieser Ebene nicht verstehen, aber sie entscheiden sich dafür, wenn sie weiterziehen.

Harriet: Kannst du uns einen Zeitrahmen geben, wie lange dieser Prozess dauern wird?

A: Euer Zeitrahmen ist extrem begrenzt. Das wurde schon gemacht. Es geht darum, dass man es in eurer Realität manifestiert.

Harriet: Werden wir das innerhalb unseres Zeitrahmens tun, da wir es jetzt wissen? (ja)

D: Sie denkt an fünf, zehn oder zwanzig Jahre. Wird es sich dann in diesem Zeitraum manifestieren?

A: In deinem mathematischen System? Zweiundzwanzig Jahre.

D: Es wird zu diesem Zeitpunkt komplett sein?

A: Ihr werdet es initiieren. Nach zweiundzwanzig Jahren habt ihr eure Veränderungen in den DNA Strängen durchgezogen und beginnt gerade mit der Einleitung dieses Prozesses.

Harriet: Ist einer der Menschen, die sich derzeit in einem Körper befinden, schon dazu in der Lage?

A: Sie werden wieder zurückkommen.

D: Was ist mit denen von uns, die der älteren Generation angehören?

A: Sie kommen zurück, wenn sie möchten. Sie werden mit dieser Erinnerung zurückkommen.

D: Aber können sich unsere Körper nicht dort verändern, wo sie während des Prozesses bleiben?
A: Sie können ihre äußere Hautebene ändern, um mit der aktuellen Änderung des Energieniveaus auf der Erdoberfläche zurechtzukommen.
D: Denn mir wurde gesagt, dass das Alter nicht so sein wird, wie wir es jetzt als solches betrachten.
A: Das geht nicht.
Harriet: Und das Energieniveau wird steigen?
A: Richtig.
Harriet: Diejenigen, die dieses Energieniveau nicht aufrechterhalten können, müssen sich entscheiden, zu gehen um später wieder zurückzukehren? Ist das korrekt?
A: Sie entscheiden sich für einen Umzug, wenn sie möchten. Wenn sie sich entscheiden nicht zurückzukehren, wird dies ihre Wahl sein. Es wird bereits kollektiv daran gedacht. Ihr scheint das nicht zu verstehen.
D: Nein, das tun wir nicht, weil wir immer noch in der individuellen Sichtweise denken.
A: Nein, das hat aufgehört. Das ist dein Problem.

Ich richtete meine Frage an Phil, der bis jetzt schwieg, um Ann die meisten Fragen beantworten zu lassen.

D: Hast du etwas zu der DNA Veränderung hinzuzufügen?
P: Nun wir sagen, dass es auf anderen Ebenen mehr Erklärung geben wird. Diese Informationen werden durch andere Quellen bestätigt. Wir möchten euch bitten, euch dieses Themas bewusst zu werden, dass wenn diese Komponenten angezeigt werden, ihr diese Informationen besser erklären könnt, unabhängig davon, ob es sich dabei um euer Nachrichten- oder Konventionsformat handelt. Und dann kannst du das Verständnis für andere verbessern, die, wie du, ein elementares Verständnis für den sich entwickelnden Prozess haben.
D: Die Veränderung der DNA und die Hinzufügung weiterer Stränge, wird dies für Wissenschaftler und Ärzte sichtbar sein? (Ann: ja.)
P: Sie fangen erst jetzt an, über ihre Forschungswege die Auswirkungen dessen zu verstehen, was wir hier heute ausdrücken. Das Humangenomprojekt hat erst jetzt einen Hinweis

auf die Möglichkeiten gegeben, die sich bisher noch nicht in eurem physischen Körper gezeigt haben. Es gibt viele, viele Segmente der Kette, die als „Abfall-DNA" klassifiziert werden, einfach weil sie ihre Funktion nicht verstehen. Ein Teil dieser sogenannten „Abfall-DNA" wird jedoch tatsächlich verwendet und es wird damit exprimiert. Es gibt allerdings einige Abschnitte, die noch nicht aktiviert sind. Diese zusätzlichen Segmente arbeiten mit vielen der bereits vorhandenen Segmente zusammen. Dies ist eine Verbesserung, die weitere Segmente aktivieren wird, die bisher eingesetzt wurden, aber nicht verwendet worden sind.

Harriet: Ich weiß, dass ihr euch des Zuflusses der sogenannten "Indigo" Kinder bewusst seid.

A: Richtig, sie sind deine Lehrer. Es gibt eine Energiewende. Ihre Körper rekonstruieren sich in diesem Zeitraum mit der Energiewende. Ihr DNA-Level nimmt zu.

H: Gibt es gute Wege, mit diesen neuen Energien umzugehen? (ja) Wie können wir den besten Weg finden, um dies zu erreichen?

A: Ihr habt genügend Ressourcen für sie. Wasser ist eine sehr wichtige Ressource für eure Kinder.

D: Wasser? Meint ihr damit zum Baden oder zum Trinken?

A: Interne Einnahme? Ist das das richtige Wort? Wasser ist für sie ein Ausgleich. Wegen der Rekonstruktion, die derzeit mit ihrem Energiefeld abläuft (Sie hatte Schwierigkeiten, das nächste Wort zu finden. Sie begann ständig etwas zu sagen, das wie: zir ... zir ... klang).

H: Zirkulieren?

A: Zirkulation um deinen Planeten herum. Zurzeit herrscht bei diesen Einzelpersonen Verwirrung. Sie sind hier, weil sie dazu beauftragt wurden, mit einem höheren Bewusstsein und einem höheren Verständnis hierher zu kommen. Ihre energetische Vibration ist viel höher. Es ist wegen der Konstruktion um euren Planeten herum, dass es ihnen zurzeit schwer fällt, eine Verbindung herzustellen. Aber sie wussten, dass dies passieren wird.

D: Aber viele Pädagogen, die Lehrer, verstehen diese Kinder nicht.

A: Du kannst nicht von ihnen erwarten, dass sie sie verstehen. Sie haben kein körperliches, emotionales Verständnis für sie. Sie sind sehr begrenzt.

D: *Aber das Problem ist, dass sie Medikamente und Drogen einnehmen müssen, was unserer Meinung nach ihre Fähigkeiten behindern kann.*

A: Diese Personen, die diese Medikamente einnehmen, verstehen, dass sie ihnen entgegenwirken können.

D: *Oh, das ist gut! Weil wir nicht wollen, dass sie zu Schaden kommen.*

A: Sie können ihnen nicht schaden. Es ist ihre individuelle Entscheidung, auch diese Individuen, die mit diesem Wissen kommen. (Pause) Deine Fragen sind sehr begrenzt. Wir haben festgestellt, dass du in der Vergangenheit viele Fragen gestellt hast und deine Fragen diesmal sehr minimal sind.

D: *Das liegt daran, dass wir nicht bereit waren, dies zu tun, und wir versucht haben, uns auf nur wenige Elemente gleichzeitig zu konzentrieren.*

A: Du erhältst nur ein paar Informationen, da wir das Gefühl haben, dass du sie für die Zeit in eurem Leben brauchst. Wir können euren Kurs nicht ändern. Ihr ändert euren eigenen Kurs. Wir können dich bei allen Fragen unterstützen, die du hast. Wir verweigern dir diese Informationen nicht.

P: Es wird Gelegenheiten geben, diese Forschungssitzungen fortzusetzen, wie wir sie gerne nennen, weil sie tatsächlich ein Instrument oder eine Gelegenheit sind, mit der du unser Verständnis nicht nur prüfen kannst, sondern auch, dass wir dein Wissen untersuchen. Wir würden sagen, dass wir beide an jedem Ende dieser Erfahrungen voneinander lernen. Es ist egal, auf welche Weise du Kontakt mit uns aufnimmst und Fragen stellst. Es ist deine Klangvibration, die den Körper beeinflusst. Es spielt keine Rolle für deine Worte.

D: *Meine Stimme, meinst du?*

A: Richtig, deine Worte sind nicht wichtig. Es ist immer die Schallschwingung mit der verbunden wird.

D: *Also muss ich einfach mit euch in der Absicht sprechen, dass wir uns verbinden und wir können das tun?*

A: Richtig.

P: Wir möchten uns bei dir für deine Bemühungen bei der Verbreitung dieser Bewusstseinsänderung bedanken. Wir sehen die Auswirkungen, die es bei den Menschen auf deinem Planeten hat. Auf diejenigen, die ihren Focus auf ein höheres Verständnis oder besser gesagt auf ein Verständnis der höheren Ebenen gerichtet haben. Du hast in deinen Schriften eine sehr anregende und leicht verständliche Art gefunden, diese Fragen zu diskutieren, die für manche, „viel zu hoch sind". Wir danken dir, denn du hast keine Ahnung, dass die Wirkung, die du auf die Energie eures Planeten ausübst, nachweislich und spürbar anders ist, entweder aufgrund deiner Bemühungen oder als direkte Folge davon. Es wird von denjenigen wahrgenommen, die aus großer Entfernung beobachten, diese Änderung der Energie, die für diejenigen von euch mit physischen Sinnen transparent ist. Diese Wesen jedoch, die euren Fortschritt aus der Ferne betrachten, haben diese Änderung bemerkt. Wir bedanken uns bei dir und auch für die, denen es nicht möglich ist, ihre Wertschätzung auszudrücken aber auch besonders für diejenigen von uns, die direkt mit dir und den Wesen auf deinem Planeten zusammenarbeiten. Dass die Steigerung des Bewusstseins auf dem Weg der Wünsche Gottes ist. Es werden viele weitere Möglichkeiten gegeben, bevor jeder von euch in diesem Raum die ultimative oder vielleicht endgültige Erfahrung hat. Das heißt, der Übergang zur Heimkehr. Jeder von euch in diesem Raum hat noch viel zu tun. Ihr müsst euch nicht um Übergangsfragen kümmern, da diese Zeiträume und die Art der Abweichungen von dem zuständigen Rat behandelt werden.

D: *Mir wurde gesagt, ich werde in der Nähe sein, um zu sehen, wie diese Dinge passieren.*

A: Das wirst du.

P: Es wird viele erstaunliche Dinge geben, die jeder von euch erfahren wird, bevor eure Aufgaben abgeschlossen sind. Wir bedanken uns nochmals bei euch hier und bei denen, die nicht hier sein können.

Beim Erwachen war Ann sehr verwirrt und benommen. Sie hatte absolut keine Erinnerung daran, in den Trance Zustand gegangen zu sein und keinerlei Erinnerung an irgendetwas, was geschehen ist. Phil hatte noch ein paar Bemerkungen zu machen, bevor das Band erschöpft war. Ich habe den Rekorder wieder eingeschaltet, um diese aufzunehmen.

D: *Du hast gesagt, Du hattest das Gefühl, es gäbe zwei getrennte Kanäle und nicht die gleiche Gruppe.*

P: Ich denke, das liegt wahrscheinlich daran, dass unsere höheren Quellen auf einer bestimmten Ebene alle miteinander verbunden sind. Ich meine, es ist dieselbe und ultimative Quelle, aber auf unserer Ebene hier fühlt es sich individuell an. Ich konnte fühlen, als Ann sich bereit machte etwas zu sagen, und ich konnte nicht gleichzeitig sprechen.

D: *Das hatte ich zuerst befürchtet. Ihr würdet beide gleichzeitig anfangen zu reden und euch dessen nicht bewusst sein, dass der andere spricht. Ihr habt jedoch den Gedanken des anderen weitergeführt und ergänzt.*

Ann sagte, als sie meine Stimme hörte, konnte sie nicht wach bleiben, obwohl ich mit Phil sprach. So war es erfolgreich, obwohl es unerwartet kam. Während dieser Sitzung gab es noch viel mehr Informationen. Diese sind in andere Kapitel eingeflossen.

KAPITEL 23

EIN ANDERES ENERGIEWESEN

Diese Sitzung wurde im Oktober 2001 von einer Gruppe von „Fernbetrachtern" (Remote Viewing) in einem versteckten Rückzugsort im Norden von Minnesota abgehalten. Sie arbeiten mit anderen Menschen in den USA zusammen, um durch Fernbetrachtung Informationen zu sammeln. Sie wissen, dass sie von Regierungsagenten beobachtet werden, die beständig versuchen herauszufinden, wieviel und was sie wissen. Sie wissen auch, dass ihre Telefone abgehört werden. Wir erfuhren das, als sie mit ihrer Gruppe anriefen und dieses Treffen einrichteten. Ungefähr einmal im Jahr trifft sich die Gruppe irgendwo in der Abgeschiedenheit, um Notizen zu vergleichen und die Strategien zu planen. Dieses Treffen fand in einem Ressort an einem See statt, das in der Winterzeit vorübergehend geschlossen ist. Wir waren die einzigen dort, außer den Besitzern, die auch eine Bar auf dem Gelände betreiben. Am Tag vor Beginn der Besprechungen, tauchten einige verdächtige Personen auf, die ungewöhnliche Fragen stellten. Es war zu vermuten, dass die Regierung wahrscheinlich wusste, dass ein Treffen stattfinden sollte. Die Gruppe scheint dies einzukalkulieren und ließ sich davon nicht beirren. Sie erzählten, sie hätten versucht, mit den Regierungsbehörden zusammenzuarbeiten, indem sie ihnen Informationen lieferten, wenn sie der Meinung waren, dass etwas passieren würde. Das ist alles was ich über sie preisgeben möchte. Minnesota ist das Land mit 10.000 Seen, daher wäre es schwierig, ihre Position zu bestimmen. Ich versuche selbstverständlich, die Identität meiner Klienten so gut wie möglich zu schützen.

Der Ort war sehr verlassen. Nachdem wir im Oktober 2001 bei der MUFON-Gruppe gesprochen hatten, flogen wir mit einem kleinen Flugzeug von Minneapolis nach Norden. Dann wurden wir über eine Stunde zu dem Ressort gefahren. Es war kalt und es schneite, als wir dort ankamen. Nach dem Treffen, flogen wir zur WE-Konferenz (Walk-ins for Evolution) nach Minneapolis zurück.

Dies waren nur wenige Wochen nach den Anschlägen vom 11. September in NY und Washington DC. Während der WE-Konferenz griffen die USA Afghanistan unter dem Vorwand an, Bin Laden zu liquidieren. Es waren also einige angespannte Wochen und es herrschte viel Argwohn. Ich konnte verstehen, weshalb die Gruppe so vorsichtig agierte. Der Leiter hatte mich einige Male danach angerufen, um mir über Ereignisse zu berichten, von denen er meinte, dass sie passieren würden, damit ich mich über ihre Arbeit auf dem Laufenden halten konnte. Es ist ihre Philosophie zu versuchen, alle vorhergesagten Ereignisse zu ändern oder sie durch Gruppeneinfluss zu verhindern.

Diese Sitzung wurde mit einem Mitglied des Ressorts durchgeführt. Ich habe die Wolken-Technik mit Laura angewendet, und als sie herunterkam, wusste sie nicht, wo sie war, aber es klang definitiv nicht nach einem vergangenen Leben. Zumindest nicht auf der Erde. Sie bekam mehr fremde Eindrücke als Szenen.

L: Es ist beinah so, als würde ein heller Gegenstand von der Sonne beschienen. Es sind nur Schatten von Licht und Formen. Es ist, als würde die Sonne schräg auf einen Spiegel fallen. Ich schaue von der flachen Seite herüber. Und jetzt ist alles dunkel.

Ich stellte einige Fragen, um sie zu orientieren und um Bilder entstehen zu lassen. Sie nahm an, dass sie eher drinnen als draußen ist, weil sie sich eingeschlossen fühlte. Sie sah Teile mehrerer Gegenstände, die ihr nicht vertraut waren. Dann Linien, gerade und gezackt. Die Wellen des Lichts. Dann Lichtspiele und Bilder, die sich wie eine Doppelbelichtung übereinander legten. Laura fuhr einige Minuten fort, verschiedene geometrische Formen zu sehen, darunter einige gestapelte Diamanten und Farben, aber nichts, was erklären konnte, wo sie sich befand. Dann verkündete sie ungläubig: „Ich glaube, ich bin in einer Art Maschine! Oder ich schaue auf eine Maschine. Jetzt sehe ich nur noch so etwas wie ein Fenster. Aber ich kann nicht durchsehen. Es hat ein sehr weißes Licht dahinter. Aber das Licht tut meinen Augen nicht weh."

D: Welche Form hat das Fenster?
L: Es ist rund. Vielleicht waren es die Klammern, die ich bemerkte, als ich die Kante des Fensters sah. Das Licht, das ich durch das Fenster fallen sah, kam aus dem Inneren der Maschine. Ich bin jetzt in der Maschine. Und ich bin nur von Licht umgeben. Es ist irgendwie ein bisschen wie ein Heiligenschein? Manchmal kommt das Licht herein und umgibt mich total und manchmal wird es einfach ein Kreis um mich herum, dann ein Zylinder. Ich gehe in das Innere dieser Maschine. Das Licht hat jetzt die Farbe von Lavendel.

Ich wollte einen Eindruck von ihrem Körper bekommen, also konzentrierte ich mich auf ihre Füße. „Ich fühle meine Füße, aber ich sehe sie nicht. Ich glaube nicht, dass ich irgendeinen Körper habe. (verwirrt) Ich bin hier, aber ... es gibt keine Füße, keine Arme. Ich bin nur hier. Ich glaube nicht, dass es so sehr einen Körper gibt, als nur mich."

Das ist schon viele Male passiert, also hat es mich nicht überrascht. Ich musste nur an die richtigen Fragen denken, um diese Art von Wesen zu fragen.

D: Wie sieht der Rest der Maschine aus? Welche anderen Eindrücke bekommst du?
L: Ich bekomme eine Textur an den Wänden. Ich weiß, dass sie metallisch ist, aber sie wirkt oder fühlt sich nicht metallisch an. Und die Wände sind in einer Art auf und ab ineinandergreifender Rauten.

Dies war wahrscheinlich die Diamantform, die sie zuvor gesehen hatte, sie hatte aber keine Erklärung dafür.

D: Fühlst du dich an diesem Ort wohl? Fühlst du dich als ob du da hingehörst?

L: Ja, tue ich. Es ist eine kleine Maschine. Ich bin darin eingesperrt, wenn ich hineingehe. Und ich sehe, dass die Welt aus Farben ist. Vielfarbiges Licht in der Welt und ich selbst bin farbiges Licht. Die Farben ändern sich, wenn ich auf meine Umgebung reagiere, hell und dunkel. Wir sind momentan dunkel, aber es geht um weißes Licht, lavendelfarbenes Licht, gelbes Licht.

D: Ich wünschte, wir könnten mehr über diesen Ort erfahren und herausfinden wo er ist. Möchtest du dich außerhalb dieser Maschine bewegen und sie von außen betrachten?

L: Ja, ich würde gerne sehen, was es ist.

D: Wie sieht es von außen aus?

L: Wieder weiß ich, dass es metallisch ist, aber es sieht nicht metallisch aus. Es sieht aus, wie ein dunkler Kunststoff. Trotzdem weiß ich, dass es metallisch ist. Es ist zylindrisch und hat eine Spitze wie ein Kegel. Eng sieht es aus, eingeschränkt. Nicht eingeengt, sondern nur eingeschränkt, so wie ich es fühle. Es gibt Raum, sich zu bewegen.

D: Wo ist es?

L: Ich weiß nicht, was ich jetzt sehe. Ich sehe es in einem...? Ein Laufsteg um die Außenseite herum. Ich bin darüber. Und irgendwie fühle ich mich wie in einem Schiff oder einer Transportvorrichtung. Jetzt, wo ich ein besseres Bild davon bekomme weiß ich, dass es so ist.

D: Wenn es eine Art Schiff ist, wohin transportiert es dich?

L: Überall hin, das kommt mir in den Sinn, überall. (lacht) Es ist an einem viel größeren Ort, aber ich fühle eine weite, flache Fläche um die Laderampe herum, auf der reges Treiben herrscht. Es ist aber kein überfüllter Ort. Und da geht gerade etwas los.

D: Gibt es noch andere Leute?

L: Ja, nicht viele. Es sind Formen und ich habe das Gefühl, dass sie eine Uniform tragen. Keine menschliche Gestalt, nur Formen.

D: Haben sie auch andere Farben?

L: Sie sind im Grunde nur grau oder dunkel, eher fad. Aber ich denke, es liegt daran, dass sie etwas tragen.

D: Was machen diese anderen Leute?

L: Oh, sie machen ihre Arbeit. Ich würde es einen Ladebereich nennen. Sie sind nur Arbeiter.

D: Was ist dein Job?

L: Ich steuere das Schiff. Das fühlt sich wie zu Hause an.

D: *Wie sieht dieser Bereich aus, indem du das Schiff steuerst?*
L: Es ist das ganze Schiff. Ich gehe in das Schiff und es reagiert wie ich es will.
D: *Wie kontrollierst du es?*
L: Mit dem Verstand.

Ich habe nicht zum ersten Mal von diesem Konzept gehört. In meinem Buch „Das Vermächtnis der Sterne" gibt es Beispiele für Außerirdische, die mit dem Schiff verdrahtet waren. Sie kontrollierten das Schiff durch ihren Verstand und ihre Muskelreaktionen. Diese Entitäten waren eher physisch, wobei sich dies nach einer Energievielfalt anhörte, denn sie schienen keine Substanz zu haben.

Viele E.T.s kontrollieren auch ihr Raumfahrzeug durch ihren Verstand. Der Kollektivgeist ist besonders stark.

L: Aber das Schiff ist schmal. Es ist kein wirklich großes Frachtflugzeug wie hier auf der Erde. Es ist nur ein schmaler Kegel. Ein bisschen wie ein Bleistift, nur ist alles rund und lang und hat eine Spitze.
D: *Und du bist die Einzige dort drinnen?*
L: Ich habe das Gefühl, dass ich das bin. Wenn ich das Schiff nehme, bin ich die Einzige. Ich mache Besorgungen. Nicht wirklich Besorgungen, aber ich habe keine Fracht. Ich verstehe nicht, was ich mache, wenn ich gehe. Ich habe einen Grund zu gehen. Nachrichten ausliefern, um etwas zu tun, aber ich steuere das Raumfahrzeug. Ich nehme das Schiff und bin weg.
D: *Du überbringst Nachrichten? Meinst du das? Wem?*
L: Mein Grund ist, die Botschaft zu überliefern. Es ist sehr schwer zu erklären. Selbst ich kann nicht ganz verstehen, was das bedeutet.
D: *Überzeug dich selbst. Warum steigst du nicht einfach ins Raumfahrzeug und überlegst, wohin du gehen musst?*
L: Ja, so funktioniert das Fahrzeug, so funktioniert die Maschine. Der Ort, an dem ich es angedockt sehe, ist nicht mein Zuhause, sondern ein Ort, zu dem ich häufig komme, so wie einige andere auch. Deshalb haben sie eine Laderampe, die zum Schiff führt. Es kommt in den Ring. Und dann hat es eine Plattform. Deshalb trugen die Figuren Kleidung und sahen nicht so aus wie ich. Weil dies nicht mein Zuhause ist, aber ich komme manchmal hierher.

D: Mal sehen wie es aussieht, woher du kommst. Du kannst sehr leicht dorthin zurückkehren. Wie sieht das Zuhause aus?
L: Licht, viel Licht. Weiches, weiches ... sehr weiches Licht. Licht in allen Farben.
D: Gehst du da mit dem Fahrzeug hin?
L: Das habe ich diesmal nicht getan. Ich bin einfach gegangen.
D: Es gibt nichts Festes oder Körperliches?
L: Ich sehe es nicht. Wir sind alle Licht.
D: Gibt es noch andere Wesen?
L: Es fühlt sich an, als ob alles ich wäre, aber es gibt nur diesen Teil von mir, der geht. (lacht) Doch es fühlt sich als Ganzes an, wenn ich zu Hause bin. Und es ist ein gutes, glückliches Gefühl. Ich bin Zuhause.
D: Warum musst du dann in ein Fahrzeug gehen? Du hast ja gesagt, dass du nicht das Gefühl hast, einen Körper zu haben.
L: Sie brauchen das Fahrzeug da, wohin ich gehe. Sie müssen es sehen. Ich kann ohne reisen, aber sie müssen es ja sehen.
D: Warum müssen sie es sehen?
L: Es sind noch keine Lichtwesen, aber manche verstehen es. Und für ihr eigenes Wohlbefinden benutze ich das Fahrzeug, wenn ich zu diesem oder anderen derartigen Orten gehe. Und sie fühlen sich wohl, wenn ein Fahrzeug zu ihnen kommt und ein Lichtwesen herauskommt. Es ergibt keinen Sinn für mich, aber sie fühlen sich so damit wohl.
D: Sie sehen dich also als diese farbigen Lichter?
L: Sie sehen mich als Lichtwesen, aber sie müssen dieses Fahrzeug sehen. Warum brauche ich es nicht? Ich ging nach Hause und bin jetzt wieder beim Fahrzeug. Als ich nach Hause ging, fühlte sich das gut an. Es war nur das große Licht, zu dem ich nach Hause ging. Aber ich brauche das Fahrzeug, um hierher zu kommen.
D: Bei diesem Licht, das du als Zuhause betrachtest, gibt es da auch etwas Physisches? Häuser oder so etwas?
L: Nein, ich habe gerade ein Gefühl für dieses schwebende Licht. Und ich bekomme das Gefühl von „wir". „Wir" sind Licht.
D: Als ob es mehr als einen von euch an diesem Ort gibt?
L: Ja, aber wir sind nur eine Masse. Und ich gehe und dann komme ich zurück. Wenn ich gehe, bin ich, ich. Wenn ich zurückkomme, sind wir, wir.
D: Ihr seid alle Teile desselben? (ja)

Ich beschloss, sie an einen wichtigen Tag zu bringen, an dem etwas passiert. Obwohl ich mir nicht vorstellen konnte, was wichtig ist für ein Energiewesen. Trotzdem musste ich das Verfahren befolgen, das im Laufe der Jahre so gut für mich funktioniert hat.

D: *Was ist los? Was passiert gerade?*
L: Es hat damit zu tun, dass wir ich werden und ich wir werden. Und es hat damit zu tun, das Fahrzeug für andere Leute haben zu müssen. Für ihren Komfort, für ihr Wohlbefinden. Ich muss das Fahrzeug nutzen. Aber für mich ist es nur ich und nicht wir und wir nicht ich. Und ich verstehe, dass es nicht ein bestimmter Tag ist, sondern dieses ganze Konzept.

D: *Aber du hast gesagt du wirst ausgesandt, um Nachrichten zu überbringen.*
L: Ja, und manchmal bleibe ich lange Zeit dort, wo ich mich hinbegeben soll für eine Nachricht. Das wollten sie mir sagen. Das versuche ich zu sehen.

D: *Was meinst du damit?*
L: Dieser Körper ist jetzt mein Fahrzeug. Und ich bin wegen einer Nachricht hier. Aus gutem Grund.

D: *Auf der Erde meinst du?*
L: Ja, dieser Körper von Laura. Und für den Komfort dieser Zeit und dieses Ortes muss ich dabei sein. Und ich muss ich sein. Ich kann nicht wir sein. Und damit fühle ich mich wohl. Ich bin gerne ich, aber ich vermisse das wir.

D: *Ist es das, was es dir zeigt? Zu einer Zeit warst du das wir?*
L: Mir wurde gesagt, dass es der Weg des Kindergartens ist, mir zu zeigen, dass dies einer der Gründe ist, oder zu erklären, warum ich hier bin. Wie es passieren konnte.

D: *Wie ist es passiert?*
L: Ich wurde hierher gerufen. Ich war schon oft hier, aber diesmal wurde ich hierher gerufen.

D: *Was meinst du damit?*
L: Ich werde gebraucht. Ich musste kommen. Sie wollten, dass ich komme. Es ist eine sehr wichtige Arbeit. Und es ist ein langer Job. Ich konnte nicht kommen und einfach gehen. Ich musste dieses Fahrzeug nehmen und mich hierher begeben.

D: Du meinst, du bist hier auf die Erde gekommen, um etwas zu tun, was lange dauern wird?
L: Ja, es wird schwer werden, aber ich kann es schaffen. Es ist sehr subtil. Und es ist irgendwie verzerrt. Aber das Planetenwesen braucht Hilfe. Und der Planet hat mich auch gerufen. Das Wesen, das diesen Planeten ausmacht, ist verwundet, in Schmerzen und verletzt. Also arbeite ich mit dem Planeten. Ich arbeite mit dieser Entität. Und die Menschen auf dem Planeten sind verwundet, in Schmerzen und verletzt. Ich bin gekommen um zu helfen. Ich weiß, wie ich diese Dinge ändern kann. Ich weiß, wie ich daran arbeiten muss.
D: Hast du in deinem anderen Leben den gleichen Job gemacht?
L: Ich mache es wann immer ich gebraucht werde.
D: In anderen Lebenszeiten hast du die gleiche Arbeit geleistet und versucht, dem Planeten zu helfen?
L: Ja, diesmal ist es jedoch ernst.
D: Wie hilfst du dem Planeten?
L: Ich balanciere die Energien aus. Ich versuche die Energien der Erde und der Menschen zu formen und zu gestalten. Es ist wie Bildhauerei. Das Klima, die Atmosphäre, es ist alles ein großes Bild mit vielen Teilen. Und so ähnlich wie ... wie die Bilder von Kindern mit Eisenspänen und einem Magneten. Indem sie versuchen, die Eisenspäne mit dem Magneten zu einem schönen Bild zu formen. Und ich versuche, all diese Eisenspäne zusammenzuhalten. (kichert) Dann versuche ich, sie dazu zu bringen, das schöne Bild zu behalten. Das ist ein so wunderschöner Planet. Stattdessen bewegt sich der Span von selbst weiter. Sie wandern weiter, streifen weiter und geraten in Schwierigkeiten. Und es ist ein harter Job.
D: Aber anscheinend hast du dich freiwillig gemeldet, nicht wahr?
L: Ja, sie wollte wissen, warum sie hierher gerufen worden ist. Das ist der Grund dafür. Sie wurde gerufen um der Erde, der Atmosphäre und den Menschen zu helfen.

Sie war objektiv geworden. Das bedeutete normalerweise, dass ich jetzt mit ihrem Unterbewusstsein oder mit ihrem höheren Selbst in Verbindung stand. Ich hatte noch nicht darum gebeten, dass es herauskommt, aber oftmals übernimmt es die Sitzung und tritt selbstständig in die Sitzung ein. Ich begrüße das immer, weil ich weiß, dass ich Antworten auf ihre und meine Fragen bekommen kann.

D: *An diesem Ort, von dem sie gekommen ist, kannst du ihr sagen, was das war? Den Ort, den sie zu Hause nannte?*
L: Es ist der Eine. Der Eine, wo alles, alles ist.
D: *Aber sie ist hierhergekommen, um der Erde zu helfen.*
L: Der Ausgleich der Energien. Ja, schon lange. Sie ist sehr gut darin und das Universum wusste, dass sie helfen kann. Die meisten Leute kommen auf den Planeten zum Unterricht, um zu lernen. Sie kommen für was auch immer. Sie kam aber um zu helfen.
D: *Aber in diesem Leben lernt sie auch etwas, oder? Das ist ein Teil der menschlichen Erfahrung?*
L: Ja, sie hat Lektionen gelernt, um anderen zu helfen, ihre Lektionen zu lernen. Immer helfen, immer helfen.
D: *Wenn wir auf der Erde leben, neigen wir dazu, Probleme zu schaffen und dann Karma zu kreieren.*
L: Ja, die Leute machen das. (kichern) Und es gibt Seelen, die das zu viel getan haben, und sie hat auch zugestimmt, diesen Seelen zu helfen, ihr Karma in einem Leben auszugleichen. Sie ist nicht selbst im Karma gefangen, das sie hier gefangen halten würde. Es geht ihr gut. Sie erinnert sich. Egal was passiert, sie kann das Karma ausgleichen. Und das hat sie schon gemacht, bevor sie sich daran erinnerte, dass sie wusste, wie man das macht. Sie behält diese Erinnerung gut, aber sie ist alt. Sie hat das schon oft gemacht.
D: *Und das ist sehr schwer, unter Menschen zu leben und kein Karma zu schaffen.*
L: Sie wird von uns dafür sehr respektiert. Sie ist eine der wenigen, die das nicht tut. Auch weil dieses Leben schwer für sie ist. Aber sie erinnerte sich früh, und sie erinnerte sich gut, vor allem sie erinnert sich jetzt viel mehr. Wir glauben, dass es an der Zeit ist. Sie wollte es wissen. Sie erinnerte sich an mehr, als sie zugeben wollte, aber nur, weil sie jedem zuhörte, der es ihr sagte, dass es nicht so ist. Und wir wollen, dass sie weiß, dass ihre Erinnerungen akkurat sind.

* * *

Laura wollte auch etwas über Engel wissen, aber es scheint, dass sie eine andere Art von Wesen sind.

D: Laura, der Körper hier, wollte etwas über Engel wissen. Kannst du ihr sagen, ob es solche Dinge gibt?
L: Es gibt Engel. Sie hat viele tausende und hunderttausende von Jahren mit ihnen verbracht. Sie hat viel mit ihnen gearbeitet. Sie hat spezielle Engel, mit denen sie arbeitet.
D: Sind das so etwas wie ihre Führer oder Wächter?
L: Sie hat auch die, aber es sind getrennte Dinge. Führer oder Wächter sind Menschen, Menschen, die sie in anderen Leben und in diesem Leben gekannt hat, die zurückgekommen sind, um ihr durch diese Zeit zu helfen. Ihre Engel sind mit ihr durch alles gegangen. Durch alle Lebenszeiten auf diesem Planeten und einige andere.
D: Sie denkt, dass ein Engel etwas ist, was an die Erde gebunden ist. Ich glaube nicht, dass das stimmt, oder?
L: Ich glaube, sie verwechselt Engel mit einigen der schützenden Wesen der Erde, die in der höheren Atmosphäre leben. Sie bleiben in der Nähe der Erde, weil das ihre Aufgabe ist. Und sie arbeitet sehr eng mit denen zusammen, die einen ausgleichenden Job haben. In diesem Bereich, wofür sie hierhergekommen ist. Aber es gibt andere Engel, die überall hingehen, wo die Seelen hingehen. Die Seelen, die Menschen und andere Wesen erschaffen. Sie fragt sich, ob Engel in menschliche Körper inkarnieren. Das tun sie nicht. Sie sind nur die Wesen, die sie Engel nennt. Und es gibt einige dieser Wesen, die mit ihr zusammenarbeiten und ein Wesen, das mit ihr die ganze Zeit gearbeitet hat, all diese Hunderttausende von Jahren. Von der Zeit an, als sie anfing zu inkarnieren, bis jetzt. Sie sind sehr zufrieden mit ihrer Arbeit. Sie muss sich jedoch daran erinnern, dass es mehr als nur die Engel gibt, die sie Schutzengel nennt. Sie muss sich an alle anderen Engel in ihrer Dienstarbeit erinnern, wie sie sie nennt. Sie muss sich für ihre Arbeit an sie erinnern, sie loben und ihnen danken und für ihre Energie, ihr Wohlergehen und ihre Stärke beten.
D: Das war eine weitere ihrer Fragen. Was sollte oder kann sie für sie tun?

L: Sie muss sich an ihre große Berufung erinnern, Menschen und ihren Seelen zu helfen, durch ihre Erfahrungen. Sie muss sich daran erinnern, dass sie mit all diesen Energien in der Atmosphäre und den menschlichen Obertönen arbeitet. Die Energien, die alle Menschen kreieren und die Energien des Planeten. Es gibt Engel, die ihr dabei helfen. Und anderen helfen, die die gleichen Aufgaben erledigen. Es gibt andere, die an den Erdenergien arbeiten. Andere arbeiten an den menschlichen Energien. Und wieder andere arbeiten an den Energien der Atmosphäre. Sie arbeitet auf allen drei Ebenen.

D: *Das ist schwieriger, als nur an einer Art zu arbeiten.*

L: Es ist schwieriger. Es fordert viel von ihr. Sie wundert sich oft, warum sie nicht gut schläft. Und das ist ein Grund. Sie ist auf dieser anderen Ebene beschäftigt, die hält sie wach. Sie fühlt sich nicht müde, und das liegt daran, dass wir versuchen, ihr zu helfen, sie aktiv zu halten, damit sie gesund bleibt.

D: *Sie macht also viele Dinge, auch wenn sie glaubt, dass sie schläft*

L: Sie macht das die ganze Zeit. Es zeigt sich in ihrem Leben, weil sie einen sehr niedrigen Stoffwechsel hat. Und sie hat ein niedriges Energieniveau. Sie bewegt sich etwas langsamer, sie spricht etwas langsamer. Und sie schläft sehr spät. Das ist so, weil sie auf dieser anderen Ebene sehr beschäftigt ist und es auf diese Weise ihren Körper beeinflusst.

* * *

In meiner Arbeit in den letzten Jahren habe ich festgestellt, dass immer mehr Menschen sich ihrer wahren Seelenherkunft und ihrer Absicht bewusst werden, gegenwärtig zu leben. Es scheint, dass jetzt der Zeitpunkt gekommen ist, an dem alles enthüllt werden kann. Es ist Zeit sich dessen bewusst zu werden.

KAPITEL 24

WENN DU DENKST, KREIERST DU

Richard, ein Schullehrer, stieg von der Wolke herunter und sah Leute, die ihn an der Oberfläche begrüßten. Sie begrüßten ihn mit einem warmen Willkommen zurück. Er nahm diesen Ort als einen anderen Planeten wahr. Es war definitiv nicht die Erde. „Es fühlt sich anders an. Es ist sehr, sehr friedlich. Die Leute sind sehr nett. Es ist wie meine Familie." Die Menschen sehen Humanoiden ähnlich, gekleidet in fließenden Gewändern. Er war lila gekleidet und sie kommunizierten nicht mündlich: „Wir tauschen uns telepathisch aus."

D: Fühlst du dich körperlich?
R: Bis zu einem gewissen Grad körperlich, aber auch sehr leicht.

Er wurde emotional und fing an zu weinen, als er sagte, es fühle sich an, als sei er schon lange weg gewesen.

R: Sie fragen mich, wie es war. Was für Erfahrungen ich habe? Es ist fast so, als würde man einen Job annehmen. Die Übernahme einer Aufgabe. Es war, als wäre ich auf einer langen Reise gewesen.
D: Warum hast du dich entschieden zurück zu gehen?
R: Weil es Zeit ist zurück zu gehen. Nur um meine Energien aufzufrischen und mich daran zu erinnern, woher ich gekommen bin.
D: Wo bist du gewesen?

R: Meistens auf dem Planeten Erde. Das ist meine Aufgabe seit mindestens hunderttausend Jahren.
D: *Du warst also schon lange auf der Erde.*
R: Ja, viele Leben. Ich komme immer wieder.
D: *Warum musst du immer wiederkommen?*
R: Weil das Teil des Jobs ist.
D: *Und du bist zurückgekommen, um Informationen auszutauschen?*
R: Ja, nur eine kleine Auffrischung, denke ich. (weinend)
D: Hat der physische Körper aufgehört zu existieren, während du dort bist?
R: Nein, nur die Frequenz wurde geändert.
D: *Dann ist dies der physische Körper von Richard?*
R: Ja, aber bei einer viel höheren Frequenz.
D: *Du kannst also zu diesem Ort gehen, wenn du die Frequenz änderst? (ja) Wann passiert das normalerweise?*
R: Nachts, im Schlaf.
D: *Richard ist sich der Dinge also nicht bewusst? (nein) Ist dieser Ort ein physischer Ort?*
R: Ja, in gewissem Sinne ist er das, aber der Ort hat auch eine andere Dimension. In manchen Fällen fühlt es sich fast physisch an, aber es gibt einige Aspekte, die sich unterscheiden. Mehr Leichtigkeit, mehr Bewegungsfreiheit. Ich kann durch visualisieren leichter kreieren.
D: *Was kreierst du?*
R: Formen, Energien, Musik, Farben.
D: *Erstellst du diese Dinge für diese Dimension?*
R: Ein Teil davon, aber der andere Teil besteht darin, Erfahrungen auf niedrigeren Ebenen zu erzeugen. Wenn man die Vibration senkt, wird sie zur Form.
D: *Also was du dort kreieren kannst, bleibt zurück, oder es zerfällt?*
R: Nein, es bleibt. Es nimmt Form an. Ich weiß nicht, wie ich es erklären soll. Ich kenne keinen anderen Weg, um es zu erklären.
D: *Wie machst du es das Kreieren?*
R: Ich denke nur darüber nach. Dann halte ich diesen Gedanken. Dann gehe ich gedanklich anschließend von den höheren Ebenen zu den niedrigeren hinab. Während du das tust, die Intension halten und danach plötzlich entspringt es. Und es ist da!

D: *Ich frage mich, ob es einen Weg gibt, dass die Menschen, die sich auf der Erde in einem physischen Körper befinden, diese Fähigkeit nutzen können?*

R: Ja, das wäre schön. Indem sie zusammenarbeiten und als Gruppe harmonieren, könnten sie es tun. Widme dich der Aufgabe. Mache einige Verpflichtungen. Sei konstant in der Aufmerksamkeit. Habe die Bereitschaft, sich der Aufgabe zu ergeben. Als Gruppe macht es das einfacher, es ist aber auch zweischneidig. Einerseits gibt es nur eine Person, du hast nicht alle Komplexität einer Gruppe, aber als Gruppe hast du mehr Energie, etwas Größeres realisieren zu können. Du hast also Vor- und Nachteile.

D: *Ich dachte, wenn du etwas erschaffst mit dem Gedanken, verschwindet es, wenn die Energie also der Gedanke davon entfernt werden würde? Also wenn man nicht mehr darüber nachdenkt.*

R: Nein, du musst immer darüber nachdenken. Du kannst über viele Dinge gleichzeitig nachdenken und die Energie aufrechterhalten. Es gibt eine Vielzahl an Dingen und ganze Sternensysteme, über die du nachdenken kannst.

D: *Kannst du das als Einzelperson oder brauchst du eine Gruppe?*

R: Ich denke beides, eigentlich beides. Einige Aspekte kann man einzeln ausführen, aber du benötigst das Kollektivbewusstsein also die Gruppe für größere Projekte.

D: *Bleiben diese anderen Wesen die ganze Zeit dort?*

R: Einige von ihnen bleiben die ganze Zeit dort, ja. Wenn ich zur Arbeit gehe, halten sie die Energie für mich.

Diese Wesen halfen Richard von dieser Seite ohne sein bewusstes Wissen, weil er manchmal alles wieder vergisst, wenn er sich in einem physischen Körper befindet. Es ist viel schwieriger, aufgrund der Dichte, auf dem Planeten Erde zu kreieren. Er darf diese Dinge jetzt wissen, damit er es nicht so leicht vergisst.

D: *Wie würdest du diesen Ort nennen, wenn du ihn beschreiben musst?*

R: Sternenschiff-Heimatbasis, ich weiß allerdings nicht, wie die Koordinaten sind. Ich denke, einige Lichtjahre von hier aus. Um zu reisen, dauert es jedoch nur wenige Minuten, wenn man in einem Lichtkörper reist.

D: *Unterscheidet es sich von der geistigen Seite, oder gibt es Ähnlichkeiten?*
R: Es gibt Ähnlichkeiten.
D: *Ich denke daran, wenn der Körper stirbt und der Geist zur Geistesseite geht. Ähnelt es dem?*
R: Ja und nein. Ich sage es mal so, wenn du deinen Körper verlierst, bist du ... es gibt eine kleine Trennung. Ich beschreibe es eher als die nächste Phase, und dies ist die Fähigkeit, all die Lebenszeiten in Anspruch zu nehmen und diese in einen einzigen Körper zu integrieren, einfach die Frequenz zu erhöhen und diese dann mitzunehmen. Es ist eher ein Aufstiegsprozess oder wie auch immer du es nennen würdest. Die Frequenz erhöhen und erhöhen. Der Tod ist in gewissem Sinne ein bisschen störend. Dies ist eher kontinuierlich.
D: *Warum ist der Tod deiner Meinung nach störend?*
R: Ein bisschen, es zieht dich von einer Erfahrung zur nächsten. Und manchmal verlieren sich die Menschen etwas darin. Aber das ist eher eine sehr bewusste, kontinuierliche, leicht fließende Erhöhung der Vibration ohne Unterbrechung im Bewusstsein.
D: *Wenn man zur geistigen Seite geht, kommt man wie in einem Zyklus zurück. Und das ist kein Zyklus?*
R: Nun, dies wäre wie eine Befreiung von diesem Zyklus. Man hat mehr Auswahlmöglichkeiten, wann man kommen möchte, wann man zurückkehren will.
D: *Warum sollte man sich entscheiden, auf der Erde zu experimentieren, wenn man dort bleiben kann, wo es so schön ist?*
R: Ich glaube, ich möchte manchmal schwierige Aufgaben übernehmen.
D: *Die Erde ist eine schwierige Aufgabe?*
R: Ja, ich denke schon.
D: *Was machen sie mit diesen Informationen, die du wieder mitbringst?*
R: Sie studieren es. Sie kompilieren es. Ich denke, es ist eine andere Erfahrungsebene, mit der einige von ihnen vertraut sind. Viele von ihnen haben sich nie für ein physisches Leben entschieden.
D: *Weißt du, was sie mit den Informationen machen, die sie sammeln?*
R: Ich denke, es ist Teil eines Forschungsprojekts, um herauszufinden, ob das Experiment wirklich funktioniert. Oder wenn es andere Experimente geben sollte, die gestartet werden sollten.

D: *Wie würdest du dieses Forschungsexperiment erklären?*
R: (Pause, dann suchte er nach Worten, um es zu beschreiben.) Wie entfaltet sich das Göttliche und kehrt dann zurück? In immer expandierenden und wiederkehrenden Zyklen. In verschiedene Richtungen zu starten um verschiedene Erfahrungen zu sammeln. Das ganze Spektrum und Facetten der verschiedenen Erfahrungen.
D: *Das sind Erfahrungen aller Individuen?*
R: Nein, es sind alle Gruppen, alle Massen von ... zuerst werden sie erweitert und individualisiert und werden Teile, und dann ... dann bringen sie es wieder zurück.
D: *Dies ist das Forschungsexperiment. All diese verschiedenen Teile sammeln Informationen und bringen sie dann zurück? (ja) Ist nur die Erde an dem Experiment beteiligt?*
R: Nein, nein, nein, es sind viele.
D: *Ist das schon lange so?*
R: Nein, ich denke, die Menschheit macht das seit ungefähr hunderttausend oder zweihunderttausend Jahren. Andere Experimente dauerten länger als das. Es gibt keine zeitliche Begrenzung für irgendetwas.
D: *Deshalb frage ich ungern, wie lange etwas dauert, weil es keinen Sinn macht. (nein) Denkst du, dass das Experiment funktioniert?*
R: Ich denke, wir machen Fortschritte. Es gibt einen Hoffnungsschimmer, es könnte funktionieren.
D: *Was würde passieren, wenn das Experiment nicht funktioniert?*
R: (lacht) Dann recyceln sie es, mischen es einfach und schaffen etwas Neues.
D: *Was passiert dann mit all den Erfahrungen und den gesammelten Informationen?*
R: Einige davon gehen möglicherweise verloren, aber im großen Zyklus der Dinge, ist dies nur ein Teil der Informationen. Es gibt immer Experimente. Und einige Experimente werden funktionieren und andere nicht. Aber alle tragen dazu bei, ob etwas funktioniert oder nicht. Es sind immer wertvolle Informationen. Sie ändern also die Bedingungen ein wenig und stellen die Feinabstimmung ein, ändern sie jedoch nicht drastisch. Sie lernen aus den Erfahrungen, nehmen dann einige Änderungen vor und versuchen es erneut.
D: *Ist das eine der Regeln, man kann sie nicht drastisch ändern?*

R: Ja, denn wenn man zu viele Variablen gleichzeitig ändert, weiß man nicht, was genau funktioniert und was nicht. Es ist dann sehr schwierig es herauszufinden, wenn zu viele Variablen im Spiel sind.

D: *Es gibt also bestimmte Regeln und Vorschriften. (ja) Das habe ich schon gehört, die Erde ist ein schwieriger Planet.*

R: Ja, es ist einer der dichteren Orte. Dadurch ergeben sich Herausforderungen, jedoch auch Chancen. Da es sich um einen Planeten des freien Willens handelt, sind viele Aspekte manchmal unvorhersehbar. Es gibt viele Überraschungen.

D: *Wenn Richard den Körper verlässt, wenn er stirbt, kehrt er an diesen Ort zurück oder geht er auf die Seelenseite?*

R: Ich glaube nicht, dass ich zu dem zurückkehren muss, was du die Seelenseite nennst. Denn diesmal kann ich, wie ich schon sagte, einfach auf eine höhere Frequenz steigen. Also würde ich natürlich auf den Heimatplaneten zurückkehren.

D: *Viele Menschen müssen in die unteren Stufen gehen. Könnten sie plötzlich auf diese andere Ebene springen, wo du bist? (nein) Gibt es dafür bestimmte Regeln?*

R: Regeln sind vielleicht nicht ganz das richtige Wort, aber viele Seelen können unter bestimmten Bedingungen, die es ihnen nicht erlauben, so schnell und direkt in eine höhere Frequenz zu wechseln. Obwohl es die Freiheit gibt, wäre es sehr schwierig.

D: *Ich weiß, dass viele Menschen die Seelenseite lieber umgehen würden, auch wenn sie schön ist, um direkt dorthin zu gehen, wo man kreieren kann.*

R: Ja, aber dazu musst du viel an dir arbeiten. Und ich sage es mal so, auch die Bereitschaft haben dorthin zu gehen, zu dienen und zu dem Ganzen beitragen.

D: *Ist es dein Ziel, dorthin zurückzukehren und dort zu bleiben?*

R: Nicht unbedingt dort bleiben, aber ich weiß, dass ich zurückgehen möchte. Wenn es dann eine andere Aufgabe gibt, werde ich eine Weile darüber nachdenken und bereit sein, diese Aufgabe wieder anzunehmen.

D: *Du sagst, einige Leute dort hätten noch nie einen Auftrag erhalten.*

R: Ja, sie haben aber auch unterschiedliche Rollen. Für einige von ihnen ist es die Rolle, die sie übernommen haben.

D: *Vielleicht sind einige von ihnen wie Akkumulatoren der Informationen und Aufzeichnungen. (ja) Und du bist einer der*

Abenteurer und bringst es zurück. (ja) Ich denke immer an Maschinen. Brauchen sie so etwas, um die Informationen zu sammeln und aufzuzeichnen?

R: Sie verfügen zwar über Computer und verschiedene Geräte, benötigen dafür aber das Bewusstsein der Entitäten oder wie auch immer man es nennen will. Als du vom Kreieren sprachst, kann es da aufgrund des freien Willens Probleme geben. Nehmen wir an, man hat freie Energie. Wenn man jedoch die freie Energie verwendet, um daraus falsche Produkte herzustellen, wäre dies ein Missbrauch der freien Energie. Seine Seele hat das schon früher getan, in der Vergangenheit. Eigentlich ist es irgendwie lustig über die Vergangenheit zu sprechen. Ich denke an Atlantis und Lemuria, er wusste es zu diesem Zeitpunkt zu einem gewissen Grad.

D: *Was hat er in diesem Leben mit der Energie gemacht?*

R: Alle möglichen Dinge. Heizungen, Häuser, Menschen transportieren, Dinge bauen, den Körper erhalten, Heilung. Es kann für so vieles verwendet werden.

D: *Was ist passiert? Hat er die Fähigkeiten missbraucht?*

R: Nein, er hat sie nicht missbraucht, aber er verlor die Kontrolle darüber. Es ist in die falschen Hände geraten. Er war damit nicht vorsichtig genug. Manchmal hatte er zu viel Vertrauen, dass jeder die gleichen guten Absichten hat wie er selbst. Ich bin der Meinung, wir müssen ein wenig kritischer sein.

D: *Wie kann er auf das Wissen zurückgreifen, das er in diesem anderen Leben hatte?*

R: Durch Meditation, durch Gespräche mit Menschen und dann einfach kreativ sein. Wenn er beispielsweise mit den Händen arbeitet, kann plötzlich ein Geistesblitz kommen und er erinnert sich dann: „Oh, das kommt mir bekannt vor." Und er weiß instinktiv, dass es richtig ist. Ich denke, man muss nur darauf vertrauen und es tatsächlich machen. Denn oft möchte er perfekt sein. Ich glaube, wenn ich diesen Ort sehe, dann erinnere ich mich daran, woher ich komme, also vergesse ich es nicht. Und sie lassen mich wissen, dass sie mich unterstützen, an mich denken, mich begleiten.

D: *Gibt es eine Möglichkeit, während deines Bewusstseins Kontakt mit ihnen zu haben oder mit ihnen zu kommunizieren?*

R: Die Meditation ist der erste Schritt. Ich denke, dann wird der Kanal sich weiter öffnen. Er wird sich so weit öffnen, dass ich es fast jederzeit machen kann.

D: Heute suchten wir nach einem geeigneten früheren Leben, das Richard untersuchen sollte. Warum hast du dich dafür entschieden, ihn zu seinem Heimatort zu bringen? Du hast ihn direkt dorthin gebracht, statt in ein vergangenes Lebens.

R: Ich bin der Meinung, dieses ist viel wichtiger, als alle Informationen aus den vergangenen Leben, denn dort ist seine Heimatbasis. Ich glaube, die verschiedenen Rollen die wir spielen, sind nur ein Teil des Gesamterlebnisses. Viel, viel wichtiger ist die Essenz des eigenen Ursprungs und woher wir kommen. Ich denke, es ist oftmals nicht nützlich, sich mit Dingen zu beschäftigen, die in der Vergangenheit geschehen sind. Es ist wichtig, sich auf die Zukunft zu konzentrieren, und wenn man das tut, was im Moment erforderlich ist, werden die notwendigen Informationen dazukommen. Das wird den Prozess unterstützen.

D: Dann denkst du, dass wir uns zu sehr auf Dinge konzentrieren, die in der Vergangenheit passiert sind?

R: Bis zu einem gewissen Grad ja.

D: Die Vergangenheit hat eine Bedeutung und wir wollen nicht, dass sie umsonst war. Wir lernen daraus Lektionen, nicht wahr?

R Ja, das tun wir. Aber manchmal ist es auch gut loszulassen. Lass es einfach los. Auch wenn schlimme Dinge passiert sind, einfach loslassen. Sie sind auf einer Ebene Teil der menschlichen Erfahrung, aber auf der anderen Ebene gibt es noch viel mehr.

* * *

Ich traf ein anderes Wesen, das fähig war, etwas zu kreieren, als ich mit Nicole, der Supervisorin eines großen Unternehmens, eine Sitzung hatte. Sie ging sofort an einen unwirtlichen Ort, als sie gebeten wurde, ihren schönen Ort zu beschreiben. Sie fand sich in einer Höhle wieder, aber es hörte sich nicht nach einem normalen Ort auf der Erde an, weil dort Geister waren, mit denen sie kommunizierte. „Ich sehe diese Geister, wenn ich Fragen habe oder wenn sie Informationen für mich haben. Ich kann sie einfach rufen. Manchmal haben sie andere Dinge zu tun. Wenn ich sie rufe, dann kommen sie. Die meiste Zeit kann ich sie hier finden." Sie beschrieb diese Geister als strahlend weiße Lichter. „Sie sehen so aus, wie ich das will. Sie können wie einzelne Menschen aussehen. Ich nenne sie „weiße Robenmenschen", oft sehe ich ihre Gesichter nicht sehr genau an. Ich erkenne sie an ihren Energieschwingungen."

Ich fragte, ob sie die Höhle selbst gefunden hat. „Dies ist ein Ort, den ich kreiert habe. Und ich kann zu jeder Zeit hierher kommen. Ich habe es mit meinen Gedanken in meinem Kopf geschaffen, aber ich kreiere es auch auf einer anderen physischen Ebene. Es besteht auf einer, wie man es nennen könnte, Astralebene. Es ist ein echter Platz. Andere würden es sehen können."

D: *Aber die Geister, von denen du sprichst, existieren sie ebenfalls auf der Astralebene?*
N: Sie existieren jenseits dieser Ebene und sind Freunde von mir. Sie sind Führer und Kollegen. Ich bekomme von ihnen Information und es sind meine Kameraden. (lacht) Manchmal hängen wir auch einfach zusammen ab. Sie können auf Informationen zugreifen, die für mich aus dieser Inkarnation schwer zugänglich sind. Ich muss nicht unbedingt in die Höhle gehen um sie zu treffen. Ich kann sie von überall aus kontaktieren.
D: *Aber du magst diese Astralebene, weil es friedlich ist?*
N: Es ist ruhig.

Es war offensichtlich, dass Nicole nicht in einem vergangenen Leben war. Sie beschrieb gerade ihren Kontakt mit diesen Geistesführern oder Seelenführern, während ihrer gegenwärtigen Inkarnation. „Ich habe sie zu anderen Zeiten kontaktiert. Wir waren mehr Kollegen als Führer füreinander." Dann fuhr ich mit meiner Regressionstechnik fort und verwendete die Wolken-Methode.

N: Ich treibe durch einige sehr spitze, spitze Kiefern. Ich glaube nicht, dass dies die Erde ist! Die Kiefern sind sehr, sehr, sehr hoch. Vielleicht drei Meter breit und sehr rund. Und der Boden verändert sich. Es ist nicht solide.
D: *Wie fühlt es sich an, wenn du darauf stehst?*
N: Ich bin nicht körperlich. Ich habe keinen physischen Körper. Also muss ich nicht unbedingt darauf stehen. Der Boden bewegt sich

gerade. Es ist ein bisschen, wie auf einer Wolke zu stehen, aber es ist Energie anstelle von Wasserpartikeln.

D: *Was ist mit den Bäumen, sind sie solide?*

N: Nein, sie sind nicht solide. Nichts ist so fest, wie man es auf der Erde erwartet. Sie haben eine Form, aber man kann seine Hand durch sie hindurchführen. Sie sind dreidimensional, wenn man sich vorstellt, dass die Moleküle, aus denen sich der Baum zusammensetzt, nicht so eng miteinander verbunden sind, wie die Moleküle auf der Erde.

D: *Deshalb kannst du deine Hand durchstrecken. Und der Boden bewegt sich, weil er auch nicht fest ist? (richtig) und dein Körper ist mehr wie (wird unterbrochen)...*

N: Es ist eher ein Energiekörper. Ich kann eine Form herstellen. Ich ziehe einfach einige Moleküle zusammen. Ich habe ein bisschen Materie. Es ist sehr locker.

D: *Wenn dich jemand ansieht, was würden sie sehen?*

N: (kichert) Hängt davon ab, wer mich anschaut. Vielleicht würden manche Leute einen grauen Abstrich sehen. Andere Leute würden Funken sehen oder viele verschiedenen Farben. Es hängt davon ab, was sie vorher wussten. Es sei denn, ich ziehe die Moleküle fester an, um eine Form zu erzeugen.

D: *Wenn du eine Form erstellen müsstest, was würdest du erstellen?*

N: Was auch immer ich kreieren will. Ich könnte eine große Katze kreieren. Ich könnte mich so erschaffen, wie ich in der gegenwärtigen Inkarnation bin oder als Mann. Ich könnte mich in jede Form bringen, die ich möchte. Das zu tun ist sehr leicht.

D: *Was auch immer du erschaffst, wäre es solide?*

N: Nicht so fest wie die Erde, aber es wäre so fest wie die Bäume.

D: *Dann könnten die Leute ihre Hand durchstecken?*

N: Wenn sie sich dazu entscheiden.

D: *Das ist interessant. Aber so sieht dein Körper an diesem Ort die ganze Zeit aus?*

N: Meistens lasse ich ihn funkeln.

D: *Das hört sich schön an. Und diese ganze Welt, in der du dich befindest, ist formlos?*

N: Nein, es ist nicht formlos und diese Welt ist nicht regellos. Es gibt andere Parameter in dieser Realität als auf der Erde. Die physikalischen Parameter sind breiter. Andere Parameter sind viel enger. Es gibt nicht so viel Spielraum bei der Vergebung - ich glaube, ich habe dieses Wort falsch interpretiert. Es gibt weniger Denkspielraum. Wenn du denkst, dann kreierst du!

D: *Hast du gesagt, dass dieser Ort, diese Welt, nicht auf der Erde ist?*

N: Es könnte gleichzeitig auf der Erde sein. Der Raum, den es einnimmt, kann auch von der Erde besetzt werden.

D: *Sie nehmen beide den gleichen Raum ein?*

N: Bestimmt. Es gibt Flugzeuge, man könnte sagen, das ist auf einer anderen Ebene. Auf einer anderen Schwingungsebene. Ein Teil davon überlappt Teile der Erde.

D: *Deshalb können sie am selben Ort existieren, weil sie unterschiedlich schnell vibrieren?*

N: Ja, sie können besetzen, was von der Inkarnation der Erde als der gleiche Raum erscheint. Der Raum ist eigentlich unendlich. Durch das Besetzen eines anderen Schwingungsniveaus wäre es in der Mehrzahl seiner Besetzung für die Erde unsichtbar.

D: *Gibt es andere wie dich, die dort existieren?*

N: Es gibt einige. Wir kontaktieren uns nicht sehr gerne. Ich bin hier, um alleine zu sein. Ich bin nicht immer hier. Es ist der Ort, um das Denken zu kontrollieren. Und das ohne übermäßige Konsequenzen.

D: *Was meinst du mit übermäßigen Konsequenzen?*

N: In vielen Bereichen oder Ebenen oder Schwingungsebenen ist das Denken in der besetzten Entität schwieriger zu kontrollieren. In solchen Fällen führt das Denken oft zu unerwarteten Konsequenzen. Diese Konsequenzen können in weiten Bereichen oft störend sein.

D: *Du meinst, die Leute kreieren Dinge und dann ...*

N: Es ist ein Fehler, unvollständig.

D: *Wird es sofort erstellt?*

N: Alles was sie denken, wird sofort erstellt. Auf dieser anderen Ebene, die ich besuche, erscheinen die Kreationen sofort. Und so ist es ein ausgezeichneter Ort, um die Denkmuster zu trainieren. Weil du etwas denkst. Umgehend erscheint es und man kann es sofort in die Luft sprengen oder verfeinern.

D: *Du meinst, dort zu kontrollieren ist einfacher?*

N: Ja, die Erdebene ist so dicht. Du erschaffst etwas und es gibt störende Energien, die sehr dicht sind. Es dauert so lang! So langsam! Die Erde ist wirklich langsam. Das Denken erschafft etwas, und es geht raus in die Materie und es dauert eine Weile, bis es wieder zurückkommt. Wenn es zurückkommt, haben sie andere Dinge in der Zwischenzeit erschaffen. Die ganze Zeit ist zwischendurch vergangen. Endlich kommt diese Kreation und du gehst: „Pffft, das wollte ich nicht. Das brauchte ich nicht." Also musst du es in die Luft sprengen und alles erneut anfangen.

D: *Aber wenn es länger gedauert hat, um erfolgreich zu werden, kann man es dann nicht leichter ändern?*

N: Manchmal kannst du. Manchmal kann man den ganzen Weg nicht verfolgen. Es ist nur so dicht. Man kann es nicht immer kontrollieren. Die Energien anderer Menschen greifen die Kreationen auf und bewegen sie, verformen und verändern sie.

D: *Ach und deswegen ändert es sich dann. Ich habe nie darüber nachgedacht. Es bleibt nicht rein. Andere Einflüsse kommen dazu.*

N: Ja, man muss es mit einer sehr hohen Vibration erzeugen, um es rein zu halten. Es ist so viel einfacher hier zu üben. So viel mehr Spaß macht das. Es ist viel einfacher, schöne Dinge zu erschaffen.

D: *Kannst du das, was du dort erschaffen hast, auf die Erdebene bringen?*

N: (kichert) Das wäre ziemlich störend. Einen Tiger die Straße runter laufen zu lassen. Es ist nicht dasselbe.

D: *Würde es dann nicht schneller funktionieren, wenn man das tun könnte?*

N: Nein, es gibt eine andere Schwingung auf der Erdebene, die besser funktioniert.

D: *Ich dachte, es könnte ein Weg sein, die Langsamkeit zu umgehen.*

N: Die Langsamkeit ist Teil der Regeln, der Gesetze.

D: *Aber du kannst die Person sehen, die du auf der Erde bist. Bist du tatsächlich an zwei Orten gleichzeitig?*

N: Ja, das könnte man sagen. Ich kann mich auf bestimmte Orte konzentrieren. Es ist aber komplexer als das. Ich bin immer an vielen Orten gleichzeitig. Ich bin überall auf einmal im höchsten Sinne. Es gibt keine Zeit, keinen Raum.

D: *Was ist der Zweck, überall auf einmal zu existieren?*

N: An diesem Punkt muss man alles wissen, was man wissen muss, um Zugang zu allen Informationen zu haben.

D: *Gibt es dich schon immer? Oder hast du irgendwo einen Ursprung?*

N: Ich habe einen Ursprung. Ich versuche diese Informationen zu finden. Ich glaube nicht, dass es eine Möglichkeit gibt, es zu erklären. Es war eigentlich eine kollektive Leistung. Wie kann ich das erklären? Es ist eine andere Hälfte. ich bin die eine Hälfte und die männliche Energie ist eine Hälfte.

D: *Männliche und weibliche Energie sind beide zusammen, meinst du?*

N: Sie holte tief Luft. Ich brauche bitte ein höheres Maß an Energie. (Sie atmete tief, als würde sie sich an etwas anpassen.) Ich steige ein paar Stufen nach oben. So habe ich Zugriff auf weitere Informationen.

D: *Manche Leute geben mir Analogien, wenn sie die Wörter nicht finden können.*

N: Ja, aber es ist schwierig, auf der Erde eine Analogie zu finden. Denn auf der Erde gibt es kein Verständnis für die Tatsache, dass etwas aus einem scheinbaren Nichts geschaffen werden kann. Aber so ist es. So wurde ich sozusagen geistig geboren. Und mir wurde dieser Gedanke geschaffen, durch den Gedanken selbst. Und ich weiß, auf der Erde fragt man sich, wie kannst du dich durch Gedanken erschaffen? Man müsste doch schon existieren, um diesen Gedanken zu haben!

D: *Oder etwas anderes muss dich in die Existenz denken.*

N: Vielleicht.

D: *Nun, wenn es zu kompliziert ist ...*

N: Nein, es ist nicht kompliziert. Es ist einfach so, dass die Informationen auf der Erdebene nicht verfügbar sind.

D: *Du meinst, unser menschlicher Verstand kann es nicht verstehen.*

N: Nicht an dieser Stelle. Es würde keinen Sinn ergeben.

D: *Vielleicht reicht es zu erkennen, dass es einige Dinge gibt, die wir nicht verstehen können. (ja) Kennst du die als Nicole bekannte Entität? Die, über die wir kommunizieren?*

N: Ja, wir sind gleich. Ich bin ein Teil von ihr.

D: *Du bist ein Teil von ihr, aber du bist getrennt. (ja) Beeinflusst du ihr Leben in irgendeiner Weise, während sie lebt?*

N: Ja, durch Gedankenübertragung.

D: *Interessierst du dich für das, was mit ihr passiert, oder bist du völlig getrennt?*

N: Ich interessiere mich mehr für das, was mir passiert.

D: *Warum existierst du dann auch als eine Entität auf der Erde?*

N: Bestimmte Erfahrungen sind nur auf der Erde verfügbar.

An diesem Punkt geschah etwas Unerwartetes. Die Entität stoppte meine Fragen, damit Nicole eine Aufgabe erfüllen konnte. Nicoles Körper atmete tief und dann sagte die Entität: „Ich bewege Nicole auf die nächste Ebene. Dies ist der kenntnisreichere Teil von ihr selbst. "

D: *Ist die nächste Stufe darüber oder darunter?*
N: Darüber und etwas leichter als die andere. Dies hilft ihr, sich der unterschiedlichen Bewusstseinsebenen ihres Wesens bewusst zu werden, denn dies ist der nächste Schritt der Integration. Und Wachstum besteht darin, all das auf höchstem Niveau zu integrieren. Zu dieser Zeit verhält sie sich oft unter ihrem Level, um sich an die Menschen um sie herum anzupassen. Auf die Weise, dass ihre Ungeduld mit Dummheit verdeckt wird. Sobald sie auf der körperlichen Ebene etwas darüber sagt, was auf der spirituellen Ebene los ist, reagieren die Menschen um sie herum mit Verachtung ihr gegenüber. Deshalb macht es ihr viel mehr Spaß, alleine zu sein. Die Menschen würden es nicht verstehen, wenn sie sich in der Öffentlichkeit verändern würde oder wenn sie die Uhr zum Beispiel in einen Frosch verwandelt. Es ist frustrierend und irritierend, (atmet tief durch) sie frisst alles in sich hinein. Sie nutzt diese Energien. Und sie weiß, woher sie kommen. Allerdings vertraut sie ihrer Kontrolle noch nicht unbedingt in dieser physischen Inkarnation. Es verursacht Unterbrechungen in der Energie und blockiert ihre Energien. Deshalb tut sie diese Dinge nicht. Sie mag es nicht, Leute zu erschrecken. Sie will ihren Fuß nicht durch die Tür stellen. Dinge kreieren; ihre Faust öffnen und Schmetterlinge herausfliegen lassen.

D: *Kann sie das tun?*
N: Sie wäre fähig dazu. Sie weiß es, dennoch fürchtet sie es. Diese Dinge sind nicht gegen die physikalischen Gesetze ihres Wohnortes. Sie ist sich dessen bewusst, dass sie diese Dinge tun kann. Sie macht sie nicht, weil sie anderen Leuten nicht vertraut. Sie hat kein Selbstvertrauen und sie traut ihrer Reaktion nicht. Sie war schon als Kind dazu in der Lage, dies zu tun. Sie konnte sich schon als Kind verändern.

D: *In was konnte sie sich verändern?*
N: Alles, was sie wollte: Bäume, Wasser, Eichhörnchen, Irgendwas.

Dies ähnelt anderen Kapiteln in diesem Buch, wo ich beschrieben habe, dass Menschen Dinge tun können, von denen wir annehmen, dass sie unmöglich sind. Schon beim schreiben dieses Buches bin ich auf Menschen gestoßen, die die Fähigkeit haben, Veränderungen zu gestalten, oft ohne ihr bewusstes Wissen. Sie erscheinen den Betrachtern plötzlich anders. Dies wird in dem Buch „Das Gewundene Universum 3" weiter beschrieben. Wie Nicole sagte, sind diese Dinge nicht gegen die Naturgesetze dieses Planeten und dieser Dimension. Wir sind seit unserer Kindheit dazu konditioniert, dass es bestimmte Dinge gibt, die wir tun können und bestimmte Dinge, die wir nicht tun können. Ich habe jahrelang die Tatsache gelehrt, dass wir die Kraft unseres eigenen Geistes nicht kennen. Sobald die Kraft unseres Geistes (die zerstreut ist) organisiert und fokussiert ist (insbesondere in Gruppen, im Kollektiv), gibt es nichts, was wir nicht tun können. Wunder werden dann möglich. Wir müssen den Schöpfer erkennen und kontaktieren, der in uns wohnt.

KAPITEL 25

EIN ENERGIEWESEN KREIERT

Die Anschläge auf New York und das Pentagon am 11. September 2001 waren Wendepunkte in unserer Welt. Gleichzeitig gab es aber auch eine Änderung in meiner Arbeit. Ein Wendepunkt bei der Informationsgewinnung und die Art der Informationen, die erhalten werden müssen. Im Laufe des Jahres 2001 schien dies alles zu geschehen, da die Wesen (oder wer auch immer sie sind) kompliziertere Konzepte lieferten. Sie schienen darauf hinzuweisen, dass die Welt für diese Informationen jetzt bereit ist. Manchmal sehnte ich mich nach den unkomplizierteren Regressionen, in denen ich mich auf vergangene Leben und das Studium der Geschichte konzentrierte, aber dies sollte nicht sein. Ich sollte nie wieder in diese Zeit zurückkehren um immer weiter vorzudringen in das Unbekannte, das noch Unerforschte in der Metaphysik.

Meine Tochter Nancy und ich gerieten nach den Anschlägen am 11. September in das Chaos des Luftverkehrs. Ich hatte gerade einen Vortrag auf einer Expo in North Carolina gehalten. Wir hatten die Nacht in einem Privathaus verbracht und standen an diesem Morgen auf, um unsere Sachen zu packen. Wir wollten für ein paar Tage nach Hause fahren. Eine Dame, die im nächsten Zimmer wohnte, rief uns zu, nachdem sie einen verzweifelten Anruf einer Freundin erhalten hatte, die sie aufforderte, den Fernseher einzuschalten. Das Pentagon sei gerade bombardiert worden. Ich sagte völlig überrascht: „Aber das steht ja in meinen Büchern! Außer das Nostradamus prophezeite, New York würde bombardiert werden."

Sie rief aus dem anderen Raum: „Ihr solltet besser hier rein kommen. Es ist beides! „Wir sahen entsetzt zu, wie die Kamera zwischen den beiden Ereignissen hin und herwechselte, die gleichzeitig stattfanden. Dann sahen wir völlig ungläubig, wie die Zwillingstürme zu einem Trümmerhaufen zusammenstürzten. In den zehn Jahren, in denen ich über die Prophezeiungen von Nostradamus gelehrt hatte, waren sie immer ein „mögliches" Szenario. Ein Szenario, von dem ich hoffte, dass wir es vermeiden können. Nun wurden seine Vorhersagen, grauenvolle Realität. Es erschütterte mich bis in den Kern meines Wesens. „Sie" sagten schon immer „vielleicht, könnte sein, möglicherweise". Aber jetzt waren sie Wirklichkeit geworden.

Nachdem meine Tochter Nancy und ich es geschafft hatten, uns vom Fernseher loszureißen, wussten wir, dass wir noch zum Flughafen fahren mussten, wo wir einen Flug nach Hause nehmen wollten. Zu diesem Zeitpunkt wussten wir natürlich nicht, was als nächstes passieren würde. Als wir mit dem Mietwagen zum Flughafen fuhren, wurde per Funk die Nachricht übermittelt, dass der gesamte Flugverkehr in den Vereinigten Staaten eingestellt worden ist und die Flugzeuge, die sich noch in der Luft befanden, sofort landen mussten. Überseeflüge wurden entweder umgeleitet oder landeten in Kanada. Dies war das erste Mal, dass so etwas in den Vereinigten Staaten passierte. Die Auswirkungen waren immens. Trotzdem mussten wir noch zum Flughafen fahren, um herauszufinden, was wir noch für unsere Rückreise tun konnten.

Als wir uns dem Flughafen Greensboro näherten, sah es aus wie in einem Militärlager oder bei einer Polizeirazzia. Es gab überall Schranken, Polizeiautos und Polizeibeamte. Sie hatten die Eingänge bereits abgeriegelt. Wir wurden sofort angehalten und ich muss sagen, die Polizisten wirkten sehr nervös und verärgert. Sie schienen nicht mehr über die aktuelle Lage zu wissen, wie wir. Noch kannte niemand das ganze Ausmaß der Katastrophe. Sie teilten uns mit, dass keine Flüge mehr stattfinden und dass wir sofort umkehren müssten. Allerdings waren wir gezwungen herauszufinden, wie mit unserem Mietwagen zu verfahren ist. Widerwillig ließen sie uns parken und ins

Terminal hineingehen. Der Flughafen war total verlassen, es wirkte unheimlich. Die Frau am Mietwagenschalter erklärte uns, dass wir kein anderes Fahrzeug bekommen könnten, wenn wir unser Auto abgeben. Alle Vermietungen waren eingestellt und auch Greyhound-Busse waren nicht mehr im Einsatz. Die gesamte Nation war zum Erliegen gekommen. Ich sah Nancy an und sie sagte: „Ich habe immer noch den Schlüssel. Wir fahren mit dem Mietwagen." Wir erklärten, wir würden das Auto in Arkansas abgeben, sobald wir zurück sind. Ohne jeglichen Einwand akzeptierte sie unseren Vorschlag, denn es war die einzig mögliche Lösung. Zwei Tage dauerte unsere Rückreise bis nach Arkansas. Sie verlief in einer eigenartigen und eher gedrückten Atmosphäre, mit ununterbrochenen Berichterstattungen auf allen Radiosendern.

Als wir erschöpft zu Hause ankamen, erhielt ich die Nachricht, dass mehrere Radiosender von mir verlangten, sofort auf Sendung zu gehen, um über die Ereignisse hinsichtlich der Nostradamus-Prophezeiungen zu sprechen. Meine Bücher, „Gespräch mit Nostradamus" waren die einzigen, bei denen die Vorfälle detailliert beschrieben worden sind. Am nächsten Tag bekamen wir einen Anruf von Bob Brown, der an der UFO-Konferenz in Laughlin, Nevada, teilnahm, bei der ich an dem kommenden Wochenende für einen meiner Vorträge eingeladen war. Sie hatten sich entschlossen, nicht abzusagen und die Konferenz trotz aller Widrigkeiten abzuhalten. Sie wollten von Colorado aus fahren, um die Vorbereitungen zu treffen. Er erzählte mir, dass es einigen ihrer Gastredner aus Europa nicht möglich war an der Konferenz teilzunehmen, da die Flugzeuge keine Landeerlaubnis hatten und wieder umkehren mussten. Niemand hatte die leiseste Ahnung, welche Art von Konferenz sich daraus entwickeln würde. Auf alle Fälle wollte er, dass ich meinen Vortrag, aufgrund der Umstände, zu den Prophezeiungen des Nostradamus hielt. Er erklärte, meine Teilnahme wäre unbedingt erforderlich, auch wenn ich fahren müsste. Diese Idee hatte mich nicht gerade angesprochen, da wir gerade eine zweitägige Autotour hinter uns hatten und die Anstrengung noch tief in unseren Knochen steckte. Kurz vor der Abreise am Samstag, erhielten wir dann glücklicherweise den einzigen Flug nach Las Vegas, da die Fluggesellschaften langsam den Flugbetrieb wieder aufnahmen.

Die Konferenz hatte nicht die erwartete Anzahl an Teilnehmern, dennoch war die vorherrschende Meinung, dass man froh sei, dass die UFO-Konferenz stattfindet. Sicherlich hätten ansonsten alle zu Hause vor dem Fernseher gesessen und die schrecklichen Ereignisse, mit den ständigen Wiederholungen der Fernsehsender, verfolgt. Zumindest lenkte uns die Konferenz etwas von den grauenvollen Geschehnissen ab. Mein Vortrag war der schwierigste, den ich je präsentieren musste, weil ich von Prophezeiungen sprach, die in der Realität wahr geworden sind. Was ist dann mit den Prophezeiungen, die einen schrecklichen Krieg voraussagen?

Es war eine merkwürdige Woche in mehr als einer Hinsicht. Das interessante war, als ich vor ein paar Wochen in Memphis eine Sitzung mit Mary durchführte, sagte sie mir während der Regression, das es jetzt an der Zeit ist, mehr Informationen zu bekommen, die mir vorher verborgen geblieben sind. Das sich überdies für mich eine Tür öffnet, die bisher verschlossen geblieben ist und mir jetzt Zugang gewährt wird. Während dieser Woche in Laughlin hielt ich zwölf private Sitzungen ab. Zehn davon enthielten entweder Informationen, die in zukünftigen Büchern verwendet werden sollten, oder eine persönliche Nachricht für mich (einschließlich einer, die sich mit meiner Gesundheit befasste). Diese Nachrichten erfolgten normalerweise am Ende einer Sitzung, wenn ich frage, ob das Unterbewusstsein noch eine Nachricht für den Klienten hat. Neben der Nachricht an meine Klienten, wurde auch mir etwas mitgeteilt, was ich erfahren sollte. Es hatte den Anschein, als würden „sie" den Trance-Zustand meiner Klienten zunehmend nutzen, um mir Informationen zukommen zu lassen.

Viele meiner Sitzungen hatten interessante Wendungen. Es schien, als wollte man mir aufzeigen, dass der Fokus auf vergangene Leben nicht so wichtig ist, wie von mir angenommen. Es ist wertvoll, die Ursachen für körperliche Probleme, Krankheiten, Phobien, Allergien und karmische Probleme der Klienten zu finden. Aber ich bin überzeugt, die Entitäten, die in vielen dieser Sitzungen durchkommen, versuchen mehr und mehr zu vermitteln, dass es an der Zeit ist, auf eine andere Ebene des Bewusstseins zu wechseln. Eine Ebene, die über das bloße Erleben früherer Leben in dieser Dimension hinausgeht. Sie versuchen uns zu zeigen, dass wir so viel mehr sind als eine Seele, die

Erfahrungen in einem physischen Körper erlebt, die Ebenen viel höher und viel komplizierter sind, und das gegenwärtige Leben nur eine Station auf unserer Reise ist und nicht unbedingt die wichtigste Station im Ganzen. Anscheinend ist diese höhere Ebene des Bewusstseins der Ansicht, dass die Personen, mit denen ich arbeite, für dieses Wissen nun bereit sind, damit sie ihr Leben aus einer anderen Perspektive und einem zusätzlichen Bereich der Existenz verstehen können. Einige Menschen mögen vielleicht bereit dafür sein, für andere jedoch ist es, in ihrem Glaubenssystem, zu schwierig damit umzugehen. Während der Sitzung erinnere ich mich immer daran, dass der Klient nie Informationen erhält, für die er nicht bereit ist. Wenn das Unterbewusstsein (der Monitor) nicht der Meinung ist, dass der Klient dazu bereit sei, werden die Informationen nicht übermittelt. Ich kämpfe nie dagegen an, weil ich weiß, dass „sie" viel mehr Weisheit besitzen als ich.

Als ich anfing, mit Jerry, einem Geschäftsmann, der an der UFO-Konferenz in Laughlin teilnahm, zu arbeiten, gab es anfangs definitiv eine Zensur durch sein Unterbewusstsein. Es war beinah so, als wäre es nicht sicher, ob er bereit dafür ist, die Informationen zu erhalten. Ich musste einige Manöver durchführen, bevor er Zugang hatte.

Unter normalen Umständen kommt der Klient bei meiner Technik aus der Wolke in eine Szene und beginnt mit einer Beschreibung der Umgebung, die der Klient wahrnimmt. Diese Sitzung war jedoch anders. Jerry ging durch einen Tunnel. Am Ende sah er, dass der Tunnel durch eine sehr große Tür blockiert war. Er beschrieb es sofort als Energietor, obwohl er nicht wusste, warum er es so nannte. Er war neugierig herauszufinden, was sich auf der anderen Seite befand, und ich fragte ihn, wie wir eine Energietür öffnen können. Ohne nachzudenken sagte er, es wird mit dem Verstand erledigt. „Ich versuche es aufzulösen, aber ich konnte nur einen Teil davon öffnen." „Die untere Ecke löst sich auf, aber es reicht mir nicht, um durchzukommen." Frustriert verkündete er: „Ich komme nicht durch. Ich spüre, dass ich nicht bereit bin. Die Elemente werden mich nicht durchlassen." Als er das sagte, verschwand die Tür. Ich vermutete also, dass er offenbar noch nicht bereit war zu sehen, was sich hinter der Tür befand. Das Unterbewusstsein macht einen wunderbaren Job, um uns vor uns selbst zu schützen. Es würde ihm nicht erlauben etwas zu sehen, mit dem er nicht umgehen kann. Das vermutete ich, aber ich lag falsch.

Da die Tür verschwunden war, mussten wir an einem anderen Ort suchen, um einen geeigneten Platz für Jerry zu finden. Ich wies ihn an, woanders nach etwas Ausschau zu halten, das ihm helfen würde, sein gegenwärtiges Leben zu verstehen. „Wir müssen nicht durch diese Tür gehen, wenn du nicht willst, dass wir es tun. Wir können in eine andere Richtung gehen und etwas finden, das für dich angemessen ist. Etwas, das Sinn macht und wichtig ist." Ich brachte ihn in eine andere Szene und fragte, was er jetzt wahrnehmen konnte. Überraschenderweise befand er sich in einem großen Raumschiff.

J: Es ist ein großes Schiff, von dem ich spüre, dass es lebt. Es besteht nicht aus Stahl oder Metall.
D: *Es ist lebendig?*

In meinen UFO-Ermittlungen berichteten viele Menschen, dass das Schiff, auf dem sie sich befanden, lebendig und sich seiner bewusst ist.

J: Es ist am Leben. Das Schiff selbst hat ein Bewusstsein. Es hat Form, aber sie lassen es mich nicht sehen. Nur diesen riesigen Raum und darin einen Garten.
D: *Ein Garten ist in diesem Raum?*
J: (verwundert) Ja, es gleicht einem Dschungel-Planetarium, wie auf der Erde, mit Vegetation und Wasser. (Er fand das faszinierend.)
D: *Wie ein großes Gewächshaus?*
J: Ja, es hat Wasserfälle. Dieser Ort ist riesig. Ha! Sie haben ihre eigene Erde. Es ist im Schiff. Es hat Wasser. Es hat Vegetation. Es hat ... ha! Tiere. Es erlaubt den Wesen, in einer friedlichen Umgebung zu reisen.
D: *Die Decke muss auch hoch sein, wenn dort ein Wasserfall ist.*
J: Man kann durch die Decke sehen. Sie ist transparent. Man kann die Sternensysteme sehen. Und doch ist es eingeschlossen. Es hat eine eigene Atmosphäre.
D: *Sind die Tiere so, wie sie auf der Erde sind?*

J: Wir können alle Tiere erschaffen, die wir wollen. Es wird von einem Kollektivgeist erstellt. Die Gruppe, die mit diesem Schiff unterwegs ist. Ha! Das ist ja interessant.

D: Aber du sagst, das Schiff schien aus etwas Lebendigem zu sein?

J: Ja, ja, es hat ein eigenes Bewusstsein. Wir haben dieses Schiff durch den Kollektivgeist erschaffen. So können wir mit Gedanken und einer Umgebung reisen, in der wir uns wohl fühlen. So wird es gemacht.

D: Als würde man ein Stück des Planeten mitnehmen.

J: Ja, einige der schönsten Erinnerungen die wir haben, nehmen wir mit. Das ist was wir tun. Es schafft angenehmere Bedingungen für uns.

D: Ist das nur ein Teil des Schiffes?

J: Wir schaffen lebendige Wohnräume. Und wir können mit ihnen reden. Wir können mit ihnen kommunizieren. Und es erlaubt uns zu reisen.

D: Kommunizierst du mit den Wohnräumen?

J: Ah, mit der Energie. Das Schiff selbst lebt. Ich versuche zu sehen, wie wir aussehen. (Er fand das alles erstaunlich und amüsant. Er hat sich köstlich amüsiert.) Okay, wir sind Energie. Wir sind alle Energie, aber wir können jede Form schaffen, die wir wollen. Wir können jede Form, Größe und Dimension erstellen. Es geschieht alles mit dem Verstand.

D: Wie siehst du aus, wenn du reine Energie bist?

J: (Pause, als würde er nachschauen.) Wir können Farben ändern. Alle Purpur, (lacht) es ist wie ein Spiel. Wir ändern die Farben und Energien, um ein Spiel zu spielen.

D: Hast du eine Form?

J: Wir können nach Belieben Formen annehmen. (überrascht) Ha! Beispielsweise die Form von Kugeln, Quadraten und Dreiecken. Wir können aber auch Tierformen annehmen. Es ist wie ein großes Spiel. Wir sind im Bewusstsein getrennt, aber wir sind alle miteinander verbunden.

D: Und was ist deine normale Form?

J: Nur Energie, bewusste Energie, es sieht aus wie eine Art gewebte, gewellte Energie.

D: Und es kann jede beliebige Form haben, nur um das Spiel zu spielen?

J: Ja, (lacht) ich werde verdammt sein!

D: Warum hast du dann das Raumfahrzeug geschaffen?
J: Wir genießen es, es ist wie eine Illusion. So reisen wir in einer Gruppe. Wir erschaffen das Raumfahrzeug. Und wir können Wasserfälle kreieren. Wir können Seen und Fische dazu kreieren. Wir können uns verändern ... es leuchtet alles gerade. Die Farben sind wirklich hell, leuchtend und phosphoreszierend.
D: Die Farben der Wesen?
J: Ja, und es umgibt die Tiere. Wir können Schmetterlinge, Libellen und Vögel dort hineinbringen. Es ist wunderbar. Es schafft eine Erde mit unserem Verstand. Nur ein Schiff.
D: Erschaffst du es so, wie es ist, woher du kommst?
J: Wir waren schon an vielen Orten. Die Dinge, die wir genossen haben, können wir mit unserem Gruppengeist einbringen und miteinander teilen. Um uns zu unterhalten, bringen wir verschiedene Dinge mit; Erinnerungen an Orte, an denen wir waren.
D: Ist das alles körperlich, hat es eine solide Form?

Er hat mir darauf nicht geantwortet. Er genoss, was er sah.

J: Okay, das hier sind Pyramiden.

Er begann, seine Hände in rhythmischen und anmutigen Bewegungen durch die Luft zu bewegen.

D: Was machst du da gerade?

Es gab eine lange Pause, als er seine Hände weiter durch die Luft bewegte.

J: Wir erschaffen gerade.

Das bereitete ihm sichtlich Spaß. Sein Ausdruck war reines Glück. Es gab eine weitere lange Pause, er genoss alles was er tat.

D: Was kreierst du?
J: Welten, Planeten, Dimensionen, Sternensysteme. (lachen) Wir gehen raus und wir erschaffen. (Ein Ausdruck puren Genusses.)
D: Wie ist es auf deinem Heimatplaneten?

Er wollte wirklich nicht reden. Er amüsierte sich so sehr. Schließlich antwortete er: „Es wird dort mit dem Kollektivbewusstsein kreiert. Es ist keine Einzelperson, die das macht."

D: Ihr alle müsst zusammen erschaffen?
J: Ja, es ist wie eine Familie von Seelen, die gemeinsam etwas schaffen. Und wir benutzen unseren Verstand, unser Bewusstsein dazu. Es ist wie ein Spiel, bei dem diese schönen Universen entstehen. Und wir machen es zusammen.

Er begann wieder anmutig seine Hände zu bewegen.

D: Ist dein Heimatplanet eine physische Welt? Eine feste Welt?

Ich habe jetzt genug Erfahrungen in Gesprächen mit Energiewesen gesammelt, um zu wissen, dass nicht alle Welten physisch oder fest sind, wie wir es kennen. Es gibt so viele verschiedene Möglichkeiten, die sich der Fantasie entziehen.

J: Nein, nein, keine physische Welt. Es ist eine andere Dimension. Diese Welt ist nicht in deiner Dimension, überdies hat sie verschiedene Formen und Farben. Sie ist nicht solide und ändert sich ständig. Sie hat verschiedene Figuren und Symbole sowie Formen und Farben.
D: Musst du auf irgendeine Art Nahrung zu dir nehmen, wo du lebst, ob du nun auf dem Raumschiff oder auf deinem Heimatplaneten bist? Etwas, um dich am Leben zu erhalten? (nein...nein) Was hält dich am Leben?
J: Nur Energie. Wir können kreieren und einen Körper erschaffen, wenn wir wollen. Wir reisen mit dem Gedanken, erforschen und erschaffen. Wir gehen mit diesem Bewusstsein an verschiedene Orte. Es ist ein Spiel. Es ist wie bei Kindern, die Spaß haben.
D: Aber was du da kreierst, bleibt es dort wenn du weiterziehst?
J: In einigen Dimensionen löst es sich auf und in einigen Dimensionen wird es physisch. Wir können körperliche Formen in den unteren Dimensionen erschaffen. In anderen Dimensionen sind es nur Symbole. Die rohen Energien nehmen unterschiedliche Formen an.

D: Und die bleiben nicht solide?
J: Nein, wir können sie aber solide machen.
D: *Ich dachte, es wäre wie ein Hologramm, und vielleicht würde es sich einfach auflösen und verschwinden, nachdem du damit gespielt hast.*
J: Wir können zu Planeten gehen, die sich bereits gebildet haben und dorthin gehen. Wir können eins werden mit allem was wir wollen, Bäumen, Tieren, und sie bewusst erleben. Wir können unsere Energien in diese Kreaturen, diese festen Formen, einbringen. Es ist wie ein Spiel.
D: *Aber du bleibst nicht dort? Du erlebst es einfach?*
J: Ja, wir erleben es einfach und machen als Kollektiv weiter. Wir reisen als Gruppe.
D: *Aber du darfst in diese Gegenstände und Dinge reingehen? (ja) Ich dachte, Tiere und Menschen haben Seelen?*
J: Wir haben Seelen, ja. Wir haben Seelen.
D: *Aber darfst du in einen Körper eintreten, in dem bereits eine andere Seele ist?*
J: Mit ihrer Erlaubnis, ja.
D: *Weil die Seele weiß, dass ihr sie nicht einnehmt oder bleiben werdet. Ist es das was du meinst?*
J: Richtig, es ist nur zum bewussten erleben. Wir dringen nicht ein. Wir ehren diese Seele. Wir müssen die Erlaubnis haben.
D: *Nur um zu erfahren und dann geht es weiter.*
J: Ja, das ist interdimensional. Wir können in alle Dimensionen gehen.
D: *Bedeutet das, dass du sehr fortgeschritten bist?*
J: Es gibt kein Wort oder Konzept dafür. Es ist nur um zu wissen.
D: *Ich meine, hast du ein niedrig schwingendes Leben erlebt und dich zu diesem Zustand entwickelt? (lange Pause) Hast du schon eine körperliche Inkarnation gehabt?*
J: Ja, wenn wir uns dafür entscheiden.
D: *Ich versuche zu verstehen, wie es geht. Entwickelst du dich in diesen Zustand, nachdem du ein anderes Leben und sein Karma abgeschlossen hast? Oder wie funktioniert das?*
J: Dies ist ein besonderer Planet.
D: *Wo kommst du her?*
J: Wo wir sind? (glucksen) Erde. Es ist ein besonderer Planet. Es ist ein Treffpunkt für andere Seelen und andere Gruppen aus anderen Bereichen, anderen Dimensionen. Es ist wie ein Urlaubsort, an

dem man mit Seelengruppen aus anderen Bereichen und Dimensionen teilnehmen kann.

D: Es ist anders als an den anderen Orten, an denen du gewesen bist?

J: Ja, wir alle erleben es. Es ist ein besonderer Ort. Ein Treffpunkt der Seelen. Jeder kennt diesen Ort.

D: Was ist daran anders?

J: Seine Liebesenergie.

D: Oh, ist das nicht auch an anderen Orten zu finden?

J: Nicht so. Es ist das Portal zum Schöpfer. Es ist diese Verbindung. Es erfährt alles.

D: Und das ist an anderen Orten nicht möglich?

J: Ja, aber nicht so wie hier. Es ist ein bisschen wie bei Shangri-La auf der Erde. (lacht) Nun, es ist die Erde.

D: Ich dachte, vielleicht müsstest du die Erlaubnis haben, um diese Kreation durchzuführen.

J: Uns ist es erlaubt. Die Quelle, der große Schöpfer. Er erlebt ... es erlebt durch uns.

D: Würdest du dich als Co-Creator bezeichnen?

J: Ja natürlich.

D: Sie erlauben dir zu kreieren. Du sagst, dass sich einiges davon wieder auflöst?

J: Es ist, als würde man ein Bild zeichnen und dann ein anderes Bild darauf zeichnen. Man kann darüber zeichnen, es löschen, verändern oder gar neu erstellen.

D: Es ist also eine sich ständig verändernde Sache, meinst du?

J: Ist es, ja!

D: Wenn du auf der Erde etwas schaffst, bleibt es dann?

J: Die Erde tut es, aber sie verändert sich auch. Die Erde ist ein Gruppenbewusstsein, ein Kollektivbewusstsein.

D: (Er machte wieder graziöse Handbewegungen.) Was schaffst du bei all diesen Handbewegungen, während du mit mir sprichst?

J: Ich versuche mich zu erinnern.

D: Wie man das alles macht?

J: Was das alles bedeutet.

D: (Ich beobachtete seine konstanten, anmutigen Bewegungen.) Sind die Handbewegungen notwendig, um diese Dinge zu schaffen?

J: Es wirkt durch den Körper. Den Körper erwecken, sich an das Bewusstsein zu erinnern. Ich glaube nicht, dass ich das wissen sollte. Mich daran zu erinnern. Ja, das war die Tür.

Er bezog sich auf die Energietür anfangs, die er nicht auflösen konnte. Er dachte, die Informationen seien blockiert, als er sie nicht öffnen durfte. Aber anscheinend fand das Unterbewusstsein einen anderen Weg, um ihm das Wissen zu vermitteln.

D: *Aber wenn die Erinnerungen durchgekommen sind, muss es Zeit sein, sonst darf man sich nicht daran erinnern. (ja) Das heißt, es ist wichtig. Aber wenn man sich daran erinnert, wie es gemacht wird, brauchst du die Gruppe, das Kollektiv, nicht wahr?*
J: Ja, die Gruppe ist wichtig.
D: *Das kannst du nicht alleine durchführen?*
J: Ich würde das nicht wollen. Ein Teil der Erfahrung ist das gemeinsame Erschaffen, zusammen genießen und miteinander teilen. Es ist einsam für sich alleine, also haben wir uns als Gruppe zusammengetan und wir genießen die Gesellschaft der anderen. (lacht) Wir unterhalten uns gerade miteinander. Das ist Teil des Gruppenbewusstseins. Wir können uns gegenseitig unterhalten. Es gibt also keine Langeweile. Es ist eine ständige Veränderung und Schöpfung. Die Bewunderung der Arbeit anderer. Andere Seelen, andere Schöpfer. Wir gehen an Orte, die geschaffen wurden. Wie ein Gemälde genießen wir diese Orte, wenn wir sehen, was andere Seelen geschaffen haben.
D: *Auf diese Weise wirst du nicht im physischen und im Karma aufgehalten, oder?*
J: Man kann, wenn man es wählt. Das ist ein Teil des Spiels, Teil des Genusses. So viele verschiedene Dinge, wie möglich, zu erleben.
D: *Aber wo du gerade bist, hast du kein Karma, oder?*
J: Auf dem Schiff nicht. Aber ich kann, es gibt verschiedene Arten es zu erleben. Man hat die Fähigkeit physische Formen anzunehmen und ist in der Lage es dann so zu erleben.
D: *Dann entsteht Karma, weil du mit anderen Menschen interagierst? (ja) Ich versuche zu verstehen, wie es funktioniert.*
J: Andere Gruppen sind in dieses Gebiet gekommen und haben miteinander interagiert. Sie entscheiden sich dafür, eine Form anzunehmen, diese Form zu erstellen und das Spiel zu spielen. Es ist alles eine Illusion, aber es ist wichtig es zu spielen. Weil wir die Liebe und die Gefühle erleben können. Das visuelle, der

Geschmack, all die Empfindungen, die an anderen Orten nicht zu finden sind. Es ist sehr einzigartig.

D: Du meinst, an anderen Orten und besonders auf deinem Heimatplaneten gibt es keine Emotionen?

J: Einige haben sie ja. Manche tun es, andere nicht. Einige sind nur rohe Energien. Die Formen, die Symbole. Die Erde ist einzigartig, weil sie abwechslungsreicher ist. Sie ist ein Treffpunkt. Nicht nur eine Gruppe schuf diesen Ort. Es waren viele Gruppen gemeinsam, die es schufen und formten, was es so einzigartig macht. Es ist alles zu allem hinzugefügt. (kichert) Es ist wie ein Gruppenbild.

D: Sie haben alle etwas damit zu tun? (ja, ja) Aber um hierher zu kommen, musste man mit einem physischen Fahrzeug reisen. In einer Art Gehäuse.

J: Ja, das soll die Gruppe zusammenhalten.

D: Könntest du nicht einfach als Energie reisen?

J: Ja, wir können uns von der Gruppe trennen, wenn wir uns entscheiden und alleine losziehen. Aber wir können uns auch wieder mit der Gruppe verbinden, weil wir immer in Kontakt sind. Wir können als Lichtkugeln reisen und zu verschiedenen Orten gehen. Manchmal allein, meistens mit eng befreundeten Seelen.

D: Aber wenn ihr nicht das von euch geschaffene Gehäuse dafür hättet, könntet ihr nicht die Gruppe zusammenhalten?

J: Ja, das ist das Konzept der Gruppe.

D: Die Energie zerstreut sich mehr oder weniger, wenn ihr sie nicht zusammenhalten würdet?

J: Ja, genauso ist es. Wir haben uns entschieden, als Gruppe zusammenzukommen und zusammen zu reisen.

Wenn ich mit anderen Energiewesen gesprochen habe, wurde mir dasselbe gesagt. Ich dachte, wenn sie reine Energie wären, könnten sie alleine irgendwohin reisen. Warum brauchen sie ein Raumfahrzeug, um darin zu reisen? Sie erklärten mir, dass es ihre Energie in Schach hält. Andernfalls würde es mit anderen Energien um sie herum zerstreut und vermischt werden. Auch von anderen habe ich erfahren, dass die Erde als Urlaubsort gilt, an dem Wesen verschiedene Emotionen und Erfahrungen erleben. Sie wollen das Abenteuer haben und dann „nach Hause" zurückkehren. Sie müssen aufpassen, dass sie sich nicht so eng mit den Erfahrungen beschäftigen, damit sie kein

Karma erzeugen und dazu verurteilt sind, hier zu bleiben. Diese Seelen müssen objektive Beobachter bleiben, auch wenn es schwierig ist.

D: *Und ihr habt unterwegs Spaß, indem ihr das Schiff nach euren Wünschen gestaltet.*

J: Ja, es ist wie ein riesiges Fernseh- oder Unterhaltungszentrum, nur wir haben es geschaffen. Und das ist das Spiel, um verschiedene Dinge zu tun. Manchmal kreieren wir, manchmal genießt man einfach die Kreationen anderer. Aber die Erde ist sehr speziell. Es ist eine sehr starke Verbindung zur Quelle.

D: *Warum glaubst du, dass es eine starke Verbindung gibt?*

J: Es ist fast wie das Herz Gottes, ich finde, dass ist die beste Art es zu erklären. Von dem, was wir als den Schöpfer ansehen. Aber das ist nur physisch. Ich denke, vielleicht haben wir in unserem Kopf die Quelle geschaffen.

D: *Wie nimmst du die Quelle wahr?*

J: Wir sind die Quelle. Wir sind ein Teil der Quelle. Es ist reine Energie. Es ist das Bewusstsein. Es kann zwar Form annehmen, aber es kann sich auch mit uns verbinden.

D: *Und ihr nehmt das besser wahr, weil ihr keinen physischen Körper habt?*

J: Ja, wir sind uns bewusst. Wir wissen es einfach. Die Präsenz ist da. Wir können uns einschalten.

D: *Aber die Erde ist wegen der Vielfalt näher an der Quelle?*

J: Es ist wegen der Versammlung, der Seelen, aller Seelen. Dies ist die Quelle davon, der Verbindungspunkt. Es ist wie eine galaktische Familie, die zusammenkommt. Hier gibt es eine große Zusammenkunft.

Er hatte die anmutigen Handbewegungen während der gesamten Sitzung fortgesetzt.

D: *(kichert) Es sieht so aus, als ob du diese Schöpfungserfahrung wirklich genießt, oder?*

J: Die Erfahrung, ja.

D: *Bleibst du lange von deinem Heimatplaneten fern?*

J: Ich kann keinen Heimatplaneten fühlen. Ich spüre einfach viele Orte, an denen ich war.

D: Kein Ort, an den du zurückkehren möchtest? Du gehst gerne von Ort zu Ort.
J: Ja, ich spüre keinen Platz, keinen Anfang. (Pause) Ich versuche zu sehen, ob es einen Heimatort gibt.
D: Wo du herkommst?
J: Ja, zu einer Zeit gab es die Form. Am Anfang gab es keine Form. Es war nur Energie.

So wird es in der Bibel beschrieben: Am Anfang schuf Gott Himmel und Erde. Und die Erde war ohne Form und leer; und Dunkelheit war auf dem Gesicht der Tiefe. Und Gott sprach: Es soll Licht sein und es gab Licht. Genesis 1: 1-3

D: Aber wie du sagst, hast du eine individuelle Seele.
J: Ja, es ist das individuelle Bewusstsein. Es ist eine Verbindung. Es ist die Trennung und doch ein Teil davon. Es ist ein Verbindungspunkt. Aber es ist Trennung, es ist Bewusstsein. Es verbindet sich mit einer Quelle. Und es ist auch getrennt davon.
D: Und es ist etwas, das man erleben möchte.
J: Ja, ja. ich kann es nicht sehen, aber es ist einfach überall. Es ist ein Teil von uns.

Er benutzte immer noch Handbewegungen. Ich denke, wir hätten noch länger in dieser Szene bleiben können, aber ich hatte keine Fragen mehr an ein Energiewesen, das sich damit beschäftigte, zu kreieren. Also entschied ich mich für das, was ich normalerweise mache. Ich brachte ihn in diesem Leben an einen Tag, an dem etwas Wichtiges passiert. Wobei ich keine Ahnung hatte, was für ein nichtphysisches Energiewesen ein wichtiger Tag sein könnte.

D: Was siehst du? Was passiert gerade?
J: Jesus wird geboren.
D: Oh? Erzähl mir davon. Schaust du es dir an?
J: Von oben.
D: Was siehst du?
J: (Pause) Es ist ein Gefühl. Ich spüre es. Ich kann es sehen, aber es ist ein Gefühl. Es ist ein sehr schönes Gefühl. Es ist ein ganz besonderes Ereignis. Ich weiß nicht warum, aber es ist ein besonderes Ereignis, sehr besonders. Ich schaue von oben.

D: *Sind andere bei dir?*
J: Ja, die Gruppe ist hier. Es ist eine sehr schöne Zeit. Ich beobachte, ich versuche zu verstehen. Ich bin mir nicht sicher, warum es so wichtig oder besonders ist. Okay, es ist die Liebesenergie, die auf ganz besondere Weise geschaffen wird und sich manifestiert. Du kannst es erleben. Es ist sehr speziell. Es ist interdimensional. Es ist in vielen Dimensionen erforderlich. Wir sind alle hier. Es ist eine Versammlung. Wir können es durch die Seelen der Wesen auf dem Planeten erfahren, oder wir können es von oben beobachten. Es ist sehr speziell.
D: *Du sagst, es sei so, als würde Liebe manifestiert werden?*
J: Ja, in der männlich-weiblichen Art und Weise getrennt zu sein, dualistisch. Es ist Gott, in männlicher und in weiblicher Form. Es kommt aus einer höheren Quelle. Es kommt von der Quelle. Es ist sehr speziell. Aus dieser Perspektive können wir es von einem größeren Blickwinkel aus betrachten. Es ist kritisch.
D: *Warum ist es kritisch?*
J: Ich weiß es nicht. Für den Planeten, denke ich, aber nicht für uns. Wir sind getrennt. Aber es ist für den Planeten. Wieso das speziell ist? Nur Liebe, es bringt Liebe auf eine Weise, die noch nie erlebt worden ist. In menschlicher Form. Aber es geht über viele Dimensionen hinaus. Es betrifft viele Dimensionen auf dem Planeten. Es ist wie ein Portal.
D: *Ein Portal? Was meinst du?*
J: Ich versuche zu verstehen. Ich weiß nicht warum. Es ist ein Verbindungspunkt für Seelen und Wesen. Es zieht alle Wesen an, alle Schöpfung ist dort. Es ist ein Ort, an dem Liebe erlebt werden kann, die auf besondere Weise geschaffen wurde.
D: *Deshalb zieht es alle an, es zu sehen. Sie wollen dieses Gefühl erleben?*
J: Ja, es gibt Engelwesen, es gibt E.T.s, aber auch verschiedene Rassen, sie erleben es alle. Es ist ... (emotional) es gibt keine Worte dafür. Einfach besonders!
D: *Sie möchten einfach nur da sein, um das Gefühl und die Emotionen zu erleben.*
J: Ja, die Emotionen.
D: *Ja, das ist etwas Besonderes und es ist anders. Nun, ich bitte dich jetzt, dich von diesem wichtigen Tag zu entfernen, auch wenn es von sehr großem Belang ist, ein ganz besonderes Ereignis. Ich*

möchte, dass du dich an den Punkt bewegst, an dem du aufgehört hast, ein Energiewesen zu sein.

Normalerweise bringe ich den Klienten bis zum letzten Tag seines Lebens, wenn sie sterben. Aber ich zweifelte, dass das möglich ist, also versuchte ich darüber nachzudenken, wie ich es formulieren sollte. Im Gegensatz zu einem Körper hört Energie nicht auf zu existieren.

D: *Hast du jemals den Punkt erreicht, an dem du das Bedürfnis verspürst hast, aufzuhören ein Energiewesen zu sein, und zu einer anderen Art von Wesen zu werden? (Das war schwierig.)*
J: Ich habe viele Leben gehabt, viele Leben.
D: *Ich bin der Meinung, ein Energiewesen kann nicht sterben. Es entwickelt sich einfach weiter in seiner Vibration, seiner Frequenz. Könnte man es so ausdrücken?*
J: Es ist mehr, als nur die verschiedenen Konzepte zu erleben.
D: *Dann kommen wir zu dem Punkt, an dem du dich als Energiewesen entschieden hast in das Physische zu gehen und dort zu bleiben. Können wir zu diesem Punkt gehen und sehen was passiert? Wie ist das? Was passiert zu dieser Zeit?*
J: Ich wähle aus, was ich wählen wollte.
D: *Triffst du die Entscheidung, dass du in eine physische Form gehen willst, anstatt in einer Energieform zu sein? (ja) Ist etwas passiert, das dich dazu veranlasst hat, die Energieform zu verlassen?*
J: Es ist eine neue Erfahrung. Es war etwas, das wir uns ausgesucht haben. Jemand anderes hatte diese Form erstellt, also entschieden wir uns, sie zu erleben. Wir haben sie nicht geschaffen, aber sie war faszinierend.
D: *Du dachtest dir, es wäre interessant, körperlich zu sein?*
J: Wir können, wenn wir uns entscheiden, ja. Aber es gibt andere, die die Seelen beaufsichtigten. Es war mit Erlaubnis.

Das war es, wonach ich gesucht hatte. Ich wusste aus meinen jahrelangen Untersuchungen der Reinkarnation durch Tausende von Menschen, dass es definitiv Regeln und Vorschriften gibt. Auf der Seelenseite gibt es so etwas wie einen Ältestenrat, von Meistern und Führern, die die Inkarnation der menschlichen Körper überwacht und steuert. Nichts bleibt dem Zufall überlassen. Ich bin wirklich froh, dass jemand verfolgt, was passiert. Es muss eine gigantische Aufgabe sein.

D: Also machst du es nicht zufällig. Du musst die Erlaubnis haben, diese Änderung vorzunehmen?
J: Ja, um wieder raus zu kommen. (lacht) Vielleicht möchtest du dann hier bleiben. Es gibt also eine Möglichkeit, die Seele wieder freizulassen, sodass wir hier nicht zu lange in dieser Dimension verwickelt sind. Ein Prozess für den Einstieg und Ausstieg.
D: Glaubst du, es ist leicht, sich hier in dieser Dichte zu verwickeln?
J: Könnte sein. Wir müssen wieder rauskommen können. Es gibt viel zu erleben. Nicht nur um dort zu sein. Andere Dinge zu tun. Andere Dinge zu erleben. Andere Dinge zu erschaffen. Wir wollen nicht in einem Körper gefangen sein.
D: Aber es gibt andere Wesen, die dir die Erlaubnis gegeben haben.
J: Ja, es gibt sie, die, die irgendwie verantwortlich sind. Ja, die Aufseher.
D: Dann gibt es definitiv welche, die sozusagen alles überwachen.
J: Ja, ich versuche zu sehen, wie sie aussehen. Sie haben ein eigenes Schiff. Ja, sie sind verbunden. Es ist Teil der Quelle. Sie sind nur verantwortlich für diesen Planeten.
D: Sie müssen zustimmen, wenn bestimmte Energien und Seelen hereinkommen?
J: Ja, sonst wäre es ein Chaos. Es hat eine kontrollierte Reihenfolge und einen Zweck. Es muss einen Sinn ergeben.
D: Also, wie ist es, wenn du zum ersten Mal den physischen Körper betrittst?
J: Es sind neue Gefühle, neue Emotionen, eine neue Erfahrung. Ich sehe viele verschiedene Formen. Viele verschiedene Körper.
D: Babys oder wie? Neue Formen, neue Körper?
J: Zuerst erleben wir, dass wir uns in verschiedene Pflanzen und Tiere begeben.

Dies entspricht dem, was ich in meinem Buch „Zwischen Tod und Leben" berichtet habe. Wenn eine Seele das erste Leben auf der Erde erlebt, geht sie normalerweise nicht sofort in einen menschlichen Körper. (Obwohl ich vermute, dass das passieren kann.) Sie müssen auf der Grundstufe beginnen, damit sie verstehen, wie es ist, Alles zu sein. Wenn sie einmal Steine, Pflanzen und Tiere erlebt haben, verstehen sie die Verbundenheit allen Lebens und deren Dimensionen. Die Tatsache, dass alles lebt und alles eins ist. Wenn die Seele dann bereit ist, einen menschlichen Körper zu erfahren, trägt sie dieses Verständnis auf Seelenebene. Unser Problem ist jetzt in unserer Welt, diese Erinnerungen wieder auf die bewusste Ebene zu bringen. So können wir unsere Erde wieder als lebendiges Wesen würdigen.

J: Das ist Teil des Geburtsvorgangs. Es geht in eine Form. Eine Form wird gewählt. Es ist geschaffen.
D: Und die Aufseher entscheiden, in welche du gehen sollst?
J: Ja, es wird gemeinsam entschieden. Es wird vorher entschieden, was man erleben will. Welche Art von Lebensform. Die Schwierigkeit ist, dass man in einer Form gefangen ist. Und es ist schwierig für die Seele, sich in dieser gefangenen Form wohl zu fühlen. Es ist sehr restriktiv. Einige entscheiden sich dafür, es nicht zu tun, weil sie nicht ihre Freiheit aufgeben wollen. Für manche ist es unheimlich. Es ist das Unbekannte. Es ist eine niedrigere Schwingung. Es gibt Dinge, die wir bisher nicht erlebt haben. Dunkle Energien weißt du, es gibt eine dunkle Seite. Es wird präsentiert, damit wir etwas Neues und anderes erleben können. Es ist einzigartig. Und es erlaubt uns, mit den dunklen Seiten, den dunklen Energien und den niedrigeren Vibrationen in Kontakt zu kommen. Ja, es ist eine Art Tombola für einige, das zu erleben.
D: Hattest du die Form eines Babys angenommen, eines neuen Wesens, das gerade entwickelt worden ist?
J: Ich kann nicht sehen, wie die Form aussah.

Er schien sich unwohl zu fühlen, als ob er etwas Unbekanntes und ein wenig Bedrängnis empfand. Ich musste ihn daran erinnern, dass er sich freiwillig gemeldet hatte. Die Aufseher hätten es nicht zugelassen, wenn sie der Meinung gewesen wären, es sei nicht das Richtige.

J: Es war gut. Es war etwas, worauf ich mich gefreut habe.
D: Ist es so, wie du es dir vorgestellt hattest?
J: Ja, weil wir bis zu einem gewissen Grad immer noch die Kontrolle haben. Und auch das Bewusstsein bis zu einem gewissen Grad.

Und in dieser Form haben wir noch einen eigenen Willen. Also war es nicht schlimm. Es hat irgendwie Spaß gemacht. Es war etwas, worauf man sich freuen konnte. Es war eine Herausforderung. Eine andere Art der Schöpfung, wie wir es kannten. Und hatte eine Form.

D: Hast du genauso viel Kontrolle, wenn du einmal im Körper bist?

J: Wir sind immer noch telepathisch. Wir können uns immer noch mit der anderen Seite verbinden. Wir sind uns immer noch bewusst. Und doch sind wir hier um zu erleben. Im Gegensatz zu anderen, die sich entscheiden, zur gleichen Zeit zu kommen.

D: Kannst du das Bewusstsein des Physischen beeinflussen, in dem du dich jetzt befindest?

J: Ja, es gibt nicht viel Bewusstsein und Fähigkeiten zum Erschaffen. Es gibt Gesetze und bestimmte Dinge, an die wir uns halten müssen.

D: Bestimmte Vorschriften?

J: Ja, es ist der Prozess der Geburt und des Wachstums. Und man muss dem zustimmen, bevor man in den Körper kommt. Dem Prozess muss zugestimmt werden. Aber es ist die Gruppenenergie, die die Form zusammenhält. Es ist keine Seelenerfahrung, sondern eine Gruppenerfahrung.

Dies geht mit der Seele einher, die eine Gruppe ist, anstatt einer einzigen Einheit um viele Dinge oder Leben auf einmal zu erleben. (Siehe die folgenden Kapitel.)

D: Welchen Vorschriften musst du zustimmen, wenn du diesen physischen Körper betrittst?

J: Sich zur bestehenden Entwicklung der Art anzupassen. Wie es ist, eine Tierform anzunehmen. Und doch ist es ein Bewusstsein, das die Tiere nicht haben. Ein bestimmtes Bewusstsein. Und doch ist in dieser Bewusstseinsform vieles blockiert. Wir waren einmal einander bewusst.

D: Auf einer anderen Ebene?

J: Ja, bei anderen Menschen waren wir uns dieser Seelen bewusst, bevor sie das Physische annahmen. Nun war es schwieriger mit ihnen zu kommunizieren. Es war komisch, in der Form zu sein, die das einschränkte. Aber es war wie ein neues Spiel.

D: *Werdet ihr später zurückgehen? (ja) Gibt es dazu Regeln und Vorschriften?*
J: Ja, es gibt bestimmte Zeitfenster. Es ist von einer bestimmten Dauer. Zunächst gibt es keine Vorstellung davon, was man tun wird. Man erlebt es einfach im Hier und Jetzt. Es ist kein Unterricht.
D: *Kein Karma, kein Unterricht, einfach neu starten.*
J: Genau, es ist wie eine neue Schieferplatte, um seine eigene Farbe zu malen ... was auch immer man erleben möchte.
D: *Aber du sammelst schließlich Karma an? Ist das eines der Dinge, die passieren, wenn man in den physischen Körper geht?*
J: Ich habe versucht zu verstehen und ich ... oh, ich verstehe das nicht. Ich versuche herauszufinden, was Karma ist oder warum ... Ich sehe es nicht, ich fühle es nicht.
D: *Vielleicht kommt ja etwas über die Zeit.*
J: Ich kann es nicht verstehen.
D: Aber du hast trotzdem zugestimmt, für eine bestimmte Zeit in einem physischen Körper zu sein. (ja) Und dich an bestimmte Regeln und Vorschriften zu halten. Es ist also eine andere Art von Erfahrung, nicht wahr?
J: Ja, es ist limitierend. Es sind die Emotionen, es sind alles Emotionen. Es sind alles Gefühle. Aber die Liebe ist da. Sie ist immer noch da. Die Liebesenergie ist also die Versicherung. Das ist die Verbindung zur Quelle.

Ich dachte, wir hätten alles gefunden, was aus der begrenzten Sicht eines Energie-Co-Kreierenden-Geistes möglich war, der zum ersten Mal in einen physischen menschlichen Körper gelangt ist. Das größte Problem schien es zu sein, kein Karma zu schaffen, das die Seele oder den Geist an das irdische Reich, die irdische Dimension bindet und ihn davon abhält, zu seinem freien, unbegrenzten und schöpferischen Dasein zurückzukehren. Vielleicht ist das das größte Problem für uns alle. Wir kamen hierher, um etwas zu erleben, von dem wir glaubten, dass es neu und aufregend ist. Dann übernahm das Leben, und wir wurden im Körper gefangen durch das Gesetz von Karma und Gleichgewicht, das uns dazu bringt, immer wieder zurückzukehren. Der erste Schritt die Seele freizulassen, damit sie zur Quelle zurückkehren kann, ist das Verständnis dafür, warum die Seele überhaupt hierhergekommen ist und diese Bindungen zu lösen. Vieles davon kann durch die Rückzahlung von altem Karma erreicht werden und durch den Versuch, nicht mehr neues Karma zu schaffen. Mit dem Bewusstsein kommt die Befreiung.

Ich bat die andere Geistesenergie dorthin zurückzukehren, wo sie hingehörte und im Gegenzug sollte Jerrys volles Bewusstsein wieder zurückkommen. Dann bat ich darum, mit dem Unterbewusstsein von Jerry zu sprechen, weil ich weiß, dass alle Antworten dort vorhanden sind. Dann kann ich die passende Therapie anwenden und Lösungen für die Probleme des einzelnen Klienten finden. Nachdem ich Zugang zum Unterbewusstsein erhielt, fragte ich es, warum Jerry dieses seltsame Leben gewählt hatte, denn es gab definitiv viele andere, die man hätte wählen können.

J: Um alles zu verstehen. Um das große Bild zu sehen.
D: Es ist ein anderes Konzept, das er erforschen kann, nicht wahr?
J: Ja, es war etwas in ihm, das er auf einer anderen Ebene verstand, aber es war ihm nicht bewusst. Und jetzt weiß er es.
D: Zuerst dachte er, er darf es nicht sehen. Es war, als wäre es blockiert.
J: Ja, nur ein Teil davon wurde gesehen. Dann wurde beschlossen, die Informationen zu veröffentlichen.
D: Was ist die Verbindung zu seinem gegenwärtigen Leben?
J: Sicherheit und Verständnis. Eine Absicht, eine Verbindung, um diesen Planeten zu verstehen warum er so besonders ist und zu verstehen, wie er beeinflusst werden kann, über die Gruppe, den Gruppengeist. Es geht um den Gruppenverstand, Jerry hat die Energie beeinflusst, ohne zu verstehen, warum er es getan hat und wofür es verwendet werden kann.
D: Hast du versucht, ihm zu erklären, wie es funktioniert? Oder woher es kommt?
J: Ja, es wird mit dem Herzen gemacht. Das Herz ist wichtig.
D: Was wollte das Unterbewusstsein ihm zeigen?
J: Es ist alles Energie, aber es braucht verschiedene Formen, um verschiedene Dinge zu erfahren. Es gibt kein richtig oder falsch, nur Erfahrungen, nur die Schöpfung, keine Urteile. Es einfach genießen, es ist der Genuss der Schöpfung. Beeinflussung der Schöpfung, der Energien im Einklang mit der Gruppe und dem Ganzen. Das Ganze ist die Schöpfung.

D: Hat das Unterbewusstsein Jerry dies gezeigt, damit er es jetzt in seinem Leben einsetzen kann?
J: Ja, er weiß das.
D: Er wollte wissen, was er jetzt mit seinem Leben anfangen soll. Kannst du ihm das sagen?

Dies ist die häufigste Frage, die Leute in einer Regressionssitzung haben. Was ist ihr Zweck, ihre Aufgabe hier? Warum sind sie hier und was sollen sie tun?

J: (Er kicherte.) Er hat sozusagen eine leere Leinwand bekommen. Und einen Pinsel und eine Palette, auf der es alle Farben gibt. (lachen). Er ist der Maler seines eigenen Bildes, ihm stehen alle Werkzeuge zur Verfügung und alle Farben des sichtbaren Farbspektrums.
D: Bedeutet das, dass von hier aus irgendetwas passiert? (glucksend) Das er ein ziemliches Abenteuer erleben wird?
J: Alle Farben.
D: Und das war heute für ihn wichtig. Vergangene Leben sind nicht so wichtig, wie das Erlernen dieser Energieverbindung.
J: Ja, interessant dabei ist, dass es sich um eine Gruppenleinwand handelt. Und es gibt andere, die auch Pinsel und Farben haben. (lachen)
D: Oh, Jerry wird ein paar wirklich merkwürdige Abenteuer erleben, wenn er dies erforscht. Das ist sehr wichtig für ihn, um zu sehen und zu versuchen es besser zu verstehen.

Ich brachte Jerry dann wieder zu sich. Als er erwachte, besprachen wir die ungewöhnliche Sitzung. Er stimmte zu, dass es für ihn eine Menge gebracht hat, darüber nachzudenken. Es wäre sicher interessant für ihn zu sehen, wie er dieses Konzept der Beeinflussung oder der Manipulation von Energie auf sein Geschäftsfeld anwenden könnte. Es scheint, als wäre jetzt alles möglich, nachdem er es verstanden hat.

Viele meiner Sitzungen konzentrierten sich nun mehr darauf, dass der Klient seine wahre Seelenverbindung erkennt, anstatt frühere Leben zu erkunden. Das Verständnis vergangener Leben ist nach wie vor wichtig für die Probleme im gegenwärtigen Leben. Aber anscheinend hat das Unterbewusstsein entschieden, zusammen mit unseren

Führern und Meistern auf der anderen Seite, dass es an der Zeit ist, mehr über unseren Ursprung zu erfahren. Dieser ist definitiv nicht nur auf der Erde, sondern an einem viel größeren Ort. Einem Ort, an dem wir eins sind mit der Quelle und es Spaß macht, zu erschaffen. In einer Sitzung, über die in einem meiner Bücher berichtet wird, wurde mir gesagt, dass die wichtigste Lektion ist, die man in einem physischen Körper lernen kann, dass wir dazu fähig sind, Energie zu manipulieren. Sobald wir uns dessen bewusst werden, können wir absolut alles erschaffen, was wir uns in unserem Leben wünschen. Ich denke, eine Möglichkeit uns dieser Fähigkeit bewusst zu werden besteht darin, uns an eine Zeit vor der Erde zu erinnern, als wir alle diese Fähigkeit hatten, Energie zu manipulieren und zu erschaffen.

* * *

Die Seele splittet oder fragmentiert, um den physischen Körper zu erfahren. Wenn sie sich seiner Gesamtheit bewusst wird, konzentriert sie sich als Energiewesen, das in der Lage ist, alles zu erschaffen, was sie sich wünscht. Wenn sie sich darüber hinaus entwickelt, kann sie an vielen Orten gleichzeitig sein. Obwohl jeder von uns auch diese Fähigkeit hat, sind wir uns dessen nicht bewusst und können es auch nicht sein, solange wir das Physische, mit seinen Einschränkungen, bewohnen. In dem fortgeschrittenem Zustand des Seins, ist sich alles bewusst. Aus den Erfahrungen meiner Arbeit heraus scheint es jedoch so zu sein, dass sich die Seelen gelegentlich fragmentieren müssen, um sich auf eine einzige Erfahrung zu konzentrieren. Ein konstanter Zyklus oder die Suche nach mehr Wissen. Wie wir gesehen haben, führt es die Seele, wenn sie sich nur teilweise an ihr größeres Selbst erinnert, zu Frustration, Einsamkeit und dem Gefühl der Trennung auf der bewussten Ebene. Das Unterbewusstsein weiß, warum dies geschieht, aber das Bewusste tut es nicht, weil es die Konzentration und den Fokus auf das Leben, das es lebt, aufrechterhalten muss. Es wäre ansonsten zu verwirrend.

KAPITEL 26

EIN SCHÖPFER KEHRT NACH HAUSE ZURÜCK

Diese Sitzung fand im Oktober 2002 in Minneapolis statt, wo ich eine Reihe von Vorträgen und Workshops hielt. George war ein sehr erfolgreicher Geschäftsmann, der mich in meinem Privathaus besuchte. Überraschenderweise enthüllte seine Sitzung einen anderen Aspekt eines Schöpfers, wie in Jerrys Sitzung.

Als er die Wolke verlassen hatte, konnte er nur Sand sehen. Er wusste, dass es einige Leute auf der anderen Seite des Hügels gab, die darauf warteten, dass er ihnen eine Art Antwort gibt. So, als wäre er ein Berater. Er fühlte sich sehr unsicher, er war sich nicht sicher, ob er die Antworten für sie hatte. Er beschrieb sich selbst als einen schwarzhaarigen Mann mit bronzefarbenem Teint, der in dünnem Leinenstoff gekleidet war. Er trug Schmuck welcher mit Gold verziert war. Es waren eine Ankh-Halskette, ein Armband und ein riesiger Ring. Eindeutige Anzeichen irgendeiner Macht. Als ich versuchte ihn zu befragen, wurde er sehr misstrauisch und wollte mir nicht antworten. Normalerweise kann ich schnell das Vertrauen der Entität gewinnen, aber er war sehr vorsichtig und etwas irritiert. Er meinte, dass jeder etwas von ihm wollte, warum sollte ich also eine Ausnahme sein?

Er fuhr fort, es sei eine sehr schwierige Zeit in seiner Welt. Ein Grund, weshalb er sich so aufregte war, dass seine Schwester weggebracht wurde und er sie sehr vermisse. Er sagte, er fühle sich sehr verloren und allein, weil sie immer ein Teil von ihm war und nun nicht mehr länger bei ihm ist. Er wusste nicht, warum man ihn und seine Schwester voneinander getrennt hatte und auch nicht wohin sie gebracht worden ist. All das war für mich verwirrend und ich versuchte es zu verstehen. Ich fragte ihn, wer sie von ihm getrennt hatte. Er meinte, dass es Leute aus einer anderen Welt waren und nicht die Leute auf der anderen Seite des Hügels. Sie waren von ganz woanders und er wusste nicht, warum ihm das passiert ist und wo seine Schwester sich jetzt befand.

G: Wenn wir wieder vereint sind wird es großartig, zusammen hatten wir enorme Kräfte und Fähigkeiten. Wir schufen ein wunderschönes Paradies mit einem prächtigen Ambiente. Als wir zusammen waren, war es die perfekte Welt. Aber sie haben uns getrennt. Sie nahmen sie mit, so dass diese Welt nicht mehr perfekt ist. Um es schwierig zu machen, und nicht so einfach. Und nicht so verzeihend. Wir beide zusammen sind in der Lage... wir können all das Schöne, Ruhige, Statische ... all diese Harmonie zusammenbringen und verankern. Wir sind eins. Sie erkannten, dass wenn sie uns voneinander trennen, die Dinge anders sind. Damit haben sie Recht.

D: *Warum wollten sie, dass die Dinge anders sind?*

G: Um zu experimentieren.

D: *Wie haben sie deine Schwester mitgenommen?*

G: Sie kamen aus dem Nichts. Als würden Götter aus dem Nichts kommen und sie wegbringen.

D: *Du meinst, als wäre sie eben noch dagewesen und in der nächsten Minute nicht mehr?*

G: Ja, wir haben auch an anderen Orten gewohnt. An vielen verschiedenen Plätzen und Welten. Wann immer wir zusammen waren, waren wir perfekt.

D: *Warum bist du von Ort zu Ort gegangen?*

G: Um zu helfen, um den Aspekt vom „Nirwana" hervorzubringen. Das war unsere Aufgabe und dann wären wir zu etwas anderem übergegangen.

D: *Was ist passiert, nachdem du gegangen bist? Ist es schön geblieben?*

G: Einige Plätze und Welten blieben so, einige nicht. Einige gingen in verschiedene Richtungen. Dies ist eine wichtige Welt, in der ich jetzt bin.
D: *Warum ist sie wichtig?*
G: (tiefe Atemzüge) Gut, böse, dunkel, Licht, ich bin an all das nicht gewöhnt.
D: *Es gibt verschiedene Gegensätze, meinst du? (ja) Die anderen Orte, an die du schöne Dinge gebracht hast, hatten nicht diese Vielfalt?*
G: Sozusagen. (Er wurde emotional, und befand sich am Rande des Weinens.)
D: *Ich weiß, dass du traurig bist, aber wenn wir darüber reden, können wir vielleicht deine Schwester finden. Es hört sich an, als wäre sie fast ein Teil von dir, oder?*
G: Immer.
D: *Wie bist du von Welt zu Welt gereist?*
G: Sich einfach dorthin bewegen, wie in einem riesigen Boot, das nach Belieben transportiert wohin man auch will.
D: *Ist es physisch?*
G: Ja, wenn wir es wollen.
D: *Hat euch jemand gesagt, wohin ihr gehen sollt?*
G: Unser Vater sagt uns, wohin wir gehen sollen.
D: *Wie nimmst du deinen Vater wahr?*
G: Weise, Weisheit.
D: *Ist er eine physische Person? (ja) Wie kommuniziert er mit dir?*
G: Es ist lange her. Er gibt Unterricht.

Das war alles, was ich über den Vater erfahren konnte. Er war sehr aufgebracht und sein Hauptziel war es, seine Schwester zu finden. Er weinte, als er über sie sprach und sagte: „Ich muss meine Schwester finden, das ist, was ich möchte. Ich muss sie finden. Sie ist ein Teil von mir."

Das schien nirgendwohin zu gehen, und ich war verwirrter als je zuvor. Also beschloss ich, George weiter in der Zeit voranzubringen, um zu sehen, ob er sie gefunden hat.

G: Sie ist bei unserem Vater. Die Leute aus der anderen Welt nahmen sie mit zurück. Vielleicht wollten sie, dass ich alleine aufwachse.

D: *Vielleicht wollten sie, dass du dich nicht so sehr auf sie verlässt?*
G: Ja, nur ich habe nicht dieselbe Kraft (sehr emotional) wenn wir nicht zusammen sind.
D: *Und sie wollten dich trennen, um zu sehen, ob du es alleine schaffen kannst?*
G: Wahrscheinlich ist das richtig, aber (emotional) ich vermute, dass sie auch die Kraft nicht mochten, die wir gemeinsam haben, wenn wir zusammen sind.
D: *Aber du hast schöne perfekte Dinge geschaffen.*
G: Ja, das haben wir getan. Sie mochten es nicht. Die Dinge waren zu simpel und zu gut. Kein Unterricht ohne Prüfungen. (emotional) Wir wussten schon alles.
D: *Sie wollten, dass es schwieriger wird? (ja, ja)*

Erst als ich die ausgewählten Sitzungen in Kapitel eingeteilt hatte, erkannte ich die Ähnlichkeit zu der Sitzung mit Jerry. Sie schienen beide Schöpferwesen zu sein. Jerry sagte, dass es mehr Spaß machte, mit jemandem zu erschaffen, normalerweise in einer Gruppe. George erschafft gern zusammen mit seiner Schwester. Als sie getrennt wurden, war das Erschaffen nicht so effektiv. Aber wie gesagt, es war zu einfach geworden. Es gab keine Herausforderungen, keine Lektionen, keine Prüfungen. Ich brachte ihn dann weiter, an einen wichtigen Tag.

G: Ähm ich werde älter. Scheinbar auch klüger. Und es gibt einen Umbruch.
D: *Bist du an diesem schönen Ort geblieben?*
G: Ich habe ihn verlassen. Hier war ich ein Lehrer. Ich habe langes Haar. Ich trage immer noch die gleichen Roben oder Kleider und einen Bart.

Als ich George nach vorne bewegte, begann er offensichtlich ein anderes Leben.

G: Ich kann nicht verletzt werden. Das kann nicht passieren.
D: *Du bist beschützt, meinst du? Aber du hast keine schöneren Orte mehr geschaffen?*
G: Ich bin nur hier, um Informationen mit diesen Leuten zu teilen. Das war mein nächster Auftrag.

D: Du sagst, es gab einen Umbruch. Was hast du damit gemeint?
G: Es gibt ihn immer noch. Die Leute versuchen wirklich, ihr Leben in Ordnung zu bekommen. Und ich bin hier, um sie zu beraten, wenn sie wollen. Ich bin eine eigenartige Person.
D: Warum?
G: Weil sie wissen, dass ich da bin und sie wissen, dass ich nicht verletzt werden kann. Sie wissen, dass es wichtig ist. Sie sind physisch, aber ... das ist interessant. Ah! (eine Offenbarung) Ich sitze an einer Oase in der Nähe einer Stadt. Da ist Wasser, da sind grüne Bäume, eine Art Wüste. Und die Leute aus der Stadt kommen und sprechen mit mir. Ich bin ganz alleine. Absolut ganz für mich alleine. War ich schon immer.
D: Was meinst du damit, dass sie physisch sind? Du sagtest, dass es interessant sei.
G: Ja, mit Ecken und Kanten.
D: Anders als du?
G: Oh ja, eine junge Rasse.
D: Ist das auf derselben Welt, in der du vorher warst?
G: Eine andere, es macht irgendwie Spaß. Ich werde alt, sehr alt. Mir kann nichts passieren, ich kann nicht verletzt werden.
D: Aber wenn du physisch bist, könnte dir doch etwas passieren?
G: Mir kann nichts passieren.
D: Ich denke an das Ende deines Lebens.
G: Wenn ich will. Wenn ich dazu bereit bin.
D: Aber jetzt erledigst du eine andere Art Auftrag als sonst mit deiner Schwester zusammen?
G: Ja, ich war damals jung. Das hat Spaß gemacht. Das ist ein Kinderspiel hier, sehr einfach.
D: Aber es ist nicht die Kraft, die ihr gemeinsam habt, wenn ihr zusammen seid.
G: Das stimmt. Mir tut sie auch sehr leid.

Dann brachte ich George an den letzten Tag seines Lebens, damit wir herausfinden, was mit ihm geschieht.

G: Ich sitze auf einem Stuhl und schaue mich um. Es ist an Zeit zu gehen. Ich habe meine Arbeit hier für diese Zeit erledigt. Ich bin fertig mit allem, weswegen ich hierhergekommen bin. Ich muss

jetzt gehen. Ich sitze auf diesem Stuhl und warte darauf zu gehen.
Meinen Zettel habe ich abgearbeitet.
D: Was passiert wenn du gehst?
G: (Materie) Ich gehe.
D: Was passiert mit deinem Körper?
G: Er bleibt, ich lasse ihn einfach da und fließe heraus.
D: Was siehst du wenn du den Körper verlässt?
G: Ähmmm nun es ist, als sehe ich mir ein Bühnenstück an. Als würde ich auf ein Filmstudio schauen oder so.
D: Was du verlässt ist wie ein Bühnenstück?
G: Ja, ich bin darüber. Ich schaue nach unten und da sitzt dieser Körper auf diesem Stuhl. Und ich drehe mich um und er ist weg.
D: Wie sieht es aus, wohin du gehst?
G: Eine Leere, eine lange Leere. Ich schwebe durch die Leere. Ich bin wieder bei mir.
D: Weißt du, wohin du gehst?
G: Nein, ich schwebe einfach dahin.
D: Ist jemand bei dir, der dir hilft, dahin zu gehen, wohin du sollst?
G: Nein, ich weiß wohin ich gehen soll.
D: Dann lass uns gehen, durch die Leere. Bis du den Ort erreichst, an den du hin sollst. Wie sieht dieser Ort aus?
G: Er ist immens. Er ist riesig, einfach riesig.
D: Was siehst du?
G: Alles...unbeschreiblich, riesig, gigantisch.
D: Gibt es etwas, das du erkennen kannst?
G: Alles! Ich war schon einmal hier. (Ein Ausstoß der Freude.) Alle Arten von Entscheidungen, Richtungen, alle möglichen Optionen. Sogar einige alte Freunde, alte Seelen. (freudig) Weißt du? Man kann die alten Seelen sehen und die jungen Fragmente der neuen Seelen. Man kann die jungen Seelen fast riechen. Sie riechen anders. Sie riechen „witzig". Anders wie bei reifen Seelen.
D: Warum riechen sie und die anderen nicht?
G: Weil sie es wahrscheinlich nicht besser wissen. Sie fangen gerade erst an. Man kann wirklich erkennen, welche jung oder älter sind, die erfahreneren Seelen.
D: Also haben die Erfahreneren keinen Geruch?
G: Ja, obendrein ist es seltsam, weil es hier kein Alter gibt. Der Unterschied liegt jedoch im Geruch. Es ist irgendwie sinnlos,

gleichwohl es ist irgendwie komisch. Auf alle Fälle ist es eine Möglichkeit, sie voneinander zu unterscheiden.

In meinem Buch „Zwischen Tod und Leben" wurde mir berichtet, dass es im Geistesbereich viele verschiedene Ebenen gibt. Wenn der Geist den Körper verlässt, kehren sie zu der Ebene zurück, auf der sie sich am wohlsten fühlen. Das Niveau, mit dem sie vibrieren. Sie können nicht zu höheren Ebenen gehen, bis sie soweit sind. Die Frequenz oder Schwingung wirkt als Barriere und sie können nur das Niveau erreichen, das sie durch Erfahrung erreicht haben. Es wurde mir so erklärt, dass man vom Kindergarten nicht direkt zur Hochschule gehen kann. Die fortgeschritteneren Seelen, oder wie George sie nannte „die erfahrenen Seelen", können sofort die höheren Stufen erreichen. Sie können in die niedrigeren Stufen gehen, wenn nötig, aber die „jungen" können nicht zu den höheren Stufen gelangen, bis sie diese Frequenz, Schwingung oder Reife erreicht haben. Anscheinend musste George diese niedrigeren Ebenen auf seiner Reise zu der Ebene durchlaufen, zu der er gehörte oder mit der er schwang.

D: *Gibt es einen bestimmten Ort, an den du gehen musst?*
G: Ja, sicher. Ich werde einchecken.
D: *Wie machst du das?*
G: Eine gute Frage.
D: *Weil du gesagt hast, dass es so groß ist.*
G: Ich habe einen Schlüssel, wie ein Bügeleisen, das in eine Art Schlitz passt. Ich muss dorthin gehen. (murmeln) Ich bin jetzt leichter. Ich gewöhne mich gerade daran, wieder leicht zu sein. Und ich finde den Schlitz. (Pause) Oh, je! Ich musste herausfinden, wie ich wieder hierher komme. (Eine Reihe von murmelnden Klängen.)
D: *Haben sie dich dorthin gebracht, um dir zu zeigen, wohin du gehen sollst?*
G: Ich will nicht, dass sie es tun.
D: *Du kannst um Hilfe bitten, weißt du das?*
G: Sie wissen nicht, wie man dorthin kommt. (Pause) Ich weiß wo es ist. Ich muss höher und tiefer gehen. Unterschiedliche Schichten, Ebenen, jede anders. Und du kommst auf der unteren Ebene an. Keine jungen Seelen, je höher du gehst. Leute nicken

mir zu, sie kennen mich. Sie lächeln nicht, sie nicken, aber sie wissen, dass etwas los ist.

All das hat sehr lange gedauert, also beschloss ich, diesen Vorgang zu beschleunigen.

D: *Lass uns zu diesem Zeitpunkt vorangehen, wenn du da bist. Du kannst es jetzt sehr schnell finden, während du dich in diese verschiedenen Ebenen begibst. Was passiert gerade?*
G: Oh, je! Es ist echtes Licht, gleißend hell. Es ist absolut großartig. Absolut prachtvoll.
D: *Gibt es noch andere Leute?*
G: Andere, ja und alles ist gleißend hell. Sie sind wirklich hell. Sie haben sich für mich versammelt. Eine große Sache. Es gibt vielleicht zwölf, vierundzwanzig, achtundvierzig ... Ha! Sechsundneunzig, sie kennen jeden ... Ich bin der Letzte, der von dieser Gruppe zurückkommt. Sie sind alle hier versammelt. Da ist meine Schwester. Sie ist da. Ich habe sie gefunden. Diese Gruppe ist alt. Es endet ... Ich bin der Letzte, der zurückkommt.
D: *Was endet?*
G: (schwerer Seufzer) Du weißt ... das ist der Rat. Genau das ist es. Ich bin die sechsundneunzigste Person. Wir müssen besprechen, was los ist. Das erste Mal, dass alle wieder da sind. Und es gibt einen Grund.
D: *Was ist der Grund?*
G: Das werden wir herausfinden. Ich muss höher und tiefer gehen. Von diesen sechsundneunzig Personen gibt es Acht, die wie ein Rat sind. Sie besprechen und sehen sich etwas an.
D: *Die Acht sind getrennt von den Sechsundneunzig?*
G: Sie sind Teil von den Sechsundneunzig.
D: *Und was machen sie?*
G: Sie sprechen über etwas. Wo ich gerade hergekommen bin, woher sie gerade gekommen sind. Einfach alles, was jeder der Sechsundneunzig gemacht hat.
D: *Was wirst du tun, nachdem du es besprochen hast?*
G: Wir nehmen die Anpassungen vor. Wo wir waren, was wir gesehen haben und was wir tun werden.
D: *Warum musst du das tun?*

G: Weil das Teil des Spiels ist. Das ist ein Teil dessen, worum es geht. Muster eins, Muster zwei, Muster drei, Muster vier. Es ist keine Hierarchie, aber was hier gemacht wird, dringt durch diese Acht und diese Sechsundneunzig. Und auch dort, wo diese jungen Seelen sind. Nach unten, wenn man durch dieses Loch wie auf einer Rutsche rutscht, in eine andere Welt. Es kann eine Menge von verschiedenen Orten sein. Heiliger Bimbam!

D: *Aber wenn sie diese „Optimierungen" und Änderungen vornehmen, wirkt sich das nicht auf die Dinge aus?*

G: Das soll es.

D: *Auf der physischen Welt?*

G: Du hast es verstanden.

D: *Warum werden diese Dinge vorgenommen? Ist es um die bereits vorhandenen Muster zu verändern?*

G: Es ist eine Notwendigkeit um die Seelen zu optimieren. Wenn man die Seelen optimiert, dann haben sie auch alle anderen Dinge, erledigt. Sie müssen nicht mehr all die anderen Situationen optimieren, sondern die Seelen.

D: *Das sich die Seelen ändern, meinst du?*

G: Ja, sie zu optimieren. Sie verändern sie nicht per se, die Seelen verändern sich selbst. Sie optimieren sich quasi selbst. Verstehst du was das bedeutet?

D: *Wie funktioniert das?*

G: Weißt du, es ist wirklich ziemlich einfach. Wenn die Seelen nach innen schauen und sehen, was sich mit ein wenig Anleitung entfaltet, können sie folglich selbst die Einstellungen vornehmen. Und wenn nicht, kehren sie nicht dorthin zurück. Das ist interessant. Weißt du? Diese acht ... sie sind nicht einmal Seelen, wenn du da oben bist. Das ist echt kurios. Es ist anders. Wenn sie dort sind, haben sie keine Verpflichtung. Wenn sie die Dimensionen nach unten gehen, haben sie eine Verpflichtung. Wenn sie mit diesen Acht zusammen sind, besteht keine Verpflichtung.

D: *Sie haben alles erledigt, wenn sie dorthin gehen.*

G: Richtig, aber wenn sie nach unten gehen, dann ist die Verpflichtung der Anpassung dabei. Ha! Verrückt!

D: *Sie versuchen also, die Menschen zu beeinflussen, ich wusste gar nicht, dass sie eingreifen dürfen.*

G: Es stört nicht. Es ist die Verpflichtung. Die Seele weiß, wie sie älter wird, sie hat eine Verpflichtung, die sie einhält um zu wachsen. Es wären ansonsten keine Seelen. Sie würden keinen Unterricht brauchen. Warum sollten sie es dann tun? Sie wissen, dass es eine Verpflichtung gibt. Und sie passen das an.

D: Ist das möglich?

G: Du entscheidest.

D: *Warum solltest du dann auf die Erde in diese Dichte gehen, wenn du keine Verpflichtung oder Karma hättest?*

G: Es ist der Spaß. Keine Verpflichtung.

D: *Wenn du dann also den Punkt erreicht hast, an dem du keine Verpflichtung mehr hast, musst du nicht wieder auf den physischen Planeten Erde zurückkehren. Warum bist du dann im Körper von George zurückgekehrt?*

G: Damit ich mit meiner Schwester das abschließen kann, was wir vor langer Zeit nicht abschließen konnten. Das ist der eine Teil. Es ist kein Karma. Es ist keine Verpflichtung.

D: *Was hast du damals noch nicht abgeschlossen?*

G: Ich denke die Vereinigung. Wir haben die Vereinigung von uns beiden noch nicht abgeschlossen.

D: *Obwohl ihr sehr lange zusammen wart?*

G: Ja, haben wir nicht ... diese Sehnsucht ist immer noch in meiner Seele.

Ich gab Anweisungen, um Georges Unterbewusstsein hervorzubringen, damit wir vielleicht Antworten auf einige dieser Informationen bekommen konnten.

D: *George hätten viele verschiedene Lebenszeiten gezeigt werden können. Warum hast du dich entschieden, ihm dieses Leben zu zeigen? Was willst du ihm damit sagen?*

G: Demut! Absolute Demut.

D: *Muss er das lernen?*

G: Er weiß es. Er hat Demut gelernt.

D: *Warum muss es ihm jetzt gezeigt werden?*

G: Weil es um die Gruppe der Acht geht. Sie vergessen manchmal die Demut. Sie verlieren diesen Aspekt manchmal. Weil es nicht auf der Ebene existiert, wo sie sich befinden.

D: *Sie haben keine Verpflichtungen.*

G: Und es ist die Demut, die wichtig ist, für das was hier vorgeht.
D: Warum muss George das jetzt in seinem Leben wissen? (Pause) Denn im Moment sorgen wir uns um dieses physische Leben.
G: Vielleicht weiß er es nicht.
D: Er sagte, es fehlt ein Stück.
G:Ja, er weiß es nicht. Das ist verrückt, aber ... die Schwestersache. Es ist alles ein Teil davon.
D:Versuche es ihm einfach zu erklären, auch wenn es verrückt klingt.

Ich hatte einen Verdacht, was die verlorene Schwester angeht. Es ist keine körperliche Person, sondern die weibliche Seite von George. Aber ich wollte sehen, was das Unterbewusstsein dazu sagt. Das Unterbewusstsein sprach langsam und bedächtig: „Es ist die Weiblichkeit, die sein Leben, sein Wohlbefinden, seine Demut verbessern wird. Einmal war er vollständig. Er war sowohl weiblich als auch männlich. So konnte er wundervolle Dinge erschaffen."

Ich fragte, wie George den weiblichen Teil von sich selbst finden kann. Sein Unterbewusstsein sagte, er müsse lernen, weiblicher und sanfter zu sein. Das wäre nicht einfach, weil George definitiv sehr männlich ist und dies nicht zu seiner normalen Persönlichkeit gehört. Und auch Demut gehörte nicht dazu.

Das Unterbewusstsein bestand jedoch darauf, dass George den weiblichen Teil von sich selbst herausholen muss, indem er lernt, weicher zu sein und nicht so streng, um die sanfte Seite seines Wesens herauskommen zu lassen. Ich fragte dann nach seinen gesundheitlichen Problemen. Ich habe dieselbe Antwort erhalten, die ich schon oft bekommen habe. Wenn ein Wesen, einer dieser höheren Wesenheiten, in den anderen Ebenen gewesen ist und aus verschiedenen Gründen auf die Erde gekommen ist, kann es ihnen nicht erlaubt werden, vollkommen zu sein. Sie müssen zur Allgemeinheit passen. Eine Möglichkeit besteht darin, ihnen eine Art von Defekt mitzugeben, damit sie nicht auffallen. George hatte einen steifen Nacken und eine eingeschränkte Flexibilität in seiner Wirbelsäule. „Er brauchte, die Erscheinung eines Menschen." Das Unterbewusstsein erlaubte ihm, dass ein Unbehagen als Erinnerung bestehen blieb, weil er aus einem bestimmten Grund auf die Erde gekommen ist: „Da dieser Teil des Körpers das Nervensystem ist. Das ist das Kontrollzentrum. Wenn man kein Nervensystem hat, dann hast du keinen Lebensfunken in dir."

* * *

George hatte noch ein paar Fragen. Eine betraf einen Vorfall im Jahr 1972, als er die Treppe hinunterfiel und sich den Schädel brach. Dieser Unfall war so schwer, dass er fast daran gestorben wäre. Er wollte mehr darüber erfahren, was damals geschah.

G: Wir wollten ihm sagen, dass er sich ändern muss. Er war in einer Sackgasse.
D: *Das hat sein Leben wirklich verändert, denn er sagte, er wäre fast gestorben.*
G: Er war tot.
D: *(überrascht) War er? (ja) Was kannst du ihm über diese Zeit erzählen?*
G: Er war tot. Ein Teil von ihm kam zurück. Ein Teil eines anderen kam zurück. Zwei kamen zurück.
D: *Kannst du es besser erklären, damit wir es verstehen können?*
G: (tiefer Seufzer) Zwei kamen zurück. Er kam zurück und ein anderer Teil von ihm auch. Er ist immer noch er selbst, nur ein weiterer Aspekt oder Komponente von ihm kam dazu.
D: *Warum musste dieser Teil zurückkommen?*
G: Dieser Teil wollte es selbst. Das war eine gute Gelegenheit. Eine gute Zeit. Ein guter Platz. Das war der Teil, der ihn in die Richtung führte, in die er gehen sollte. Es musste eine Veränderung geben. Auf keinen Fall konnte er so weitermachen, wie er war. Er brauchte Hilfe von diesem anderen Teil von ihm. Dieser andere Teil hatte die Gelegenheit hereinzukommen und er kam herein.
D: *Unterscheidet sich das von einem Walk-In?*
G: Es ist anders. Dies ist die gleiche Seele, aber ein anderer Aspekt oder Fragment der gleichen Seele.
D: *Du sagst auch, dass ihm dieser weibliche Aspekt fehlt.*
G: Das war nie Bestandteil von jenem Teil, der hereingekommen ist. Es ist seit Jahren und Jahrzehnten nicht bei ihm. Jahrhunderte, Monde und Jahrtausende. Diesen Teil hat er immer vermisst. Es wird langsam wieder zu ihm kommen.

George hatte ein weiteres traumatisches Erlebnis, als er 1998 nach einer Ägypten-Tour nach Hause kam. Es gab Schwierigkeiten, ihn wieder in die Staaten zurückzubringen, weil er sich faktisch wie ein laufender Zombie verhielt und kaum noch Kontrolle über seinen Körper hatte. Zuhause dauerte es viele Wochen, bis er in seinen Normalzustand zurückgekehrt war.

D: Was ist damals passiert?
G: Er wollte gehen. Er wollte zurück zu seiner Gruppe, die Acht.
D: Ist in Ägypten etwas passiert, was das auslöste?
G: Es scheint, dass dieser Teil der Welt sehr viele Probleme hat. Und er wollte zurück auf die andere Seite, zur Geistesseite, um bei der Optimierung zu helfen und bei den Anpassungen in diesem Teil der Welt. Aber das hat er nicht ... und schau, was seitdem passiert ist. Das ganze Chaos dort drüben.
D: Und er glaubte, er könnte es nicht aus physischer Sicht tun?
G: Konnte er nicht. Er war nicht in der Position das zu tun.
D: Aber er dachte von der anderen Seite könnte er einen Unterschied machen?
G: Ja, er wollte zurückgehen. Er lag im Sterben. Er war schon gegangen. Nur die Hülle war noch da.
D: Was ist dann passiert? Wurde ihm gesagt, dass er nicht gehen kann?
G: Können sie nicht ... sie sagen ihm nichts. Er soll es einfach beenden. Der andere Teil muss warten. Aber schau, was passiert ist. Dort ist es jetzt verrückt.
D: Also entschied er sich damals, zurückzukommen und die Arbeit zu beenden.
G: Er ist gegangen. Er muss diesmal seinen Job erledigen.
D: Andernfalls müsste er zurückkehren, wenn er nicht seinen Job auf der Erde beendet.
G: Müsste er, ja.
D: Er ist Karma und Verpflichtung eingegangen. (ja) Die Idee war also, wieder in seinen Körper zu kommen, damit er seine Arbeit beenden kann.
G: Er kam hierher zurück. Das können nur die aus seiner Gruppe. Die Acht.

D: *Es zeigt, dass wir nicht immer wissen, was mit unserem physischen Körper passiert, oder?*
G: Das stimmt leider.
D: *Es gibt immer andere Teile von uns, von denen wir nichts wissen.*
G: Das stimmt.
D: *Aber zum Glück gibt es andere auf der anderen Seite, die sich um die Dinge kümmern und uns helfen.*
G: Sie sind Führer. Sie sind hier. Sie kichern übrigens ein bisschen über all das. Sie sagen: „Alles das versuche ich dir manchmal zu sagen, während des Tages und in der Nacht. Und du hörst nicht zu." Einer seiner Führer hat mit seinem weiblichen Aspekt zu tun.
D: *Hast du etwas, was du George erzählen möchtest? Eine Nachricht oder einen Rat an ihn?*
G: Dieselbe Botschaft, die sie ihm immer geben. Frag uns einfach, wenn du unsere Hilfe benötigst. Wir sind immer da, um zu helfen. Du musst fragen. Wir können uns nicht einmischen. Sie wollen auch sagen: Es ist kurios, was sie sagen. Während ich am Leben blieb, war es wirklich interessant. Ich frage mich, warum das so ist? (Gemurmel)
D: *Was meinst du damit?*
G: Wenn ich zuhöre, ist alles in Ordnung. Wenn ich nicht zuhöre, sind die Dinge nicht so gut. Vielen Dank, George, wir alle lieben dich.
D: *Wofür danken sie ihm?*
G: Weil er so ist wie er ist. Er hat einen Job zu erledigen.

* * *

Andere Beweise dafür, dass mehr Teile von uns gleichzeitig existieren und miteinander wechseln, fanden sich 2001 in Memphis in zwei separaten Sitzungen. Beide Frauen kannten sich und hatten an der Entwicklung eines Heilungszentrums gearbeitet. Es war ein ehrgeiziges Projekt, das viel Detailplanung erforderte. Sie wussten nicht, wie sie es schaffen würden, aber sie hatten einen Traum und wollten es durchziehen.

Die erste Frau, die ich „Mary" nennen werde, ging nicht in ein früheres Leben, obwohl wir nach Antworten auf Probleme in diesem Leben suchten. Sie ging sofort auf die Geistesseite, den Ort, den wir normalerweise nur zwischen den Leben besuchen, oder dem sogenannten „toten" Zustand. Sie wurde begrüßt und in einen großen Raum geführt, in dem viele Geisteswesen an einem Tisch saßen. Sie erkannten sie sofort und eine männliche Energie sagte zu ihr: „Gut, du bist endlich hier. Wir haben auf dich gewartet." Anstatt sich mit ihren Gründen für die Sitzung zu befassen (diese wurden später behandelt), sprachen und diskutierten sie über ihr Projekt: den Bau und die Schaffung eines großen Heilungszentrums. Sie erklärten, wie das Zentrum gebaut werden sollte, wo das Land liegen würde und wo die Mittel für das Projekt herkommen sollten. Es sollte noch grandioser sein dieses Zentrum, als Mary es sich vorgestellt hat und sie es mir auch beschrieben hatte. Sie sagten ihr jedoch, dass das größere Projekt im Endergebnis effektiver sein würde. Sie wurde mit vielen Details über das Design und dergleichen versorgt. Die männliche Energie, die sich schließlich als höheres Fragment Marias identifizierte, hatte keine Lust zu inkarnieren. Er beschloss, auf der geistigen Seite zu bleiben, um ihren Fortschritt zu lenken. Er ist immer als Mitglied dieses beratenden Ausschusses dabei gewesen und wollte es auch bleiben. Aber er ist auch ein Teil von ihr, obwohl sie sich dessen nicht bewusst war.

In meiner Arbeit trat in den letzten Jahren immer mehr zutage, dass es Teile von uns gibt, die zur gleichen Zeit existieren, unterschiedliche Arbeiten verrichten und unterschiedliche Leben führen. Wir sind uns dessen nicht bewusst, weil dies für unser Bewusstsein zu verwirrend wäre. Wir konzentrieren uns weiterhin auf die Ereignisse unseres Alltags, ohne das Wissen über das Gesamtbild.

Die zweite Frau, die ich „June" nennen werde, war am selben Tag meine zweite Klientin. Die beiden Frauen hatten keine Gelegenheit gehabt, miteinander zu sprechen. Auch wenn June in unserem Interview ernsthafte Probleme ansprach, die sie behandelt haben wollte, als sie in tiefe Trance fiel, ging auch sie nicht in ein früheres Leben, sondern wurde sofort in den Sitzungssaal gebracht. Wieder saßen viele Geisteswesen an einem Tisch und warteten auf sie. Sie wurde von einer weiblichen Energie angesprochen, die ihr Anweisungen zu ihrer Beteiligung an Marys Bau des Heilungszentrums gab. Sie erklärten, dass es Realität werden wird, weil es bereits auf der Geistesseite geschaffen worden ist und nur darauf wartete, in die physische Welt gebracht zu werden. Sie erklärten, dass wir auf diese Weise unsere Realitäten auf der Erde schaffen. Wir müssen zuerst einen Traum haben, den Wunsch, etwas Wirklichkeit werden zu lassen. Wir müssen die Endergebnisse anschaulich sehen und mit vielen Details ausstatten. Dann wird es auf der ätherischen Seite zu einer Schöpfung. Es muss dann in unsere physische Realität eintreten und fest werden, denn dies ist ein Gesetz des Universums.

Deshalb müssen die Menschen sehr sorgfältig sein, was sie schaffen wollen. Auf der Geistesseite ist es augenblicklich und wartet nur auf den richtigen Zeitpunkt, um Wirklichkeit zu werden. Gedanken sind sehr mächtig. Gedanken können kreieren. Die Überraschung war natürlich, dass das Zentrum, das sich beide Frauen vorstellten, in einem kleineren Maßstab war, als das, was ihnen beschrieben worden ist. Offensichtlich kann der Teil, der für immer auf der anderen Seite bleibt, auch verschönern und kreieren, wenn das Projekt vom bewussten physischen Wesen initiiert worden ist. Das Projekt geht jetzt in die nächste Phase über. Die beiden Frauen erhielten alle Informationen, die sie brauchten. Wenn es in unserer Dimension nicht konkret und fest wird, kann dies daran liegen, dass es ihnen an Glauben fehlt, um ihrem Traum zu folgen. Dies ist schließlich ein Planet des freien Willens.

Dies zeigt, dass es einen anderen Teil von uns gibt, der auf der geistigen Seite bleibt und dabei hilft, die Show, das Schauspiel zu leiten. Können wir es unseren Schutzengel nennen, unseren Führer? Ich bin der Meinung, dass ist eine separate Angelegenheit, aber dies soll jetzt offen zur Debatte sein. Ich glaube, dieser andere Teil kann eher als unser höheres Selbst beschrieben werden. Es ist interessant, dass jedes Mal wenn ich mit dem, was ich als "Unterbewusstsein" bezeichne, Kontakt aufnehme, es nicht als separate Einheit oder als Teil der Person erscheint. Es sagt immer, dass „wir" dies tun oder dies vorschlagen, als wäre es eine Gruppe und keine Einzelperson. Es bezieht sich immer auf den Klienten in der dritten Person: „Er" oder „Sie" sollte die vorgeschlagenen Dinge tun, als sei die physische Einheit von der Gruppe getrennt, zumindest für die Zeit, in der sie sich auf der physischen Dimension befindet. Wenn die physische Persönlichkeit die Todeserfahrung durchläuft und zur spirituellen Seite reist, ändert sich stets der Standpunkt. Es ist sich sofort bewusst, dass „nach Hause" zu kommen erkennt, dass das physische Leben nur ein Spiel, eine Schule war, von der aus man Lektionen lernt. Die andere Seite ist für sie realer, sie erhalten mehr Antworten und wenn sie bereit sind, werden sie wieder Mitglied der Gruppe, was ihnen große Freude bereitet.

Zumindest zeigt meine Arbeit, dass es einen höheren Teil von uns gibt, der sich des größeren Ganzen bewusst wird. Wenn wir uns dessen bewusst sind, können wir dieses Wissen nutzen, um unsere Realität in diesem Leben umfassender zu gestalten. Wir wissen jetzt, dass wir direkt mit diesem Teil von uns kommunizieren können. Es hört zu und wünscht, uns zu helfen. Ist das wirklich etwas anderes als die Kommunikation mit unserem Konzept von Gott? Vielleicht ist Gott nicht völlig getrennt, sondern ein Teil von uns allen und als solcher viel zugänglicher.

Abschnitt 8

DAS TIEFE ENDE VERLASSEN

KAPITEL 27

DER TRÄUMER TRÄUMT DEN TRAUM

Diese Sitzung fand im Februar 2002 statt, während einer Woche privater Sitzungen in einem Motel in Eureka Springs, Arkansas. Charles, ein Krankenpfleger, der in einem Krankenhaus der nahe gelegenen Stadt arbeitet, hatte körperliche Probleme, die mit seinem Übergewicht zusammenhingen. Dies war sein Hauptanliegen. Natürlich beschäftigte sich eine der Fragen, die er stellen wollte, zudem mit dem Zweck seines Lebens. Das ist eine der häufigsten Fragen, auf die die Klienten eine Antwort möchten, wenn sie zu mir kommen. Vor ein paar Jahren hatte USA Today eine Umfrage durchgeführt, eine Umfrage im „Mainstream-Bereich", und nicht nur an Metaphysik-Interessierte. Die Personen wurden gefragt: „Wenn sie Zugang zu einer obersten Macht hätten, welche Frage würden sie stellen?" Die Umfrage ergab, dass die häufigste Frage lautet: „Warum bin ich hier? Was soll ich mit meinem Leben machen?" Also hat fast jeder die gleichen Gedanken in dieser Hinsicht.

Während der Sitzung durchlebte Charles zwei vergangene Leben, in denen er einige der aktuellen Probleme in seinem Leben erläuterte. Das erste war als römischer Soldat in der Armee von Alexander dem Großen, als dieser in Ägypten einmarschierte und Kairo übernahm. Durch eine geheime Tür gelangten die Besatzer in die Große Pyramide, um nach Schätzen zu suchen. Sie fanden heraus, dass es nichts gab. Sie gingen davon aus, dass man es vorsorglich weggenommen und an anderer Stelle versteckt hätte, falls dort etwas gewesen wäre. Ich fand das interessant, weil es zeigt, dass die Pyramiden schon vor langer Zeit mit Schätzen in Verbindung gebracht wurden. Alles Wichtige ist schon vor der Neuzeit beseitigt worden. Er gehörte mehrere Jahre zur Besatzung. Er ertrank während eines Sturms auf See, als er das Mittelmeer auf seinem Weg nach Rom überquerte.

Das zweite Leben war interessant, lieferte aber nicht so viele Informationen, wie ich gehofft hatte. Er war ein Mann, der das geheime Wissen in Tibet, Himalaya, studierte. Er blieb mehrere Jahre dort und sammelte so viele Informationen von den Meistern wie möglich. Danach kehrte er nach Frankreich zurück, wo er mit der Geheimorganisation, zu der er gehörte, teilte, was er gefunden hatte. Es hörte sich an wie die Freimaurer, aber er sagte, der Orden sei noch älter. Sie agierten hinter den Kulissen der Regierungen, auch wenn es zur Zeit der Renaissance war. Die Menschen wurden sehr unterdrückt, und als er der Chef des Ordens wurde, wollte er die einfachen Leute unterrichten, damit sie ein besseres Leben führen können. Dies war der ursprüngliche Zweck dieses Ordens, das Leben für die Menschen zu verbessern. Im Laufe der Zeit wurde daraus eine negative Organisation, die von der Gier und Menschen, die nach Macht strebten, vereinnahmt worden ist. Er wurde über 100 Jahre alt und teilte sein Wissen mit anderen. Nachdem er in diesem Leben verstorben war, bat ich die andere Persönlichkeit zu gehen, integrierte Charles Persönlichkeit zurück in den Körper und rief das Unterbewusstsein dazu auf, Charles Fragen zu beantworten. Diesmal wurde das Unterbewusstsein argumentativ, was ungewöhnlich ist. Normalerweise ist es sehr kooperativ.

D: *Darf ich mit Charles Unterbewusstsein sprechen?*
C: Du meinst dem träumenden Teil?
D: *(Ich war verwirrt.) Der träumende Teil? Welcher Teil bist du?*
C: Überseele, denke ich, würdest du sagen. Es gehört auch dir. Wir sind!
D: *Aber du bist getrennt vom Bewusstsein der Person.*
C: Natürlich nicht, nein, nein.
D: *Der Teil, mit dem ich normalerweise spreche, hat die Antworten auf das Physische und ist normalerweise das Unterbewusstsein. Du nennst das den träumenden Teil? Was bedeutet das?*

C: Im Moment träumst du. Im Moment bist du der Träumer. Aber zurück zu uns für das „Ich, Wir, Alle". Wie ein Kunststoff in eine Form extrudieren, um ein Beispiel zu verwenden, das du vielleicht kennst. Und das ist Dolores. Das ist aber kein Plastik. Es ist ein flüssiges Medium, das zu härten scheint. Aber das ist nur zur rechten Zeit. Und dann fließt es in sein Original zurück. Und dann wird es wieder in eine Form extrudiert.

Wörterbuchdefinition für extrudieren: „drücken oder herausdrücken, wie durch eine kleine Öffnung."

C: Und diese Form könnte den Namen „Dolores" haben. Du fließt jeden Moment zwischen dieser Form und einer anderen Form und bewohnst verschiedene formlose Teile, die „wir" sind. Du weißt das. Ja, das weißt du.
D: *Dies sind Konzepte, die für unseren menschlichen Verstand schwer nachvollziehbar sind.*
C: Aber du sprichst jetzt nicht mit einem menschlichen Geist, also brauchst du dir keine Sorgen zu machen.
D: *Nun, ich denke ich bin.*
C: Oh, ein Teil von dir ja.

Das war sehr verwirrend. Ich bin es nicht gewohnt, mit einem so widersprüchlichen Teil der Person zu sprechen. Ich beschloss, die Fragen wieder auf das zu lenken, was Charles herausfinden wollte, in der Hoffnung, dass ich seine Zusammenarbeit gewinnen kann.

D: *Was hat Charles in seinem gegenwärtigen Leben vor?*
C: Den Traum ändern.
D: *Was meinst du damit?*
C: Der Träumer träumt den Traum. Er kann den Traum verändern. Erfülle den Traum.
D: *Wer ist der Träumer, der den Traum träumt?*
C: Derjenige, der den Traum in dieser Realität träumt.
D: *Und du denkst, dass der Traum geändert werden soll?*
C: Es ist soweit. Genau wie es vorher war.
D: *Mit dem Träumer meinst du das Kollektivbewusstsein oder wie? Ich versuche zu verstehen, was du meinst. Der Träumer, der den Traum träumt.*

C: Es gibt einen Träumer, der diesen Traum träumt. Es gibt nur einen.
D: *Ist das eine Person oder was?*
C: Mehr Bewusstsein. Es ist nicht personifiziert, es ist ... irgendwie ein Bewusstsein. Wir alle träumen den Traum.
D: *Als Teil des Bewusstseins?*
C: Ja, wir alle glauben, dass die Sonne auf- und untergeht. Der Träumer träumt diesen Traum.
D: *In der Realität, in der wir uns befinden, meinst du?*
C: Ja, der Traum von der Realität.
D: *Es wird jedoch real, weil wir alle drin sind. Ist das nicht wahr?*
C: Richtig, aber jeder Einzelne kann auch seinen eigenen Traum träumen. Er träumt davon, ein Geschäftsmann, ein Arzt oder ein Anwalt zu sein. Das ist sein Traum im Traum.
D: *Das ist seine Realität.*
C: Richtig.
D: *Aber der Träumer, der den großen Traum träumt, ist das ein viel größeres Bewusstsein? Ein viel stärkeres Bewusstsein?*
C: Richtig.
D: *Es wäre schwer, es zu ändern, wenn es so groß ist.*
C: Richtig.
D: *Dieses Bewusstsein, der Träumer, der den Traum träumt, ähnelt dies mehr unserer Vorstellung von Gott? (Pause) Oder ist es anders?*
C: Die Sache ist die, Gott ist nicht wirklich ... es gibt nur eine, es ist nur ... der Träumer macht wahr, was alle anderen glauben, ist echt. Der Träumer macht den Stein hart, die Sonne geht auf und unter. Das ist sein Traum. Es sind auch die Träume anderer Menschen, die Dinge in den Träumen tun: Kriege, Streit, Glück, Traurigkeit.
D: *Das sind alles Personen, die diese Teile im anderen Traum erschaffen?*
C: Richtig, richtig.
D: *Aber machen sie das nicht, wenn sie es tun?*
C: Das stimmt, ja.
D: *Genau wie der Träumer, der den Traum träumt, wird diese Wirklichkeit?*
C: Richtig. Es ist der große Traum.
D: *Es schafft immer mehr Realitäten?*
C: Richtig, jedoch ist es immer noch die einzige Realität. Weil es nur eine gibt.

D: *Ich habe gehört, dass wir unsere eigenen Realitäten schaffen können. (ja) Ist damit gemeint, dass ... ich dachte, wenn der Träumer wie ein größeres Bewusstsein wäre?*
C: Richtig.
D: *Mir kommt immer Gott in den Sinn. Vielleicht ist unser Gottesverständnis nicht richtig.*
C: Wir sind Gott, wir sind alle eins.
D: *Das ist richtig. Das habe ich gehört. Aber wenn das Bewusstsein, der Träumer, den Traum geträumt und geschaffen hat, bleibt das was er schafft, oder? Es wird fest und körperlich?*
C: Das stimmt, ja.
D: *Weil ich an einen Träumer denke, der irgendwann aufwacht.*
C: Das ist richtig.
D: *Dann wacht der Träumer schließlich auf?*
C: Das ist richtig.
D: *Was passiert dann?*
C: Was passiert, wenn du schlafen gehst?
D: *Ich meine, was passiert mit dem, was er in seinem Traum geschaffen hat?*
C: Wenn du schlafen gehst, gehst du nicht in eine andere Realität?
D: *Richtig, aber wenn man aufwacht, bleibt diese Realität dann?*
C: Es ist genauso real wie die andere Realität. Es ist eine andere Form des Träumens. Nennst du diese, Realität? Wo bist du jetzt? Ist es ein Traum oder eine Realität?
D: *Nun, wir glauben wir sind in der Realität.*
C: Träumst du nicht hier wie an anderer Stelle?
D: *(lacht) Wir wissen es nicht. Das war schon immer ein Rätsel. Aber der Träumer, der all das geträumt hat, was jetzt passiert, wenn er aufwacht, hört unsere Realität auf zu existieren oder bleibt sie bestehen?*
C: Sie fährt fort.
D: *Weil er dieser Realität das Leben gegeben hat?*
C: Wir haben es allen gegeben.
D: *Und alle anderen Seelen haben ihr Kraft und mehr Schöpfung verliehen. Meinst du das?*
C: Richtig, aber dann kommen sie zum Ganzen zurück. Aber eigentlich sind sie wirklich nie gegangen.

D: *Wir helfen dabei, Realität zu werden, und jeder spielt dabei eine Rolle. (ja) Träumt der Träumer in einem größeren Maßstab jedoch andere Träume?*

C: Wenn die kleineren Träume, mangels eines besseren Wortes, Grund genug haben, um den Traum des großen Träumers zu ändern; dann ändert sich das. Dann macht das Bewusstsein einen Sprung. Einen Sprung nach vorne oder einen Rückfall. Es hängt von dem zeitlichen Ort ab. Zum Beispiel das dunkle Zeitalter, der Träumer veränderte den Traum.

D: *Das ist also ein riesiges Bewusstsein. Es ist mehr als wir verstehen können?*

C: Oh nein, es ist nur ein Träumer.

D: *Der all das geschaffen hat.*

C: Ja, wir sind alle Träumer.

D: *Wir sind alle ein Teil davon. (ja) Weil, ich versuche das zu verstehen.*

C: Nein. Wir können alles verstehen.

D: *Und das ist das Bewusstsein, zu dem wir alle gehören? (ja) Und wir gehen alle wieder dahin zurück.*

C: Ja, es gibt nur eins.

Das klang wie das Konzept, das ich an anderer Stelle in diesem Buch behandelt habe, dass wir alle von der Quelle stammen und von ihr getrennt wurden, um die verschiedenen Aufgaben zu erledigen, die uns zugewiesen sind. Und nicht nur das, auch die vielen Abenteuer und Lektionen die wir auf dem Weg lernen, bevor wir wieder zurückkehren. Diese Kreation durch den Gruppengeist (Kollektiv) ähnelt irgendwie auch der Arbeit von Jerry (Kapitel 25), der mit seiner Gruppe zusammen kreiert. Es könnte das gleiche Konzept sein, nur anders ausgedrückt.

Könnte dies auch Teil dessen sein, was passieren wird, wenn wir in die neue Erde aufsteigen? Das Massenbewusstsein entscheidet, dass es Zeit ist, den Traum zu verschieben (oder zu ändern)?

D: *Die Realität, die wir alle geschaffen haben, bleibt also bestehen. (ja) Weil wir der Realität ihre Festigkeit gegeben haben, eine Form? (ja) Also dann, wenn wir alle wieder gehen, hast du gesagt, machen wir einen Bewusstseinswandel oder ein*

Paradigmenwechsel. (ja) Das ändert den Traum in einen anderen Traum. (ja) Und wenn wir das tun, schaffen wir eine andere Realität, einen anderen Traum zu dieser Zeit.
C: Ja, allerdings nicht so sehr bei der Erstellung, sondern wir träumen einfach weiter.
D: *Den Traum fortsetzen und verändern?*
C: Ja, es wächst wie eine Pflanze.
D: *Ich habe gehört, dass wir uns auf eine Bewusstseinsänderung vorbereiten. Wird das geschehen?* (ja) *Wenn genug Leute den Traum ändern wollen, in dem wir uns jetzt mit den Kriegen und der Negativität befinden?* (ja) *Dann geht es ins nächste Bewusstsein.* (ja) *Ich habe das Gefühl, ich beschreibe es nicht gut, weil ich an den Träumer denke, der Gott ähnlich ist, als Kollektivbewusstsein.*
C: Richtig.
D: *Verlässt dann irgendwann jeder den Traum und geht zurück zum Träumer oder was? Zurück zu dem Bewusstsein, das alles geschaffen hat?*
C: Das ist richtig, ja. Es fängt von vorne an. Noch ein Traum. Es ist ein Zyklus. Wenn du jeden Morgen aufwachst, was passiert mit deinem Traum? Was denkst du? Ist er weg?
D: *Ja, denn wenn du in der nächsten Nacht schlafen gehst, ist das ein anderer Traum. Sehr selten gehst du zurück in denselben Traum.*
C: Richtig.
D: *Aber viele unserer Träume haben keinen Sinn.*
C: Versuche sie zu verstehen. (lachen)
D: *In unserem Alltag gibt es mehr Symbolik als wir denken.*
C: Es ist eine andere Welt.

Eine andere Welt mit anderen Regeln, die bestimmen, was dort geschieht. Unsere physische Welt auf der Erde ist ein Ort, an dem strikte Regeln und Einschränkungen gelten. Deshalb haben wir uns entschieden, hier in einem physischen Körper zu leben, um Lektionen innerhalb dieser Grenzen zu lernen. Weil wir keine Erinnerungen an unsere anderen Leben in anderen spirituellen und physischen Bereichen haben, haben wir uns daran gewöhnt, dass alles seine Grenzen aufweist. Wir können also keine Welten ohne Einschränkungen wahrnehmen. Wie wir in diesem Buch gesehen haben, gibt es viele andere Dimensionen und Realitäten, die wir erleben können (wenn wir ausreichend Wissen erworben haben), wo die Wesen reine Energie sind. Sie haben nicht einmal die Beschränkung eines physischen Körpers. Sie können alles schaffen, was sie wollen. Sie haben die vollständige Kontrolle über ihre Umgebung. Trotzdem haben sich viele entschieden (oder wurden gesandt), das Leben in unserer begrenzten Welt zu erleben. Diese Menschen sind oft unglücklich und sehnen sich danach, zu ihrem Leben in völliger Freiheit zurückkehren zu können. Es muss dasselbe sein, wenn wir die Traumwelt betreten. Im Traumzustand gibt es keine Regeln, Vorschriften oder Einschränkungen. Alles kann passieren oder erschaffen werden. Wir haben die Kontrolle und können das schaffen, was wir erleben möchten. Menschen, die klare Träume haben, erkennen schnell, dass sie träumen und dass sie den Traum ändern können, wenn sie möchten. Sie verstehen, dass sie die Kontrolle über diese andere Welt haben, in die wir jede Nacht eintauchen, wenn wir schlafen. Mir wurde oft gesagt, dass wir all dies niemals verstehen können, solange wir uns auf einen physischen Körper beschränken. Anscheinend ist der Traumzustand kein Status der Fantasie, der beim Erwachen verdampft. Wir haben unwissentlich eine Welt geschaffen, die irgendwo bleibt und existiert. Dies geht einher mit der Vorstellung, dass unsere Gedanken sehr mächtig sind. Sie sind tatsächliche Materie. Einmal gedacht, existieren sie für immer. Natürlich schaffen wir auf diese Weise unsere Realität, indem wir unsere Gedanken, Wünsche und Träume leiten und organisieren, dann fokussieren und lenken, bis sie Wirklichkeit werden.

D: *Eine andere Art der Welt, meinst du? (ja) Und deshalb haben wir Schwierigkeiten, unsere Träume zu verstehen. Wir erschaffen jede Nacht unsere eigene kleine Welt, wenn wir schlafen gehen?*
C: Ja und das solltest du auch.
D: *Sie sind jedoch oft voll von Symbolen, die für unseren Wachgeist keinen Sinn ergeben.*
C: Man muss nur suchen, um zu verstehen. Wenn man sich darauf konzentriert, wird man es verstehen.
D: *Wir glauben immer, dass unsere Träume versuchen, uns Dinge durch Symbole zu erklären.*
C: Das ist es. Konzentriere dich einfach darauf und du wirst es verstehen.

D: *Aber wenn wir aufwachen und in diese Realität zurückkehren, ergibt dies mehr Sinn für uns. (ja) Wir gehen also jede Nacht in eine andere Welt, die wir geschaffen haben. (ja) Besteht diese Welt in unserem Traumzustand weiter?*
C: Na sicher! Es ist nur etwas anderes ... wenn man nachts schlafen geht, welche Garantie hast du, am nächsten Morgen aufzuwachen?
D: *Nun, wir denken, wir werden es tun.*
C: Was ist, wenn dein Körper stirbt?
D: *Na ja, das ist den Leuten schon passiert.*
C: Ja, wie oben so unten.
D: *Und wenn der Körper stirbt, würden sie in die geistige Welt gehen, oder? (ja) Was anders ist als die Traumwelt. Ist das nicht wahr?*
C: Richtig.
D: *Aber so würden sie wissen, dass sie nicht mehr träumen. Sie betreten die geistige Welt.*
C: Würdest du?
D: *Nun, du denkst du würdest. (Charles lachte) Die Leute haben mir gesagt, wie die geistige Welt ist. Es scheint ein anderer Ort zu sein.*
C: Verglichen mit diesem.
D: *Ja, sie beschreiben es alle auf dieselbe Weise und verglichen mit der Traumwelt, die wir in der Nacht sehen, scheint es etwas anderes zu sein. (ja) Dies ist sehr verwirrend. Für unseren menschlichen Verstand sowieso. Aber ich suche immer nach Informationen. Ist es in Ordnung, wenn ich diese Informationen in meiner Arbeit mit anderen teile?*
C: Ja, ja.
D: *Ich suche immer nach anderen Dingen, an die wir nicht gedacht haben, obwohl ich weiß, dass ich es nicht verstehe. Vielleicht kann irgendjemand irgendwo etwas mit den Informationen anfangen und sie ausbauen.*
C: Klang ist, wie Gott den Traum in die Schöpfung aussprach. Es begann mit Klängen.

Auf diese Weise beginnt die Bibel mit der Geschichte „Gott sprach unsere Welt in die Schöpfung." Und Gott sprach: „Es werde Licht! Und es ward Licht." Genesis 1: 3. Jeder Schritt des Schöpfungsprozesses wurde Wirklichkeit, als Gott sprach.

* * *

Während einer anderen Sitzung wollte eine Frau, die ich „Barbara" nenne, einige Ereignisse erkunden, von denen sie glaubte, dass sie während der außerkörperlichen Erfahrungen stattgefunden haben. In ihrer Sitzung erlebte sie es, durch einen Tunnel und ähnliche Formationen hindurchzugehen. Während einer dieser Erfahrungen landete sie in einer anderen Zeit. Ich denke, es klingt eher wie das Wechseln in andere Dimensionen durch Zeitportale. Nun, es war teilweise richtig. Das Unterbewusstsein sagte: „Es ist eine Erinnerung. Eine Erinnerung an Räume, die miteinander verbunden sind. "

D: *Es schien verwirrend zu sein. Es schien in unserer Vergangenheit zu sein, so wie wir sie als solche wahrnehmen.*
B: Es gibt keine Vergangenheit.
D: *Das dachte sie auch, und als sie zurückkam, war das verwirrend. Die Leute in der anderen Erfahrung glaubten, dass sie nicht dort sein sollte.*
B: Es ist nur eine Verbindung zu einem anderen Raum. Es hat keinen Schaden verursacht, außer sie neugierig zu machen.

In einer anderen Erfahrung, die Barbara auch zu einer außerkörperlichen Erfahrung relegierte, fand sie sich in einem Park wieder, um mit Leuten zu sprechen. Einer von ihnen sagte ihr, dass er gern in den Park kommt, weil er an der anderen Stelle im Rollstuhl saß. Ich fragte, was damals passiert sei.

B: Sie haben sie mitgenommen.
D: *Wer hat sie mitgenommen?*
B: Die Gedanken, die Gedanken nahmen sie mit. Ihr Verstand ist deren Verstand. Die Gedanken haben alle gedacht.
D: *Aber wo waren sie?*
B: Irgendwo anders.
D: *Und die Gedanken der anderen Leute, die in diesem Park waren, brachten sie dorthin? (ja) Macht sie das oft? (nein) Weil sie meinte, dass es ihr irgendwie vertraut war.*
B: Es ist immer dasselbe. Die Gedanken erschaffen.
D: *Und sie schaffen diesen Ort und gehen alle dorthin?*

B: Ja, es ist die Kommunikation mit der anderen Verbindung.

Dies waren nicht die Gedanken der Menschen, die Barbara in ihrem jetzigen Leben kannte, aber sie kannte sie auf einer anderen Ebene. Deshalb schienen sie ihr vertraut zu sein.

D: *Ist das der Geistesseite ähnlich, wohin wir gehen, wenn wir sterben und den physischen Körper verlassen?*
B: Nein, das ist anders. Die anderen erschaffen es. Es ist das Zentrum eines Tunnels. Wo einige von einem Ende kommen und andere von einem anderen Ende kommen. Und sie treffen sich, sie erschaffen ihre Umgebung und bleiben für eine Weile dort.
D: *Aber sie sagte, als sie hierher zurückkam, war es sehr kraftvoll. Was ist dort passiert?*
B: Sie ist hartnäckig.
D: *(lacht) Also hat sie sich in diese Realität zurückversetzt? (ja) Geschieht das manchmal, wenn wir nachts träumen? Gehen wir zu diesen Orten, die der Geist schafft?*
B: Wie die Gedanken, ja.
D: *Aber wir kommen immer wieder zu diesem Körper zurück, nicht wahr?*
B: Ja, aber es gibt eine Kommunikation. Es gibt keine bewusste Ebene auf der anderen Ebene. Es gibt viele Häuser, viele Ebenen. Und sie gehen gelegentlich zu denen, die von ähnlichen Gedanken geschaffen werden.
D: *Kommt das oft vor?*
B: Nicht oft.
D: *Aber normalerweise erinnern wir uns nicht so wie sie daran. Sie kann sich an viel erinnern, nicht wahr?*
B: Sie erinnert sich zu viel. Sie hat ein gutes Gedächtnis.

Dieses Ereignis klang eher wie die Gruppe, über die Charles sprach, die ihre Realität kreierte. Der Träumer träumt den Traum.

* * *

Die Einheimischen haben es viel bequemer, diese metaphysischen Konzepte zu akzeptieren als moderne Individuen. Zum Beispiel erklären die Überzeugungen der australischen Ureinwohner die

Geschichte der Schöpfung, indem sie sagen, der Träumer habe sie in die Existenz geträumt. Sie sagen, dass der erste Traum des Träumers die Elemente waren: Feuer, Erde, Luft und Wasser. Dann ging er von dort weiter. Da er mit jeder neuen Kreation gelangweilt war, kreierte er weiter. Sie glauben auch, dass die reale Welt nicht auf der Erde ist, aber auf der Geistesseite. Sie nennen ihr Leben auf der Erde „Traumzeit", als ob es nicht „real" wäre. Daher freuen sie sich, wenn jemand stirbt, weil sie wissen, dass sie die „Traumzeit" verlassen und nach Hause zurückkehren. Die Konzepte, die uns ein Rätsel sind, werden von ihnen leicht akzeptiert.

* * *

Das erstaunliche Konzept, dass nichts in unserem Leben real ist, dass es nur eine Illusion ist, wurde in meiner Arbeit immer wieder wiederholt. Die Idee stört mich, weil sie mein Konzept der Realität herausfordert. Alles in unserem Leben scheint real und solide zu sein, von unserer Lebens- und Arbeitsumgebung bis hin zur Berührung und den Gefühlen der Menschen, die wir lieben. Wenn die liebsten und wertvollsten Dinge in unserem Leben nur eine Illusion sind, wie können wir dann die Realität wahrnehmen? Ich finde es viel angenehmer, diese Konzepte als „unterhaltsam" zu betrachten. Etwas zum Nachdenken, um unsere Glaubenssysteme herauszufordern und unsere Gedanken an den Rand des Verstehens zu bringen. Etwas zum Nachdenken. Aber dann am Ende des Tages, um es auf ein Regal zu stellen und zu denken: „Das war interessant. Es forderte mein Glaubenssystem heraus. Es brachte mich dazu, in eine neue Richtung zu denken. Aber jetzt muss ich zur „realen Welt" zurückkehren. Auch wenn es wirklich nur eine Illusion ist, ist es immer noch die einzige Realität, die wir kennen. Also müssen wir darin leben.

Zum ersten Mal, in vielen unserer Leben, werden wir mit neuen und unterschiedlichen Informationen herausgefordert. So etwas passierte in meinen frühen Forschertagen nicht. Vielleicht präsentieren „sie" es, weil es Zeit für die Menschheit ist, ihre Gedanken zu erweitern, um radikale Ideen zu akzeptieren. Vielleicht ist es an der Zeit, weil wir in einer neuen Frequenz und Vibration mannigfach in eine neue Realität wechseln. Unser Geist muss sich auch ändern, um die neue und andere Welt, in die wir eintreten, zu akzeptieren. Vielleicht ist dies der Grund, warum uns jetzt Herausforderungen angeboten werden, um unser Denken von dem Alltäglichen zu ändern, in dem wir seit Jahrtausenden gefangen sind. Mit einem neuen Paradigma und einer neuen Denkweise geht jedoch auch eine Verantwortung einher. Es wäre zu einfach, in einen passiven Modus zu wechseln. Wir könnten sagen: „Ich gleite einfach durch das Leben und muss mich um nichts kümmern, denn nichts ist real. Alles ist eine Illusion. Alles ist nur ein Traum. Also ist es egal, was ich tue. Ich habe sowieso keinen Einfluss". Dann wäre es zu einfach, sich zurückzulehnen und den sprichwörtlichen Nabel zu betrachten. Zu einfach, um das Leben vorbei rauschen zulassen, weil man sich zurückgezogen hat.

Ich glaube, das ist nicht der Grund, warum wir uns entschieden haben, zu dieser Zeit hier auf dieser Welt zu sein. Mit Aufklärung geht Verantwortung einher. Das ist einer der Gründe, warum wir so oft reinkarnieren mussten. Es hat so lange gedauert, bis es richtig war. Wir sind schon so lange in der materiellen Welt gefangen, dass wir vergessen haben, warum wir überhaupt gekommen sind. Dies ist auch der Grund, warum viele der fortgeschrittenen Seelen sich dafür entschieden haben, hier wiedergeboren zu werden, um uns auf unserem Weg in die nächste Dimension zu helfen. In einem meiner Bücher wurde mir gesagt, dass der Hauptgrund für die Reinkarnation auf der Erde darin besteht, zu lernen, wie man Energie manipuliert und nutzt. Das Leben kann also eine Illusion sein. Das Leben kann nur ein Traum sein. Aber es ist unser Traum, unsere Illusion. Wir können die Welt verändern und unsere Umstände ändern, sobald wir die Kraft erkennen, die wir haben. Wir können wirklich Wunder bewirken. Wir können die Welt in der nächsten Dimension zu einem wahren Himmel auf Erden machen. Dies wäre hundertmal produktiver als sich zurückzulehnen und das Leben vorbeiziehen zu lassen. Die Nutzung und Kontrolle von Energien wird in der neuen Welt noch wichtiger. Wir bringen längst vergessene Kräfte und Talente zurück, denn die Welt ist endlich bereit. Ansonsten, wenn wir zur anderen Seite hinübertreten, wird uns gesagt, dass wir die Chance hatten, die Welt zu verändern, und wir haben sie nicht genutzt. Dann wird es Karma und wir müssen das Ganze noch einmal durchgehen, bis wir es endlich verstehen. Die Veröffentlichung immer komplizierterer Konzepte bereitet unseren Geist darauf vor, die kommende neue Welt zu akzeptieren. Wir können nicht passiv bleiben, wenn wir uns in die neue Realität, den neuen Traum, die neue Illusion wagen wollen.

* * *

In meiner Arbeit wurde mir oft gesagt, dass wir nachts, während wir schlafen, aus dem Körper gehen. Oder durch geführten und gelenkten Willen, in verschiedene Welten gehen und auch auf unserem physischen Planeten reisen. Die Person kann in das geistige Reich zurückkehren, um sich mit ihren Führern zu unterhalten und weitere Anweisungen zum Umgang mit Ereignissen in ihrem Leben zu erhalten. Oder Ratschläge für die Erstellung der nächsten Ereignisse, die sie erlebt haben. Oder vielleicht nur eine Überprüfung durch Rückkehr nach Hause, um Menschen zu besuchen, an die wir uns nicht erinnern können. (Es wurde bereits an anderer Stelle in diesem Buch erklärt, dass wir nachts beim Schlafen den Körper verlassen.) Dies ist einer der Gründe, warum Neugeborene viel schlafen. Sie passen sich ihrem physischen Körper an und werden erst dann geweckt, wenn der Körper Aufmerksamkeit braucht. Sie sind immer noch mit der spirituellen Seite verbunden und gehen hin und her, um Führung zu erhalten. Der Geist ist erst im Alter von zwei Jahren vollständig am Körper befestigt. Zu diesem Zeitpunkt schlafen sie nicht mehr so viel. Das ist auch eine Erklärung für den plötzlichen Kindstod, den die Ärzte nur schwer verstehen können. Es gibt Gelegenheiten, in denen der Geist sich auf einer seiner Exkursionen in den Bereich des Geistes befindet und (aus welchem Grund auch immer) beschließt, nicht in den Körper zurückzukehren. Vielleicht wurde entschieden, dass die Umstände, unter denen es geboren wurde, nicht förderlich waren, Erfahrungen in diesem Leben auszuarbeiten, und dass ein anderer Körper in einer anderen Umgebung förderlicher sein könnte. Vielleicht kam es kurzzeitig als Unterricht für die Eltern in die Welt. Etwas, das sie aufgrund früherer Erfahrungen mit der Seele des neuen Babys lernen mussten. Vielleicht blieb der Geist des Babys zu lange auf der anderen Seite. Es war ein Unfall und kam nicht rechtzeitig zurück. (Obwohl mir gesagt wurde, dass es keine Unfälle gibt.) Der Geist muss innerhalb einer bestimmten festgelegten Zeit in den Körper zurückkehren, ansonsten verfällt der Körper. Er kann nicht existieren, ohne dass der Geist (oder der Funke des Lebens) in ihm wohnt.

Es ist auch eine bekannte Tatsache, dass alte Menschen mehr schlafen, besonders wenn sie krank oder arbeitsunfähig sind. Auch sie machen Reisen in das Geistesreich, um sich mit ihren Geistesführern und mit ihren Meistern zu unterhalten in Vorbereitung auf ihren Übergang. Wenn der Geist bereit ist, beschließt er, dort zu bleiben. Der Geist ist nicht mehr erforderlich für den physischen Körper. Der Körper ist abgenutzt oder so beschädigt, dass er nutzlos ist, am Leben erhalten zu werden. In diesen Fällen stirbt die Person normalerweise im Schlaf, während sich ihr Geist auf einer dieser Reisen befindet.

Wenn wir nur Träumer sind, die träumen, was wir als Realität wahrnehmen, würde dies erklären, was so viele meiner Klienten sagen, wenn sie ihr früheres Leben neu erleben. Wenn sie die Todeserfahrung durchlaufen und auf der anderen Seite sind, schauen sie zurück und sagen: „Es war nur ein Spiel, nur Charaktere die auf einer Bühne spielen. Als ich dort war, war es so kompliziert und schien so lange zu dauern, aber es war wie ein Wimpernschlag." Sie betrachten das geistige Reich als die „wirkliche" Realität und das Leben, das sie gerade verlassen haben, nur als eine Bühne. Ich persönlich würde sehr gerne glauben, dass es wirklich mehr ist. Wir erleben so viel Schmerz und emotionalen Herzschmerz, wie wir das Leben auf der Erde leben, dass ich meinen möchte, dass es einen Sinn haben muss und bleiben wird. Mir wurde gesagt, dass dies wahr ist, weil wir alle Lektionen erleben und lernen, sodass das gewonnene Wissen und die Informationen an Gott zurückgegeben werden können. Auf diese Weise wird unser Leben, ob gut oder schlecht, in ein riesiges Archiv oder eine Bibliothek aufgenommen, in der es für immer bleibt. Würden wir unser Leben anders leben, wenn wir wüssten, dass alles aufgezeichnet und buchstäblich für die Ewigkeit in Stein gemeißelt wird?

Eine meiner Töchter arbeitete als Krankenschwester in einem Krankenhaus und später viele Jahre als Krankenschwester für die häusliche Pflege. Sie erzählte mir die Geschichte eines Mannes, der bettlägerig war und Schmerzen hatte. Die Familie wusste, dass er im Sterben lag und dachte, es wäre ein Segen wenn es passiert. Er verbrachte viel Zeit damit zu schlafen. Er erzählte meiner Tochter, dass er tatsächlich aus seinem Körper reise und während dieser Zeit habe er keine Schmerzen. Er war tatsächlich in diesem Zustand tätig. Er baute ein schönes Haus auf der anderen Seite. Er wusste, dass er nach Fertigstellung des Hauses dort bleiben würde und dieses Leben hier für ihn aufhört. Er starb eines Nachts im Schlaf, und meine Tochter sagte einfach: „Nun, ich schätze, er hat sein Haus fertig gebaut und ist eingezogen."

Ich habe immer angenommen, dass er sein Haus im Geiste baut, weil wir dort alles erschaffen können, was wir wollen. Aber vielleicht baute er es in der Traumwelt, in der auch ein Geist existieren kann. In dieser Sitzung wurde darauf hingewiesen, dass es sich um zwei verschiedene Welten handelt, die in vielerlei Hinsicht gleich sind. Wenn alles eine Illusion ist, wie werden wir es dann jemals erfahren? Was ist eigentlich Realität? Wenn wir nur Charaktere sind, die den Traum eines größeren Träumers spielen, was passiert, wenn „er" oder „sie" aufwacht? Dies sind interessante Theorien und Aspekte zum Nachdenken, aber mich stören sie nur und bereiten mir Kopfschmerzen. Vielleicht sind sie besser „Denkern" überlassen, die komplexe Theorien erforschen. Was mich betrifft, ich habe meine Pflicht als Reporter erfüllt und niedergeschrieben, was ich entdeckt habe. Nun muss ich zu meiner Illusion zurückkehren. Der Körper hat körperliche Bedürfnisse und das ist im Moment meine Realität. Ich kann aufhören, mein armes Gehirn zu verletzen, wenn Dinge besser Philosophen und Eremiten in Höhlen überlassen werden.

KAPITEL 28

EINE ANDERE ALTERNATIVE ZU WALK-INS

Viele meiner Sitzungen umfassen viele verschiedene Aspekte. Es ist schwer zu entscheiden, in welchen Abschnitt die Informationen eingefügt werden sollen. Ich versuche, über das Hauptthema der Informationen nachzudenken, anstatt zu versuchen, sie aufzuteilen. Dieses Kapitel war so ein Fall. Es enthielt Informationen zu E.T.s, allerdings ein etwas anderes Konzept. Es enthielt auch Informationen zu einer anderen Version von Walk-Ins. Ich beschloss, es in diesen Abschnitt über verschiedene Seelenfacetten einzufügen. Es gibt Verweise auf andere Kapitel, in denen ähnliche Informationen gefunden werden können. Alles in diesem Buch scheint sich aufeinander zu beziehen.

Diese private Sitzung fand im Februar 2002 statt, als ich in einem Motel in Eureka Springs, Arkansas, übernachtete. Dies war die Zeit, in der ich mich ausschließlich privaten Sitzungen widmete, die sich auf die lokale Umgebung konzentrierten: Arkansas, Missouri, Kansas und Oklahoma.

In den letzten Jahren habe ich oft von einem meiner Klienten neue Informationen oder ein neues Konzept erhalten. Dann kommt der nächste Klient für eine Sitzung und das neue Konzept wird erweitert. Es ist fast so, als ob jemand oder etwas auf der anderen Seite meine Sitzungen überwacht und entscheidet, welche Informationen ich zu welcher Zeit erhalten soll. Natürlich weiß ich, dass „sie" sich bewusst zu sein scheinen, welche Informationen in jeder Sitzung eröffnet werden, weil „sie" mich und meine Arbeit offenbar kennen. Gegen Ende einer Sitzung werden sie mehrmals sagen: „Hier ist die nächste Information, die du für deine Bücher benötigst." Oder sie sagen: „Sie dachten, ich wäre bereit für das nächste Konzept. Nun, hier ist es." Dies kann kein Zufall sein oder was ich absichtlich tue, weil die Teile des Puzzles von Menschen auf der ganzen Welt stammen, die sich nicht kennen. Auch sind sie sich nicht der Informationen, die ich sammle, bewusst. Ich bekomme beispielsweise Informationen von jemandem in den Vereinigten Staaten, und diese werden von jemandem in England oder Australien erweitert. Es wird also definitiv von irgendwem überwacht, der in der Lage ist, alles was ich tue und die verschiedenen Leute, mit denen ich arbeite, zu sehen. Das ist so oft passiert, dass ich nicht überrascht bin und mit demjenigen, der die Show leitet, sehr vertraut bin. Dieser Fall ist ein Beispiel dafür, was genau ich meine. Während der privaten Sitzungen in Eureka Springs erhielt ich Informationen darüber, wie „Sternenkinder" oder „Besondere Volontäre", wie Aaron der NASA-Ingenieur, vor der Anhäufung von Karma geschützt werden. Dann kam meine nächste Klientin, Bobbi, zu ihrer Sitzung und die Idee wurde erweitert. Wer auch immer die Informationen liefert und die Operation überwacht, ich schätze diese Hilfe sehr. Sie verstehen so wie ich, dass es an der Zeit ist, dass bestimmte Informationen an die Menschen auf der Erde weitergegeben werden müssen. Natürlich haben sie mir auch oft gesagt, dass ich auf gar keinen Fall alle Informationen haben kann, weil unser Verstand es niemals schaffen würde, all das zu verstehen. Deshalb geben sie Analogien und Beispiele, um es so gut wie möglich, im Rahmen der Einschränkungen unseres Geistes, zu veranschaulichen.

Nachdem Bobbi in Trance war, kam sie von der Wolke herunter und fand sich in einer sehr einsamen Wüstenlandschaft wieder. Sie war ein fast nackter Mann, der verzweifelt für seine Familie nach Nahrung suchte. Seine Gruppe lebte in Höhlen, nachdem der Weiße sie aus ihrem Land vertrieben hatte. „Sie wollten die Kontrolle. Sie wollten die Kontrolle übernehmen. Und sie betrachteten uns nicht als wertvoll." Wo seine Leute ihre Nahrung angebaut hatten, mussten sie jetzt nach etwas anderem suchen (kleine Tiere, Salamander und Insekten), womit sie sich ernähren konnten. Sie hungerten, und er fühlte sich in der großen Verantwortung, Nahrung zu finden. „Es gibt eine echte Sorge ums Überleben. Wir haben Hunger. Ich kann es in meinem Bauch spüren." Der Mann fühlte eine solche Verantwortung, dass er die meiste seiner Zeit ohne jegliches Essen auskam, damit die anderen in seiner Gruppe essen konnten. „Ich kann fühlen, wie mein Magen leer ist und schmerzt vor Hunger."

Er starb schließlich aus Mangel an Nahrung. Obwohl er sich für die anderen aufopferte, hatte er das Gefühl, er hätte sie im Stich gelassen. Er fühlte sich zutiefst verantwortlich. Als er starb, ließ er sie, ohne jemanden der für sie sorgte, zurück. Ich musste ihn davon überzeugen, dass er alles getan hatte, was er tun konnte.

Er sagte: „Es hatte mit der Ernährung zu tun, ich bekam nicht die richtigen Nährstoffe für meinen Körper. Ich hatte das Gefühl, dass ich es für sie opfern muss. Wenn ich nur meine Kraft aufrechterhalten hätte. Ich dachte es wäre hilfreich, ihnen auch mein Essen zu geben, war es aber nicht. Ich ließ sie im Stich, weil ich wirklich zuerst auf mich hätte achten müssen. Ich hätte viel mehr Nutzen für sie gebracht, wenn ich mich als erstes um mich selbst gekümmert und mich auch richtig ernährt hätte. Es war ein sehr hartes, herausforderndes Leben."

D: Was hast du daraus gelernt?
B: Ich habe gelernt, dass ich mich nicht für andere aufopfern muss. Das war das Falsche. Ich fühlte mich so verantwortlich für ihr Leben und wusste nicht, dass jeder für sich selbst verantwortlich ist. Es entstand dadurch eine Abhängigkeit voneinander. Und mein Verdauungssystem war völlig durcheinander, weil ich nicht die richtigen Nährstoffe bekommen habe. Ich hatte immer das Gefühl, dass es nicht genug ist.

Bobbi wurde erklärt, dass ihr dieses Leben gezeigt worden ist, um Gesundheitsprobleme zu erklären, die sie im gegenwärtigen Leben in Bezug auf ihr Verdauungssystem hatte.

Da diese Lebensdauer so kurz war, blieb Zeit, um eine weitere Lebenszeit zu erkunden. Ich sagte ihr, sie solle sich entweder vorwärts oder rückwärts zu einer anderen Zeit bewegen, in der es etwas gab, das sie sehen musste.

B: Ich gehe zurück in die Zeit, als ich ein kleines Mädchen war.

Wenn sich der Klient gelegentlich für ein Ereignis entscheidet, das sich in der jetzigen Lebensdauer ereignet hat, muss dort etwas untersucht werden. Normalerweise ist es etwas, das der bewusste Verstand entweder vergessen hat oder gar nicht wusste. Das Unterbewusstsein bringt es aus irgendeinem Grund erneut zum Vorschein. Vielleicht gab es etwas, was Bobbi erfahren musste, also beschloss ich, sie dort zu lassen, anstatt sie in ein anderes vergangenes Leben zu bringen.

B: Ich spüre einen Widerstand, wenn ich dorthin gehe. Ich fühle mich alleine. Ich habe Angst.
D: Aber du warst nicht alleine, oder? Du hattest eine große Familie.

Bobbi hatte zwölf Brüder und Schwestern. Misshandlungen waren in der Familie an der Tagesordnung. Zuneigung hatte sie nie erfahren Die Eltern waren überfordert bei der Erziehung ihrer Kinder. Einzig ihrer Zwillingsschwester fühlte sie sich in der Zeit des Erwachsenwerdens verbunden.

B: Ich habe nicht das Gefühl, dass sich meine Eltern für mich interessieren. Meine Schwester war dort, aber es ging ihr genauso. Ich habe mich einfach sehr alleine gefühlt. Sehr allein.
D: Welche Zeit siehst du in deinem Leben?
B: Als ich noch jung war. Wir sind auf einer unbefestigten Straße, an der wir gelebt haben. Meine Schwester, ich und unser Hund.
D: Selbst mit dieser großen Familie und deiner Schwester hast du dich sehr allein gefühlt?
B: Oh, einige von ihnen waren zu der Zeit, als ich geboren wurde, verschwunden. Es war so eine große Familie. Ich war sehr jung. Ich sehe dieses Haus, in dem wir gewohnt haben und ich sehe dieses andere Haus. Da sind die beiden Häuser. (Pause) Da ist etwas am Himmel. Deshalb habe ich Angst. Es ist wie ein Licht am Himmel.
D: Du hast gesagt, deine Schwester ist bei dir und der Hund?
B: Ich sehe sie jetzt nicht bei mir. Ich bin allein. Da ist ein Licht. Und es macht mir irgendwie Angst. Ich weiß nicht was es ist

(nochmals flüsternd), ich weiß nicht was es ist. Es ist nur ein helles Licht. (flüstern) Ich weiß nicht was es ist.
D: *Hast du das Gefühl, du musst ins Haus zurückkehren?*
B: (nachdrücklich) Nein! Ich mag das Haus nicht! Ich will nicht dorthin zurückkehren. Da fühle ich mich allein. Ich mag es dort nicht. Ich bleibe gerne draußen. Ich fühle mich draußen sicherer.
D: *Was passiert dann, wenn du das Licht beobachtest?*
B: (flüstern) Es kommt näher. Es ist jetzt nicht so gruselig wie zuvor. Es ist anders. Ich habe keine Angst mehr, ich empfinde nur Neugier. Weil sich das Licht besser anfühlt. (So weich, dass es kaum hörbar war. Nur das Band hatte es aufgenommen.) Ich springe zurück! (lauter) Da ist etwas drin im Licht. Es ist jemand im Licht. Es ist fast so, als würden sie mich hochziehen, denn plötzlich bin ich einfach ... da war dieses Wesen im Licht. Und als nächstes weiß ich, dass ich nicht mehr da bin. Ich bin nicht mehr am Boden.

Ich versuchte sie zu beruhigen, als würde ich mit einem kleinen Mädchen sprechen, denn so klang sie. Sie hatte die Eigenschaften eines Kindes angenommen, was bedeutete, dass sie das Ereignis genauso wieder erlebte, wie es stattgefunden hatte.

B: Ich habe meine Augen geschlossen. Ich weiß nicht, ob ich das sehen will. Ich fühle, dass mich jemand berührt. Und ich habe immer noch Angst. Mein Bauch ... ich fühle es in meinem Bauch.
D: *Willst du deine Augen öffnen und sehen, was passiert?*
B: Ja, ich denke ich tue es. Die Berührung war nicht böse. Da ist das hier vor mir. Es ist das Wesen, das ich zuvor mit den fleckigen blonden Haaren gesehen habe. Aber in meinem Bewusstsein gab es mehr Haare. Es war nicht so uneinheitlich. Und es ist meine Mutter, meine Mama. (Gefühle begannen in ihr hochzukommen.)
D: *Woher weißt du das?*
B: (empört) Du erkennst doch deine Mutter immer!
D: *Das ist das Gefühl, das du bekommst?*
B: (emotional, fast weinend) Ja, ja.
D: *Ist deine Schwester bei dir oder bist du allein?*
B: (Sie versuchte, nicht zu weinen.) Ich bin jetzt ganz alleine.
D: *Kannst du sehen wo du bist?*

B: (gedämpft, dann) Es ist wie ein Raum. Ich bin auf einem Tisch. (Sie wiederholte die letzten beiden Sätze.) Und ich setze mich darauf.

Später, nach dieser Sitzung, schickte mir Bobbi einen Brief, in dem sie versuchte, einige der Dinge zu erklären, die während dieser Sitzung aufgetreten sind. „Ich bin gerade auf das Schiff gebracht worden und erinnere mich, dass ich mich hingelegt hatte und nach oben sah, um meine Mutter zu sehen. Sie hatte blonde Haare. Ich hatte Träume von dieser Frau, aber ich wusste nicht, wer sie ist. Du hast mich gefragt woher ich wusste, dass dies meine Mutter ist? Ich antwortete dir, dass jeder seine Mutter erkennt. Ich empfand die Frage damals sehr dumm. Wie kannst du nicht wissen, wer deine Mutter ist? Jetzt lache ich über meine starke Reaktion, die die Erfahrung für mich wirklich bestätigte."

Die Experten meinen nun vielleicht, dass das kleine Mädchen sich eine andere Mutter vorstellte, die ihren Platz einnehmen sollte, weil ihre Mutter in ihrem jetzigen Leben nie Zeit für sie hatte, darüber hinaus sehr kalt und überarbeitet war. Aber wenn sie sich in ihrer Fantasie eine andere Mutter vorgestellt hat, warum sollte sie an Bord eines Raumfahrzeuges sein?

Ähnlich verhält es sich in einem Fall aus „Die Verwahrer", wo ein junges Mädchen von ihrem „richtigen" Vater besucht wurde. Als es anfing, Probleme in ihrem jungen Leben zu verursachen, sagte das außerirdische Wesen, dass er nicht mehr kommen könne, und die Erinnerungen an ihn wurden aus ihrem bewussten Gedächtnis gelöscht. War dies ein ähnlicher Fall, in dem die Erinnerungen nur als merkwürdige Träume verblieben?

B: (emotional) Und es fühlt sich einfach gut an, mit ihr zusammen zu sein. Wo bist du gewesen?! Und das Wesen, das Bobbi als Mutter bezeichnete, sagte: „Du hast eine Aufgabe Bobbi und du weißt das. Du weißt, was die Erde ist, dass es nicht real ist, dass es eine Illusion ist. Du weißt, wer du bist, dass du mein Kind bist. Du gehörst zu dem Ganzen. Du weißt, dass du nicht eingeschränkt bist. Du kennst diese Dinge. Ich bin hier, um dir zu helfen, dich an diese Dinge zu erinnern. Ich bin bei dir. Ich bin immer bei dir."

Es geht nicht um mich, sondern um uns. Sie hilft mir. Sie sagt: „Wir sind bei dir. Wir sind immer bei dir. Warum denkst du, dass wir dir nicht helfen werden? Wir helfen dir immer." Ich fühlte mich so allein. Ich sehe eine Schere. Sie sagte: „Wir mussten die Schnur zerschneiden, damit du das Leben leben kannst. Wir mussten die Schnur durchtrennen, damit du ein Mensch sein kannst. Aber du bist kein Mensch. Du hast nur die menschlichen Erfahrungen, weil du lernst. Wir unterrichten dich."
D: Aber sie hat gesagt, sie ist deine echte Mutter. Wurdest du nicht als Baby in einen Körper hineingeboren?
B: Nein, das bin ich nicht. Das war ich damals nicht.
D: In das Baby mit deinem Zwilling?
B: Nein, hier gibt es einen Unterschied.
D: Kann sie es dir erklären?
B: Das hat damit zu tun, dass die Zwillinge verloren gegangen sind.

Dies war ein Vorfall, als Bobbi noch sehr jung war und sie ihre Familie zunehmend als seltsam empfand. Deshalb hatte sie gebeten, es während der Sitzung zu erkunden. Sie und ihre Zwillingsschwester waren einmal spurlos verschwunden und niemand konnte sie finden. Dann tauchten sie unerwartet wieder im Vorgarten ihres Grundstückes auf.

Bobbis Persönlichkeit verblasste langsam und das Wesen, das sie als Mutter bezeichnete, sprach mit Bobbi.

B: Es gab einen Austausch. Wir haben einen Weg, den wir ... Ich versuche es mal, ob ich das in menschlicher Hinsicht erklären kann. Wir haben einen Weg, den wir ... es ist in gewisser Weise fast ein Austausch von Persönlichkeiten. Es ist wie eine Veränderung, ein Austausch. Es wurde eine Änderung vorgenommen. Du wurdest nicht hineingeboren. Du hast das beobachtet, aber du warst es nicht. Es war nicht das, was du jetzt bist. Es wurde ein Austausch vorgenommen. Und nein, es ist nicht das Walk-In-Erlebnis. Du hattest recht damit. Bobbi hat diese Erinnerung an ein zukünftiges Selbst in einem Raumschiff mit blonden Haaren. Und das ist die Erinnerung daran, wer du wirklich bist.

D: *Anstelle eines zukünftigen Lebens ist es die Erinnerung an das, was sie wirklich ist, meinst du.*

B: Von dem, was sie wirklich ist. Und auch etwas von der Zukunft, weil dort keine Zeit ist. Es gibt die Zeit nicht. Du befindest dich in dieser Dimension, in der man der Ansicht ist, dass es Zeit gibt, aber die Zeit ist nicht wichtig. Es ist eine Illusion.

D: *Das ist richtig. Aber du meinst, deine Leute auf dem Schiff wählten dieses Baby, diesen Körper, wozu ...?*

B: Der Körper würde viele Dinge erfahren, die wir wissen wollten. Wir wollten etwas über menschliche Erfahrungen wissen. Bobbi, wollte es wissen. Deshalb hat sie sich auf der Erde schon immer für den psychologischen Teil des Menschen interessiert. Sie war nicht an traditionellen Lehren interessiert. In erster Linie war sie nicht daran interessiert, in die Schule zu gehen, um Psychologie zu lernen. Dafür war sie nicht da. Sie hat sich für die tieferen Bedeutungen interessiert, die tiefer liegende Wahrheit. Und es lag nicht in der menschlichen Natur. Man muss für die menschlichen Erfahrungen leben, um zu entscheiden, was wirklich wahr ist und was nicht. Und wir waren immer dort, um sie ihr zu zeigen. Entspanne dich, denn der Weg wird klar sein. Lass los.

D: *Kannst du mir erklären, wie das passiert ist? Es ist kein Walk-In. Du sagst, es sei anders.*

B: Es ist anders. Okay, ich sehe die Zwillinge. Da ist ein Raum. Die Zwillinge liegen zusammen auf einem Tisch. Es gibt etwas ...irgendeine Art von ... ich habe nur Mühe zu erklären, was ich sehe.

D: *Tu das Beste, was du kannst.*

B: Es gibt eine Art Maschine. Irgendeine Art von, ich möchte „Implantat" sagen. Ein Austausch. Hm ... wie tauschen sie sich aus? Es ist kein Seelenaustausch. Die Zwillinge wollten das alles nicht durchmachen. Sie wussten, wie ihr Leben aussehen würde. Die Depression, die deprimierenden Energien der Familie. Die Zwillinge, die ursprünglichen Zwillinge, wollten das nicht. (Sie hatte Schwierigkeiten, die Worte zu finden.) Trans .... Es ist keine Transmigration. Transmigration? Übertragung? Etwas ... einige Teile eines Austausches.

D: *Lass es einfach fließen. Verwende einfach die Wörter, die du finden kannst.*

B: Die Zwillinge freuten sich so ... es war das, worüber sich alle einig waren. Sie sagte: „Ihr habt alle zugestimmt, hereinzukommen und dies zu lernen." Ich habe mich immer gefragt, warum meine Schwester und ich nicht diese spezielle Verbindung haben. Sie sagte: „Ihr seid zwar Zwillinge, die sich physisch ähnlich sehen, aber es ist dennoch anders. Die Wesen, die ihr jetzt seid, sind nicht wie die Zwillinge auf der Erde. Ihr wisst, dass ihr diese Verbindung zueinander nicht habt. Euer Leben ist parallel durch den Zwillingsprozess, aber du Bobbi bist eine andere Persönlichkeit, ein anderes Wesen. Du bist in verschiedenen Missionen und hast unterschiedliche Aufgaben."

D: *Aber du hast gesagt, das alle einverstanden waren. (Oh, ja.) Was ist mit den ursprünglichen Seelen passiert, die hereinkamen?*

B: Sie sind glücklich (sie lachte), sie heilen.

D: *Dann blieben sie nicht. Es waren nicht zwei Seelen gleichzeitig im Körper?*

B: Es gab eine Zeit lang zwei Seelen in dem Körper, weil Bobbi Hilfe brauchte, um zu wissen, wie es funktioniert. Es gab also eine Zeit, in der die Zwillinge beide dort inkarniert waren. In diesen Zeiten war eine Verbindung vorhanden. Früher, ah! Weil Bobbi sich nicht viel an ihre Kindheit erinnerte. Es gab Zeiten, in denen sie im Bewusstsein hin und her ging, weil sie mehr dabei lernte, in diesem Körper des Kindes zu sein und sich zu integrieren. Und wir wollten sie nicht einfach ganz verlassen.

D: *Dann gingen die ursprünglichen Seelen woanders hin?*

B: Ja, die ursprüngliche Seele war da. Es gab Dinge, mit denen die ursprüngliche Seele einfach nicht umgehen konnte. Die kleinen Mädchen waren so traurig.

D: *Was ist dann mit der ursprünglichen Seele passiert? Du sagst, dass sie eine Weile zusammen waren.*

B: Sie wollten wieder nach Hause gehen, weil sie eine Pause brauchten. Sie sagte: „Es geht ihnen gut. Sie gingen zu einem anderen Ort um sich zu erholen. Dort konnten sie Bobbis Leben sehen und viel durch die Erlebnisse die Bobbi hatte, lernen. Es war, als ob sie einerseits getrennt waren, aber dennoch ein Teil von dem Leben. Die Zwillinge hatten nicht die Kraft, das alles durchzustehen.

D: *Warum unterscheidet sich das von einem Walk-In?*

B: Es ist ein anderer Prozess.

D: *Kannst du mir den Unterschied erklären?*
B: Lass mich sie fragen. Sie sagt oft, wenn die ursprüngliche Seele einen großen Teil des Erdenlebens durchläuft und bis sie zu einem wirklich kritischen Punkt gelangt, an dem sie einfach nicht mehr weitermachen kann. Es ist so, als ob das Persönlichkeits-Ego so weit wie möglich gehen möchte, bevor es aufgibt, bevor es loslässt, bevor es ausgetauscht wird. Und dann kommt es zu einem Punkt, an dem es erkennt, dass es nicht weitergehen kann. Zumindest hat es das versucht. Ich sehe Entschlossenheit und einen wirklichen Versuch, aber es ist sehr schwer.
D: *Das ist ein Walk-In. Was aber mit Bobbi passiert ist, war nicht dasselbe?*
B: Nein, es war eher ein mechanischer Prozess involviert. Ich verstehe nicht warum ... das ist nicht das Wort. Es gibt eine Art molekularer ... Ich sehe Maschinen in der Nähe. Ich sehe Verbindungen. Wie können sie den Geist damit verbinden ... (flüstern). Wie wird es gemacht?
D: *Können sie das mit Maschinen tun?*
B: Es ist nicht wie bei normalen Maschinen, wie wir sie auf der Erde kennen. Es ist die Energie, die sie in ihren Händen haben. Sie haben etwas in der Hand. (flüstern) Irgendeine Art der Übertragung. Und als ich ein kleines Mädchen war, sah ich sie einfach in den Körper treten, aber es ist viel mehr als das. Da ist diese Übertragung. Ich frage sie mal, wie sie es übertragen. (Pause) Es ist wie ein wissenschaftlicher Prozess. Es gibt Maschinen in der Nähe. Diese Maschinen haben mit Gehirnwellen zu tun. Sie tun etwas mit den Gehirnwellen, um zu einer bestimmten Frequenz zu gelangen. Und wenn es eine bestimmte Frequenz hat, kann es zu einer Übertragung kommen. Es ist eine andere dimensionale Technologie. Manchmal sieht Bobbi so etwas wie Energielinien und das sind Frequenzen. Wenn die Frequenz stimmt, kann es eine Übertragung von Persönlichkeiten oder eine Übertragung von Gedanken oder Bewusstsein geben. Es hat mit Frequenzen zu tun.
D: *Mir ist gerade etwas eingefallen. Ich hatte einen anderen Fall, in dem verhielt es sich so, dass der Prozess der Walk-Ins vollzogen war, wenn eine Seele und die andere Seele komplett ausgetauscht waren. In diesem Fall hört es sich aber so an, als wäre Bobbi ein lebendes physisches Wesen auf einem Raumschiff und nicht nur*

eine Seele. (ja) Musste sie auf diese Weise in den Körper auf der Erde umsteigen? (ja) In dem anderen Fall tauschten diese Seelen für immer ihre Plätze. Eine verließ den physischen Körper, die andere nahm dafür ihren Platz ein.

B: Ja, das macht Sinn. Weil zum Zeitpunkt der Übertragung ...Ich sehe diese beiden kleinen Körper hier auf dem Tisch. Aber es gibt zwei weitere erwachsene Wesen, die die Übertragung sein werden. Die Übertragenen sozusagen. Aber es ist eine Zeitkapsel. Sie erinnert sich nun mehr, wer sie wirklich ist. Weil es bei der Zeitkapsel darum geht, viele Jahre zu schlafen. Und die vierziger Jahre waren der Auslöser. Mit vierzig wusste sie, dass sie sich ihren Ängsten stellen muss. Die vierziger Jahre waren für sie, die wichtigsten Jahre des Erwachens, des Erinnerns.

D: *Dies war, als langsam ihr Wissen zurückkehrte. (ja) Dann lebten die, in deinen Worten, „übertragenen Erwachsenen" tatsächlich an Bord des Schiffes und waren keine verstorbenen Seelen.*

B: Nein, das waren sie nicht. Das ist ein Unterschied.

D: *Und sie hatten auf diesem Schiff die Fähigkeiten, um die Übertragung durchzuführen. (ja) Aber es musste mit der Erlaubnis der vorhandenen Seele sein.*

B: Oh ja.

D: *Dann stimmten sie zu, wieder zurückzugehen.*

B: Die zu Übertragenen würden dann zurückgehen.

D: *Es ist also ein Austausch, eine Übertragung wie du sagst, aber es wird mit einem anderen Lebewesen durchgeführt?*

B: Ich sehe die, die Bobbi ist. Ich sehe, dass die hereinkommende Energie fast eine männliche ist. Ich verstehe nicht, warum es eine männliche Energie ist, weil die Energien weder männlich noch weiblich sind.

D: *Mehr oder weniger androgyn?*

B: Ja, lass uns das Thema beenden.

D: *Nun, ich habe noch eine Frage. Was ist mit dem Körper der zu übertragenen Seele passiert? Die, die auf dem Schiff war? Wenn die Seele den Körper verlässt, um in Bobbis Körper zu gehen, was ist dann mit diesem Körper passiert?*

B: Dieser Körper ist wie in einem Zustand der Stase (sie hatte Schwierigkeiten mit diesem Wort und fand es schwer auszusprechen). Es ist wie eine Hibernation, ein Winterschlaf. Es ist ein Schlaf, weil es eine Dimension gibt, in der keine Zeit existiert. Es ist so, als ob die Lebensdauer der Erde auf der anderen Seite nicht relevant ist. Der Körper wird also in diesem Zustand sein.... Ich bekomme immer wieder Zustand ... es beginnt mit einem S.... Es sind nicht nur Stationen, Suspensionen. Es ist so etwas wie Stasis.

Nach dem Thesaurus: Stasis - Immobilität, Untätigkeit, Stagnation. Gemäß dem Wörterbuch: Stasis - (Akt oder Zustand des Stehens, Stoppen.) 1. Verlangsamung oder Unterbrechung des normalen Flusses einer Körperflüssigkeit als: Verlangsamung des Blutflusses. 2. Zustand statischen Gleichgewichts oder Gleichgewicht: Stagnation.

B: Der Körper geht eine Weile in diesen Zustand, um zu lernen. Über Menschen zu lernen. Bobbi bezeichnet den Menschen als dritte Person. Sie bezieht sich auf die Erde als die Menschenwelt. Sie unterrichtet über das menschliche Leben auf dem Schiff.

D: Das ist anders als Walk-Ins, weil der Körper mehr oder weniger da ist und in einer Art suspendierter Animation auf die Rückkehr der Seele wartet. Der Körper stirbt nicht. (richtig) Und die Seele ist der Erde zugeordnet, wollte aber nicht den Geburtsprozess durchmachen. (nein) Durch den Geburtsprozess vergisst man alles, oder?

B: (aufgeregt) Oh! Es drückt in den Kopf. Aus irgendeinem Grund ist das gerade erst eingetreten. Durch den Geburtsvorgang, wenn man durch den Geburtskanal herauskommt, ist das der Moment, in dem die Erinnerungen gestoppt werden. Der Geburtsvorgang hat etwas mit dem Schleier zu tun.

Bei meiner Arbeit mit Walk-Ins hatte ich dies schon vermutet. Menschen nach einer Nahtoderfahrung oder bei denen ein Austausch der Seelen stattgefunden hat, scheinen auf jeden Fall mehr medial veranlagte Personen zu sein. Durch meine Arbeit habe ich entdeckt, dass der Geburtsvorgang die Erinnerungen löscht. Auch die Zeit, die man als Baby verbringt, um sich darauf zu konzentrieren, den Körper zum Laufen zu bringen: krabbeln lernen, laufen und schließlich kommunizieren, bewirkt, dass die Erinnerungen an das dazwischen liegende Leben und die Herkunft der Seele verblassen. Der Walk-In hingegen durchläuft diese Erfahrungen nicht und hat meist die volle Erinnerung an den Ursprung. Daher wissen sie, wie sie ihre medialen

Fähigkeiten einsetzen können. Diese Fähigkeiten sind latent oder schlafend, wie sie bei so vielen Menschen sind.

D: *Deshalb stimmte sie dem zu. Und dies geschah zu der Zeit, als ihre Eltern glaubten, sie sei verloren.*

B: Sie weiß, wie es gemacht wird.

D: *Und diese Seele, die zu dieser Zeit eintrat, konnte die Dinge besser handhaben? (ja) Sie stimmte zu, mit all diesen schlimmen komplizierten Dingen fertig zu werden, die sie würde durchmachen müssen.*

B: Ja und um auch geerdeter zu sein.

D: *Die echte Mutter und die Leute auf dem Schiff sind immer bei ihr. (ja) Helfen sie ihr im Unterbewusstsein?*

B: Sie sind das „Wir", ja.

D: *Haben diese Leute im Schiff irgendwo ein physisches Zuhause oder leben sie auch dort?*

B: Es gibt da einen Ort sehr weit weg, aber sie leben meistens auf dem Schiff.

D: *Was war Bobbis Tätigkeit, als sie mit dem Schiff unterwegs war, bevor sie den Transfer oder Übergang machte?*

B: Sie war eine Abenteurerin.

D: *(kichert) Sie hört sich so an.*

B: Sie liebte die Sterne. Sie war wie ein Astronaut, würden wir sagen. Sie war eine Raumfahrerin. (lacht) Wir sind Dimensionsforscher.

D: *Und das ist ein weiteres Abenteuer. (Oh, ja!) Besteht nicht die Gefahr, sich hier im Karma zu verstricken, wenn sie auf der Erde in einen physischen Körper geht?*

B: Wir wissen was zu tun ist.

D: *Ich denke an das Karma.*

B: Wir wissen alles darüber. Wir wissen das alles.

D: *Denn wenn sie zur Erde kommen, besteht immer die Gefahr, Karma zu erzeugen. Es scheint etwas zu sein, das man nicht vermeiden kann.*

B: Was ich sehe, ist wie ein Film dazwischen ... ich kann es nicht sehr gut erklären. Es ist wie ein Film dazwischen ... dazwischen gibt es einen Schutz.

Dies klang wie Aaron (Kapitel 11), als er sagte, es sei eine Schutzhülle um ihn gelegt worden. Vielleicht ist der Film dasselbe Prinzip.

B: Wir verstehen die Dichte, die Anziehungskraft, die Mechanik, in die man so leicht hineingezogen werden kann. Ich sehe Wählscheiben. Wir können Dinge abstimmen. Es hat mit Frequenzen und mit Zifferblättern zu tun. Bobbi interessiert sich für Frequenzen und versteht sie. Sie lernt, sich auf die verschiedenen Frequenzen einzustellen. Wir können aber eine Frequenz verwenden und wissen, wie weit wir gehen können. Sagen wir es so. Wir wissen, wie weit wir gehen können, ohne in all das Karma eingebunden zu werden. Wir können es sehen. Wir können ein größeres Bild sehen. Es ist wie klebriger Klebstoff, von dem man nicht so leicht wegkommen kann. Wir sehen die Gefahr. Es ist, als würden sie festkleben.... Ich sehe etwas gefangen in ... es ist wie bei einem Fliegenfänger. Wie bei diesen schrecklichen Dingen, bei denen Menschen kleine Tiere einfangen und sie können nicht mehr davonkommen. Und das wollen wir nicht. Das ist eine menschliche Sache. Es ist, als ob Menschen im Fliegenfänger gefangen sind.

D: Deshalb braucht es einen mutigen Abenteurer, um dies tun zu können, weil sie so leicht durch das Prinzip des Karmas stecken bleiben können?

B: Wir verstehen die Schwingungsfrequenzen. Wir verstehen die Mechanik der Feinabstimmung. Ich sehe Wählscheiben. Wir verstehen es, das Karma, das Steckenbleiben zu vermeiden.

D: Du weißt also, wie du verhindern kannst, dass du im Karma quasi stecken bleibst?

B: Ja, das wissen wir. Es gibt einen Mann hier, der ziemlich gut darin ist. Er ist derjenige, der das überwacht. Da ist Bobbis Mutter, da bin ich ... da ist Bobbi. Es ist schwer das alles zu erklären.

D: Ja, an zwei Orten gleichzeitig zu sein.

B: Ja, an zwei Stellen gleichzeitig. Aber es gibt noch ein anderes Wesen hier. Es sieht aus wie ein Körper, dann aber auch wieder nicht. Es ist wie eine Präsenz, die ein größeres Wissen besitzt, das uns hilft. Wir wissen, wie wir nicht in die Fänge, des Karmas geraten. Mehr kann ich nicht sagen. Aber das Karma ist wirklich

so, als würde etwas auf dem Fliegenfänger hängen bleiben und versuchen, dort wieder loszukommen.
D: Ist dies ein Grund, warum Bobbi keine Kinder hat?

Ich hatte das schon durch eine andere Klientin entdeckt. Siehe Kapitel 9, „Kinder schaffen Karma".

B: Oh ja. Da ist dann mehr Karma involviert. Sie wusste, dass sie schon genug Arbeit hatte.
D: Weil, wenn Kinder da sind, hat man eine engere Bindungen zur Erde.
B: Die Aufgabe hatte eher mit dem Studium zu tun. Mit dem, was wir aus dieser Dimension lernen wollten. Wir möchten über die menschlichen Erfahrungen lernen.
D: Die Erlebnisse einfach leben und sich nicht im Karma verstricken.
B: Ganz genau.

In dem Brief, den Bobbi mir nach der Sitzung schickte, wollte sie ihre Erinnerungen an das Karma erläutern: „Karma sah so aus, als würden wir Insekten mit Fliegenpapier fangen. An einem Punkt wurde mir ein Bild gezeigt, das aussah, wie wenn man Kaugummi am Schuh kleben hat und es einfach nicht loswird. Das Fliegenpapier stellt dies im übertragenen Sinne sehr gut da. Es ist sehr schwierig für die Menschen, sich davon zu „lösen". In einem Teil wurde mir erklärt, wie sich die Person auf dem Schiff aus dem Karma herausgehalten hat. Es schien nicht so schwierig zu sein, wie wir es immer gehört haben, denn sie kannten die Schwingungsfrequenzen und die genauen Frequenzen des Karmas und wie man sich davon löst. Das war kein Problem für sie."

Bobbi schrieb weiter: „Es ist so, dass sich die Erde wie in einem Dom voll von Schwingungsfrequenzen befindet. Die Kuppel sah aus wie eine dünne Membran über der Erde und es erinnerte mich an den Film, „Die Truman Show", in dem Jim Carrey sein ganzes Leben in einer Blase lebte. Er wusste anfangs nicht, dass jeder in seinem Leben Schauspieler war und eine Rolle spielte, genau wie auf der Erde."

D: *Aber wenn sie dieses Leben irgendwann verlässt, wird sie zu dem Wesen zurückkehren, bei denen sie auf dem Schiff war? Der Körper, der noch wartet?*

B: Ja, das macht sie.

D: *Anstatt auf die Seelenseite zu gehen? Denn auf die andere Seite geht man, wenn man den Körper verlässt und stirbt. Oder siehst du das anders?*

B: Ich sehe da keinen großen Unterschied. Sie wird einen regelmäßigen Übergang haben. Sie wird durch die Todeserfahrung in die Seelenwelt gehen. Wir sind Teil dieser Geisteswelt. Wir sind Teil dieses Einen. Wir sind Teil der Präsenz. Wir sind Teil des Ganzen. Wir sind alle Fahrzeuge. Es ist wie beim Domino. Ich bin nur ein Teil des größeren Wesens. Und Bobbi ist ein Teil von mir, aber am Ende dreht sich alles um den Geist. Es geht um das Eine. Es geht um die Präsenz. Es ist kompliziert, weil sie in mir sein wird, aber trotzdem sind wir ein Teil dieses Einen.

D: *Das Leben des Eingeborenen, der sehr hungrig war, war er mit der ursprünglichen Entität von Bobbi oder mit der übertragenen Entität von ihr verbunden? Es ist ein wenig verwirrend, wenn wir hier zwei haben.*

B: Dies sind einige der Erinnerungen an die ursprüngliche Seele, das kleine Mädchen, die kleine Bobbi, den Zwilling. Sie wurden verwendet, um das menschliche Leben zu verstehen.

D: *Wie ein Erinnerungs-Rückstand, der noch da war.*

B: Oh ja, ja. Bevor sie ins Leben kam, konnten wir die Erinnerung sehen.

D: *Deshalb hatte die hereinkommende Seele, die zu Übertragene, diese Erinnerungen nicht. (richtig) Dann gehört es definitiv nicht zur Persönlichkeit von Bobbi. (nein) Das gehört zu der Seele, die sich sozusagen jetzt von der Erde ausruht.*

B: Ja, das stimmt.

D: *So kann diese ruhende Seele überhaupt keinen Einfluss mehr auf sie haben. (richtig) Nun, das ist jetzt ziemlich klar.*

B: Wir werden bei all diesen körperlichen Problemen helfen. Was ihren Zweck hier angeht, gibt es so eine zeitliche Sache. Sie hat heilende Fähigkeiten. Sie wusste bisher nicht, wer wir waren. Und so kennt sie jetzt den „Wir"-Teil. Und das „Wir" ist, dass wir alle ein Teil des Schöpfers sind. Sie wird etwas Lichtenergie mitbringen. Ich sehe, dass ein Lichtstrahl hereinkommt, der verschlüsselte Nachrichten mit sich bringt. Es ist eine Kodierung. Es sind Töne. In einem ihrer Ohren bekommt sie einen Ton. Sie kann diesen Ton jetzt entschlüsseln. Sie muss sich während der Mediation mit mir verbinden, was sie ja bereits tut, um Hilfe zu bitten. Sie kann jetzt beginnen diese Nachrichten zu entziffern. Ich sehe Lichtstrahlen. Und ich sehe, dass es nicht etwas Hieroglyphisches ist, sondern eher wie das alte Hebräisch.

Ich verstand, worüber sie sprach, weil ich Schreibproben (oder Symbole) aus aller Welt erhielt. Es gleicht sich immer wieder, und viele Leute haben mir gesagt, dass sie Symbole erhalten, wenn sie in einem Lichtstrahl erscheinen.

B: Wir benutzen ihren physischen Körper, denn sie ist sehr geerdet. Sie ist skeptisch, aber nicht zu skeptisch. Sie ist skeptisch genug, dass sie wirklich erkennt, was sie bekommt. Sie ist ein sehr guter Träger für das, was wir tun wollen. Wir möchten etwas Wahrheit einbringen. Sie wollte immer die Wahrheit auf diesen Planeten bringen. Deshalb ist sie hier. Es ist, als ob mein Körper ... es ist keine Gestation. Mein Körper ist in dieser Stasis, aber ich bin im Geist für sie da und helfe ihr. Mein Körper muss in diesem Zustand sein, damit ich mich voll darauf konzentrieren kann, ihr zu helfen. Es gibt also Informationen die durchkommen werden. Dieses Licht muss durchgelassen werden. Es wird mehr als sie sich vorstellen kann.

D: Sie hat zuvor versucht, diese Informationen zu finden und sie meint, diese würden einfach nicht zu ihr durchkommen.

B: Sie hat es blockiert. Sie war nicht bereit dafür. Sie hat nicht die menschlichen Erfahrungen gemacht, die wir brauchten, um Klarheit zu erlangen. Sie hatte immer das Gefühl, diese Dimension sei zu langsam.

D: Kann ich um Erlaubnis bitten, einige dieser Informationen in meiner Arbeit zu verwenden?

B: Oh ja. Deshalb sind wir hier.

D: Weil es einige Teile gibt, die ich beginne, wie ein Puzzle, zusammenzusetzen.

B: Es gibt hier Konzepte, die für den Menschen hilfreich sind, um zu verstehen. Das Fliegenpapier-Konzept soll den Menschen helfen.

Es ist wie dein Fernseher. Die Leute kleben an ihren Fernsehern. Es ist wie eine Sucht. Es ist Zeit für sie zu erwachen.

D: *Ich glaube nicht, dass etwas zufällig passiert. Ihr gebt mir immer die nächste Information, die ich brauche. Und ihr wisst wahrscheinlich sowieso, dass der Mann, den ich gestern in einer Sitzung bei mir hatte, den ersten Hinweis auf das Fliegenpapier und das Karma gab. (Siehe Aaron Kapitel 11.)*

B: Er hat das Fliegenpapier und das Karma erwähnt?

D: *Er erwähnte es auf eine andere Weise, wie einen Ärmel, der ihn davor bewahrt, sich im Karma zu verstricken. Und Bobbi sprach über einen Schleier und einen Film. Ein Weg, um sich vom Karma fernzuhalten.*

B: Es ist wie eine Kuppel, eine Frequenz. Es ist als ob der Schleier eine Frequenz ist. Dies ist die bestmögliche Beschreibung, passender kann ich es in dieser Sprache nicht übermitteln. Es gibt diese Frequenz, die wie ein Schleier ist, der diese Dimension umgibt.

D: *Bobbi hat es mir deutlicher erklärt. Aaron sagte, man könne die Lektionen lernen, aber man muss nicht im Karma festhängen. Er beschrieb es als einen Weg, um das Karma davon abzuhalten, an ihm kleben zu bleiben.*

B: Genau, die Welt ist eine Illusion. Sie sind hier, um die Lektionen zu lernen, aber dabei nicht im Karma stecken zu bleiben. Bobbi wusste, dass sie hier war, um die Trennung zu lernen und sie musste lernen, nicht zu abhängig zu sein. Sie kam auf das Fliegenpapier. Das ist die tiefste menschliche Herausforderung. Es ist wie, wenn die Menschen auf dem Fliegenpapier kleben, aber Bobbi befreite sich davon.

D: *Wenn also der ursprüngliche Geist im Körper geblieben wäre, wäre es sehr, sehr schwierig geworden, nicht stecken zu bleiben?*

B: Sie hätte nicht bleiben wollen.

D: *Das hielt den Körper also wirklich am Leben. Auf diese Weise können wir den ursprünglichen Seelen Liebe senden, dass sie den Körper verlassen haben.*

B: Oh ja, die Menschen würden es „Belohnungen" nennen. Sie erhielten eine Belohnung dafür, dass dies geschehen konnte. Den Zwillingen, die gegangen sind, hat es auch geholfen, weil sie für einige Zeit aus den Erfahrungen dieser lernen konnten. Und aus

der Verbindung mit der großen Seele, können sie noch lernen. Die großartige Schöpferverbindung.
D: *Weiß ihre Schwester Linda etwas davon?*
B: Sie weiß es auf einer gewissen Ebene. Dasselbe passierte mit ihr. Sie musste unterschiedliche Erfahrungen machen. (lacht) Sie hat unterschiedliche Fliegenfänger über die sie gehen muss, weil sie hier war, um verschiedene Dinge zu lernen. Sie heiratete einen Minister, einen schwulen Minister, also hatte sie ihre eigenen Herausforderungen und Erfahrungen. Für beide waren es allerdings sehr anstrengende Erfahrungen. Sie wollten die Reise nicht alleine machen. Es war zu viel.

Ich bereitete mich darauf vor, die Sitzung zu beenden und Bobbi wieder ins Bewusstsein zu bringen, aber das Wesen hatte einige Abschiedsworte.

B: Danke für diese Möglichkeit. Für die Inszenierung für alle Beteiligten. Wir kennen das Netz all dieser Dinge, die miteinander verbunden sind.
D: *Ich treffe allerdings immer mehr davon als der Durchschnittsmensch. (Wir lachten gemeinsam.)*
B: Es ist deine Aufgabe.
D: Zumindest bin ich in diesem Netz, schätze ich.
B: Oh ja, oh ja. Du hast einen großen Faden. (lachen)

Ich gab Anweisungen, um die anderen Entitäten zurücktreten zu lassen. Bobbi atmete tief ein, als die anderen gingen. Dann brachte ich sie wieder zu vollem Bewusstsein.

* * *

Bei einer Sitzung mit Jesse in New York, im Jahr 2004, bekam ich eine andere Alternative zu einer Art Walk-In.

Anstatt in ein früheres Leben zu gehen, ging Jesse direkt zu einem Energiewesen, das sich an verschiedenen Orten im Kosmos befand. Einige davon waren körperlich, andere nicht. Sie war ein Typ, der nicht an einen bestimmten Körper gebunden sein musste.

D: *Kommst du jemals in einen Körper?*
J: Man kann zu verschiedenen Zeiten in ein bereits existierendes physisches Leben eintreten, wenn man das möchte.
D: *Muss man nicht einen Körper betreten, wenn man ein Baby ist?*
J: Nein, vielleicht benötigt eine Person Hilfe, und man hilft ihnen auf diesem Weg nur für einen kurzen Teil ihres Lebens, wenn sie es brauchen.
D: *Du bleibst also nicht die gesamte Lebensdauer des Körpers?*
J: Manchmal ja, manchmal nicht. Es muss kein Körper sein. Es kann verschiedene Formen auf verschiedenen Planeten und in verschiedenen Bereichen haben.
D: *Welche anderen Formen würdest du annehmen, wenn es kein physischer Körper ist?*
J: Ich weiß, einige von ihnen sind nicht solide. (tiefes Durchatmen) Es ist so schwer zu erklären.
D: *Ja! Das kann ich mir vorstellen. Aber du sagst, du bleibst normalerweise nicht für die gesamte Existenz des Körpers oder was auch immer die Form ist. Aber wenn du zu einem Körper dazukommst, nur um ihnen kurz zu helfen, gibt es nicht bereits eine Seele oder einen Geist in diesem Körper?*
J: Ja, aber sie brauchen Hilfe.
D: *Du darfst also helfen, obwohl es schon eine Seele in dem Körper gibt? (ja) Weil ich dachte, dass das vielleicht nicht erlaubt wäre. Zwei Seelen gleichzeitig in einem Körper zu haben.*
J: Ich glaube nicht, dass die andere Seele die Kontrolle übernimmt. Ich denke, sie ist nur da um zu helfen. Oder um etwas hinzuzufügen. Ich kann es nicht erklären. So schwer.
D: *Dann, wenn die eine Seele der anderen Seele mit allem geholfen hat, geht sie dann wieder?*
J: Ja, ich glaube nicht, dass sie unbedingt in den Körper reingehen muss. Sie könnte auch einfach bei dieser Person bleiben und mit ihr kommunizieren. Die Energie senden, die sie braucht. Es kann auch so gemacht werden.
D: *Ist die Person über die andere Seele informiert?*
J: Was meinst du mit der Person?
D: *Der physische Körper, die Person, die sich im bewussten Teil befindet. Weiß die dann, dass du auch da bist?*
J: Sie fühlen sich anders. Sie tun Dinge anders als sie sie normalerweise tun würden. Aber die Seele weiß das alles. Und sie

tun gemeinsam nur das, was sie tun sollen, um zu helfen. Es ist also nichts was nicht im gemeinsamen Einverständnis abgesprochen wurde.

D: Die Seele weiß also, was du tust. Sie weiß, dass du da bist? (ja) Und es ermöglicht dir, für kurze Zeit auszuhelfen, beziehungsweise so lange wie es dauert. (ja) Dann gehst du von Ort zu Ort.

J: Manchmal ja, manchmal bleibe ich auch. Wenn die Hauptseele den Körper vielleicht für kurze Zeit verlassen muss, zur anderen Seite zurückkehrt, um sich einfach selbst zu reparieren oder so ähnlich. Sie gehen, du übernimmst. Sie bleiben im Grunde alles was sie vorher waren, plus die Stärke und die Verbindung, die sie zuvor hatten. Und du hilfst für eine Weile, bis die Hauptseele wieder zurückkommt.

D: Es hält den Körper auf diese Weise am Leben (ja) Warum musste die Seele zurückkehren, um repariert zu werden?

J: Ich glaube nicht, dass sie auf der Erde vollständig repariert werden kann. Sie muss durch den Vorhang der Illusion gehen. Durch den Schleier. Ich denke, sie muss sich ausruhen und unterschiedliche Schwingungseinstellungen bekommen.

D: Ist etwas im Leben der Person geschehen, dass die Seele zurückkehren und repariert werden muss?

J: Ja, schreckliche Dinge, vielleicht auch Tragödien oder die Seele ist so erschöpft, dass sie nicht mehr wirklich weitermachen kann.

Es sieht so aus, als hätten die auf der anderen Seite für jede Möglichkeit eine Lösung. Anstatt den Körper sterben zu lassen, während die Seele zur Reparatur zurückkehrt, kommt die haltende Seele für eine Weile herein und hält den Körper am Leben, bis die ursprüngliche Seele glaubt, dass sie ihre Arbeit wieder aufnehmen kann. Dies unterscheidet sich von einem Walk-In, bei dem es sich eher um einen permanenten Austausch handelt.

D: Hast du jemals ein ganzes Leben lang in einem physischen Körper gelebt?

J: Ich denke nur ein paarmal. Jetzt bin ich hier eingesperrt und mag es nicht sonderlich. Es ist schwer, eine lange Zeit in einem Körper zu sein.

D: Du warst nicht die ursprüngliche Seele, die hereingekommen ist?

J: Ich bin mir nicht sicher. Aber ich denke, ich bin es nicht.
D: Glaubst du, du bist in ihren Körper inkarniert, als sie geboren wurde?
J: (seufzt) Vielleicht rein und raus. Ich weiß es nicht.
D: Ich war nur neugierig, ob du die ganze Zeit in ihrem Körper gewesen bist, als sie am Leben war.
J: Ich habe Erinnerungen daran, aber ich glaube nicht. Ich denke, die ursprüngliche Seele hat es nicht geschafft. Es war eine Vereinbarung. Sie gehen einfach für eine Weile und jemand anderes übernimmt. Vielleicht passieren diese Dinge häufiger als die Leute wissen. Seelen teilen sich den Körper für eine kurze Zeit und machen dann weiter. Vielleicht war die erste Seele nur eine neue Seele, die das Erdenleben zuvor noch nicht erlebt hatte. Es war das erste Mal und es war wie eine Probe und es war ihr zu viel. Nur für diesen Fall standen zwei weitere Seelen zur Verfügung.
D: Falls sie die Arbeit nicht erledigen konnte?
J: Ich weiß nicht, ob die Seele dann ihre Arbeit weitermacht oder einfach nur da ist. Das Wichtige ist, dass der Körper am Leben bleibt. Also muss sich jemand abwechseln.

Ich rief das Unterbewusstsein hervor, um mehr Informationen zu erhalten. Jesse sagte, sie fühle sich hier auf der Erde nicht zu Hause. Es war ein einsames Gefühl und sie wollte wissen, warum sie sich so fühlt.

J: Sie fühlt sich so, weil dies nicht ihr zu Hause ist. Ihr wahres Zuhause ist kein physischer Ort. Er liegt in einer anderen Dimension. Es ist dort einfach hell und schön und es gibt keinen Körper, keine Menschen. Es gibt nur Energie. Es gibt einen anderen Ort, der etwas körperlicher, halbfester ist. Hohe Berge, Tiere und Bäume. Sie mag es sehr, dort zu sein. Es ist in einer anderen Dimension.

Jesse hatte keinen Körper, als sie an einem Ort war. Das Unterbewusstsein sagte, sie habe nicht viele Leben auf der Erde gehabt. Größtenteils hat sie in anderen Dimensionen gelebt, wenn sie keine sogenannte „Halteseele" war.

D: *Mit dem anderen Teil, mit dem wir gesprochen haben ... ist das der Teil, der hin und her geht? Oder ist es etwas anderes?*
J: Ja, es ist derjenige, der hin und her geht. Als dieser Teil hierher kam und einfach nur half, blieb es nicht für die gesamte Lebensdauer.
D: *Ist dieser Teil jetzt hier?*
J: Es ist sehr schwer zu erklären. Man kann nicht sagen, wann ein Teil beginnt und der andere endet.
D: *Ist er mehr oder weniger mit der ursprünglichen Seele verschmolzen?*
J: Ja, aber die Sache mit der Energie ist die, dass es keinen Anfang oder kein Ende gibt. Und wenn wir diesen Seelen auf Erden in den Körpern aushelfen und unterstützen, ist es der Teil von ihnen, der weiß, was sie durchmachen. Sie müssen alle lernen. Du weißt es einfach, sie sind ja auch ein Teil von dir.
D: *Jesses wahres Zuhause sind all diese schönen Orte. Darf sie irgendwann dorthin zurückkehren?*
J: Ja, indes es ist schwer zu erklären. Dort zu sein ist schön, aber man entwickelt sich nicht weiter. Man trägt zu dem Ganzen nichts bei. Man macht ja diese verschiedenen Erfahrungen, um alles um sich herum zu bereichern. Nicht nur dich selbst, weil man existiert ja nicht als eine separate Seele. Es ist sehr schwer zu erklären.

Dies war eine langweilige Sitzung, denn selbst das Unterbewusstsein wusste nicht, wie es diesen anderen Teil von Jesse erklären sollte, den wir sehen durften. Anscheinend war sie so effektiv mit Jesses Persönlichkeit verschmolzen, dass sie nicht wusste, wo sie aufhörte und wo der Teil begann. Aber das ist eine gute Sache. Wahrscheinlich könnte es auf diese Weise leichter funktionieren. Anscheinend ist eine haltende Seele ein separater Geist, der zugestimmt hat einzutreten und den Körper funktionsfähig hält, während der ursprüngliche Geist eine Weile auf die andere Seite geht. Dies würde sich von einem Walk-In unterscheiden, da der ursprüngliche Geist vorhatte, zurückzukehren und seine Pflichten wieder aufzunehmen. Die haltende Seele bleibt so lange, wie sie gebraucht wird, um dann zur nächsten Aufgabe überzugehen. Im nächsten Kapitel werden wir Seelenfacetten oder Fragmente diskutieren. Eine haltende Seele könnte eine von diesen sein, aber wie Jesse sagte, es ist sehr kompliziert zu erklären.

KAPITEL 29

DIE FACETTENREICHE SEELE

In Buch Eins schrieb ich über die Fragmentierung der Seele. Das Konzept, dass wir Teil einer viel größeren Seele sind, die sich splitten oder teilen kann und viele Existenzen gleichzeitig lebt, ist mir präsentiert worden. Wir sind uns dessen nicht bewusst, weil dies zu verwirrend ist und unser menschlicher Verstand es nicht verstehen kann. Dies geht einher mit dem in Buch Eins vorgestellten Konzept, der Theorie über das gleichzeitige Leben in parallelen Realitäten und der Tatsache, dass ständig weitere Realitäten geschaffen werden, während sich diese immer weiter teilen. Mir wurde gesagt, dass unser menschlicher Verstand niemals die Gesamtheit von alldem erfassen kann. Es ist nicht unser Gehirn, es ist der menschliche Geist. Daher werden mir Beispiele oder Analogien gegeben, die einige Informationen liefern, mit denen wir möglicherweise umgehen können. Ich betrachte diese gerne als interessante Gedankenübungen. Sie lassen uns nachdenken, aber wenn wir ihnen nicht glauben oder sie weiter studieren wollen, können wir sie einfach als Kuriositäten betrachten. Wenn ich diese Analogien bekomme, habe ich immer den starken Eindruck, dass sie nur die Spitze des Eisberges sind und der Großteil der Informationen oder der Rest des Eisberges für immer für uns verborgen bleiben werden, solange wir in einem sterblichen Körper existieren. Vielleicht werden wir es ja eines Tages verstehen. Für den Moment jedoch müssen wir mit der Tatsache zufrieden sein, dass „sie" der Meinung sind, wir sind bereit, das Nötigste und grundlegendste Wissen an die Hand zu bekommen, um uns dabei zu helfen, die Fähigkeit des Verstehens in unserem Geist zu erweitern.

Im Laufe des Jahres 2002 erhielt ich durch meine Therapiesitzungen Informationen über Seelenfacetten von anderen Seiten der Welt. Es kann sich nur um eine Frage der Semantik handeln und es kann sich auf dasselbe wie das Fragmentieren beziehen, auch wenn es unter einem anderen Namen bekannt ist. Ich werde versuchen, das Konzept zu untersuchen und dann sehen, ob es sich um dieselben oder zwei unterschiedliche Prozesse handelt.

* * *

Die erste Sitzung fand im Oktober 2002 in Minneapolis statt, als ich dort für Gary Beckman von der Edge Expo Vorträge hielt. Michelle kam in meine Privatwohnung, in der ich diese Therapiesitzung abhielt.

Als sie in Trance war, schwebte sie von der Wolke herunter und befand sich in einer fremden Umgebung und in einem befremdlichen Körper. Es war so dunkel, dass man es kaum sehen konnte, aber sie hatte eine karge Landschaft vor Augen. Es gab keine Vegetation und der Boden war braun mit einem Hauch von orange. In vielen Fällen, wenn der Klient Umgebungen sieht, deren Beschreibung nicht nach unserer Welt klingt, liegt dies normalerweise daran, dass sie sich tatsächlich in einer anderen Welt, jenseits unserer Kenntnis befinden. Ich muss immer wieder Fragen stellen und auf jede Art von Antwort vorbereitet sein.

Als Michelle auf ihren Körper aufmerksam wurde, stellte sie fest, dass sie eine Jacke und eine Hose aus einem silbernen, folienähnlichen Material trug. „Ich schaue auf meine Hand. Die Haut ist irgendwie grünlich." Ich fragte, wie viele Finger sie hat. „Es gibt drei Hauptmerkmale, der kleine Finger ist sehr klein. Ich habe Daumen, aber ich verwende niemals den linken, weil er nicht richtig funktioniert. Der Daumen an der rechten Hand funktioniert." Ihr Körper fühle sich männlich an, aber sie wusste, dass sie androgyn ist. Sie hatte schwarze, spärliche Haarsträhnen.

Ihre Aufmerksamkeit verlagerte sich von ihrem Körper, als sie bemerkte, dass sie eine Ausrüstung auf dem Rücken trug. „Es ist ein kleines weißes Paket. Fast wie eine Tragetasche. Ich scanne den

Boden. Ich sollte nach etwas suchen. Ähm... ich glaube nicht, dass man hier irgendetwas pflanzen kann. Der Boden ist so dünn."

D: *Weißt du, wonach du suchst?*
M: Einen Ort zum Anpflanzen von Lebensmitteln. Mir wurde gesagt, dass das ein guter Ort sein könnte, aber ich glaube nicht, dass es so ist. Es sieht so unfruchtbar aus. Ich weiß nicht, ob ich an dem richtigen Ort bin. Es wächst hier nicht viel, nur diese kleinen, türkisfarbenen, gezackten Büsche. Wie kann ich es beschreiben? Sie haben ein bisschen ein gummiartiges Aussehen. Ich fürchte mich ein wenig. Ich weiß nicht was ich tun soll.
D: *Warum hast du Angst?*
M: Vielleicht werde ich nicht in der Lage sein, einen Ort zu schaffen, an dem die Menschen allmählich ernährt werden können. Ich weiß nicht, ob ich das kann.
D: Ist das dein Job?
M: Ja und ich sagte, dass ich es kann. Ich denke, ich habe es unterschätzt.
D: *Warum hast du diesen Ort ausgesucht?*
M: Ich wurde von den Älteren angeleitet, hierher zu kommen. Und ich sagte ihnen, dass ich den Ort finden kann. Aber ich bin nicht ... am richtigen Ort? Vielleicht habe ich mich verlaufen. Vielleicht mache ich nicht das, was ich soll. Ich fühle mich verloren.
D: *Ist das der Ort, an dem du lebst?*
M: (nachdrücklich) Nein! Nein, ist es nicht. Der Ort, an dem ich wohne, ist ein anderer Ort.
D: *Wie bist du dorthin gekommen?*
M: Durch meinen Gedanken. Ich teleportiere mich dorthin.
D: *Du bist nicht in einem Raumfahrzeug oder etwas Ähnlichem gekommen?*
M: Nicht wirklich, nein.
D: *Du kannst dich einfach sofort dorthin transportieren, meinst du? (ja) Ist noch jemand mit dir gekommen?*
M: Ja, es gibt noch jemanden hier. Sie sind hinter mir und schauen zu. Sie sind irgendwie wütend. Sie fühlen sich genauso wie ich. Wir verstehen nicht, warum wir hier sind. Wir waren überzeugt, wir hätten die richtigen Koordinaten. Ich glaube nicht, dass wir hier Nahrung anbauen können.
D: *Musst du die Nahrung für deine Leute anbauen?*

M: Meinem Volk geht es gut. Aber die Familie aller Seelen ist ... wir sind alle vereint. Wir alle. Jedoch es gibt einige Familienmitglieder, die nicht genug zu essen haben und genug Raum zum Leben.

Sie wurde emotional und fing zu weinen an. Es war schwer sie zu verstehen.

M: Es gibt einige Familienmitglieder, die sich gegenseitig verletzen. (weinen) Sie teilen ihre Nahrung nicht miteinander. Einige Leute haben etwas und andere nicht. (tiefe Seufzer)
D: Ist dies eine Familie, die an demselben Ort lebt, an dem du lebst?
M: Nein, aber ich weiß das von den Leuten.
D: Aber wenn dies nicht auf dem Planeten ist, auf dem du lebst, woher weißt du dann Bescheid?
M: Weil wir zu verschiedenen Orten reisen. (Sie war immer noch emotional, aber beruhigte sich.) Es soll Einheit geben. Das wollen wir. Einige von uns wissen davon und einige von uns nicht. Und wir waren alle an verschiedenen Stellen beteiligt, um zu versuchen, die Einheit zu schaffen. So können wir alle unsere Verbindung erkennen und einige dieser schrecklichen Praktiken stoppen.
D: Wo du wohnst hast du Einheit, möchtest aber den anderen Planeten helfen?
M: Ja, ich habe zwei gesehen. Einer ist der Planet, auf dem man das Essen nicht miteinander teilt. Sie brauchen eine andere Umgebung. Es gibt zu viele Menschen auf diesem Planeten. Und sie sehen voraus, dass der Andrang bis zu einem Punkt andauert, an dem es wirklich ein Problem geben wird. Auch wenn sie teilen wollten, sind sie dazu nicht mehr in der Lage.
D: Und was ist der Plan? Zu einem anderen Planeten zu gehen und Nahrung anzubauen?
M: (großer Seufzer) Das wir auch andere Plätze erschaffen können. Es muss nicht nur auf diesem Planeten sein.
D: Wenn ihr dann die Nahrung anbauen würdet, was passiert danach?
M: Dann könnten sich die Menschen dafür entscheiden, auf diesem Planeten inkarniert zu werden.

D: *Demnach werden sie die Menschen nicht von dem überfüllten Planeten entfernen?*
M: Nein, aber ich sehe, was auf diesem Planeten passiert und das macht mich sehr traurig. Ich möchte in der Lage sein, einiges davon zu lindern, indem ich andere Auswahlmöglichkeiten habe.
D: *Du meinst also, wenn sie wiedergeboren werden, um ihr Karma zu trainieren, müssen sie nicht zu diesen überfüllten Orten zurückkehren? (ja) Aber du wirst nicht versuchen, denen zu helfen, die schon da sind?*
M: Nein, wir können uns nicht einmischen.
D: *Wenn sie sie nicht bewegen können, müssen sie ihnen nur einen anderen Platz geben, eine andere Alternative. Es ist also ihre Aufgabe, einen Ort zu finden, an dem sie Nahrungsmittel anbauen können, denn die Menschen würden sich nicht dorthin inkarnieren lassen, wenn es keine Nahrungsmittel oder Lebensmöglichkeiten gibt. (ja) Wie wirst du es schaffen, dass es ein erfolgreiches Unterfangen wird?*
M: Nun, hier ist das Problem. Ich weiß nicht was ich tun soll. Ich muss zurückgehen und versuchen, es nochmal zu überarbeiten. Ich weiß nicht, was hier passiert ist. Zuerst kommt das Essen und dieser Ort scheint nicht das zu haben, was ich erwartet hatte. Es muss einen Weg geben, mit dem Anbau zu beginnen, bloß scheint dies keine gute Umgebung zu sein. Ich habe vielleicht einen Fehler gemacht. Ich war der Meinung, ich hätte die Koordinaten. Ich glaube daher nicht, dass ich genug aufgepasst habe. Zahlen sind sehr wichtig. Und Formen sind ebenfalls sehr wichtig.
D: *Meinst du das mit den Koordinaten?*
M: Ja, Zahlen und Formen können mich in die richtige Richtung weisen. Sie transportieren mich. Ich bekomme immer die Nummer 62 und 44.

Ihr Körper zuckte plötzlich und unerwartet. Sie lachte: „Ich bin einfach auf einmal gegangen!"

D: *Ich weiß, du hast gezuckt. Du bist einfach so schnell gegangen, indem du an diese Zahlen gedacht hast?*
M: Ja, ich bin gerade zu meinem Planeten zurückgekehrt, zu dem ich gehöre. So schnell kann ich gar nicht schauen, schon bin ich wieder da. (lachen)

D: *Du musst also Zahlen und Formen haben, die dir beim Transport helfen? (ja) Welche Formen sind das?*
M: Es gibt eine, die ich am häufigsten benutze, die eine Basis hat, eine gerade Linie. Und dann geht es zu einem Punkt über, der geformt ist ... Ich kann es nicht einmal mit verständlichen Begriffen erklären. Aber es krümmt sich ein wenig, fast wie eine Kerze, denke ich.
D: *Wie eine Flamme?*
M: (nachdrücklich) Ja! Es geht ein bisschen wie ein Dreieck hinauf, aber es ist nicht ganz diese Form.
D: *Zeichnest du diese Form?*
M: Ich denke sie mit meinem Verstand. Es ist alles auf Intention gegründet. Und diese Intention erlaubt es, das zu tun, was man tun muss. Aber ich habe das Gefühl, dass ich etwas nicht richtig hinbekomme. Es ist verwirrend, so als wäre ich irgendwo gelandet, wo ich nicht hin wollte. Und ich war der Meinung, ich habe die richtigen Koordinaten.
D: *Aber du denkst dir eine Form, ein Design und die Nummern 62 und 44, das bringt dich dann zurück zu deinem Herkunftsort?*
M: Ja, bis zur Heimatbasis.

In Kapitel 17 ging ein anderer Klient zu anderen Planeten und Asteroiden, um Bodenproben zu sammeln. Diese wurden analysiert, um zu sehen, ob der Planet Leben unterstützen kann. Der Unterschied war, dass er in einem Ein-Mann-Raumfahrzeug reiste.

D: *Und wann immer du wieder gehen willst, musst du an dieses Design denken?*
M: Es ist eine andere Zahl, abhängig davon, wo man hin möchte.
D: *Nun, jetzt bist du wieder da, wo du hingehörst. Wie ist dieser Ort?*
M: Es ist ein Gefühl von großer Ruhe und Gelassenheit. Ich fühlte mich überhaupt nicht wohl, weil diese Energie keine Harmonie hatte. Es fühlte sich angespannt an, deshalb war ich sehr leicht reizbar.
D: *Wie sieht dieser Ort, dein Zuhause aus?*
M: (Pause) Es in Worten zu erklären ist sehr schwer.
D: *Ist es eine körperliche Welt?*

M: Das ist es. Dennoch, es ist nicht dasselbe wie bei vielen der anderen Planeten. Man kann es sehen, aber es hat nicht die Dichte, die die Erde hat.

D: *Hat es Gebäude und Städte?*

M: Es ist eher ein Gefühl, mehr Verbundenheit.

D: *Konsumierst du an diesem Ort Nahrungsmittel?* (nein) (Dies wurde gesagt, als ob sie überrascht wäre.) *Was tust du, um dich am Leben zu erhalten?*

M: Licht, Licht durch die Sonne.

D: *Wie bekommst du das Licht in deinen Körper?*

M: Von der Sonne. Es macht alles aus. Es ist das kleinste, kleinste Teilchen. Nicht einmal ein Teilchen. Es ist eher eine Welle. Eine Wellenform. Wir alle nehmen es auf. Es ist für uns alle da.

D: *Aber als du auf dem anderen Planeten warst, warst du fern der Sonne?*

M: Ja, ich musste mich wirklich konzentrieren. Es war sehr schwierig.

D: *Kannst du sehr lange vom Licht weg sein?*

M: Nein, nein, nicht sehr lange.

D: *Also brauchst du es, um dich am Leben zu erhalten.*

M: Ja, das tue ich. Ich bin es.

Das wurde schon in meiner Arbeit berichtet. Bestimmte E.T.s leben vom Licht und haben an Bord ihres Raumfahrzeuges Geräte, die das benötigte Licht erzeugen können. In meinem Buch „Vermächtnis der Sterne", mussten die Wesen in der Zukunft, die in einer unterirdischen Stadt leben, immer ein Lichtbad nehmen. Alle diese Wesen sagten, dass das Licht, das sie am Leben erhält, von der Quelle kam.

D: *Aber du hast auf diesem anderen Planeten einen physischen Körper beschrieben.*

M: Oh ja. Wir müssen Formen annehmen, um an verschiedene Orte zu gelangen, damit wir uns an die Umwelt anpassen und dort sein können.

D: *Wie siehst du wirklich aus?*

M: Es ist schwer mich zu sehen. Ähm, meine Güte, ich kann es nicht erklären. Es ist mehr ein Gefühl, ich kann es nicht wirklich sehen. Es ist etwas ... wo Worte nicht benötigt werden.

D: *Ich wollte nur sicher sein, dass es nicht die geistige Seite ist. Ist das vielleicht eine andere Art eines Lichtkörpers?* (ja) *Nun, gehst du zurück zu den Ältesten und sagst ihnen, dass du nicht die richtigen Koordinaten hast?*

M: Ja, ich kann meinen Körper jetzt sehen. Er hat, wenn du es „er" nennst, einen runden Kopf, einen dünnen langen Hals und dünne lange Arme. Er verändert sich. Zuerst sah er so aus und jetzt sieht der Körper mehr wie Licht aus. Die Form ist, je nachdem wie die Gedanken sind. Es ist abhängig von den Vorgängen die um einen herum sind, wie die Form variiert. Ich erzähle dem Ältestenrat was passiert ist. Sie haben über mich gelacht, mein Stolz sei im Weg. Ich war mir so sicher, dass ich es weiß, dass ich die Details vollkommen vergessen habe. Der Ältestenrat ist nicht verärgert.

D: *Was denkst du? Hat er recht damit?*

M: Ja, ich dachte ich wüsste was ich tue. Es schien eine der üblichen Reisen zu sein, aber dem war nicht so. Ich war nicht vorbereitet. Ähm, ich versuche es zu hören. (Pause) Ich bin zu früh gelandet. Ich kann es nicht in Worte fassen. Ich bin irgendwie über das Ziel hinausgeschossen....

D: *Über die Koordinaten hinausgeschossen?*

M: Ja, einige dieser Dinge kann ich nicht erklären. Du musst sehr genau sein. Es geht nicht nur um die Koordinaten, die Zahlen. Es ist die Intention wie man die Zahlen verwendet.

D: *Wirst du es noch einmal versuchen?*

M: Nein, sie sagen, dass ich mich so sehr mit dem beschäftigt habe, was ich tun wollte, um zu helfen, dass ich den Plan, die Mission, aus den Augen verloren habe. Sie sagen aber auch, dass diese Dinge passieren.

D: *Was war der Plan, die Mission?*

M: Hilfe bei der Suche nach anderen alternativen Inkarnationsorten, die die Belastung eines Planeten verringern würden. Ich sollte beobachten, aber ich wurde so in die Notlage der Menschen verstrickt, dass ich mich einmischte. Es gibt einen Plan. Der Plan ist wichtiger. Nicht dass die Menschen und die Wesen nicht wichtig sind. Es ist nur so, dass alles vorübergehend ist. Und man muss daran denken, die Dinge in der Perspektive zu behalten. Und das ist mir schwer gefallen.

D: *Du solltest dich nicht emotional mit den Leuten beschäftigen?*

M: Nein, ich sollte die Gesamtvision beibehalten. Und erkennen, dass wir alle diese Dinge auswählen, um zu lernen, zu wachsen. Und ich wurde in die Emotion verstrickt. Ich habe die Vision verloren.

D: *Diese Leute entschieden sich für diese Situation.*
M: Ich vertraute ihnen nicht, dass sie tun, was sie tun müssen. Es ist sehr kompliziert. Es ist eine Kombination aus Vertrauen in die Leute, Vertrauen in den Plan, aber dennoch zu erkennen, dass alternative Dinge entwickelt werden müssen.
D: *Das ist also keine Einmischung, wenn du auf einem anderen Planeten Nahrungsoptionen entwickelst, zu dem sie dann gehen können?*
M: Nein, als ich jedoch in das Drama hineingezogen worden bin, wurden die Emotionen gehemmt, sodass ich den Plan nicht umsetzen konnte. Ich wurde süchtig danach.
D: *Aber es ist schwer, sich nicht darin verwickeln zu lassen, oder?*
M: Es ist sehr schwer, sehr, sehr schwer.
D: *Du kannst nicht emotionslos sein.*
M: Ich konnte die Gesamtvision nicht beibehalten. Wenn man die Gesamtvision im Blick behalten kann, kann man es auch durchziehen. Ich konnte es nicht, es ist zu schwer.

Dies geschah auch in anderen Fällen, beschrieben in dem Buch „Vermächtnis der Sterne", wo die Entitäten aus einem anderen Sternensystem im Auftrag auf der Erde waren und sich zu sehr mit den Menschen beschäftigten. Als dies passierte, mussten sie auf der Erde reinkarnieren, anstatt auf ihren eigenen Planeten zurückkehren zu können. Irgendwie schufen sie Karma.

D: *Also hat der Rat beschlossen, dich nicht zurückzulassen?*
M: Ja, ich konnte es nicht. Sie dachten, dass ich vielleicht in einer anderen Position besser aufgehoben wäre. Dass es vielleicht besser ist, nicht dort hinzugehen und auf diese Weise zu beobachten. Es muss voneinander getrennt werden.
D: *In welchen anderen Positionen kannst du weitermachen?*
M: Ich bin ... ich muss ... ich verblasse ... Es ist, als ob etwas passiert, dass ich verblasse. Ich weiß noch nicht was es ist. Es ist nicht gruselig. Ich kann einfach nicht bei mir bleiben. Es ist, als würde ich schweben. Ich gehe woanders hin.

Ihr Körper zuckte plötzlich. Sie lachte laut auf. Ich konnte sie nicht verstehen, weil sie lachte.

M: Es war eine ruckartige Bewegung. (lautes Lachen)
D: *Ja, ich habe dich springen sehen. Was ist passiert?*
M: Ich glaube, ich gehe durch eine Art Vakuum. (Sie fand das lustig.)
D: *Was siehst du? Wo bist du?*
M: Es ist das Planungskomitee. Eigentlich sind das nicht die richtigen Worte, aber aus Mangel an einem besseren Begriff ... Es ist zu entscheiden, was ich jetzt tun soll. Es ist jedoch schwierig, diesen Teil des Plans umzusetzen, wenn man emotional involviert ist. Ich wusste nicht, dass es so schwer werden würde.
D: *Also schauen sie sich sozusagen deine Akte an?*
M: Ja, um zu sehen, was als nächstes für mich gut wäre zu tun. Ich kann auch entscheiden, aber es ist eine kollektive Entscheidung, weil wir alle als Kollektiv zusammenarbeiten. Mir werden einige Dinge im Leben gezeigt, an denen ich beteiligt sein werde.
D: *Du gehst in ein anderes Leben?*
M: Ja, sie zeigen mir ein Leben als Michelle. (großer Seufzer) Es wird schwer werden. Ich bin nicht wirklich begierig darauf. Sie sagten, dass diese Erfahrungen mir helfen könnten, indem ich verschiedene Teile dieses Lebens verstehen würde. Wenn ich es in Worte fassen soll: Ich kann es eher fühlen als sehen. All diese unterschiedlichen Erfahrungen sind notwendig, um effektiver helfen zu können.
D: *Ist dies dein erstes Leben als Mensch auf der Erde?*
M: Dieser Teil von mir, ja. Es ist viel komplizierter. Es erinnert mich an einen Diamanten und diese verschiedenen Teile des Diamanten. Die verschiedenen Facetten. Diese Facette war noch nie zuvor hier. Die anderen beiden Facetten schon. Ich denke, dass meine Seele mehr als eine Rolle hat. Die verschiedenen Teile sind die verschiedenen Facetten.
D: *Kann eine der Facetten von den anderen Facetten wissen?*
M: (überrascht) Ja, können sie! Sie werden sich in diesem Leben abwechseln. Sie werden das Ganze nicht alleine bewältigen können. Die erste Facette wird bis zum Alter von zehn Jahren da sein. Die zweite Facette ist bis zum Alter von einundzwanzig Jahren da. Dann ist die dritte Facette für den Rest des Lebens.
D: *Warum muss es für die verschiedenen Teile des Lebens unterschiedliche Facetten geben?*
M: Nur so kann das Unterfangen erfolgreich gelingen.

D: *Es wäre zu schwierig für eine Facette, das Leben durchzustehen. Es wäre nicht möglich?*

Sie begann plötzlich zu weinen. Sie antwortete nicht, sie weinte einfach weiter. Manchmal ist es besser für die Person die Emotionen rauszulassen, also erlaubte ich ihr zu weinen und versuchte dann sanft, sie zu bewegen wieder mit mir zu reden.

D: *Wirst du damit einverstanden sein? (ja) Obwohl du sehen kannst, dass es schwer wird? (ja) Warum willst du dem dann zustimmen?*
M: (Ein großer Seufzer. Sie gewann wieder die Kontrolle über sich.) Diese Erfahrungen können später helfen. (Erneut gab sie einen großen Seufzer von sich.)
D: *Zumindest weißt du wie es ist, in dieses Leben hineinzugehen. Niemand zwingt dich dazu.*
M: Nein, es ist aber wirklich notwendig.
D: *Weiß der bewusste Körper denn, wann diese verschiedenen Facetten ein- und ausgehen?*
M: Nein, zunächst nicht. Wir sind uns dieser Vereinbarung bewusst, aber nicht vollständig. Dies ist das erste Mal, dass wir vollständig verstanden haben, was wir durchmachen.
D: *Aber das ist kein Walk-In.*
M: Es ist anders, weil wir nicht getrennt voneinander sind. Ein Walk-In ist eine eigene Seele. Wir sind alle Teile des Ganzen.
D: *Ihr seid alle ein Teil derselben Seele. Michelle sagte, es fühle sich so an, als wäre sie damals gestorben, sie war damals ungefähr zehn Jahre alt.*

Michelle hatte teilweise Erinnerung an etwas, das in diesem Alter geschah. Ihre Mutter starb, als Michelle noch klein war. Die Tante übernahm die Rolle der Mutter, während sie bei ihrer Großmutter lebte. Beide Frauen waren geistesgestört und sadistisch in der Behandlung der kleinen Michelle. Dies verursachte viele ihrer früheren Probleme, die sie erfolgreich aus ihrem Gedächtnis verbannt hatte. Die Frauen gehörten einer satanischen Gruppe an, die zu Hause Versammlungen abhielt, Michelle wusste damals nicht, was los war. Sie sah viele Dinge, die ihr junger Geist nicht erfassen konnte. Einen Vorfall hat sie nie vergessen können, sie wurde in eine Art Holzkiste gesteckt. Während sie das Gefühl hatte zu ersticken spürte sie, dass sie ihren Körper verließ und nach oben schwebte. Damals glaubte sie, gestorben zu sein, weil die Gefühle so intensiv waren. Offensichtlich hatte sie es nicht getan, aber niemand in ihrer Familie hat jemals darüber gesprochen, was in dieser Nacht passiert ist. Viele Jahre dachte sie, die Ereignisse an die sie sich nur vage erinnerte, seien nur ein Teil ihrer kranken Fantasie. Niemand in ihrer Familie hat einen Hinweis darauf gegeben, dass jemals etwas von solcher Intensität aufgetreten ist. Alle Erinnerungen, insbesondere an Rituale, an denen sie persönlich beteiligt war, wurden in das Unterbewusstsein verdrängt. Es ist wahrscheinlich die Art und Weise, wie Michelle ihre Vernunft aufrechterhalten konnte. Es war eines der Dinge, die sie herausgefunden hatte. War der Vorfall mit der Kiste echt oder einfach die Vorstellung eines Kindes?

D: Was ist damals passiert? Hat sie den Körper tatsächlich verlassen? (ja) Ist es in Ordnung, dass sie davon erfährt?
M: Ja, es ist Zeit für sie das zu wissen.
D: Sag ihr, was passiert ist, als sie zehn war.
M: Sie wurde in die Kiste gesteckt. Ihre Familie führte ein sehr geheimes Leben, über das in keiner Weise gesprochen werden durfte.
D:Dann hatte sie Recht, was sie erlebt hatte? (Emphatisch: Ja!) Es waren sehr kranke Leute, würde man sagen.
M: Sehr, sehr krank!
D: Deshalb konnte eine Facette nur bis zum Alter von zehn Jahren bleiben?
M: Ja! Sonst wäre es zu schwer geworden. Die Seele hätte nicht damit umgehen können.
D: Ist sie gestorben, als sie sie in diese Kiste gesteckt haben?
M: Nicht im physischen Sinne. Sie ging durch den Lichttunnel, behielt jedoch die Verbindung zum Körper. Dies war der Zeitpunkt, um Informationen auszutauschen und mehr Verständnis ihres Erdenlebens zu erlangen. Der Austausch mit der neuen Facette musste erfolgen. (tiefer Seufzer) Die erste Facette war sehr müde. Die ersten zehn Jahre waren extrem hart.
D: Dann tauschte sie mit der zweiten Facette Informationen aus, so dass sie wusste, wie der Stand ist.

M: Ja, denn obwohl es eine Verständigung gegeben hatte, musste es einen energetischen Austausch geben. Sonst hätte der Körper es nicht schaffen können.

D: *Ist das der Grund, warum Michelle nur Einblicke in diese ersten Jahre hat, weil die Erinnerungen bei der ersten Facette geblieben sind?*

M: (nachdrücklich) Ja! Als sie sich daran erinnerte, sah sie es eher wie einen Film, ein sehr trauriger Film. Für die erste Facette gab es dagegen viel mehr Traurigkeit, als für die beteiligten Personen. (leise) Oh, das arme Mädchen.

D: *War es dann für sie leichter, als zweite Facette damit umzugehen? (ja) Nur so hätte sie überleben können, denke ich.*

M: Die zweite Hälfte war nicht einfacher.

D: *Aber dann blieb die zweite Facette bis zum Alter von einundzwanzig Jahren. (ja) Was ist im Alter von einundzwanzig Jahren passiert?*

M: Sie heiratete Jerry. Sie waren nicht so eng miteinander verbunden. Es war eher ein Entschluss, dieses Muster zu beenden, als eine Verbindung der Seelen. Es war ein Weg, aus dem Muster dieser Verbindung mit ihrer Tante und Großmutter herauszukommen. Der Austausch der Facetten half dabei, die Struktur neu zu gestalten. Es gab keine emotionale Verbindung zu Jerry. Obwohl es schwer und traurig war, nicht die gewünschte Verbindung zu haben, brachte es ihr Zeit zum Nachdenken. Es war nicht einmal notwendig, bei ihm zu sein. Das hört sich merkwürdig an, aber es war wie eine Ruhephase.

D: *Er war nur das Instrument, um das Muster zu durchbrechen und sie aus dieser Situation zu befreien. (ja) Was geschah dann im Alter von einundzwanzig Jahren, als die dritte Facette eintrat?*

M: Es war im Schlafzimmer. Ich sehe mich auf dem Bett liegend. Ich erinnere mich an die vorbeifahrenden Autos. Ich erinnere mich an die Geräusche. Ich war wirklich verzweifelt. Ich wusste nicht einmal, ob ich Jerry heiraten sollte. Die Leute sagten mir, dass niemand sicher weiß, ob er heiraten will. Ich war sehr verärgert. Ich weiß, dass ich nicht eingeschlafen bin. Es war eher ein Trancezustand. Ein schwebendes Gefühl. Also ... während der Trance bin ich gegangen. (Sehr weich, sie war schwer zu hören.) Ich habe das Gefühl, das ich gerade gehe.

D: Du kannst es einfach anschauen. Du musst es nicht erleben. Aber es musste im Trance-Zustand gemacht werden.

M: Für mich war es einfacher. Es gab so viele Geheimnisse in diesem Haus, in dem ich wohnte. Meine Tante und die anderen wussten, was wirklich vor sich ging, aber sie durften es mir nicht sagen. Sie dachten, es wäre besser, wenn ich mich nicht erinnere. Aber ich wusste immer, dass etwas nicht stimmt. Ich weiß jetzt, dass sie vieles versteckten und geheim hielten.

D: Die dritte Facette wurde während des Trance-Zustands ausgetauscht oder zusammengefügt oder was auch immer? (ja) Aber wurden auch die Erinnerungen ausgetauscht?

M: Ja. die Erinnerungen wurden mitgenommen, aber es hinterließ trotzdem eine Menge Leid und Schmerz. Ein Teil des Schmerzes blieb bestehen, denn dies war Teil des Lernprozesses, um zu lernen wie man es klären und loslassen kann.

D: Also konnte nicht alles mitgenommen werden.

M: Nein, die Persönlichkeit wäre gespalten gewesen.

D: Ist das möglich?

M: Sich zu spalten? Ja! Man nennt es multiple Persönlichkeit. Es wäre dann zu schwer geworden, mir zu helfen. Es wäre zu schwierig für die Geistesführer gewesen, wenn ich mehrere Persönlichkeiten gehabt hätte. Ich musste mir darüber im Klaren sein.

D: Aus diesem Grund fand der Austausch statt, um dir mehr Kraft zu geben mit dem umzugehen, was danach kommen würde. (ja) Und es mussten Erinnerungen ausgetauscht werden, aber einige der Gefühle beibehalten werden, denn sonst würde es keinen Sinn machen?

M: Richtig!

D: Man kann nicht alles austauschen, ganz besonders nicht in diesem fortgeschrittenen Alter.

M: Nein, das stimmt.

D: Hat sich Michelle dann, als sie aufgewacht ist, anders gefühlt?

M: Ja, ich fühlte Zweifel: „Warum heirate ich diesen Kerl?" (lacht) Ich habe es aber trotzdem getan.

D: Hast du dich wie eine andere Person gefühlt?

M: Ja! In der Tat! Ich wusste, dass es falsch ist. Andererseits war ich verwirrt.

D: *Die dritte Facette ist dann die, die geblieben ist. (ja) Und wird bleiben. (ja) Diese Facette ist stabiler als die anderen und kann mit mehr Traumata umgehen.*
M: Es scheint sich mehr mit dem Wissen zu verbinden, um fähig zu sein, loszulassen.
D: *Du sagst, bevor sie in dieses Leben kam, gab es zwei Facetten, zwei Teile von ihr, die ein Leben auf der Erde hatten.*
M: Ja, Facette eins und zwei.
D: *Und die dritte ist diejenige, die keine vergangenen Leben gehabt hat? (richtig) Es ist die, die vom Lichtwesen direkt kam und verbunden war. (ja) Also, wenn sie vergangene Leben in ihrer Erinnerung hat, sind diese Erinnerungen von den beiden anderen Facetten. (ja) Diese Facette ist reiner, falls dies das richtige Wort ist?*
M: Ja, es kann mehr direktes Wissen abgerufen werden.
D: *Deshalb kann sie ihre Heilarbeit mit Energie durchführen?*

Michelle hatte vor kurzem begonnen, mit Energie zu heilen durch verschiedene praktische Methoden.

M: Ja, diese Facette kam dazu, um den Menschen zu helfen. Sie hilft den Menschen, das Problem zu erkennen. Sie sind nicht in der Lage sich selbst zu heilen, also ist sie ein Werkzeug, um sie dabei zu unterstützen. Sie ist in der Lage, viel Licht zu lenken, damit sich ihr Körper an die Vereinigung erinnern kann, die sie vor einem Jahrtausend gehabt hat, damit sie sich wieder mit ihr verbinden können. Es ist ein Planet des freien Willens; Sie muss dem zustimmen. Und sie möchte, dass sie die Meister ihres eigenen Schicksals sind. Sie müssen der Schmied ihres eigenen Glückes werden. Ihre eigenen Heiler. Wir brauchen Menschen, die aufwachen werden und sich erinnern. Sie hilft ihnen, sich zu erinnern und sie hilft ihnen, den Schmerz zu lindern, damit sie sich in ihrem Licht zurückbewegen können.
D: *Was meintest du damit, als du sagtest, die Menschen haben vergessen, als sie sich vor Jahrtausenden von dem Ganzen abgespalten hatten?*
M: Wir sind alle eine große Familie. Im Licht sind wir alle gleich,

Hier trat ein seltsames Phänomen auf, das vom Tonbandgerät aufgegriffen wurde. Eine laute elektrische Verzerrung, wie ein statischer Effekt, war zu hören. Es schwankte nicht wie eine statische Störung, sondern eine stetige elektrische Interferenz. Es dauerte zehn Sekunden und schlug auf den gesamten Ton vom Band. Es hörte so plötzlich auf, wie es begann. Ich wusste, es ist nichts Ungewöhnliches und der Kassettenrecorder hat es aufgenommen. Ich setzte die Transkription für mein Buch fort, als der Ton aufhörte.

M: ... sie glauben sogar, dass sie schlecht sind. Sie waren so lange im physischen Bereich, dass sie ihr Licht vergessen haben. Sie bekamen zu lange etwas indoktriniert, das nicht wahr ist.

D: *Deshalb denken sie manchmal, dass sie schlecht sind?*

M: Ja, sie erinnert sie daran, dass sie nicht selbst die Erfahrung sind, sondern nur Erfahrungen, die sie lernen müssen.

D: *Wenn sie etwas lernen, ist das das Wichtigste. (ja) Aber warum haben wir uns vor Jahrtausenden geteilt, wenn wir zur selben Familie gehören?*

M: Ah, diese Szene befand sich heute am Anfang dieser Arbeit und ich habe sie nicht verstanden, also habe ich sie irgendwie blockiert. So wie es gezeigt wird, bin ich sicher, dass es symbolisch ist, weil ich es verstehen muss. Es gibt diesen Lichtball und all diese Leute fallen aus dem Lichtball heraus. Ich wunderte mich dann, warum wir alle mit dem Fallschirm fallen? Aber wir haben uns getrennt, um diese Erfahrungen zu machen. Wir sind alle gemeinsam daran beteiligt. Wir sind alle eins.

D: *Was machen wir mit diesen Erfahrungen?*

M: Eines Tages werden wir wieder dort sein. Es wird befriedigender sein. Mal sehen, ob ich das Gefühl bekommen kann. Es ist wirklich schwer für mich, das zu übersetzen. Ich weiß nicht, ob ich die richtigen Worte finde. (Pause) Es ist wie bei Menschen, die im Krieg gewesen sind. Sie hören von Menschen, die zusammen im Kampf waren. Sie haben ein anderes Gefühl der Verbindung, weil sie sich gegenseitig wirklich geholfen haben oder gemeinsam viel erlebt haben. Und wenn alles erledigt ist, gibt es diese Verbindung, die niemals gebrochen wird. Wir hatten vorher eine Bindung, aber keine Erfahrung.

D: *Es ist fast wie eine Kameradschaft, meinst du?*

M: Ja, eine engere Verbindung. Wir alle sind für die Union sehr wichtig. Jeder von uns. Jede Person hat ihren eigenen kleinen Anteil daran. Ihre Seele wird es für sie finden. Du bist mit allen Teilen von dir verbunden. Und ich fühle diese Wiedervereinigung all dieser Leute, die ich vermisst habe. Und all dieser Seelen, die ich vorher gekannt habe. Als würden wir uns alle zusammenschließen und gemeinsam nach oben gehen.

Michelles Leben war definitiv voller Herausforderungen gewesen und ist es auch weiterhin. Sie wollte ursprünglich keine Kinder haben, entschied sich aber doch, ein kleines Mädchen zu adoptieren. Mit zunehmendem Alter wurde es immer offensichtlicher, dass etwas mit ihr nicht stimmte. Im Alter von neun Jahren wurde bei ihr eine zweipolige Störung im Gehirn diagnostiziert. Manchmal hatte sie klare Momente, aber die meiste Zeit war sie gewalttätig und selbstmörderisch. Michelle liebte sie, fühlte sich aber total hilflos. Ihr Mann konnte die Herausforderung nicht annehmen und ließ sich von ihr scheiden, so dass sie sich nun allein um das Mädchen kümmern musste. Michelles Unterbewusstsein sagte, dass dies eine Aufgabe war, der sie zugestimmt hatte, bevor sie in dieses Leben eingetreten ist. Ihr wurde das alles, während der Überprüfungszeit, von dem Ältestenrat gezeigt. Sie hatte zugestimmt, schwierige Lektionen in diesem Leben zu lernen, um zu verstehen, wie man Mensch ist. Michelle hatte diesmal definitiv kein einfaches Leben angenommen. Umso bewundernswerter ist es, dass sie ihre Zeit, Kraft und Fähigkeiten dafür einsetzte, andere zu heilen.

* * *

Das Konzept einer facettenreichen Seele tauchte einen Monat später auf der anderen Seite der Welt auf. Es passiert mir in meiner Arbeit immer wieder, wenn mir ein für mich neues Konzept präsentiert wird, bekomme ich normalerweise mehr Informationen. Dabei wird die Theorie durch einen anderen Klienten erweitert. Ich finde es faszinierend, dass derjenige, der meine Arbeit lenkt, entscheidet, welchen Klient ich in jeder Phase meiner Entwicklung erhalten soll. Und sie nutzen den Trance-Zustand meiner Klienten, um die Informationen zu liefern. Es kann keine andere Erklärung geben, weil der Klient keine Ahnung hat, woran ich mit anderen Leuten gearbeitet habe. Während jeder Sitzung konzentriere ich mich auf den Klienten und seine Probleme, und es ist nicht nötig, über die Probleme oder Sitzungen anderer Personen zu sprechen. Der Klient scheint lediglich als Vehikel zu dienen, um die Informationen zu mir zu bringen. Andere Leute haben gesagt, dass ich scheinbar den passenden Klienten anziehe, der die Informationen hat, die ich benötige. Was auch immer geschieht, es ist nicht auf einer bewussten, zweckmäßigen Ebene.

Diese Sitzung fand in Australien statt, als ich in Sydney einen Vortrag auf der Mind, Body, Spirit (MBS) Expo im November, 2002 hielt. Ich war gerade von einer Präsentation auf der „Bewusstes Leben" Expo in Perth gekommen. Anstelle des üblichen Hotelzimmers bekam ich ein komfortables Apartment mit zwei Schlafzimmern, einem wunderschönen Ausblick auf den Darling Harbour und einer sehr angenehmen Atmosphäre. Das Kongresszentrum, wo die MBS Expo stattfand, war zu Fuß erreichbar. Wie üblich, habe ich die Klienten aus meiner langen Warteliste eingeplant. Ich weiß nie, wo ihre Probleme oder Gründe für die bevorstehende Sitzung liegen, bis sie bei mir sind.

Cathie war eine attraktive, intelligente Frau in den Vierzigern. Sie hatte viele Fragen, aber etwas, was sie am meisten faszinierte, war ein Vorfall, der einige Jahre zurück lag. Sie ging durch eine sehr traumatische Zeit in ihrem Leben, in der alles falsch lief, einschließlich des Todes ihres Mannes. Der letzte Schlag war, als sie entdeckte, dass sie Brustkrebs hatte. Chemotherapie und Strahlentherapie zehrte an ihren Kräften und reduzierten ihren Lebenswillen. Sie hatte es satt, unter den gegebenen Umständen zu leben. Sie hatte genug und beschloss, sich umzubringen. Bevor sie ihren Plan in die Tat umsetzen wollte, hatte sie das Bedürfnis noch ein letztes Mal alle ihre Freunde zu sehen. Sorgfältig plante sie ihr Vorhaben und lud alle zu einer Weihnachtsfeier in ihrem Haus ein. Niemand kannte den wahren Grund für diese Party, und sie sagte keinem, dass sie sich von ihnen eigentlich nur verabschieden wollte. Es war ein gelungener Abend und sie hatte es geschafft, ihre wahren Gefühle zu verbergen. Niemand hatte auch nur die leiseste Ahnung von ihren Selbstmordplänen. Nachdem der letzte Gast gegangen war, begann sie mit ihrem Vorhaben. Teil ihres Planes war es, emotionslos zu bleiben, was ihr aber nicht so recht gelingen wollte. Sie begann von einer Minute auf die andere unkontrolliert zu weinen. Sie hatte die Absicht, dieses unglückliche Leben zu verlassen, sie hatte ihre Pläne in Bezug auf die Methode des Selbstmordes sorgfältig geplant, aber sie fühlte sich körperlich völlig ausgelaugt und konnte ihren Plan nicht ausführen. Sie entschied, dass alles bis zum nächsten Tag warten musste und ging ins Bett.

Dieser Teil stammt von Cathies Notizen: „Ich erwachte um 3 Uhr morgens. Ich lag mit geschlossenen Augen auf dem Rücken und konnte hellweißes Licht durch meine Augenlider sehen, aber als ich meine Augen öffnete, war es im Raum dunkel. Ich wunderte mich, während ich da lag und ein Licht sah, das in meinen Körper eindrang. Es floss durch meine Füße und zu meinem Kopf hinauf, das mich mit Licht erfüllte. Ich hielt meine Augen immer noch geschlossen, aber meinen Körper konnte ich jetzt als Lichtform sehen. Mal fühlte ich eine Welle Elektrizität, dann eine starke Strömung durch meinen Körper fließen, wieder von meinen Füßen bis hin zu meinem Kopf."

Am nächsten Morgen fühlte sie sich völlig anders. Alles schien neu zu sein. Der Wunsch Selbstmord zu begehen und diese Welt zu verlassen, war gänzlich verschwunden. Sie wusste nicht, was passiert ist, außer dass sich ihr Leben in dieser Nacht völlig verändert hatte. Auch der Krebs ging in Remission, so dass sie die schmerzhaften Behandlungen nicht mehr benötigte. Sie konnte nur vermuten, dass vielleicht eine Walk-In Erfahrung stattgefunden hatte. Meiner Erfahrung nach weiß die Person normalerweise nicht, wenn ein Austausch stattfindet. Aber vielleicht gab es einen Grund für Cathie, sich dessen bewusst zu sein, dass etwas Seltsames und Ungewöhnliches aufgetreten war.

Dies war ihr Hauptanliegen: herauszufinden, was in dieser Nacht passiert ist. Anstatt in ein früheres Leben zu gehen, brachte ich sie zurück in die Nacht der Party. Ich habe sie am 17. Dezember 2000 aus der Wolke herunterkommen lassen. Ich bereitete die Szene vor, um sicherzustellen, dass wir den passenden Tag hatten: „Du hast diese Party mit diesen ganz besonderen Freunden."

Sie unterbrach mich mit einem überraschenden Ausbruch: „Ich war gar nicht dort."

D: Du warst nicht dort?
C: Nein, ich war es nicht.
D: Kannst du mir noch etwas von diesem Datum erzählen?
C: Ich kann es nicht sehen.

Ich habe mich nic davon abhalten lassen, Informationen einzuholen, weil ich wusste, dass das Unterbewusstsein Aufzeichnungen von allem hat, was der Person jemals in den Sinn gekommen ist. Ich fragte, ob sie die Informationen liefern könnte, und Cathie brach plötzlich zusammen und begann unkontrolliert zu weinen. Ich wusste, dass ich sie zum Reden bringen musste, um sie von den Gefühlen zu befreien. „Kannst du mir sagen, warum du so emotional bist?"

C: (Sie ließ ein paar Worte zwischen ihrem Schluchzen heraus.) Ja ... es war sehr groß ... sehr groß.
D: Was war sehr groß?
C: An diesem Tag.
D: Aber du hattest eine schöne Party mit all deinen Freunden?
C: (Etwas beruhigter schluchzte sie immer noch, aber erlangte die Kontrolle über sich.) Ja ... es war eine Party. (schluchzend) Es war traurig. Es war so traurig, eine traurige Party. Weil ... es war das Ende. Eine Abschlussparty und es war eine Abschiedsparty. (weinen)
D: War Cathie an diesem Tag emotional?
C: Sie hat sich von ... Lucinda verabschiedet. (schluchzen)
D: Wer ist Lucinda?

Einige ihrer Worte wurden von ihrem Schluchzen geblockt. Ich versuchte zu verstehen, von wem sie sprach.

C: Sie war die Seele, die bei der Geburt hereinkam ... und die ... so schwer zu kämpfen hatte. (weint) Und sie hatte so große Schmerzen. Weil das Leben einfach so traurig war.

All dies war wegen des ständigen schluchzen und der Emotionen schwer zu verstehen.

D: Warum musste sie kämpfen?

C: (Sie hatte sich endlich soweit beruhigt, dass ich sie verstehen konnte.) Ah! Sie nahm den harten Weg. Immer nahm sie den harten Weg.

D: *Aber das hat sie selbst gewählt, oder?*

C: Ja, das tat sie. Sie hat es sich selbst so schwer gemacht. (schluchzt) Sie wusste keinen anderen Weg. Sie glaubte, dass sei der einzige Weg. Es war schwierig für sie, aber sie machte es auch anderen Menschen sehr schwer. Sie hat das nicht so gesehen. Sie sah nur ihren eigenen Schmerz. Den Schmerz den sie anderen Menschen zufügte, den hat sie nicht gesehen. Sie verursachte ihrer Mutter so viel Schmerz. Auch anderen Menschen in ihrem Leben, wie Stephen, mit dem sie aufgewachsen ist, verursachte sie Schmerz. Sie kannten sich schon seit ihrer Kindheit und wurden dann zu Liebenden. Später ließ sie ihn fallen und tat ihm sehr weh. Sie war selbstsüchtig und kümmerte sich nur um sich. (Ein großer Seufzer. Zumindest hatte das Weinen aufgehört.)

D: *Es war ihr egal, dass sie anderen Menschen weh tat?*

C: Nein, sie tat es, um sich gut zu fühlen. Sie war selbstsüchtig. Lucinda war sehr egoistisch. Sie wollte nach Hause gehen, weil sie merkte, dass sie es nicht hinbekommt. Sie war der Meinung, es sei Zeitverschwendung.

D: *In diesem Körper zu sein, meinst du?*

C: (Eine Offenbarung) Oh! Okay! So geschah es, dass ein anderer Teil mit dem Namen „Yanie" kam. Sie kam herein, um ihr zu helfen und sie zu leiten. Und Yanie war den letzten Monat bei ihr. Und Yanie half ihr zu lernen, weil Yanies Frequenz höher und informierter war. Sie hatte kein Ego. Und sie half Lucinda, damit Lucinda gehen konnte und bevor sie ging noch einige Dinge lernte.

Dies ähnelte den Seelenanteilen, außer dass Cathie ihnen Namen gab. Vielleicht fiel es ihr so leichter zu verstehen und es zu erklären.

D: *Aber wusste Lucinda nicht, dass sie so Karma kreierte, wenn sie Menschen derart behandelte?*

C: Nein, sie wusste nichts davon.

D: *Sie war nur eine sehr egoistische Seele. (ja) Hat Lucinda mit Yanie kommuniziert bevor Yanie in den Körper kam?*

C: Lucinda und Yanie stimmten überein, zusammen zu arbeiten. Lucinda wollte nicht mehr weitermachen und nach Hause gehen. Sie kreierte den Krebs selbst als einen Ausweg, um dies tun zu können. Sie erkannte, dass sie ihr Leben verschwendet hatte. Sie hatte die Möglichkeiten in diesem Körper verschwendet. Und das hasste sie. Sie hasste das! (wieder emotional) Sie merkte, dass sie all diese Jahre verschwendet hatte. Ihr wurde klar, dass sie die Lektionen nicht gelernt hatte. Und so entschied Yanie, vor Lucindas Abreise, noch eine Weile mit ihr zusammen zu arbeiten, um ihr zu helfen, weitere Lektionen zu lernen. Wenn sie dann zurückkam, hatte sie wenigsten etwas erreicht. Und Yanie half ihr, viel Angst loszulassen, ausgeglichener zu sein und sich darauf vorzubereiten zu gehen.

D: *Gab es keine Möglichkeit, dass Lucinda bleiben konnte?*

C: Sie wollte nicht.

D: *Vielleicht als sie anfing, diese Dinge von Yanie zu lernen ...*

C: Nein, der Deal war gemacht. Yanie wollte für eine Weile kommen. Und Lucinda stimmte dem zu; dass sie geht. Das war kein Problem. Es ging ihr gut dabei, dieses Versprechen zu halten.

D: *Also wird Lucinda auf der anderen Seite Fortschritte machen können? (ja) Es scheint, als wäre sie nicht bereit für ein körperliches Leben.*

C: Sie war sich einfach dessen nicht bewusst. Sie wurde vom Ego getrieben. Und sie war im physischen Bereich und in den Freuden im Körper gefangen. Sie war in Geld, Gier und ihr Ego verwickelt. Ah und sogar Sucht. Auch Alkohol ging damit einher.

D: *Sie erlebte also alle negativen Aspekte des Menschseins.*

C: Ja, sie wollte nicht hier sein, dafür wollte jemand anderes hereinkommen. Sie stimmte dem zu. Und der Deal war, dass Yanie mit ihr, für ihren letzten Monat auf der Erde, zusammen arbeitet und ihr hilft, einige Dinge zu lernen, damit sie sich auf höheren Ebenen bewegen kann. Und Lucinda willigte ein, im Dezember zu gehen. Sie legten das Datum fest. Es war der Dezember 2000.

D: *Sie wollte sich von ihren Freunden verabschieden, weil sie dachte sie würde an Krebs sterben.*

C: Als sie ging, wusste sie jedoch, dass der Körper nicht sterben würde. Cathie war bewusst, dass es Zeit ist sich zu verabschieden, aber sie wusste nicht warum.

D: *Deshalb hat sie mit all ihren Freunden und Verwandten gefeiert. (ja) Aber als Yanie hereinkam, brauchte der Körper keine Krankheit mehr, oder?*
C: Yanie kam herein. Sie ist eine andere Energie. Yanie war eine der ersten Personen auf der Erde, eine der ersten Energien.
D: *Sie ist eine sehr alte Energie, oder?*
C: Oh ja. Sie war eine Pionierin. Eine Gruppe von ihnen kam mit einer energetischen Kraft auf die Erde. Sie waren, was die Leute für den Gott Horus hielten. Sie kamen in einer Form. Als sie hier ankamen, mussten sie Körper finden. Und das taten sie. Sie gingen los und fanden Körper. Das war am Anfang. Im Jahre 2000 kamen sie zurück, weil sie diese bahnbrechende Energie auf den Planeten zurückbringen mussten. Die Erde musste eine Injektion der gleichen Energie erhalten, wie vor so langer Zeit. Und das hat Yanie getan.

Dies ähnelte der Rückkehr von Ingrid und der Isis-Energie auf die Erde, um zu helfen. (siehe Kapitel 4) Beide hatten kein anderes Leben dazwischen und waren zurückgekehrt, weil Weltereignisse zu dieser Zeit diese Energie benötigten.

D: *Kannst du uns sagen, was in dieser Nacht passiert ist, als der Austausch stattgefunden hat? Das ist eine Sache, die Cathie herausfinden möchte.*
C: Yanie kam herein. Sie war seit einigen Monaten dort. Und sie hatten sich verflochten.
D: *Was ist verflechten?*
C: Flechten ist wo ... es ist wie ein Zopf. (Handbewegungen)
D: *Ineinandergreifen?*
C: Ja, zwei Seelen, die zusammen arbeiten. Manchmal übernimmt eine Seite die Hauptrolle und ein anderes Mal die andere Seite. Manchmal fühlte sich Cathie, als gäbe es ein Ego. Manchmal war sie Yanie. Manchmal war sie Lucinda. An anderen Tagen fühlte sie sich wie ein wunderbares, spirituelles Wesen. Es waren die Tage, an denen Yanie die Dominanz übernahm. Sie haben sehr gut zusammengearbeitet. Es war wie ein Tanz. Sie tanzten zusammen. Lernen, studieren und lehren. Und es war eine schöne Zeit, denn Lucinda hatte das Gefühl, eine Freundin zu haben. Wunderschön!

D: *Eine andere Art von Freundin.*
C: Ja und sie hat so viel gelernt.
D: *Es ist also möglich, dass zwei Seelen gleichzeitig denselben Körper bewohnen?*
C: Ja, aber es war eine große Erleichterung, als Lucinda ging.

Obwohl es nicht zwei getrennte Seelen waren. Es waren Teile derselben Seele.

D: *Weil es für zwei schwierig ist, denselben Körper zu belegen?*
C: Sie waren so anders, ja. Und Yanie konnte dann leuchten und so sein wie sie ist.
D: *Kannst du erklären, was in dieser Nacht passiert ist? Cathie sagte, dass sie ein so starkes Gefühl hatte, nachdem sie diese Nacht ins Bett gegangen war.*
C: Ja, der letzte Tanz fand statt. Das war Lucindas Nacht mit ihren Freunden. Yanie blieb einfach zurück, sie war nur im Hintergrund. Und Lucinda ... es ist sehr lustig. Sie fühlte sich in dieser Nacht sehr emotionslos.
D: *Du meinst gefühllos oder wie?*
C: Benommen, wie das Gefühl, nicht sehr viel Gefühl zu haben. Taub, emotional taub.
D: *Obwohl sie bei ihren Freunden war.*
C: Ja, na ja, sie wusste, dass es ein Abschied ist. Und sie musste so sein, denn wenn sie die Emotionen losgelassen hätte, wären alle alarmiert gewesen. Das war nicht nötig. Sie wussten nicht, dass sie von ihnen gehen würde. Es war auch nicht erforderlich, denn es war ja keine Beerdigung notwendig, wenn der Körper bleibt. (lachen) Es sollte ein Geheimnis bleiben. Sie wusste, dass sie gehen würde und niemand anderes musste es diese Nacht wissen.
D: *Sie wollte sterben, aber es sollte nicht so sein?*
C: Nein, sie änderte ihre Meinung, weil Yanie ja für sie in den Körper kam. Und sie sagte, es wäre okay für Yanie den Körper zu übernehmen. Und in dieser Nacht verabschiedete sie sich und ging danach ins Bett. Um drei Uhr morgens fand der Austausch statt. Lucinda ist dann einfach gegangen.
D: *Wo ist sie hingegangen?*
C: (weinen) Sie ging ... sie schloss sich ihren Freunden an. (schluchzt) Sie ging nach Hause. So eine Erleichterung. (weinen)

D: *Wurde sie dafür beurteilt, dass sie ihr Leben so lebte?*
C: (emotionales weinen) Sie ist begrüßt worden. Ich finde das so schön. Sie begrüßten sie zurück.
D: *Sie haben wahrscheinlich gemerkt, dass sie nicht bereit war, in einen Körper zu gehen.*
C: Ja, sie wählte ein hartes Leben. Sie hat einige Anerkennung dafür bekommen, dass sie sich für ein hartes Leben entschieden hatte.
D: *Es war also egal, dass sie mit diesen anderen Menschen Karma geschaffen hatte?*
C: Ah! Sie musste das tun. (Pause, während sie versuchte es zu verstehen.) Das balancierte das Karma aus. Weil, ich verstehe jetzt! Stephen, (sehr schockiert über das, was sie wahrnahm) der Junge den sie kannte, dem sie so weh tat, er ... er hatte sie geköpft.
D: *In einem anderen Leben?*
C: Oh ja! Oh! Das war so grausam! (schluchzen)
D: *Was sie also tat, war das Karma zurückzuzahlen, indem sie ihn verletzte.*

Cathie stöhnte laut und wurde sehr emotional. Es war sehr aufregend, was sie sah. Später erinnerte sie sich an diese Szene und sagte, sie habe sein Gesicht sehr deutlich gesehen. Es war voller Genugtuung, als er sie ermordete. Sie zog sich zurück, während sie zusah.

Unserem rationalen Verstand schien es, als hätte sie Karma geschaffen, indem sie den jungen Mann, Stephen, verletzte. Auf der anderen Seite jedoch, wenn das gesamte Bild verfügbar ist, wird deutlich, dass die Situation sich anders darstellt. Stephen hatte in einem anderen Leben extrem negatives Karma angehäuft, weil er sie tötete. Es war höchste Gerechtigkeit, dass sie ihn im gegenwärtigen Leben verletzt hatte. Zumindest war die Amortisation nicht so drastisch wie die Ursache.

D: *Sie hat auch ihre Mutter sehr verletzt, nicht wahr?*
C: Ja, (schockiert) oh! Ihre Mutter ... das war eine Belohnung für Karma in diesem Leben. Das Leben ihrer Mutter. Ihre Mutter war sehr blauäugig gewesen. Sie benahm sich, als wären ihre Kinder perfekt. So viele Menschen hat sie auf diese Weise verletzt, indem sie dogmatisch war und so urteilte. Sie hielt ihre Kinder für

perfekt. Und es war Lucindas Aufgabe, ihr zu zeigen, dass ihre Kinder nicht perfekt sind.

D: *Denn Lucinda war definitiv nicht perfekt.*

C: Nein, oh, das war der Ausgleich. Eine Lektion für ihre Mutter um sie zu lehren, weniger wertend zu sein und nicht so blauäugig. Ihr zu helfen, durch ein anderes Auge zu sehen. Nicht die beiden physischen Augen, sondern durch das andere Auge. (Das dritte Auge.)

D: *Was auf der Oberfläche so aussah, als hätte sie viel negatives Karma erzeugt und einen harten Weg gewählt, hatte eigentlich einen bestimmten Grund. Da war mehr dahinter.* (ja) *Normalerweise gibt es das, aber wir können es nicht sehen, wenn wir leben.* (ja) *Anschließend übernahm Yanie den Körper.* (Ein großer erleichterter Seufzer.) *Cathie sagte, sie wisse, dass in dieser Nacht etwas passiert sei.*

C: (eine Offenbarung) Oh! Es sollte so sein. Sie sollte es wissen, weil sie den Menschen helfen muss. (wieder weinen) Sie muss den Menschen helfen, das zu verstehen. Sie musste es wissen. Das war die Aufgabe für diese neue Facette. Cathie sollte das Wissen in den anderen Menschen öffnen. Menschen zu lehren über das Wissen der Seelen, dass dieser Körper kein Besitz ist, sondern ein Geschenk an die Erde. Jeder Körper ist ein Geschenk an das Universum. Und die Seelen, die in diese Körper kommen, haben das Recht. Wir denken, wir sind der Körper. Unser Ego ist an den Körper gebunden. Ich bin Cathie. Aber wer ist Cathie? Cathie sind wirklich viele Energien, die zusammenkommen, um dieses Leben in eine unvorstellbare Dimension zu bringen. Dieses Leben kann sich also auf so viele andere Leben auswirken, dass sich Menschen bewusst weiterentwickeln. Wir besitzen nicht den Körper. Der Körper ist hier, um der Menschheit zu dienen. Gandhi besaß diesen Körper nicht. Der Körper war nur ein Werkzeug. So viele Seelen waren an der Arbeit von Gandhi beteiligt. So viele Seelen kamen und gingen aus diesem Körper. Und er wusste es. Er begrüßte es. Martin Luther King war ein anderer. Nicht nur eine Seele, sondern viele Seelen bringen unterschiedliche Talente und neues Denken mit sich. Den Körper auf ein Maximum an Konformität und Liebe erhöhen. (leise) Er wusste es. Er wusste, was er hier tun sollte.

D: *Aber der bewusste Teil der Person weiß nicht, was los ist, oder?*

C: Bei manchen Leuten kann es sein. Einige Leute können ihre Gedanken dafür öffnen. Es muss einen Auslöser geben, um den Geist zu öffnen. Und sobald dieser Auslöser ausgelöst ist, kann der Verstand alle Arten von Verständnis annehmen. Und das ist Cathies Job. Sie feuert den Schuss, der die Leute zum Nachdenken bringt. Und es bringt die Leute dazu, ihre Gedanken zu öffnen.

Uns wurde gesagt, dass Cathie nicht nur eine neue Facette ihrer Seele erhalten hatte, um dieses Leben fortzusetzen, sondern auch ihr Körper in einen neuen Körper umgewandelt wurde. Anscheinend sind die Änderungen von außen für andere nicht sichtbar.

C: Die neue Cathie ist so anders. Die alte Cathie befand sich auf einem beschleunigten Weg. Sie nahm ein sehr schwieriges Leben an. Und die neuen Facetten, die hereingekommen sind, mussten diese Seite des Karmas für dieses Leben ausarbeiten. Loszulassen, alles was dort gefangen war, stammte von den alten Seelen. Die Neuen wiederum, die hereingekommen sind, haben geholfen, es aus den Körperzellen zu lösen. Und sie brachten ein schönes Gleichgewicht herein durch Harmonie und Liebe.
D: Die neue Cathie ist also nicht dieselbe Person, die sie einmal war?
C: Ganz anders. Um mit diesem Leben zu arbeiten, waren mehrere Seelenlöser nötig, um es auf das Niveau zu bringen, das es jetzt ist.
D: Aber kann dies nicht einfach mit der Reife der Person passieren, wenn sie wachsen und ihre Lektionen lernen?
C: Nein, das nicht, nein. Weil das zu lange dauern würde. Es gibt viele Menschen, die auf der Erde leben und sterben und sie haben die Lektionen nicht gelernt. Und manche Menschen werden mit zunehmendem Alter immer egozentrischer und verängstigter. Es gibt so viel Angst auf diesem Planeten. Und sie werden älter und verängstigt. Man kann also nicht sagen, dass es normal ist, dass Menschen diese Weisheit mit zunehmendem Alter erlangen. Viele Menschen erlangen diese Weisheit nicht.
D: Warum konnte die Seelenfacette Yanie nicht einfach bleiben?
C: Oh, sie wollte es. Aber es hätte das Wachstum behindert.
D: Warum ist das so? Sie war eine sehr fortgeschrittene Seele.
C: (eine Offenbarung) Oh! Der Job war auf das beschränkt, was sie tat. Die neue Energie einbringen. Platz für das zu erarbeitende

Programm. Sie war eine „Halteseele", eine Übergangsseele. Zu dieser Zeit befand sich das Programm noch in der Entwicklung. Und Yanie kann zurückkehren, wenn sie will. Sie kann an diesem Programm teilnehmen. Dies ist ein Programm auf sehr hohem Niveau, das ein beschleunigtes Wachstum ermöglicht. Es ist fast augenblicklich, dieses Wachstum. Und dieses Programm führt diese Leute weit über das, was wir uns ursprünglich vorgestellt hatten.

* * *

Dieses Konzept, dass die Seele aus vielen Facetten besteht, tauchte in einer anderen Sitzung wieder auf. Ich werde hier nur den relevanten Teil hinzufügen. Ich hatte die Sitzung bei einer Walk-In-Konferenz in Las Vegas. Ich sprach mit dem Unterbewusstsein über Lucys Fragen.

D: Sie wollte wissen, ob sie im gegenwärtigen Leben als Lucy ein Walk-In ist? Oder ist es wichtig für sie das zu wissen? Du entscheidest.

Das interessierte sie natürlich, weil sie im Vorstand der Organisation war, die Walk-Ins untersucht und diese Konferenzen veranstaltet.

L: Wir würden es nicht als Walk-In bezeichnen. Wir würden sagen, dass sie eher ein Raumwesen ist, das viele verschiedene Inkarnationen innerhalb einer Inkarnation hat. Das menschliche Äquivalent und das Konzept könnte "Walk-In" sein. Das ist keine Terminologie, die wir verwenden. Wir würden sagen, dass sie im Laufe ihres Lebens Besuch von vielen verschiedenen Seelenwesen in ihrer eigenen Seele hatte. Denn sie ist räumlich orientiert. Viele Weltraumwesen sind in Reichweite.
D: Sind das, wie mir gesagt wurde, Seelenfragmente?
L: Es ist größer als Fragmente. Wir betrachten sie eher als Facetten oder Segmentabschnitte. Wenn du an die Konfiguration eines Hauses oder eines Gebäudes denkst, gibt es mehrere Räume. Und jeder dieser Räume ist Teil des ganzen Hauses. So ist ihre Seele geordnet. Und jeder dieser Räume oder Seelensegmente oder Facetten trägt unterschiedliche Erinnerungen und

unterschiedliche parallele räumliche Beziehungen. Deshalb hat sie diese verschiedenen Erfahrungen gemacht.

D: *Es ist also kein Seelenaustausch, was wir unter einem Walk-In verstehen.*

L: Es ist ein Seelenaustausch, in den man gehen kann und der andere womöglich niemals wieder zurückkommt, weil die Aufgabe erledigt worden ist. Aber es findet nicht durch den Sterbeprozess statt. Es ist nicht so, dass die erste Seele beschlagnahmt oder in eine völlig andere Entität hereinkommt. Eine Facette liegt im Ruhezustand, wird aber nicht mehr verwendet.

D: *Wir betrachten ein Walk-In als die ursprüngliche Seele, die von einer anderen Seele, die die Arbeit übernimmt, ersetzt wird.*

L: Das ist auch ein Konzept. Dieses Konzept, das ich dir gebe, ist vielleicht komplexer. Denn dieses Seelenwesen hat Zugang zu vielen verschiedenen Seelenstrukturen. Sie hat Zugriff auf dreizehn. Und sie sind alle in ihrer Seele. Dies sind keine außerirdischen, disharmonischen Charaktere.

* * *

Von einer anderen Klientin, die ich Linda nenne:

D: *Sie hatte eine andere Frage, die ihr ziemlich fremd war. Ich verstehe es, aber ich möchte sehen, was du dazu sagst. Sie erklärt, dass sie von Zeit zu Zeit das Gefühl hat, mit zwei verschiedenen Frauen zu interagieren. Ist das echt? (ja) Was ist zu dieser Zeit los?*

L: Es sind alternative Seelen. Teile ihres Lebens und ihrer Arbeit in anderen Dimensionen.

D: *Das habe ich mir gedacht, weil mir das in meiner Arbeit gesagt worden ist. Für manche Leute ist es ein bisschen kompliziert zu verstehen. Als ob ein anderer Teil von ihr in eine andere Richtung ging. Ist es das was du meinst?*

L: Wir müssen auf allen Ebenen und in allen Dimensionen heilen, um das zu erreichen, was wir erreichen müssen. Wir haben Hilfe. Das sind Teile von ihr. Es gibt viele mehr.

D: *Sie haben ein anderes Leben geschaffen, als das Leben das sie lebt. (ja) Und manchmal hat sie Kontakt mit ihnen.*

L: Ja, sie geht dorthin, um sie neu einzustellen.

D: *Sie wissen wahrscheinlich nicht mehr von ihr, als sie wirklich von ihnen weiß.*
L: Sie wissen zu keiner Zeit von ihr. Sie beobachtet sie. Sie haben Arbeit zu erledigen.
D: *Ich habe dieses Konzept gerade im letzten Jahr erhalten; der Abspaltung, der Fragmentierung.*
L: Es gibt viele Teile.
D: *Jeder tut es, nicht wahr? (ja) Aber wir sind uns dessen nicht bewusst und so soll es sein.*
L: Nein, sie werden bald alle zusammenkommen.
D: *Dann wissen wir alle, was wirklich passiert.*
L: Ja, wir werden alle eins. Und die Zeit wird zu diesem Zeitpunkt vorrücken.
D: *Ich habe von der Bewusstseinserhöhung und den Veränderungen der Schwingungen und Energie gehört. Meinst Du das?*
L: Ja, wir werden alle zusammen als ein Planet nach vorne kommen, wenn unser Bewusstsein eins wird. Die negativen Kräfte bleiben zurück. Wir werden diejenigen mitnehmen, die kommen können. Es ist unsere Pflicht, das Bewusstsein aller Menschen denen wir begegnen, zu erhöhen. Und sie zu heilen. Du hast es schon viele Male gesehen. Es ist das Bewusstsein der Menschen, sich in eine positive Richtung zu bewegen. Sie richten sich aus. Sie werden sich in den verschiedenen Dimensionen bewusst. Sie werden aufwachen und eins werden und zusammen vorwärts gehen. Es wird so sein, wie es sein soll. Es wird das Negative zurückgelassen. Ihr neues Leben als Ganzes erschaffen.

* * *

D: *In dem Buch, an dem ich gerade arbeite, untersuche ich das Konzept, dass wir als Menschen nicht eine einzelne Seele oder einen einzelnen Geist darstellen, sondern ein Fragment.*
Ann: Richtig.
D: *Kannst du mir das erklären?*
A: Ja, du und viele andere kommen aus verschiedenen Universen. Es gibt verschiedene Gottesquellen, die eigentlich als eine Quelle betrachtet werden. Jedes dieser Universen hat seine eigene individuelle Gottesquelle, um ihre Ebenen in den Universen zu verstehen. Jede dieser Quellen ist in andere Einzelquellen

unterteilt, die immer auf eine Hauptquelle zurückgehen. Jeder von ihnen erstellt in sich ihre eigenen individuellen Quellen, weil sie sich dafür entscheiden. Um ihre Höhen in Wissen zu verstehen, die sie auf dieser physischen Ebene haben müssen. Dieses Vibrationsniveau ist für sie sehr begrenzt. Und weil sie dies gewählt haben, haben sie sich bewusst dafür entschieden, als separate Quelle zu leben, obwohl sie noch mit einem Strang zur Hauptquelle verbunden sind.

D: *Wie nehmen wir diese Hauptquelle wahr? Diese Gottesquelle?*

A: Sie ist immer in dir. Ich werde dir den einfachsten Weg zum besseren Verständnis erklären. Verwende dazu die Stirnlappen deines Kopfes. Was du als „Stirn" bezeichnest. In dieser Stirn hast du ein Element und du scheidest eine Flüssigkeit in diesem Element aus. Wenn diese Flüssigkeit abgesondert wird, wird sie durch den Körper transportiert, wodurch der Rest deines Körpers auf eine höhere Ebene gebracht wird, sodass du deine Quelle erschließen kannst. Hier bleibt die Quelle. Es ist im Stirnlappen deines Kopfes. Hier ist deine Verbindung, deine Zeichenfolge, wie ein „Kabel" verbunden.

D: *Was wir als das dritte Auge betrachten? (ja) Aber ich habe versucht, diese Fragmentierung zu verstehen, weil ich mit Leuten arbeite, die sagen, sie hätten Fragmente von sich.*

A: Ja, das stimmt. Dies ist Teil des Denkprozesses. Sie dürfen eine Realität schaffen. Und in dieser Realität kannst du andere Realitäten erschaffen und eine neue Energiequelle kreieren, die alle aus der gleichen Quelle stammen, die du als "Gottesquelle" bezeichnest.

D: *Deshalb ist es für uns so schwer, das zu verstehen, weil wir so fokussiert sind...*

A: (unterbrochen) Es ist nicht schwierig. Es wird immer diejenigen geben, die diese Konzepte verstehen. Sie können es einfach leichter übersetzen. Man braucht nur Zugriff auf diese Personen, um diese Konzepte in eine verständliche Form zu übersetzen.

D: *Mir wurde gesagt, dass wir überall Seelenfragmente haben, aber wir wissen nichts davon.*

A: Wir sind Zwillinge voneinander.

D: *Dieselben Teile voneinander?*

A: Du bist es. Du kommst aus derselben Quelle. Warum sollte man denken, dass man nicht gleich ist?

D: Unsere menschliche Perspektive, dass wir Individuen sind? (lacht)
A: Sehr begrenzt.
D: Wir sind sehr begrenzt.
A: Du selbst wählst begrenzt zu sein. Es ist keine schlechte Sache, dass man begrenzt ist. Du hast dich dafür entschieden, weil es Lektionen gibt, die du lernen möchtest. Wir verstehen das. Wenn wir jetzt durch diesen Körper sprechen, verstehen wir dieses Individuum. Es tut das Gleiche. Wir kennen diese Dinge. Es ist okay.
D: Ja, denn nur so können Menschen es wahrnehmen. Und vieles davon ist jenseits der Konzepte des normalen Menschen.
A: Richtig.

* * *

Dieses Leben kann mit einem Instrument in einem großen Orchester verglichen werden. Natürlich kann man sich nicht auf alle Instrumente gleichzeitig konzentrieren. Man kann sich nur auf einen Teil der schönen Sinfonie konzentrieren, obwohl das komplette Orchester und die Musik, die vom Orchester kommt die Gesamtheit dessen ist, wer wir wirklich sind.

* * *

In meinen Vorträgen wurde ich oft nach dem Unterschied zwischen Seele und Geist gefragt. „Sind sie dasselbe? Sind die Wörter austauschbar? Beziehen sie sich auf zwei verschiedene Dinge?" Ich hatte zunächst keine adäquate Antwort, denn die Fragen haben mich überrascht. Zu dieser Zeit nahm ich an, dass es sich um dasselbe handelt. Nur zwei verschiedene Wörter, die sich auf die Lebenskraft bezieht, die bei der Geburt in den Körper kommt und bei seinem physischen Tod geht. Ich nahm an, dass es der Teil von uns ist, der von dem Moment an, in dem er von Gott geschaffen wurde, ewig ist. Und es der beständigste Teil von uns ist, auch wenn es während des Reinkarnationszyklus von Körper zu Körper geht und sich verändert, wenn es mehr Informationen sammelt und Karma zurückzahlt. In meinen frühen Schriften schrieb ich aus dem Blickwinkel, dass die beiden Wörter austauschbar sind und sich auf dasselbe beziehen. Und es letztendlich nur Semantik sei, ob man das eine oder das andere Wort verwendet.

Nun, mein Lernen und mein Verständnis werden immer breiter und ich kann diese Frage jetzt aus einem anderen Blickwinkel betrachten. In meiner Arbeit wurde mir gesagt, als Gott alle Seelen in die Schöpfung brachte, ähnelte es der Urknalltheorie. Wir schossen als winzige Lichtfunken aus. Einige dieser Funken wurden zu menschlichen Seelen, andere zu Galaxien, Planeten, Monden und Asteroiden. Die Schöpfung hatte begonnen und dauert seitdem an und wird immer größer. Viele meiner Klienten sahen sich als einzelne Funken oder Lichtkugeln, wenn sie gefragt werden, woher sie kommen und wie sie angefangen haben. In welchen Körpern sie sich während ihrer unzähligen Lebenszeiten auf diesem Planeten befanden. Aufgaben, die dem Zweck dienen und die Arbeit erledigen. Ich sage immer: „Du bist kein Körper! Du hast einen Körper!" Wir neigen dazu, das zu übersehen, weil wir uns so daran festmachen. Aber genau wie eine Maske ist sie irgendwann abgenutzt und muss weggeworfen werden. Du bist das „Echte", der kleine Lichtfunken. Ich kann jetzt sehen, dass dies dem „Geist" entspricht, weil es von Körper zu Körper geht. Der Geist ist die individualisierte Darstellung der Seele in einer Verkörperung. Daher hat es Einschränkungen. Es ist eingeschränkt und von der größeren „Seele" getrennt. Es ist unser Fokus im physischen Körper, während wir von der ungeheuren Weisheit unseres größeren Selbst abgeschnitten sind. Es muss so sein, oder wir könnten hier nicht existieren. Wir wären absolut nicht imstande zu überleben, wenn wir erkennen würden, dass es noch mehr gibt und dass wir von diesem großartigeren Selbst abgeschnitten sind.

Ich habe Fälle gehabt, wo die Klienten dorthin zurückkehren wollten, wo sie am liebsten waren, wo sie sich zu Hause fühlten, wonach sie instinktiv eine große Sehnsucht hatten. Es war für mich eine Überraschung, als sie an einen Ort gingen, der nicht die geistige Seite ist, zu der wir direkt nach dem physischen Tod gehen. Dieser Ort war viel größer und ausgedehnter. Sie gingen zu einem schönen, warmen und beruhigenden hellen Licht. Das ist „Zuhause". Als sie dort waren, empfanden sie ein wunderbares Gefühl der Zusammengehörigkeit. Sie waren ein Teil des Ganzen und sie wollten diesen Ort nie wieder verlassen. Dies wurde „Gott" genannt, weil es keine bessere

Definition gibt. Es wurde auch die „große zentrale Sonne" genannt, von der alles Leben entspringt. Der Klient erfährt immer große Freude, wenn er wieder mit dem Ganzen vereint ist, auch wenn es nur für die kurze Zeit während der Sitzung ist. Wenn sie dazu gezwungen wurden, die Quelle zu verlassen, um Lektionen zu lernen und Wissen zu erwerben, verspürten sie einen großen Verlust, eine Trennung, die fast unerträglich war. Sie verspürten das Gefühl der Trennung und der Einsamkeit. Jeder von uns möchte dort insgeheim zurückkehren, auch wenn wir es auf bewusster Ebene nicht verstehen. Aber den Informationen nach, die ich entdeckt habe, können wir nicht zu Gott zurückkehren, um uns wieder zu vereinen, bis wir alle unsere Lektionen abgeschlossen und unser Wissen erlangt haben. Dann ist es unser Schicksal, zurückzukehren und alles mitzuteilen, was wir gelernt haben. In diesem Sinne sind wir buchstäblich Zellen im Körper Gottes.

Um zu versuchen, die Definitionen von Seele und Geist ein wenig weiter zu erklären, denke ich, dass dies als Rückzugssystem angesehen werden kann. Wo es Gott gibt, das Eine, das Alles, was ist, der Allmächtige, die Quelle, der Schöpfer, spaltet es sich in eine andere Komponente ab. Gruppenseelen, Überseelen, eine größere Zusammensetzung von Energien. Lebendig, aber das Leben auf eine Weise zu erleben, die unserer Denkweise fremd ist. Es enthält so viel Energie in seiner Gesamtheit, dass es unmöglich in einem Körper enthalten ist. In Buch Eins wurde gesagt, dass, wenn die gesamte Energie einer Person in einen Raum kommen und versuchen würde sich mit uns zu unterhalten, würde alles im Haus zerstört werden. Die Kraft und Energie ist immens. So ist die Seele eine Kombination aus unzähligen individuellen Geistern, die alle „die Seele" sind. Wir sind genauso Teil dieser größeren „Seele" wie wir von der Verkörperung Gottes sind. Es gibt auch mehrere Gruppierungen von Seelen, um unser Denken weiter zu erschweren.

Dann spaltet es sich wieder auf und wird zu individuellen Geistern. Dies ist das kleinere Stück, das wir derzeit erleben. Der Teil, auf den wir fokussiert sind, unsere Persönlichkeit. Dies ist der Teil, der zum Zeitpunkt des Todes des physischen Körpers in den Geistesbereich übergeht. Es bleibt anscheinend individualisiert, bis es genügend Wissen erworben hat, um es wieder in die Überseele zu integrieren.

All das ist für die meisten unserer menschlichen Geister zu viel, um es zu verstehen. Wir sind zufrieden damit, dass diese eine Existenz alles ist, was es für uns gibt. Deshalb erklären wir das Unerklärliche vereinfacht.

Aus den Informationen in diesem Kapitel geht hervor, dass sich die Überseele in Notsituationen fragmentiert oder Facetten von sich aussendet und andere Seelenteile austauscht. Zumindest sind diese Konzepte gute Denkübungen, unabhängig davon, ob wir sie jemals vollständig verstehen werden oder nicht. Über diese Konzepte hätte ich nie nachgedacht, wenn sie mir nicht durch mehrere meiner Klienten vorgestellt worden wären. Anscheinend glauben „sie", dass wir bereit dazu sind, mit den tieferen Bedeutungen des Lebens umzugehen.

Es gibt also wieder Gott, es gibt die verschiedenen Überseelen, die kleineren Seelen-Kompositionen und die individuellen Geister.

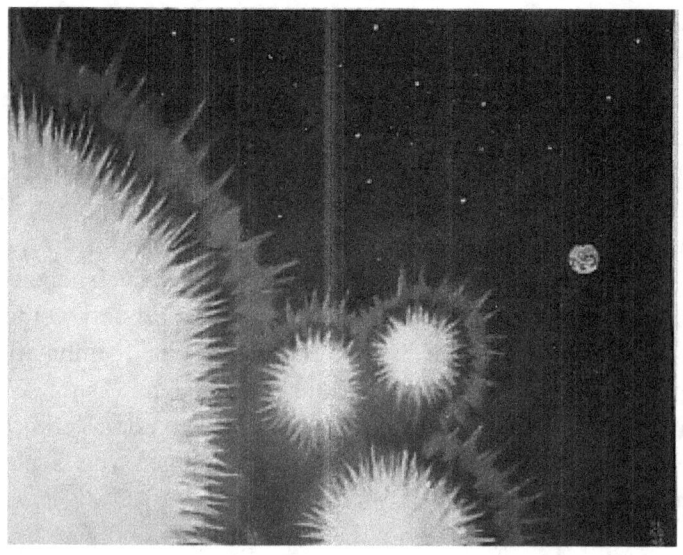

KAPITEL 30

DIE NEUE ERDE

Während unseres ganzen Lebens, gingen wir zur Kirche und hörten die folgenden Verse aus der Bibel: »Dann sah ich einen neuen Himmel und eine neue Erde. Denn der vorige Himmel und die vorige Erde waren vergangen, und auch das Meer war nicht mehr da.« ... Ich sah, wie die Heilige Stadt, das neue Jerusalem, von Gott aus dem Himmel herabkam: festlich geschmückt wie eine Braut für ihren Bräutigam. Eine gewaltige Stimme hörte ich vom Thron her rufen: »Hier wird Gott mitten unter den Menschen sein! Er wird bei ihnen wohnen und sie werden sein Volk sein. Ja, von nun an wird Gott selbst in ihrer Mitte leben. Er wird ihnen alle Tränen abwischen. Es wird keinen Tod mehr geben, kein Leid, keine Klage und keine Schmerzen; denn was einmal war, ist für immer vorbei.« ... Der auf dem Thron saß, sagte: »Sieh doch, ich mache alles neu!« Und mich forderte er auf: »Schreib auf, was ich dir sage, alles ist zuverlässig und wahr.« ... Die Stadt braucht als Lichtquelle weder Sonne noch Mond, denn in ihr leuchtet die Herrlichkeit Gottes, ... (Verse. 21-22)

Die Kirche hat seit der Niederschrift der Bibel viele verschiedene Erklärungen abgegeben. Allerdings ist das Buch der Offenbarung bis heute rätselhaft geblieben. Die Erklärungen die mir zu diesem Buch, von vielen Menschen in tiefer Trance gegeben wurden, scheinen die Antworten zu enthalten. Sie haben das Königreich Gottes oft als einen Ort des Lichts beschrieben, an dem sie große Freude verspüren, mit dem Schöpfer der Quelle, wieder vereint zu sein. An diesem Punkt ist jeder von ihnen wieder zu einem Lichtwesen geworden und es besteht kein Wunsch, in die irdische physische Form zurückzukehren. Dies erklärt einige der Bedeutungen der Verse, aber was ist mit der Prophezeiung der neuen Erde? Erneut scheinen die Antworten in vielen durchgeführten Sitzungen meiner Klienten zu fließen. Erst bei der Zusammenstellung des Buches, wurde die Ähnlichkeit mit der Bibel deutlich. Wir reden alle über dasselbe. Im Buch der Offenbarung des Johannes, benutzte dieser das Vokabular für seine Visionen, welches er zu seiner Zeit finden konnte. Heute ist es genauso. Meine Klienten müssen die Terminologie verwenden, mit der sie vertraut sind. Ich weiß daher, dass wir nur einen kleinen Teil des Gesamtbildes der kommenden neuen Welt sehen. Es gibt uns zumindest einen Einblick in diesen wunderbaren und perfekten Ort.

Während meiner Arbeit habe ich viel darüber gehört, dass sich alles aus Energie zusammensetzt und Form und Gestalt werden nur durch die Frequenz und die Vibration jedes einzelnen bestimmt. Energie stirbt nie, sie ändert nur ihre Form. Mir wurde gesagt, dass die Erde ihre Schwingung und Frequenz selbst verändert und sich darauf vorbereitet, in eine neue Dimension aufzusteigen. Es gibt unzählige Dimensionen, die uns ständig umgeben. Wir können sie nicht wahrnehmen, weil die Schwingungen schneller werden, sie sind für uns unsichtbar, aber sie existieren trotzdem. In meinem Buch „Die Verwahrer" habe ich erklärt, wie die Außerirdischen durch die verschiedenen Dimensionen reisen, indem sie die Schwingungen ihres Fahrzeuges anheben und senken. Manchmal gehen wir auch zu anderen Dimensionen und kehren wieder zurück und sind uns dessen nicht bewusst. Darüber wurde in „Die Legende von Starcash" geschrieben. Ich habe das Thema im Laufe der Jahre mehrmals angeschnitten, aber die volle Bedeutung des Themas erst verstanden, als ich immer mehr Informationen darüber durch meine Klienten erhielt. „Sie" wollen, dass wir mehr darüber erfahren, weil es bald soweit ist. Und es wird eine bedeutsame Zeit werden. Selbst in der Bibel wurde es als „bald" bezeichnet. Wir können jetzt die Auswirkungen überall um uns herum wahrnehmen und fühlen, während sich die Welt darauf vorbereitet, in eine neue Dimension zu wechseln.

„Sie" sagen, dass wir die physischen Effekte mit zunehmender Frequenz und Schwingung stärker wahrnehmen werden. Viele von uns können auf einer anderen Ebene unseres Wesens spüren, dass etwas passiert. Mit den subtilen Veränderungen um uns herum müssen sich auch unsere physischen Körper ändern, um sich anzupassen. Einige dieser körperlichen Symptome sind ursächlich und unangenehm. „Sie werden sehen und bemerken, dass die Häufigkeit des Planeten in Bezug auf seine Schwingung weiter ansteigt und sie werden mit Symptomen von Energieblockaden weniger Schwierigkeiten haben."

Während meiner gesamten Arbeit wurde meinen Klienten gesagt, dass sie ihre Ernährung ändern sollen, um die Anpassung an die neue Welt vorzunehmen. Unsere Körper müssen leichter werden und das bedeutet der Verzicht auf schwere und stark verarbeitete Lebensmittel. Während der Sitzungen werden meine Klienten wiederholt aufgefordert, auf das Essen von Fleisch zu verzichten, hauptsächlich wegen der Zusätze und Chemikalien, die den Tieren zu gefüttert werden. Wir nehmen sie mit dem Fleischverzehr auf und lagern sie in den Organen ab. Es ist sehr schwierig, diese Giftstoffe aus unserem Körper zu entfernen. Wir wurden insbesondere vor dem Verzehr von tierischem Eiweiß und gebratenen Lebensmitteln gewarnt, die den Körper irritieren. „Diese wirken als Aggravatoren für das körperliche System nach jahrelangem Missbrauch. Wir möchten nicht wertend sein, aber der Körper ist für eine bestimmte Art von Funktion aufgebaut. Der Körper kann nicht zu höherdimensionalen Bereichen aufsteigen, wenn die Dichte und die Toxine die Umwelt des menschlichen Körpers verschmutzen." Wir sollten Rindfleisch und Schweinefleisch, vor allem wegen der Zusätze, die den Tieren verfüttert werden, vermeiden. Zu bevorzugen ist Fleisch aus artgerechter Haltung, das weniger oder vielleicht keine Toxine enthält. Sie offenbarten mir auch, dass Huhn und Fisch besser ist, aber am besten von allem sei „lebendes" Gemüse. Dieses Gemüse wird eher roh als gekocht gegessen. Uns wurde auch auf Verzicht von Zucker und zum Verbrauch von reinem Wasser in Glasflaschen und Fruchtsäften geraten, die keinen Zuckerzusatz enthalten. Mit zunehmender Frequenz und Vibration werden wir uns schließlich an eine flüssige Diät anpassen. Der Körper muss leichter werden, um ihm den Aufstieg zu ermöglichen. „Da die Energien auf dem Planeten immer stärker werden, muss sich der Körper mit ihm verändern." Natürlich ist nichts davon neu. Wir sind seit vielen Jahren über diese Nährwerte informiert. Es scheint jetzt jedoch notwendig zu sein, unserer Ernährung besondere Aufmerksamkeit zu widmen, da sich alles zu ändern beginnt.

2001 vermittelten „sie" mir, meine Ernährung und meinen Lebensstil drastisch zu ändern. Damit mir das auch wirklich klar wird, wurde ich während der Sitzungen immer wieder darauf hingewiesen. In Florida, im Jahr 2001, war ich ständig dehydriert und hatte unangenehme körperliche Auswirkungen. „Sie" tadelten mich und erzählten mir immer wieder, dass ich mein Standardgetränk „Pepsi" aufgeben sollte, was ich viele Jahre lang getrunken habe. Sie stellten meine Ess- und Trinkgewohnheiten komplett um und änderten meine Ernährung zum Besseren. In 2002 hatte ich eine Menge der Toxine aus meinem Körper entfernt und bemerkte den Unterschied. Es dauerte mehrere Monate, bis ich sozusagen „entgiftet" war. Jedes Mal, wenn „sie" eine Chance bekamen, ließen sie mich wissen, dass sie mich immer noch überwachen und schimpften mit mir, wenn sie mich in alte Gewohnheiten zurückgleiten sahen. Während einer Sitzung in England sagten sie: „Um die neuen Energien zu verstehen, in denen man sich dann befindet, wird dem Körper beigebracht, wie er damit umgehen soll. Man darf niemals vergessen, dass es da draußen Energien gibt, die nicht mit dir zusammenarbeiten werden. An diesem Punkt dürfen diese Energien nicht verdrängt werden. Tatsächlich sind es neue Energien. Vielleicht stellen sie deinen Körper neu ein und entfernen dabei Giftstoffe. Insbesondere deine Nieren werden mit einer nicht akzeptierten Energie der Vergangenheit arbeiten. Akzeptiere einfach, dass der Reinigungsprozess abläuft."

Ich erfuhr von einem Verfahren, mit dem man das Wasser, das wir trinken, mit Energie versorgen kann. Dieses energetisierte Wasser soll den Entgiftungsprozess des Körpers unterstützen. Daher ist die Resonanz des Wassers, das man seinem Körper zuführt, so wichtig. Sie sagten mir auch, dass man das Wasser, das man trinkt, mit dem Wissen anreichern kann, dass man hat. „Schicke dieses Wissen. Wickle es hinein. Stell dir vor, wie das Wasser sich windet, einen Wirbel kreiert, sowohl im Uhrzeigersinn als auch gegen den Uhrzeigersinn. Erstellen des positiven und negativen Schlüssels. Du musst es in das Gleichgewicht bringen. Stelle dir eine Energie vor, die in das Wasser eindringt, sich dreht und einen Wirbel erzeugt. Das ist alles was es zu tun hat. Der Gedanke wird dann das Wasser beleben.

Die Lebenskraft wird wieder ins Wasser zurückgeführt. Alles Fluid auf diesem Planeten, ob es sich um Gestein handelt oder ob es flüssig ist, ist in langsamer oder schneller Bewegung. Alles hat die Resonanz und das Gedächtnis dessen, was es ist. Die Menschheit hat die Resonanz und Erinnerung an das verloren, was sie ist, aber Wasser kann diese Energie wieder erzeugen. Das Gedankenformat des Menschen wandelt sich in die Resonanz zurück und hilft bei der Arbeit. Man muss bedenken, dass diese Bereicherung einer Wasserflasche nur einige Stunden andauern kann. Möglicherweise muss dieser Prozess dann erneut erfolgen. Die Formel kann also angewandt werden, bevor man eine Flüssigkeit zu sich nimmt und zwar auf dieselbe Weise. Man kann dasselbe auch mit dem Essen machen. Feste Lebensmittel sind einfach langsamer. Dies wird dem Körper helfen."

* * *

Aus einer E-Mail, die mir aus einer unbekannten Quelle gesandt wurde:

Die Zeit wird tatsächlich schneller (oder kollabiert). Seit Jahrtausenden beträgt die Schumann-Resonanz oder der Puls (Herzschlag) der Erde 7,83 Zyklen pro Sekunde. Das Militär hat dies als eine sehr zuverlässige Referenz benutzt. Seit 1980 steigt diese Resonanz jedoch langsam an. Sie beträgt jetzt über 12 Zyklen pro Sekunde! Das bedeutet, dass anstelle der alten 24 Stunden weniger als 16 Stunden pro Tag erforderlich sind.

Ein Hinweis darauf, dass Frequenz und Vibration auftreten, ist die Beschleunigung und Verkürzung der Zeit.

* * *

Betrifft: Ab 2003 wird es einen Energiezufluss geben, der die Erde wirklich antreibt. Zwischen der Gruppe der Menschen die zurückbleiben werden und den Menschen die vorankommen, wird eine stärkere Kluft bestehen. Das Ergebnis ist ein höherer Schwingungsanstieg auf der Erde. Dies betrifft das gesamte Universum. Nicht nur die Erde. Es ist in der ganzen Galaxie.

* * *

Weitere Informationen darüber, wie unser Körper und die ganze Welt den Dimensionsänderungsprozess durchlaufen wird, und von denen, die sich nicht verändern oder ändern, nicht erkannt:

„Unsere Körper und alles um uns herum erhöhen jetzt ihre Vibrationsrate und stellen sich auf eine neue Frequenz ein. Jede Körperzelle beginnt so schnell zu schwingen, dass sie sich in Licht verwandelt. Wenn dies beginnt, steigt die Temperatur des Körpers und der Körper beginnt zu leuchten. Wenn jede Zelle sehr schnell vibriert, werden sie aus dem normalen Bereich des Sehens verschwinden und sich in eine höherdimensionale Realität bewegen. Dies liegt daran, dass sich der Körper in Vibration über die dritte Dimension hinaus bewegt hat und nun auf einer viel höheren Dimensionsebene schwingt. Das bedeutet wiederum, dass sie nicht den Sterbeprozess durchlaufen werden, da sie dann einen Lichtkörper haben werden. Altern wird für sie nicht existieren und sie sind eingetreten in die nächste dimensionale Realität. Damit können sie dann auf die nächste Stufe der spirituellen Entwicklung zugreifen."

„Sie" haben betont, dass dies im Laufe der Zeit bei bestimmten Personen und kleinen Personengruppen geschehen ist. Zum ersten Mal wird ein ganzer Planet in eine andere Dimension übergehen und das macht es so einzigartig. Dies wird die neue Erde und die neue Welt sein. Es wird in der Bibel als der neue Himmel und die neue Erde beschrieben. Die anderen, die nicht bereit sind, werden zurückgelassen (so wie es in der Bibel heißt), um ihr Karma weiter zu leben. Sie werden nicht einmal wissen, dass etwas passiert ist. Diejenigen, die nicht erleuchtet sind, müssen zu einem anderen, dichteren Planeten zurückkehren, der immer noch mit Negativität verbunden ist, um das verbleibende Karma abzuarbeiten. Sie werden nicht zur neuen Erde kommen können, weil ihre Schwingung nicht übereinstimmen wird.

* * *

Vor einigen Jahren war ich auf einer Konferenz mit Annie Kirkwood, der Autorin von „Mary's Nachricht an die Welt", in einer Podiumsdiskussion. Sie erzählte von einer Vision, die die Evolution der neuen Erde darzustellen scheint. Sie sah die Erde, wie sie aus dem Weltraum gesehen wird. Nachfolgend sah es aus wie zwei Erden, eine überlagert von der anderen. Es gab kleine Linien von blinkenden Lichtern, die sich zwischen beiden Erden befanden. Bei der weiteren Beobachtung sah sie dann, dass es sich auseinander zu ziehen begann; die Art und Weise, wie sich eine Zelle teilt, wenn sie sich teilt, um eine andere Zelle zu erzeugen. Eine Erde ging in eine Richtung ab und die andere ging in die andere Richtung. Auf der einen Erde riefen sie: „Ja, es ist wirklich passiert! Wir haben es geschafft!" Und auf der anderen Erde hörte sie die Stimmen: „Dieses Mädchen war so verrückt! Sie war da draußen und erzählte allen von diesen verrückten Dingen und nichts geschah!" Es scheint also, dass es beim letzten Ereignis einige Leute geben wird, die nicht einmal wissen, dass etwas passiert ist. Dies wird die Trennung derjenigen sein, die mit der neuen Erde fortfahren und denjenigen, die auf der alten Erde zurückbleiben, die noch immer von Negativität durchdrungen ist.

Nach einem Vortrag, in dem ich dem Publikum von dieser Vision erzählte, ging ich von der Bühne zum Tisch, um Bücher zu signieren und wurde von Leuten umringt. Ein Mann drängte sich durch und bat mich, mit mir sprechen zu dürfen. Mit ernstem Gesicht sagte er: „Etwas sehr ungewöhnliches ist mir gerade passiert." Er machte eine Pause und zögerte, ohne zu wissen, wie ich reagieren würde. „Man muss wissen, dass ich ein Ingenieur bin, sehr bodenständig und diese Dinge passieren mir nicht. Als sie die Vision der beiden Erden beschrieben haben, die sich in zwei Hälften teilen, ist das Auditorium plötzlich verschwunden und ich befand mich im Weltraum. Ich konnte beobachten, dass es genauso, wie von ihnen beschrieben, passiert ist. Ich habe gesehen, wie sich die Erde geteilt hat und die neue über die alte Erde gelegt wurde." Man merkte, dass er sehr erschüttert war. Er sagte, er wird nach Hause gehen und versuchen, das was er gesehen hatte, am Computer zu reproduzieren. Eine Woche später mailte er uns das Bild und wir haben es hier gedruckt. Es ist viel schöner und lebendiger in der Farbe, es zeigt die neue Erde, als sie sich von der alten Erde trennt. Er gab mir die Erlaubnis, das Bild zu verwenden.

Erstellt von Michael R. Taylor (MT)

Hier einige Informationen aus verschiedenen Themengebieten zur neuen Erde:

Die durch Vivien sprechende Entität hatte eine tiefe, raue Stimme:

D: *Ich habe so viele Informationen von verschiedenen Leuten bekommen und sie sagen, dass die Erde einen Übergang durchmacht. Sie sagen, dass es wie ein anheben in eine andere, sich verändernde Vibration sein wird.*
V: Die ganze Idee ist, wir müssen die Leute dazu bringen, nur ein wenig zu expandieren. Und wir müssen dieses Level nur ein bisschen anheben. Und wenn wir das tun, können wir diese Änderung vornehmen und es ihnen leichter machen. Es werden diejenigen sein, die wir nicht ändern können und die zurückbleiben werden. Es sind die, die sich nicht wandeln können. Wir können sie nicht sehen. Wir können sie nicht dazu bringen, zu lieben.
D: *Dann werden die anderen, die sich verändern und lieben werden, in eine andere Welt gehen? Auf eine andere Erde?*
V: Es ist, als würde es sich in eine andere Dimension ausweiten. Lass mich mal sehen, wie ich dir das erklären kann. Es ist wie eine Reise, wenn du verstehen kannst, dass wir in eine andere

Schwingung aufsteigen. Wir werden sehen, was los ist. Wir können sie nicht aufhalten. Wir können ihnen nicht mehr helfen.

D: Ist es wie eine Trennung? Ist es das, was du wie zwei Erden meinst?

V: Oh nein, nein. Es ist eine Änderung der Dimension. Wir gehen von hier nach dort. Und diejenigen, die sich nicht ändern können, werden zurückgelassen.

D: Wenn wir in die andere Dimension gehen, wird es wie eine physische Erde sein?

V: Es wird genau so sein wie jetzt.

D: Das habe ich mit zwei Erden gemeint.

V: Ja, ja, jedoch sie werden sich dessen nicht bewusst sein.

D: Sie werden nicht wissen was passiert ist?

V: Nein, sie werden es wissen. Das ist die ganze Idee. Sie werden es wissen, aber es ist zu spät.

D: Aber du sagst, sie würden zurückbleiben und sie können sich nicht der anderen Welt anschließen.

V: Nein, es wird zu spät sein, um ihre Schwingungen zu ändern. Es kann nicht von einer Sekunde zur anderen geschehen. Sie müssen es über einen bestimmten Zeitraum ändern. Daran haben wir schon eine Weile gearbeitet. Es muss in ihrem Körper wachsen und gedeihen, es muss sich langsam ändern und ihre Schwingungen anheben. Es wird für sie zu spät sein, aber sie werden es trotzdem sehen. Sie werden sterben, aber sie werden es sehen und daraus lernen.

D: Diese Welt wird noch existieren, aber es wird anders sein?

V: Nicht sehr gut, nein, nicht sehr gut. In dieser Welt wird nicht viel übrig sein. Nicht viel.

D: Viele Leute werden zu dieser Zeit sterben?

V: Ja, ich denke jedoch, dass ein Großteil ihres Todes schmerzlos sein wird. Ich bin der Überzeugung, sie werden gerade lange genug leben, um zu sehen was passiert. Und ich denke, die Quelle wird ihnen den schrecklichen traumatischen Schmerz ersparen.

D: Aber die anderen, die sich in die neue Schwingung bewegen, mit einer identischen physikalischen Welt ....(unterbrochen)

V: Ja, einige wissen indes nicht einmal, dass sie die Änderung vorgenommen haben. Diejenigen die darauf hingearbeitet haben, sie werden es wissen.

D: Werden sie wissen, dass Leute zurückgelassen werden?

V: Das glaube ich nicht. Es wird ein Bewusstsein geben für eine Veränderung, die stattgefunden hat. Ich bin mir nicht sicher, ob es ein bewusstes Bewusstsein sein wird. Lass mich darüber nachdenken. (Pause) Wir gehen in diese Dimension und wir werden es wissen. Einige werden es nicht wissen. Andere werden etwas fühlen. Sie werden einen Unterschied fühlen. Fast wie eine Reinheit, eine Klarheit, eine Schärfe, einen Unterschied. Ich weiß was es ist. Sie werden den Unterschied spüren. Sie werden die Liebe fühlen.

D: Auch wenn sie nicht darauf hingearbeitet haben, werden sie getragen?

V: Ja, weil sie dafür bereit sind.

D: Und die anderen werden nicht....

V: Sie sind nicht bereit dafür, sie sind es nicht.

D: Also bleiben sie in der Negativität? Du meinst, die ganze Welt wird sich zu dieser Zeit verändern.

V: Ja, diejenigen die weitermachen, die die sich darin bewegen können, werden sich bewegen. Und diejenigen die es nicht können, werden es nicht tun.

D: Und es werden sowieso zwei Welten sein.

V: Ja, zwei Welten existieren gleichzeitig, sie sind sich aber dem nicht unbedingt bewusst.

D: Ich weiß, wenn sie sich in einer anderen Dimension befinden, sind sie sich dessen nicht immer bewusst. Aber ist das die Botschaft, die du vermitteln willst, dass wir diese Informationen über Liebe verbreiten sollten, solange wir noch können, um so viele wie möglich mitzunehmen?

V: Liebe ist der Schlüssel. Weil Gott Liebe ist. Und Liebe ist Gott. Und Liebe ist die höchste Macht. Und das müssen wir in unserem Leben fühlen.

D: Ja, Liebe war schon immer der Schlüssel. Also versuchen „sie" es so vielen Menschen mitzuteilen, damit sie sie mitnehmen können. Das ist die Dringlichkeit?

V: Die Dringlichkeit ist, dass uns die Zeit ausgeht. Sei einfach vorbereitet. Hm, was sagt ihr?

Sie hörte jemand anderem zu. Es war ein Murmeln zu vernehmen, dann ertönte die tiefe, kiesige Stimme.

V: Ich sage dir ... fertig. Bereit für die baldige Änderung. Demnächst fertig ... Ich muss die richtigen Worte finden.

D: *Was möchtest du mir sagen?*

V: Muss der ganzen Menschheit helfen. Erzähle ihnen, was bald kommen wird: Änderungen, Dimensionsverschiebung. Diejenigen, die sie hören können, werden sie hören. Sie werden für diese Dimensionsänderung bereit sein. (Ihre normale Stimme kehrte zurück.) Diejenigen, die das nicht können, werden es sowieso nicht akzeptieren. (lachen) Sie werden denken, wir wären verrückt. Andere wissen es vielleicht nicht, aber es wird einen Funken in ihnen berühren. Wenn es passiert, sind sie bereit und können diese Verschiebung vornehmen. Sie wissen vielleicht nicht, dass es kommen wird, aber etwas im Inneren wird dafür bereit sein und sie werden es schaffen. Es sind diejenigen, die nicht wissen, dass es kommen wird, aber wenn wir es ihnen sagen, wird ihnen das helfen. Wenn es passiert, wird es herauskommen und sie werden bereit sein.

D: *Lass mich noch eine Frage stellen. Diejenigen von uns, die sich verschieben, werden die weiterhin so leben, wie wir es tun?*

V: Nein, nein, besser, anders, länger.

D: *Werden wir körperlich weiterleben?*

V: Oh, physisch in dieser Dimension, ja. Aber physisch in der anderen Dimension, nein.

D: *Aber ich meine, wenn wir die Verschiebung machen, werden wir ...(unterbrochen)*

V: Du meinst, werden sie leben oder sterben?

D: *Werden wir so weiterleben, wie wir es kennen?*

V: Ja, manche werden es gar nicht merken. Der Gedanke, den wir in ihren Kopf geben, wird ihnen helfen, die Dimensionsänderung zu bewältigen, und sie wissen es vielleicht gar nicht. Aber sie werden wissen, dass eine Zerstörung stattfindet. Sie werden die Zerstörung wahrnehmen. Sie werden sehen, was los ist, und sie werden die Körper sehen, aber sie wissen nicht, dass sie diese Verschiebung vorgenommen haben. Sie werden sich der Tatsache nicht bewusst, dass der Grund, warum sie nicht tot sind, darin liegt, dass sie diese Verschiebung vorgenommen haben und dass die Veränderung sie nicht beeinflusst hat.

D: *Du hast etwas über den Gedanken gesagt, der in den Kopf gegeben wird, meinst du damit die Prägung?*

V: Nein, nein, nein, ich meine einen Samen, einen Gedanken. Sie wissen es nicht bewusst, aber im Inneren wird es ihnen helfen. Es ist wie ein Funke, wenn die Zeit bereits gekommen wäre, hätte es ihr Verstand unbewusst schon akzeptiert.

D: *Aber wenn wir die Verschiebung vollziehen, werden wir unser Leben weiterleben. ich habe gehört, dass wir länger leben werden?*

V: Länger, besser, lernen, die Dinge werden so viel besser sein. Nach kurzer Zeit werden die Menschen mehr lernen. Sie werden mehr wissen. Und sie werden sich der Dinge bewusster, so wie die Dinge sind. Sie wissen vielleicht nicht, wann sie die Veränderung machen, aber dann erfahren sie etwas darüber. Sie werden nach einer Weile erkennen, was passiert ist.

D: *Und diejenigen, die nicht bereit sind, werden auf der anderen Erde bleiben.*

V: Ja, sie werden verschwinden.

D: *Und viele an beiden Orten werden nicht einmal merken, dass etwas Dramatisches passiert ist.*

V: Die am anderen Ort werden es merken. Sie werden tot sein. Aber sie werden es wissen, denn das ist die Lektion, die sie lernen müssen. Sobald sie sterben, werden sie es erfahren. Sie werden die Wahrheit sehen. Und sie werden sehen, welche Gelegenheit sie verpasst haben, aber sie werden daraus lernen.

D: *Mir wurde auch gesagt, dass sie, wenn sie wiedergeboren werden und Negativität oder Karma ausarbeiten müssen, nicht mehr zur Erde kommen werden, weil sich die Erde so sehr verändert hat.*

V: Sie dürfen nicht hierher zurückkehren, bevor sie die Wandlung nicht vorgenommen haben.

D: *Ich habe gehört, dass sie irgendwo anders hingehen, um ihr Karma auszuarbeiten, weil sie die Gelegenheit verpasst haben.*

V: Einigen wird vielleicht die Gelegenheit gegeben zurückzukommen. Aber es wird eine Weile dauern, eine lange, lange Zeit.

D: *Aber in der Zwischenzeit werden wir fortfahren und neue Dinge lernen in einer ganz neuen Welt.*

V: Was für eine schöne Welt. Eine Welt aus Licht und Frieden. Wo Menschen zusammen leben und einander lieben können.

D: *Aber es wird immer noch eine physische Welt mit unseren Familien und Häusern sein wie wir es jetzt haben?*

V: Nur eine klügere Welt.
D: *(lacht) Das kann ich verstehen.*

* * *

Eine andere Klientin, die unerklärliche körperliche Symptome hatte, beschrieb den neuen Körper auf diese Weise:

S: Sie identifiziert sich mehr mit ihrem zukünftigen Körper. Er ist noch nicht richtig entwickelt, aber (er) ist da. Und dieser zukünftige Körper nimmt ihre Essenz oder Teile von ihr. Und fügt es zusammen oder zieht es hoch, damit sie sich an diesen zukünftigen Körper gewöhnen kann.
D: *Wird sich der Körper, körperlich verändern?*
S: Einige, ja. Er wird stärker und jünger sein. Dieser Körper, in dem sie sich jetzt befindet, kann geheilt und erneuert werden, aber sie braucht den zukünftigen Körper. Er wird leichter sein, fähiger. Sie spürt dies jetzt, ihre Essenz verschmilzt mit diesem zukünftigen Körper und wird hochgezogen.
D: *Also wird dieser Körper, den sie jetzt hat, verändert werden?*
S: Er wird im Wesentlichen zurückbleiben. Er wird umgewandelt und Teile davon, die nicht benötigt werden, werden weggelassen.
D: *Es ist also nicht so, als würde man einen Körper verlassen und in einen anderen gehen.*
S: Nein, allmählich werden der neuere Körper und der ältere Körper größtenteils zusammengefügt. Es wird jedoch bestimmte Teile des alten Körpers geben, die nicht notwendig sind, so dass sie zurückgelassen werden. Diese Teile werden einfach zerfallen.

Es wird wahrscheinlich so allmählich sein, dass wir den Unterschied nicht einmal bemerken werden. Mit Ausnahme der körperlichen Symptome, die einige erleiden, wenn der Körper die Anpassungen vornimmt. Mir wurde gesagt, dass die ältere Generation sich vielleicht mehr bewusst ist, dass etwas im Körper passiert. Es macht jedoch keinen Sinn, sich darüber Sorgen zu machen, denn es ist ein natürlicher Prozess, der jetzt als Teil zur Entwicklung der neuen Erde für jeden von uns abläuft.

* * *

Dies war Teil einer längeren Sitzung im Jahr 2002, in der die Klientin mit Außerirdischen in Verbindung stand. Sie lieferten Informationen zu vielen Dingen, darunter auch, was sie tun können (oder dürfen), um den Schaden zu korrigieren, den die Menschheit der Erde angetan hat.

P: Äh, sie bewegen mich ... vorwärts. Sie bewegen meinen Körper. Oh mein Gott, mir wird schwindelig.

Ich gab beruhigende Vorschläge, damit sie keine körperlichen Symptome hat. Sie beruhigte sich und stabilisierte sich wieder. Das Gefühl der Bewegung löste sich auf. Diese Erfahrung ist auch mit anderen Klienten passiert, mit denen ich gearbeitet habe, wenn sie zu schnell durch Raum und Zeit bewegt werden.

D: *Was zeigen sie dir jetzt?*
P: Alles was ich sehe ist Licht. Es ist gerade eine brillante Lichtexplosion. Es gibt verschiedene Farben im Licht. Der Planet wird mit einem speziellen Licht bombardiert und enthält verschiedene Farben. Diese verschiedenen Farben beeinflussen das Bewusstsein der Menschen auf unterschiedliche Weise, sie betreffen jedoch nicht nur die Menschen. Es betrifft Pflanzen, Tiere, Felsen, Wasser, einfach alles. Es ist eine bestimmte Art von weißem Licht, und es enthält alle Arten von Farben. Es verändert sich und bewegt sich und es durchdringt den ganzen Kern des Planeten. Ich sehe, dass es vom Kern des Planeten kommt. Sie schießen es von den Schiffen aus, es berührt den Kern des Planeten und es springt aus dem Kern heraus und beeinflusst alles von einer nach innen gerichteten Bewegung nach außen. Wenn man auf dem Planeten stehen würde, würde man diese Energien fühlen, die durch die Füße kommen und durch den Kopf herauskommen.

D: *Das Gegenteil von dem, was es normalerweise tut.*
P Das ist anders. Es kommt von den Schiffen zum Kern des Planeten und dann kehrt es wieder zurück. Und das betrifft den ganzen Planeten. Sie wollen nicht, dass wir uns in die Luft jagen.

D: *Ist das etwas, was 2002 passiert, oder ereignet es sich in der Zukunft?*

P: Das ist die Zukunft. Sie werden es tun! Die Ausrichtung auf den Planeten korrigieren, damit nichts Schlimmes passiert.

D: *Werden wir den Planeten dadurch eventuell aus dem Gleichgewicht bringen?*

P: Ja, ja. Oh, es gibt Menschen auf dem Planeten und sie beten, aber es ist nicht genug, weil es so durcheinander ist. Die Erde wird ihre Umlaufbahn verlassen. Und das wird den Rest des Kosmos beeinflussen. Indem sie diese Energien auf den Kern des Planeten lenken, wird sie wieder hochkommen und dies wird die Ausrichtung korrigieren. Und wenn es die Ausrichtung korrigiert, korrigiert es auch viele andere Dinge auf dem Planeten. Es wird der Flut, den Dürren und solchen Dingen helfen, die der Mensch auf den Planeten gebracht hat. Es wird keine Vernichtung dieses Planeten geben. Der Rat stellt sicher, dass es nicht passieren wird. Die Wesen sind hier auf dem Planeten und beobachten, und sie wissen, was los ist, sie wissen, wer das tut, und sie können sie beeinflussen. Es ist nicht so, dass wir nicht eingreifen können, wir dürfen nicht eingreifen.

D: *Weil es einige Dinge gibt, die du nicht tun kannst.*

P: Das stimmt, aber wir können zusehen. Und wir wissen, wer es tut.

D: *Aber wenn der Planet durch den Menschen so weit beschädigt ist, können sie helfen?*

P: Dann schicken wir diese ... Ich sehe mehrfarbige Lichter. Es ist wie ... mehrfarbige Energiewellen, die in den Kern des Planeten abgeschossen werden. Und dann springen sie wieder heraus und es wirkt sich auf den gesamten Planeten aus und es wird den Planeten in Ausrichtung halten.

D: *Wird dies von vielen Schiffen durchgeführt?*

P: Es ist eine Konföderation. Ich sehe viele. Ich sehe verschiedene Ebenen oder Klassifizierungen von Wesen, die den Planeten beeinflussen. Wir sind daran beteiligt. Es gibt viele, viele Wesen.

D: *Es ist also ein gewaltiger Job.*

P: Eine Konföderation, ja ja.

D: *Ist es denn nicht gefährlich, Dinge auf den Planeten zu schießen?*

Ich dachte an die Zerstörung von Atlantis. Diese wurde zum Teil von Wissenschaftlern verursacht, die die Energie von den Riesenkristallen zum Erdmittelpunkt fokussierten. Zu viel Energie wurde erzeugt und trug zu den Erdbeben und gigantischen Flutwellen bei.

P: Das ist nicht was du denkst. Es handelt sich um reine Lichtenergie. Und die einzige Wirkung, die es auf dem Planeten haben wird, ist positiv. Es wird dem Planeten nicht schaden.

D: Ich habe darüber nachgedacht, was sie in Atlantis gemacht haben.

P: Das ist nicht dasselbe. Es ist schwer für mich zu erklären. Dies geschieht auf der Seelenebene. Es ist wie reine göttliche Energie. Es ist nicht die Energie in Atlantis. Die Energie in Atlantis wurde durch Atomkraft erzeugt. Diese Energie, die das Göttliche geschaffen hat, ist das Licht. Das geschieht nicht durch die Trennung der molekularen Strukturen. Dies ist etwas, was wir geschaffen haben, und wir senden es aus der Quelle. Alles was aus der Quelle stammt ist gut und wird dem Planeten keinen Schaden zufügen. Es wird das tun, was wir wollen. Und das ist uns erlaubt worden. Weil der Mensch dies verursacht hat, greifen wir zu dieser Aktion. Es ist notwendig.

D: Ist das nicht eine Störung?

P: Nein! Wir können die Menschen hier nicht stören. Wir können nicht herunterkommen, sie bevormunden und ihnen sagen, was zu tun ist. Aber wir können unsere Schiffe bringen und diese Energie auf den Kern der Erde richten. Wir können so etwas tun. Das ist eigentlich auf der Seelenebene. Deshalb greifen wir hier nicht in die karmische Struktur der Menschen ein. Jeder hier hat einen karmischen Zweck und wir stören das nicht. Wir dürfen nicht. Das machen wir nicht.

D: Sehen die Menschen auf der Erde, wenn es passiert?

P: Sie spüren es. Mit anderen Worten, sie werden die Transformation durchlaufen. Und sie werden nicht erkennen, was mit ihnen passiert ist. Einige von ihnen werden es realisieren. Diejenigen, die empfindlich sind, werden wissen, dass etwas passiert ist. Aber viele auf dem Planeten werden ihr normales Leben einfach weiterführen, dabei werden sie erhöht, sie verändern sich und die Erde wird sich wandeln. Die Felsen und das Wasser werden sich wandeln, aber die Menschen werden einfach weiter existieren, weil wir das karmische Muster nicht beeinflussen. Das können wir nicht tun. Wir machen das auf einer Seelenebene, aber es beeinflusst nicht das irdische Leben, soweit es karmische Muster betrifft.

D: Muss die Erde an einen bestimmten Punkt gelangen, bevor sie das machen dürfen?
P: Es wird schlimm. Schon jetzt ist es sehr, sehr schlecht. Die Luft wird sehr vielen Menschen schaden, wenn es so weitergeht. Menschen, in ihren physischen Verkörperungen, leben und atmen in dieser Atmosphäre mit all dieser Verschmutzung und ihr genetisches Erbe verändert sich, dass ist der Grund, warum wir involviert sind. Wir dürfen das nicht zulassen und wir werden das nicht zulassen! Wir haben den Menschen dieses Planeten ihr genetisches Erbe gegeben. Und jetzt haben sie ihr Trinkwasser, ihr Essen, ihren Planeten verschmutzt. Alles hier ist verschmutzt. Der Mensch zerstört sein genetisches Erbe und wir werden es reparieren, weil keiner unser Experiment durcheinander bringen wird! Dies ist ein göttliches Experiment und sie können es nicht depravieren. Wir werden es ändern.

Um mehr über das große Experiment zu erfahren, an dem die Menschheit seit ihren Anfängen beteiligt ist, siehe meine Bücher, „Die Hüter der Gärten" und „Die Verwahrer".

P: Wir müssen das tun. Der ganze Planet wurde viele Male zerstört. Du weißt von Atlantis; Es gab viele andere Explosionen, Überschwemmungen, Katastrophen. Dies ist etwas, das wir derzeit nicht zulassen dürfen, weil es den Rest des Kosmos beeinflusst. Und die Erde kommt etwas mehr aus der Ausrichtung. Wir werden daher den Planeten nicht nur wieder in Einklang bringen, sondern auch dazu beitragen, die genetische Struktur von allem und jedem auf diesem Planeten zu reinigen. Dies wurde dargelegt, es wurde vereinbart und es wird geschehen. Weil die Menschheit den Punkt erreicht hat, dass sie nicht in der Lage ist, schnell genug aufzuräumen, bevor die von uns geschaffene genetische Ausstattung zerstört ist.
D: Es muss also nur ein wenig aus der Ausrichtung geraten, bevor es funktioniert und die anderen beeinflusst....
P: Es sind bereits andere betroffen ... nicht nur Zivilisationen in physischen Bereichen, die du kennst, sondern auch auf höheren Ebenen. Deshalb machen wir das.

Die verschiedenen Universen sind so miteinander gewunden und verbunden, dass die Rotation oder Flugbahn eines Universums gestört wird und alle anderen beeinflusst. Im Extremfall könnte dies dazu führen, dass alle Universen in sich zusammenfallen und sich auflösen. Dies ist einer der Gründe für die Überwachung des Planeten Erde durch E.T.s. Um Probleme zu erkennen, die durch unsere negativen Einflüsse verursacht werden. Andere Galaxien und Universen werden alarmiert und Gegenmaßnahmen können eingeleitet werden. Sie müssen wissen was auf der Erde vorgeht, damit der Rest der Universen, Galaxien und Dimensionen sich schützen und überleben kann.

D: *Ich dachte, wenn sie ein so großes Projekt Vorhaben auf der Erde, könnten die Menschen alle diese Schiffe sehen.*
P: Oh, du typischer Erdling! Nein, du kannst unsere Schiffe nicht sehen. Wir sind in verschiedenen Dimensionen. Es gibt viele verschiedene Schwingungsraten. Sie werden nicht einmal das Licht sehen können, aber es ist da. Irgendwann können eure Wissenschaftler diese Art von Energie messen. Irgendwann werden die Wissenschaftler feststellen können, dass wir in der Atmosphäre sind und sie werden unsere Schiffe sehen. Sie benötigen Maschinen und Geräte, damit sie feststellen können, wo sich unsere Schiffe befinden. Aber sie haben diese Technologie momentan noch nicht, weil wir uns über den Schleier bewegt haben, den wir als Astralreich bezeichnen. Es ist ein höheres Niveau als das, andererseits ist es ein feineres Niveau. Deine Augen können sie nicht sehen, aber in der Zukunft werden sie Maschinen haben, die es sehen können.
D: *Aber sie werden wissen, dass mit den Energieniveaus etwas passiert. Das sich etwas verändert?*
P: Es wird sich ändern, auch die Menschen werden sich ändern, aber sie werden sich nicht bewusst sein, was passiert ist. Es wird ein großes Ereignis, jedoch werden sie es nicht auf körperlicher Ebene erkennen können. Auf der Seelenebene können sie es erkennen. Unbewusst wissen sie es, nicht aber auf bewusster Ebene, weil sie an eine physische Energie denken. Gleichwohl ist dies keine physische Energie, es ist Energie von Gott. Das ist Seelenenergie.

D: *Die Leute werden es fühlen, aber sie können es nicht sehen. Sie werden es einfach wissen, dass etwas in ihren Körpern passiert.*

P: Einige werden es wissen. Die Empfindlichen, die Sensiblen werden wissen, dass etwas passiert ist, aber sie wissen nicht was. Das, genau das wollen wir. Wir wollen nichts stören.

D: *Wie wirkt sich das auf den menschlichen Körper aus?*

P: Es verhindert den Zerfall der genetischen Material-DNA im Körper. Wie ich schon sagte, es wird beschädigt und wir können das nicht zulassen. Wir können es nicht zulassen, dass sich die Menschheit zerstört. Die Energie wird die genetische DNA-Struktur des Menschen so verändern, dass sie perfekter wird. Wir möchten, dass die Menschen auf dem Planeten in perfekter Harmonie sind. Nicht nur mit sich selbst, sondern auch mit dem ganzen Universum. Momentan, sind sie das nicht.

D: *Wenn also die DNA-Struktur verändert wird, wie wird der Körper aussehen? Anders?*

P: Wenn die DNA verändert wird, wird der Körper so sein, wie wir ihn vor vielen Jahrtausenden haben wollten. Wir haben das in Atlantis versucht, es ist fehlgeschlagen! Der Grund für das Scheitern war, dass die Menschen in Atlantis die Energien negativ nutzten. Wir haben in den Tagen von Atlantis versucht, mehr weibliche Energie hervorzubringen, die eine Verbindung zwischen dem göttlichen Mann und der göttlichen Frau vereinen sollte. Es ging schief. Daher hat der Planet Erde viele, viele, viele tausend Jahre durchgemacht, Frauen wurden unterworfen und die weiblichen Energien wurden unterdrückt. Jetzt ist die Zeit, zu der beide Energien gleich sein werden. Die männlichen und weiblichen göttlichen Energien werden sich verbinden zu einem vollkommenen Wesen ... wie Christus. Jeder hier wird erkennen, dass er ein perfekter Christus sein kann, wenn diese Energien im Gleichgewicht sind. Die Energien waren nicht im Gleichgewicht. In tausenden von Jahren sind sie aus dem Gleichgewicht geraten. Deshalb gibt es auf dem Planeten so viele Probleme. Wenn also die DNA-Struktur verändert wird, können sich die göttlichen Energien, die männliche und die weibliche, das Yin und das Yang der Gott-Energien vereinigen, erst dann wird Vollkommenheit auf den Planeten kommen. Perfektion in den Körpern. So wird dieser Planet etwas sein, das wir dem Rest der Welt, dem Rest des Kosmos zeigen können. Dies ist unser Experiment, das haben wir getan und es ist gelungen, weil es so perfekt sein wird, wie wir es uns seit tausenden von Jahren gewünscht haben. Als wir zum ersten Mal hierher kamen, war es perfekt. Dir wurde das wahrscheinlich schon gesagt. Es wurde verändert. Du weißt, dass der Meteorit kam und damit die Bakterien, die Krankheiten. Alles war zerstört. Wir werden es wieder perfekt haben. Und dies ist ein Teil dieser Ausrichtung, die wir durchführen werden, um es wieder perfekt zu machen. Dies ist alles Teil der Genetik, aber der Grund dafür war, dass sich die Menschen nicht im Gleichgewicht befanden. Die göttlichen Energien sind nicht innerhalb der Psyche oder sogar innerhalb des physischen Geistes ausgeglichen worden, sondern die Psyche, die in den Körper gelangt, manifestiert sich physisch. Diese waren dafür nicht ausgerichtet. Es führte zu Erkrankungen im Körper. Wenn die Bakterien hier nicht durch den Meteoriten eingedrungen wären, hätten sich die Körper zu dieser Zeit in perfekter Ausrichtung befunden, es hätte keine Rolle gespielt. Die Krankheit wäre nicht ausgebrochen. Aber die Körper hatten sich bereits verändert, als sie getroffen wurden, also konnten wir nichts tun.

Sie bezog sich auf dasselbe, was in meinem Buch „Die Hüter der Gärten" erwähnt wurde, was erklärt, dass Krankheiten auf der Erde eingeführt worden sind und das großartige Experiment durch einen Meteoriten, der die Erde getroffen hatte, zerstört worden ist, als sich die verschiedenen Arten noch entwickelten. Dies verursachte in dem Rat, der für die Entwicklung des Lebens auf der Erde zuständig war, großen Kummer, weil sie wussten, dass ihr Experiment, den perfekten Menschen zu schaffen, unter diesen Umständen nicht stattfinden konnte. Sie mussten die Entscheidung treffen, ob sie das Experiment abbrechen und noch einmal von vorn anfangen oder den sich entwickelnden Menschen die Fortsetzung erlauben sollten, wissend, dass es niemals die perfekte Spezies sein wird, die es ursprünglich werden sollte. Es wurde beschlossen, dass so viel Zeit und Mühe in die Entwicklung von Menschen investiert worden ist, dass sie weiterarbeiten durften. Die Hoffnung war, dass sich die Spezies irgendwann in der Zukunft zum perfekten Menschen, ohne Krankheiten, entwickeln könnte. Dies ist der Hauptgrund für die von den E.T.s durchgeführten Stichproben und Tests, die von den Menschen falsch interpretiert werden. Sie befassen sich mit den

Auswirkungen von Schadstoffen in der Luft und der chemischen Kontaminationen unserer Lebensmittel auf den menschlichen Körper. Und sie versuchen, ihre Auswirkungen zu ändern.

Die Klientin fuhr fort: „Wir wollten das Experiment nicht aufgeben. Wir konnten den Planeten damit nicht alleine lassen und die ganze Arbeit, die durch die Seelen getan wurde. Wir mussten zurückkommen und wir kommen seit Ewigkeiten hierher, dies ist der Höhepunkt intensiver, jahrelanger Arbeit in Millionen von Jahren, und die Veränderung wird sehr bald kommen, und wir freuen uns, dass die Menschheit den Punkt erreicht hat, an dem dies wieder hervorgebracht werden kann. Wie ich schon sagte, wir haben es vor vielen, vielen tausend Jahren ausprobiert und es ist fehlgeschlagen, aber wir erwarten, dass es diesmal erfolgreich sein wird. Es beginnt bereits, erfolgreich zu sein. Und wir sind sehr glücklich darüber. "

D: Werden alle Menschen der Erde das erleben?
P: Wie ich schon sagte, jeder wird betroffen sein. Es ist nur so, dass die sensiblen Menschen es eher spüren werden, was getan wurde. Andere werden auf bewusster Ebene nicht erkennen, dass es getan wurde. Denn es passierte auf Seelenebene. Wenn man sie in Trance versetzen würde, so wie diese Person hier, würden sie wissen, dass sie betroffen sind, und man könnte ihnen erklären, was wir mit ihrer Genetik gemacht haben. Aber auf der bewussten Ebene haben sie keine Ahnung. Sie wissen es nicht. Und das wollen wir so.
D: Ich dachte an negative Menschen (Mörder, Vergewaltiger, etc.) Werden sie auf andere Weise betroffen sein?
P Jeder wird betroffen sein. Sie wissen, auf unbewusster Ebene, was passiert ist. Wenn sich das Unterbewusstsein ändert und es sich dessen bewusst und aktiviert wird, ja.
D: Sie haben immer noch Karma.
P: Das wird auch betroffen sein, da dieser Planet in Zukunft kein Karma haben wird. Das ist dann hier nicht erlaubt. Es wird ein Planet des Lichts und des Friedens sein und unser großartiges Experiment war erfolgreich.
D: Mir wurde gesagt, aus diesem Grund beobachten es viele im Universum.

P: Ja, das stimmt. Wir sind hier, um das zu tun. Und es wird sicher sein.

* * *

Im Herbst 2006 erhielten wir einen Anruf in unserem Büro von einem unserer Leser, der fragte: „Wurde nicht erwähnt, dass 2006 etwas geschehen sollte?" Meine Tochter Julia erinnerte sich an diese Passage und lokalisierte sie. Zufälligerweise (wenn jemals etwas Zufall ist) erhielten wir einige Wochen später mehrere E-Mails, die an alle Menschen gerichtet waren, um sie auf ein kosmisches Ereignis aufmerksam zu machen, das am 17. Oktober 2006 eintreten sollte.

Ein kosmisches Auslöseereignis tritt am 17. Oktober 2006 um ca. 10:17 Uhr auf und dauert bis zum 18. Oktober, 01:17 Uhr. Die Spitzenzeit wird am 17. Oktober um 17:10 Uhr sein. Ein ultravioletter (UV) Impulsstrahl, der aus höheren Dimensionen ausgestrahlt wird, kreuzt an diesem Tag die Bahnen mit der Erde. Die Erde bleibt für ungefähr 17 Stunden in diesem UV-Impulsstrahl. Dabei wird jedes Elektron wertvoller Lebensenergie die Erde durchdringen. Der Strahl ist fluoreszierend und leuchtend Blau bis Magenta Farbe. Obwohl es in diesem Frequenzband mitschwingt, liegt es oberhalb des Farbfrequenzspektrums ihres Universums und wird daher nicht gesehen.

Aufgrund der Natur deiner Seele wird es jedoch Auswirkungen haben. Der Effekt ist, dass jeder Gedanke und jede Emotion intensiv verstärkt wird. Jeder Gedanke, jedes Gefühl, jede Absicht, jeder Wille, egal ob gut, schlecht, krank, positiv, negativ, wird millionenfach verstärkt. Da alle Materie manifestiert und auf ihre Gedanken zurückzuführen ist, das heißt worauf sie sich konzentrieren, beschleunigt dieser Strahl diese Gedanken und verfestigt sie mit einer beschleunigten Geschwindigkeit, wodurch sie sich millionenfach schneller manifestieren als normalerweise. Das ultraviolette Licht wird jeden Menschen auf dem Planeten baden. Es hat das Potenzial, die Art und Weise wie die Menschheit denkt und fühlt, zu verändern. Dies wird einen neuen, leichteren Weg für den Aufstieg der Erde in die nächste Dimension schaffen. Dies ist der Beginn eines beeindruckenden Lichtstroms, der diesen Planeten durch

Quantensprünge und -grenzen auf die Spirale der Evolution aufsteigen lässt.

Es scheint also, dass es begonnen hat. Als ich diese Sitzung hatte und diesen Teil des Buches schrieb, dachte ich, der Strahl würde von den Außerirdischen kommen und von einem Raumfahrzeug geleitet werden. Nun scheint es, dass der Strahl aus anderen Dimensionen ausgesandt wird, die für uns unsichtbar sind. Ich vermute, die Außerirdischen spielen bei all dem auch eine Rolle und helfen beim Richten des Strahls. Anscheinend hat es begonnen und viele von denen, die sich ihrer Körper und der Welt um sie herum bewusst sind, werden die Auswirkungen nach diesem Datum bemerken.

* * *

Ein anderer Teil einer Sitzung mit Phil und Ann, siehe Kapitel 22, berichtet möglicherweise über dieselbe Art von Macht oder verweist auf etwas anderes.

A: Es gibt eine Energiequelle, die diesen Planeten umgibt. Wenn man den Farbton von „roter Farbe" sieht, weiß man, dass die Änderung stattgefunden hat.
D: *Wo erscheint die rote Farbe?*
A: Es wird Strahlen von eurem Planeten zu den anderen universellen Sonnen schießen. Man wird sehen, wie sich die Energie erhöht.
D: *Werden wir das sichtbar sehen?*
A: Es gibt ein Muster auf eurem Planeten, das gerade rekonstruiert wird und dann tatsächlich den visuellen Anblick der Energie, die von diesem Planeten ausgeht, verändert. Und es wird eine Farbe sein, die man „rot" nennt.
D: *Meinst du die Aurora borealis?*
A: Richtig.
D: *Und wir werden anfangen zu sehen, wie dies an Orten in den Weltraum schießt, wo es normalerweise nicht erscheint?*
A: Richtig, es wird das Energieäquivalent von Arterien sein, wie im eigenen Körper. Zum Beispiel: Organe mit vielen Arterien, in denen das Blut fließt, das sich dabei an eine Richtung hält und Nährstoffe mitbringt sowie auch die Nebenprodukte entfernt. Es ist eine bidirektionale Funktion. Dieser Planet hat in bestimmten

Funktionen immer diesen Effekt gehabt. Es ist jedoch jetzt so, dass es sich denen bemerkbar macht auf diesem Planeten, die es physisch wahrnehmen können. Auch die Kommunikationsebene selbst wird weiter verbessert. Dies ist einfach eine Art und Weise, wie dann mit dem Rest des Universums enger zusammen gearbeitet werden kann.

D: *Also bedeutet dieses Glühen, von dem du sprichst, dass sich das Energieniveau des Planeten ändert?*

A: Richtig.

D: *Und wenn wir beginnen es zu sehen, wissen wir dann, dass die Veränderungen stattfinden?*

A: Richtig, ihr habt sogenannte „Hot Spots", die in eurem Farbschema tatsächlich ein Blau ausstrahlen.

D: *Das ist für uns nicht sichtbar?*

A: Ja, das ist es. Es ist auf der Erdkruste. Man kann sehen, wie es von der Kruste abstrahlt.

D: *Du sprichst aber nicht über die Farbe des Himmels?*

A: Nein, ich spreche vom Energiefeld. Aus der Ferne, von eurem Hubble-Weltraumteleskop oder von einem beliebigen Punkt, der sich über eurer Atmosphäre befindet, wird man sehen, dass es diese Strahlen gibt, die sich in vielen verschiedenen Richtungen von eurem Planeten nach außen erstrecken. Diese weisen nicht den Charakter eines diffusen allgemeinen Glühens auf, sondern haben einen Durchmesser und eine Richtung. Es ist eine einzigartige Verbindung.

D: *Ist dies ähnlich, wie die Sonne Strahlen aussendet?*

A: Nein, nicht in diesem Sinne, denn in den Sonnenemissionen würden wir nicht „einheitlich" sagen, es ist jedoch eher allgemein so. Damit ist alles zur gleichen Zeit vorbei. Man stelle sich vor, was ihr in eurer Terminologie als „Diskokugel" bezeichnet, die einzelne Lichtstrahlen in viele verschiedene Richtungen aussendet. Es sind Einzelstrahlen, keine allgemein breite Lichtstruktur.

D: *Also wirken sie jetzt blau vom Hubble-Weltraumteleskop und werden rot erscheinen?*

A: Es wird eine Transformation mehrerer Farben in eurem Spektrum geben, die sehr stark auf das sichtbare Auge beschränkt ist. Innerhalb von zweiundzwanzig Jahren kann man das Spektrum bis zur ultimativen Farbe Rot sehen. Es wird ein anderes Gefühl dafür sein, was ihr einen „Farbton" nennt.

D: *Dies ist auch die Zeitspanne für die DNA-Aktivierung. (Kapitel 22)*

A: Richtig, es ist alles zusammen. Es ist gleichzeitig.

Harriet: Was würde mit jemandem passieren, der vielleicht durch diese Emissionen auf dem Planeten läuft? Würde es etwas mit dem physischen Wesen tun?

A: Das machst du gerade jetzt.

D: *Es ist also so, als würde man durch Dimensionen gehen. Wie du sagst, wir gehen hinein und heraus und wissen es nicht.*

A: Du lebst derzeit in Dimensionen.

D: *Und es ist der gleiche Weg, wie wir sie betreten und verlassen und uns dabei nicht bewusst sind, was passiert.*

* * *

Mehr von einem anderen Klienten in Australien:

C: Es ist wie ein Auto. Stell dir ein Auto vor, das eine alte Karosserie hat. Es ist genau das gleiche alte Auto, das du gefahren hast. Dann setzt du einen neuen Motor ein. Und plötzlich beginnt das Auto anders zu funktionieren, obwohl es noch genauso aussieht. Doch das Auto wird immer schneller, heller und intelligenter. Und noch bevor du es bemerkst, bewirkt das Auto so gute Dinge, dass sich die Karosserie verändert. Es ist, als würde die Energie des neuen Motors die Karosserie restaurieren. Und noch bevor sie es wissen, hat sich das Auto zu einem Sportwagen entwickelt. Ein schönes, glänzendes und attraktives Fahrzeug. Und darum geht es hier. Die Energien, die hereinkommen, können das Fahrzeug umwandeln. Und es wird sich verändern. Es wird anders aussehen. Es wird aussehen ... na ja, jünger fällt mir dazu ein. Es wird frischer und jünger aussehen. In den Körperzellen verändert sich die Schwingung des Körpers und passt sich der Schwingung der ankommenden Energie an. Dann werden als nächstes die körperlichen Veränderungen kommen.

D: *Was werden diese physischen Veränderungen sein?*

C: Oh! Der Körper wird sich ändern, um leichter zu werden. Und ich bekomme ... dass es größer aussehen wird. Es ist nicht so, dass es größer wird. Aber die Energie von innen wird irgendwie nach außen sichtbar. Dadurch wirkt der Körper größer, länglich und schlanker. Darüber hinaus erscheint er transparent.

D: *Transparent?*

C: Ja, es ist eine wegweisende Sache.

D: *Werden sich die Menschen auf der Erde in diese Richtung entwickeln? (ja) Werden alle Änderungen vorgenommen?*

C: Ja, weil die Leute diese Wahl haben. Wenn sie sich mit der Erde entwickeln und hier bleiben wollen, werden sie sich zu neuen Menschen herausbilden. Sie werden anders aussehen. Nicht zuletzt darum geht es bei diesem Experiment. Deshalb bewegt Christine, aber auch andere, diejenigen, die sich nicht mit der Erde entwickeln wollen. Sie werden gehen. (weint fast) Aber die Leute, die bleiben, müssen das Licht halten. Das ist ein großer Job. Sich scheiden lassen und von diesen Dingen trennen, die jetzt geschehen. Und diese Dinge werden so lange weitergehen, bis die Reinigung abgeschlossen ist. Diejenigen, die hier bleiben, bringen diese Rasse in eine sehr neue und andere Zivilisation. Diese Menschen werden jetzt getestet, um zu sehen, ob sie im Katastrophenfall das Licht halten können und nicht in die Negativität eingesaugt werden. Sie sind die Menschen, die mit diesem Planeten vorrücken werden.

D: *Fast wie ein letzter Test meinst du?*

C: Ja, der Test läuft gerade. Was auch immer jedes Wesen braucht, um sich selbst zu testen, um zu sehen, was sie diesem Programm zurückgeben können; wie fest ihr Engagement ist. Das wird jetzt alles getestet.

D: *Jeder hat also seinen eigenen individuellen Test?*

C: Ja, und die Leute, denen es jetzt schwer fällt, sind die, die bleiben. Sie sind diejenigen, die die Tests durchlaufen. Aber nicht alle kommen durch.

D: *Sie bestehen den Test nicht.*

C: Nein, es gibt einige, die das nicht tun.

D: *Das haben mir andere erzählt, einige werden zurückbleiben. (ja) Das klingt grausam.*

C: Nein, das ist nicht grausam, denn jede Seele hat die Wahl. Und wenn sie sich nicht bewegen und weiterentwickeln dann deshalb, weil sie sich dafür entschieden haben, es nicht zu tun. Sie werden an einem anderen Ort ihrer Wahl wiedergeboren. Und es ist in Ordnung. Denn, es ist nur ein Spiel.

D: Das ist es, was man mir mitgeteilt hat, dass sie dorthin geschickt werden, wo noch negatives Karma auszuarbeiten ist. Und dieser Planet hätte an diesem Punkt keine Negativität mehr. Siehst du das?

C: Ja, sie werden auf der alten Erde bleiben. Die neue Erde ist so schön. Sie werden Farben und Tiere und Blumen sehen, die sie nie für möglich gehalten hätten. Sie werden Obst und Gemüse sehen, das perfektes Essen ist. Es muss nicht zubereitet werden. Es wird einfach so gegessen wie es ist. Und alles was das Wesen braucht, um sich zu ernähren, wird da sein.

D: Sind dies Früchte und Gemüse, die wir jetzt nicht auf der Erde haben?

C: Wir haben sie nicht. Es sind in gewisser Weise Mutationen. Hierfür nenne ich als Beispiel einen Vanillepuddingapfel. Wir werden eine Frucht haben, die „Vanillepuddingapfel" genannt wird. Er sieht nicht aus wie ein Apfel, hat ein raues Äußeres und ist ungefähr so groß wie zwei zusammengefügte Orangen. Dann öffnest du die Frucht und sie ist im Inneren wie Vanillepudding. Das ist also eine Frucht, zugleich aber ein Essen. Es ist nicht nur eine Frucht, sondern auch ein etwas anderes Essen als ein Vanillepudding. Das ist exemplarisch für eines der zukünftigen Lebensmittel. So werden diese Lebensmittel nicht nur die Sinne erfreuen, sie sind zugleich nahrhaft und unterstützend. Ich werde immer wieder gestoppt, wenn ich anfange, „Körper" zu sagen. Es muss richtig „Wesen" heißen, so wurde mir gesagt. Also, sie werden für das Wesen nahrhaft sein. Nahrung, die wir jetzt kochen müssen, wird in diese Früchte integriert. Denn es geht darum, dem Planeten zu helfen und den Einsatz von Elektrizität und Energie zu reduzieren. Die Früchte werden uns also mit dem versorgen, was wir brauchen.

D: Ich habe gehört, dass der Mensch der Nahrung viele Dinge angetan hat, die für den Körper nicht gesund sind.

C: Das stimmt. Bio-Lebensmittel kommen auf die Erde, und diese Bio-Bauern bewegen sich mit dem Erd-Evolutions-Programm. Deshalb sind sie da. Deswegen wird das Bewusstsein dafür erhöht, weil die Menschen wissen müssen, wie man richtig anpflanzt und erntet. Und das lehren unter anderem die Rudolph-

Steiner-Schulen. Die Kinder, die mit der neuen Erde zusammen sein werden, werden dies wissen. Und diese Kinder unterrichten jetzt an Universitäten und in Einrichtungen und verbreiten das Wort. Wenn also die Erde gereinigt wird, wird ein Großteil dieser Toxizität verdrängt. Du siehst, die neue Erde ist nicht diese Dimension. Die neue Erde ist eine andere Dimension. Und wir werden uns in diese neue Dimension bewegen. Und in dieser neuen Dimension gibt es diese Bäume, die lila und orange in ihren Stämmen haben. Es wird schöne Flüsse und Wasserfälle geben. Und die Energie wird zurückgebracht. Es wird Energie in den Bächen und im Wasser geben, das über Felsen und Sandbänke fließt. Die Erde wird gereinigt. Ich sehe Wasser.

D: Muss dies geschehen, bevor sich die Erde verschiebt und sich in die neue Dimension entwickelt?

C: Ich sehe, wie wir durchgehen. (überrascht) Oh! Was ich sehe ist, dass die Menschen, die in die neuen Dimensionen gehen, in diese neue Welt eintreten werden.

D: Während sie gereinigt wird?

C: Ja, ja.

D: Was siehst du? Was passiert mit dem Wasser, mit dem gereinigt wird?

C: (Ein großer Seufzer.) Es wird mir nicht gezeigt.

D: Sie möchten nicht, dass du es siehst?

C: Nein, das zeigen sie mir nicht. Sie zeigen mir, es ist ... eine Öffnung? Und wir treten durch. Wir treten ein, in etwas, was wie diese Erde aussieht, in verschiedenen Farben. Es sind verschiedene Texturen. Auf den ersten Blick sieht es genauso aus, zunächst nur. Dann aber, wenn wir uns umsehen, fangen wir an zu sehen, dass dies nicht der Fall ist. Es verändert sich vor unseren Augen. Und es ist so wunderschön.

D: Aber das ist nicht die geistige Seite? Weil die Geistesseite auch als sehr schön beschrieben wird.

C: Nein, es ist die neue Erde, nicht die geistige Seite. Es ist die fünfdimensionale Erde. Einige Leute werden vor anderen durchgehen. Mir wird gesagt, ich solle dir jetzt mitteilen, dass Christine mehrmals dort war. Es wird jetzt eine Gruppe durchgehen. Sie wird mehr durchbringen und sie werden kommen und gehen, bis sie sich für immer entscheiden.

D: Dann werden die anderen auf der alten Erde bleiben?

C: Ja, diejenigen, die sich entscheiden zu bleiben, werden bleiben.
D: *Sie werden eine Menge durchmachen, nicht wahr?*
C: Ja, der ganze Planet. Ich habe gerade gesehen, wie der ganze Planet explodiert. Das ist schrecklich, nicht wahr?
D: *Was meinst du damit?*
C: Ich weiß es nicht. Ich habe gerade gesehen, wie er explodiert. Aber ich habe die neue Erde gesehen. Es gibt diesen wunderschönen, fünfdimensionalen Ort mit Harmonie und Frieden.
D: *Wenn sie dir gezeigt haben, wie der Planet explodiert, ist das nur symbolisch?*
C: Nun, die Leute, die hinübergegangen sind, beobachten was passiert. Sie können sehen. Wird er jetzt explodieren? Sie sagen zu mir: „Lass dich nicht einholen, egal was passiert, denn du musst dich auf das Licht konzentrieren." Und das ist die Herausforderung für diese Leute, die auf der neuen Erde sein werden. Die Herausforderung für sie besteht darin, sich nicht in irgendetwas verwickeln zu lassen, denn dies führt uns zurück in die dritte Dimension. Und so ist es vielen Menschen ergangen, die auf dem Weg nach vorne waren. Sie wurden zurückgezogen, weil sie in ihrer Angst, Trauer, Bedauern und in negativen Einflüssen verharrten. Sie meinen daher: „Sie müssen es nicht wissen, denn es würde niemandem helfen, wenn es bekannt wäre." Sie sagen: „Konzentriere dich auf das Gute. Konzentriere dich auf die Tatsache, dass es diese schöne neue Existenz geben wird, eine neue Dimension, in die viele Menschen auf der Erde ziehen werden."
D: *Mir wurde gesagt, wann immer Menschen hinübergehen, werden sie in derselben körperlichen Verfassung sein, die sie jetzt haben. Sie werden nur geändert.*
C: Ja, sie werden immer noch im selben Körper sein, aber verändert.
D: *So kann es umgesetzt werden, ohne zu sterben oder den Körper zu verlassen.*
C: Ja, wir gehen einfach rüber. Christine hat es schon einmal gemacht, sie weiß wie es geht. Sie hat es getan und versteht es.
D: *Aber es wird traurig sein, weil es so viele Leute geben wird, die nicht verstehen, was passiert. Es ist einfach schwer mit so vielen, die keine Ahnung haben. Sie wissen nicht, dass dieses andere möglich ist.*

C: Ja, allerdings sind sie nicht gewöhnlich. Sie wirken nur gewöhnlich. Es ist eine Maske, die sie tragen. Sie verändern sich.

D: *Aber es gibt immer noch viele Leute, die nicht einmal über diese Dinge nachgedacht haben.*

C: Ja, aber sie entscheiden sich dafür, nicht zu erwachen. Es ist ihre Entscheidung. Das müssen wir respektieren. Sie haben die Wahl, wie alle anderen auf der Erde auch. Und sie haben diese Wahl getroffen. Das ist okay. Es ist alles in Ordnung. Das ist gut.

D: *Also, wenn sie an einen anderen Ort gehen müssen, um das Negative zu erfahren, dann ist das ein Teil ihrer Entwicklung. (ja) Aber siehst du, dass sich eine Mehrheit der Menschen in die nächste Dimension entwickelt?*

C: Nein, nicht die Mehrheit. Und die Zahlen sind bis zu einem gewissen Grad auch nicht wichtig, denn was sein wird, wird sein. Und je mehr Menschen erwachen und diese Reise unternehmen, desto mehr Menschen werden da sein. Deshalb machen so viele von ihnen diese Arbeit. Menschen helfen, sich für die Reise zu öffnen und die Angst loszulassen.

D: *Hast du eine Ahnung von einer Zeitspanne?*

C: In den nächsten Jahren bekomme ich das Wort „Entscheidungspunkt". Es wird der „Abgrenzungspunkt" sein. Ich denke das bedeutet, dass diejenigen, die sich bis dahin nicht entschieden haben, zurückgelassen werden. Es ist kritisch.

D: *Aber es gibt einige Länder auf der Welt, die dazu nicht bereit sind. Deshalb bin ich der Meinung, dass es viele Menschen geben wird, die den Übergang nicht schaffen.*

C: Es passiert öfters, als die Leute wissen. Ich sehe viele Länder, in denen Menschen verfolgt werden. Ein Grund dafür ist, die Spiritualität zu erwecken, weil Verfolgung sie verursachen kann. Wenn Menschen verfolgt werden oder wenn sie dem Tod ausgesetzt sind oder wenn sie großen menschlichen Fähigkeiten ausgesetzt sind, ist das ein Auslöser, der die Menschen erweckt. Und das ist der Zweck vieler dieser Verfolgungen, ein Weckruf, um sicherzustellen, dass diese Menschen aufwachen werden. Das ist also die positive Seite.

D: *Gibt es etwas, das es auslöst?*

C: Es ist wie, wenn der Vorhang fällt. Und ich kann nichts sehen. Mir wird nur gesagt, dass es das Ende eines Seins und der Anfang eines neuen Seins ist.

D: Sie versuchen uns gerade (2002) in den Krieg zu führen. Denkst du, dass das etwas damit zu tun hat?
C: (großer Seufzer) Ich fürchte, es ist ein Test. Viele Menschen wurden getestet. Ich habe es damals nicht gemerkt, aber ich weiß jetzt, dass dies alles Teil des Tests ist, wenn wir uns davon trennen können. Es ist, als wäre jeder von uns das Universum. Alle Teile des Universums werden hier gehalten (ihre Hand auf ihren Körper legend). Und wenn wir das hier behalten, dieses Universum ....

D: Dieser Körper?
C: Ja, wenn wir es in Ruhe lassen und im Gleichgewicht halten, bestehen wir die Prüfung. Dann können wir alles aushalten. Und die Dinge, die auf der Welt geschehen, sollen das Ganze wirklich prüfen; uns alle.

D: Du meinst, nicht in die Angst hineingezogen zu werden.
C: Ja, schalte den Fernseher aus. Höre nicht zu. Lese keine Zeitungen mehr. Lass dich nicht davon einfangen. Deine Welt ist das, was du hier erschaffst (ihren Körper wieder berührend).

D: Mit deinem eigenen Körper.
C: Ja, in deinem eigenen Bereich hier. Das hier ist dein eigenes Universum. Wenn jeder Mensch in seinem eigenen Universum Frieden und Harmonie schafft, dann ist das das Universum, das er in dieser fünften dimensionalen Erde erschafft. Je mehr Menschen Frieden und Harmonie in diesem Körperuniversum schaffen können, desto mehr Menschen werden in dieser neuen fünfdimensionalen Erde sein. Diejenigen, die in diesem Körperuniversum keinen Frieden und keine Harmonie schaffen können, bestehen den Test nicht. Das ist der Test.

D: Wir versuchen dies zu tun, um Kriege zu verhindern oder sie zumindest zu verringern.
C: Mir wird erklärt, dass es egal ist was passiert, denn es ist alles ein Spiel. Alles ist ein Spiel. Und die Dinge die geschehen, geschehen aus einem bestimmten Grund. Und im Moment ist es der Grund, jeden Menschen zu testen, um herausfinden zu können, wo er sich in seiner eigenen Entwicklung befindet. Wenn wir also Frieden und Licht hier im Körper haben, müssen wir uns keine Sorgen machen, ob es Krieg gibt oder nicht. Es ist ohnehin nur eine Illusion.

D: *Aber im Moment scheint es sehr real zu sein und es kann katastrophale Folgen haben.*
C: Ja, aber das ist Angst für jeden Einzelnen. Unsere Aufgabe ist es, jedem Einzelnen zu helfen, hier zur Ruhe zu kommen. Wenn dann mehr Menschen Frieden und Harmonie in ihrem eigenen Körperuniversum finden, breitet sich das anstelle von Negativität aus. Und das erschafft diese ganz neue Welt. Wenn sie all diese Informationen erhalten hätten, wären sie überlastet gewesen. Es ist der gleiche Grund, warum sie sagen: „Wir werden ihnen nicht genau sagen, was passiert. Wir wissen nicht genau, was passieren wird. Aber wir werden ihnen nicht sagen, was wir wissen, weil du es nicht wissen musst." Alles was sie tun müssen ist, sich hier auf den Körper zu konzentrieren, um ihren Himmel auf Erden zu schaffen. Jeder Mensch schafft seinen eigenen Himmel auf Erden. Das ist alles, was sie tun müssen. Und mit anderen zusammenkommen, die ihren eigenen Himmel auf Erden erschaffen. Dann muss diese Energie ausgebaut werden. Und noch bevor sie es wissen, haben sie die Welt verändert. Sie denken nicht einmal an die Welt. Worauf sie sich konzentrieren ist das, was sie kreieren. Denken sie an den Frieden. Das Wichtigste, was die Leute verstehen müssen, ist das, worauf sie sich konzentrieren. Wenn sie sich also auf sich konzentrieren, wenn sie Vorhersagen durch etwas Erstaunliches ersetzen können, das sie sich wünschen, und das dann erweitern, dann können sie ihren eigenen Himmel auf Erden schaffen. Mir wird gerade dein Buch „Das gewundene Universum" (Buch Eins) gezeigt. Du gibst dort eine Beschreibung des Denkens. Ich werde aufgefordert, dich daran zu erinnern. Du berichtest dort von einem Energieball in der Größe einer Pampelmuse. Und dieser Ball hat Energiestränge. Und ich ändere das, während ich gehe. Energiestränge, die übereinander fließen und sich überkreuzen. Und diese Energiestränge können alles, einfach alles. Sie können sich teilen und zu vier Energieströmen werden. Sie können weben. Sie können sich vermehren. Sie können rückwärtsgehen. Sie können sich verschließen. Sie können absolut alles tun. Und das ist der Ball der Möglichkeiten. Wenn du an einen Gedanken denkst, verschwindet er nicht einfach. Es wird ein Energiestrang. Es wird Energie. Es bewegt sich in diesem Ball der Möglichkeiten. Stell dir vor, dein Gedanke wird zu Energie. Und je mehr Energie man

in einen Gedanken gibt, desto stärker wird er. Und dann manifestiert er sich und er wird real. Er wird physisch. Wenn du einen Gedanken sendest, wird es Frieden geben. Und dann folgst du diesem Gedanken „Oh, aber dieser Krieg wird immer schlimmer" oder „Diese Politiker machen einen Fehler." Damit schwächst du diese Energie: den positiven Strang, den du zuerst hervorgebracht hast. Also müssen wir den Menschen beibringen, den positiven Gedanken auszusenden und ihn dann mit mehr positiven Gedanken und immer mehr positiven Gedanken zu verstärken. Und wir müssen sie lehren, wenn ihnen einer dieser negativen Gedanken in den Sinn kommt, ihn nicht einfach loszulassen, sondern ihn durch einen positiven Gedanken zu ersetzen. Damit erhöhst du den Energieball der Möglichkeiten. Du trägst dazu bei. Wir müssen ihnen das beibringen. Sie wissen nicht, wie das funktioniert. Und mir wird gesagt, ich solle dir mitteilen, dass ich nicht wissen sollte, warum mir gesagt wurde, dass ich dir das nicht sagen soll. Aber sie sagen, wenn wir die Menschen dazu bringen könnten, diesen Konflikt im Nahen Osten als Film zu betrachten, würde dies den Menschen helfen. Die andere Sache, die ich dir sagen soll ist, dass man für jede Aktion eine gegenteilige Aktion machen kann. Wo geboren wird ist auch der Tod. Und jeder muss die Gier, jede Dominanz, oder auch den Materialismus loslassen. Alle diese Probleme, die sie von dieser Arbeit abhalten, müssen losgelassen werden. Weil diese Themen niemandem auf der neuen Erde dienen werden. Es wird nicht das Bedürfnis nach Geld als solches geben. Was sie brauchen werden, wird zu ihnen kommen. Es ist also an der Zeit, diese Ethik loszulassen, dem Geld hinterher zu rennen. Du arbeitest daran, die Erde zu verändern. Sie arbeiten daran, diese Situation zu retten. Dort muss die treibende Kraft sein. Es muss aus Liebe und einem Dienst herauskommen. Nur so können wir diese Anstrengung maximieren. Es muss aus Liebe und einem Dienst herauskommen, jedoch nicht aus Gier.

D: *Mir wurde gesagt, dass Liebe das stärkste Gefühl ist.*
C: Ja, Liebe heilt.

* * *

Eine letzte Information dazu kam 2004 durch einen Klienten während einer Sitzung. Ich war der Ansicht, dass ein Teil davon noch unklar war: Wie konnten sich manche Menschen bewusst sein, dass sie den Übergang zur neuen Erde geschafft hatten und andere nicht? Wie sollte es möglich sein, eine gesamte Bevölkerung dazu zu bewegen mit nur einer Minderheit, die wusste, dass etwas passiert ist? „Sie" müssen gewusst haben, dass ich mit diesem verweilenden Gedanken zu kämpfen hatte, also lieferten sie mir die Antwort. Wie sollte ich darüber schreiben und darüber Vorträge halten, wenn ich nicht alle Stücke habe?

Bob: Die meisten Planeten, aber vor allem dieser, wurde ursprünglich nur für fünfhundertfünfzigtausend Menschen entworfen. Eine halbe Million Menschen. Das war die Größenordnung wie es sein sollte. Mehr Menschen reinkarnieren hier, um all diese großen Veränderungen zu erleben. Und die Erde wurde beschädigt und über die Reparaturmöglichkeiten hinaus verändert. Dieser Planet wurde leider so verändert, dass es keinerlei Sinn für eine Rückkehr zu seinem ursprünglichen Zustand macht. Aber jetzt, aufgrund der obersten Direktive des Schöpfers, muss sich dies beschleunigen. Weil es zu lange her ist. Hierfür gibt es zwei Möglichkeiten. Sie können den Planeten drehen und die Erdkruste verschieben. Wenn das passiert, fängst du buchstäblich wieder von Null an. Das war der Grund für die Eiszeit und die Ursache des Aussterbens aller Dinosaurier. Es ist egal, wie es passiert ist, aber im Grunde ist es dasselbe. Eine Zivilisation verschwindet, und sie beginnen mit der Eiszeit und dem Neandertaler und all das wiederholt sich auf die eine oder andere Art und Weise wieder. Sie verlieren die Kontrolle über ihre gesamte Zivilisation und enden als Legende wie Atlantis und Lemuria. Das ist alles schon oft vorgekommen. Aber nochmal wird dies nicht passieren. Dieses Mal verschiebt sich der ganze Planet, im Grunde als Universum. Er verschiebt sich eine ganze Dimension. Die Dimension ändert sich für den ganzen Planeten. So und nun gehst du von der dritten Dimension zur fünften Dimension, und du fragst dich: „Was ist mit der vierten Dimension passiert?" Nun, die vierte Dimension ist schon irgendwie hier, aber sie wird einfach übersprungen. Der Planet wird in der fünften Dimension enden. Wenn sich die Dimensionsänderung vollzieht, wird die

Erde buchstäblich in die 5 Dimension springen. Es gibt viele Komplikationen. Deshalb wird es so genau beobachtet. Viele Menschen, die geistig bereit sind, werden den Übergang sehr leicht machen können. Andere werden vom Planeten entfernt. Sie werden nicht wissen, was passiert ist. Und sie werden auf einem anderen Planeten landen, der noch unberührt und bereit ist. Und ihre Fähigkeiten werden weit über das hinausgehen, die sie jetzt haben. Im Grunde sind es fünf Hauptsinne. Sie haben viel mehr als das, wenn der Übergang erfolgt ist. So verfügen sie wieder über telepathische Fähigkeiten. Ähnliches ist übrigens schon vorher passiert. Wir werden einfach herunterfahren. Es ist wie in einer suspendierten Animation. Wir setzen es aus. Es kann zwei oder drei Tage dauern, die Bevölkerung zu verlegen.

D: *Die ganze Welt oder nur die ....*

B: Ja, alle Menschen, die geistig bereit sind, diesen Übergang zu vollziehen. Sie werden alle weggeschoben. Und wenn sie auf diesem anderen Planeten aufwachen, werden sie nicht einmal merken, dass es passiert ist. Vor einigen Jahren gab es auf diesem Planeten eine solche Verschiebung mit uns allen. Und nicht viele Leute wussten davon. Es war einfach so. Es war wie eine ganze Woche im Laufe einer Nacht. So ist es passiert.

D: *Warum passierte das damals?*

B: Die Sonne hat sich auch verschoben. Wenn es jemand sehen könnte, würden alle wissen, was passiert ist.

D: *Also können sie es nicht wissen?*

B: Ja, du bist in dieser Nacht eingeschlafen und hast ganz normal geschlafen. Als du aufgewacht bist und auf deine Uhr geschaut hast, war alles so wie immer, als hättest du einfach nur geschlafen. Aber du hast tatsächlich eine ganze Woche durchgeschlafen.

D: *Jeder wurde in eine unterbrochene Animation versetzt?*

B: Ja, sie haben das Ganze zur gleichen Zeit heruntergefahren.

D: *Während die Welt sich bewegte?*

B: Oh ja. Der Planet bewegte sich, den sogenannten Rhythmus von „Tag und Nacht". Aber wir haben es tatsächlich angepasst. Es war ein wirklich interessanter Trick. Diese planetarische Anpassung steht bevor. Diese Frequenzänderung, die aufkommt. Man kann es nicht einfach vollziehen, wenn alle sich dessen bewusst sind, weil die Menschen alle möglichen seltsamen Reaktionen haben werden. Sie glauben also, dass sie alle wach sind. Es ist ein bisschen wie ein Trick. Es ist sehr technisch...

D: Vermutlich würden sie also denken, sie haben geträumt, wenn sie etwas gesehen hätten.

B: Ja, genau. Ohnehin haben sie vielleicht keine bewusste Erinnerung daran, denn man darf nicht vergessen, die meisten Menschen haben keine bewusste Erinnerung an das, was sie träumen. Und sie können Dinge sehr leicht in Träumen verändern.

D: Du sagst, das sei vor ein paar Jahren gemacht worden.

B: Ja, so war es. Wir mussten die Frequenz der Sonne anpassen.

Anscheinend war das die Antwort. Die gesamte Weltbevölkerung wurde während der Übertragung in eine unterbrochene Animation versetzt. Wie Annie Kirkwood in ihrer Vision zeigte, als sich die Erde spaltete und in zwei Erden aufteilte, wussten die Menschen nicht, was mit den anderen passiert ist.

Dies ist auch in der Bibel zu finden: „Wer an jenem Tage auf dem Dach ist und seinen Hausrat im Haus hat, der steige nicht hinunter, um ihn zu holen. Und ebenso, wer auf dem Feld ist, der wende sich nicht um nach dem, was hinter ihm ist. Wer seine Seele zu erhalten sucht, der wird sie verlieren; und wer sie verlieren wird, der wird ihr zum Leben helfen. Ich sage euch: In jener Nacht werden zwei auf einem Bett liegen; der eine wird angenommen, der andere wird preisgegeben werden. Zwei Frauen werden miteinander Korn mahlen; die eine wird angenommen, die andere wird preisgegeben werden. Und sie antworteten und sprachen zu ihm: Herr, wo? Er aber sprach zu ihnen: Wo das Aas ist, da sammeln sich auch die Geier. " (Lukas 17: 31-37)

* * *

Ich wurde oft gefragt, ob der Maya-Kalender in 2012 endet. Viele Menschen glauben, dass dies der Zeitpunkt für das Ende der Welt ist, weil die Mayas nicht darüber hinaus sehen konnten. Mir wurde mitgeteilt, dass sich die Mayas geistig zu dem Punkt entwickelt haben, an dem sich ihre Zivilisation massiv in die nächste Dimension verlagerte. Sie stoppten den Kalender um 2012, weil sie sehen konnten, dass dies der Zeitpunkt des nächsten großen Ereignisses sein wird: die Verschiebung der gesamten Welt in die nächste Dimension.

* * *

Wir werden in die andere Dimension aufsteigen, indem wir unser Bewusstsein, die Schwingung und die Frequenz unseres Körpers erhöhen. Zunächst können sie eine Weile in einem physischen Körper bleiben. Wenn sie dann jedoch allmählich feststellen, dass dies nicht mehr notwendig ist, löst sich der physische Körper in Licht auf, und sie leben mit einem Körper aus Licht oder reiner Energie. Dies ähnelt sehr einigen Fällen in diesem Buch, wo der Klient ein Wesen sah, welches glühte und aus reiner Energie bestand. Sie haben sich über die Notwendigkeit eines physischen Begrenzungskörpers hinaus entwickelt und auch wir werden das tun, wenn wir dieses Stadium erreicht haben. Wenn das Wesen aufsteigt, nimmt es, in vielen Fällen, den physischen Körper mit. Dies ist jedoch nur eine vorübergehende Situation, das Ablegen und Loslassen des Körpers hängt von der Ebene des Verständnisses ab, welches das Wesen erreicht hat. Wir neigen dazu, an Vertrautem festzuhalten, aber schließlich stellen wir fest, dass der Körper, auch wenn wir ihn mitnehmen könnten, für die neue Realität in der neuen Dimension zu eng ist. Wenn wir diese neue Dimension erreichen, wird der neue Körper, aus Licht oder Energie, niemals sterben. Dies meinte die Bibel, als sie sich auf das „Ewiges Leben" bezog.

Die geistige Seite oder auch der Zustand dazwischen, in den wir gehen, wenn wir in diesem Leben sterben, ist wie ein Recyclingzentrum. Es führt zurück zu einem anderen Leben auf der Erde, weil noch Karma zu erarbeiten ist oder etwas zu beachten ist. Die Menschen kehren immer wieder zurück, weil sie ihren Unterricht oder ihre Zyklen nicht abgeschlossen haben. Durch die Erhöhung des Bewusstseins, der Frequenz und der Schwingung besteht keine Notwendigkeit, an diesen Ort (den Zwischenzustand) zurückzukehren. Es kann transzendiert werden, indem man zu dem Ort geht, an dem jeder ewig ist und es keinen Grund gibt für ein Recycling. Wir können für immer dort bleiben. Dies ist wahrscheinlich der Ort, auf den sich viele meiner Klienten als das „Zuhause" beziehen. Der Ort, den sie zutiefst vermissen und zu ihm zurückkehren möchten. Wenn sie es während der Regressionen sehen, werden sie sehr emotional, weil sie sich zutiefst danach sehnen, aber nicht bewusst wissen, dass es tatsächlich existiert.

KAPITEL 31

FINALE

Während meiner gesamten Arbeit wurde mir oft gesagt, dass wir als Menschen nicht die einzigen fühlenden Wesen auf diesem Planeten und darüber hinaus sind. Wir sind so egoistisch, dass wir denken, dass wir das Wichtigste sind und dass sich alles nur um uns dreht. Und zwar deshalb, weil wir nicht verstehen, was das Leben wirklich ist. Ich habe festgestellt, dass alles den Geist enthält, den Funken des Lebens. Denn alles ist Energie. Es vibriert nur in einer anderen (schnelleren oder langsameren) Frequenz. In unserem Streben nach einer höheren spirituellen Form haben wir viele dieser sogenannten „geringeren" Lebensformen durchlaufen. Wir waren Mineralien, Steine, Felsen, Pflanzen und Tiere, bevor wir in die menschliche Form inkarnierten. Wir sind neugierige Geister und wir mussten diese Erfahrungen sammeln und von ihnen lernen, bevor wir bereit waren, Lektionen in einem komplexeren (wenn auch dichteren) physischen Körper zu erleben. Ich habe festgestellt, dass alles lebt, einschließlich unser Planet Erde selbst. Sie hat Gefühle, Emotionen und Bedürfnisse, genau wie wir. Im Moment erleidet sie Schmerzen (gemäß meinen Quellen) aufgrund dessen, was ihr angetan wird. Den E.T.s zufolge erreichen wir den Punkt ohne Wiederkehr, an dem der Schaden nicht rückgängig gemacht werden kann. An diesem Punkt werden wir in die neue Erde aufsteigen, weil die alte nicht mehr in der Lage ist, den Stress zu bewältigen. Aber wenn die Erde selbst lebt, hört sie dort auf? Mir wurde gesagt, dass es noch weiter in den Kosmos hinausgeht. Wir sind alle Teil eines größeren lebenden und funktionierenden Wesens, welches wir das Universum nennen. Dies bedeutet, dass das Universum selbst ein organisiertes, riesiges Etwas ist, das lebt und

Gefühle hat. Vielleicht möchte man dieses „Etwas" Gott nennen, aber es ist noch komplexer.

Alles was das Universum ausmacht (Sterne, Planeten usw.), kann als Zellen im Körper Gottes betrachtet werden. Zellen, die den Körper dieses riesigen „Etwas" bilden. Und wir sind nicht mehr, als die kleinsten Zellen im Kreislauf. Obwohl wir vielleicht so winzig sind, sind wir nicht unbedeutend, denn in unserer Entwicklung und unserem Wachstum ist es uns möglich, durch den Morast des Lebens ständig nach oben zu steigen.

Mir wurde gesagt, dass der Reinkarnationsprozess ein weniger erwünschter Prozess ist. Durch diesen Prozess gehen wir ständig zwischen der Erde und der geistigen Welt hin und her. Es ist wie eine Bearbeitungsstation, an der wir uns beurteilen und beschließen, das richtige Karma wiederzuverwenden. Das Hauptziel sollte sein, aus dieser Furche herauszukommen und über das Physische hinauszugehen. Man sagt, dass wir das erreichen können, wenn wir die Haltestation der geistigen Welt umgehen und direkt zu den höheren Geisterebenen gehen, wo die Anhäufung von Karma und seine Korrektur nicht länger erforderlich ist. Dann können wir auf andere Weise voranschreiten und werden nicht mehr vom physischen Körper belastet. Dies ist alles Teil des Aufstiegsprozesses, um direkt in die nächste Welt vorzudringen, indem wir unsere Frequenz und Schwingung erhöhen und die Notwendigkeit umgehen, zu sterben und zur geistigen Welt zu gehen.

Das Universum ist ein hochkomplexer Organismus, der in vielen Dimensionen gleichzeitig lebt und aus Schichten und Bewusstseinsebenen besteht, die sich auf alle anderen Organismen in ihm beziehen. Es hat die Kraft, alles gleichzeitig zur selben Zeit zu schaffen und in Beziehung zueinander zu setzen. Dies könnte das sein, was „sie" das Kollektiv genannt haben. Dies ist so, weil wir es kollektiv mit Absicht in die Existenz gedacht haben. Irgendwann in der fernen Vergangenheit waren wir alle eins. Wir waren alle Teil des Kollektivs, der einen, der großen Zentralsonne, der Quelle, von Gott, wie auch immer man es nennen will. Viele meiner Klienten erinnern sich in Trance an diese Existenz. Und es verursacht immer großes Unglück, wenn sie sich davon trennen, weil das Zusammensein von großem Trost und Liebe war. Sie wollten nicht gehen und fühlten eine große Traurigkeit und ein Gefühl der Trennung, als sie in den Kosmos gezwungen wurden.

Weil die Quelle etwas erleben wollte (Neugier ist nicht unbedingt ein menschliches Merkmal, vielleicht kam hier der Wunsch zu erforschen), haben wir alle (als Teil der Quelle, als Mitgestalter) geholfen, damit zu beginnen. Wir haben geholfen, aus dem Nichts (oder aus dem Staub zu erschaffen, wie in verschiedenen Legenden berichtet wird) Sterne, Planeten, Gestein, Bäche, Pflanzen, Tiere und Menschen entstehen zu lassen. Dann entschieden wir uns (oder es wurde uns gesagt), diese Dinge zu besiedeln und der Quelle zu berichten, wie die Erfahrung war. Man sagt, es sei alles nichts als eine Illusion. Wenn dies richtig ist, wird es durch unsere kollektive Wahrnehmung zusammengehalten. Wir haben mitgeholfen, es in die Existenz zu bringen und unsere kombinierte Wahrnehmung hält es dort. In einer meiner Regressionssitzung wurde treffend gesagt, dass Gott als der Klebstoff angesehen werden kann, der alles zusammenhält. Wenn er für einen Bruchteil einer Sekunde verschwinden würde, alles würde sofort zerfallen. Nachzulesen in meinem Buch „Zwischen Tod und Leben". In diesem Buch wurde uns auch gesagt, dass zwischen jedem Einatmen und Ausatmen Gott existiert. Wenn wir es aus dieser Perspektive betrachten, sind wir Alle zusammen Gott.

Was wir als zutreffend empfinden, ist von geistiger Seite aus vielleicht nicht so. Alles was wir in unserem Leben haben und mit dem wir interagieren, wird in die physische Realität gebracht, weil wir es dort wollen. Dies ist möglich, weil Gedanken real sind. Gedanken sind Dinge. Einmal gebildet, existieren Gedanken für immer und je mehr sie verstärkt werden, desto körperlicher und dichter (realer) werden sie.

Deshalb können wir unser Leben und unsere Umstände ändern, weil wir mächtiger sind als wir es selbst erkennen. Wir erschaffen ständig unsere Realität, und wir können diese Realität verändern. Dies erfordert jedoch oft die vereinten Kräfte vieler, denn das was wir geschaffen haben, ist so groß und mächtig geworden, dass es ein Eigenleben angenommen hat. Vielleicht ist dies der Grund für die

Erschaffung der neuen Erde, denn die uns bekannte ist an einem Punkt angelangt, an dem ihr nicht mehr geholfen oder sie nicht mehr verändert werden kann.

In der Matrix des Universums befinden sich alle Bausteine der Realität. Alle Möglichkeiten und Wahrscheinlichkeiten aus denen wir kreieren können. Wir können Himmel oder Hölle in unserem Leben haben, weil wir mächtig genug sind dies zu tun, sobald wir den Prozess verstanden haben und unseren Verstand verwenden, um es zu schaffen. Oft werden die elektrischen Felder, die diese Möglichkeiten enthalten, durch widersprüchliche Absichten und Negativergebnisse unterbrochen. Wenn Negativität einsetzt, kann dies durch Menschen verstärkt werden, die dies als Realität akzeptieren und dann kommt es in Form. Wir können Frieden und Liebe genauso leicht haben in unserer Realität, wenn wir die Kraft unseres Geistesverstehens nutzen. Wie Nostradamus in meinen Büchern über ihn und seine Vorhersagen sagte: „Sie erkennen nicht die Kraft ihres eigenen Geistes. Wenn sie sich auf die Realität konzentrieren, die sie wünschen, können sie sie erschaffen. Ihre Energie ist zerstreut. Sobald sie lernen sich zu konzentrieren und ihre Aufmerksamkeit zu lenken, sind sie in der Lage Wunder zu erschaffen. Und wenn die Kraft des Geistes eines Menschen so mächtig ist, denkt an die Macht des Kollektivgeistes. Wenn er genutzt wird und sich die Kraft des Geistes auf die Köpfe vieler Leute fokussiert, wird die Kraft nicht nur multipliziert, sie wird quadriert. Dann können wirklich Wunder geschehen."

* * *

Es scheint, dass wir die Teile und das allgemeine Skript des Spiels auswählen, an dem wir in jedem Leben teilnehmen werden. Doch alle anderen wählen auch ihre Teile im Spiel. Es ist wie die Teilnahme an einem Theaterstück, an dem das Skript während des Fortschritts erstellt wird, und es kann jederzeit geändert werden, um das Theaterstück dramatischer zu gestalten. Dies ist auf den freien Willen zurückzuführen, und das Handeln eines jeden beeinflusst das Verhalten jedes anderen. Während unseres Erdenlebens können wir so viele verschiedene Arten von Leben (Rollen und Charaktere) erstellen und erleben, wie wir möchten: Ruhm, Reichtum oder Armut;

Mörder oder Opfer; große Liebe oder große Verzweiflung; Krieg oder Frieden und so weiter und so fort.

William Shakespeare verstand dies, als er schrieb: „Die ganze Welt ist eine Bühne, und alle Männer und Frauen sind nur Schauspieler. Sie haben ihre Ausgänge und ihre Eingänge. Und ein Mann seiner Zeit spielt viele Rollen."

Egal was wir erreichen, es ist nur so wie ein vorübergehendes Bühnenstück und schließlich fällt der Vorhang. Dann haben wir lediglich noch die Erinnerungen an die Erfahrungen und hoffentlich die Lektionen, die wir gelernt haben. Diese sind in unserem wirklichem Selbst, unserem Off-Stage-Selbst, unserem Beobachter-Selbst, unserem ewigen Seelen-Selbst oder unserer Überseele integriert, die diese Erinnerungen und Erfahrungen speichert. Sie werden schließlich an die Computerspeicherbanken übertragen, der höchsten von allen: der Quelle oder Gottes Wesen. Nichts im Spiel ist verloren gegangen, egal ob wir den Helden oder den Bösewicht spielten. All dies trägt zum Wissensschatz des Universums bei. Von solchen Dingen werden ständig neue Kreationen gebildet.

Jedes Mal, wenn eine Seele ins Erdtheater zurückkehrt, melden sie sich für das nächste Spiel an und erhalten ein neues Skript mit vielen leeren Seiten, das von den Schauspielern im Verlauf des Spiels gefüllt wird. Völlig unbemerkt und offen für alle Vorschläge und Möglichkeiten. Nichts ist richtig oder falsch, da die Schauspieler ihre Rolle spielen. Es geht um Erfahrung, um das Lernen von Lektionen, um die Auflösung von verschuldetem Karma und um die Schaffung neuer Situationen für die Aufklärung und das Lernen anderer. Man sagt, dass kein Mensch eine Insel ist. Alles was wir tun oder sagen betrifft jemanden. Wenn wir das verstehen würden, wären wir vorsichtiger mit den Auswirkungen, die unsere Worte und Taten auf andere haben. Wir würden uns mehr darüber im Klaren sein, wie diese Worte und Taten in den Hallen des Wissens aufgezeichnet werden.

Mit jedem neuen Leben greifen wir (oft unbewusst) auf den Wissensschatz zurück, den wir aus anderen Lektionen gewonnen haben. Wenn wir das Wissen in unserem gegenwärtigen Leben (Spiel) anwenden, werden wir hoffentlich aus Fehlern der

Vergangenheit gelernt haben und diese Fehler nicht noch einmal machen. Wenn wir es satt haben, wiederholt auf die Bühne zu gehen und neue Skripte auszuprobieren, entscheiden wir uns in den Ruhestand zu gehen, zum großen Bühnenmanager zurückzukehren und den neueren (vielleicht auch störrischen oder langsam lernenden) Seelen zu erlauben, die Rollen für eine Weile zu spielen. Dies ist, was viele meiner Klienten als „nach Hause gehen" bezeichnen. Dies ist der natürliche Zustand, den die Seele zu Beginn und bei ihrer Erschaffung kannte. Der Zustand, bevor sie in die physische Welt, die Bühnenwelt, die dreidimensionale Welt der Illusionen eingeschlossen wurde. Zu diesem Zeitpunkt haben wir hoffentlich genug Weisheit und Verständnis erlangt, um in anderen Bereichen der Existenz auf andere Weise Fortschritte machen zu können. Die Möglichkeiten sind endlos und wir müssen nicht zu diesem Theater zurückkehren, außer vielleicht als Beobachter oder Führer.

Wir leben in aufregenden Zeiten. Das Studium der Gesetze der Metaphysik und der Gesetze des Universums sind nicht mehr nur für jene, die bisher als die Sonderlinge galten. Es breitet sich mit einer alarmierenden Geschwindigkeit aus. Es ist, als ob es kurz unter der Oberfläche gewesen wäre, gerade außerhalb der Reichweite unseres logischen Denkens. Nun taucht es auf, es kommt ans Tageslicht, um untersucht und analysiert zu werden. Es wirkt nicht mehr seltsam und vorhersehend, sondern vollkommen natürlich und normal. Zu lange haben wir unseren Geist daran gehindert, diese Denkweise zu verfolgen. Es ist jetzt an der Zeit, die Schleusen zu öffnen und unser Leben zum Besseren zu verändern. Wenn alle erkennen würden, wie ihre Gedanken und Taten sie selbst, ihre Freunde und Nachbarn, ihre Gemeinschaft und schließlich die Welt, durch die angesammelte Wirkung von Energie, beeinflussen, würden sie lernen, ihren Alltag zu überwachen und die Welt würde sich ändern. Ja, sie wird und muss sich verändern, wegen der akkumulierten Wirkung von Energie. Wir bewegen uns in eine neue Welt und die alte Negativität wird zurückbleiben. Durch das Gesetz von Ursache und Wirkung, was wirklich nichts weniger als die „Goldene Regel" in der Bibel ist, kann es keine Gewalt und keinen Krieg mehr geben. Wir können die Welt einzeln verändern. Das wollte Jesus lehren und sie verstanden es nicht. Liebe ist die Antwort, so einfach ist das.

Während sich unser Geist weiterentwickelt, werden wir mit immer mehr und komplizierteren Informationen löffelweise gefüttert. Wir können niemals alles wissen, weil unser Verstand es nicht schaffen würde. Es scheint jedoch, dass unser Geist erweitert wird, um komplexere Theorien zu verstehen.

Wenn es Alice im Wunderland gelang, ein Portal zu einer anderen Dimension zu finden, lautet die Frage jetzt: „Wie weit willst du das Kaninchenloch hinuntergehen?" Es gibt viel mehr Wissen, als wir es uns vorstellen können. Ich bin Reporterin, Abenteurerin. Ich werde weiter Informationen sammeln und versuchen, sie der Welt zu präsentieren. Ich weiß nicht, wie weit ich das Kaninchenloch hinuntergehen will. Ich habe keine Ahnung wie tief es ist und wie viele Kurven und Wendungen auf dem Weg sein werden. Trotzdem lade ich meine Leser ein, sich mir anzuschließen, während ich die Dimensionen des Unbekannten bereise und versuche es herauszufinden.

* * *

Das Abenteuer und die Reise werden weitergehen. Es ist nicht zu stoppen!

Autoren Seite

Dolores Cannon, eine Hypnotherapeutin und Forscherin, die „verlorenes" Wissen aufzeichnet, wurde 1931 in St. Louis, Missouri, geboren. Hier wurde sie ausgebildet und lebte dort bis zu ihrer Heirat 1951 mit einem Marinesoldaten. Die nächsten 20 Jahre verbrachte sie, als typische Frau eines Marine Offiziers, mit ihm bei seinen Auslandseinsätzen in der ganzen Welt und zog ihre Kinder groß. 1970 wurde ihr Mann als behinderter Veteran entlassen, und sie zogen sich in die Hügel von Arkansas zurück. Sie begann ihre Karriere als Schriftstellerin und verkaufte ihre Artikel an verschiedene Zeitschriften und Publikationen. Seit 1968 befasst sie sich mit Hypnose, ab 1979 spezialisierte sie sich auf die Regression vergangener Leben. Sie hat die verschiedenen Hypnosemethoden studiert und so ihre eigene einzigartige Methode entwickelt, die es ihr ermöglicht, Informationen von ihren Klienten möglichst effizient freizusetzen. Dolores unterrichtet jetzt auf der ganzen Welt ihre einzigartige Hypnosetechnik.

1986 erweiterte sie ihre Ermittlungen im UFO-Bereich. Sie hat Vor-Ort-Studien über vermutete UFO-Landungen durchgeführt und die

Kornkreise in England untersucht. Die Mehrheit ihrer Arbeit auf diesem Gebiet, hier speziell mutmaßlicher Entführungen, beruht auf der Sammlung von Beweisen durch Hypnose.

Dolores ist eine internationale Referentin, die auf allen Kontinenten der Welt Vorträge gehalten hat. Ihre dreizehn Bücher wurden in zwanzig Sprachen übersetzt. Weltweit hat sie mit Radio- und Fernsehpublikum gesprochen. Artikel über/von Dolores sind in mehreren amerikanischen und internationalen Zeitschriften und Publikationen erschienen. Dolores war die erste Amerikanerin und die erste Ausländerin, die in Bulgarien den „Orpheus Award" für den höchsten Fortschritt in der Erforschung psychischer Phänomene erhielt. Von verschiedenen Hypnose-Organisationen wurde sie mit herausragenden Beiträgen und lebenslangen Leistungen ausgezeichnet.

Dolores hat eine sehr große Familie, die sie im Gleichgewicht zwischen der „realen" Welt ihrer Familie und der „unsichtbaren" Welt ihrer Arbeit hält.

Wenn Sie mit Dolores über ihre Arbeit, private Sitzungen oder Schulungskurse kommunizieren möchten, senden Sie diese Anfragen bitte an die folgende Adresse. (Bitte legen Sie einen Antwortbrief mit einem selbst adressierten Umschlag bei.) Dolores Cannon, Postfach 754, Huntsville, AR, 72740, USA oder senden Sie ihr eine E-Mail an: decannon@msn.com oder über unsere Website: www.ozarkmt.com

Other Books by Ozark Mountain Publishing, Inc.

Dolores Cannon
A Soul Remembers Hiroshima
Between Death and Life
Conversations with Nostradamus,
  Volume I, II, III
The Convoluted Universe -Book One,
  Two, Three, Four, Five
The Custodians
Five Lives Remembered
Jesus and the Essenes
Keepers of the Garden
Legacy from the Stars
The Legend of Starcrash
The Search for Hidden Sacred Knowledge
They Walked with Jesus
The Three Waves of Volunteers and the
  New Earth
Aron Abrahamsen
Holiday in Heaven
Out of the Archives – Earth Changes
James Ream Adams
Little Steps
Justine Alessi & M. E. McMillan
Rebirth of the Oracle
Kathryn/Patrick Andries
Naked in Public
Kathryn Andries
The Big Desire
Dream Doctor
Soul Choices: Six Paths to Find Your Life
  Purpose
Soul Choices: Six Paths to Fulfilling
  Relationships
Patrick Andries
Owners Manual for the Mind
Cat Baldwin
Divine Gifts of Healing
Dan Bird
Finding Your Way in the Spiritual Age
Waking Up in the Spiritual Age
Julia Cannon
Soul Speak – The Language of Your Body
Ronald Chapman
Seeing True
Albert Cheung
The Emperor's Stargate
Jack Churchward
Lifting the Veil on the Lost Continent of
  Mu
The Stone Tablets of Mu
Sherri Cortland
Guide Group Fridays
Raising Our Vibrations for the New Age
Spiritual Tool Box
Windows of Opportunity
Patrick De Haan
The Alien Handbook
Paulinne Delcour-Min
Spiritual Gold
Holly Ice
Divine Fire
Joanne DiMaggio
Edgar Cayce and the Unfulfilled Destiny
  of Thomas Jefferson Reborn
Anthony DeNino
The Power of Giving and Gratitude
Michael Dennis
Morning Coffee with God
God's Many Mansions
Carolyn Greer Daly
Opening to Fullness of Spirit
Anita Holmes
Twidders
Aaron Hoopes
Reconnecting to the Earth
Victoria Hunt
Kiss the Wind
Patricia Irvine
In Light and In Shade
Kevin Killen
Ghosts and Me
Diane Lewis
From Psychic to Soul
Donna Lynn
From Fear to Love
Maureen McGill
Baby It's You
Maureen McGill & Nola Davis
Live from the Other Side
Curt Melliger
Heaven Here on Earth
Henry Michaelson
And Jesus Said – A Conversation
Dennis Milner
Kosmos
Andy Myers
Not Your Average Angel Book
Guy Needler
Avoiding Karma
Beyond the Source – Book 1, Book 2
The Anne Dialogues

For more information about any of the above titles, soon to be released titles,
or other items in our catalog, write, phone or visit our website:
PO Box 754, Huntsville, AR 72740
479-738-2348/800-935-0045
www.ozarkmt.com

Other Books by Ozark Mountain Publishing, Inc.

The Curators
The History of God
The Origin Speaks
James Nussbaumer
And Then I Knew My Abundance
The Master of Everything
Mastering Your Own Spiritual Freedom
Living Your Dram, Not Someone Else's
Sherry O'Brian
Peaks and Valleys
Riet Okken
The Liberating Power of Emotions
Gabrielle Orr
Akashic Records: One True Love
Let Miracles Happen
Victor Parachin
Sit a Bit
Nikki Pattillo
A Spiritual Evolution
Children of the Stars
Rev. Grant H. Pealer
A Funny Thing Happened on the
 Way to Heaven
Worlds Beyond Death
Victoria Pendragon
Born Healers
Feng Shui from the Inside, Out
Sleep Magic
The Sleeping Phoenix
Being In A Body
Michael Perlin
Fantastic Adventures in Metaphysics
Walter Pullen
Evolution of the Spirit
Debra Rayburn
Let's Get Natural with Herbs
Charmian Redwood
A New Earth Rising
Coming Home to Lemuria
David Rivinus
Always Dreaming
Richard Rowe
Imagining the Unimaginable
Exploring the Divine Library
M. Don Schorn
Elder Gods of Antiquity
Legacy of the Elder Gods
Gardens of the Elder Gods
Reincarnation...Stepping Stones of Life
Garnet Schulhauser

Dance of Eternal Rapture
Dance of Heavenly Bliss
Dancing Forever with Spirit
Dancing on a Stamp
Manuella Stoerzer
Headless Chicken
Annie Stillwater Gray
Education of a Guardian Angel
The Dawn Book
Work of a Guardian Angel
Joys of a Guardian Angel
Blair Styra
Don't Change the Channel
Who Catharted
Natalie Sudman
Application of Impossible Things
L.R. Sumpter
Judy's Story
The Old is New
We Are the Creators
Artur Tradevosyan
Croton
Jim Thomas
Tales from the Trance
Jolene and Jason Tierney
A Quest of Transcendence
Nicholas Vesey
Living the Life-Force
Janie Wells
Embracing the Human Journey
Payment for Passage
Dennis Wheatley/ Maria Wheatley
The Essential Dowsing Guide
Maria Wheatley
Druidic Soul Star Astrology
Jacquelyn Wiersma
The Zodiac Recipe
Sherry Wilde
The Forgotten Promise
Lyn Willmoth
A Small Book of Comfort
Stuart Wilson & Joanna Prentis
Atlantis and the New Consciousness
Beyond Limitations
The Essenes -Children of the Light
The Magdalene Version
Power of the Magdalene
Robert Winterhalter
The Healing Christ

For more information about any of the above titles, soon to be released titles,
or other items in our catalog, write, phone or visit our website:
PO Box 754, Huntsville, AR 72740
479-738-2348/800-935-0045
www.ozarkmt.com

www.ingramcontent.com/pod-product-compliance
Lightning Source LLC
Chambersburg PA
CBHW060747230426
43667CB00010B/1467